博多に強くなろう
北九州に強くなろう
100の物語 上

「博多に強くなろう」「北九州に強くなろう」は、昭和五十四年（一九七九）七月に西日本シティ銀行の前身の一つである福岡相互銀行が創刊した小冊子です。「地域の歴史や文化について自ら学ぼう、そして多くの人にも知ってもらおう」と、さまざまなテーマを設けて専門家や郷土史家との座談会が行われました。西島伊三雄さんのイラストや図版を多用した誌面は、深いうえにわかりやすいと好評。新しい号を心待ちにしていたという方も多いのではないでしょうか。冊子の発行はその後、合併で誕生した西日本シティ銀行に受け継がれ、平成三十年に通巻百号に達しました。

本書は約四十年・百号にわたる事業に敬意を表し、全話を上下巻に収録したものです。近現代のテーマでは直接の関係者による証言もあり、貴重な史料といえます。創刊の思いと同じく、本書が、私たちの足元を学ぶ機会となり、いまを生きるための一助となれば幸いです。

書籍化にあたって内容の一部を修正しましたが、対談の特性上、当時の史実、肩書き、表現をそのまま掲載している箇所があります。予めご了承ください。

「博多に強くなろう・北九州に強くなろう 100の物語」発刊に寄せて

西日本シティ銀行代表取締役会長
久保田勇夫

或る日、大学時代からの友人が訪ねてきた。最近、古代史に興味を持っているとかで、吉野ヶ里遺跡を見るために東京からわざわざ来た由である。折角なのであと百道にある元寇防塁の跡を見てみたい、その後は出発まで多少時間があるので歴史に関係のあるどこかに案内してほしい、ということだった。時間もないし、効率的に、ということであったので、福岡市のやや西寄りにある中野正剛、平野国臣、広田弘毅の銅像と、西公園の頂上付近のかつて加藤司書の像があったというその台座を案内し、それぞれの経歴を紹介した。東京育ちの当人の感想は素直に「福岡の人は銅像が好きなんだネ。良くこういうもののために、皆が金を出すナァ」というものであった。

確かに銅像ばかり選んでしまったが、ここに挙げた人物は、いずれも当地ゆかりの、文字通り己を捨てて国や世間のために尽くした人々である。共通するのは、そのためにいろいろと努力をしたが思いを達することなく世を去り、その功績を世間に十分に評価されているとは言い難い人物ということであろう。人々はその思いと行動を称え、それを後世に伝えるために像を建てたに違いない。

福岡の地には、まだまだ、広く知られてない人、知られてはいるがそれはその人の業績の一面にとどまっている人、その一般的評価が不当なもののままとなっていると思われる人が少なくない。

例えば、貝原益軒である。江戸時代の儒学者・博物学者とされているが、山本七平の「日本人と組織」によれば、明治憲法の底にある考え方も含め、わが国の組織のあり方に最も大きな影響を与えたのは、彼が江戸時代に著し、「聖書の如く」広く読まれた「大和俗訓」であるという。先の広田弘毅は、本来職業外交官であったが、その首相・外相時代に一連の重要な政策に責任があったとして極東軍事裁判でA級戦犯に問われ、唯一の文人として絞首刑に処された。ところが、同じように公務員として長年国の政策に関与した者の感覚から言えば、次官、官房長といった役所の中枢を経験することもなく、また、有力な政治家や特定の政治グループとも強く結びついていなかった当人が、それほどの影響力を行使し得たとはとても考えられないのである。頭山満は、玄洋社を拠点として、「日本の膨張政策支援やアジアの政治家の援助を行い、在野の右翼の巨頭として、政界に隠然たる影響力を行使した」(日本史小辞典・山川出版社)とやや否定的に紹介されているが、これは近年の、証拠を積み上げた冷静な研究からみても、正当な評価とは思われない。

西日本シティ銀行は、その前身の銀行の時代から、郷土に格別の思いを抱き、その本業である銀行業務を通じては当然のこととして、それ以外の活動、例えば歴史、芸術、文化への支援を通じて、地域の発展に努めてきた。ここに一冊の本にまとめた「博多に強くなろう・北九州に強くなろう　100の物語」もその一環である。ここでは、この地で活躍した人々の足跡を辿りつつ、その功績と努力を広く世間に紹介している。こういう歴史を知ることにより、それに触発されて新たな発展がみられれば喜ばしいことである。

そういう思いで、今後も引き続き郷土の歴史を紹介していくつもりである。

【目次◉上巻　博多編】

下巻ではこれらのテーマを収録しています。

【上巻　博多編】

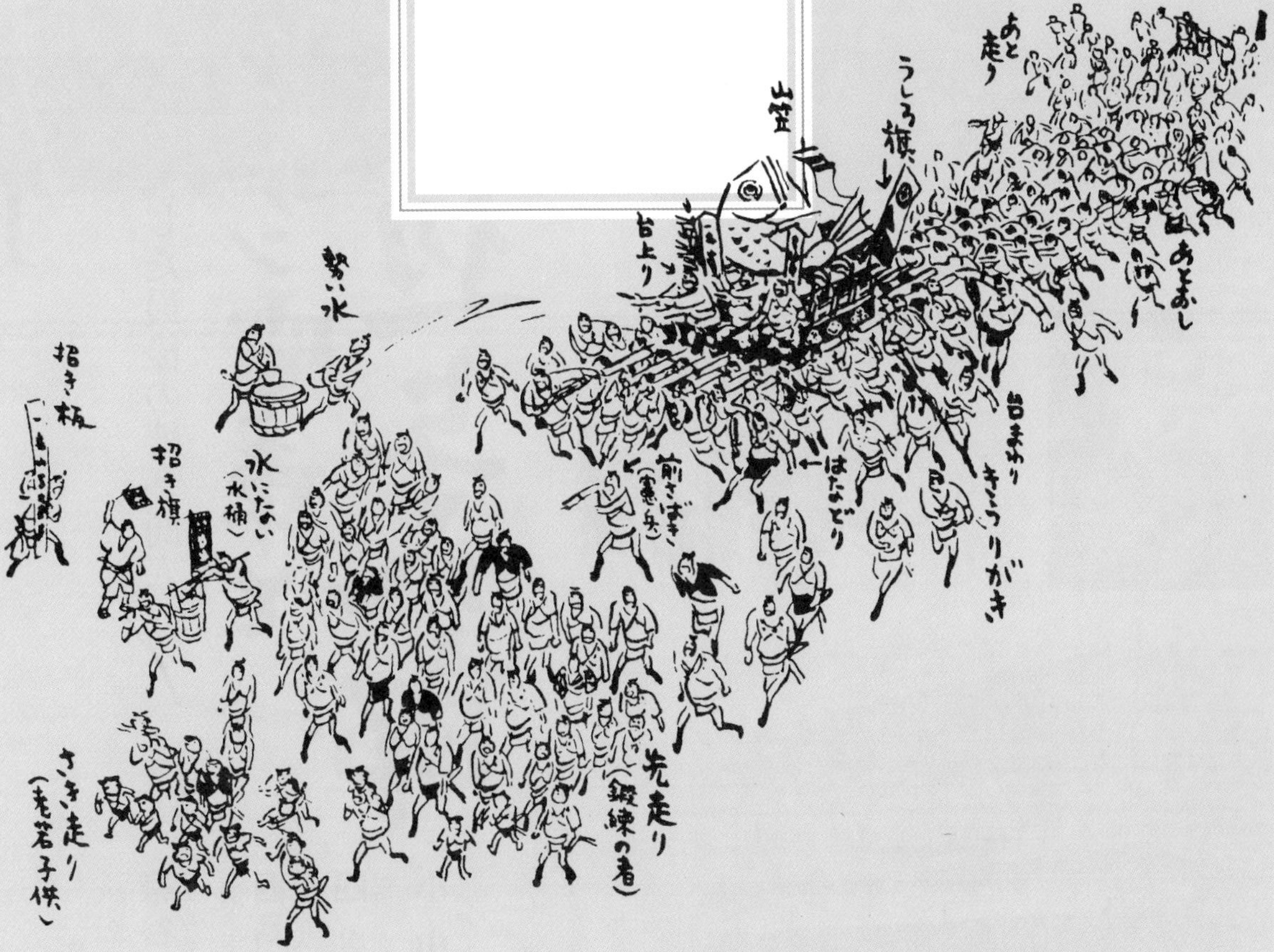

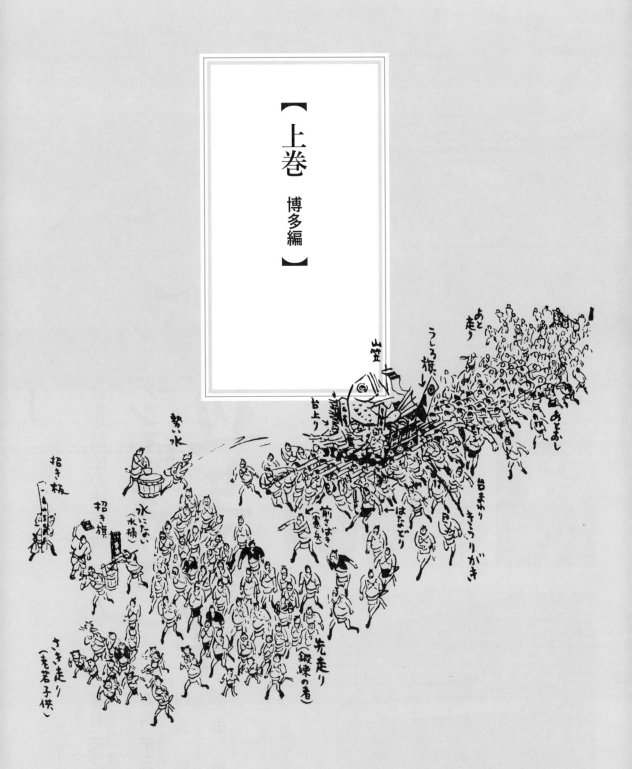

南から撮影した昭30年頃の天神の街

1 チンチン電車と渡辺与八郎

街の繁栄に尽くした最後の博多商人

［お話］
帯谷 瑛之介
日本放送作家協会 理事

［聞き手］
西島 伊三雄
博多町人文化連盟 理事長

四島 司
福岡相互銀行 社長

小山 泰
九州総合信用株式会社 社長

対談：昭和五十四年（一九七九）一月

福博発展の一石を投じた渡辺与八郎の「紙与」呉服店。大正期

明治四十三年（一九一〇）は　エポックの年

帯谷　長い間博多の人々に親しまれ、福岡相互銀行の創立者の四島一二三《ししまひふみ》さんが三十三年間、一番電車で通勤されたチンチン電車も、とうとう二月十日〈昭和五十四年（一九七九）〉で廃止されましたね。

　そのチンチン電車のお話なんですが、明治四十三年（一九一〇）というのは福岡にとってはエポックの年なんです。どういうことかというと、福岡が近代化を始めたのがこの年なんです。それまで、九州の中枢管理都市は熊本だったんですね。その理由として、熊本が地理的に九州の中央であること、福岡は商人の町で官僚の町ではなかったこと、道路が狭いことなどが挙げられます。この道路が狭いというのは、黒田藩が町全体を城に見立てて、那珂川と樋井川を外堀として、ユニークな城づくりをしているためなんです。

　ところが明治四十三年に第十三回**九州沖縄八県連合共進会**を福岡（福岡市中央区天神）で開催することになって、現在の県庁からスポーツセンターまで、湿地帯（旧肥前堀）だったのを埋め立てて会場に充てたんです。その前に佐賀で開催されたとき、出品物で熊本ともめたことがあったもんだから、福岡ががぜん張り切ったわけで、後日談になりますが、次の開催地の大分が、あんなまねはできないというくらい盛大なものだったんですね。

　この共進会に、今から話の中心になる**渡辺与八郎**さんがかんでるわけです。湿地帯を埋め立てるのに、因幡山を削って埋め立ててるわけですが、県も市も金がない。そこで与八郎さんが自費で埋め立てるんですね。

　そして、**福沢桃介**《とうすけ》、**松永安左エ門**という人らが西日本鉄道の前身、福博電気軌道会社を設立し、明治四十三年三月九日、共進会の開催に合わせて、「福博電車」が開通するわけです。

〝共進会〟と電車開通

小山　福博電車というのは、最初はどの区間を走っていたのですか。

帯谷　このときは、黒門橋から大学前（九大病院前）と呉服町から博多停車場前（博多駅前）の間でした。この福博電車がタテの縦貫線の電車で、次が翌年与八郎が開通させた天神から今の渡辺通を通って博多駅、そして築港へ通じる博多電気軌道の循環線「博軌電車」です。

　福博電車開通のために、博多の人も協力して勤労奉仕まで買って出るんです。ところが開通式当日大雨が降ったり、〝西公園の開通式の会場まで電車でおこしください〟というのに、二時間停電して電車が動かずに、みんな人力車で走っていったというおまけつきでして……（笑）。

　この電車の開通を博多の人がどれほど喜んだか、当時の**寺原長輝**《おさてる》**県知事**の祝辞の中によく表れてます。「福博両地は唯一の西中島橋によりこれが連絡をなすに止まり、加うるに前行の道路狭隘《きょうあい》屈曲交通運輸の不便忍ぶ能わざるの状態なりしが、今や県庁門前以東市営新設の道路は県営改修の道路と接続貫通し、幅員広闊四条の鉄軌其上に延び立体の道路と相共に、将に大に運輸交通に便せんと、市内の面目頓《とみ》に新たなるを覚ゆ」とこう言ってるんです。

　それまでは西中島橋一本だけが、福岡と博多を結ぶ唯一のものだったんです。しかも大八車がやっと通れるだけの広さだった。そこで、橋を架け替えようという討議が出たんですが、その理由が山笠が通ったら落ちるんじゃないかっていうんですから、いかにお粗末な橋だったかということですね。だから、県知事も喜んだわけですよ。祝辞の中に感動があります。

　この共進会というのが盛大なもので、出品点数が五万五千七百三十五点。それに、那珂川の三角州二千七百坪のうち二百十坪の二階建ての洋館を建て、迎賓館としてるんです。それが後の教育庁舎です。

西島　西日本新聞社の裏にあった記念館は違

うとですか。

帯谷　あれは違います。

四島　そうとう大きな会場ですね。

帯谷　しかも第一会場から第二会場まで満潮のときは船で行ってるんです。二カ間に約九十万人の人が入ってますからね。入場料が昼は三銭、夜は五銭。あの真っ暗な時代にイルミネーションをつけてたそうですよ。

小山　そりゃ、きれいだったでしょうね。

帯谷　ちょうどどんたくもあったし、たいへん博多がにぎわった。

西島　その頃、春日の**大神善吉**さんたちが、イルミネーションやら作りよんしゃったんじゃないですか。

帯谷　そうです。そのときすでに渡辺与八郎（以下敬称略）は、循環線の電車を計画しているわけです。どういうことかというと、箱崎から今川橋までの福博電車の縦貫線は福沢桃介、松永安左エ門という福岡以外の資本でできている。今度は地場資本で電車を走らせるべきだというわけです。港と駅をつないで新しい都市開発をやろうということなんですね。そこで、渡辺与八郎が登場するわけです。

明治末期の博多駅と福博電車（西鉄市内電車）

数年の間に完全燃焼

帯谷　代々、渡辺家は「渡辺与三郎」なんです。〝紙与〟という呉服屋さんで、先代が銀買いなんかをやっていました。大阪に行ってる間に幕府の長州征討にぶつかり、投げ売り捨て売りの呉服や反物を有り金全部はたいて船いっぱい買うんです。しかも、博多に帰り着くまでがたいへんだったようです。瀬戸内海は封鎖状態、それをやっと通って、関門海峡は危ないので四十日もかかってやっと中津に着けます。沿岸沿いには行けないという状態なんです。中津で荷揚げして陸路で博多まで運んでいる。たいへん苦心していますが、世の中が治まると、それを売って九州でいちばんの呉服屋さんになるんです。

　渡辺与八郎というのは、**神屋《かみや》宗湛《そうたん》**よりもスケールの大きな商人なんです。幼名は房吉、明治二十二年（一八八九）に家を継いでたった四、五年の間に大きな仕事、近代的なことをいろいろしています。昼食一時間休憩を取り入れたり、遠洋漁業会社もつくってます。またそれまで織物は名古屋と大阪から買っていたのが、地元で使うものは地元で作らなければならないということで、**太田清蔵**さんらと博多絹綿《けんめん》紡績（後カネボウと合併）をつくるんです。

　明治三十六年（一九〇三）**九州大学**が誘致されるときに、熊本と長崎と福岡が争ったんですが、熊本のほうが敷地、出すお金とも大きいわけです。ところが福岡は市も県も運動費が底を突いた。そのとき与八郎さんが五千円というお金を黙って出してるんです。そうしたことも効を奏して、九大がここに生まれるんです。明治三十六年四月、京都帝国大学福岡医科大学として開校したのがその発祥です。

西島　なるほど。

帯谷　明治四十四年（一九一一）に京都帝国大学から分離された福岡医科大学と新設の工

帯谷瑛之介氏

西島伊三雄氏

四島司

小山泰

科大学を含めて、九州帝国大学に昇格するのですが、文部省は柳町を移転させなければ許可できないという。学校の近所に遊郭があるのは教育上よろしからずということで、今の清川町の保有地四万七千坪を与八郎が黙って提供するんですよ。いろいろと言われたらしいけど、ほとんどもうけなしで移転させています。それもたいへんな苦労をしてなんです。

それでも三軒が残り、その一つが「新三浦」です。水炊きを始めたけれども、当時は鶏の唐揚げしか売れない。ところが、大学ができて先生や生徒が、ハイカラで安くて栄養があってということでワァーッと来た。それが博多の水炊きが有名になるきっかけになってます。

四島　歴代の九大の医学部の巣だったらしいですね。ところで、与八郎さんは今の与三郎さんのおじいさんですか。

帯谷　ええ、そうです。本来与三郎ですけど、循環電車に身を入れだしたために、親族会議で世襲の名を与八郎に変えさせられたんです。

先を読んで〝博軌〟を計画

帯谷　当時、天神から博多駅までは田んぼで、電車を通しても乗るのはタヌキかキツネだろうといわれた。そこに電車を通すといって聞かんもんだから、お灸を据える意味でまず名前を変えさせた。そして、いちばんの仲良しの河内《かわうち》卯兵衛《うへい》さん（後の市長）にやめさせてほしいと頼んだんですけど、河内さんが与八郎の熱心さに負けてミイラ取りがミイラになってしまったんです（笑）。

福岡市は発展を遂げつつある。伸びていくとすると、天神から博多駅の線と海岸へ電車が通らなければいけない。電車が通れば家ができ、家ができれば人口が増える。そうすれば町ができ、商売も伸びるというんですね。

明治四十三年（一九一〇）の九州沖縄八県連合共進会が開催されたのを機会に、博多馬車軌道の権利を買い取って有志と博多電気軌道を設立し、翌四十四年（一九一一）十月二日に開業にこぎ着けています。これが最初に述べました天神から渡辺通り、住吉を通って博多駅、そして築港から天神に戻ってくる循環線の「博軌電車」です。

家の金は全部持ち出して、山口の銀行からまでお金を借りてきてる。おそらく彼は生涯を懸けたんでしょうね。河内さんが、〝オマエ、ダメになるかもしれんぞ〟と言うと、〝電車が通れば自分の家は倒れてもよろしい〟と言ってるんです。

このために、土地を丹念に買収していくんです。天神から清川町まで行くのに、先ほど申し上げた共進会の敷地の埋め立てをして、市から電車軌道の幅だけもらっています。それが今の渡辺通りですが、そのほかの土地は田か畑ですから、電車の幅だけ売ってくれというわけにはいかない。それで丹念に買い占めていってるんです。中には、五百坪近い畑を買ったというのまであります。

西島　回りを一つずつ、でこぼこにですね。

帯谷　はい。そして、いちばん困ったのは、築港から長浜に出るあの道なんです。あそこいらは、材木屋ばっかりで、材木屋は金持ってるから電車なんか通さんでよろしいと言うんです。それを気長に説得しています。

四島　いったい、どういう人だったんでしょうね。

帯谷　丁稚《でっち》や小僧と同じものを着て、同じものを食べて、言葉もお客さんに使うのと同じような言葉で丁稚たちにものを言ったそうです。それに剣道が九段だったということです。九大医学部の学生さんにもずいぶん学費を援助して、大成した人も多いんです。

西島　ほほう。

小山　ずいぶん財産家でもあったわけですね。

帯谷　それはもう。福博ではナンバーワンの金持ちだったわけですからね。

西島　その蓄積の基本になったのは、大阪から仕入れてきた呉服ですか。

帯谷　そうです。九州では紙与よりも大きい呉服屋はない。九州中を征服していたんですから……。
西島　今でも紙与呉服店はあるでしょう。
帯谷　あれは紙小呉服店。紙与は今、紙与産業（天神紙与ビル）になっています。今の西日本新聞のビルも、西日本新聞渡辺ビルでしょう。
　とにかく、そんなこんなで開通させるところまでは持っていくんですが、開通させるまでが自分の仕事だが、後は餅は餅屋に任せるべきだと、社長をガンとして受けなかった。
小山　そのとき、おいくつだったんですか。
帯谷　それはもう四十六歳です。
小山　若いですなァ。
帯谷　社長を引き受けないので、それじゃ今の〝渡辺通り〟を渡辺通りと付けさせてくれと、重役たちから申し出があったんですが、それも嫌だと断っています。
　電車が開通してから直後にワイル病で倒れました。ワイル病は当時の難病で、発病して十日目ぐらいに死亡するという恐ろしい病気なんです。高熱と黄疸《おうだん》症状が出て、九州で年間千人が死亡したというんですから……。そのワイル病にかかって、自分が援助した九大病院に入り、発病して十日目、明治四十四年（一九一一）十月二十九日に四十六歳で亡くなったんです。それで、九大にワイル病特別研究班ができ、大正四年（一九一五）に世界で初めてワイル病の病原体を九大の稲田龍吉《りゅうきち》教授、井戸泰助教授が発見された。そのためにワイル病が地球から消えてなくなったんですから、九大にとっては劇的な人で、忘れられない恩人です。
　与八郎がもう十年生きとったら博多は変わってたでしょうね。とにかく大きな構想を抱いていた人ですから……。
小山　与八郎さんの実際の姿を見知っている人は、もういらっしゃらないんでしょう。
帯谷　まァ、丁稚をなさってた方が紙与産業の中に一人か二人いらっしゃるようです。もう八十歳ぐらいでしょうか。
　その方々の話によれば、月給はカツカツ食うぐらいしかもらわなかったが、ボーナスは多かった。いちばんたくさんもらったときはその当時5DKを十五軒建てられたっていうんですからね。もっとも番頭さん（重役）になってからの話ですけれど……。
四島　志の起こりはなんでしょうか。
帯谷　とにかく博多のためだけじゃなく、九州全体のことを考えとった人なんですね。門司―折尾間の電車も与八郎の発案ですし、博多―大分、博多―佐世保急行電車もプランに入っています。典型的な博多商人の伝統を受け継いだ大商人です。
四島　そうなると、育たれた環境なんか知りたいですね。
小山　北九州の安川敬一郎さんとどちらが大きいですかねェ。
帯谷　さァ、どうでしょうねェ。自分ではトップに立ってないですからね。
　とにかく亡くなってから〝渡辺通り〟とすぐ付けられたんです。つまり〝渡辺通り〟は、与八郎の記念碑とでもいうべきでしょうね。
　この頃の博多の人口は七万人ぐらいだったと思います。

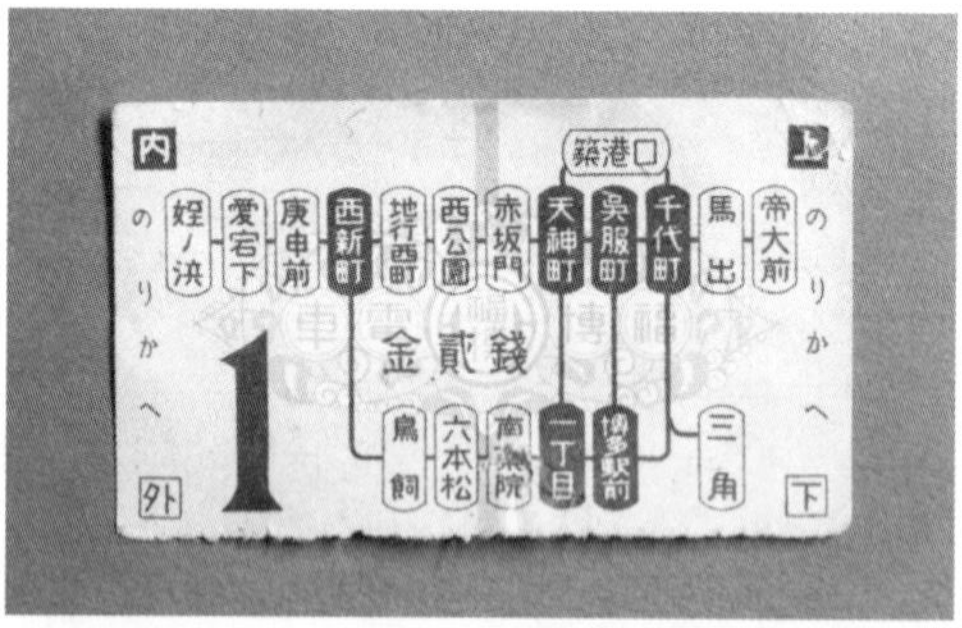

昭9年～昭和17年頃の福博電車の2銭片道券

昭54年、渡辺通りを走るチンチン電車

“博軌”と“福博”で競争を展開

帯谷　ところで、博軌電車に乗った福岡日日新聞（西日本新聞の前身）記者は次のように書いています。

“福博電車の市中を横断したのに反し博軌電車は市外線になっているので、郊外散歩をするような感じがする”、つまり当時は郊外電車なんです。ですから、夏には納涼電車を走らせましたが、蚊が飛び込んでくるので、蚊取線香をたきながら一周回ったそうです。

小山　風が入ってきてなによりの風流だったでしょうね（笑）。

西島　私が小学校に上がってちょっとして、真っ白な車体に瓜《うり》や瓢箪《ひょうたん》をつり下げてすだれを張って走ってた、あれがそうですか。

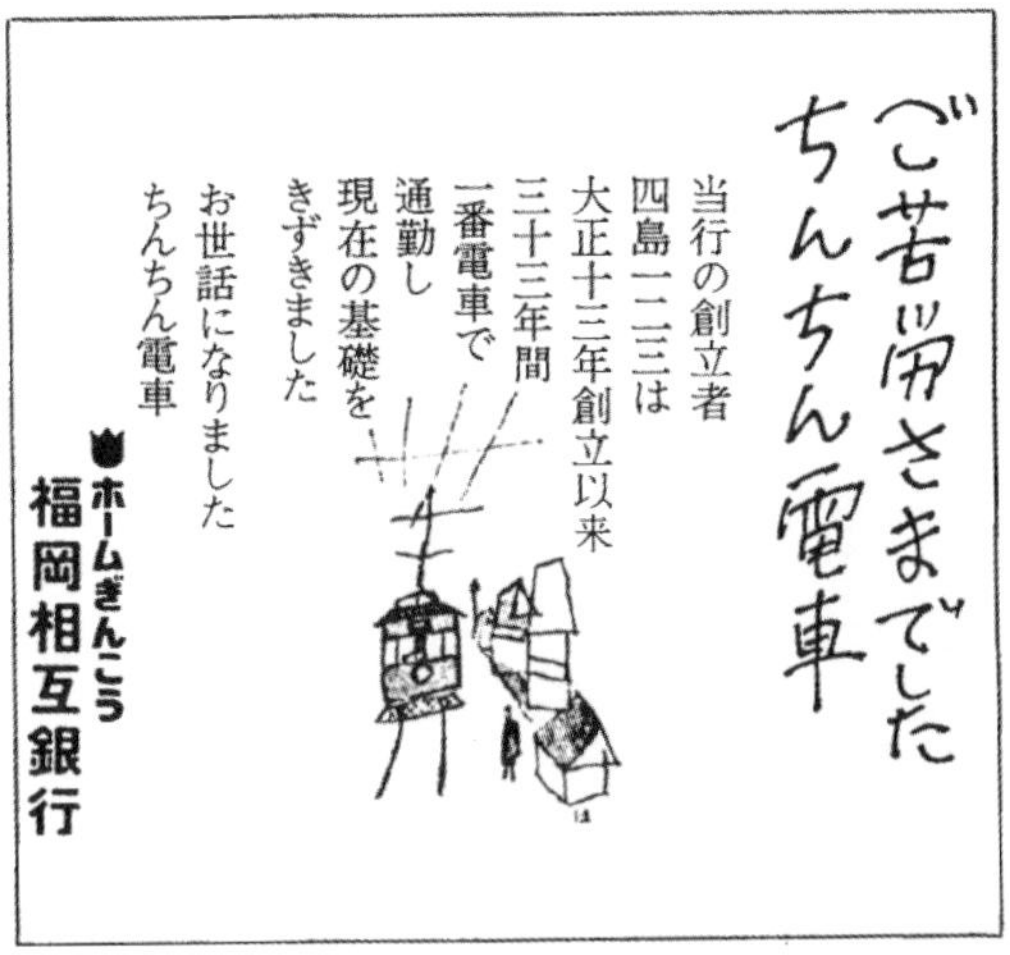
ご苦労さまでした
ちんちん電車
当行の創立者
四島一二三は
大正十三年創立以来
三十三年間
一番電車で
通勤し
現在の基礎を
きずきました
お世話になりました
ちんちん電車
ホームぎんこう
福岡相互銀行
電車がなくなった昭54年2月10日の新聞広告

帯谷　そうです。開通直後の明治四十四年（一九一一）にはもう合併の話もあったようです。いろいろやったんですが、うまくいかなくて、昭和九年（一九三四）十月に福博電車（株式会社）として統合され、後の西鉄のような形になったんですね。それまでは、博軌と福博を乗り換えるたびに切符が赤と青と違っていて、そのたびにお金を出さないといけなかった。

小山　それまでは、まったく別の資本だったんですか。

帯谷　全然別です。大正七年に九州沖縄物産共進会があったとき、須崎の会場に行くのに、福博電車が博多駅の前に楽隊を置いて演奏するので、客が福博のほうへ乗ってしまう。それに乗ると東中洲で降りて、須崎の会場まで歩かないかん。でも、楽隊がおもしろいので、そっちにばかり集まって、会場前に停留所のある博軌電車が、じだんだ踏んだということです。

与八郎氏は最後の博多商人

西島　道路が広くなって、電車ができて……。

帯谷　これから初めて博多が九州の中枢管理都市へと歩き始めるんですからね。それまではまったく熊本が中心だったんですから……。

小山　当時の博多の人口は七万。じゃ熊本はどのくらいだったんですか。

帯谷　聞いてみたんですが、だいたい同じですね。

小山　渡辺与八郎さんの後を継ぐ博多商人は誰になるのですか。

帯谷　私に言わせれば、最後の博多商人です。つまり、博多商人というのは、スケールが大きくて、いわゆる物を作って売って、というのじゃなくて、新しい文明、新しい技術、新しい科学とか工業などにすごい夢があるんですね。そういった意味で、渡辺与八郎は最後の博多商人だと思うんです。

小山　いろいろ、渡辺与八郎さんに関するお話ありがとうございました。

■帯谷瑛之介氏

大正五年（一九一六）～平成五年（一九九三）。元ＲＫＢ毎日放送のプロデューサーで、博多町人文化連盟事務局長。放送作家、作詩家、風俗史研究家。『博多の味』ほか著書も多い。博多麹屋番「帯屋」の十三代目。

2

日中友好のあけぼの

巷説《こうせつ》・遣唐使《けんとうし》

［お話］
郷土史家
波多江五兵衛
［聞き手］
博多町人文化連盟 理事長
西島 伊三雄
福岡相互銀行 社長
四島 司
九州総合信用株式会社 社長
小山 泰

対談：昭和五十四年（一九七九）四月

まずは親善使節として

小山　博多はずいぶん昔から大陸との交流が盛んで、遣唐使は全部博多から出たそうですね。

波多江　そうです、全部ここから出ています。でも、その昔の遣唐使というのは『続日本紀《しょくにほんぎ》』とお坊さん円仁《えんにん》がのこした『入唐求法《にっとうぐほう》巡礼行記』のほかは、ほんとのこと言って、まともな記録があまりないんです。お寺さんあたりに、チョコチョコ聞き書きが残っているという程度で……。

遣唐使は前後十八回計画されてるんですが、実際に行ったのは十五回です。

第一回が舒明二年といいますから西暦で言いますと六三〇年で、**犬上御田鍬《いぬがみのみたすき》**を正使として、このときに初めて遣唐使が出たわけです。

遣唐使はだいたい十五年間隔で送られているんですが、妙なことに一回目と二回目には二十三年の間隔があるんです。なぜかといいますと、第一回を送り込んだ後、蘇我氏の勢力が強まり、それを打倒した**中大兄皇子《なかのおおえのおうじ》**の大化の改新とかなんだかんだあったため、二十三年後にやっと行けたわけです。

中国が隋から唐に変わった。聖徳太子のときの**小野妹子《おののいもこ》**以来、遣隋使が行ってますから、どう変わったのか、新王朝の唐とも誼《よしみ》を通じたいということで、第一回から第三回の遣唐使は親善使節で、友好関係を保つのが目的だったんです。それと、行くときに、こちらからあいさつのみやげを持って行くんですが、唐は世界の王朝で、よく来たと数倍の貴重品のお返しをくれる。これらの品物や、使節の見聞は未開発の大和朝廷にはなによりのものだったでしょうね。それもあったわけですが、最初は親善使節なんです。

貪欲に文化を吸収

波多江　そのうちせっかく行くのに親善と品物もろうてくるだけじゃ芸がないというんで、先進国の文化を本格的に持って帰りたいということになったわけです。文化というのは、いわゆる政治のための制度ですね。王仁《わに》が百済《くだら》から千字文と論語十巻を持ってきてから四百年ぐらいになるのですが、これは伝説ですからまだ日本全国、ほとんどみんな無学文盲ですし、強いもんが勝ちだという腕力の世界だったのが、やっと天皇のもとにみんなが付いてきて、朝廷に対する租税、貢物をぼちぼち納めるようになってきた。

そうなると朝廷が法律や規則を作らなければならなくなった。そこで、習ってきたのが法律作りで、それで、大宝元年（七〇一）に律令国家の基本法である〝大宝律令《たいほうりつりょう》〟ができたのです。戸籍の作り方も習ってきましてね。戸籍は税収のために必要ですね。ばらばらになって〝あそこにおるげな〟じゃいけないので、戸籍を作ろうじゃないかということになったのです。

第八回のときには、もう少し唐の技術や学問を習いたいということになりまして……。このときに行きましたのが、吉備真備《きびのまきび》だとか、お坊さんの玄昉《げんぼう》です。吉備真備は第十回には副使として再渡唐していますが、初めて城の造り方を習ってきました。例の万里の長城を見てきたわけです。日本にもあれと同じものを造りたい、と言って造り始めたのが、糸島郡の高祖山《たかすやま》の怡土城《いとじょう》なんですね。福岡市の西の周船寺の後ろに高祖山というのがあって、あれから雷山《らいざん》にかけて、〝万里の長城〟にするつもりで土塁を積み、石垣を造ってたんですが、中央に必要な人物ですから、〝九州でうろうろするな、大和朝廷へはよ帰ってこい〟というて、とうとう完成せんなりに引っ張っていかれましたけど……。現在でもまだ、城跡《じょうし》に万里の長城と同じ形に築城した跡が残っています。

これは、おいでになると、なるほど日本で万里の長城を造るということでこういうことをやりかけたのかな、ということがわかると思うんですが、初めてセメントのようなものを使ったんです。今の石灰石のセメントじゃなくて、火山灰とカキの殻を砕きまして、生石灰を作ったものです。糸島に行きますと、当時作った瓦が残ってますけど、当時の瓦ですからね。四十センチ平方ぐらいの大きな瓦なんです。その上に大の男が飛び上がって踏んづけても割れません。すごく丈夫な瓦を作っています。

藤原氏の政策〝邪魔者は遣唐使〟

波多江　しかし、藤原氏というのは嫌な政権でしてね。あまり偉い人が出ると、摂政、関白の無能ぶりが世間に知られるみたいで、あんまり偉かったらすぐ排斥するんですよね。だから、太宰府の観世音寺を造営したとも言われる玄昉もあまり頭がいいために、観世音寺ができあがってその落成式、いわゆる落慶法要が済んだら、すぐに刺客に殺されたと聞いたことがあります。

遣唐使船にはお坊さんたちが次々乗って行くんですよ。お坊さんは当時のいちばんの知識人ですね。仏教は六世紀に百済《くだら》から伝えられたのですが、聖徳太子がご覧になって、維《ゆい》摩経《まきょう》、勝曼経《しょうまんきょう》、法華経《ほっけきょう》の三本を日本仏教の根本に取り上げられたのです。経文というのは極楽浄土を書いてあるものばかりじゃなくて、行政面で参考になることが多いのです。

時代が移って、お坊さんたちが仏典をもっと突っ込んで研究したい、それで〝ようし、現地に直接乗り込んで勉強してくる〟と言って次々に遣唐船に乗って行くのですが、日本がそんなに仏教を勉強したいなら、〝こっちからも行こうか〟といって来られたのが、唐招提寺《とうしょうだいじ》を開かれた鑑真大和上《がんじんだいわじょう》。あの方は、何回も失敗して、五回目にやっと、第十回の遣唐使の帰り便に乗って天平勝宝六年（七五四）に日本にたどり着くわけです。

しかし、なんといってもいちばんの大物は、最澄と空海で、延暦二十三年（八〇四）第十六回の遣唐使船に加わったのです。

最澄は天津の近くの五台山というところで、仏教とは何ぞやと猛勉強をして帰ってきました。最澄が帰ってきて開いたのが比叡山の天台宗。空海が高野山で真言宗を開くわけです。これが第十六回の遣唐使の功績でしょうね。

こうやって、遣唐使を何回も出すわけですが、数隻に分かれているうち、全員遭難してしまう船もしょっちゅうあるわけです。運が良くないと、帰ってこられないんですね。それで、あんな偉い奴や頭の鋭い奴がおっては、下の者たちが自分たちの言うことを聞かずに困る。そこで、藤原氏は自分たちの政権を脅かしそうな連中がいると、どうも遣唐使の正使とか副使に祭り上げたりしているんですよね。〝無事に帰ってくれれば、またそのときのこと……〟、なんて調子で、まあ、一種の敬遠策ですね。任命されたほうは〝とうとう自分たちが邪魔になるので遣唐使にさせられたかな〟と思います。

十七回目のとき副使に命じられた小野篁《おののたかむら》は、正使の藤原常嗣《ふじわらつねつぐ》が、自分の船の具合が悪いと、船を取り換えてしまった。ひどい話です。そこで病気と言って行かなかった。それで篁は隠岐島に流されています。でも、たいへんな秀才だから、すぐ許されていますが……。

それから五十余年たって、十八回目にお鉢が回ってきたのが菅原道真公なんです。藤原氏に対抗する人物ですから〝あいつ、海の中に押し出してみれ〟と無理やりに正使にされてしまいました。そこは菅原道真公です。当時、唐は末期で、内乱が相次いで荒廃しているという情報も伝わっていました。唐の滅亡はわずか十二年後のことなんです。朝廷に「もう唐の文化はありとあらゆる部門を吸収してきた。今さらこれだけの危険を冒して、いったい何を持って帰ってこいとおっしゃる。なにもないじゃないですか。そんな無駄なことやめたらどうですか」と建白書を出したもんだから、朝廷のほうも「もっともだ」ということで、それ以後は全部中止になってしまいました。

遭難覚悟で航海に出た

西島　菅原道真公がストップをかけたんですか（笑）。

灯明の光に照らし出される観世音寺。平 25 年 9 月

波多江　そうです。朝廷がどうしていとも簡単にやめたかというと、第一に、遭難することが少なくない。それに費用がものすごくかかるんですね。

遣唐使は船二〜四隻に分乗して行きましたから新船を四隻新造しなければならない。昔の木造船というのは板の張り合わせなんですね。ですから、時化《しけ》にでも遭って、どこか一つでも破れたら、それで最後なんです。命じられた人たちは遭難覚悟で乗船したんでしょうね。それに昔のことですからエンジンなん

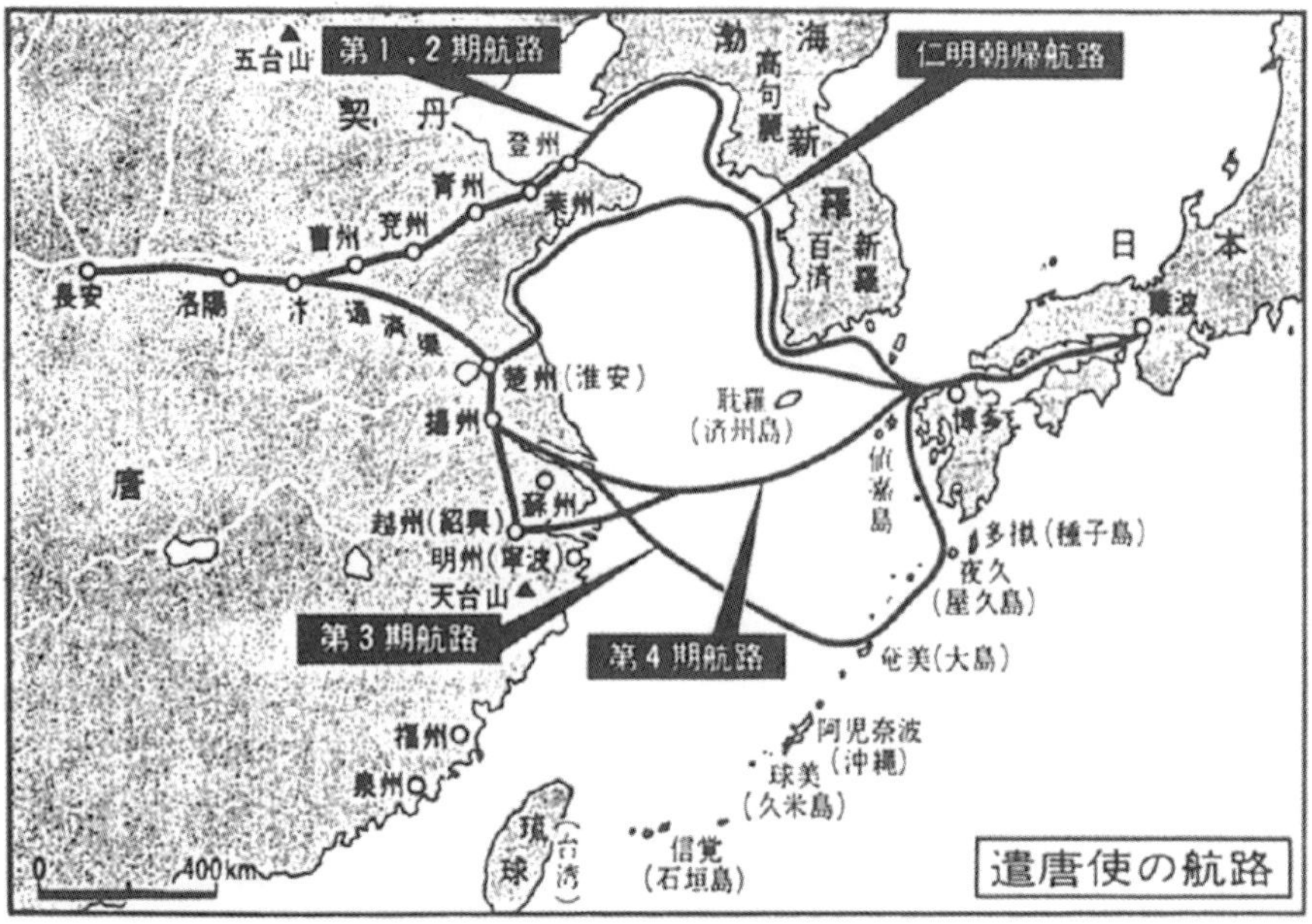

遣唐使の航路

かないわけで、季節風にうまく乗ればいいけど、そうでない場合はどうにもならない。

　それで、風の弱いときは、これは唐招提寺にある資料なんですが、船の外側で漕ぎ手が漕ぐんですね。太鼓をドーンドーンとたたいて、それに合わせてイッチニ、イッチニという調子で漕いでいく。

小山　張り出した上にいて漕ぐわけですね。

波多江　そうです。

小山　どんな航路で行ったんですか。

波多江　半島の政治状勢や国交などで変わっています。最初は壱岐や対馬から渤海《ぼっかい》、山東への北路でしたが、新羅《しらぎ》との国交が絶えてからは種子島、屋久、奄美、沖縄から東シナ海を横断して揚子江への南島路、そして奈良時代後半からは五島を経て一気に東シナ海を横断して揚子江へ向かう南路ができました。

小山　船もお粗末、航海技術も未熟でたいへんだったでしょうね。で、どんな役目の人たちが乗っていたのですか。

波多江　大使と副使でしょう。その下に判官はじめ役人、さらに船事、訳語、主神、医師、陰陽師、画師、船匠、水夫、留学生、学問僧ほかいろいろの人たちで、二百四、五十人から五百人ぐらい、最後の遣唐使〈承和五年（八三八）〉は六百五十一人という大勢でした。

小山　すごいですね。その人たちの乗っていた船は？

波多江　百数十人が一隻に乗るので、全長三十メートル、幅九メートルぐらいの船だったらしいんです。造船場は安芸国だったようですね。

小山　遣唐使の費用も相当なものだったんでしょうね。

波多江　どのくらいの費用がいったかというと、まず第一におみやげに銀ですね。現在のお金にすると、ちょっと換価が無理ですが、まあ六、七千万円分ぐらい。それから、生糸を束にしたものを五百綾、綿を千鍾《すい》、箔《はく》を二百匹、麻、椿《つばき》油、あまかずらの汁など……。これだけでもかなりの費用がかかる。そのほかの経費として、船四隻の新造費、それに乗る数百人の食料品と医療品、それから、もし、途中で海賊に遭うといけないので、武具の用意。それに交際費として大使に銀を今の金にして二、三千万円、副使に二千万円ぐらい持たせてる。そのほか、同行する官費留学生の滞在費、それから付いていくお坊さんの経費。そんなわけで、一回出そうというと、とんでもない費用がかかるんですよね。

西島　そうでしょうね。当時の貧弱な財政でそんなに費用をかけて、持って帰ってきたものというとどんなものでしょう。

波多江　持って帰ったものは、まず第一に錦織のきれ、綾、唐の絹、香料、薬、そして書籍などですね。それからおもしろいのは、皆さんが昔から日本にあったものだと思い違いをなさってますが、桜の木も持ってきたんです。〝そげなこと言って〟と言われましょうけど、貞観十六年（八七四）の宮中の記録が残っているんです。紫宸殿《ししんでん》の前に左近の桜、右近の橘といいますが、あれは桜じゃなくて、初めは梅だったんですね。それをこの年に桜に植え換えたと記録してあります。
　昔は、日本に桜はなかったんですね。

小山　ああ、そうですか。桜は昔から日本にあるものとばかり思っていました。

波多江　唐から持って帰ってきたものは、箔作りの技術、お茶、薬草、そば饅頭《まんじゅう》、櫛《くし》。草木で言えば、菊、ぼたん、もみじ、かえでなど。いろいろなものを持ち帰って、定着させています。
　ちょっと時代が下がりますが、おもしろいのは、現在魚市場で使っています符丁《ふちょう》。博多の魚市場は独特の数え方をしますね。これがなんと、宋《そう》の国の言葉なんです。現在でもそのままを使っていますね。一がスッチョウというんです。スッチョウ、リャン、ワサ、ゲンといいますが、それが博多の方言の中にも入ってるんです。「あの人スッチョウないけんね」なんて言いますが、これは「あの人一文の値打ちもないけんね」ということなんです。
　それから意外なのが入れ墨で、遣唐使船の乗員がしているんですね。えっ？と思われるかもしれませんが、航海の安全を海神に祈り、悪魔払いをするために入れ墨をしたんで、その記録が残っています。もっとも入れ墨は自分の好きなところに入れたそうです。ずっと下って、室町時代の倭寇《わこう》は、ほとんどが入れ墨をしていたそうです。

波多江五兵衛氏

博多っ子海に繰り出す

　こんなふうに、遣唐使のおかげでいろいろなものが入ってきてるわけですが、十八回で終わりになったわけです。やめてみると今度は惜しくなってくるんですね。費用はかかるけど惜しくなって、どうにかならんかとそうこうしてるうちに唐の国が滅んでしまう。唐の次はちょっと間をおいて宋、宋とは平清盛が交易しています。次が元。その次が明《みん》で、日本は足利時代ですね。明へは足利時代に入って遣明船が行きました。同時に、船の技術も進んできて、昔のように遭難しなくなりましたので、なにかといえばすぐ明に行って持ってくるんですよね。御供所町に**妙楽寺**がありますが、お寺を建てる材料を石から材木まで、全部明の国から持ってきてますね。それと同じことをしたのが**天龍寺**です。昔の人は大仕掛けなことをやったんですね。
　なにしろ博多っ子は遣唐使時代から外に出てますからね。続々外に出て行ったわけですよ。出て行くなら交換物資を積まなければなりませんので、それを集めるスポンサーがいるわけですよね。これが、後の**島井宗室《そうしつ》**、**神《かみ》屋《や》宗湛《そうたん》**たちなんです。博多の商人は、宝くじを買うような気持ちで、それに出資するわけですよ。抛銀《なげがね》貿易といって……。向こうに行って帰ってくると、だいたい倍ぐらいになって返ってきますからね。

小山　株式会社の始まりみたいなものですね。

波多江　途中で遭難したり、海賊に襲われたりするとパーになるわけですよ。これが室町から秀吉時代まで博多で大はやりだったのです。

浦島伝説も博多から

波多江　ところが、今度はそんな大仕掛けで出て行かんでも俺たちで船を出そうというのが出てくる。明では、当たり前に取引しようと思ったら、「あなたの身分は」と聞かれるものですから、藤原の某とか源氏の誰それとか、平のなんとかと名前を付けていきますが、すぐに化けの皮が剥がれて、うまく取引ができん。で、「こげんなったら、ヤレ」と言ってすぐに刀を振り回すやつが例の倭寇なんですよ。もっとも、倭寇になりすました、現地の海賊が多かったんですがね。おもしろい話があって、こちらからある船が行きます。〝ワァー〟とやりおうて、向こうの船に乗り込んでみたところが、同じ町内の者が乗っていた。「なあんだ、アンタか」というのが何回もあったらしいですよ（笑）。

西島　鉢合わせですな。

波多江　大仕掛けで行くんじゃなくて、二、三人で行く人も出てくるわけです。ほとんど対馬から朝鮮に行っている。途中遭難する船も多かったんですが、うまい具合に朝鮮に着いても、今度は帰りの船がない。仕方なしに、三年も五年もかけて歩き回って船を探して、やっとのことで帰ってくる。

　この人たちが帰ってきて話したのが、各地に伝わる浦島伝説の一つになったのでしょう。乙姫様の衣装は朝鮮のチョゴリ。竜宮城は、あんな形をした建物は朝鮮に行けば、いくらでもありますからね。つまり、朝鮮文化が華やかなことを、帰ってきて話したのが全部浦島さんになってしまった。そのためか博多湾だけで、浦島さんの本拠はここですばいというのが七カ所ある。現在、博多の築港から志賀島へ行く汽船の名前も〝うらしま〟と〝おとひめ〟でしょう。

大貿易港としてにぎわった那の津

小山　おもしろいですね。博多は昔から海外との貿易港だったんですね。

波多江　記録によりますと、貿易港は博多の那津《なのつ》と、伊勢の安濃津《あのつ》（洞津《あのつ》とも）、鹿児島の房津《ぼうのつ》（現坊津）の三カ所だったんです。ところが伊勢は都には近いけど、荷揚げしたものは鈴鹿山脈を越さなければいけないのでなかなか困難だ。房津は販売範囲が狭い。ところが那津は道が発達している。糸島街道、宗像街道、山鹿街道、朝倉街道、小石原街道があって、荷揚げしたら陸送があちらこちらにできる。それが一つ。

　それと大宰府政庁があったために高級品が売れる。それに、今のようにエンジンがないために風任せですから、もしかすると着いた翌日に出港しなければならない。下手すると一年も待っとかないといけないことにもなりかねない。だから、陸揚げしたら、一度にゴソッと買い入れてくれる大きな問屋がなければならない。だから、われもわれもと全部博多の港に入ってくる。

小山　博多っ子は、遣唐使の頃からどんどん外に出て、大いに活躍していたんですね。おもしろいお話をありがとうございました。

■波多江五兵衛氏

明治三十九年（一九〇六）〜平成二年（一九九〇）。四百年の歴史を持つ博多綱場町の老舗、漆器商「角五《かどご》」（波多江五兵衛商店の前身）に生まれ、家業を営む傍ら、昭和二十六年（一九五一）より「博多を語る会」に参加し、同会代表となる。『博多松囃子どんたく考』『博多ことば』『博多のしきたり』ほか、博多に関する著書多数。

角川文化振興財団が上海万博に向けて復元した遣唐使船。平22年

勢いよく清道を回る三番山笠・東流の櫛田入り。平 26 年 7 月 15 日午前 5 時 10 分頃

3

博多祇園山笠

オッショイ！ 博多っ子の心意気

［お話］
江頭 光 西日本新聞社編集委員
［聞き手］
西島 伊三雄 博多町人文化連盟 理事長
四島 司 福岡相互銀行 社長

対談：昭和五四年（一九七九）六月

四島　江頭さんは、西日本新聞に近代の博多の歩みを、〝ふてぇがってぇ〟で連載されていて、毎日楽しみですが、調べがたいへんですね。

江頭　一つのことから、次々枝葉が広がるものですから……。

西島　その中にも、山笠のことが出てきましたが、私は毎年山笠《やまか》舁きに出て山笠の絵を描くほうで、その歴史を江頭さんがよくご存じですから、まず山笠が明治何年かに取りやめになろうとしたことなどから話してください。

江頭　山笠は、昔は背の高い飾り山笠をそのまま威勢よく舁き回っていたんですね。ところが明治三十一年（一八九八）、福岡県知事に**曽我部道夫**が来るんですが、この人は地元の事情を知らなかったんですね。山笠が電線に引っかかって、たびたび切断するんで、〝山笠は中止すべし〟と市議会に申し入れた。当時の県知事は権威があったものですから、博多の人たちはたいへん困ったわけです。

　町人には対抗手段がありませんので、玄洋社に駆け込んだんです。そのときの社長が、現在の市長**進藤一馬**《しんとうかずま》さんのお父さんの**進藤喜平太**さんだったんです。その玄洋社が発行していた九州日報（西日本新聞の前身の一つ）の初代主筆に、一年限りとの約束で、国民新聞から**古島一雄**《こじまかずお》という人が来てたんです。のち衆議院六期、貴族院一期、戦後も**吉田茂**ワンマン宰相のご意見番格で、力を持っていたんです。この人は東京生まれなんですが、直感の優れた人で〝山笠は、地方自治の根源である〟と論評で県知事にけんかを売ったんですね。

　「県知事は山笠が裸で走り回るので野蛮だと言っておる。着飾った人間が上等で、裸の人間が下等だという証明はなにもない。現に鹿鳴館で着飾った紳士、淑女にどんなスキャンダルがあったか」という論法で攻めるわけですね。「博多の山笠は威勢のいいのが特徴だから、京都の山笠のように、飾ってデレデレできないんだ」とも言っています。知事が答えないので最後には業を煮やして、「県知事出てこい。みんなの前で論戦しようじゃないか」とまで言っています。

　一方、櫛田神社では博多っ子が篝火《かがりび》をたいて集まり、ワァワァと大騒ぎになったんです。とうとう県知事が中止令を撤回するわけですね。ここで古島が〝諸君、もうよかろう。強いばかりが男じゃない。電線に邪魔になるなら半分チョン切ればよい。裸がいけなかったら、そろいの法被を作ればいい〟と提案したんです。それを契機にして、山笠がだんだん低くなっていくんですが、過渡期においては、上の方だけ山小屋に固定して、下の方だけ引っぱり出す、ツリ山というんですか。

西島　そうです。ツリ山です。

江頭　そういうのがあったときもあるんですが、それが現在のように、飾り山笠と〝舁き山笠〟と二本立てになったんです。

四島　それからですか、法被を着だしたのは。

江頭　いいえ。昔の写真を見てみますとバラバラの格好で、比較的早くから着ているようです。

四島　そろいじゃなかったんですね。

江頭　そうです。

西島　山笠は、流《ながれ》が単位で、流は町内の集まりなんですが、町内で法被を統一していたので、いろいろな柄が一緒になっていくわけですね。ところで、時間を競う現代の山笠のようになったのは、いつから始まったんでしょうかね。

江頭　旧藩時代にすでに行われていますが、形式が整うのは明治になって、時計ができたから競争をしてみよう、とかいうことになったのが始まりでしょう。

祇園信仰から始まった山笠

四島　時計ができたからですね（笑）。山笠舁きの起こりみたいなものがいろいろいわれてますが、そこいらへんはどうなんでしょう。

江頭　従来いわれてるのが、寛元元年（一二四三）ですから、十三世紀ですね。**承天寺**《じょうてんじ》開山の**聖一国師**《しょういちこくし》が、博多の町に悪病がはやったときに、施餓鬼《せがき》だなに棒を付け、自分がその上に乗り、甘露水を振りまいて辻祈禱《つじきとう》をしたのが、始まりだといわれてるんです。

　山笠は、正確には〝博多祇園山笠〟というんですが、この祇園信仰という形態で、全国で最も有名なのは京都の祇園祭です。これは、誠に優雅な祭りですね。九州では、宇佐八幡とか日田、甘木、博多、若宮。直方《のおがた》へ行く所の若宮にも実にいい山笠があるんです。それから、田川、戸畑のちょうちん山笠や小倉の祇園太鼓。中でも民俗学的におもしろいのは、黒崎の山笠です。まったく飾りを付けていない、木で素組みをした上にササを四つ付けて、それにしめ縄を張り、須佐之男命《すさのおのみこと》の神額を掲げる。これは、最も古い形じゃないかと思うんですが……。

　いちばん最初の祇園信仰というのは古い頃、奈良時代までは農村でイネの刈り入れとか、今年は米がよく取れますようにと、春秋の収穫祭が行われたわけですが、都ができて家が密集してきますと、夏になると高温多湿になって疫病がはやるんです。それを鎮めるために祭りができます。最初は、民衆の中で全国各地で自然発生的にやっていたものですが、そこによくない傾向が生まれるわけですね。

　怪しげなる男が怪しげなる祭りをそれぞれの土地でやって、結果として民心を惑わし、政治を乱す、というようなことを朝廷は警戒するわけですね。ですから、平安時代初期の貞観十一年（八六九）に清和天皇が乗り出して、一つのモデルを京都でやったわけです。神泉苑という清らかな泉のそばで国家的な祭りをする。これに加茂川の水神祭だった葵祭が結び付きます。

　私は、祇園信仰の土台は水神祭だと思うんです。博多の山笠もどうもお汐井とか、勢《きお》い水、棒洗いなど水との関連が強い。

西島　だいたい〝祇園〟は、どういう意味があるとですか。

江頭　祇園精舎《ぎおんしょうじゃ》の守護神である牛頭《ごず》天王、これはインドの神様ですが、これに従来の須佐之男命が合体し、疫病退治の神様が生まれます。日本神話のたくさんの神様の中で、須佐之男命は牛を八つ裂きにして天照大神《あまてらすおおみかみ》に投げ付けたり、たいへん元気のいい人でしょう。だから須佐之男命にイメージを擦り合わせたんですね。

山笠はこうして走る

　山笠の台を担ぐ棒は六本で、前に二人、後に二人、外側から担ぎあげ、真ん中は担ぎ手交替のため空けてあります。台の下をきゅうり舁きと言い、両側に二人ずつ、それに方向を定める人、はなどりが前後四人で、台に上がっている人を除いて三十二人が次々に交替しながら山笠を疾走させています。山笠の台は、前を持ち上げて後ろから押して走るわけで、ドッドッドッという台の足音が聞こえるのです。

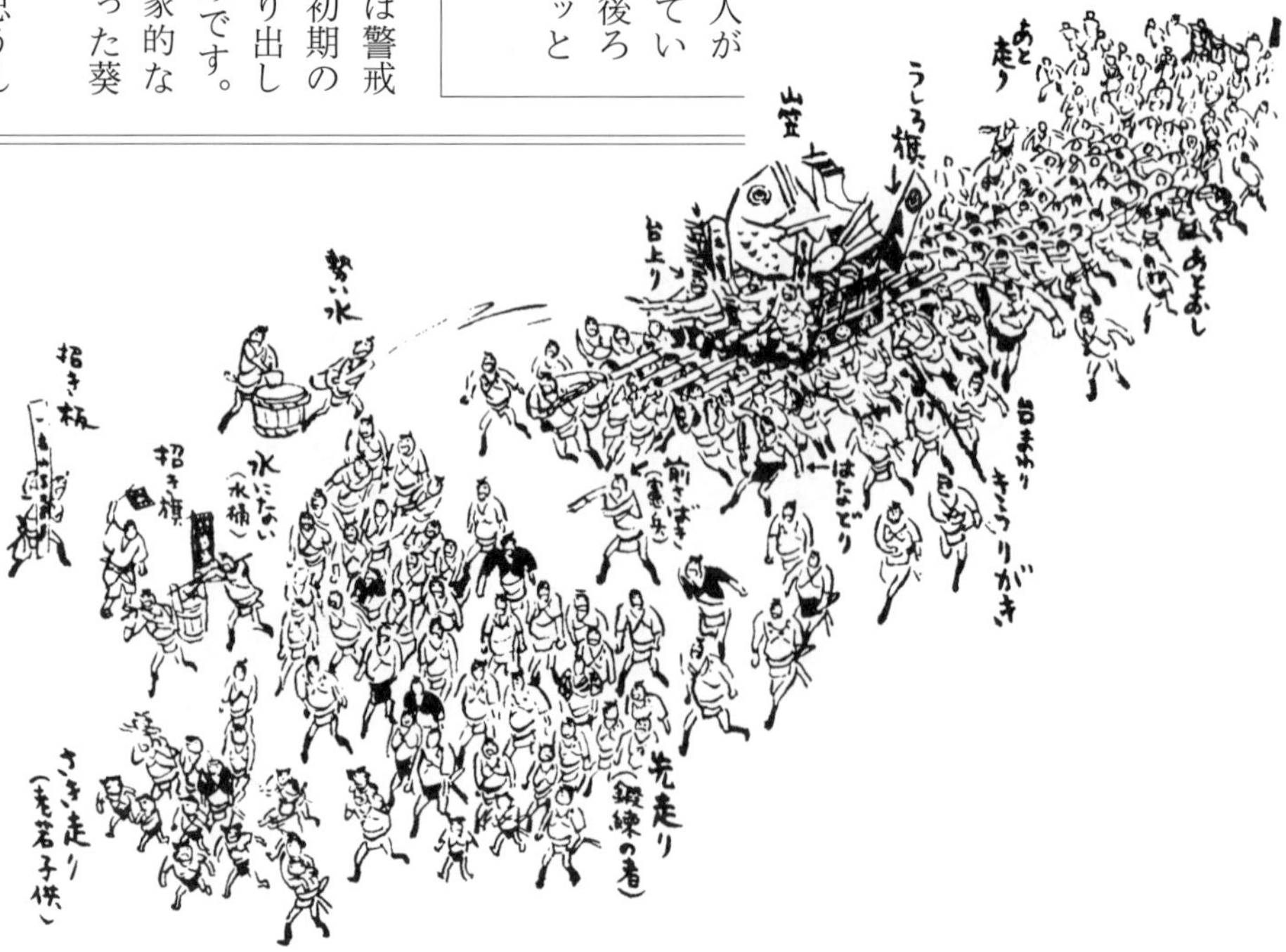

山笠にキュウリはご法度

西島　山笠にはいろいろのしきたりがありますね。

江頭　そうですね。その一つに山笠の期間中はキュウリを食べたらいけない、というタブーがあるんですが、これはどうして食べないかというと、キュウリを輪切りにしたときにその模様が祇園様の御神紋と同じになるから、ということなんです。江戸なんかでは、キュウリの輪切りは徳川家の葵の御紋に似てるからと、旗本はキュウリを食べないんですね。

四島　ホウ。

江頭　それよりももっと突っ込んで、茶断ち、塩断ちと同じように、出盛りでいちばんおいしいキュウリを食べないというタブーをつくることによって神様に精進潔斎を示したという解釈もあるわけです。

　これは私の新説ですが、水神祭との関係があると思うんです。水の精霊であるカッパの好物がキュウリなんですね。それで期間中、人間はキュウリを口にしない。現に今でもおすし屋さんではキュウリ巻きを〝カッパ巻き〟と言いますよね。

威勢よく悪霊を撃退

四島　なるほど。いつからこんな勇壮な祭りになったんですか。

江頭　これは文献によるとかなり古いですね。

四島　江戸時代くらいからですか。

江頭　江戸時代の山笠屏風《びょうぶ》というのが櫛田神社に残ってますが、それを見ると、やはり上は裸で、締め込みじゃなくふんどしをして、ずいぶん高い山笠をみんなで舁いてますね。藩政時代は町奉行が追い山を見てくれたわけですね。だから今でも一番山笠が来たとき祝い歌を歌うんですが、あのときに神様のほうを向いて歌うか、その向こうの桟敷《さじき》席、昔、町奉行がいたほうを向いて歌うかでもめた時期がありましたよね。

四島　その頃は飾ったのが全部走ってたんですか。

江頭　そうです。

四島　もっとも、あんなにきらびやかなものではなかったでしょうね。

江頭　そうですね。骨組みが半分出たようなものに飾り付けてある。しかし、そう粗末なもんでもなかったようですよ。ただ重量的には軽く作ってあったでしょうけどね。

　話が前後しますが、山笠を高くすると、その上に神様が天から降りてくるんですね。神様を呼ぶわけですよ。だから全国各地の山笠はみんな高いわけです。それで神様が来て、威勢をよくすることによって悪霊を撃退する。ですから博多では山笠で〝櫛田入り〟が終わった後で〝鎮《しず》めの能〟というのをするでしょう。これも見どころの一つだと思うんで

山笠行事の日程

七月一日…飾り山笠の公開

九日…お汐井とり
午後五時ごろから石堂橋を出発して箱崎浜まで

十日…流舁き
午後三時ごろから町内を舁き廻る

十一日…朝山
午前五時ごろから朝山、午後は自分の町内以外を舁き廻る他流舁き

十二日…追い山ならし
午後三時五十九分、櫛田神社前に集合して出発、四キロのコースを走る。

十三日…集団山見せ
観光用として呉服町から天神まで明治通りを走る。

十四日…流舁き
いよいよ行事も終わりに近づき午後簡単に行う。

十五日…追い山
午前四時五十九分、合図の太鼓で〝櫛田入り〟！勇壮な山笠が決勝点まで五キロをオッショイオッショイと走り続けて、午前六時ごろまでにはすべての行事が終了する。

すが、激しい動きが終わった途端に静かになる。

西島　追い山の六番山笠が、清道を回って境外に走り出てすぐ後に鎮めの能がありますね。

江頭　鎮めの能で神様が帰っていくわけですね。それで、現在の飾り山笠でも十五日の朝には解くんですね。よそから来た人は、三百万円もするのにどうして解くのかと言われますけど、やはり信仰が正しく伝わってるわけで、神様が十五日帰ると同時に解体するわけです。

四島　古代の日本信仰そのままですね。

西島　それで京都の山車《だし》も、天に届くように高いんでしょうね。

江頭　それと、もう一つの明治時代の事件なんですが、明治三十八年（一九〇五）、日露戦争のころ、一番山笠が出た後五分たって、二番山笠の福神流が出るわけですが、〝あと三秒、あと二秒〟なんていちばん大事な瞬間に雷が落ちたんです。そのときスタート係が仕切りの竹竿《ざお》を上げてしまったので、ダーッと走って、もう行事がめちゃくちゃ。

西島　今でも、スタートでみんなが気負っているときバリバリッ雷が鳴ったら、竿が上がろうと上がるまいと走りだしますね。絶対。

江頭　悪意でやったわけじゃないから、みんなから文句言われる筋合いはないけれども、対立するわけですよ。〝それ以来、福神流は参加しなくなる。そして、何年かたって和解ができたときに、行きがかり上、山笠はやめて、能当番を引き受けるというので、それ以来、鎮めの能が現在でも伝わっている。これは当時の新聞にちゃんと載ってるんです。以前は七年に一回、七番目が能当番になったわけですね。

明治25年の博多山笠。中対馬小路

豊臣秀吉が名付けた〝流〟

西島　櫛田神社の真ん中に赤地に白抜きで清道と書いた旗が立っとりますが、あれは、徳川初期の琉球貿易船の艫《とも》に翻っていたものと同じという話を聞きましたが……。

江頭　あれは「嘉永元戊申《つちのえさる》年（一八四八）東町下よりはじめて櫛田社内に建つ」という記録が残っています。

　戦国時代に二十年ぐらい戦乱が続いたわけ

です。博多の町は、地勢上から**大友**もここがほしい、**薩摩**もほしいと、入れ替わり立ち替わり戦場になって焼け野原になるわけです。そのときに秀吉が現在の出水の所まで薩摩征伐をして、そこで講和条約を結ぶんです。天正十五年（一五八七）六月のことですが、博多も焼け野原ですから箱崎松原に陣を敷きまして、筥崎宮を本陣に泊まるわけです。そのときに、**神屋宗湛**《かみやそうたん》とか**島井宗室**《そうしつ》が〝博多を復興してください〟と願い出て秀吉が〝よし、復興してやろう〟と大決心する。そのときに、七流というのをつくったんです。七つのブロックですね。

普通の町内が、十五から二十ぐらいで流になるわけですね。その流の中の町内が順番に当番町になっていく。博多っ子にとっては、十何年に一度回ってくる当番で、しかも自分がその総代で切り回す。昔は一番山笠が、今の祇園山笠振興会の会長の役目をしている。だから、一五、六年に一度、井上吉左衛門さんみたいな名誉と権限が回ってくるわけです。そのときに、自分の体力、ならびに名声をトップの状態に持っていくというのは、一つの生きがいだったんじゃないでしょうか。

それから、この流というのは、那珂川の流に見立てて、秀吉が付けたんだろうといわれてきました。最近知ったことなんですが、秀吉が生まれた名古屋市の庄内川のほとりに〝流〟という小字《こあざ》があるんです。権力者が新しい土地に自分の故郷を思い出して、地名を付けたんじゃないかと思うんです。

山笠は〝オッショイ オッショイ〟

西島　山笠の文章を書いたりすると、東京辺りに出すときに困るのが〝流〟ですね。〝流〟と書いたらわからんだろうし、山笠だけに使われる名称がいっぱいありますからね。例えば、棒さばきとか、一番棒、二番棒だとか、きゅうり舁きとか、表や見送り……。文章を書くときに一つ一つ説明せんといかんようで難しいですね。山笠の台を舁く手の持ち方や交替の仕方など、いろいろ決まってますからね。

江頭　山笠の期間中に新聞などにも山笠の絵が出ますけど、西島さん以外の人の絵はたいていどこか間違ってますね。

西島　毎年出てる私でさえ、山笠の絵を描くときに、必ず写真とか資料を集めますので、一回も出たことのない人は、チョット難しいのがほんとでしょうね。

山笠舁きは〝オッショイ、オッショイ〟と肩を動かさず、腕を振り上げずに、山笠の速度に合わせて走らんといかんので、絵になりにくいわけです。

それから、「道の広いほうが山笠を担ぎやすいっちゃないか、危なくなくてよかとじゃないか」と言われますがね。広いと、〝オッショイ、オッショイ〟という声がこだませんわけですたい。担がん人も一緒に〝オッショイ、オッショイ〟と言うてもらいたいわけです。山笠はかけ声のリズムで走るからです。それで、御供所《ごくしょ》町筋を行くときがいちばん動きやすいですね。加えて、広い道では水もかけらんと、見物人も片側からしか見とらんので、山が左右に揺れてしまうとです。

武田信玄は山笠人形に不向き

西島　それから、山笠の人形の見方といいますか、博多人形師の小島与一さんが言いござったとは、いちばん頂上にお社《やしろ》があってそこから、水がずーっと下まで続いて流れてきとかんとほんなもんじゃないと……。

飾り山笠の前を〝表〟というて、勇壮な戦記物、後ろを〝見送り〟といい、優美なものを作るわけです。ただ、それが今はテレビや漫画に出てくるものになってきましたね。

江頭　先ほどの明治三十八年（一九〇五）の福神流なんですが、表は〝日本海海戦〟なんですね。その年の五月にあったものを、もう作っているんですね。見送りが一年少し前にできたばかりの亀山上皇の銅像。非常に趣向を凝らしてるんですね。

それから汽車が開通したときは汽車も出たということを聞いています。

西島　情報がすぐに出たんですね。

西島　武田信玄を作ったらいかんとは、どうしてですかいな。

江頭　これは、江戸時代に武田信玄を作ったときに、山笠が倒れてけがしたとか、侍が刀を抜いて暴れ回ったとか……、たびたびそういうことが重なると、もうあれはいかんということに……。

西島　それから龍も飾ったらいかんといいますね。

江頭　この龍は八大竜王を刺激して大雨が降るっていうんですね。それと、黒田如水のおくり名に〝龍〟という字があるんですが、それをはばかったのかもしれませんね。

山笠は博多弁のリズムで

西島　箱崎の浜にお汐井とりに行くでしょう。あれで、〝さあ、山笠〟という気分になるんですね。同じ町内の人が一年に一回団結せないかん。箱崎の浜まで二里ありますから、行って戻ってきて足ならしをして、翌日から山笠を動かすようになるとです。

　山舁きに毎日出とうても、この頃は忙しうなって、十五日の〝追い山〟と十三日の〝集団山見せ〟ぐらいは出ろうという調子で仕事してますが、九日のお汐井とりは必ず行っとかな、ヒョッとして足がもつれたらいかんという気は今でもありますね。だから、山笠に出る出らんは関係なく、九日の夕方のお汐井とりは参加することにしとります。

全流お汐井とり。平28年7月9日、福岡市東区の筥崎宮箱崎浜

江頭　山笠を担ぎ上げていくというのは博多だけじゃないでしょうか。ほかのところは九割がた車が付いてますね。

四島　勇壮ですね。素晴らしかったですね。商工会議所の百年祭でも出てらっしゃいますが、外国の人たちも誘い込む何かがあるのでしょうか。

江頭　やっぱりおもしろいでしょうね。

西島　そりゃ、出て後ろから押して行ってるのはつまらんように見えますけど、歩幅を合わせて〝オッショイ、オッショイ〟と押して行くとき、背中が汗でズルズルになってその汗の臭いと、〝朝山笠〟のときは白い湯気のようなのが三十センチばかり立つのですが、そりゃあたまらんですね。涙の出ろうごとありますね。

江頭　山笠が町内の団結と融和を育てたという特質を、パッとつかんだ古島一雄は偉いと思いますね。

西島　現在ではよその土地の人で山笠に出ている人が三割ぐらいはいると思いますが。

　山笠というのは、博多弁のアクセントで動いているところがあって。「ねえ走りましょう」じゃ動かんわけで（笑）。〝ヨーイ〟と言うだけで、どうしなくてはならないかということがすぐわかります。

　後押しの付近では、例えば、「ついちゃあれ、ついちゃあれ」「追いちゃあれ！追いちゃあれ！」というようなかけ声のようなもんが、よその人にはわからんでしょうね。

四島　なるほど。

山笠はヤバン？？？

西島　承天寺の聖一国師が施餓鬼に乗って、甘露水を振りまいたということですから、承天寺と東長寺の前にも清道があるわけです。

江頭　東長寺というのは、神仏混交期は櫛田神社のお寺ですからね。追い山は日曜日でもなければ、なかなかおっくうですが、ぜひ見に行かれることをお勧めしますね。

四島　とにかく演出のないものばかりで感動がありますからね。

西島　風景としてもよくできてますね。櫛田神社のあのイチョウの木に、スズメがいっぱい寝てるんです。朝早い一番山笠のときはまだ寝てますが、すぐ横で太鼓がドンドンと鳴ると、目を覚ましてバーッと一斉に飛び立っていくし、一番山笠が清道を巡って〝祝いめでた〟を歌っているときに、東から明けていく。そして六番山笠が行くときには、完全に明るくなっている。

江頭　昭和二十五年（一九五〇）ごろ、アメリカ仕込みの民主主義第一波のころに、うちの新聞に投書が載ったんですが……。〝ヤマガサはお尻を出して野蛮だからパンツをはきなさい〟。これで町じゅう大騒ぎになったんですけど（笑）。〝あれは、ふんどしではなく締め込みだからお相撲さんと同じだ。お相撲さんは、天皇陛下の前でもお尻を出してるのだから天下御免だ〟。めでたしめでたしになったんですが、昨年、商工会議所の百年祭では、本当に天皇陛下の前でお尻を出したのですからね。

西島　新聞に書いてありましたよ。〝お尻むき出しで陛下の前で〟と（笑）。

博多の夏は追い山から

四島　ところで、〝集団山見せ〟はいつからでしたか。

江頭　昭和三十七年（一九六二）から始まった一種の観光対策ですね。「山笠は那珂川を越すことならん」と、土居流は今でも出ませんね。

東京は都市が大きく発展するにつれて、江戸という色彩が埋もれてきたわけですが、逆に博多というのは、都市が合併して、終戦後こんなに膨れ上がり今、大都市圏になってるんですが、〝博多〟はいい意味のニックネームになってますね。例えば、東京やアメリカに旅行して〝あなたどこですか〟と聞くと、〝私は博多です〟と言う。〝ホウ、博多のどちらですか〟〝チョット宗像のほうで〟というような例がたくさんあるわけで、この二つの意識はおもしろいですね。なにはともあれ、追い山で夏が来ますからね。

山笠《やま》太鼓響けば
夏の朝となり

四島　どうもありがとうございました。

■江頭光氏
大正十四年（一九二五）～平成二十一年（二〇〇九）。昭和二十三年（一九四八）西日本新聞社入社。東京支社文化部長、本社文化部長、編集委員を歴任。在任中より博多歴史研究にあたる。平成五年（一九九三）福岡市文化賞受賞。博多町人文化連盟常任理事、日本民俗学会会員。著書に『博多歳時記　新がめ煮』『ふくおか100年』『博多川上音二郎』ほか。

■勇壮な「博多祇園山笠」は、平成六年（一九九四）の平安建都千二百年祭に催された全国祇園祭山笠巡行に参加。昭和五十五年（一九八〇）ハワイのアロハウィークフェスティバルで海外初参加。六十三年（一九八八）オーストラリアのブリスベーン、ニュージーランドのオークランドの催しに参加。平成十六年（二〇〇四）上海市民クルーズ「三都航路２００４」に参加。平成二十八年（二〇一六）にはユネスコ無形文化遺産に登録された。

山笠たすきの色別

●台上り（山笠の台に上って勢いをつけ、担ぎ手を指示する人）……紅白のねじねじ

●前さばき（戦前は憲兵ともいっていて、山笠進行の前の人払いをする人）……黄と白のねじねじ

●鼻どり（快走する山笠の方向を定める）……水色と白のねじねじ

●交通整理（山笠の走る道に先行し、車などの整理をする）……緑一色

博多の豪商　4

乱世を生き抜いた反骨と知恵

［お話］
武野　要子
福岡大学教授
［聞き手］
元石　昭吾
福岡シティ銀行常務取締役
四島　司
福岡相互銀行 社長
小山　泰
九州総合信用株式会社 社長

対談：昭和五十四年（一九七七）七月

豪商といえば〝博多三傑〟

元石　「博多の豪商」といいますが、一口で言うと、どういう人たちになるのでしょうか。

武野　『博多三傑伝』という本が出まして、それ以来、博多の豪商というと、**島井《しまい》宗室《そうしつ》**、**神屋《かみや》宗湛《そうたん》**、**大賀《おおが》宗伯《そうはく》**、この三人がいわれるようになりました。

　宗室と宗湛はほぼ同じ時代で、戦国時代の終わり頃から江戸時代初期、宗伯は少し後になります。前の二人は秀吉お抱えの商人、宗伯も宗九も黒田藩お抱えの商人で、宗伯より父の宗九と考えたほうが時代的には合っています。性格的にもちょっと違いますね。

元石　遣唐使の時代から博多は知られていましたのに、それまで大きな商人は出なかったのですか。

武野　そうでもないんですよ。**宗金《そうきん》**という人がいます。言葉から受ける響きは中国人のようですが、れっきとした日本人で博多商人といわれています。

　その頃は、日明（勘合）貿易の時代で、領主やお寺、神社なども商業行為をやっていますね。**宗像神社**、**香椎宮**、**崇福寺**、**聖福寺**、**承天寺**、**妙楽寺**なども大々的に貿易をやっていましたからね。

　その当時は、中国人も日本人も差別がなくて、国際結婚をしていた時代です。例えば、宗像神社の宮司さんは、二代続けて中国人の奥さんをめとっていますね。

元石　その頃は明銭ですね。

武野　ええ、日本にも貨幣はありましたが、明銭が多量に入り込んできています。鋳銭技術がまだ進んでなかったのですね。

　少し時代が下がりますと、日本でも貨幣が盛んに鋳造されています。そのもとをつくったのが、博多商人だという説もあります。神屋宗湛の曽祖父の**神屋《かみや》寿貞《じゅてい》**が石見《いわみ》銀山《ぎんざん》を開発していますね。採掘した銀を海外へ持っていき、輸入品に換えてくるわけです。日本はマルコ・ポーロの時代から「銀島」といわれたくらい銀が豊富でした。「金」もありましたが、銀のほうが豊富だったようです。その銀を、中国や朝鮮の高級織物とか、奢侈品《しゃしひん》（ぜいたく品）に換えていたんですね。

当時の博多を考えてみると、一種の産業都市だっただろうと思うんです。銀の精錬技術とか、博多織が発生するのもこの頃ですね。年代的にいうと、十四、五世紀から十六世紀ぐらいにあたります。

元石　信長とか謙信とか戦国時代のスターたちの出てくるちょっと前ですね。

武野　そうですね。貿易だけやってたのでは、中世の博多はそんなに栄えなかっただろうと思います。外国から高級品を持ってくる代わりに、こちらからも独特のものをつくり出して、持っていかねばならない。それを博多一円で生産してたんじゃないかといわれています。

博多の特産物としては、博多織や茶の湯に使う「**芦屋釜**」、それから「**博多練酒**《ねりざけ》」がありました。「**博多練貫**《ねりぬき》」ともいっていますね。まだ清酒ではなく白く濁っていましたが、度が強く、長持ちして秀吉も賞味したということです。その練酒の醸造元の一つが、博多三傑の一人の島井家です。

それから刀、「**左文字**《さもんじ》」は名刀として有名ですね。特に対明貿易では、刀は重要な商品だったようです。

元石　お寺や神社までが行っていた貿易が、次第に豪商たちの専門に変わっていった。それには、なにかきっかけがあったんでしょうか。

武野　やはり、商業資本の成長だろうと思いますね。その当時、お寺は土地を持っていて、一種の領主でした。だから、領主の貿易の時代があったんです。ところが、ある時期からピタ－ッとしなくなって商人に代行させるようになるんですね。つまり、肩代わりできるように商人が資本やノウハウを蓄積してきたということでしょうね。

昔の商人は〝海賊まがい〟

司会　なるほど。ところで、宗湛はどんな人だったんでしょうか。

武野　宗室もそうですけど、宗湛はどこの出身かはっきりしないんですね。京都の人じゃないか、いや宗像の人だ、とかあまりはっきりしていません。宗湛は、子どもの頃は博多で過ごしたようですが、青年時代は唐津に疎開していました。

元石　戦乱のためですね。

武野　そうです。博多は貿易港で富裕な町ですから、大内氏ら戦国大名たちの垂涎《すいぜん》の的でした。貿易を一人占めしたいという欲望もあっただろうと思います。とにかく、入れ替わり立ち替わりでしたから、天正十五年（一五八七）の九州征伐で秀吉が博多に入る前は、戦乱ですっかり荒れ果てていました。それで、宗湛も唐津に疎開していたわけです。

その頃の唐津は、どうも海賊や密貿易の根拠地だったんです。ですから、資料があるわけではないんですが、そういった非合法的な貿易を子どもの頃から見ていただろうということは考えられますね。

代々、神屋家は**勘合貿易**《かんごうぼうえき》をしており、**神屋船**という船を出しています。その勘合貿易も大内氏の滅亡と同時に終わるんですが、そういった合法的な貿易の後は、中央政府が弱体となって必ず密貿易の時代が続きます。すると天下の統一者が出てきて、また合法的な貿易を始めるわけです。だから切れ目、切れ目に海賊の時代があるんです。合法的な港という点でも、非合法的な港という点でも、博多は、やはり歴史の舞台に登場してきます。だ

から、当時の貿易商人というのは、一皮むけば、だいたい「海賊まがい」といえるんじゃないでしょうか。

元石　すると、商事会社と水軍と両方を持っておかなければなりませんね。彼らは武力をかなり持っていたんでしょうね。

武野　秀吉が入ってくる前の博多は、自治都市で商人が守っていましたからね。大内《おおうち》義隆《よしたか》や大友宗麟《おおともそうりん》が、博多を領地にはするけれど、本拠地は山口や大分ですから、博多には自分の名代《みょうだい》として家来を置き、その家来が地元の商人と協力して、博多を経営していくという形をとってるんです。ですから、商人による博多の政治という面が非常に強いですね。山笠などは、その伝統を踏まえてるんじゃないでしょうか。宣教師たちも、当時の博多は堺と同じような自治都市で、町人の合議制で治められていたと言っています。

元石　お話に出た勘合貿易は、その頃誰のお墨付きだったんですか。

武野　その当時の将軍**足利義満**《あしかがよしみつ》です。勘合貿易は、筑紫の商人の肥富《こいつみ》という商人の進言で、義満が始めたのです。

元石　将軍が許可料でピンハネしてたわけですね。

武野　そうですね。だから、ある人が義満もやはり海賊の一味だったということを言ってます（笑）。

秀吉を利用して博多を復興

元石　では、宗湛は秀吉が九州征伐に来るまで唐津にいたんですか。

武野　そうです。引っ込んでおりました。そして、あるときに突然唐津を出て京都に行き、剃髪得度《ていはつとくど》といって、頭を剃って俗人から離れる。そうして、当時上流階級に流行したお茶の修行をする。天下の統一者である秀吉に近づくために、準備をするわけです。

　秀吉は、茶の湯に凝っていて、**千利休**《せんのりきゅう》とか**天王寺屋**《てんのうじや》**（津田）宗及**《そうぎゅう》とか、そうそうたるお茶の先生から茶の湯を学んでます。そして、珍しいお茶の道具をすごいお金を投じて、外国から取り寄せてます。例のルソンの壺も、そうしたものの一つですね。

元石　宗湛は唐津に引っ込んでいても、ずいぶん資力は持っていたんでしょうね。

武野　ええ、代々、大貿易商人ですから先祖伝来の資産というものを持ってたしょうね。非合法的貿易で相当ふくらんでたと思います。そういったものをもとに、雄飛のための準備を怠りなくやってたんじゃないでしょうか。

元石　そういうことで宗湛は秀吉とコネができて、またいちだんと飛躍するのですね。

武野　秀吉は、朝鮮出兵をもくろんでいたでしょう。その朝鮮にいちばん近いのは博多ですからね。兵糧米を積み込むとか、軍需品を集めるとかいうことになると、戦場に近い博多でないと困るということがあったと思います。それで、博多の商人を役立てようという魂胆があったようですね。

　だから、大坂城で、例の有名な、「筑紫の坊主はどれぞ、近うよれ」といって、非常に親しげに神屋宗湛を招じ入れて、並み居る千利休や堺の商人を退けて歓待した。そのときは、**石田三成**《いしだみつなり》の給仕で料理を頂戴したという記事が残っています。結局は、博多の富を自分のものにしたいという下心があったからでしょうね。

元石　宗湛、宗室が最も動いたのは、文禄、慶長のあの二回の戦いのときですね。

武野　朝鮮出兵〈天正二十年（一五九二）〉で、地方の一介の商人が天下の豪商に上昇したということですね。

　ただ、宗湛と宗室は性格がずいぶん違っていたようです。宗湛のほうは、家柄の出という印象が強いですが、宗室のほうは、一代で大きくなった立志伝中の面が強いようです。反骨精神も宗室のほうが強かったようで、秀吉の朝鮮出兵に反対しています。博多は朝鮮貿易で栄えていたところですから、朝鮮と戦争されると困るわけで、「およしになったほうがいいでしょう」と進言する。もちろん秀吉の気に入るはずはない。それで、あまり秀吉の覚えが良くなかったようです。宗湛のほうは、最後まで秀吉にかわいがられ、博多の復興、太閤町割りのときにも、宗湛のほうが力を入れたようです。

元石　秀吉と豪商で博多は復興したのですね。

武野　博多の復興は博多の町人の念願でしたから……。「ぜひ、一つ秀吉を利用して」ということもあったと思います。秀吉の力がなかったら、あんなに早く復興しなかったでしょうね。やはり、自分たちの博多を復興させて盛り上げていこう、という博多の町人の代表としての意識が、宗湛たちに相当強かったんじゃないでしょうか。でないと「博多の豪商」と、今日までいわれなかったと思うんです。

意外に質素だった宗室、宗湛

元石　その頃、宗湛の資力はどのくらいだったんでしょうか。

武野　宗湛の茶室に秀吉を招いたときに、家来五百人を全部入れて、お膳を五百人分用意したということなんですね。宗湛の家だけでは、もちろん入りきれずに、その隣の豪商の家も二、三軒借りたということです。このことで、どの程度の屋敷だったか、また資産の程度もわかっていただけるんじゃないかと思いますけれど……。

しかし、宗室、宗湛の家は広いことは広いんですが、調度品などは意外と質素だったようですね。それが、ちょっと時代が下がって**伊藤小左衛門**《いとうこざえもん》あたりになりますと、ぜいたくになって、長崎の出店などは非常に豪壮で、天井にギヤマン（ガラス）を張り金魚を泳がせていた、という話が残っています。

元石　ギヤマン天井、すごいものですね。

武野　秀吉が「金はいくらでも貸すから大々的に商売してよろしい」と宗湛に言ってます。秀吉は、その当時日本全国の金を一人占めしたぐらいの財産家です。その秀吉からふんだんに金《かね》を借りて商売をしたんですから、相当にもうけたとは思いますね……。

元石　この博多三傑は、日本全国でもナンバーファイブぐらいに入っていたんですか。

武野　はっきりとはわからないのですが、大関ぐらいに入っていたとは思いますね。

元石　永続的にずっとやっていくわけではないですからね。なにかのチャンスをつかんで一挙に、というやり方だったんでしょうね。

武野　安定的な経営ということになるともう少し時代が下がりますね。この当時の商人は、出てきてはつぶれ、という冒険商人の時代なんです。江戸時代の中頃になると、**三井（越後屋）**や**住友（泉屋）**など、今日の商人のルーツが出てきます。

出家、お茶で秀吉に近づく

元石　宗湛と宗室の性格の違いというのが先ほど出てきましたが、どういう人物だったかもう少し描写してください。

武野　宗室、宗湛ともに肖像画が残っています。おそらく晩年の像だと思うんですが、どちらも頭を丸めて枯淡の境地といいますか、特に宗室の肖像画は非常に穏やかで「好々《こうこう》爺《や》」という感じですね。若い時代は激しい性格だったろうと思いますが、晩年は落ち着いていたようです。どちらも禅宗を信仰しておりましたので……。

元石　出家、そしてお茶、当時の一つの見識人の行き着くルールのようですね。当時の貿易というのが、今のような物流じゃなく、切ったり殺したりという人間の戦いもある。それを見続けてそうなるのか、お茶が好きだからそうなるのか、どういうことなんでしょうか。

武野　その当時、例えば千利休でも坊さんになってますね。結局、身分制の時代ですから、天下の統一者秀吉と対等に交際するには、僧籍に入るのがいちばんいいわけです。しかも、茶室がだんだん狭くなって、だいたい二、三人ぐらい入る広さでしたから、茶室に入って初めて密談ができるわけですね。頭を丸めて茶をたしなむのも商人として成功する秘訣だったわけです。

お茶といえば、おもしろい話があって、「関ケ原の戦い」の前夜、石田三成など豊臣派の武将たちと一緒に、宗湛がお茶の会をやってるんです。その頃、武将たちも徳川に付こうか、豊臣に付こうかと迷った時代ですね。一つ間違うとたいへんなことですからね。相当忙しい時代だったんですよね（笑）。商人もやはりそういう面では忙しかったと思うんですが、宗湛は石田三成と最後まで友情を保っています。それで、歴史家は「豊臣派に賭けてたんじゃないか」ということをよく言いますが、賭けるというよりも、宗湛ぐらいの人間になると、厚誼《こうぎ》に報いるというか、もう少し高次元での、非常に武士的な性格があったんじゃないかと思いますね。

黒田の時代は宗伯が活躍

元石　宗室は、どちらに向いてたんですか。

武野　宗室も宗湛に似た生き方をしたのだと思います。二人とも一代の傑物ですから、時代の流れの行方を十分読みとっていたでしょうね。

黒田家が関ケ原の戦いで手柄を立てて、五十二万余石をもらって筑前に入部してきます。殿様が入ってくるときに、「下に、下に」と土下座させるでしょう。そのときに、博多の一部の商人が土下座をしなかったというんですね。「自分たちは天下の博多商人だ。一介の大名がなんだ」てなわけで、博多商人の気骨をそこで見せてるんです。

宗室、宗湛もそういう気持ちはあったでしょうが、博多の町人のリーダーですから、これでは黒田の時代は生きていけない、という認識は持っていたんじゃないかと思います。

黒田が入ってきてからは、大賀宗九や宗伯が、黒田のブレーンみたいになるわけです。それで、宗室と宗湛は反対に、凋落《ちょうらく》の一途をたどるんです。まあ、秀吉の手垢のついてない商人のほうが、黒田家としても使いやすかったということがあるんでしょうけど。

元石　宗室、宗湛は、蓄積を取り上げられたわけじゃないんでしょう。

武野　ええ、取り上げたりはしてませんが、二代藩主忠之から宗湛が命の次に大事にしてた茶の名器「文琳《ぶんりん》」を献上させられています。その当時の博多商人たちは茶人ですから、命を取り上げられるのと同じくらいの気持ちだったでしょうね。もっともそれに対して、黒田家は代金を払ってるんですよ。黒田家もけっこう気を使って、丁重に扱ってはいるんですね。特に、宗湛と黒田如水は親しくお付き合いしてるんですね。

元石　しかし凋落したのは、次第に仕事をもらえなくなった、御用商人の指名を外されたのですね。秀吉にはかわいがられたが、黒田藩には大賀家が重用された。そういうことで、徐々に凋落していったんですね。最後のほうはどうなったんでしょうか。

武野　ずっと明治まで続きます。もちろん神屋家のご子孫も、島井家のご子孫も現在博多にいらっしゃいます。

元石　黒田藩の御用商人というのは、大賀家が幕末までいちばん大きかったんですか。

武野　江戸時代の中頃、博多では大賀と伊藤小左衛門が並んでいました。どちらも黒田の筆頭御用商人です。ところが、伊藤小左衛門が密貿易で挙げられましたので、大賀のほうが黒田家の御用を一人占めしたという格好ですね。

島井家には資料がたくさん残ってまして、その中に養子の徳左衛門に宛てた「**島井宗室の遺訓**」というものが残ってるんです。日本の町人の家訓の中ではいちばん古いといわれてます。その中で「人に贈りものをむやみやたらにしなくてよろしい。ただ、黒田家にはしなさい」とこんなことを言ってます。そこらへんに封建時代に入っての豪商たちの悲しさというものが読み取れるように思います。

反骨の気風

元石　この人たちは長命ですね。宗湛は八十四、五歳まで、宗室は七十五、六歳まで生きてるんですね。この人たちは、世の中の栄枯

末次平蔵が長崎・清水寺に奉納した朱印船の絵馬

盛衰をまざまざと見てしまったんで、感慨無量だったでしょうね。

武野　信長、秀吉、家康とも交際がありましたからね。天下の統一者三代にわたって接しているわけですから、感慨が深かったでしょう。

元石　乱世を生き抜いて、やはり相当な知恵者なんでしょうね。

武野　それに、博多という地域性を大いに利用していますからね。そういう点、やはり相当な勉強家だったようです。

　それから、チャンスを逃していないということですね。それと、博多三傑はともかくとして、博多商人の場合、密貿易をした商人が多いんです。伊藤小左衛門もそうですし、長崎に行って長崎代官までなった**末次平蔵**《すえつぐへいぞう》が、四代目になってやはり密貿易で挙げられて財産没収になっています。「なぜか」とよく問題になりますが、元来、博多商人は反骨精神というか、反体制的な面が強かったからではないかといわれてます。

元石　密貿易品の買い手は、どういう層だったのですか。

武野　大名ですね。密貿易だと充分にわかっていて買っているんです。

元石　それじゃ藩は、ある時には見逃して、都合が悪くなって摘発したということですか。

武野　徳川氏が鎖国令を出してから、貿易ができませんからね。だから、自分の息のかかった商人に密貿易をさせて、見て見ぬふりをしていた、ということじゃないかと思うんですが……。密貿易の資料というのは、性格上全く残っていませんのではっきりは言えませんね。

元石　生命を張って貿易した豪商もなかなかのものですが、それをうまく利用していた大名も、したたかなものですね。

武野　どちらも乱世を生き抜いてきた、剛者《つわもの》同士ですから、今の常識で推し量ることはできませんね。

　黒田藩開祖の**黒田長政**の有名な遺書があるんですが、その中に、「今は公方《くぼう》様（徳川将軍）が天下をお取りになってる。それは公方様のお力によるものだが、それを公方様にさせたのは、我父如水と自分長政である」という有名な言葉があるんです。「だから、なにか事があったら、このことを忘れないで幕府に申し出るように、そうしたらたいていのことは許してくださるだろう」というようなことも言っております。

　長政は徳川にベッタリと言われてますが、そうでもないような気がします。一面では、「徳川何者ぞ」という面を相当持ってたような気がするんです。そういう精神が、「黒田節」の中に流れてるのじゃないか、という気がしてならないですね。

鎖国令で博多は地方都市に

元石　三人が亡くなった後は、博多の豪商的存在はいなくなるのですか。

武野　ええ。博多が古代、中世、戦国時代を経まして、秀吉のあたりまでは、日本貿易の中心としての博多でしたが、黒田氏の所領になってからは、地方都市に変わってしまいましたからね。それから、貿易が長崎に移ってしまって、それまで来ていた外国船が博多に入ってこなくなったことも原因でしょうね。

元石　博多の凋落に比べて長崎は……。

武野　少しずつ浮上していますね。ポルトガル貿易でだんだん力を付けてきて、貿易港としての地位を博多から奪い取ってしまいました。その起点が秀吉の時代です。秀吉が長崎を自分の領地にします。領地にするということは、貿易港として自分が貿易をそこでやりたい、という欲望のためです。天下さまの貿易港となるということは、貿易港としての地位が高まることですからね。

　そして、博多のひとかどの商人は長崎に移住し、そこで一旗揚げようというわけです。末次平蔵は代表的な一人ですね。

元石　それは、いつ頃なんですか。

武野　宗室、宗湛とだいたい同じ頃です。だから、本当に先見の明があるのは移住していったほうの商人じゃないかと思うんです。

　末次平蔵は長崎商人にはなりましたけど、れっきとした博多出身ですから、ほかの博多商人と一緒に長崎で共同経営をしたり、経営上、博多と非常に密接な関係を持っています。だから、私は博多商人の筆頭の一人に挙げていいんじゃないかと思います。博多の人には神屋、島井家あたりのほうがうけているようですが……。私は、末次平蔵のほうが、今日の博多商人を象徴しているような気がするんです……。

文化の面でも博多商人が活躍

元石　ちょっと利口すぎたんでしょうね（笑）。先見の明がありすぎて、どうも博多の気分に合わないわけですね。

武野　そうかもしれませんね。やはり博多商人は、密貿易をやった人たちが非常に多く出ているというのが特徴的だと思いますね。「反体制的」「海賊的」……そういう面が強いんじゃないでしょうか。

元石　次第に博多は凋落していく。そのとき、博多商人はどうしてたんですか。

武野　博多商人の経営は、金融業に傾いていくんです。国内の商人、大名、それから外国の商人に対して金を貸し付けています。その点で博多商人は大きな足跡を残してます。それを「投銀《なげがね》（抛銀とも書く）」といって、島井宗室の子どもの徳左衛門なんかがやってます。今も島井家には、たくさん証文が残ってるんですよ。ポルトガル人に貸した貸借証文などもあるんです。

元石　現代につながるものということで博多豪商を振り返ってみると、どういうところがあるんでしょうか。

武野　このシリーズ第一回目の「チンチン電車と渡辺与八郎氏」で、帯谷さんが「博多商人は、伝統的にただ商売だけじゃなく、広い意味の文化にも目が届いていたんだ」とおっしゃってましたが、確かに博多商人はそういう面が強いように思います。茶の湯では、博多商人の名前が今日でも生きてますし、技術の面でも博多商人が貢献している面があるんですよ。

　長崎の「眼鏡橋」があるでしょう。当時の博多商人が、ああいう石橋の技術の保持者であったという説があります。そんなことや伝統的な博多織にしても、いずれも博多商人の財力というものがバックにあるわけですが、やはり博多商人というのは、スケールが大きいですね。単なる商売一本の商人《あきんど》じゃないということは、いえるだろうと思います。

元石　終戦後の混乱を経て、福岡の実業家の活躍は注目されていますね。時代にマッチした新しい博多豪商の出現を期待したいですね。どうも、ありがとうございました。

■武野要子氏　略歴

昭和二十八年（一九五三）九州大学経済学部卒。九州産業大学教授を経て、福岡大学商学部教授。専攻は商業史で、対外交渉史、博多商人史に造詣が深い。著書に『日本の古地図・平戸と長崎』『藩貿易史の研究』『博多の豪商』『博多町人　栄華と経営手腕』ほか。福岡県史編纂委員ほか。

付録年表

（角川・日本史辞典をもとに編集）

西暦	年号	記事
一五三九	天文 八	**島井宗室生まれる（一五三九〜一六一五）**
一五四一	一〇	武田晴信（信玄）父信虎を追放
一五四三	一二	ポルトガル船、種子島に漂着して鉄砲をつたえる
一五四九	一八	ザビエル鹿児島にキリスト教を伝える
一五五一	二〇	陶晴賢大内義隆を殺す　ザビエル日本を去る
		神屋宗湛生まれる（一五五一〜一六三五）
一五五三	二二	上杉謙信と武田信玄の川中島の戦起こる
一五五五	弘治 一	厳島の戦、陶晴賢、毛利元就に敗死
一五六〇	永禄 三	桶狭間の戦、今川義元敗死
一五六二	五	家康、信長と同盟
一五六八	一一	信長、義昭を奉じ入京
一五七〇	元亀 一	南蛮船、長崎へ初めて入港
一五七一	二	毛利元就没
一五七三	天正 一	武田信玄没　義昭、信長に降り、幕府滅亡
一五七六	四	信長、安土城に移る
一五七七	五	秀吉、中国征伐に向かう
一五七八	六	上杉謙信没
一五八二	一〇	大友・大村・有馬三氏少年使節をローマ法王に派遣　信長、武田勝頼を滅ぼす　本能寺の変・信長、信忠自殺　山崎の合戦、明智光秀敗死　太閤検地始まる
一五八三	一一	賤ケ岳の戦、柴田勝家敗死　大坂築城
一五八五	一三	秀吉四国征伐　秀吉関白になる
一五八六	一四	九州征伐の動員発令　秀吉を太政大臣に任じ、豊臣姓を与える
一五八七	一五	島津義久降伏　太閤秀吉博多町割　大友宗麟没　キリスト教を禁止
		北野大茶の湯
一五八八	一六	長崎のキリスト教徒追放　刀狩を発令
一五九〇	一八	北条氏降伏、家康関東に移封
一五九二	二〇	秀吉、肥前名護屋へ向かう（文禄の役）
一五九三	文禄 二	秀頼誕生
一五九五	文禄 四	豊臣秀次自殺
一五九七	慶長 二	慶長の役
一五九八	三	秀吉没　在鮮諸将を召還
一六〇〇	五	関ケ原の戦
一六〇一	六	**黒田長政筑前五十二万石を受領**
一六〇三	八	徳川家康　征夷大将軍に任ぜられ幕府を開く
一六〇九	一四	オランダに貿易許可、平戸に商館設置
一六一三	一八	支倉常長ら遣欧使節出発
一六一四	一九	大坂冬の陣
一六一五	二〇	大坂夏の陣　秀頼・淀君自殺、豊臣氏亡ぶ
	元和 一	島井宗室没（一五三九〜一六一五）
一六一六	二	徳川家康太政大臣　この年没
一六一八	四	幕府キリスト教禁令を出す。長崎・平戸両港をイギリス通商港とする
一六二三	九	徳川家光将軍になる
一六三〇	寛永 七	**末次平蔵没**
一六三三	一〇	奉書船以外の海外渡航・渡航者の帰還を禁ず（鎖国令のはじめ）　黒田騒動裁断
一六三四	一一	長崎に出島を築き外人を移す
一六三五	一二	武家諸法度改定　参勤交代制確立
		神谷宗湛没（一五五一〜一六三五）
一六三七	一四	島原の乱起こる
一六三八	一五	島原の乱鎮圧される
一六四一	一八	オランダ平戸商館を長崎に移す
一六四三	二〇	初代柿右衛門赤絵完成
一六五一	慶安 四	徳川家光没　将軍徳川家綱
一六五七	明暦 三	徳川光圀修史局を設け「大日本史」編纂着手
一六六五	寛文 五	**大賀宗伯没**
一六六七	七	**伊藤小左衛門朝鮮への武器密輸で刑死**
一六七六	延宝 四	末次平蔵三代密貿易で配流

筑前五十二万石始祖 黒田如《じょ》水《すい》と藩祖の長《なが》政《まさ》 5

［お話］
山内 勝也
筑前近世史研究会 会長
［聞き手］
西島 伊三雄
博多町人文化連盟 理事長
小山 泰
九州総合信用株式会社 社長

対談：昭和五十四年（一九七九）九月

戦奉行で、博多の復興に

小山　博多を語るには、初代の筑前藩主として黒田長政は縁の深い人ですが、長政の父の如水は、傑出した人物だったのですね。

山内　長政は、名将というより勇将ですね。如水は、天下取りに数えられたほどの人ですから、格が違うんですよ。

　それに、如水は中津の大名になる前から博多のことを知ってるんです。というのは、如水は、天正十五年（一五八七）の秀吉の九州征伐のときの戦奉行で、博多へ来ているんですね。

小山　戦奉行といいますと……。

山内　参謀総長のことです。如水は、中国征伐の頃から、秀吉の筆頭戦奉行ですから、占領地を真っ先に見ています。だから博多にも真っ先に来て、博多の復興にも力を貸してるんです。

　島井宗室《そうしつ》、神屋宗湛《かみやそうたん》が博多の復興を嘆願したのですが、秀吉も博多の貿易の富をわがものにしたいので復興に力を貸すわけです。まずどのくらいの戸数があったかの見当をつけるために、如水が箱崎の陣営から、後に家老になる久野外記《ひさのげき》に命じて、博多の街を調べさせています。戦で橋や船が焼かれてなにもなかったものだから、大だらいを集めて、それに乗って石堂川《いしどうがわ》を渡ったというんですね。そして、かまどや井戸で戸数の見当をつけている。だいたい二万戸くらいあったそうです。

小山　当時の都市としては、わりあい大きかったんでしょう。

山内　九州一の都市でしょうね。それに貿易港でもあったし……。だから、大内や大友、島津氏らの取り合いになったんですね。

天下を狙った……如水

西島　如水は天下取りに数えられたということですが、人柄はどんなだったんでしょうか。

山内　非常に質素で倹約家、金をウンとためていたようです。

関ケ原の合戦のときに、**加藤清正**《きよまさ》と組んで、西軍加担の九州の大名を攻めようとしたのですが、長政が六千五百人の精鋭を連れて、上杉征伐に行っていますから、残っているのは老骨ばかり……。それで如水は、大広間に金銀の山を五つばかり積んで、それを前に、浪人、百姓、町人の選抜試験をして、兵を集めたそうです。

小山　商人らしい武将ですな。

山内　その点が長政と違う点で、九千人ほど集め、それを軍勢一万人と言っています。手柄を立てた者を、後に家臣にしています。

小山　近代的で、合理的な経営者ですね。

山内　あの時代に、身分にとらわれないで百姓でも、職人でも、町人でも、使いきったのは如水ぐらいのものでしょうかね。

そうした寄せ集めの兵を率いて、西軍に加担した豊前、豊後の諸城を次々に落としています。相手も留守部隊ですが、とうとう残ったのは、薩摩の島津、柳川の立花、小倉の毛利ぐらいという戦果を挙げているんですね。

小山　あわよくば天下を、と狙っていた…。

山内　そうです。東西両軍の雌雄が決まるのに、一カ月ぐらいはかかると考えていたようですが、関ケ原の合戦が一日で終わってしまい、それも、息子の長政が**小早川秀秋**《こばやかわひであき》を内応させて終わっているのですから皮肉ですね。後は東軍に従っての戦のように見せかけるため、立花を攻め、清正と手を組んで島津を討とうとまでしています。

小山　そのときですね。五十二万石をもらって、ほくほくの長政に皮肉を言ったとか。

山内　長政が、抜群の働きと**家康**から褒められ五十二万石をもらったと報告すると、如水がふんと横を向いたというんですね。天下に比べて、五十二万石ぐらいで何を喜んでるかということでしょう。如水と長政のスケールの大きさの違いですね。

小山　結果は家康に味方したが、如水は何ももらわなかったのですね。

山内　**井伊直政**や**藤堂高虎**が盛んにあっせんしたらしいんですが、あれは何を考えて兵を起こしたのかわかったものではないと家康が言ったとか、また親子合わせての勲功で五十二万石と言ったとか、いろいろ説がありますね。

まあ、そうして、如水は天下の行方を見定めたのですね。そこで、今度は本当の隠居生活に入ってしまう。やはり達人ですね。

四十四歳で隠居して〝如水〟に

小山　如水は姫路の人でしょう。

山内　先祖には諸説あるようですが、父の**職隆**《もとたか》の代に、西播磨《はりま》の豪族**小寺政職**《こでらまさもと》に仕えて重用され、小寺の姓も与えられています。

如水は、天文十五年（一五四六）、父が守っていた姫路城で生まれ、幼名を万吉、十六歳で小寺政職の近習となり、十七歳で初陣、官兵衛と称し**孝高**《よしたか》と名乗っています。二十二歳で結婚し、父に代わって小寺氏の家老になっ

如水像
福岡市博物館所蔵　画像提供：福岡市博物館 / DNPartcom

ている。長政が、翌年生まれています。如水の偉いところは、織田、毛利、三好らの中で、いち早く信長が天下を取ることを見抜いて、織田に付くことを勧めているわけですね。

いよいよ毛利征伐となると、秀吉の参謀に配属されますが、このとき親交のあった摂津の**荒木村重**が、信長に反旗を翻して毛利方に付き、旧主の小寺政職も毛利方に変わってしまう。そこで如水が村重の説得に行くのですが、村重は如水を地下牢に入れてしまうんですね。如水はクリスチャンで、〝シメオン〟というクリスチャンネームを持っていました。村重もクリスチャンだから殺さなかったのでしょう。とうとう城が落ちるまで約一年幽閉されていたのです。

西島　その牢が水牢かなにかで、そのときに如水の足が腐ったとか……。

山内　水牢じゃなく、城内のいちばん奥の地下牢に入れられたのです。横は池が掘ってあって、三方は大きなやぶがある。そういう湿地帯の牢に一年近くも入れられたら、栄養失調と運動不足、皮膚病で足が立たなくなりますよ。〝死ぬなら死んでいい〟と入れられたんですからね。そのとき、家来の**栗山備後**《びんご》が商人に姿を変えて、牢番を手なずけて、情報を知らせたり、食物を差し入れたりしたんですね。だから生き延びたんだろうと思いますね。

西島　そのときに、如水を慰めようと、誰かが裏の窓に藤の花が下がるように藤を植えたとか。

山内　それはどうでしょうか。初めのうちは牢の壁に日付の印を付けていたのですが、しまいにはそういう気力もなくなった。そのうちに春先になって、ある朝ポッと藤が牢の高窓から芽を出したんでしょうね。如水は藤と小鳥の鳴く声だけが楽しみになった。そして牢内に垂れ下がった藤の花が咲いたことで、自分の道が開けると思ったんでしょうね。

西島　それで黒田の紋所が、〝ふじどもえ〟になったのですね。

山内　そうです。それまでは黒餅《こくもち》（石持）の紋といって、黒い真ん丸な紋だったんですね。

信長のほうは、村重を説得に行って帰ってこないから、如水が村重側に付いたと思ったんですね。そこで人質の松寿丸《しょうじゅまる》、後の長政を殺せと**竹中半兵衛**に命令するのです。しかし、半兵衛は殺したと言って、長政をかくまうのですね。これで長政は助かったのですが、後年、半兵衛の子孫を長政は優遇して、恩返しをしていますね。

小山　如水はそれから……。

山内　本能寺の変を知って、秀吉に「開運のとき」と励ました話は有名ですね。この頃から黒田姓に返っています。後は秀吉の天下統一の参謀として活躍し、天正十五年に、中津で十二万五千石をもらっています。天正十七年（一五八九）四十四歳のとき、家督を二十一歳の長政に譲り、剃髪して、これから如水円清、いわゆる如水と名乗るわけですね。

〝筑前討ち入り〟で入国

西島　如水と長政の親子の関係はどうだったんですか。

山内　如水の息子は長政一人でしたし、長政も如水には一目も二目も置いていたので、父子の関係はうまくいってますね。如水は、女性関係も当時としては珍しいほどで、側室も置いていませんから、夫人と仲も良かったようです。如水は小さな人だったらしくて、播州以来の重臣が書きのこしたものを見ると、結婚式のときにお嫁さんと並んで座らせるのに円座を三枚もよけいに敷いて、やっと肩がそろったとあります。お嫁さんは、主君小寺氏の姪ともいわれ、司馬遼太郎さんはお悠の方と書いていますが、私が調べたところでは光姫《てるひめ》というのが本当のようで、長身の美人だったようです。長政は八歳のとき人質として岐阜城に行ったとき、信長に風采を褒められていますから、母親似だったのでしょうね。

西島　筑前入国は、いつ頃のことでしたか。

山内　正式には、関ケ原の戦いがあった慶長五年（一六〇〇）の十二月に、五十二万三千石の大名として入国します。筑前入国ではなく〝筑前御討入〞といっていますが、当時の緊迫した状況がうかがえますね。入国がスムーズにいくかどうか、飯塚に一カ月ほど滞在して様子をみているのです。しかし博多は秀吉が復興して以来、人心も落ち着いているので、おだやかに入部してくるのですね。

小山　御討入で入ってきたとき、博多の豪商の一部には〝黒田なにするものぞ〞という気持ちもありましたが、神屋宗湛らが時勢だからとなだめたという話もありますね。当時は占領軍が来たという感じだったでしょうね。

舞鶴城のこと

西島　初め、如水や長政はどこにいたのですか。

山内　如水、長政父子が名島城へ入ったということになっていますが、実際は長政が入っているようで、如水はしばらく宗湛の家に泊まったりしています。

小山　宗湛とは仲が良かったのですね。

山内　はい。親交が厚かったようです。名島城が狭くて、筑前五十二万三千石の軍事、政治、経済の中枢には適さないからと慶長六年（一六〇一）に城をつくろうと決めるわけです。今は福岡城といっていますが、昔は舞鶴城で、だからあちらこちらの校歌に〝舞鶴城下〞という歌詞が出てきますね。

この舞鶴城をつくるとき、箱崎と春吉と荒戸山（西公園）、そして福崎（現在地）の四カ所を候補地として調査しています。箱崎は、砂地のうえに石堂川（御笠川）と多々良川があるので水攻めに遭う危険がある。春吉は那珂川に近く、広々としていいが、土地が低いので盛り土に経費がかかる。荒戸山が北に海を控え、前のほうに草ケ江の入江があるので防備に最適なのですが地盤が弱い。福崎は、当時大休《おおすみ》山とか赤坂山とかいう小さい山があったので、それを削って築城すればよい。地名も福崎で福の字が付いて縁起がよい。黒田氏の先祖が備前の福岡に住み着いていたので、祖先を尊ぶ意味もあってこの一帯を福岡と名付けて、ここに城をつくったのです。

長政は舞鶴城に住みますが、如水は一年ほど宰府、今の太宰府へ行きますね。如水は天神様を信仰していました。戦火のためお宮が荒れて、御神体も裏山に祀《まつ》ってあったのを、如水と長政が境内を復興しているんです。今でも宝物殿の横に、茶道に明るかった如水が、ここの良い水でお茶をたてていたという、通称〝如水井戸〞がありますね。焼失していた住吉宮も造営しています。

西島　お城のことで聞きたいのですが、石垣の石ですね。その頃、石があまりなかったので、高宮辺りの穴観音の石を持ってきたとか聞きましたが……。

山内　古墳の石を使っています。平尾、高宮辺りの丘陵地に、たくさん古墳があったんです。それを崩して城の石にしています。しかし大部分は名島城の石を持ってきていますね。その頃は、どの大名も築城に古墳の石を使っていますよ。

西島　それから潮見櫓《しおみやぐら》の下のほうの石垣に卍の印がありますね。如水がキリスト信者だったので十字にしていたのを、後で都合が悪くなって、ちょっといじって卍にしたと聞いたのですが……。

山内　私も聞いたことはありますが、石を運んだ連中が目印に付けたのではないかと思っています。

福岡城の名島門。名島城の脇門が家臣に下げ渡され、後に現在の場所に移築されたという。平29年撮影

西島　それから、抜け穴が城内から平尾まで通じていたとか……。

山内　私も浄水通りにある〝出口〟らしきものを見たことがありますが、ガスがたまっていて、とても入れる状態ではなかったですね。しかし、万一のことを考えて、築城にはいろいろと工夫していたんでしょうね。長政は城だけでなく、町全体を城郭と考えて、西は金屑《かなくず》川、東は那珂川、後に石堂川までを、防御線と考えているんですよ。

西島　それで、石堂川沿いにお寺がずらりとあるんですね。

山内　ええ、あのお寺も防御用ですね。そして黒門と赤坂門をつくって、そこから内を城内と考えていたようですよ。実際は大手門からがお城の中になるわけですね。

小山　大手門というのは、実際にあったんですか。

山内　大手門というのは、上《かみ》の橋《はし》にある門のことで、渦見門ともいいます。そして、搦手《からめて》門《もん》とも追手《おって》門《もん》とも呼ばれる裏門もありました。護国神社の前に小さい池があるでしょう。あそこの上にあったわけです。

質素節倹の生活

小山　黒田氏の治世は、どんなふうでしたか。

山内　藩の政治は二人の遺訓によって行われていますね。如水、長政と名君が続いたので、事績が混同し、往々、如水の言葉を長政の言としてある本も散見しますが、よく伝わっている如水の遺訓は、「総じて国を守護することは、必ず大事なりと思うべし。尋常の人と同じ心得にては成がたし。まず政道に私なく、そのうえ、我身の行儀作法を乱さずして、万民の手本となるべし」と言っています。

　また、長政は城内の釈迦の間という一室で、月に一回、身分を問わず、有能正直な者を集めて、「腹立てずの会」を催しています。なにを言われても腹を立てない。遺恨を抱かない。他言はしないという約束の上ですね。辛辣《しんらつ》な批判で長政がむっとすると、お顔の色が変わりましたがと言われて、いやいやと謝ったりしたそうです。

　長政のエピソードとして伝わっているのに母里太兵衛《ぼりたへえ》との話があります。黒田藩の謡曲は後年喜多流になりましたが、この頃の長政は、観世に凝《こ》っていました。あるとき家臣に謡ってみせてどうだと言うと、みんながお上手と褒めるんですね。いい気になっていると、後で母里太兵衛が、「本当のことを言えば、殿の謡曲は下手で、聞けたものではない」と率直に言ったので、長政はいったん顔色を変えたものの、さすがに名君で、奥へ入って脇差を持ち出し、汝の諫言《かんげん》、わがためによしと褒め与え、以後家臣の前で謡曲を謡うことはぷっつりとやめたそうです。

　如水は「世には神罰、君罰、民罰の三つがある。神罰はよく神を畏れ、敬うことで、免れることができる。君罰は真心を持って主君につかえ、過ちがあっても、十分に反省するならば免れることができる。政治が悪くて民罰をこうむると、一国が駄目になる。民罰がいちばんこわい」と、政治の根本として話しています。

　また、近世名将言行録に如水の教えとして、「大身も小身もともに分限をわきまえ、不相応な暮しはならぬ。衣食住とも身軽にしつらえ、貯蓄をおこたらぬようにせよ。そうすれば一朝有事の際、奉公にも事欠かず、義理にも違《たが》うまい。武士にとって武具は第一の道具であるが、分不相応のものは無用である。持ちきれないほどの武具を持っていても、何の役にも立ちはしない。過分の武具を持つほどなら、下人を雇いいれよ。これとても養える範囲でなければならぬ。馬も必要だが分を過ぎると……」と書いてあります。如水は徹底した節倹の人で、着物や足袋も、ちょっと使っては臣下に払い下げているのですが、やるのではなく、手入れや、使い方を話して、安く売っている。買ったものなら大切にすると言っているのですが、酸《す》いも甘いもかみわけた人生の達人だったのですね。今の小学校は国が無償で教科書などを与えていますが、子どもはタダのものは大切にせず落とし物があっても取りに来ないそうです。考えさせられますね。

　このように如水は質素倹約の人だったので、長政も同じ方針をとったようです。筑前に入ってすぐ、如水は、屋敷と米は与えるから、庭に梅の木を植えよ。梅干を作っておかずにすればよいと勧めています。筑前に梅、みかんの木が多かったのも、如水の勧めを守ったのでしょうね。

　長政は臨終のとき、慈母に先立つこと、忠之の成長を見届けず、黒田五十二万石の大軍を動かしての戦をしないままで亡くなること、この三つが残念だと言っています。子として、父として、将としての感慨でしょうね。

領民に慕われた如水

小山　如水や長政は領民に慕われていましたか。

山内　如水は特に慕われたようです。飾らなくて、領民の子どもたちと遊んでやるような人柄でしたから。政治は、家臣とくに重臣の意見を尊重すべしというのが、藩是のようでもありましたから、黒田藩は他藩に比べると、わりあいに殿様の独断専行ではなかった、民主的な政治だったようですね。

小山　如水は、長政の政治に口を出していましたか。

山内　長政の若い頃は、盛んに口を出していますね。隠居はしていても如水がやはり藩の中心だったんでしょう。

　如水の父も如水が結婚したらさっさと家老職を如水に譲って引退しています。如水は足が悪くて不自由でも、戦になると家来に陣輿《じんよ》をかつがせ、それに乗って、前戦へ出て指揮を執っているのです。いわゆる帷幄《いあく》(本営陣)に引っ込んでいないのです。

　長政もその血を受けて、いつも先頭に立ちたがるんですよ。既に鉄砲戦ですから、先頭へ出ると撃たれる危険が多い。如水はずいぶん長政を気遣って、先頭に立つのを嫌がっていたようですね。しかし、そういう殿様だったから黒田軍団は強かったんですね。

博多を優遇した如水と長政

西島　筑前五十二万石、それで家臣はどのくらいの人数でしたか。

山内　全部でだいたい六千人、大軍団ですね。この人たちは政治と戦争が役目で、生産しない連中でしたから、これを支える当時の農民や町民はたいへんなことだったでしょうね。

　藩主の権力ならどんなことでもできたでしょうが、如水や長政は武士の町福岡と、町人の町博多を分け、町人の町として中世から栄えてきた博多の特性を認め、優遇したのですから、立派ですね。

　播州には悪口祭というのがあって、その日はどんなに政治の悪口を言ってもとがめられなかった。長政は町人代表を、その見学にやっていますね。博多にわかにも、似通ったものがありますね。夏の盆にわかにはどんな批判も自由、重臣たちはほおかむりをして顔を隠してにわかを聞いてきて、政治の参考にしろと言っていますね。藩祖の如水は慶長九年(一六〇四)五十九歳で、初代の長政は元和九年(一六二三)五十六歳で亡くなりましたが、二人とも名君で、わりあい良い政治ぶりだったことは認めていいようですね。

　それに、福岡という新興の町をつくり出し、博多に制約を加えていない。また領主の交替や減封、改易ということもなく、維新まで一貫した藩政を持続できたことも、明治以後、着実に福岡が発展してきた一因だといってもいいんじゃないでしょうか。

小山　どうも長時間ありがとうございました。

■山内勝也氏　略歴

明治三十九年(一九〇六)福岡市西町生まれ。修猷館から国学院大学を経て、東京都で教職に就き、昭和十九年(一九四四)福岡市に転じ、四十三年(一九六八)福岡市立博多工業高等学校の校長を最後に退任。次いで福岡市常勤監査委員(二期)、福岡家裁調停委員、筑前近世史研究会会長。約六百年前、祖先が筑前博多に居を構え、黒田氏入国とともに、長政に仕え福岡城下に居住。

歴史を語る郷土のお宝

志賀《しか》島《しま》出土の金印　名槍《めいそう》日本号　水牛のかぶと

6

［お話］
筑紫　豊
郷土史家
［聞き手］
西島　伊三雄
博多町人文化連盟 理事長
元石　昭吾
福岡相互銀行

対談：昭和五十四年（一九七九）十一月

二千年の眠りから目覚めた国宝の金印

司会　国宝の金印が福岡に帰ってきましたが、金印というのは……。

筑紫　博多湾に細長く張り出た海の中道が堤防のように博多湾を囲んでいて、その先端に志賀島がありますね。今は陸続きですが、昔は文字どおり島で、万葉にもよくうたわれています。

　この島は、周囲十一キロの小さい島ですが、島の南、**能古島**《のこのしま》と相対したところに、「**漢委**《かんのわの》**奴国王**《なのこくおう》**金印発光之処**」という大きな碑が建てられていて、今は金印公園になっています。

元石　金印の発見されたのは二百年ぐらい前ですね。

筑紫　ええ。天明四年（一七八四）の二月といいます。この島の百姓甚兵衛さんの田んぼで発見されたのです。

　縦横が漢尺一寸の二・三センチ強、つまみが蛇の彫物で、この印文に「漢委奴国王」と漢篆《かんてん》という漢代の官印や私印に用いられた古体の文字で彫ってあるんですが、わかりやすい書体ですね。

※金印の寸法＝方形で縦横二・三四七センチ。後漢初の一寸にあたる。鈕《ちゅう》(つまみ)は蛇鈕《だちゅう》で総高二・二三六センチ。印台の高さ、平均〇・八八七センチ。一〇八・七二九グラムである。（資料による多少違いあり）

西島　金印が掘り出されたときは、どういう

状態だったのですか。

筑紫　掘り出したのは、志賀島の百姓の甚兵衛さんとなっていますが、それは、黒田藩の郡奉行に出した書類に、土地の所有者である甚兵衛さんのサインがあるからなんですね。実際は、仙厓《せんがい》和尚も書き残しているように、秀治と喜平という小作人が掘り起こしたと思われます。

　甚兵衛さん所有の田んぼの溝の流れ具合が悪いので、手入れをしていたら石にぶつかった。これが二人でやっと抱えられるぐらいの大石で、金てこを使って掘り起こした。その石が屋根の役目になっていて、その下が三方を石で囲んであって、真ん中に光るものがある。これが金印で、その当時の記録を見ますと、どうも裸で掘り起こされたような感じですね。

　今の考古学者だったら、木箱があったんじゃないか、絹の布で包んだ形跡はないか、というようなことを丹念に調べたんだろうと思いますが、なにぶんにも当時のことですから、なんかいなとジャブジャブ洗って、掌《てのひら》に乗せてみて、「こりゃあんがい重たかばい」てなことだったんでしょう。

　甚兵衛さんの兄さんが、福岡の米屋で働いていたことがあって、「米屋の大将は学があるけんわかろうや」ということで見てもらった。大将が見て、「これは判このごとあるが、鍍金《めっき》じゃなかバイ」。

　幸いなことにその米屋が、医者であり、儒学でも評判の高かった**亀井南冥**《なんめい》先生と懇意にしていたので、先生が評判を聞いて見にきて、「こりゃ、どえらいもんじゃ」と、ビックリするわけですよ。

「漢委奴国王」の金印
福岡市博物館所蔵　画像提供：福岡市博物館 / DNPartcom

　当時、福岡藩には、**甘棠館**《かんとうかん》と**修猷館**《しゅうゆうかん》という二つの藩校がありました。甘棠館の館長の南冥先生は古文辞学派の学者で、丹念にその時代の原典を読むという学風でしたから、古典に詳しくて、『後漢書』に載っている金印だとピーンとくるわけですね。

『後漢書』の「倭人伝」

元石　『後漢書』の記述といいますと。

筑紫　ここが肝心なところで、後漢（西暦二五―二二〇）の歴史を述べた後漢書の倭人伝に、「建武中元二年（五七）、倭の奴国奉貢朝賀す。使人自ら大夫と称す。倭国の極南界なり。光武、賜うに印綬を以てす」とあり、同書の光武帝記にも同様の記述があります。また太宰府天満宮にのこっている唐時代に編さんした**翰苑**《かんえん》という書物にも、「中元の際、紫綬の栄」と載っているのです。

　いろいろ総合して、「金印紫綬」をもらったのは確実ですね。南冥先生は『後漢書』の記述を知っていたから、これはたいへんなものと気付かれたのですね。

西島　南冥先生がいないと、金印もどうなっていたか。

筑紫　金の地金としてつぶされていたかもしれませんね。

　南冥先生は、「おまえたちが持っているのはもったいない。譲ってくれ」と、百両まで競り上げた。ところが黒田藩にうわさが聞こえて、甚兵衛さんに褒美をやって藩に収まったんですね。

元石　金印は、貢物を持ってきた国に漢の天子が与えていたわけですね。

筑紫　漢は当時の世界国家で、朝貢の印として、よく来たということで、諸国の王に与えたのですね。

　だから金印を持っているということは、大帝国の漢の天子から国王として認められたわけで、他国のものも侵したり侮ったりできないわけです。

西島　こちらの使者は、漢の天子にちゃんと会ったんでしょうかね。

筑紫　会ったことが資料にのっています。いろんな貢物を持っていってます。海産物やら、それに生口《せいこう》（奴隷）も。中国の天子は各国の朝貢を誇りにして受け入れていたのです。

元石　航路はやはり韓国を通っていたんでしょう。

筑紫　そうです。そして、韓国の港、港にボスがいるのですね。こちらも奴国《なこく》のボスですから、そのボスとボスの間に連携がないと、貢物を奪われてしまう。平たんではない当時の外国航路をどうやってたどっていったか、想像しただけでもおもしろいですね。

元石　その頃は日本はまだ統一王朝がなく、文字も、鉄器もまだという弥生中期でしょう。せっかく金印をもらっても、ありがたみがわからなかったのでは……。

筑紫　鉄器はもうあったんです。漢字を常用することはなかったけれど、やはり外交上、上のほうの者は漢字を知っていたと思いますよ。

　前漢の**武帝**が衛氏朝鮮を滅ぼして今の平壌《ピョンヤン》辺りに置いた楽浪郡を通って、今度は中国の黄河の中流の西安に行くでしょう。通訳もいるし、必要最小限の書類は持っていったと思いますよ。通訳は今の韓国の人たち、釜山か金海付近から平壌の人たちが通訳してくれたんだろうと思います。

西島　そういう面でいいますと、博多は、大陸文化に直結した文化圏だったわけですね。

筑紫　そうです。その当時、博多以外に美しい文明の色を塗って可能なところはない。西島さんの絵でいったら、いちばんに博多を明るい色で塗っていいと思います。ほかのところはさっぱりわからない。

同型の金印が中国で発見

元石　金印の読み方も、いろいろあったと聞いていますが……。

筑紫　そうなんです。南冥先生は「カンノイトコクオウ」と読まれたのですが、明治二十年代に、**三宅米吉博士**（東京帝室博物館長）が「カンノワノナノコクオウ」と読み、これが定説になっています。

　南冥先生は姪浜の人で昔の**伊都国**《いとこく》が近いので、イトコクオウと読んだのでしょうが、イトコクの「イ」はア行のイ、倭と書いて「イ」と読むときはワ行の「ゐ」ですから、全然「音」が違うわけですね。

　学習院大学の**大野晋**先生は、「奴」は前漢以前はＮＡＧと発音したのが、後漢の時代にはＧが抜けてＮＡと発音するようになっていた。ですから、「ワノナノコクオウ」と読むのが正しいと言っておられますね。

西島　金印贋物《がんぶつ》説もあるそうですね。

筑紫　とにかく記録に載ってから発見されるまで約二千年たっているわけで、その間のことは、さっぱりわからない。

　南冥先生も金印の弁を書いてますが、だからといって本物だというわけにはいかない。いろいろの説が出てくるのも当然ですね。

　作家の**海音寺潮五郎**さんも、奴国の使節が二月に行って、三月には光武帝が死んでいる。天子が重病で大騒ぎのとき金印をつくったりする余裕はないはずだと西日本新聞に書かれていました。

　しかし、九州大学の**岡崎敬**《たかし》教授は、「金印というとわれわれはたいしたもんだと思っているけれども、中国の天子ともなると、こういうものをいくつも作っている。彫らせるだけだったらいくらも時間がかからない。諸国の王が来たときに、これを彫らせて授けた。そういうことで、贋物、本物というのはおかしい」と言っておられます。

　それに戦後になって、中国で金印を支える有力な発見があったのです。

　司馬遷の撰んだ**『史記』**に、雲南省の石寨《せきさい》山のところに「滇《てん》」という国があって、その滇王が西暦紀元前一〇九年に漢の武帝から金印をもらった、と載っています。それがたまたま戦後の発掘調査で雲南省の一世紀頃の古墳からひょろっと出てきたんです。それとこ

昭31年に雲南省石寨山古墳群第六号墳から発見された「滇王之印」の印面

ちらの金印と比べてみると大きさも同じ。漢尺でちょうど一寸です。メートル法で二・三センチメートル強ですね。滇王印は「滇王之印」と彫られていますが、つまみのデザインも同じですね。

元石　やはり、蛇のつまみですか。

筑紫　そうです。違うのは彫られている文字だけです。

西島　「漢」というのがついてないんですね。

筑紫　「滇王之印」と彫るのは、中国域内の小国。**漢委奴国王**と長たらしく難しく彫るのは、海外から朝貢にやってきた国の王に対する別格の褒めの言葉なんですね。

発見されたのは志賀島で

西島　志賀島との結び付きは、どうしてでしょうかね。

筑紫　いろいろ言われてますけれど、私は、そこが原始的な「わたつみ」(海を支配する神)を祀《まつ》った、奴の国王の祈願所ではなかったかと思うんです。

　だから志賀島で金印が出てきた、というのは海神にささげ、奉納したものではないかと思うんですよ。われわれの祖先の意気込み、信仰が現代人とは違うということでしょうね。

西島　宗像の**沖ノ島**から多くの宝物が発掘されましたね。

筑紫　沖ノ島の宝物は五、六世紀から九世紀までに、朝鮮や中国からの第一級品を大和朝廷が手に入れて奉納したものです。沖ノ島は大和朝廷が朝鮮進出や中国往来のたびに、軍船の勝利や船舶の安全を祈った国家的な祭祀《さいし》場だったのだろうと言われています。

元石　ところで、〝奴国〟は、どこらへんなんでしょうか。

筑紫　那珂川流域のこの辺一帯、志賀島をシンボルとして博多湾を抱いた、福岡都市圏が奴国であると思ったら間違いないですよ。

　奴国王がいた所は、考古学者の間でも歴史学者の間でも、福岡市の隣の春日市の〝須《す》玖《ぐ》〟の辺りじゃなかったか、といわれています。〝**須玖遺跡**《いせき》〟という素晴らしい遺跡がありますね。

金印はわが国の最古の文字

元石　黒田家に金印が収められて、どのように保管されていたのですか。

筑紫　東京の黒田家に金印を受け取りに行かれた（福岡市美術館の）学芸員の**田坂大蔵**さんのお話では、金印は黒檀の台座に置かれて、上から黒檀のふたをかぶせ、白色の袋に入れて表に金印と書かれた桐箱に納めてあった。黒田家で非常に大切に保管されていたんですね。

　今度、福岡市美術館に金印を呼び戻そうというときに、国がなかなか承認をしない。成田に国際空港をつくったので、歴史民俗資料館みたいな博物館をつくって、その目玉に金印を考えていたんですね。

　千葉県に持っていくなんてもってのほかだ、と思っていたところ、そこは亡くなられた十四代藩主である**黒田長禮**《ながみち》さんが「金印は福岡にあるべきもんだ」と遺言された。おかげで金印が戻ってきたんですから、ありがたいですね。

西島　おかげで、福岡市美術館の目玉になって、里帰りできたわけですね。

筑紫　そうです。金印の貴重さというか、値打ちはすごいものです。金印は中国の文字で書かれたものですが、わが民族に関係のある文字の中では、いちばん古いんですね。書かれたもので金印よりも古い文字はないんです。

　日本の歴史を語る人が、**古事記**や**日本書紀**にしばられていることがあります。古事記、日本書紀から抜け出るのは、非常に難しいでしょうが、あれは八世紀の書物、金印は一個ですが一世紀（五七）のものです。値打ちが違いますよ。おそらく、単独の国宝の中では、金印がいちばん小さいでしょうね。いちばん小さいけど、いちばん光を放つものですね。

日の本一の名槍「日本号」

筑紫　さて、槍の話なんですが、博多駅前に黒田節の銅像がありますね。黒田家の重臣の母里太兵衛《ぼりたへえ》が槍を持っていますが、その槍が今度戻ってきた名槍「日本号」です。
西島　さっそくその名槍を見てきたのですが、あんなにきれいな美しいものだとは思いませんでした。ちょっとぐらいさびているかなと思ったんですが、まるで、このごろ作ったもののようにきれいですね。それに、また長いですね。
筑紫　三十センチ以上の穂先を持つ槍を「大身の槍」というんですが、日本には、この大身の槍は三本しかないといわれています。「日本号」は穂先の長さが七九・二センチ、全長三メートル二一・五センチという堂々たるもの、実に素晴らしいものですよ。
元石　いつ頃、誰が作ったのですか。
筑紫　室町時代に作られた名槍ですが、作者がわかっていない。だからあれだけのものですが重要文化財の指定にもなっていないのは惜しいですね。
　母里太兵衛に渡った経路が本当だとすると、たいしたものですよ。もともと**正親町**《おおぎまち》**天皇**〈在位 弘治三年（一五五七）～天正十四年（一五八六）〉のものだったというんですからね。
　それが、室町幕府十五代将軍**足利義昭**に下賜され、**織田信長**、**豊臣秀吉**、そして**福島正則**、それから母里太兵衛の手に入ったというんです。
西島　太兵衛が、正則から呑み取ったという伝説ですね、あれは本当ですか。
筑紫　おもしろい話ですね。殿様の黒田長政の使者として福島正則を訪ねたところ、ご苦労、一杯やれと酒を勧められた。母里太兵衛は豪傑で酒も強い。長政から、今日は酒をつつしめと言われているもので呑めませんと言う。「呑め、呑め。」「呑めません」のやりとりの後、正則が大杯に満々と酒をつがせ、これを呑んだら所望のものを何でもとらせるといった。
　太兵衛は、それまで言われるならと見事に呑み干して、「太閤殿下（秀吉）拝領の、その名槍を」と言ったのですね。武士に二言はないので、正則は手離す。文禄年間（一五九三～一五九六）伏見城でのことです。
西島　あの槍は、実戦的なものではなくて、装飾的な槍だったんでしょうね。柄《え》にあんなにきれいに竜が彫ってありますからね。
筑紫　あれは身辺において威儀を正すものですよ。柄は大粒の青貝の螺鈿です。倶梨伽羅竜王の彫物が素晴らしいですね。
西島　倶梨伽羅竜王というのは……。
筑紫　降魔の剣を持つ不動明王の化身です。剣に竜が巻きついた図が穂先の掻《か》かれた樋《ひ》の中に彫ってあります。穂先にかぶせる鞘《さや》の長さは八七・六センチで、中央に母利家の釘抜《くぎぬき》の紋があります。なにかの絵で「升型《ますがた》」の紋が描いてあるのを見ましたが、あれは間違いで、本当は「釘抜」の紋です。
　母里太兵衛の菩提寺である嘉穂町大隈の麟翁寺《りんのうじ》の紋も釘抜です。
西島　そうすると、紋は槍をもらった後で入

福岡市博物館所蔵
画像提供：福岡市博物館 / DNPartcom

れたんですね。

筑紫　そうです。後で鞘を作ったんでしょうね。

元石　母里太兵衛は、「ボリ」と「モリ」。どちらが本当ですか。

筑紫　「ボリ」が正しい読み方ですね。それでおもしろい話があるんですよ。

　幕府から江戸城天守の石垣修理を福岡藩が命じられ、母里太兵衛の采配で見事に竣工しました。そこでいい仕事をしたと、二代将軍秀忠からお褒めの賞詞をもらうんです。その賞詞に間違って「毛利」と書いてあった。

　それで、太兵衛が帰って、長政に「毛利と書かれましたが、どうしましょうか」と言ったところ、「将軍に披露されたのだから仕方がない。公のときには毛利、内輪では母里にしておけ」となった。だから太兵衛を描いた絵や人形に、毛利の紋が付いてみたり、釘抜が付いてみたり、黒田の紋である藤巴《ふじどもえ》が付いていたりしているのですね。

西島　釘抜の紋でないとおかしいわけですね。ところで、母里太兵衛の領地はどこだったので……。

筑紫　播州出身で、筑前入国後は上野《あがの》のすぐ近くの鷹取城の城主になっています。

　ところが嘉穂町の益富城の城主だった後藤又兵衛が、長政とそりが合わなくなって筑前を退去しますね。それで又兵衛の後の益富城主になるわけです。冷水峠《ひやみずとうげ》の開通にも、太兵衛の功績があるんですよ。

※名槍日本号は母里太兵衛から後藤又兵衛へ。そして又兵衛の女婿である野村祐直から野村家に伝えられ、安川敬一郎、黒田家と渡って福岡市美術館に至ったようです。

豪傑だった母里太兵衛

西島　母里太兵衛は名槍日本号の呑み取りで有名ですが、きっぷのいい男だったんでしょうね。

筑紫　そうですね。体格も良かったようですし、気分が大きな豪傑だったと思いますね。長政に、どしどし諫言《かんげん》もしている。率直で、いろいろ逸話も多い人です。

　江戸城の石垣修理で江戸に上るとき、富士山を見て、一同がさすが日本一の山と感心するのですね。ところが太兵衛は、いや鷹取城の背後の福智山（標高九百・五メートル）のほうが大きいと言い張る。そんな無理な話はないのですが、「太兵衛どんの富士」といって有名な話ですね。

　主君長政の使者として、福島正則と飲み比べをしましたが、大名への使者は藩を代表する豪傑を起用したのです。母里太兵衛は黒田二十五騎の一人、でまさに適任です。二十四騎という人もありますが、長政を入れて二十五騎です。

西島　母里太兵衛さんは、例の〝黒田節〟のモデルになった豪傑ですね。〝酒はのめのめのむならば　日の本一のこの槍を　のみ取るほどにのむならば　これぞまことの黒田武士〟。痛快ですね。

筑紫　酒は呑め呑め呑むならば……と、有名になった今様ですね。原歌は少し違うんです。原歌は天保《てんぽう》年間（一八三一～一八四五）に高井知定がつくっています。

「のめのめ酒をのみこみて、日の本一のその鑓《やり》を、とりこすほどにのむなれば、これぞまことの黒田武士」

　これが原歌です。それが、現在歌われているような歌詞になり、昭和三年（一九二八）十一月にNHK福岡放送局の井上精三さんが「黒田節」として全国的に流して有名になったんです。歌詞の黒田武士をもじって、黒田節にしたのですね。

長政お気に入りの水牛の兜《かぶと》

元石　名槍日本号も立派ですが、美術館にある水牛の兜も立派なもので国の重要文化財ですね。

筑紫　そうですね。あの兜を手に入れた人は、**浦野半左衛門勝元**という人です。どこで、どうやって手に入れたかというのは、あいまいで霊夢によって手に入れたとなっている。

その兜を、黒田長政に仕えるときに献上するわけです。長政は、この兜が非常に気に入っていたようです。だから、まったく同じものを作って浦野家に与えたんです。その浦野家というのは、明治維新直前、勤王の志士たちに慕われた**野村望東《ぼうとう》尼《に》**の実家なんですね。

西島　平尾山荘の望東尼さんの……。

筑紫　ええ、その望東尼が、娘時代に「林」という家老のところに行儀見習いに行っていたのですが、家が火事だというので、飛んで帰る。そして、いちばんに聞いたことは、「水牛の兜は無事か」だったのですね。

これが、非常に評判になった。浦野の娘は火事だと聞いて、自分の衣装などでなく、殿様拝領の浦野家代々の家宝の「水牛の兜」は無事かと聞いた、立派な武士の娘だと評判になったわけです。それで藩はまた同様の模造品の兜を作って与えるわけです。

望東尼は慈母のように優しい女性だといわれてますが、一代の風雲児高杉晋作を山荘にかくまうほどですから意志の強い面もあったようです。自分は、黒田家家宝の水牛の兜と縁のある家の娘である、という自尊心があるわけですね。

西島　水牛の兜は、子どもの頃、お菓子のレッテルなどで見ていました。実物をじっと見てきましたが、あの角は水牛の角ではないでしょうね。水牛の角だと重くてとても戦えない。

元石　新聞には桐に漆を塗ったものと書いてありましたよ。

筑紫　そうでしょうね。しかし戦国の英傑、黒田長政が愛用しただけに立派な兜です。重要文化財で、室町末か桃山時代にできたものでしょう。

西島　私も絵を描くのに兜をたくさん見ていますが、日本の兜の中であんな大きな水牛の角になっているのは、あれ一つでしょう。

筑紫　昔、月刊少年雑誌『少年倶楽部』の付録で関ケ原の合戦の絵巻物があったんです。それを今でも持ってますけど、その絵巻では黒田長政はこの兜で奮戦していますよ（笑）。

元石　鎧《よろい》着て、あの兜をかぶって出陣すると敵も味方もほーっと思うでしょうね。

筑紫　そりゃ、大将は堂々として、やはり威儀を整えていなければならないですからね。

司会　今日は郷土の誇りのお話をいろいろとありがとうございました。

■筑紫豊氏

明治三十七年（一九〇四）～昭和五十七年（一九八二）。福岡市箱崎に生まれる。福岡中学（旧制）・国学院大学卒。県の文化財・民俗資料の発掘保護、地域に即した記紀・万葉・古代史の研究、地域の歴史文化の啓発、普及に貢献した。著書『筑紫万葉抄』『元寇危言』など多数。

［注］

※「金印」「名槍日本号」「水牛の兜」は、平成二年（一九九〇）の福岡市博物館（福岡市早良区百道浜三の一の一）のオープンに伴い、福岡市美術館から移管された。

庶民と生き、武士にも敬慕された和尚

博多の仙《せん》厓《がい》さん

7

［お話］
三宅 酒壷洞
郷土史家
［聞き手］
西島 伊三雄
博多町人文化連盟 理事長
小山 泰
九州総合信用株式会社 社長

対談：昭和五十四年（一九七九）七月

仙厓さんは学識と高徳で知られている博多聖福寺《しょうふくじ》のお坊さんです。

武士にも庶民にも敬慕され、東の良寛さんと対比される方ですが、味わいのある絵や書とユーモラスな逸話の多いことでも知られています。

仙厓さんの逸話

その一　困らせもんの岩根

どうもこうもならん人困らせもんの「岩根」という大酒呑みがいました。誰も相手にしない嫌われものでしたが、とても親孝行だったので、仙厓さんは、だまされて酒代になることを承知で絵を描いてやり、「酒《しゃ》か如来《にょらい》頼みます。毎日毎日五斗を祈るがおれが願いだ、たこぼうずどうか」と賛《さん》をして書き与えておられます。葷酒《くんしゅ》山門に入るを許さずと言いますが、仙厓さんは酒が好きだったらしく、ある人から酒をもらい、「いま、チビリチビリやりよる」といった内容のお礼の手紙が残っています。

その二　百姓ばんざい

仙厓さんは、お百姓さんを非常にかわいがっています。「との育ち　大ものこくな鼻の下は誰が養ふか」、上品な育ち方をしている連中が大きな口を利いてはいけない。誰が食べさせてくれるのかと、お百姓さんばんざいの絵を残しておられます。

その三　親死ね、子死ね、孫死ね

おめでたい言葉を、と頼まれて、仙厓さんは、「親死ね、子死ね、孫死ね」と書かれましたから、相手は、これがなんでめでたいかと腹を立てました。

仙厓さんは、「親が死んで、子が死んで、孫が死ぬ、順番どおりにいくことが人間にとっていちばんめでたいことだ」と言われたので、相手もなるほどと喜びました。

その四　花嫁さんへ

娘さんの結婚祝いにと頼まれて、「死ね、死ねと、言うまで生きよ、花嫁ご」と書いておられます。相手が縁起でもないと言うと、「この婆さん、たいがい死んだらどうか、と言われるまで長生きしなさいということだ」と言って、仙厓さんは大笑いされました。

その五　わたしも商売着で

博多出身の日本画家として著名な富田渓仙《けいせん》の祖父（曽祖父ともいわれる）にあたる富田久右衛門は、「素久さん」と博多の人から親しまれていた素麺屋《そうめん》ですが、出来たてのボタ餅を仙厓さんに食べさせようと、粉がいっぱいついた仕事衣を着たまま隠居所の虚白院《きょはくいん》に届けに行ったところ、仙厓さんは「ちょっと待っときなさい」と、法衣に着替えてきて、うやうやしく頂戴されました。びっくり顔の素久さんに、仙厓さんは、「あんたが商売着を着ていなさるから、わたしも商売着を着て、ありがたく受けないと失礼になる」と答えられたそうです。

その六　竹の子どろぼう

蚊帳を泥棒に持っていかれて困っている仙厓さんを見かねて、近所のお婆さんたちが小銭を出し合って蚊帳を買ってあげることにしました。すると、仙厓さんは、白地の蚊帳にしてくれと言われたので、お婆さんたちが縫って持っていくと、その白蚊帳に幽霊の絵を描いて、これならもう誰も持っていかんだろうと言われました。

仙厓さんは近所の悪童たちとも仲良しでした。虚白院の竹藪《やぶ》に生える竹の子を悪童たちが盗《と》りに来る。そこで、仙厓さんは猿が股から竹の子をのぞいている絵を描いて、「またから竹の子取らさるな」と書いて与えられました（「またから」というのは博多弁で、二度と、という意味）。

その七　夜遊び弟子

仙厓さんの弟子の湛元《たんげん》という人が、よく夜遊びに出かけていたんですね。仙厓さんは、そのことを知っておられたけれどなにも言われない。そしてある晩、湛元が乗り越えて出入りしている塀の真下で、座禅を組んで待っておられました。夜遅く帰ってきた湛元はそんなこととは知らず、おまけに真っ暗闇。ちょうどよい踏み台があると、仙厓さんの頭を踏んで飛び降りました。

明くる朝、湛元は仙厓さんの頭に下駄の「二」の字の痕がくっきりついているのに驚きましたが、知らぬ顔して「頭の傷はどうなさいましたか」とたずねました。仙厓さんは、「昨晩、わしが座禅している頭の上を、盗っ人と猫がウロチョロしよったわい」と言って、一言も叱られなかったので、湛元はそれから心を入れかえ、聖福寺一山の風紀が改まったといわれています。

越後《えちご》の良寛さん
博多の仙厓さん

小山　とてもおもしろい逸話ですね。二百年ぐらい前、聖福寺の住職をされていた、絵の上手な、洒脱《しゃだつ》なお坊さんということで知られていますが……。

西島　知られてるようで、あんがい知られてないんですよ。書や絵や俳句をたしなむ人や、仙厓さんの作品が好きな人は、「こんな偉い坊さんはいない」とぞっこん惚れですが、博多でも仙厓さんを知らない人も多いんじゃないでしょうか。

三宅　そうですね。仙厓さんは、寛延三年（一七五〇）、美濃国《みののくに》（岐阜県）武儀《むぎ》郡南武芸村に生まれ、天保八年（一八三七）に八十八歳で亡くなられた方で、博多の名刹《めいさつ》聖福寺の住職を、第百二十三世と第百二十五世と、二度のお務めをされた禅宗のお坊さんです。遷化《せんげ》（亡くなる）されるまで、千点以上の絵や書を残しておられます。

西島　私は子どもの頃、聖福寺で遊んでいましたので、仙厓さんの絵をどこかで見ていたのでしょうか。とにかく大好きです。

仙厓さんの絵が、博多の気性にぴったりなので、博多生まれの人だと思ってたんですが、途中から聖福寺に来られたのだそうですね。

三宅　博多に来られたのは三十九歳のときで、八十八歳で亡くなられるまで足かけ五十年間博多で過ごされていますので、美濃生まれですが、「博多の仙厓」で知られています。

小山　だいたい良寛さん〈宝暦八年（一七五八～天保二年（一八三一）〉と同じ世代ですね。

越後《えちご》の良寛さんも、書をよくし、子どもと遊んだり、逸話の多い人ですが、東と西で似たような存在ですね。良寛さんはよく知られているのに、仙厓さんはそれほどでもない、残念ですね。

三宅　どちらも偉いお坊さんですが、仙厓さんは、禅僧として本格的な修行を積まれていますから、修行や学識の面では、仙厓さんのほうが上だったでしょう。ただ、行き着くところは同じで、どちらも市井《しせい》の人たちに親しまれ、自分の絵や書、歌で、また、それ以上にご本人の生き方で周囲を教化された、立派なお坊さんですね。良寛さんは、詩人の**相馬御風**《そうまぎょふう》さんが昭和初期に紹介したりしてよく知られてきましたが、仙厓さんも、これから敬慕する人が増えてくると思いますよ。越後の良寛さん、博多の仙厓さん、いい対照ですね。

感心されたいたずら書き

小山　確か一刀彫の円空《えんくう》も美濃生まれでしたね。

三宅　そうです。明治の初め頃までは、百姓の子で、それも長男以外に生まれると、美濃の山国では禅宗の僧になる以外に出世の道はなかったんですね。だから、仙厓さんも十一歳のときに、美濃の**清泰寺**《せいたいじ》の空印《くういん》和尚のもとで出家し、十九歳のときに今の横浜市保土《ほど》ケ谷《がや》区にあった**東輝庵**《とうきあん》の**月船**《げっせん》**和尚**について修行されていますが、この修行が、後の仙厓さんの形成に大きな影響を与えているようです。

　月船和尚は非常に厳しくて、仙厓さんは「毒月船」と書いているほどですが、たいへん立派な人で、名誉や世俗のことは一顧もせず、東輝庵にこもってひたすら修行の一生を終わっておられます。この方の教育を受けたことが、仙厓さんにたいへん影響しているようですね。

　この頃すでに仙厓さんに絵心があったことを示すおもしろい逸話が残っています。ある日、仙厓さんは庭掃除を命じられ、ほうきではいていたんですが、そのうち砂の上に、月船和尚が大口をあけて雲水を叱りとばしている絵を描かれた。すると、月船和尚が「おまえ、ちょっと谷から水をくんでこい」と命ぜられたので、仙厓さんは落書きを消す間がなく谷に水をくみに行かれた。その落書きを月船和尚が見て、「臨済一喝《りんざいいっかつ》」（臨済禅師が叱りつける）の絵と勝手に解釈して、ひじょうに感心するわけです（自分の特徴をとてもよく捉えているので感心したという説もあります）。そして、仙厓さんを部屋に呼んで「今度は紙に描け」と命じられ、仙厓さんも仕方なく描いたというんです（笑）。

　東輝庵時代に「上東輝老師（トウキロウシニタテマツル）」と題する仙厓さんの次のような偈《げ》（詩）があります。「釈迦《しゃか》入滅《にゅうめつ》二千《にせん》歳《さい》、弥勒《みろく》下生《げしょう》億万年《おくまんねん》、今日《こんにち》端《はし》なく相見《しょうけん》しおわる、従来《じゅうらい》鼻孔《びこう》唇辺《しんぺん》に搭《か》かる」

　お釈迦様が死んで二千年、弥勒菩薩《みろくぼさつ》は、お釈迦様が死んで五十六億七千万年の後に、お釈迦様に生まれ変わってこの世に出てくる。ところが、今日、自分は、はしなくもそれを見ることができた。昔から人間の鼻孔は口唇の上にあるじゃないか。

仙厓義梵「指月布団図」
画像提供：福岡市美術館 / DNPartcom

　この偈で、仙厓さんは師の月船和尚から印《いん》可《か》（師が弟子の悟徹を認証すること）を得られたのです。

小山　その偈は何歳のときに作られたものなんですか。

三宅　三十歳前後のものでしょう。仙厓さんの偉さは、この頃できたんじゃないかと思いますね。

　仙厓さんが三十二歳のときに、月船和尚が亡くなられたので、東輝庵を出て全国を行脚して回られ、そして初めて出家されたお寺である美濃の清泰寺に帰られるわけです。ちょうどその時清泰寺は和尚が亡くなっていて、誰を後任の和尚にするかという問題が起こっており、それでは仙厓さんをという話が持ち上がったのです。ところが、河村甚右衛門という飛騨代官の家来が、「仙厓は百姓の子ではないか。武士のわれらが仙厓を和尚にして頭を下げるわけにはいかん」と猛反対したので、仙厓さんは再び東輝庵に戻られました。

　これも話として残ってるんですが、仙厓さんが美濃に戻って大垣のある寺に住まわれた。ところが、大垣藩の財政が非常に乱れて、庶民が苦しんでおり、財政主任の家老がたびたび替わるので、「よかろうと思う家老が悪かろう、もとの家老がやはりよかろう」と、門前に貼り紙をされた。藩では「生意気なやつだ。追放しろ」ということになった。禅宗坊主は唐傘《からかさ》一本で追い出されますからね。そこで、「唐傘を広げてみれば天が下、たとえ降るともみの（蓑）は頼まじ」という一首を残して大垣を離れられた、というんです。

日本最初の禅寺の住職が誇り

三宅　横浜で拙誠《せっせい》などの兄弟子たちに付いてさらに修行を積み、それから京都に出て、京都から聖福寺に来られるわけです。一説では、「九州の景色がいいから来んか」と言われ、「そんなら行ってみようか」ということで、聖福寺に来られたようになっていますが、由緒あるお寺の住職になることは、そんなに簡単なものではないんです。私たちがお嫁さんをもらうように、仲立人を通じて成立するのです。本山妙心寺塔頭《たっちゅう》（祖師の墓があるところ）、雲祥院、大珠院の推薦で、当時の聖福寺の和尚であった**盤谷《ばんこく》和尚**が、自分の弟子に仙厓さんを欲しいと、仙厓さんの受業の師、空印和尚の許しを得、仙厓さんも承諾されて、三十九歳の春に博多に来られたのです。

小山　来られたときは、どんな位だったのですか。

三宅　雲水《うんすい》ですね。後に住職になる転位の式を、本山妙心寺で挙げておられます。

西島　盤谷の弟子として来られて、聖福寺の住職になられたのは、いつ頃ですか。

三宅　四十歳の正月です。三十九歳の春に聖福寺に来られて、約半年ほど住職見習をされて、四十歳の正月元旦に聖福寺住職として法《はっ》堂《とう》（仏殿）に上がって説法をされています。

西島　禅師になられたのは、いつ頃ですか。

三宅　普門円通禅師と申しますが、これは亡くなられてからの追贈です。生前に三回、禅僧として最高の位に与えられる紫衣《しえ》（紫の衣《ころも》）を受けるように勧められているのですが、「そんなものはいらん」と黒衣の座元《ぞけん》のまま亡くなられています。紫衣の禅師号などは問題にしていないわけですね。そんなものよりも、日本で初めてできた禅宗寺院の聖福寺の和尚であることが、本山である妙心寺の和尚であるよりも名誉だ、という誇りがあったようです。それで、仙厓さんの絵を見ると、「**扶桑《ふそう》最初禅窟《ぜんくつ》仙厓**」と書いたものがたくさんあります。扶桑というのは日本のことで、日本で最初の禅寺の住職、仙厓ということを誇りにしておられるのですね。

タダで書いてやった仙厓さんの絵

西島　仙厓さんの描かれた絵は、とてもわかりやすいですね。このお坊さんは、文字が読めない人たちや平民にわかりやすい絵を描いて、布教していかれたんでしょうね。

三宅　仙厓さんの頂相《ちんぞう》（禅僧の肖像画）を見ますと、その賛に「衆と共に作息《さそく》す（生きている）」と書いてあります。また寡言《かげん》だったとも書いてありますから、お説教は下手だったんじゃないでしょうか。西島さんが言われるように、絵は大衆を教化するための手段として描かれたのではないかと思います。それで絵に賛があるのが仙厓さんの特徴です。

仙厓さんの絵は、今でこそ何百万円もしますが、みんなタダで描いてやってるんです。現在聖福寺は立派なお寺ですが、たびたびの戦火で焼けて、当時は豊臣秀吉が朝鮮出兵のため肥前の名護屋に建てた古い陣屋をもらってきて、お寺としていたんですよ。だから、仙厓さんの時代には、雨が降ると雨漏りがして葬式もできなかったという記録が残っています。仙厓さんののこされたもののなかに、「聖福寺復興」ということが書かれています。どういう方法でするかというと、藩の許可を得て、自分が勧化《かんげ》（寄付を集めること）して建てたいというんですね。自分の絵を金に変えて、聖福寺再建を図るなどは考えつきもされませんでした。

小山　仙厓さんの絵は、何派ということになりますか。

三宅　しいてルーツというと狩野派でしょうが、円山四条派《まるやましじょうは》の影響もある秋月藩のお抱え絵師斎藤秋圃《さいとうしゅうほ》とは、親交があり、絵を学んだと言われています。いわゆる仙厓らしい絵を描くようになったのは、六十二歳で虚白院に退休されてからで、これから以後を仙厓流と言えるでしょうね。私は、仙厓さんが六十五歳のときに描かれた「筥崎八幡宮玉せせり図」を持っていますが、これは仙厓流に少しくだけてきていますよ。

西島　私は、くだけた絵を見てきたせいか、ほんとに博多っ子の気性が出てるなあと思っていました。わかりやすく、体裁ぶらなくて、なんでもかんでも生で描いてありますからね。

三宅　博多の土地柄として、禅宗を大衆にわかりやすく教化するためには、絵描きらしくしてたんでは大衆教化はできませんからね。七十三歳のときに、公式に「自分の画法は無法だ」と書き残されています。私の画法は無法であるけれども、本来仏の道は無法をもって法とするのではないか、というのが仙厓さんの悟りだったんではないかと思います。それで、法のためには、金で売るようなことをしたらいかん、という気持ちがあったんでしょうね。

西島　仙厓さんのまねをして描いてみようとしても、とてもあの味は出ませんね。禅の心というのか、心が統一されないと描けないものでしょうね。だから、私も八十すぎて、ひょっとして生きていたら、こんな絵が描けないかな、といつも思っています（笑）。

三宅　西島さんのような考えじゃなくて、このごろは評判なものですから、紙に古色を出したりして、ずいぶんニセモノも出回っています。ところが、絵に添えてある賛語が書けないんです。読めないわけではないんでしょうが、うそ字が書いてある。仙厓さんのものは、絵もいいけれど、書がいいですからね。

西島　書は心を映すんですねえ。

三宅　そして、仙厓さんの書にしても、絵にしても、型で決められないまったく天衣無縫ですからね。

小山　書と絵とでは、書のほうがいいんですか。

三宅　書のほうがいいですね。

小山　私は絵はあまりわからないのですが、仙厓さんのものを拝見しますと、墨絵の筆勢が伸び伸びしてますね。

三宅　そうですね。仙厓さんが絵を描くことが好きだというのは間違いないようで、よく墨の味を知っておられたようですね。

もう絵は描かんわい　八十三歳で絶筆宣言

小山　仙厓さんの魅力はどんなところにあるんでしょうか。

三宅　一口に言って、やはり人間的魅力じゃないでしょうか。仙厓さんの徳や人柄に惹かれて、各宗の坊さん、神官、学者、武士、町人、百姓などが、「仙厓さん、仙厓さん」と慕ってどんどん集まってきていますね。

小山　庶民との触れ合いは浮かんできますが、黒田家とはどうだったんでしょうか。

三宅　仙厓さんが黒田家と仲が悪かったという人もいますが、そんなことはなかったと思いますよ。黒田長政の二百年祭のときに、学者の**亀井南冥**《なんめい》や**二川相近**《ふたかわすけちか》など偉い人たちを差し置いて、仙厓さんに長政二百年祭の祭文を書かせています。

　それに、仙厓さんが亡くなられた一年後に、当時江戸在勤の殿様が仙厓の霊前に参りたいが、足の痛みで参られないので、家来二人に直筆の写経などを持たせて代参させているほどです。こういうことから考えると、黒田藩も仙厓さんの偉さを認め、優遇したのだと思いますよ。それに、聖福寺は黒田藩の菩提寺ではありませんが、寺領として二百石を贈っています。菩提寺である崇福寺《そうふくじ》の三百一石に次ぐ扱いですからね。

　だいたい黒田藩は、聖福寺を菩提寺にしたかったらしい、という話もあります。ところが、当時の聖福寺の和尚が威張っていて、「なんばいいよるか。黒田は成り上がりの殿様じゃないか。聖福寺は御朱印地以上のお寺だ。なんで成り上がり者に頭を下げられるか」というわけです。聖福寺が衰微するのは、いろいろな原因がありますが、結局は、黒田藩に対する認識が足りなかった。つまり、時代の移り変わりについていけなかったからではないでしょうか。

西島　ところで、仙厓さんには誰もが気軽に絵を描いてもらったのでしょうね。

三宅　博多の者の悪い癖で、タダより安いものはない、と描いてもらってますからね。仙厓さんは、「うらめしや、わが隠れ家は雪隠《せっちん》(便所)か、来る人ごとに紙おいていく」と書いたものもあります。

西島　ほう。すると、みんな紙だけは持っていって描いてもらったのですね。

三宅　そうでしょうね。

西島　紙は上等紙ですか。

三宅　絹、紙といろいろありますが、仙厓さんのものでいちばん多いのは、土佐の白唐《はくとう》紙です。

　八十三歳のとき、「もう絵は描かんわい」と絶筆の碑を建てられたのが、現在、虚白院の前に残っています。

小山　どんな内容ですか。

三宅　「墨染の袖の湊《みなと》に筆捨てて書きにし愧《はじ》をさらす白波」というものです。書画の揮毫《きごう》をやめるつもりだったんでしょうが、でも、やはり好きな道はやめられず、結局死ぬまで描き続けておられます。断っても次々に頼み込んでくるのでやめられなかったのでしょうね。そんなわけで、人情に落ちるとも書いておられますね。物書きじゃないけれども人から頼まれるとしょうことなし……と、言いながら描き与えておられます。

西島　号がいろいろあるんですね。

三宅　ここがまた、仙厓さんの絵を鑑定するときの泣かせどころですが、落款が約七十あるんですね。仙厓叟《そう》、厓公、百堂、狂厓陳人、無法者、莫妄想、風狂山人、退歩などと、これまた天衣無縫で、自在の境地ですね。

ハイカラな仙厓さん

小山　仙厓さんは、どんな風貌だったんでしょうか。

三宅　男ぶりは悪かったらしいですね。「四国猿の干《ひ》ぼし」と自分で言っておられたぐらいですから……。

西島　体型はどんなだったんでしょうか。

三宅　小さかったようですよ。五尺（百五十センチ）そこそこぐらいだったんじゃないでしょうか。

　聖福寺に仙厓さんの袈裟《けさ》が残っていますが、黒の金襴で、もう、ボロボロですね。中を見ますと木綿糸で継ぎが当ててある。倹約を通り越していますね。でも仙厓さんは質素な方だった半面、なかなかハイカラなところがあって、四十八歳のとき、当時としては珍しい望遠鏡を買ってますよ。

　いつまでも、考えの若い人だったらしく、七十九歳のとき曲馬、今のサーカスを見て感心した話を残しておられ、八十五歳のときは、博多で興行された大相撲を見に行って、絵に描いておられます。八十八歳で亡くなられたのですから、たいへんな長命ですが、元気な方だったらしく、年譜をくってみると、六十六歳、六十八歳、六十九歳と三回も宝満山に登っています。七十四歳のときは、故郷の美濃を訪ね、七十五歳のときは京都へ行っています。今の便利さと違いますから、たいへん元気で、意志の強い人だったのでしょうね。

　仙厓さんで見落としてならないことは、学問の人で、稀有《けう》の学僧だったことです。残されたものを見ても、それがよくわかります。洒脱《しゃだつ》さや、画僧としての評価が高くて、この面がよく知られていないのが残念ですね。

小山　だいたい仙厓さんの輪郭がわかってきましたが、先生が長年仙厓和尚を研究していらっしゃるのは、どういうところに惹かれておられるのでしょうか。

三宅　郷土史に興味を覚えてやっているうちに、一般にいわれている仙厓と私の考えている仙厓と違うわけですね。画僧といわれているが違うんじゃないか。絵の専門家だけでは、これだけのものは描けませんからね。それに、私の仙厓観と、聖福寺の第百三十世住職であった**戒応《かいおう》老師**との仙厓観とが合って、世の中に画僧のようにいわれている仙厓さんのイメージを変えよう、禅宗の坊さんとして教化のために絵を描かれたんだ、ということを世の中に知らせようというのが最初で、『仙厓語録』を出版するようになったのです。

小山　たとえば、「聖僧」などという呼び方もありますが、仙厓さんを一言で言い表わすとどうなりましょうか。

三宅　庶民と生きる禅僧ですね。そうなると、「博多の仙厓さん」がいちばんいいと思いますけれど……。

小山　どうもありがとうございました。

■**三宅酒壺洞《みやけしゅこどう》氏**
明治三十五年（一九〇二）～昭和五十七年（一九八二）。本名三宅安太郎。福岡市博多に生まれる。福岡市文化財保護審議会専門委員。『仙厓和尚年譜』『仙厓和尚語録聴睡餘稿』『博多と禅僧』『博多と仙厓』、その他の著がある。

仙厓さんの作品の一つ

ゆばり合戦
　龍門の滝、見ろ見ろ
　厓まけた、まけた

　龍門とは同時代の知識人・松永子《し》登《と》のこと。子どものようなおしっこ競争をして、勢いで仙厓さんは負けた負けたといっているが、しかし、落とし場所は仙厓さんが決まっていて、本当は自分の勝ちと言っている。

室町時代から続いています

博多どんたく

8

［お話］
江頭　光
西日本新聞社編集委員
［聞き手］
西島　伊三雄
博多町人文化連盟理事長
元石　昭吾
福岡相互銀行

対談：昭和五十五年（一九八〇）四月

大にぎわいの博多どんたく

元石　博多の五月といえば、なんといっても「どんたく」ですね。

江頭　どんたくは、五月三日、四日の二日間、正式には「福岡市民のまつり 博多どんたく港まつり」という長たらしい名前が付いていますが、「博多どんたく」で全国に知られていますね。

　祭りが好きな土地柄で、商店街の舞台からパレードからなんやかや入れると、だいたい十億円の規模になって、日本一のお祭りなんですよ。

　どんたくのいちばんの見せ場は、三日の午後一時から行われる大パレードでしょうね。博多駅前の福岡相互銀行本店の横から天神の西日本新聞会館横まで約一・九キロを、パレード隊がそれぞれに工夫を凝らして練り歩くんです。それから、天神の福岡スポーツセンターがどんたくの中央本舞台になって、余興隊が全部出ますから、ここで見るのがいちばんいいかもしれませんね。

元石　大パレードには、どのくらいの人が参加しているのでしょうか。

江頭　約三百団体、三万五千人です。午後一時から次々と出ていくんですよ。だから、最後の組の出発は五時すぎますね。

　見物客もだいたい二百万人ぐらいですね。

どんたくのにぎわいは、十八年前〈昭和三十七年（一九六二）〉に市民の祭りになって「市民の祭り振興会」ができてから、年々盛んになってきましたね。県や市も力を入れて、相談役が知事さん、名誉会長が市長さん、会長は商工会議所の会頭さんです。四島頭取は振興会の副会長ですね。

西島　ずいぶん前に、広島の商工会議所から「博多は、どうして市民の祭りがあんなに盛大にできるのか、その内容を知らせてくれ」と尋ねられて、福岡の商工会議所の一行が広島に行ったことがあります。広島は原爆が落ちて、地元の人たちがいなくなったためか伝統的な祭りがないんですね。大きな祭りは、原爆記念祭のようなものしかないわけで、どうかして市民の祭りをつくりたいらしいですね。

博多は、政治もなにもない。どんたくが、みんなの心を一つにさせるよりどころとなって、しかも観光としても成り立つ祭りになっていますよね。

江頭　このどんたくの市民エネルギーは、全国から注目されているんですよ。一昨年〈昭和五十三年（一九七八）〉金沢に福岡から直通便が飛んだときに、金沢の市長さんが福岡の武田隆輔助役に、「黒田は五十二万石で自分たちは加賀百万石だった。しかし、百年の間に都市の地位は完全に逆転した。この原因は、博多どんたく、博多山笠の持つ市民エネルギーだと自分は思う。たいへんうらやましい」と言われたそうです。この話は、西島さんが副団長になって、サンフランシスコにどんたく隊が行くとき、武田助役が壮行会で披露してくれ、私も感激した記憶があります。

年賀の〝松囃子《ばやし》〟が始まり

元石　ところで、どんたくは、いつ頃から始まったのですか。

江頭　どんたくの原型は松囃子ですが、これが始まったのは室町時代です。現在でも正月には、門松を立てるという習慣がありますね。日本人の古い考え方では、正月にはその年の新しい神様が松に降りてくるのです。松囃子というのは、その松の緑のめでたさに託して、それぞれの領主に対する年賀の行事として始まったんですね。

永享《えいきょう》二年（一四三〇）、京都の公家の**赤松家**で松囃子が行われたという記録が残っています。その後、天皇家や足利幕府でも行われるようになり、もっと時代が下がると、江戸城でも、徳川将軍家で一月三日に行う謡い初めの儀式を、松囃子といったという記録があります。

九州では、博多のほかに豊後の大友家と肥後の菊池家でも、松囃子が行われていたようです。それぞれ形態は違いますが、室町の頃、

8　室町時代から続いています　博多どんたく

博多に伝わったんだろうと思いますね。
元石　京都で始められて、あまり年数がたたないうちに博多に入ってきたんですか。
江頭　あまりたたなかったと思いますよ。ところが、これが伝わらない地方もあるわけです。当時の博多は明《みん》との貿易が盛んで、たいへん活気のある国際貿易都市で、日本の一流都市ですから、受け皿としての都市的文化、経済力を持っていた。だから博多に伝わったわけですね。それに、その頃の博多は山口の大内氏が領有していました。大内氏というのは、現在でも山口が小京都といわれるように、京都や異国の文化をしきりに自分のところに持ってくる、文化的な殿様だったんですね。だから、優れた経済文化圏がこの町にはあったわけですよ。
　博多の豪商で有名な**神屋宗湛**《かみやそうたん》が、『宗湛日記』というのを丹念に付けていますが、これが博多に残っている「松囃子」のいちばん古い記録ですね。
　それによると、文禄四年（一五九五）の九月、といいますから、まだ黒田氏の前で、名島城に**小早川隆景**《こばやかわたかかげ》がいた頃、「中納言様（隆景が養子に迎えた秀秋のこと）の希望で、正月のように松囃子を仕立ててお目にかけた。たいへんご機嫌がよくて、銭五十貫をいただいた」ということが書きのこされています。年賀行事であるけれども、殿様のおぼしめしで、わざわざ九月にやったわけです。
西島　名島城に行くというのは、何年も続けられたんですか。
江頭　それ以前も、またその後も行われていたんでしょうね。
元石　すると松囃子の起源は、年賀行事なんですね。
江頭　そうです。正月の年賀行事です。そのうちに風流《ふうりゅう》と結び付き芸能化するわけです。佐賀の「面浮立《めんぶりゅう》」などの浮立と同じ意味で、風流とは、人々がハッとするような、あるいは風情があるというような意味で、当時の流行語の一つです。

昭30年代はじめの博多どんたくの風景（上川端商店街振興組合提供）

　祭りの日にきらびやかな衣装を着たり、鳴り物に合わせて踊りながら歩いたりする。そういう中世の芸能とこの松囃子が結び付いたわけですね。だから、博多の松囃子は、町を練って歩く祭りの形式の〝練り風流〟です。

この日ばかりはタブーの解禁

元石　最初は庶民みんなが参加していたのですか。それとも、なにかそういうことを専門にする人たちがいたんですか。
江頭　最初はその家《いえ》に属する家の子《こ》、郎党《ろうとう》とかいう人たちが始めたのでしょう。しかし、おもしろいというんで、みんながだんだん参加するようになったのだと思います。
　こうして松囃子は盛んに行われるようになったのですが、慶長の頃、まだ名島城に松囃子が繰り込んでいた頃、殿様の使いで馬に乗ってきていた侍と松囃子がぶつかって、町人が侍を殺してしまうというハプニングがあり、そのことで、この松囃子が長く中断してしまうんですね。
　黒田の二代藩主**忠之**《ただゆき》のときに、この松囃子を復活させようとするんですが、中断期間が長かったのでおいそれと再開できない。再開できたのは寛永十九年（一六四二）ですね。『宗湛日記』には、どういう格好をしてい

昭21年5月、博多の焼け跡に流れるどんたくばやし。奈良屋校区復興祭

たなどは書かれてないんですが、江戸中期になると、『石城志《せきじょうし》』というひじょうにいい文献が残されています。石城というのは博多のニックネームなんです。港にずっと石垣を築いていたので、海から見るとその石垣が見える。だから中国や朝鮮の人たちは、博多のことを石城と言っていたんです。

西島　今も石城町がありますね。

江頭　そうです。この『石城志』によると「この日、津中（市内）の童《わらべ》、男女に綾錦《あやにしき》の衣服を着せ、あるいは、王侯士庶《ししょ》の姿を真似、あるいは遊君《ゆうくん》、白拍子《しらびょうし》の装いに仕立て……」と書いてある。つまり、庶民がたいへん華やかに殿様の姿をしたり、侍の姿をしたり、あるいは遊女の姿に化装したりしたんですね。特に「綾錦を着せた」という言葉は興味があります。

江戸時代では日頃、町人は絹物を着てはいけないんです。ただ、博多の公共事業に功績があった人だけは、絹を着ていいとお許しがあるんですが、それも本人だけで、家族のものは着てはいけない。もし絹を着ているのが見つかれば、表戸を釘づけにして外出を禁じたという厳罰なんですよ。

それが、どんたくに限り綾錦を着ていいということは、たいへんなタブーの解禁です。町中が沸き立った様子がしのばれますね。

また、数千人の人が引きも切らずに町にあ

福岡城内に入る松囃子の一行。昭 40 年

福岡城内に入る松囃子の一行。昭 40 年

昭 41 年のパレードの様子を東中洲から撮影

昭 41 年、天神の西鉄名店街の舞台

どんたく前夜祭で女装した西鉄ライオンズの仰木彬選手。昭 30 年

ふれて、諸国に例のない藩内ではもちろんいちばんのお祭りで、たいへんにぎわったと書いてあります

殿様にも遠慮なし　無礼講で大騒ぎ

元石　江戸中期といいますと……。

江頭　正確にいうと宝暦明和（一七五一〜一七七一）の頃の文献です。

　また別の文献には、お城に入って、今の舞鶴中学（福岡市中央区城内）の所に「三の丸」といって殿様の住まいがあったわけですが、そこに行くと、ハンギリ（大きな桶）に酒がいっぱい入っていて、ひしゃくで飲み放題。それから大書院に行くと、殿様がいちばん奥に座っていて、その前に重臣たちがズラッと並び、縁側には町奉行と年行司（今で言えば市長のような役割）が座っていて、その前でなんでも言っていい、どんな戯言《ざれごと》（冗談）を言ってもいいということで、「抱腹に耐えざる猥雑《わいざつ》はなはだしきことをいう」と書いてあります。

　それから、博多の市中に帰って、真夜中まで酒を飲み、酔っ払って道端に寝てしまったのもいる。まことに泰平の印でめでたい、というようなことも書いてあります。年に一度のたいへんなにぎわいだったようですね。

元石　無礼講ですね。

江頭　まったく、そのとおりです。

元石　那珂川を挟んで、町人の博多と武士の福岡が区切られていて、どんたくは、町人が武士の圧制をはね返すエネルギーのはけ口として始められたようにも聞いてますが……。

江頭　そうですね。逆に言えば、一面では封建制で抑圧された庶民のエネルギーを、思いきり発散させるという目的もあったんじゃないでしょうか。

　どんたくといえば、すぐ博多にわかを思い出すのですが、あれは、藩の意向で博多の町人衆が播州（兵庫県）伊和明神の「悪口まつり」を見物に行ってから始まったという説、またどんたくが、無礼講でなにを言ってもいいお祭りだったので、それからにわかが発生したという説もありますね。いずれにしても、そういうユーモアとか反逆とかいうものが博多の町人気質にはあったんでしょう。

元石　お城の中に無礼講で入っていって、侍とトラブルは起こらなかったんでしょうか。

江頭　そういうことはなかったと思いますよ。「流《ながれ》」という町内の自治組織がありますから、そこの長老が流の恥になるようなことはするな、というと、子ども組、若手組、壮年組、中老組、年寄りと、このピラミッド関係で、これは、今の県警本部長さんが言うよりも威力があったんじゃないでしょうか。

　松囃子の格好をしていれば、自由にお城の中に入ることができるのですから、一月十五日の明け六つ（午前六時）に、上ノ橋御門に全員が集合しているわけですね。殿様や女中の身支度に時間がかかるものだから〝ご開門はまだですか〟と博多っ子が騒ぎ立てて、門番から〝ちょっと待て〟と叱られたとか、酒を呑むときのかわらけ（素焼きの陶器）をもらって帰ってもよかったので、それをもらおうとわれ先に押し合いへし合いしてるうちにかわらけを割ってしまったとかいう、ほほ笑ましい記録も残っています。

ゾンタークから〝どんたく〟に

元石　うまいこと運んでたんですね。その松囃子がどんたくというようになったのは、まだまだ後でしょう。

江頭　そうです。明治五年（一八七二）に新政府が、こういう時代に金銭を浪費するのはいけないと、松囃子も博多山笠も一切禁止するわけですよ。金銭浪費はけしからんというのが理由なんですが、昔からのものは古くさいから、明治御一新でこの際やめてしまえ、という意図があったんじゃないでしょうか。そういうお触れは出ましたが、お盆や、天長節のような国の定めた祝祭日はこの限りにあらずと、ただし書きが付いたんです。

　博多の人たちはひじょうにがっかりして、毎年、毎年解禁を待つんですが、なかなかお許しがない。そこで、博多っ子らしい策略を

めぐらすわけです。
その頃はまだ市政ではなく区政で、明治九年（一八七六）に博多区と福岡区が合併して福岡区になった。このお祝いを、紀元節のめでたい日に町を挙げてお祝いしたいと、県庁にお願いを出すわけです。合併のお祝いを国の定めた祝祭日にするというので却下するわけにもいかず、さっそく許可されます。それで、明治十二年（一八七九）の二月十一日に「復活松囃子」を行うんです。合併祝いという名目で許可をもらった手前、松囃子だとは言われないわけで、それで知恵を絞って〝どんたくだ〟といって松囃子をしたわけですよ。それ以来、松囃子はどんたくになったんですね。

西島　しかし「どんたく」なんて名前を付けた人は偉いなぁ。オランダ語からきたんでしょう。当時は、たぶんいちばんハイカラな言葉だったでしょうね。

江頭　そうです。オランダ語の「ゾンターク」からで、西洋休日ですね。横浜や長崎を中心に使われたハイカラな流行語ですね。
このときに木版刷りの「紀元節博福祝評判」というタイトルの付いた番付表が出ていますが、これによると、博多から引き台が八十、福岡から二十出ています。たいへんなにぎわいだったようですね。これは「通りもん」と言われるもので、台には飾りがしてあって、その台を引いて、着飾ったり、三味線を弾いたり、太鼓を鳴らしたりして行くわけですね。

西島　その頃、一つのチームはどのくらいの人だったのですか。

江頭　多くて五十人ぐらいでしょうね。
その紀元節博福祝評判というのは、引き台の中でどれが良かったという番付になっていて、それを見ると、三福神に敬意を表していちばん上に書いてあります。古老の話を聞いたのでは、中島町の仕立てた長崎の蛇踊りが、だんぜん評判が良かったようです。

招魂祭のときにもどんたくを

元石　初めは年賀の行事として一月、明治になると二月と、寒いシーズンにあっていたんですね。

西島　私が子どもの頃は、肌寒かった記憶があります。日露戦争以来練兵場が大切になってきますね。招魂祭のときにはこの練兵場がオープンになって、その中にどんたく隊が入ってましたよ。

江頭　明治十九年（一八八六）から、お城に第二十四連隊が入るんです。この二十四連隊が日清戦争に行って鎮魂祭が始まり、その後招魂祭になって四月三十日と五月一日になるんです。

西島　招魂祭が華々しくなってくるのは満州事変あたりからでしょうね。

江頭　昭和五、六年（一九三〇、一）ごろの写真を見ると、大きな鳥居なんかがありますが、あれは……。

西島　お城の壁に大きな人形を作って、飾ってあるわけですよ。機関銃隊が作ったもの、歩兵中隊が作ったものとか、それぞれの隊が作った人形をあの城の壁に飾るんですね。そして、杉の葉で巨大な鳥居やアーチなど作って、そこを通って練兵場に入っていくんですよ。その頃練兵場に行くと、酒保《しゅほ》のアンパン、饅頭などが普通の半額になっていて、それを食べるのが楽しみでしたね。

元石　練兵場はどこにあったのですか。

西島　現在の平和台競技場ですね。

江頭　戦後になって、昭和二十二年（一九四七）、平和台の競技場ができたのを機会に五月に行われました。そして、その翌年に新憲法施行を記念して、五月三、四、五日になったこともあるんですが、その後、三日間ではダレるからと、五月三、四日の二日間になって、現在に至っているわけです。

ご本家は三福神と稚児行列

元石　ところで、博多どんたくのパレードですが、先頭を行く神様がありますね。

江頭　どんたくの御本家は、大パレードの先頭を行く三福神と稚児行列なんですよ。三福神とは福神（福禄寿）、恵比須、大黒天です。

西島　その恵比須は、博多では夫婦《めおと》恵比須ですね。

江頭　そうです。だから正式に言えば四福神ですが、夫婦一対ですから三福神ですね。この三福神がそれぞれの服装をして、馬に乗って回ります。そして、それぞれの馬の周りには六、七十人の男が肩衣《かたぎぬ》を着てたっつけをはき、白足袋にどんたく下駄（杉下駄で紅白のねじねじの花緒）といういでたちで行くわけです。そして、それぞれの行列の先頭には、子どもたちが締め太鼓を五人でたたきながら進んでいく。それが三福神です。

　それにめでたい字や絵をかいた六枚の布を長くたらした傘鉾《かさぼこ》が続き、その後を桟敷台（車の付いた舞台）に緋《ひ》のはかまをはき、天冠をかぶった少女が乗り、それを男たちが曳いていく。そして、要所、要所にござを敷いて、そこで少女が舞い、周囲の人が謡いを謡って、鉦《かね》、太鼓、笛で囃《はや》す。これが稚児流です。

　この三福神と稚児流で「松囃子」といいます。これは昔からの伝統で、格式高い行列なので、必ずパレードの先頭を行きます。

元石　その三福神には誰がなるんですか。

江頭　松囃子はそれぞれの流が務めるわけです。〝流〟というのは町内ブロックのことで、山笠の仕組みと同じですね。これが七つあるので、福神、恵比須、大黒、そして、残りの四つ（現在は二つ）が交代で稚児流を務めてきたわけです。

　その松囃子はパレードの後、三日は博多部、四日は福岡部を回って、昔から決められた場所を練って歩きます。県庁、市役所、新聞社など、そのほか昔から博多、福岡に功績のあった家を回ります。だから、黒田家が別邸におられたときは、もちろん行ってたわけですね。

あんたも出とったとな　擦れ違いが楽しみ

元石　西島先生が子どもの頃のどんたくというのは、どういうものだったんですか。

西島　私は四つぐらいからおやじに連れられてどんたくに出たんですが、ぼてかづらの面をかぶらされ、子ども用の衣装を着せられて、しゃもじを持って、おやじの友達の家を回るんですね。

　家に行くと緋毛氈《ひもうせん》が敷いてあって、自慢の屏風と大皿が飾ってある。その大皿に一口で食べられるようなもの、たとえばギナン（ぎんなん）の甘煮やかまぼこや季節のものが置いてあるんですね。どんたく隊が来るところは、「うちには、どんたくが来よるとバイ」という自慢があるわけですね。われわれが入っていくと、近所の人たちも入ってきて、そこで歌ったり、踊ったり、また子どもにわかはいちばん愛らしかと、やらされてましたね。

　そして、帰りには「あずかり笹」をもらうんです。これは笹に札が付けてあって、これに「奥の堂の○○饅頭に行けば饅頭二個くれる」とか「仁○加煎餅に行けば煎餅十枚くれる」など書いてあるんですね。それを大人が襟に挿して町に出ていくと、子どもたちが後ろからそっと近寄って引き抜いて逃げるのです。〝こら〟と怒られながらもためていって、どんたくが終わるとお菓子屋へ行って、換えてもらうのが楽しみでしたね。

　またどんたく隊というのは、今のパレードのように一方通行ではなく、擦れ違わないといけないんです。そして〝オッ、あんたも出とったとな〟と言いながら、擦れ違うのが楽しみでもあったわけです。お金持ちは芸者さんを引っ張り出すことができるわけで、擦れ違うときに別嬪《べっぴん》さんに〝ちょっとこっちさい来やい〟と言ってこちらに付けて、そうやって連れて歩くのが自慢だったらしいですね。

　昔のどんたくは、三味線と鼓が主、あとはしゃもじぐらいです。ところが道が広くなると和楽では響かなくなって洋楽に変わっていったわけですよ。初めて洋ものが出たのは、たしか昭和八年（一九三三）か九年（一九三四）ぐらいだったと思うんですが……。

　今考えると博多の町家は造りが決まっていましたね。玄関入ると左側がズッと裏に続いている。前が土間になっていて、畳があって、茶の間、中庭、そして便所と、だいたい決まっていたようです。どんたくのときは、その土間で踊っていました。

江頭　博多大空襲でそういう家が全部焼けたので、踊ることができない。それで、昭和二十二年（一九四七）から演芸台というのができたんですね。

〝ぼんち〟と〝ぽんち〟どちらが本当？

元石　〝ぼんちかわいやねんねしな……〟という、どんたくのテーマソングですが、あれはいつ頃から歌われだしたのですか。

江頭　だいたい日露戦争の後ぐらいからでしょう。河原田平兵衛さんという人がその唄を東京から持ち帰ってるんですね。

この人は、博多の平助筆で有名な河原田家の三男坊で、東京の「栄太楼飴」で修業し、後に呉服町で「栄松堂」というお菓子屋を開いています。この人が商用で何度も東京に行くうちに江戸以来の「しり取り歌」を聞くわけですね。

「牡丹に唐獅子、獅子に虎、虎をふまえた和唐内《わとうだい》、内藤様なら下がり藤……（中略）……五郎、十郎、曽我兄弟、鏡台、長持ち、たばこ盆、ぼんやはよい子じゃ、ねんねしな、品川女郎衆は十匁《もんめ》、十匁目の鉄砲玉、玉屋は花火の大先祖」という歌を平兵衛さんが聞いて、それをアレンジし、現在の「ぼんちかわいやねんねしな、品川女郎衆は十匁、十匁目の鉄砲玉、玉屋がかわい、スッポンポン」になったんですね。〝玉屋がかわい〟というのは〝かわいい〟と博多弁の〝川い（へ）〟を掛けてるんです。

博多弁では「銀行へ行った」と言わずに、「銀行い行った」と言いますもんね。

このどんたくの歌は、戦後たまたまどんたくのときに来福した木村荘八さん（舞台美術家）が、どこかで歌詞を見た記憶があると、東京に帰ってご自分の莫大《ばくだい》な資料の中から絵草紙を見つけ出して、わざわざ知らせてくださったことから元歌がわかったんですね。

元石　〝ぽんちかわいや〟と歌う人もいるでしょう。

江頭　実は新聞社でも〝ぼんちかわいや〟と〝ぽんちかわいや〟と、バラバラだったんですが、私がさっきのいきさつを二十年ほど前に書いて以来〝ぼんちかわいや〟に統一されました。

ところが、この頃ちょっと疑問に思ってるんですが、〝玉屋がかわい、スッポンポン〟でしょう。それがぐるっと最初に戻って〝ぽんちかわいや〟じゃないかと思うんですね。そうなると、しり取りがつながりますからね。

元石　でも、ぽんちになると漫画のポンチ絵になってしまいますね。

ところで、どんたくには河原田平兵衛さんのように、それを盛り立てた時代時代の演出家といいますか、主役の人がいるわけですか。

江頭　特別の人というよりも、どんたくの主役を果たしてきたのは、博多に古くからいる流の人たちでしょうね。

今でも、取材で今年の流の委員になってる人たちの家へ電話すると、奥さんが電話に出てきて「さっきまでおりましたが、チョロッとおりません。どんたくが近づくとチョロチョロ出歩いて困ります」などと言われる。それほど、打ち合わせ、打ち合わせで忙しく、なにもかもほったらかして身を入れるんですね。

照れくさいけど参加しよう

元石　どんたくも博多生まれの人と、よそから住みついた人とでは、見方、受け止め方が違うでしょうね。

西島　それはあるでしょうけれども、どんたくの大きな違いは、見る側にいるか、参加しているかということじゃないでしょうか。

三日の昼に団体の大パレードがあってにぎわいますが、四日になると団体のどんたく隊はほとんど出ないんです。だから、ペシャーッとなるわけですね。道路は空いてるのに、どんたく隊は通っていない。

そこで、町人文化連盟のほうで呼びかけて、今後は多くて二十人、少なければ三、四人の小グループでもいい。夕方から博多の町を流して行こうと勧めて回るつもりです。

去年も江頭さんたちと五、六人で、昔のどんたく情緒を楽しもうと、四日の昼から夜遅くまで〝ぼんちかわいや……〟と歌いながら練って歩いたわけですね。そしたら、表戸は閉めてるのに大将がわざわざ出てきて、「誰か来んやろうかと待っていた」と大喜びで招き入れて、いそいそと酒を勧めたり、かまぼこを出してくれたりするんですね。

博多のもんは、どんたく隊が「うちに寄ってくれんかなぁ」と思いながら、なかなか寝つかれないでいるんです。だから、どんたくに行くと、とても喜んでもらえるわけですね。

元石　それこそ、本当の博多どんたくですね。これからは、古いものと新しいものをうまい具合に配列していかないといけないですね。

一般の人たちが、どんたくをどのように受け止めていけば、本当の市民の祭りになるでしょうか。

江頭　なんといっても、どんたくは見るものではなく、参加するものなんですね。出るのも半分逃げ腰で、背広の上にすぐ外せるように法被を着けて……というのではなく、はまって、徹底的に出たら楽しいですよ。

私も五年ほど前から西島さんと一緒に出てますが、初めは照れくさいですね。昼の日中から、しかも大勢の人が見ている。恥ずかしくて、ビルが降ってくるように感じました。でも、みんなに付いて歩いて行くと、やはり市民全部が仲間同士で、ここは自分の町だという感じがしてきます。

全市民が祭りに参加するには、まず最初は見物して笑顔で激励することでしょうね。そして次に、各団体が参加旗を持ってますから、それに付いている番号を見て、よかったと思うものに投票することですね。

そういうことから参加して、なにかの関係でグループに入ったり、自分たちでグループを作って出てみようかなど、やはり出ることですね。しゃもじ精神で参加してみたらいいと思いますよ。

■**江頭光氏**　29ページ参照

優雅な舞でパレードの先頭を飾った博多松囃子の稚児舞。
平20年

9

新、大宰府

二〇〇〇年の歴史、最近の発見から

［お話］
藤井　功　九州歴史資料館 副館長
［聞き手］
西島　伊三雄　博多町人文化連盟 理事長
元石　昭吾　福岡相互銀行常務取締役

対談：昭和五十五年（一九八〇）二月

各地に設けられていた「大宰府」

西島　ダザイフというと、私たちの頭にすぐ浮かぶのは、学問の神様、**菅原道真公**が祀《まつ》られている「**太宰府天満宮**」ですね。

藤井　私が仙台に行ったとき、タクシーの運転手さんに「太宰府から来た」と言ったらすぐにわかりましたね。太宰府というと日本全国に知られていますが、これは天満宮のほうですね。

　菅公さんでこれだけ知られているのですから、大宰府政庁がもう少しはっきりすれば、もっと多くの人を集められるのではないかという感じがするんです。

元石　その大宰府政庁は、いつ頃から設けられたのですか。

藤井　〝大宰府〟はその始まりも終わりも、実ははっきりしていないんですが、だいたい七世紀の天智期につくられたのだろうといわれています。

　大宰府というのは、筑紫だけにあったのではなく、ほかにもあったんですよ。オオミコトモチといって「大宰」と書くのです。だから、**現在は太宰府ですが、歴史的にいうときは「大宰府」と点を打ちません。**大宰府というのはオオミコトモチの府といって、地域の軍事権と外交権を付与されている地域で、吉備（岡山）、周防（山口）、伊予（愛媛）、筑紫（福岡）にありました。逆に考えると、権限を付与して支配するということですから、大宰府は中央の「大和《やまと》」という概念ができてから設けられたということになりますね。

元石　この四カ所はいずれにしても、大和から西にありますが、東にはなかったのですか。

藤井　その頃は、まだ東に行ったらみんなオバケという時代ですからね（笑）。当時は東といったら鈴鹿（三重県）辺りくらいまでを

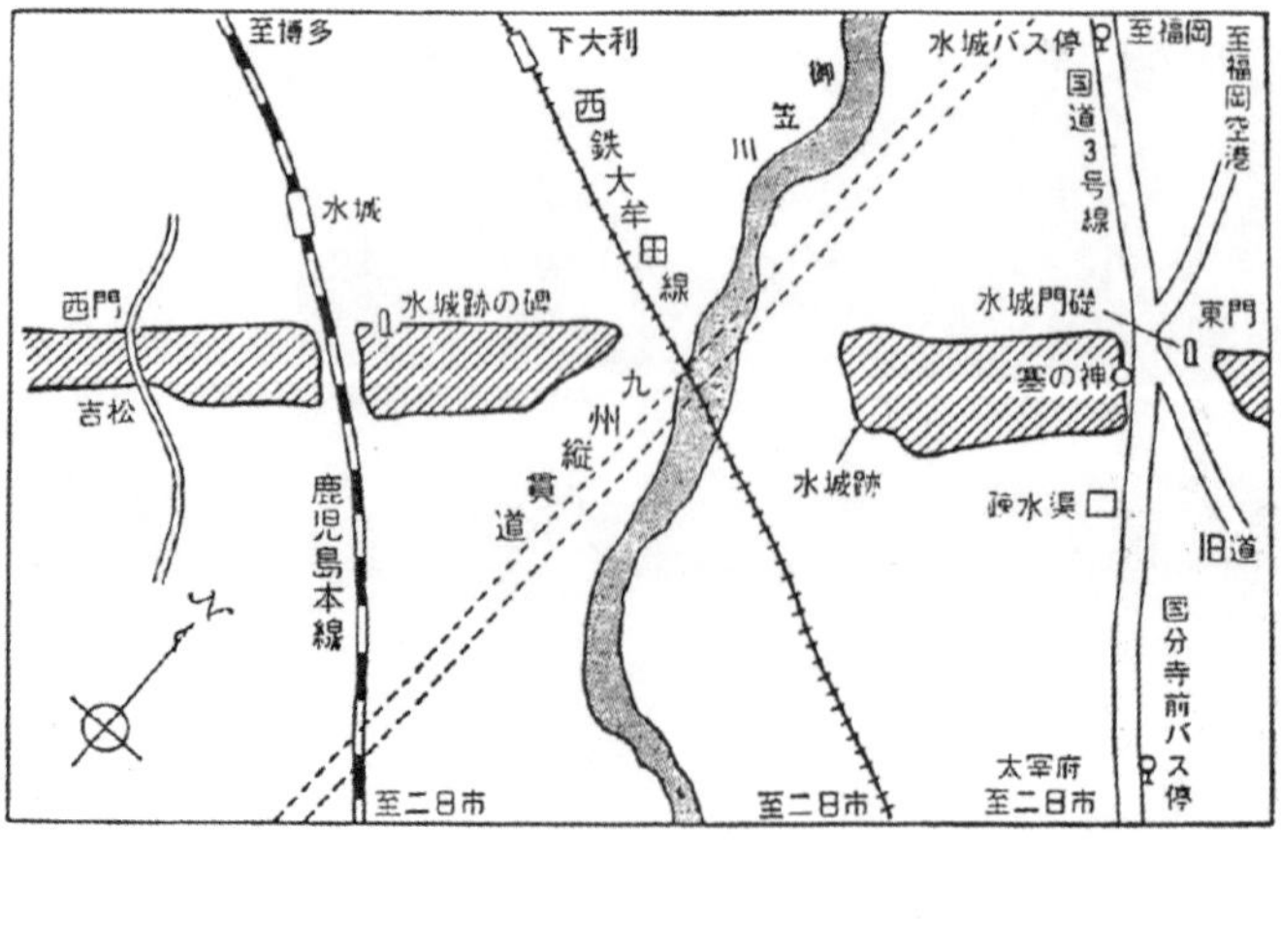

いっていたようです。

このオオミコトモチの制度は、他の地方については廃止され、筑紫にだけ残るんです。

西島　筑紫にだけ残るというのは、やはり朝鮮との関係ですか。

藤井　そうです。つまりあるときは吉備が、あるときは伊予が、大和にとって外交関係にあったわけですが、それが九州一つにしぼられたというのは、やはり半島と大陸を意識してのことでしょう。ある意味では、強力な統一化が進んだということにもなりますね。

このように、筑紫に置かれた大宰府の起源は、あくまでも新羅《しらぎ》と唐との関係からです。北部九州の宿命といいますか、日本の文明のはしりというのは、全て九州は窓口でしたからね。政府や諸制度もみんなここから入ってきた。ところが入るには入るけれども「大宰府はインターチェンジみたいなもの」という人もあります。一回入って、くるりと回って、すぐ大和のほうへ行ってしまう。だからここには何も残っていない（笑）。

大宰府には伝説、口碑の類いが少ないんですが、政治都市というのはたいていそうなんですね。飛鳥《あすか》も遷都の跡は礎石だけしか残っていませんし、奈良が衰退したというのも、一時は政治都市だったということと無縁じゃないようですね。

大宰府とは大陸との窓口だった

元石　大宰府の起源がはっきりしないといわれましたが、だいたいのところはいつ頃でしょうか。水城《みずき》がつくられた頃ですか。

藤井　大宰府が今の都府楼跡に移ったのは六六四年に水城ができたあとです。それ以前はどこかにあったのでしょうが、はっきりとはわかりません。宣化天皇元年（五三六）に那津《なの》の口《ほとり》に「官家《みやけ》を設ける」と日本書紀に記されていますから、このあたりが起源でしょうね。

西島　すると千四百年も昔のことですね。

藤井　もっと古くは、中国の史書『魏志』倭人伝に「伊都国に一大率を置く」と述べてあります。伊都国の背景には邪馬台国があるとすれば、一大率はその代任とも考えられるでしょう。ただこの一大率は、朝鮮半島から派遣されたのだという説も一部にありますが、素直に当時の日本の機構を考えると、北部九州はずいぶん古い時代から大陸との窓口であったことになります。いずれにしても、対外の窓口を筑紫に置かなくてはならないという発想が、続いているんですね。

それが、現在の都府楼跡に移ったのは天智二年（六六三）の白村江《はくすきのえ》の戦いで負けた後、唐、新羅軍の来寇に備えて、水城を築いてからだというのは、誰もが認めていることですね。

元石　それ以前の大宰府は、半島や大陸との外交と政治の要衝だったものが、水城以後は守りのためのものになったのですね。

藤井　そういうことですね。やはり朝鮮との緊張で、あの場所に後退したのでしょう。外交との拠点とするには、今の大宰府では不便で、本来は海岸にあるべきなんですね。那津の口《ほとり》に官家を築くということから、当時の大宰府はその辺り、現在の福岡市の三宅辺りじゃないかということになっています。

一昨年でしたか、その近くを発掘してみますと、礎石もあるし、ほかにもいろいろ出てきましてね。三宅辺りだろうというのが一つの説です。積極的な外交展開から、防禦《ぼうぎょ》体制になる。一般的に知られている大宰府は水城以後のものですね。

元石　防備の必要がなくなっても、大宰府は今の都府楼跡から変わらなかったんですね。

藤井　変えられなかったのではないでしょうか。日本人は農耕民族ですから、本来的に争いを好まない。もっとふさわしい場所はあったでしょうが、有力種族のいる所には、あえて入っていかなかったんでしょうね。

古代の都の決定を見ても、反対勢力が希薄な所を選んでいます。京都は河原を改造しているんですよ。交通の便から考えると難波（大阪）のほうがはるかにいいんでしょうが、ここには大豪族が、盤踞《ばんきょ》していて動かないんですよ。飛鳥や、奈良の決定も似たような事情ですね。

西島　初めて聞きますね。そういうことは……。

藤井　だから、古代帝都というのは、当時は決して住みいい所ではないんです。飛鳥は発祥の地といいますが、あそこも寒いですよ。しかし、山に囲まれてポツンとしているので、外敵からの侵入には備えられます。内陸的にまとまりができて、小さな力を温存するにはいいでしょうね。しかし、発展的なものではないですね。

西島　当時、中央から筑紫や大宰府へ来るのは、どのようなコースだったのでしょう。

藤井　**中大兄皇子**《なかのおおえのおうじ》**（後の天智天皇）**が百済《くだら》支援の出兵で、母君である**斉明天皇**と一緒に九州へ来られますね。その斉明天皇は途中、朝倉の宮で亡くなられるわけです。

　古代、大宰府に至る本道は、宇佐周辺に上陸して、豊後森から日田辺りを経て、朝倉街道の道をたどるルートだったのです。宇佐と朝廷の関係が早く成立するというのは、そういう理由があるわけです。

　どうして西のほうを回らなかったかというと、宗像族の勢力が強かったからですね。それで、日本書紀にも神功皇后の巻に九州征伐があり、下関から下って香椎に至るまでがいちばん苦労しています。それは、おそらく八世紀の勢力分布の反映と見ていいでしょう。

　行橋から宇佐に至る海岸はどこでもいいわけですよ。だから風の都合で、適当な港を選べばいいわけで、大宰府への往来でいちばん近道だったのは、豊前の豊津に上がって、犀川、赤村を通り、田川、それから飯塚、桂《けい》川《せん》、米《こめ》ノ山峠という道のりですね。

千三百年前につくられた水城

元石　白村江の戦いで負けて、都府楼跡に大宰府ができるまでを、水城の役目も一緒に教えてください。

藤井　現在の定説では、唐と新羅の来寇に備えて、海岸から今の位置へ移ったということになっています。それから水城をつくり、**大野城**を築くのです。これも防禦対策ですね。百済の帰化人、つまり先進的な技術者を連れてきて、指揮官にしています。

　水城はどういう役割をしていたのか長い間わからなかったんです。残っているのは大きな土塁だけ。しかも日本書紀には、水城というのは、大きな土塁を造り水を蓄えた、と書いてある。だから御笠川をせき止めて、その中に水をためたという説が信じられているようですね。敵が来たら、パッと切って落として一挙に流してしまう、ということでしょうね。

西島　私は、敵が馬で攻めてきても躊躇《ちゅうちょ》して破られないようにするためだと聞きましたが……。

藤井　それが正しい説だと思いますよ。私が福岡に来たときは、内側に水をためて敵が来たら切って落とすというのが、一般的な説でした。ところが、大宰府の水城は水をためた痕跡がない。それに、調べてみると、古くはそういう説はないんです。明治時代中ごろから始まった説のようです。

　調べてみると、水城の出入り口に門があるんですよ。旧道の所に一つと吉松の所にもあります。ということは、門を開閉していたということです。扉が開閉すると水がたまるはずがないんですよ。

　それから、縦貫道路ができるときに調査したところ、土塁の構造は土を盛って小枝のソダを入れています。土を盛ってソダを入れて、土を盛ってソダを入れて……とたいへんなことをしていますよ。というのも、土盛りの構造で崩壊するいちばん大きな要因は水なんです。たとえば、ブロック塀を造ると必ず、穴をあけるでしょう。そうでないとすぐ倒れるんです。ですからソダは水抜きなんですね。きちんと水処理がされているから、千三百年たった今日でも、形を変えずに存在しているんです。逆に言えば、水城は水を蓄えるものじゃないということですね。

元石　これまでの通念を考え直さないといけ

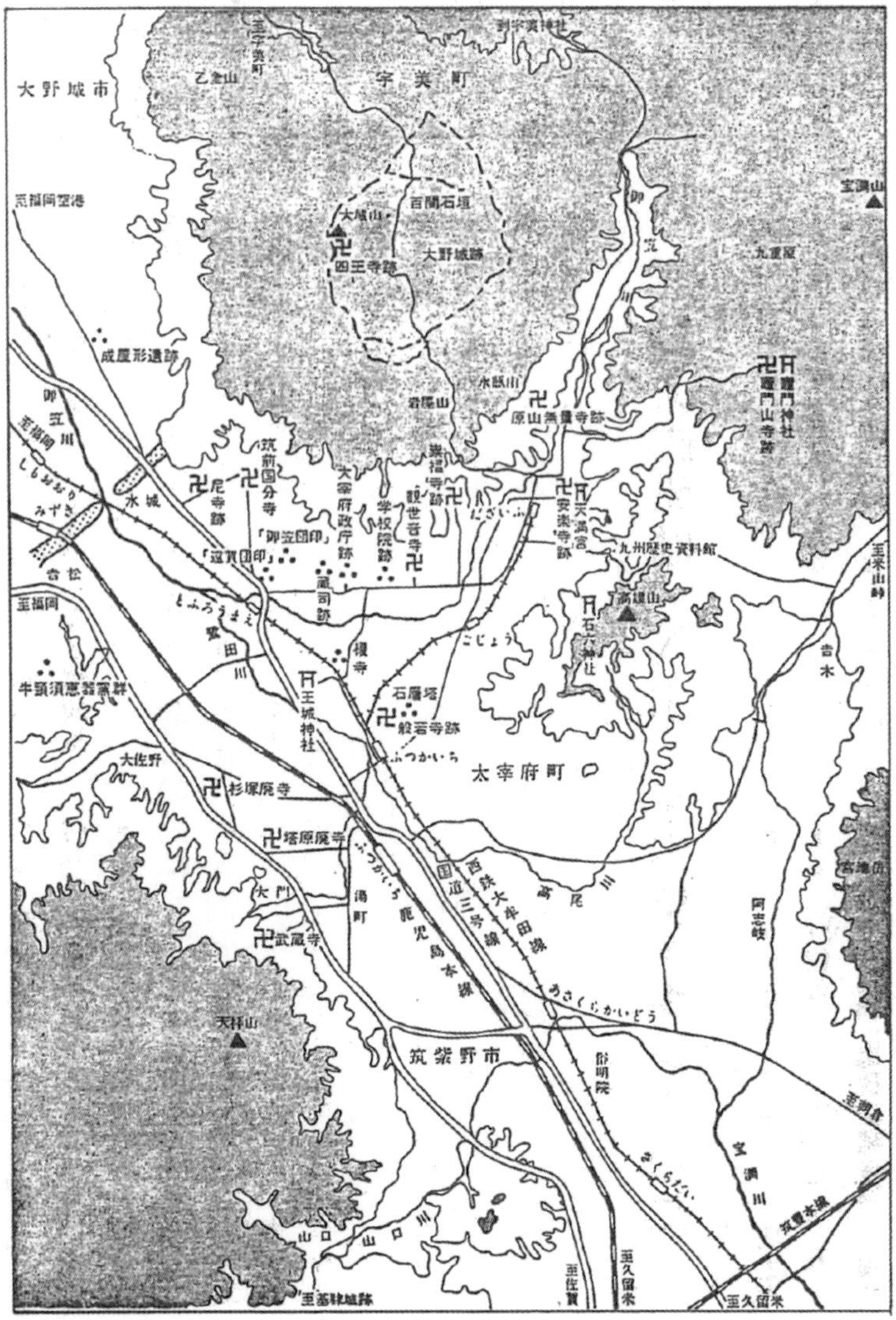

ませんね。

藤井　そうなんです。それにあの辺の地形はひじょうにおもしろくて、太宰府のゴルフ場の屋根を伸ばした線が、分水嶺になっています。ですから、太宰府側に落ちた雨は御笠川に入って玄界灘へ、そして二日市側に落ちた雨は宝満川へ入って有明海に入るんですよ。玄界灘と有明海とでは、かなり大きな開きですね。

分水嶺は、二日市の北のほうの筑豊まで続いて水田の中にあるんです。つまり平地の中に分水嶺があるということで、地理的にはひじょうに珍しいですね。だから、そういう所では深く掘ったほうに水が来てしまう。そういう地形なので、水城の上端スレスレまで水を蓄えようとしても、その分水嶺のある平地の溝の底以上には絶対たまらないんです。全て有明海に流れてしまいます。両面せき止めない限りたまらないということですね。地形から見ても、結論としてたまらないということですね。

それで、三年ほど前に水城の周りの田んぼを掘ってみたんです。すると、やっぱり堀が出てきました。幅六十メートルという大きな外堀です。

西島　博多側にですか。

藤井　そうです。だから、それが「水城」なんですよ。水城の土手そのものも、掘ってみると、どうも改修の様子もあるようです。最初に造ったのは堀だった。そして、その土をあそこに盛り上げただけの話です。

ただ、そこで馬の侵入を止めるという説が出てくるんですが、国道三号の所から御笠川までかなりの勾配があるので、いくら掘ったって、それだけでは均等に水をためることはできません。途中に段を付けて区切って掘っていく以外にないんですが、そうすると深い水はたまらない。しかし、一種の湿地帯ができて、馬を止めるにはいちばんの策になりますよ。当時いちばん怖かったのは、大陸の騎馬部隊ですからね。だから、幅五十メートルから六十メートルの外堀があるということは最高の防禦策だったんでしょうね。

元石　すると、水城の起源は外堀だったということですね。ただ、水城は元《げん》の侵寇に備えて造られたと思っている人もありますね。

藤井　そうなんですよ。私が太宰府に来たとき、町の有力者の人が「あの水城は元寇のときにできた」と演説されたので、驚いてしまいました。太宰府付近の人たちでも、そう信じている人が多いんですが、水城は元寇より六百年も古い千三百年も前に築かれているんです。

さっき話しました水城の堀ですね、あれを掘ったとき、堀の底から一枚の宋銭が出てきました。鎌倉時代の通貨として流通していた宋銭です。これが出てきたということは、少なくとも元の来寇の時期には、まだ堀が埋められていなかったことを明白に物語るものです。一枚の宋銭が貴重な歴史の証言になるのですね。

水城が造られたのは千三百年前、元寇は七百年前。その間六百年も開きがありますから、手入れをしなければ、堀は埋まってしまうはずで、底に宋銭が入るわけがありません。元寇のときは、あの水城が大宰府を守る最後の防衛線ですから、その時に堀を掘り直し、土塁を高くし、改修したのではないでしょうか。そのときに誰かが宋銭を落としたのでしょう。

未曾有の国難に備えたこの改修で、近辺の人たちは、かなりの苦役を強いられたのだと思います。この、六十メートルという堀の幅は、当初からのものか、改修のとき広げられたものかは、まだわからないわけです。

防人《さきもり》の目は、外よりも内側を向いていた

元石　大宰府は前に堀や土塁があって、後ろの山に大野城がある。この山城の役目は、どういうものだったのですか。

藤井　前後が逆なんですよ。四王寺山にある大野城は後ろではなく、むしろ正面なんですね。現在の感覚で、福岡から国道三号を通ってと考えて、四王寺山は、大宰府の後ろと思いがちですが、それは大間違い。大宰府を襲う敵は、今の国道三号を通るよりも、糟屋郡の宇美町を通ったほうがはるかに近いんです。この宇美からやって来る正面の敵を防ぐために設けられたのが、山城の大野城となるわけですね。

西島　四王寺山に登って下を見ると、今でもズーッと石の堀が宇美側にありますね。

藤井　大野城も水城と同じく、白村江の大敗の後、外寇に備えて造った、朝鮮式山城の一つで、この特徴は土塁なんですね。谷間にかかると石塁になります。その中でいちばん大きいのが、おっしゃった百間石垣ですね。

西島　あの石はすごいですもんね。

藤井　今の職人さんはあんな念入りなことはやりませんよ。見た限りではわかりませんが、地下を掘ってみるともっとすごいですよ。地下に倍ぐらい基盤と裏込《うらごめ》を盛ってしっかり造られていますからね。

元石　大宰府が政治都市だったというのはわかりますが、防人はその防備のために連れてこられたのですか。

藤井　さあ、どうでしょうか。大宰府からの出土品で、現在東京の博物館に保存されている「遠賀団印」「御笠団印」がありますから、古代兵制の軍団が存在したのは事実で、交替で勤めたのでしょうね。ただ防人はなかなか実態がわかっていないんです。

西島　防人は東国から連れてきたと聞きましたが……。

藤井　当時の東北は、まだ蝦夷《えみし》ですから、東といっても関東までだったんでしょうね。ただ九州の兵隊は昔から強いんですよ。だから、九州を守るには九州の兵を当てるのが妥当なわけで、東国の兵を旅させて連れてきて、九州を防備させるということは非常におかしいわけです。

元石　白村江の戦いで九州の壮丁《そうてい》(成人男性)がたくさん戦死したのが原因、とも何かで読みましたが。

藤井　それはどうでしょうか。私は東国人を防人にあてたのは、九州に対する中央の一つの見方だと思うんです。

九州というのは、ちょっと振り返ってみるだけでも、磐井《いわい》の乱から始まり、明治維新や、西郷隆盛の西南の役と、中央権力への反乱の系譜がつづられますね。だいたい古代の九州の人は、大和を見るよりも、目はむしろ半島や大陸のほうに向いているんです。

西島　ということは、大和王朝は九州の勢力を危険視していたということですか。

藤井　私はそう思います。例えば筑紫国造《つくしのくにのみやつこ》磐井《いわい》が討たれたいちばんの原因は、半島と同盟したからです。それから朝鮮出兵が始まるんですよ。つまり、大和にとっていちばん怖いのは、九州と朝鮮半島が結びつくことだったんですね。私は、防人はそれを防ぐためのものだったと思います。防人の目は外よりも、むしろ内側を向いていたのではないでしょうか。

都府楼は平城宮《へいじょうきゅう》の省略形

元石　大宰府政庁があった都府楼跡には礎石がのこっていて、当時の建物がしのばれますね。

藤井　大宰府政庁の最初の建物は、地面に穴を掘って柱を建てていくという粗末なもので、日本古代建築の典型的なものだったと思います。たとえば、伊勢神宮では二十年ごとに遷宮が行われますが、あれは掘立《ほったて》柱の建物だから腐ってしまうからなんですね。

西島　礎石の上に柱を建てる時代は、ずいぶん後になるのですか。

藤井　そうです。だから現在は調査の結果、大宰府跡を三期に分けています。おおまかにいって掘立柱の時期、礎石を使った時期、それから建物が焼けて建て直した時期以降に分けられます。掘立柱を使った時期は奈良時代の前まで、礎石を使いだしたのは奈良時代から後、そして藤原純友《ふじわらのすみとも》の大宰府放火（九三九年）以後の三つの時期ですね。

大宰府の終焉《しゅうえん》がいつなのかは、はっきりしませんが、おそらく鎌倉幕府の鎮西探題ができる頃（一二九三年）にはなくなっていたでしょうね。

元石　万葉歌人の**大伴旅人**《おおとものたびと》が「大宰帥《だざいのそち》」として赴任してきたのはいつ頃ですか。

藤井　旅人（六六五～七三一年）が帥として来たときは、たぶん礎石のある建物だったでしょうね。

西島　その頃の大宰府政庁はどういう地位にあったのですか。

藤井　掘立柱の時代はわかりませんが、礎石から見た形態では、奈良の平城宮に次ぐきちんとした役所の配置になっていますね。原則的には、中国の長安の都（現西安）の制度を模したといえるのでしょうが、中国の制度をまねて、初めて整然とした都をつくったのが大和の藤原宮、さらにそれを洗練したのが平城京です。大宰府の成立は平城京より古いのですが、礎石の時代は平城京よりも少し後で、基本的には平城京の省略形態ですね。

元石　だから大宰府にも条坊制があったのですね。

藤井　南北を条、東西を坊に区分したのは、画期的な都市計画ですね。条は二十二条、坊は東西十二坊ずつ合計二十四坊ありました。条間は一丁ですから、百八メートルか百九メートル間隔で、道路が縦横に巡らされていたわけです。

天神様になられた菅公さん

西島　大宰府政庁と、菅公（菅原道真）が配流されていた榎寺とは、真っ正面に向かい合っていますが、当時からですか。

藤井　当時から、真っ正面ですね。榎寺は当時のメインストリート、朱雀大路《すざくおおじ》のすぐそばにあるんです。だから、榎寺辺りは今の福岡でいうと天神の辺りで、最も中心街なんですね。だから、**菅原道真**が「あばら屋で雨がもって」と言ってあるのは、都を慕っての詩的表現なんだと思いますよ。菅公は権帥《ごんのそち》で今でいえば次官にあたりますが、権帥がいるときは帥は任命されていませんからね。結局は、長官と同じことになるんで、配流とはいえ、最高の官職だったのです。

西島　菅公さんは亡くなられるまで、大宰府に三年しかおられなかったんですね。

藤井　そうなんです。しかし、前右大臣という当時では考えられもしない貴人を、大宰府に迎えたというわけで、当時の人たちの驚きぶりも察せられますね。

　当時の権力者藤原氏に対抗する存在にまで、自分だけの学識と手腕で上りつめたのですし、遣唐使の中止の献言など政治的な活躍もあり、加えて当代第一の学者でしょう。

　しかし菅公さんがこれだけ大衆の中に溶け込んでしまったのは、天神信仰と結びついたからでしょうね。讒言《ざんげん》して菅公を左遷させた藤原時平が死ぬと、菅公のたたりだということになる。また、京都で雷火による災害が多くなったので、これらも菅公のたたりということになり、罪は解かれ、太政大臣を追贈されるでしょう。これが、中国の天神信仰と結びつくんですね。天神とは天の神で雷を駆使するから怖いんですね。そんなわけで、本来は無関係だった菅公と天神様が、平安期に一緒になるわけです。そして、次第に学問の神様になっていったのですね。

　菅公が亡くなられた後も、子孫が帥としてたびたび下り、大宰府の発展をはかっていますね。

夫よりも父の意志を継ぐ持統天皇

元石　ところで、観世音寺はどういうお寺なんですか。

藤井　建立は天平十八年（七四六）ですが、『日本書紀』には天智天皇が母君である斉明天皇の菩提《ぼだい》を弔うために建立を発願された、と載っています。これでいくと、建物は発願から八十年の歳月を経て完成したことになります。ずいぶん長期間を要していますが、これはどう考えたらいいのでしょうか。

　天智天皇の後に位につくのは、弟の**天武天皇**で、壬申《じんしん》の乱で天智天皇の皇子、**大友皇子**と戦って皇位につきますね。この天武天皇の皇后が後の**持統天皇**で、天智帝の皇女なんですね。皇位を継いだ持統帝の心中には、天智帝に対する悲愁の気持ちがあったのだと思います。持統帝はいろいろな事業を起こしていますが、政策的には夫の天武よりも父の天智に近いんです。日本書紀もこの時期に編さんされており、天智帝の事績を九州編にたくさん挿入していくわけです。天智帝の名誉回復の心理を、私は読みとれるように思うのです。だから私の推測ですが、観世音寺建立の発願は実際は、持統天皇がされ、それは天智帝の徳として天智建立にされたのだと思うのです。ほかにも天智帝を立てている記事が多いですね。

元石　奈良と平安時代の間に、大宰府政庁に大きな変化はあるのですか。

藤井　おもしろいのは、藤原純友の乱で焼失した後、政庁が一回り大きくなっていることですね。不思議なのは、当時は中央政府の力がいちばん弱まっているときなんです。

　あるところで政庁再建の話をしたら、「当時の日本の政府はまったく無力で、すでに武士勢力の勃興《ぼっこう》が始まっている。そんな時代の無力な政府に大宰府政庁を建て直す力がありはしない」と言われましてね。これが、これまでの定説だったのです。しかし、この説は、最近の発掘調査でひっくり返ってしまったのです。純友の乱の焼け土の上の層にいっそう大きい遺構がはっきり立証されるんですね。

在地勢力が伸張した平安時代

藤井　大宰府の帥になることは、菅公さんは状況が別ですが、大方には、とても魅力のあることだったのですね。財運というか、中国貿易を握っているわけですから、それぞれ裕福になって帰京できるわけです。遣唐使の廃止以来、中国との正式な貿易は途絶えていますが、迎賓館である**鴻臚館**《こうろかん》を大宰府の窓口として、私貿易は盛んにやっていますね。一種の鎖国に近い状態ですから、これは唯一の窓口です。だから、中央政府が衰えてきても、大宰府を維持することは在地勢力にとっても、権威として必要だったんですよ。

　十世紀は中央官吏が墜落してしまった、とされています。たとえば「遙任《ようにん》」などがありますが、これは赴任辞令をもらっても、実際は赴任せず、目代《もくだい》（国守の代理）に一切任せて得分だけを受け取るんですね。これが一般化して、中央官吏の墜落、官庁の衰退、政治の衰退を見るわけです。

　しかし私は、これは逆で、在地勢力が強くなったから国家権力が落ちていったんだと思うんです。上納分が細ってくるから、中央の財政が細るわけです。遙任は役人の堕落というよりも、在地勢力は赴任を拒否することから始まったのではないでしょうか。一定の上納金さえ約束されればいいわけですから、在地任せということで、在地勢力の実力者たちが目代になるんですね。これは在地勢力がさらに成長することになってきます。ですから、この時期に大宰府の建て替え、しかも規模を少し大きくするぐらいの実力は、在地勢力には充分あったんですね。

　このことは、当時が一種の「地方の時代」だったことを物語るものでしょうね。在地勢力がバンと燃え上がっていたんですよ。

　歴史は他人のものではなく、大勢の人が絡まって生きていく過程ですから、なんでもかんでも引っかかってくるんですね。

元石　非常に興味のあるお話を伺いまして、どうもありがとうございました。

年表

西暦	年号	事項
五三六	宣化朝	那の津に官家を造り諸国屯倉の穀を運び非常に備う。
六〇九	推古17	「日本書紀」に筑紫大宰の語はじめて見える。
六四九	大化5	蘇我日向、はじめて筑紫大宰帥に任ぜられる。
六六四	天智3	この年、対馬・壱岐・筑紫に防人と烽をおき、筑紫に水城を築く。
六六五	天智4	百済亡命者に大野城・椽城を築かしむ。
七二八	神亀5	大伴旅人大宰帥に任ぜられる。
九〇一	延喜元	右大臣菅原道真を大宰権帥に左遷す。
九〇三	延喜3	菅原道真、大宰府において没す。
九四一	天慶4	藤原純友ら大宰府を侵す。
九九三	正暦4	故菅原道真に太政大臣を贈る。

元寇《げんこう》

「博多」の役割がさらに重要に

10

［お話］**川添 昭二** 九州大学教授
［聞き手］**森田 孝雄** 福岡相互銀行

対談：昭和五十五年（一九八〇）五月

向かうところ敵なしモンゴル帝国

司会　文永の役〈文永十一年（一二七四）〉から七百年たったのですね。

元寇は元が寇《あだ》した、つまり侵入して荒したという意味ですね。日本にも博多にも災難でしたが、アジア、ヨーロッパ両大陸にまたがる史上空前の大帝国の蒙古が、海の中のちっぽけな日本に、風波の危険を冒してなぜ攻めてきたのでしょう。率直な疑問なのですが。

川添　鎌倉時代のお坊さんの書いたものに、日本の国は「粟散《ぞくさん》の国」だとよく出てきています。粟粒を散らしたような一小国ということですね。その小国に大帝国である蒙古がなぜ攻めてきたのか。まず蒙古の内部状況を知る必要がありますね。唐帝国で安定していた東アジアの世界が、北方民族が次々に蜂起してきて安定性を欠いてくる。

ウィットホーゲルという社会学者は、中国を征服していった北方民族の王朝を征服王朝と呼んでいますが、その中で最大と言ってよい蒙古は、ジンギス・カン以来、まさに東から西へかけて、アジア大陸全体からヨーロッパに及ぶ一大版図を築き上げるわけです。

昭49年、元寇七百年祭で平和を祈って舞う神楽（東区・筥崎宮）

森田　小人数のモンゴルが、どうして中国やアジア大陸を支配できたのか。これも問題です。

川添　当時、征服者のモンゴルの人口はわずかに五十万程度だったと推定されています。

わずか五十万の人間で欧亜にまたがる大版図をどうして築けたかというと、いちばんに騎馬民族である彼らの機動性が挙げられます。敵の弱点に集団で速攻する。騎乗しての巧みな速射。強行軍に耐える耐乏力。土地に執着せず疾風《しっぷう》のようにすぐ次の土地へ移動。とにかく戦士集団として、数十倍の敵に拮抗《きっこう》する最優秀軍団でした。

森田　向かうところ敵なしで……。

川添　さらに被征服軍団を先鋒《せんぽう》にしてモンゴル軍の温存を図りましたから、覇力はさらに

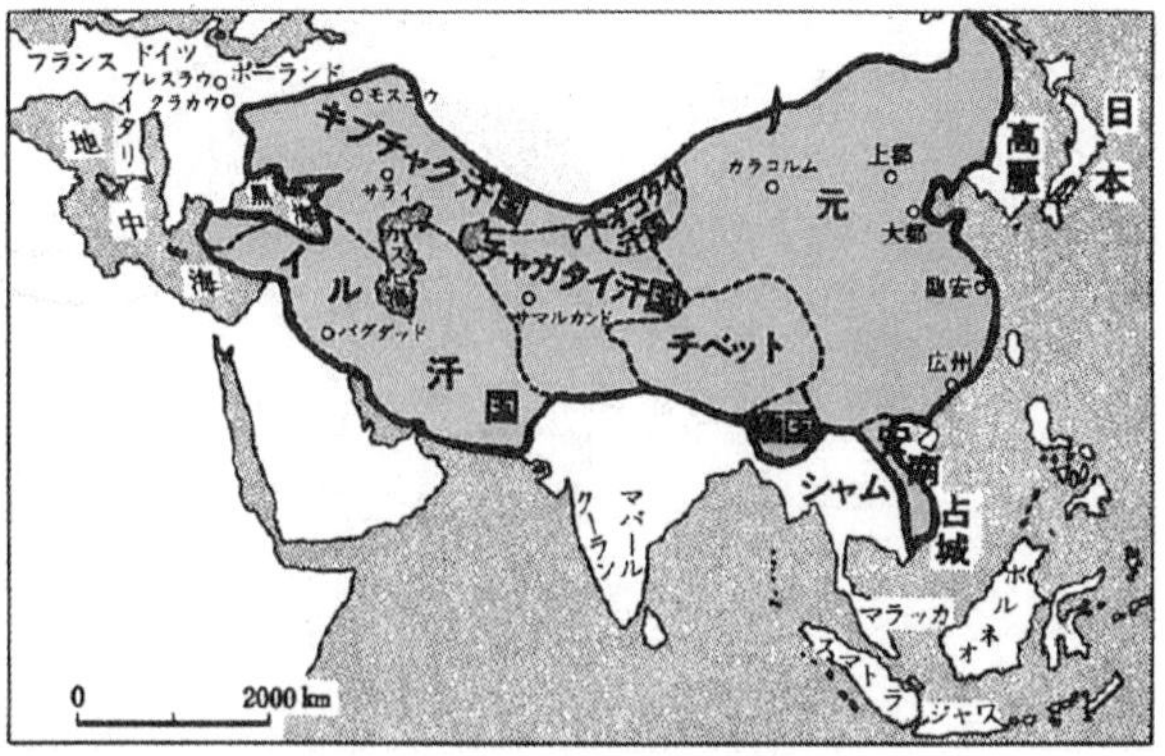

モンゴル帝国（13 世紀）

永続したのでしょうね。

そうはいっても、中国だけでも数千万人の人間を一握りの連中が征服し、支配していくわけですから無理があるし、緩みが出てくる。それが内部争いで、特に皇帝の位をめぐって争う〝汗位〟争いが特徴的です。

第四代モンケ・カンが南宋攻略の陣中で没すると、汗位継承問題が起こり、弟の**フビライ**も軍をまとめて起《た》ち上がるわけですね。フビライは、モンケ・カンの時代に中国の東北部を与えられていたので、中国人官僚の能力が極めて高いことをよく承知していて、蒙古人としては類のない親中派になっています。

その最大のライバルが弟の**アリクブカ**で、こちらは蒙古至上主義派で、モンゴル本土を中心に勢力を張っている。蒙古では末子相続で、順番からいくとフビライは外れるのですが、結局はアリクブカを屈服させて、一二六四年に汗位に就くのです。

森田　南宋と博多は貿易と文化のつながりが深い。南宋の滅亡は残念でしたね。

川添　蒙古では中国問題というと南宋ですが、フビライは南宋を滅ぼそうという気はなくて、相互不可侵で仲良くやっていこうと考えていたようです。それで仲良くしようと外交使節を出すのですが、南宋は姑息で、モンゴルに隣接している反対勢力の異民族を挑発してモンゴルを抑えようとする。さらに、蒙古が和親の使いを送ると、抑留してしまうのです。

それで蒙古が激怒して兵を発することになる。そんなわけで、蒙古が直面していたのは、南宋をどう攻略するかということだったんですね。

森田　そして、**高麗**もありますね。

川添　そうです。もう一つは高麗の問題です。ジンギス・カンの次の皇帝から三十年間、高麗を攻めて、徹底して蹂躙《じゅうりん》しています。それで高麗の宮廷は漢江河畔の江華島《こうかとう》に逃れる。騎馬戦に強い蒙古も、一衣帯水ながら海を隔てると、なかなか落とせない。そういう状況でした。

フビライが汗位を争っているときは、高麗と色よく応接していますが、汗になると態度を一変して、貢ぎ物をどしどし要求し、もたもたしていると叱責して、さらにそれを言いがかりにして次を要求する。内政に干渉して高麗の実質支配を強くすることが、南宋攻略にプラスになるという状況だったんです。

南宋と親密だった「黄金の国」日本

森田　ところが日本は南宋と海を通じて仲がいい。蒙古側から見るとしゃくのタネで。

川添　そうなんです。日宋交渉は親密でしたからね。

例えば**西園寺公経**《さいおんじきんつね》という貴族は、南宋に貿易船を出して、銭を商品として買っています。日本は平安時代の末以来、貨幣鋳造《ちゅうぞう》はしていませんから、輸入した宋銭が貨幣として国内で流通するわけです。

西園寺公経は、一回に十万貫の宋銭を輸入しています。南宋で一年間に鋳造する額に相当しますから、いかに日宋の間が密であったかがうかがえますね。当時、南宋の人が書いた随筆には「倭《わ》の好むものは銭である」と書き残されています。

森田　日本から南宋には何を輸出したのでしょうか。

川添　最初のころは砂金を、**陸奥**《むつ》の砂金ですね。でも「黄金をもたらす」というのは平安の末期ぐらいまでのことで、頼朝が義経や奥州の藤原氏を滅ぼすころには、ほぼ取り尽くしてしまっているのですよ。

マルコ・ポーロが伝えた黄金の甍《いらか》やアスファルトの話をみても、中国、特に南部のほうで日本は黄金の国として知られていたのですね。そのほかに木材、刀、扇、真珠なども持っていっています。

森田　それは博多から積み出されて。

川添　そうです。ですから、フビライを中心とする蒙古宮廷の黄金欲、これも日本に攻めてきた一つの要因でしょうね。

戦前の研究では、征服民族の習性として、とにかく周りの連中を征服していくという征服欲のために、日本に攻めてきたとされていました。確かにその面もあるのですが、最初から征服しようという意識があったかどうかは疑問の余地がありますね。

日蓮の予言は法華経の教え

司会　逆に日本の場合、日蓮が『立正安国論』の中で、元が攻めてくる、国難になるだろうと言っています。これは、文永の役の十四年前で、すごい予測ですね。当時、日本は元の内情をよく知っていたんでしょうか。

川添　私は日蓮が、蒙古についてそうはっきりした認識を持っていたとは思えないんです。日蓮は『立正安国論』で、日本は法華経を本気になって信仰していない。法華経を信仰している国であれば神様が守ってくださるが、今はそれがなされてないので、神様が引き払って空屋になっている。だから、蒙古が攻めてきやすい。国難近し、法華経を信仰しなければたいへんなことになる……という説法なのですね。

森田　では、日蓮は情報から蒙古侵略を予測したのではなく、宗教的な意味で外敵が来ると考えたのですね。

川添　そうです。日蓮は宗教レベルでものを言ったんですね。非常に俗世間的なことを言っているようですが、全て宗教的な世界を意味あらしめるための比喩なんです。それが文永三年（一二六六）に蒙古問題として現実化したのですね。元寇がなければ、日蓮さんも自分の教えを、あれほど社会化することはできなかったと思いますね。執権の北条氏は禅宗ですが、日蓮は法華経を唱えて宗教的論理で禅宗を批判する。外交問題と信仰問題が一緒になって、幕府に対する批判勢力と見られてしまう。

だから、幕府が防備のために命令書を下す前日に日蓮を捕らえて、佐渡に流すことになるんですね。

森田　執権の北条氏は、モンゴル来襲の情報を持っていなかったのですか。

川添　当時の執権は北条時宗

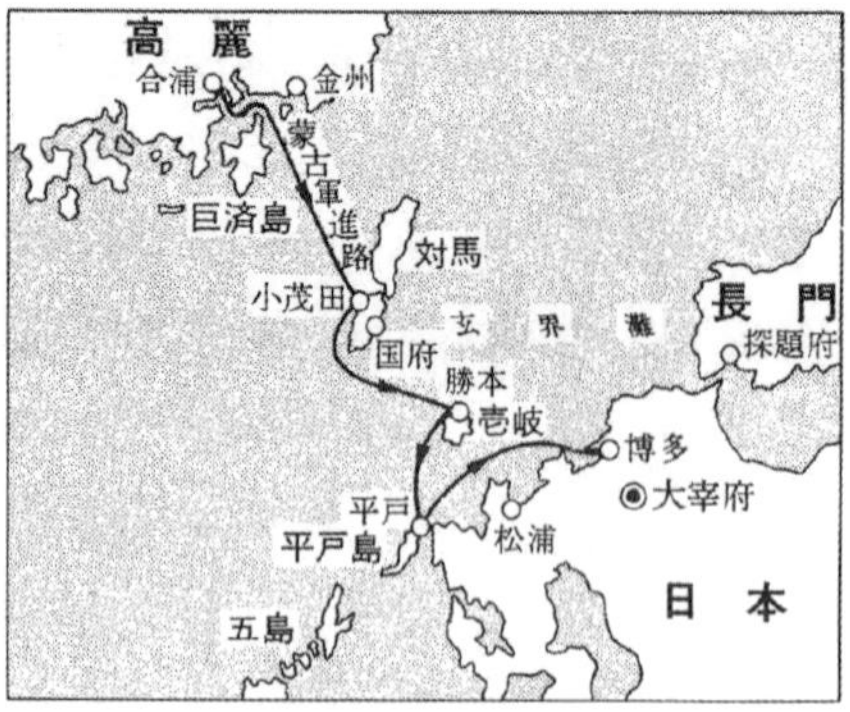

文永の役

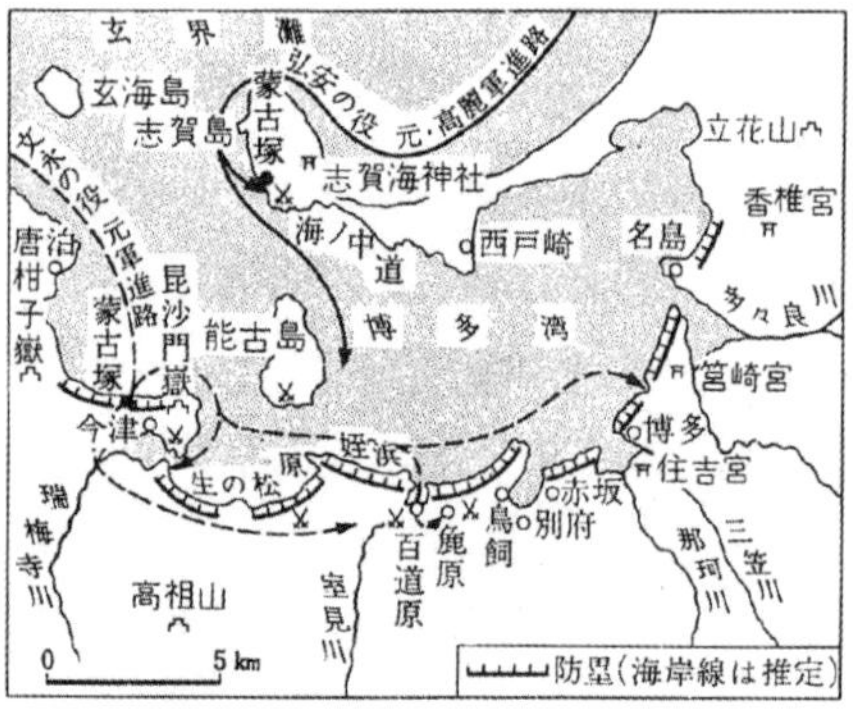

福岡市（博多）付近の元寇防塁跡

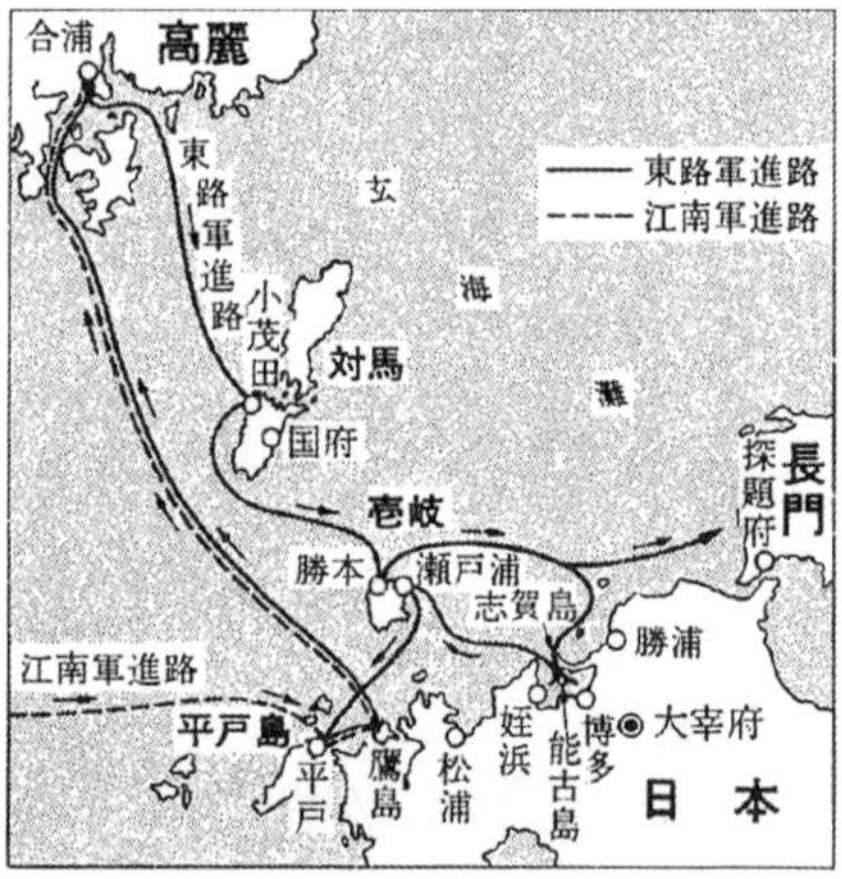

弘安の役

で、彼のブレーンは禅宗のお坊さんたちです。そういう人たちのたまり場が、父の**時頼**が建てた**建長寺**《けんちょうじ》で、ここが国際情報のセンターでした。

北条氏の所領があった北鎌倉に降りると、すぐに**円覚寺**があり、それから建長寺がありますが、あそこら辺一帯に禅宗寺が建つわけですね。そこには、日本語を解せない中国の坊さんたちがひしめいていて、いわば中国租界ですね。ここが世界情報のセンターだったのですね。

森田　当然、アンチ・モンゴルの情報ですね。

川添　ええ。そこで得られる情報は当然、南宋からのものでした。中華である南宋が北方蕃族《ばんぞく》である元からいためつけられているわけです。

南宋は、国学といってもいい朱子学で、皇帝を中心に階層、秩序をピチッと固めている。愛国的で、民族的で、異民族の圧迫をはね返すことを中心としたイデオロギー体系をつくっていて、国が一致団結しなければいけない、という考え方です。

それに、時宗の師であった**無学祖元**《むがくそげん》、もっとも、この人が招かれて来たのは、文永の役の後ですが、中国にいたとき元の兵に殺されようとしたことがあって、元を憎んでいたでしょうね。

中国の坊さんたちからの情報は、元が征服民族以外のなにものでもない。だから、元の使節が来たとき、これは侵略だと決めつけるのですが、情報のルートと質から当然の帰結だったのですね。

最初は下手に出た帝王「フビライ」

川添　蒙古は日宋の親密さを断ち切りたい。そこで、高麗を使者に立てて日本と交渉させるんです。成功すればそれでいいし、成功しなければやり方が悪いと、高麗をぎゅうぎゅういわせればいいわけですからね。

文永三年（一二六六）にフビライが国書をしたためて、高麗を使節に立てるのですが、高麗は日本が要求を聞くはずがないとみている。だから風浪の荒さを口実に使節を出さない。それでフビライが激怒して、翌文永四年（一二六七）に再び強く督促する。それで、文永五年（一二六八）一月、最初の使者**潘阜**《はんぷ》がフビライの国書を奉じて初めて大宰府に来るわけです。

蒙古側は当初、「徳化の名を得たい」、つまり世界帝王のフビライが、日本に貢物を持ってきてもらいたい、と下手に出ています。言うことを聞かなければ、兵を用いるぞと脅しは見え見えですが、南宋問題を抱えているし、高麗も抑え込まねばならない。まあ、実際のところは、日本が朝貢して、宋と手が切れてくれればいい、というところなんです。だから辛抱強く前後六回にわたって使節を派遣してくる。ところが日本は「蒙古は征服民族だ」という認識なので、断固受け付けない。

森田　文永の役までに六回も。ずいぶん丁重だったのですね。

川添　丁重と言いながらも、朝鮮半島を実質的に支配して、いつでも日本へ攻められるように、今の釜山付近に屯田兵を配置しているのです。

五回目と六回目は**趙良弼**《ちょうりょうひつ》という人が、フビライに志願して交渉の使節としてやってきます。この人は五十いくつかで、当時としては年寄りなのですが、元からきた使節の中では、もっとも和平交渉を念願にしていたようですね。フビライに、自分が一命を懸けて日本の使節を連れてくる。そのときに南朝鮮一帯に屯田兵を置いていると刺激する。だからこれを引き揚げてくれと言っています。

一方、日本の外交権を形式的に握っていたのは、京都の宮廷ですが、実際の戦闘過程に

福岡市・今津で発掘された元寇防塁を測る調査員。昭43年

入ると、やはり力ですから、幕府が実質的に外交権を握ってしまうんですね。文永の役が起こるまでは、幕府は一応朝廷を立てているんですが、朝廷はどうしていいかわからない。
　そういうことで、元との対応は幕府となるのですが、その幕府の性格が武士の政権ですね。つまり、武断政権が基本だということで、結果的に文永の役を引き起こしたと言えると思いますね。中世の外交は、現在のように国際法に照らしてとか、ある程度まで譲歩してとかじゃなく、売られたけんかは買おうという力と力になってしまう。

メンツで攻めこんだ文永の役

森田　それで文永の役に。

川添　文永十一年（一二七四）の十月に元軍が来襲するのです。蒙古軍は忻都《きんと》を日本征討の都元帥（総司令官）として、合浦《がっぽ》を出発して二百七十キロの玄界灘を、九百艘《そう》の船に分乗して渡ってきます。そのときの船を、高麗の人たちが突貫工事で造らされている。だから、相当粗雑な船だったでしょうね。

森田　来襲した人数は。

川添　高麗側が六千人、蒙古軍が二万人。そのほか多くの船の修理をする梢工《しょうこう》や船を漕ぐ水手《かこ》などがいたようです。彼らは被征服民族の混成軍で戦意もないし、フビライも日本を徹底的に征服しようという気があったようにも見えない。メンツが立たないからたたいておけ、と一種のデモのように考えていたようです。だから、戦略も定かではない。どの程度まで戦って、どこで収めるかという計画もはっきりしていなかったようです。

森田　でも、海を覆う大船団で、日本はびっくりしたでしょう。

川添　そうですね。元軍は、まず十月五日に対馬を侵し、十四日には壱岐を攻めています。このとき、壱岐の住民は大部分が斬殺され、婦女子は手に穴を開けられ船につるされたという無惨な話が伝わっています。
　二十日に今津や百道海岸に上陸。大宰府攻略を目指し、麁原《そはら》、赤坂、今の平和台競技場一帯で日本軍と戦闘が開始されます。中国、高麗側に若干の記録が残っていますが、日本は押され気味ですね。
　それまで一騎打ちの戦いしか知らない日本軍は、鉦《かね》や銅鑼《どら》や太鼓を打ちならして集団で進んでくる戦法の前に、馬が驚いて暴走するし、やあやあと打って出る豪の者も集団の中に包み込まれて討《う》たれてしまう。矢は連射できる短弓で、鏃《やじり》には毒が塗ってある。散々にやられたのですね。そのうえ、元軍が使った**てっぽう**に驚いてしまった。

森田　てっぽうですか。

川添　ええ。『八幡愚童訓』という記録に、「鉄丸に火を包みて激しく飛ばす。当たりて破るるときは四方に火炎ほとばしりて烟《けむり》を以てくらます。またその音高ければ心を迷わし胆を消し、目くらみ、耳ふさがりて東西を知らず……」と言っていますから、見たこともない新兵器にびっくりたまげてしまったのでしょうね。
　百道から麁原まで占領され、赤坂辺まで追撃される。さらに箱崎に上陸して筥崎八幡宮も焼かれる。日本軍は水城《みずき》まで引いて守ろうと悲壮な決意だったのです。
　だが、蒙古軍のほうも即製の頼りにならない戦艦だし、兵はモンゴル人、漢人、高麗人の混成軍で士気も低く、戦略もばらばらです。海の遠征に慣れていないし、主だった者が負傷したりして、これ以上どこまで戦えるかおぼつかない。そこで軍議が開かれ、もうこれまでと撤退することになるんです。

防備を固めた建治年間

森田　そこへ、例の神風の台風が吹いたですね。

川添　吹いたことは確実だと思うんですが、そのスケールがわからないし、いつどこで吹いたのかもはっきりしていない。通説では、旧暦の二十日に吹いたということになっています。その通説を否定する根拠も確実ではない。だから一応通説を認めるところまで譲歩しとこうということですね。

森田　それで、日本の防備体制は、どうだったのですか。

川添　ときの鎮西奉行は**少弐経資**《しょうにつねすけ》でしたが、元の侵略に本気で対処した防備体制を取っていなかったのです。

しかし水陸交通の要所、九州でいうなら門司の関だとか、佐賀の関といった所は、全て北条氏の本家一門の所領にして家来を配置してますから、時宗の号令で直ちに水軍を動かすことはできたのです。

本格的な防備体制を取るのは、文永の役で痛い実地訓練を受けた後ですね。京都の六波羅探題《ろくはらたんだい》を強化し、指揮系統を整えるために、各地の守護に北条一門を送り込んでいます。

森田　でも、なんといっても**防塁**《ぼうるい》で。

川添　やはり、なんといっても石築地の防塁を築いたことですね。高さ約二メートル、底辺の幅約三メートルの防塁を、香椎から今津まで約二十キロメートルにわたって築いたのです。これは、香椎は豊後の国、箱崎は薩摩の国、姪浜は肥前の国、というように、各地域を守護たちに分担して築かせています。それも所領一町につき防塁一尺（三十センチメートル）という基準を設けて、所領に応じて旗も盾も出させ、守備責任とした。こうやって防備を固めていったのです。

それと同時に、日本遠征の基地である高麗攻撃を考えていますから、元軍に対する日本軍の士気もなかなかのものだったんですね。もっともこれはざた止みになっています。

果敢に善戦した弘安の役

川添　こうして文永と弘安の間になる建治年間に、時宗の権力が強化され、国ごとの守護に強力な権限を与えて、指揮系統も整えられました。この建治年間は元の再来に備えて邀撃《ようげき》体勢を確立したことで、歴史的に非常に重要な意義を持っているんですね。

森田　そうして、いよいよ弘安の役になるのですね。

川添　こうして待ち構えているところに、元軍の第二次来襲が弘安四年（一二八一）に起こるのです。その二年前に、蒙古は南宋を滅ぼしています。元に下った南宋の膨大な職業軍人を抱えているわけで、下手すると流民になって、暴動を起こしかねない。蒙古にとっては、この戦後処理が大きな問題だったのです。それに、日本の富に対する欲求が、日本との交わりの深かった南宋を抑えたことで、極めて鮮明になってくる。これが、弘安の役を起こした原因の大きなウエイトを占めています。

日本侵攻にあたって、フビライは武将を集めて「土地と人民の略取」を堂々と訓辞しています。屯田を本格的にやろうと船に鍬《くわ》などを積んできたといわれており、かなり計画的で、南宋の職業軍人を、そのまま日本への遠征軍に振り向けたのです。

彼らが海の藻屑《もくず》と消えても、モンゴル自体に痛みはないということでしょう。十四万の元軍のうち六、七割やられたと書かれていますから、壊滅的打撃を受けたことになりますね。

その段階では、たいしたことでないと思っていたでしょうが、壊滅した南宋の軍人は、中国の要所、要所を守っていた海軍で、当時の海賊に応戦する主力でもあったわけです。これが壊滅したということは、その後の中国の沿岸で、海賊の跳梁《ちょうりょう》を許さざるを得なくなることで、これも元が滅びていく遠因にもなるんです。

こうして、再び弘安四年（一二八一）の夏に元軍が来襲してくるわけです。忻都と**洪茶丘**《こうさきゅう》が率いる蒙古・漢人・高麗の軍団四万が**東路軍**として合浦《がっぽ》を出発し、別に**范文虎**《はんぶんこ》の率いる**江南軍**（南宋の降兵十万・三千五百艘）が江南から出て、壱岐で合流し、一挙に日本を征服しようというわけです。まず、東路軍が先に来襲するのですが、沿岸一帯に防塁が築かれているので、簡単に上陸できない。そこで志賀島を襲うのです。

森田　防塁が役に立ったのですね。

川添　役に立ったと思いますよ。前になかった防塁の出現で元軍は驚いたでしょう。高さ約二メートルの防塁が現在は部分的にしか残っていませんが、博多湾一帯に延々と築かれていて、大きな威圧を与えたでしょうね。

　それに要所、要所で武将が指揮を執り、地域別に国別の軍隊がいて、防塁の上から下げ矢で射るわけですから、矢の威力も倍加するわけです。

　それで、元軍は防塁のない志賀島に上陸するのです。今度は日本軍も元の戦法を知っているから果敢に善戦する。夜襲で敵船に躍り込んで、火を付けたり、特に**河野通有**《こうのみちあり》や**草野次郎**など、四国、九州の御家人《ごけにん》の奮闘が伝えられていますね。

　六月の六、七、八日にわたって行われた志賀島の戦闘は、現在の暦に直せば真夏ですね。元軍は、船掛かりしたまま戦っていますから、船中で疫病がはやるし、夜襲も受ける。粗雑な急ごしらえの船で、そのままでは船底に貝が付いて航行が損なわれる。おまけに兵も疲れているしで、攻め切らないまま壱岐へ退散するのです。

　一方の江南軍のほうは指揮官の**阿刺罕**《あらはん》が死んで、来襲が大幅に遅れ、やっと七月に入って、先発の東路軍と平戸から鷹島にかけて合流します。

　総勢十四万の大軍で一気に博多に攻め込もうとする矢先に、七月三十日夜から、いわゆる神風という暴風が吹き、翌日の閏《うるう》七月一日（太陽暦では八月二十三日）に蒙古軍はほぼ壊滅してしまうんですね。

自分の領地のために戦った日本軍

森田　国難で日本軍の士気は、盛んだったのでしょうね。
川添　それがどうも複雑なのです。異国から侵略を受けているという共通意識はありましたが、武士団は家相伝の戦法で個々に戦うわけですから、守護や幕府がこれを束ねるというのは相当な苦労なんですね。
　指揮される御家人も、身分は守護と同じ御家人なので、守護の言うことをなかなか聞かないで勝手に振る舞うわけです。
　柳川の立花家に残っている文書では、参戦をさぼったり、いざとなってもよく進まなかったり、とか書いてあって、どうも全体で一致協力をしなかったようです。と言っても、同一民族である日本軍の士気は異民族の混成軍である元軍と比較すれば比べものにならなかったでしょう。
森田　国難という統一した意識はあったんでしょうか。
川添　当時の命令書を見ますと、国の大事にもかかわらず、自分の小事に関わって、所領争いでけんかをして、守護の命令を聞かない、というようなことが書かれている。だから、お手本のような国難意識があったとはいえないと思います。
　現実感覚としては、蒙古を打ち払って恩賞で所領を拡大して、領主制を維持、強化しようというのが精いっぱいのところだったでしょうね。異国合戦という認識はあるんですが、現実はかなりバラバラだったと思います。

鎌倉幕府にとって大打撃だった元寇

森田　功名を立てて、恩賞をもらおうと思ってたんですね。
川添　それはかなり強いですね。肥後の**竹崎**《たけざき》**季長**《すえなが》は文永の役の翌年、馬を売った金で、鎌倉まで恩賞の請求に出かけるでしょう。しぶとい奴、役に立つだろうと恩賞奉行**安達泰盛**《あだちやすもり》の心にかなって、恩賞にあずかるのですが、彼が神の加護に感謝して画師に描かせた「蒙《もう》古襲来絵詞《こしゅうらいえことば》」は、元軍との戦いの状況をよく活描していますね。
　この戦いで元軍に奮戦したのは、彼らにとって自領を回復したり、拡大するにはいちばんいい機会だと考えたからでしょうね。それに、当時の侍たちは惣領制で惣領が一族をまとめていますが、実際は領地を分割して子どもたちに与えていくので、末細りになっているんです。だから、彼らは惣領に対して独立していくわけで、戦いが起こると、功名を立てるいい機会と、惣領の言うことを聞かずに独自に動くのです。

鎌倉幕府は古典的な惣領制を基盤にした東国政権だったのですが、蒙古襲来で、基盤が変化していく。鎌倉幕府は、承久《じょうきゅう》の乱〈承久三年（一二二一）〉で西国《さいごく》を支配下に置き、蒙古襲来で九州を実質的に支配下に置きましたが、幕府の基盤になっている侍たちの構造―惣領制が、蒙古襲来で非常に変化したということ、これは鎌倉幕府の基盤を揺るがすたいへんな変化なのですね。だから、蒙古襲来は、幕府にとっては、重いお荷物を背負い込んだことになるんですね。その上、蒙古がいつ攻めてくるかわからないので、懸命に防備をさせなくてはならないし、褒美もやらなくてはならない。

ところが対外戦なので与える所領はない。たいへんな問題を抱えたまま、弘安七年（一二八四）に執権、北条時宗が三十四歳で、蒙古との対決に生涯をささげた一生を終わっています。元寇の影響を少なく見る立場の人もいますが、直接、間接、総和して考えると、政治面、外交面、文化面、すべてひっくるめて、日本に非常に大きな影響を与えている。私はやはり、鎌倉幕府が滅びていく遠因をつくっていると思うんです。

元寇で重要になった博多の役割

森田　井上靖さんの『風濤』を読みますと、日本よりも高麗がたいへんだったらしいですね。

川添　元寇という言葉は日本よりも、むしろ高麗にいうべき言葉ですね。日本は文永の役、弘安の役と国難でしたが、局地戦ですみ、暴風で蒙古軍が壊滅した。対馬や壱岐、志賀島の人はたいへんでしたが、国全体から見ればどうこういうことはなかった。しかし高麗は、その前に三十年間も徹底的に蹂躙《じゅうりん》されてるのですから。

森田　歴史の上で見ると、博多にとって元寇は、どういう意味を持っているのでしょうか。

川添　文永・弘安の役で博多が戦場になって鎌倉幕府が滅びるまで、博多が対外防備の中心になったことですね。鎮西探題を博多に置いて、九州の武士たちが代わる代わる防備をするわけです。事実、フビライは第三次遠征を考えていて、彼の死〈永仁二年（一二九四）〉まで、その懸念が消えないわけで、真剣な対策だったでしょうね。

だから、九州各国の侍は、定住的に博多を生活の基盤にしています。例えば、大友氏は香椎神社を宿にし、その付近を所領としてもらっている。島津家は、箱崎を本営にしています。そして、政治の中心が大宰府から博多に移ってきます。博多はそれまでも重要な対外貿易の中心で、元寇から政治の中心となってさらに意義が深くなるわけですね。

森田　中国貿易の窓口のほうの博多の役割は、その後どうなったのですか。

川添　上のほうで国同士は戦闘をしているのですが、下のほうの貿易次元ではしたたかに、実際には元と商取引をやってるんですよ。たとえば文永の役後、日本から黄金を持って行き銭に換えることを、フビライが許しています。貿易と戦争は離して考えているんです。日本と元の経済・文化の交流は、表面的な侵攻とは別に、民衆レベルでやってるわけです。その場合、もちろん博多が中心になっています。豊後の大友氏など、多々良のほうに顕孝《けんこう》寺《じ》を建てて、ここで元と文化交渉をやっている。仏典を開版して出したりしているんです。

司会　元寇の影響は一面的なものでなく、国際的に、政治的に、文化的に、大きな影響を与えているんですね。どうも、ありがとうございました。

■川添昭二氏

昭和二年（一九二七）～平成三十年（二〇一八）。昭和二十七年（一九五三）九州大学文学部史学科卒。九州大学名誉教授。著書『中世九州地域史料の研究』『対外関係の史的展開』「福岡県通史・福岡藩文化」ほか。太宰府市史編集委員長ほか、古代から近代までの九州や東アジア史の分野で広く活動。

11 日本のアリストテレスと言われた江戸時代の大学者 貝原益軒

［お話］
井上　忠　福岡大学 教授
［聞き手］
西島　伊三雄　博多町人文化連盟 理事長
小山　泰　九州総合信用株式会社 社長

対談：昭和五十五年（一九八〇）七月

はじめは"損軒"先生

司会　貝原益軒は、江戸時代の有名な大学者ですが、福岡で生まれ、育ち、黒田藩に仕えた人だというのは、あんがい知られてないですね。

西島　私たちは小学校で、益軒さんが福岡の人だということは習っていました。たしか修身（旧制小・中学校の教科の一つ）の教科書でも……。

井上　下男が掃除するときに、益軒が丹精していた牡丹《ぼたん》の鉢を落として駄目にしてしまったが、益軒が怒らなかった、という話ですね。

　それから益軒が瀬戸内海を船で上る途中、若い武士が学問のことをとうとうと話していた。降り際にめいめいの国と名前を言うことになって、益軒が名を告げると、青年武士はあたふたと消えてしまった、というエピソードがあります。江戸期の儒者が書いた随筆集に載っており、これをネタにした短篇を芥川龍之介が書いています。

小山　先生は、いつ頃から貝原益軒の研究をされているんですか。

井上　戦争中の、昭和十八年（一九四三）ごろでした。防塁前にあった貝原家の分家に九州大学の細菌学講師の方がいらっしゃった。本家から益軒の日記を借りてきたので見に来ないか、というお誘いがあって伺ったのです。

私たちは子どもの頃、益軒さんの命日に、お墓のある金龍寺《きんりゅうじ》に学校からお参りをしていました。そのときの先生のお話から、たいへん謹厳な近づきがたい人という印象を持っていたのです。

　ところが、日記を読んでいると「殿様が狩りが好きな方で、獲物の雁《がん》を羹《あつもの》にしたものをもらった」とか、「新米が入ったのでニワトリ飯を炊いて、食べすぎて下痢をした」とか、書いてある。それでたいへん親近感を覚えました。戦時中の食糧難の時代ですから羨ましくもあって、関心を持つようになったのです。

　そして、戦後の二十二、三年（一九四七、八）ごろから、夏に貝原本家に何十日かお邪魔しまして、日記などを写させてもらうようになったんです。

西島　益軒さんは、舞鶴城に毎日勤めていたのですか。

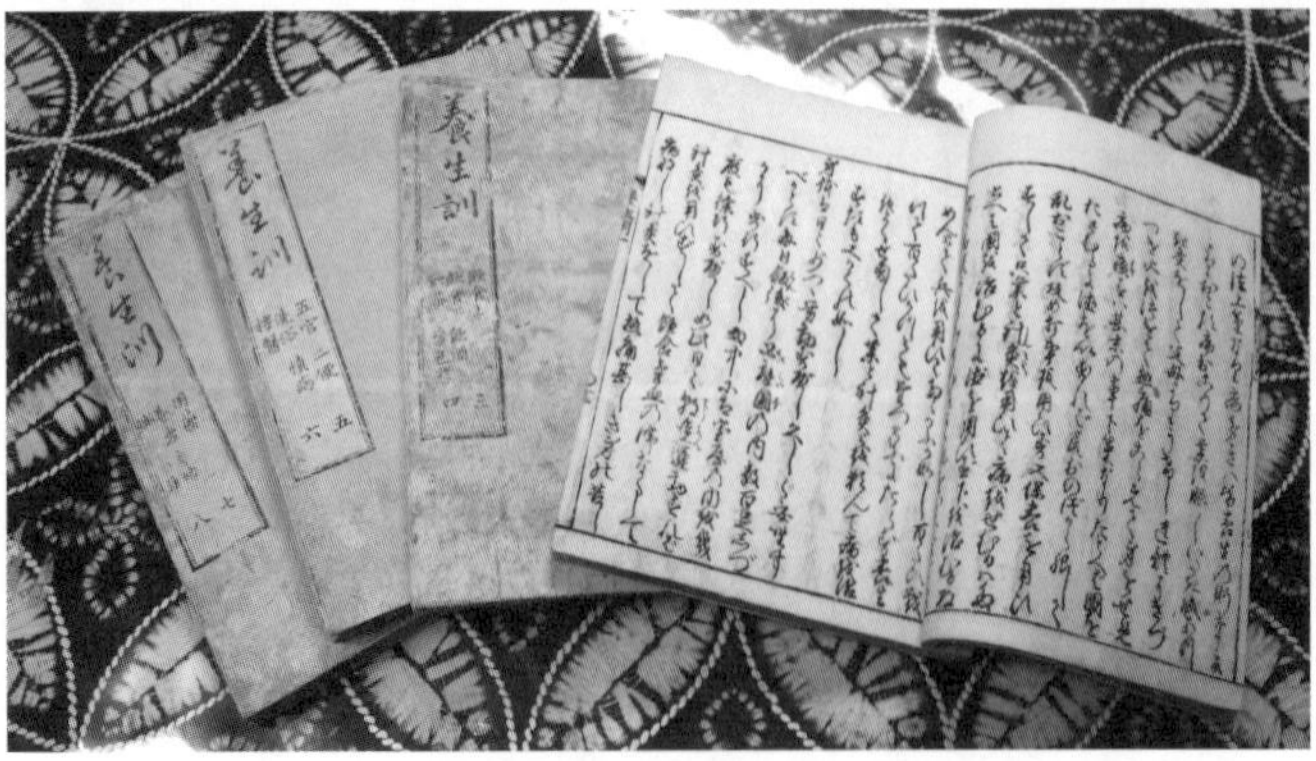

中村学園大学図書館に展示されている貝原益軒の著書「大和本草」

井上　いや、毎日ではなかったようです。生い立ちからお話ししますと、益軒の父は黒田藩の祐筆《ゆうひつ》（秘書）役だったので、益軒は城内で生まれたといわれます。
　三百五十年前、寛永七年（一六三〇）のことで、当時の将軍は徳川家光、黒田藩主は二代の忠之《ただゆき》のときですね。父寛斎の五人の子の末男として生まれ、通称が初めは助三郎、のちに久兵衛、号は損軒で、益軒は晩年に付けたものです。
西島　えっ。益軒先生ではなく、ずっと損軒先生だった……。
井上　ええ。数えの八十五歳で亡くなりますが、七十八歳のときにそれまでの号の損軒を益軒と変えています。だから生涯のほとんどは損軒先生ですね。
　母親は六歳、継母とも十三歳のときに死別して、母親の愛情には恵まれないんですが、ねえやがよく世話をしてくれたようで、晩年まで「地行ババ」といって大事にしています。

高層マンションに囲まれて建つ貝原益軒像（福岡市中央区金龍寺）平27年

西島　損から益へ、味のある人ですね。初め「損軒」だったのがおもしろい……。
井上　益軒なりの損益の考え方ですね。若いとき、殿様に諫言《かんげん》して、役目を解かれています。中国の兵書に、「柔よく剛を制す」とありますが、同じように、自分が損をして相手を助けていると、いつかそれが益になって返ってくると……。完全にリタイアした七十八歳で益軒と改めています。

横暴な殿様に諫言して免職される

井上　当時は藩の役制がまだはっきりしていなかったようで、益軒が生まれた翌年、父の寛斎は祐筆を辞めさせられたのか博多部に入り、読み書きを教えたり、求めに応じて薬を調合したりして生計を立てています。

　それから益軒が八歳のときに、再び藩に勤め、八木山の警備につき、さらに井原村（現糸島郡前原町）へ移っています。このことは益軒の視野を広げて、庶民の立場を考える学風を培っています。益軒は子どもの頃、神童と言われていたそうで、おもしろい話がのこっています。

　兄さんが『塵劫記《じんこうき》』※1という和算のテキストを捜したが見つからない。よくよく捜してみると益軒が読んでいた。「おまえ、わかるのか」とやらせてみたら、ちゃんとわかっていた。それで父親と「幼くて頭がいいのもいいが、この子は長生きしないだろう」と嘆いたというんですね（笑）。

　益軒は十九歳で藩主の御納戸御召料方《おなんどおめしりょうかた》（衣服調達の出納係）として、黒田藩二代目の忠之に仕えますが、忠之の叱責を受けて謹慎させられ、満二年で辞めさせられています。

　そのときに十一、十二月と二カ月間小呂島《おろのしま》に流された、という説もあって、島で篤信様《とくしん》※2祭りが行われていたそうです。

西島　どうして殿様の不興を買ったので……。

井上　益軒の初期の読書日録を見ると陽明学の本が多い。この学風から、自分で正しいと思ったことは遠慮せずにやるという態度だったようで、益軒の諫言が気の強い殿様だった忠之の怒りに触れたのでは、という人もあります。この数年間のブランクの間に、長崎へ二度出向いて、多くの舶載新書を読み、また生活のために医学を修業しています。

　二十六歳のとき、江戸詰の父親が年を取ったので、身辺の世話をするという名目で江戸に上ります。父寛斎があちこち引きまわしたので、益軒が次第に藩内で知られてくるんですね。忠之が隠居し、光之が三代藩主になって、益軒はあらためて藩に出仕します。二十七歳のときです。光之は忠之に比べると小心でしたが、学問に関心の強い殿様でした。藩主交代で、やっと益軒の活躍する舞台が回ってきたのですね。

小山　今度は学者としてですか。

井上　いいえ、普通の侍としてで、翌年藩の実力者の**立花勘左衛門**の配下に付けられています。その甥が、当時の福岡藩が生んだ最大の文化人**立花実山**《じつざん》※3で、益軒と交際があったのです。この立花氏が間に立って、次第に学問を藩務に生かせるようになり、藩主や世子の求めに応じて講義をしたりしていたようです。

宮崎安貞《やすさだ》の『農業全書』出版に協力

井上　再就職してからはいい待遇だったようです。二十八歳のときには京都遊学の命を受け、下男を連れていっています。このとき、**山崎闇斎**《やまざきあんさい》や**木下順庵**《きのしたじゅんあん》といった当時の官学だった朱子学派の大学者を訪ねて、講義を聞き、また自分も講義をしています。

　その間、有名な農学者**宮崎安貞**〈元和九年（一六二三）～元禄十年（一六九七）〉が農業を視察に上洛したとき、益軒は数日にわたって京都の周辺を案内しています。

西島　宮崎安貞は、世に知られた農学の大先生ですね。

井上　ええ。彼は親の代から広島藩に勤めて、殖産興業を考えています。広島藩と福岡藩は江戸の藩邸が隣り合っていたので、宮崎家の家学を知った福岡藩が広島藩に頼んで譲り受けたのでしょう。安貞二十五歳のときです。しかし家学の大成を急いだのか、役を辞して、糸島で農耕生活に入っています。

　安貞は月に一回ほど糸島の農村を支配している役人とともに益軒を訪ねています。その際、益軒は中国の農書の講習会を開いています。安貞は各地の農業視察で得た資料と、中国書の知識を参考にして、周船寺村の女原《みょうばる》（現福岡市西区女原）で実地に農業実験をしているんですね。

西島　福岡には益軒先生だけでなく、たいへんな学者がいたのですね。

井上　安貞は『**農業全書**』で知られていますが、この本の校正を益軒の末兄楽軒がしています。十巻に及ぶ大作の出版を引き受けたのは、京都の「茨城屋《いばらぎや》」という新興の出版社ですが、益軒が紹介したのでしょう。

　茨城屋は後に益軒の教訓ものを独占販売するようになります。この本屋は出版する本の後に著者の著述一覧表を載せていますが、益軒の名が売れていたからでしょう、『農業全書』も貝原益軒著と書かれています。

小山　『農業全書』の内容は……。

井上　総論で、まず第一に肥料の重要性を述べ、技術の必要性を強調しています。実験に基づく詳細なもので、江戸時代でいちばん体系的で優れた農書といわれています。

西島　安貞も『農業全書』も、博多の人はあまり知らない。残念ですね。

井上　そうですね。益軒と安貞、当時の二人の大学者が、福岡にいてその交友も温かいものでした。二人のことをもっとよく知ってほしいですね。

三十九歳で東軒夫人と結婚

井上　さて益軒ですが、三十九歳のときに十七歳の**東軒夫人**と結婚しています。東軒は秋月藩士江崎広道の娘で、初というかわいい名前でした。兄さんが医者で、江戸からの帰国のとき益軒と一緒だったようで、そのときに話がまとまったのでしょう。

　年の差が二十二歳もあるので、益軒には結婚歴があるのではという人もいますが、調べてみてもそのようなことはない。やはり、初婚だったようです。

　東軒夫人はたいへんな達筆でした。益軒は上京のときに東軒夫人の楷書の書を持っていき、どこの誰それにどの字を与えた、というメモも残しています。それに比べて益軒は字が上手とはいえなかったようで、益軒の軸ものは十中八九偽物と言っていいですね。

小山　益軒さんのメモとなると、奥が深い（笑）。

井上　益軒は実に記録をよく残しています。たいへん実証的な人ですが、おもしろいことに、家族や下男の体重をよく計っています。

東軒は体が華奢だったらしく、体重が三十四キロ、益軒や下男も五十キロに足りません。当時は小柄だったのでしょうね。おもしろいことに〝重着《かさねぎ》ぬき〟という註が付いていて、正味の三十四キロですね。

西島　東軒夫人が益軒先生の話を記録され、それが稿本になったと聞きましたが。

井上　晩年のカナ交じりの庶民教育書はそうだったかもしれませんね。

西島　東軒夫人は益軒先生に付いてどこにでも行かれたとか。

井上　奥さんの里の秋月へよく二人で行っています。それから元禄四年（一六九一）、益軒が六十二歳のときと、元禄十一年（一六九八）、益軒が六十九歳のときの二回、二人で京都に上っています。特に二度目のときは、藩に辞職願いを出しましたが認められないまま、非常勤という形で上京しています。

　奥さんと三月に出発して、翌年の二月まで一年間、下男・下女数人のお供付きの旧婚旅行をしています。

　また東軒夫人だけが、下男を連れて奈良まで足を延ばしたりしています。

広瀬淡窓《たんそう》の跡を継ぐ**広瀬旭荘《きょくそう》**の随筆を見ると、「益軒はどうして奥さんを連れて旅行したのだろう」と筑前の塾生に聞くと、「東軒さんがきっと嫉妬深かったからだろう」と言ったと書いてあります（笑）。

小山　当時、奥さんと一緒に一年も旅行する人はいなかったでしょうね。

井上　はい、益軒はたいへんな旅好きで、学問のためもありますが、江戸に十二回、京都に二十四回も上っている人ですからね。「**行装記**」と題する旅行携帯品のメモ帳が三冊残っていますよ。益軒は新しい紀行文学を開いた人なのですね。

　それまでの旅行記は、どこそこの社寺に参ると、どういう霊験があるとか、こういう言い伝えがある、とかいうものだったんですが、益軒の紀行文学は途中の自然風土、あるいは産業技術を生き生きと書いていてユニークです。

　考古学の遺跡についても具体的で、横穴式古墳は中国の古典に従って、穴を掘って住んでいた太古の人の住み家だろうとして、豪族の墓とまでは見てないんですが、描写は客観的ですね。

　それに、旅行の携帯品を煙草いくつ、眼鏡二個というように、手まめにメモしています。研究家によれば、元禄以後天下泰平になって、庶民の間に旅行ブームが起こり、それに益軒の紀行文がマッチしてもてはやされたのだそうです。

西島　奥さんが弱かったので、益軒が『**養生訓**』を書いたとかいう話を聞きましたが……。

井上　それはあるでしょうね。東軒夫人が六十二歳で亡くなると、益軒もがっくりきて寝込んでしまい、後を追うように一年を経ずして八十六歳で亡くなっています。

歩いて資料を集めた『筑前国《ちくぜんのくに》続《ぞく》風土《ふど》記《き》』

井上　いつか、女子短大の生徒さんから電話があって、『女大学』を卒論にしたい。益軒がどうしてあんなものを書いたのか、担当教官に尋ねたら、「奥さんの尻に敷かれていたから、その仇討ちに書いたんだろう」と言われたがいかがでしょうかと（笑）。

　それで、「益軒は三十九歳、東軒は十七歳で結婚してますから、二人の間柄は益軒が先生で、奥さんが生徒と考えたほうがいいようですが……」と答えておきました。

　『女大学』は、後の人が嫁の心得を書いているんですが、その元になっているのは益軒が八十一歳のときに著した教育論、**『和俗童子訓』**の第五巻「女子に教ふる法」です。

　「女子に教ふる法」は娘を持つ親のために、娘を嫁がせて後の婚家での生活規範を箇条書きにしたもので、こういう理由だからこうせよ、と書いています。ところが『女大学』になると、理由は書かずにこうせよ、ああせよと箇条書きになっています。ですから、『女大学』は当時のジャーナリズムが益軒の名声を利用して作り上げたものといえましょう。

小山　益軒の主たる著作は……。

井上　藩の仕事としては『黒田家譜』と『筑前国続風土記』です。

『黒田家譜』は延宝六年（一六七八）に光之の命で、まず十三巻本を。そして宝永元年（一七〇四）に十五巻本を完成しています。これは幕府が諸大名に命令して藩主の事績を基にした藩の歴史を書かせたもので、益軒の特徴があまり出ていません。

彼は幼少のときに転々と移り変わって、浪人時代には本草（薬草）の知識を得るために、大がかりなハイキングをやっていたようですから、むしろ地理のほうに興味があったようです。それで、以前から風土記を書きたいと願いを出していました。だから『筑前国続風土記』は、相当性根を入れて書いているようです。甥の好古《よしふる》を連れて領内をくまなく巡歴し、山に登って地形を俯瞰《ふかん》することを繰り返しています。夜は庄屋宅に泊まって、組頭からいろいろな情報を得たり、実地見聞に基づいて筆を執っています。

好古がずいぶん力になったようですが、残念なことに、博多の分を完成せずして亡くなったので、博多・福岡の分は益軒が七十代の体にむち打って仕上げています。さらに好古の記述で合点がいかないところを、もう一度念のために見て回ったりしている。

七十の身でいちいち回るのはたいへんだと弟子に嘆いていますが、元禄十六年（一七〇三）、七十四歳のときに完成し、藩主に献上しています。

小山　文字どおり畢生《ひっせい》の労作ですね。『筑前国続風土記』にはどういうことが。

井上　当時の福岡、博多などの概要が載っていますね。筑前国の民戸は五万千六百三十九軒で、人口二十九万三千九十一人。福岡部の民家数が千五百二十五軒で、人口が一万五千九人、博多部の民家数が三千百十八軒、人口は一万九千四百六十八人と詳しい。

小山　福岡と博多で民家が四千六百四十三軒、人間が三万四千四百七十七人。当時ですから、なかなかの町だったのですね。

井上　町内別も例えば、呉服町が家数五十七軒、「此《この》町を始められし始め、呉服を売る商人を置ける故に町の名とす……」とあります。

そのほかに山伏の人数から、神社、寺の数、船の数、はては牛馬の数、そして各町内の由来まで克明に述べてあって、今読んでもたいへん興味深いですね。

小山　筑前国続風土記の「続」というのは。

井上　奈良朝の官命で作られた『風土記』の続編ということで、たいへんな気負《きお》いがうかがえます。

提要二巻、福博はじめ十五郡八百余村に及ぶ郡記二十一巻、古城・古戦場記五巻、土産考二巻という膨大なもので、益軒七十代の労作だから驚きます。

博物学者としての著『大和本草《やまとほんぞう》』

西島　やはり『養生訓』の先生だけある。すごいエネルギーですね。そのほかにも……。

井上　現在、学会で博物学の文献としてひじょうに重んじられているのは、十六巻からなる『大和本草』です。これが最も益軒らしい著作といえますね。

本草というのは応用博物学といいますか、一種の薬用を兼ねた園芸趣味と漢方薬の両方を兼ね備えた学問です。

西島　「本草学」とは、だいたい薬を見つけるための学問でしょう。

井上　薬用博物学ですね。植物ばかりではなく、動物、それから鉱物にまでわたっています。国書刊行会が益軒全集を型を小さくして分冊販売をした際、この『大和本草』がいちばん売れたそうです。

この中で彼は猫についても書いています。動物学的説明の後に、猫は同じ動物類のねずみを食べるので不仁《ふじん》の動物だから飼ってはいけないと。ところが、自分は飼っていて、「この猫は顔つきがいいからおまえにやろう」と弟子の竹田春庵《たけだしゅんあん》にやっています（笑）。

西島　大先生の言ってることと実際とは違ってて（笑）。

井上　それから、儒者としての著作としては**『大疑録』**。これは、朱子学に対する疑いを述べたもので、亡くなる八十五歳のときにまとめています。

彼は初め、朱子学と陽明学の両方を勉強するつもりでしたが、京都遊学のときに、朱子学いちずに変わるんですね。山崎闇斎や木下順庵との往来が影響したのかもしれません。

彼は再出仕したので、幕府が奨励する朱子学に進んだのだと考えられないでもないのですが、陽明学は直情径行型のところがあって、それに比べると朱子学はものを一つ一つ調べて、その結果から法則を引き出す、そういう朱子学のものの考え方が益軒には合っていたんでしょうね。しかし、次第に疑念を持ってくる。弟子の竹田春庵も朱子学に疑いを持っていました。益軒は「確かにそのとおりだが、それを言うと異学と思われるから口にするな」と言っています。

一応『大疑録』をまとめますが、すでに仕官をしていたせいか遠慮してるようですね。民間の材木問屋のせがれの**伊藤仁斎**は、朱子学を徹底的に批判して古義学派という新しい学派を立てますし、**荻生徂徠**《おぎゅうそらい》も徹底的に批判しています。益軒はそこまで言えなかったのか、考えが及ばなかったのか、朱子学の観念的な面だけを批難しています。

この『大疑録』は益軒の死後、徂徠学派の一人が朱子学を批難するために、出版しています。

小山　私が益軒先生の著書として知っているのは、先ほどお話のあった『女大学』と『養生訓』ですが……。

井上　『養生訓』は自らの健康状態を資料にしたようですが、天と地の恵みによって人間が生まれてくる。自分は、父と母のいろんな作用によって生まれてくる。すなわち、天地父母の恩で生まれてくるのだから、身勝手なことをしてはいけない、と述べてあります。

お医者さんで評論家の**松田道雄**さんが出された現代語訳『養生訓』では、「今の人間は病気になったらすぐに薬で解決しようとするけれども、人間の体内には病気を治す力を蔵しているのだから、欲を抑え、治癒能力を発揮させて、病気に勝たないといけないと益軒が述べるのは、全く現代人に聞かせたいところだ」とあります。

益軒の死後数年後、この人は百歳ぐらいまで長生きした人だと本屋が書きたてて、新聞一ページ大の厚い和紙で養生訓の広告を出しています。

敬天思想に基づく万民平等の意識

小山　亡くなられる前の年に朱子学批判の本を書かれたり、養生訓、女大学、地誌と、ずいぶん幅の広い活動で、頭の柔らかな方だったのですね。

井上　そうですね。いわゆるコチコチの儒者とは懸け離れた、スケールの大きい人でしたね。幼いときに、親に従って、あちこちと移り住んだので、漢文の勉強が遅れてしまった。その代わり、民間にいたので、『平家物語』や『太平記』など和文のものを気ままに多く読んでいます。あまり若いときから漢文を詰め込むと頭がカチンカチンになりますが、益軒は和文のものを読んでますので、儒家としては柔軟な考え方ができたんでしょうね。

益軒は、サービス精神に富んだ人で、できるだけ多くのものを読んで、わかりやすく要約して、それを大勢の人に伝えたいと考えていたようです。そういう学風でしたから、従学者は少なかったが、出版物を通じて、あちらこちらにファンを持っていた、大きな影響力を与えたといえるでしょうね。

また益軒を一種の博愛主義者・民本思想家ということもできるようです。それは彼が天に対し宗教的な深い崇敬の念を抱いていたからです。天はすべての人の上に覆いかぶさり、すべての人に同様に恵みを与えるものと考えたからです。

彼は、藩の重臣たちに「同様に天の生んだ子である民を虐《しいた》げると、必ず天の罰がめぐり来て凶歳・飢饉《ききん》が襲来する」と繰り返し、諫言して、善政を敷くことを説いています。

小山　益軒さんが京都や江戸にまで聞こえた存在になられたのは、何歳ぐらいからですか。

井上　浪人時代に手に入れた朱子学に関する基本的なテキスト『**近思録**』を読んで、『**近思録備考**』を著した頃から、学会に知られだしたようです。また二十八歳で京都に遊学したときに多くの人と交際して、名を知られるようになったんじゃないでしょうか。

西島　あれだけの大儒学者がいると、黒田藩も格好が良かったですね。

井上　ええ。例えば、水戸藩が『**大日本史**』を編さんするために**佐々助三郎**《さっさすけさぶろう》が資料を集めに来るわけです。藩は益軒に依頼しますが、資料集めにあちこち回るのは面倒だから、主だった資料を借りてきて太宰府神社の一室で見せています。佐々は非常に喜んで、宮崎安貞が農業全書を出すときには、益軒の求めに応じて序文を書いて寄こしています。

小山　黒田藩がもう少しこの大学者を大事にすれば、益軒も塾をつくれたかもしれませんね。

井上　十七世紀後半では、好学の士が福岡周辺にそれほど多くなかったんでしょうね。益軒のメモ帳によると、従学者の数が福岡藩内に四十人余り、他の国出身者に十五人ほどいます。しかし、自分の家に塾をつくって教えるまでには至っていないですね。

　益軒没後七、八十年たって**亀井南冥**《なんめい》の頃になると、好学の気風が一般に浸透して塾が生まれるのです。

思想家というより科学者だった益軒

小山　黒田藩からは大切にされたのですか。

井上　光之によって次々に加増されて、晩年に三百石になっていますから、優遇されたといえるでしょうね。

　六十歳すぎて致仕《ちし》（辞職）しようとしても、まああと引き止められています。最初は不遇でしたが、光之に仕えて腕前を発揮することができて、晩年は幸せだったと思いますね。

小山　益軒の後世への影響は……。

井上　一つは実証的博物学をやって、その結果を『**大和本草**』でまとめ上げたということですね。そういう博物学的研究を介して、当時の主流である朱子学の持つ観念的なものへの疑いを深め、それを、『**大疑録**』として後世にのこさざるを得なかった。

　幕末に来日した有名な**シーボルト**は、益軒のことを「日本のアリストテレス」と評しています。アリストテレスは博物学を学び、実証的な哲学を唱えた人ですね。益軒は浪人時代に実証的気風を育てた人で次第に朱子学の持つ観念性に疑いを持ったわけですね。

小山　益軒はどちらかというと思想家というより実学家だったんですね。

井上　本質的には実学者です。しかしそれから得たものを、たとえば、晩年の教訓書（いわゆる『**益軒十訓**』）の中に人生論として生かしていますね。

小山　益軒の思想の中核を成すもので、現代にも通じるものといえば……。

井上　問題が大きくて簡単には言い尽し得ませんが、晩年の『養生訓』の中の一言をもって代用させていただきましょうか。その中に、「**心は楽しむべし、苦しむべからず。身は労すべし、やすめ過ごすべからず。凡**《およ》**そわが身を愛し過ごすべからず**」と言っています。

　体は適当に鍛錬しなければなまるが、心はできるだけ楽しく持って、くよくよせずにやってゆこうと、現代的に解釈したいですね。

西島　益軒先生は薬草の心得も深かったそうですが、博多の者が先生に診てもらったという記録は……。

井上　そういうことはないようですね。

　ただ家族や、知り合いの人たちに、どういう薬を、どういう割合で調合して与えたということを、晩年の「用薬日記」に書きのこしています。

西島　益軒先生は、周囲の人たちとの付き合いはどうだったのでしょうか。

井上　益軒は知行地を与えられていましたので、その領分の農民が盆や正月には季節の野菜をみやげに、手伝いに来るんですね。益軒は彼らの生計に気を使って、飢饉には米や麦を貸し与えたり、困っているときはお金を融通してやったりしています。

西島　人間味のある大学者だったんですね。

井上　そうですね。養生訓の中で、晩年に京都に行って南蛮酒の毒味をして、翌日は頭が上がらなかった、焼酎と南蛮酒は成分が同じだから飲みすぎてはいけないなんて書いている、おもしろい人でもありますよ。

小山　大江戸の文化から離れた博多にいてあれだけ有名になったんですから、すごいですね。

井上　学問と出版文化の中心であった京都につながっていたから強かったんでしょうね。なにしろ二十四回も京都へ上っていますから、京都と絶えず連絡を取って、動向をキャッチしていたのではないでしょうか。

小山　ずいぶん情報マンだったんでしょうね。

井上　そうです。それに益軒の死後しばらくして享保《きょうほう》（一七一六～一七三六）の時代が始まりますね。時の将軍は徳川吉宗で、この人は「民をして知らしむべし」という方針で、民が知らないから罪を犯し罰を受けるのだと、教化政策を推し進めました。

　そういう波に乗って教訓書がたくさん出ましたので、益軒の平易な和文で書かれた教訓書が、よく読まれたんですね。ですから、生きているときよりも、むしろ死後有名になったということでしょうね。

司会　大きくて身近な益軒さんのお話を、どうもありがとうございました。

■井上忠氏

大正四年（一九一五）生まれ。昭和十三年（一九三八）九州大学国史科卒。西南学院大学教授を経て、福岡大学人文学部教授。著書『益軒資料』（全七冊）、『貝原益軒』（吉川弘文館）がある。そのほか日本洋学史、日本科学史の研究、亀井南冥、昭陽全集の編集など。

［注］

※1　『塵劫記』＝寛永四年（一六二七）、吉田光由が著した基礎的通俗的算術書。中国の数字を日本の事情に適合するように組み替えた平易な入門書で、明治初年まで算術書の異名となった。

※2　篤信＝益軒の諱《いみな》が篤信《あつのぶ》、その音読。

※3　立花実山（明暦元年（一六五五）～宝永五年（一七〇八））＝名は五郎左衛門重根。福岡藩の家老、後に出家。三代光之に四十五年間仕えた。詩歌文章に長じ、利休の高弟・南坊宗啓の秘書、南坊録を補足して『南方録』七巻を著し、茶道界に南坊流宗匠としての名をのこす。

年譜（年齢は数え年による）

年次	西暦	年令	事項
寛永七	一六三〇	一	十一月一四日福岡城内に生まれる。 ・寛永九―十年、黒田騒動 ・寛永十四年―十五年、島原の乱
慶安一	一六四八	一九	忠之に御納戸御召料方として仕える（四人扶持）
〃三	一六五〇	二一	忠之の怒りにふれ致仕（辞職）
明暦二	一六五六	二七	光之に仕える（六人扶持）
〃三	一六五七	二八	京都遊学、木下順庵、山崎闇斎に接す。以後上京多し。
寛文八	一六六八	三九	秋月藩士江崎広道の娘、初（東軒夫人十七歳）と結婚。
延宝六	一六七八	四九	「黒田家譜」十二巻を著す（宝永元年に十五巻本に）
元禄四	一六九一	六二	東軒夫人と上京巡遊
〃九	一六九六	六七	知行三百石に加俸 ・宮崎安貞の「農業全書」完成
〃十二	一六九九	七〇	「和字解」、「日本釈名」、「三礼口訣」
〃十三	一七〇〇	七一	勤務をとかれる
〃十六	一七〇三	七四	「筑前国続風土記」
宝永五	一七〇八	七九	「大和本草十六巻」
〃七	一七一〇	八一	「和俗童子訓」（五巻は女大学）
正徳三	一七一三	八四	東軒夫人没（六二歳）
〃四	一七一四	八五	八月二十七日没(八五歳)、「養生訓」、「諸州巡覧記」、「日光名勝記」、「慎思録」、「大疑録」など終生の著書、九八部二四七巻

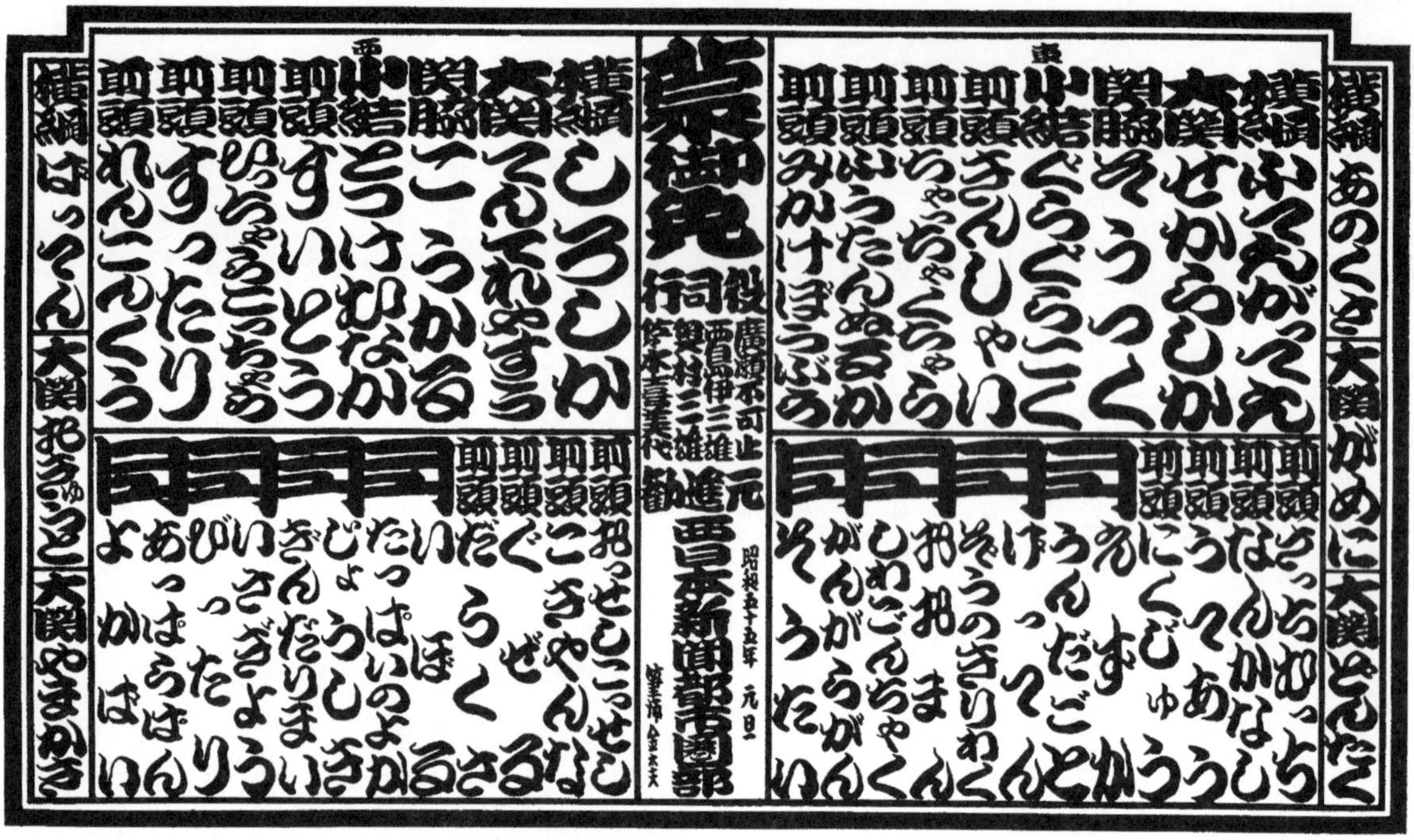

博多方言 12

生活のにおいが残っている

博多弁の番付を作る西島さん（右から２人目）たち。昭54年

［お話］
奥村　三雄　九州大学教授
［聞き手］
西島　伊三雄　博多町人文化連盟 理事長
小山　泰　福岡相互銀行

対談：昭和五十五年（一九八〇）九月

小山　西日本新聞の企画で奥村先生と西島先生、それに広瀬不可止福岡文化連盟理事長、佐々木喜美代「シティ情報ふくおか」編集長の四氏で、博多弁番付を作られましたが、東の横綱には「ふてえがってえ」、西の横綱には「しろしか」が選ばれてますね。

西島　あのときは、博多弁だと思って使っていたのが、実は共通語だったり、これが博多弁かと思うのがあったりと、非常におもしろかったですね。

奥村　博多弁の代表らしいものをということで選んだんですが、どれを横綱にするかということについては、いろいろ意見が出ました。

小山　「ふてえがってえ」はどういう意味があるのですか。

西島　「おや、まあ」というような驚いたときに使いますね。「ふてえがってえ、どうした別嬪《べっぴん》さんかいな」と言ったりしますね。博多にわかでは「ふてえがってえ」と言うのが始まりの合図になっています。

小山　「しろしか」というのも、よく聞きますね。

奥村　うっとうしいという意味ですね。

博多弁番付の意味　（西日本新聞、55・1・1）

東

ふてえがってえ（ス…や事態の意外さに驚くときに使う）
あのくさ（あのねえという呼びかけの言葉）
せからしか（うるさい、やかましい）
がめに（博多名物の煮しめ、筑前煮ともいう）
どんたく（ご本家は博多松ばやし。オランダ語では休日）
そうつく（歩き回る）
ぐらぐらこく（むかつく、いや気がさす。陽気な絶望感）
きんしゃい（いらっしゃい）
ちゃっちゃくちゃら（めちゃくちゃ）
ふうたんぬるか（動作が鈍い、どうしたフウタンヌルカ男や）
みかけぼうぶら（中身の伴わない者、ぼうぶらはカボチャ）
さっちむっち（どうしても、サッチムッチ合格してみせる）
なんかなし（ともかくも、ナンカナシ行ってみよう）
うてあう（相手になる。あの男ウテアイなんな）
にくじゅう（いたずら、邪魔する）
えずか（こわい）
うんだごと（無気力でボーッとしたようす。ウンダゴトしとる）
げってん（意地っぱりの変わり者）
ぞうのきりわく（はらわたが煮えくり返る）
おおまん（いい加減。あいつはオオマンじゃもんな）
しわんごんちゃく（しわくちゃ）
がんがらがん（からっけつ、損得なしの両方に使う）
そうたい（その通りという意）

西

しろしか（うっとうしい。天気、世情、性格などもろもろに使う）
ばってん（けれども。博多に限らず長崎、熊本でも使う）
てんてれやすう（気やすく、そんな話テンテレヤスウしなさんな）
おきゅうと（海草で作った博多名物の食物）
やまかき（山笠用語、ヤマをかつぐという意）
こうかる（威張る。そげんコウカリやんな）
とつけむなか（途方もない、トツケムナカこと言いなさんな）
すいとう（好き。六平さんばスイトウ＝『博多っ子純情』から）
ひっちゃらこっちゃら（あべこべ）
すったり（ダメの意。何度試みてもスッタリいかん）
れんこんくう（先を見通す、ものごとに粋をきかす）
おっせしこっせし（押したり引いたり・なんとかかんとか）
こきやんな（言うな。文句コキヤンナ）
ぐぜる（ぐずぐず言う）
だらくさ（だらしない、こんなに部屋を散らかしてダラクサな）
いぼる（めりこむ・ぬかるむ）
たっぱいのよか（体格が堂々としているようす）
じょうしき（聞き分けのない、うちの子はジョウシキして困る）
ぎんだりまい（てんてこまい）
いさぎよう（非常に、なんとまあ。イサギヨウ元気な子）
びったり（無精者・不潔者）
あっぱらぱん（開けっ放し）
よかばい（いいよの意）

西島　今年の夏は毎日毎日雨が降り続いて、洗濯物も乾かんで、あれが本当に「しろしか」でしょうね。

奥村　方言は生活語ですから、どうしても人間の地《じ》が出てくる。そこにまた味がありますが、博多弁も同じことでしょう。品のある言葉は一般に共通語を使うことが多いため、そうでない言葉が方言に残りやすいようです。

西島　そういえば、「ふてえがってえ」も「しろしか」も、品がいいとはいえませんね。でも、なんとなく博多で味付けした滑稽な丸みがあるように思いますが……。

奥村　そこが博多方言の特徴であり、おもしろさでしょうね。だいたい方言には、いいほうで特徴的な言葉は残りにくいんですね。昔はあったんだろうと思うんですが、庶民の言葉として残ったのは「疲れた」とか「うっとうしい」とか、やはり生活の感じがそのまま出る言葉が多いようです。

　品があって、博多文化を代表するような言葉を方言で探すのは難しいことかもしれませんね。だから、博多弁はというと「しろしか」「せからしか」とかになってしまう。いや、今は「うまかっちゃん」ですかね（笑）。

太っ腹で物おじしない九州人

西島　そうですね。私は博多生まれの博多育ちで、よく人から「あんたとは、ほんなもんの博多弁ばい」と言われたりしますけど、どうもうろたえたり、カッカしたときほど、特に強く出るようですね。

　東京や大阪など、よその土地の人とゴルフをすることがあるんですが、そのときに「しもたァ」とか「よかよか」など、つい博多弁が出ますね。

奥村　なるほど。だいたい九州の人は方言コンプレックスが少ないんですよ。たとえば奥羽地方や出雲辺りの出身者には、方言を笑われてノイローゼになったり、時には自殺したりする人もあるんです。

小山　そうですね。私は東北に二年ほどいたことがありますが、向こうの人の方言コンプレックスはすごいですね。すぐ黙ってしまいますからね。

奥村　最近はテレビのコマーシャルで、博多弁をわが物顔でやってますよね。あれは結局、こちらの人が東京の人に対しても物おじしないでよく方言を使う。そのことに関係すると思います。

ところで、九州人に方言コンプレックスが少ないことの理由として一つには「こだわらないたくましさ」という九州人の性格が挙げられます。三井出身の**野田宇太郎**さん（詩人）は江戸っ子たちから「よか」という方言を笑われると、逆に「おまえら、『しぶや』と『ひびや』を区別してみろ」と言って逆にやり込める。これが野田さんの自慢らしいですよ。江戸っ子は「し」と「ひ」の区別がつきませんからね。

それともう一つは、九州は東京から離れているということ。奥羽地方は東京に近すぎるため、いろんな面で東京の制約が大きいということもあるんじゃないでしょうか。

現在は別として、かつての九州は、ある意味で独立国のような面があり、中央文化への反応も、あまり敏感でないというような傾向があったかと思います。だから、九州の人は方言を使うのに物おじしない。博多弁を含む九州方言は、いい意味でも悪い意味でも、ほかの方言より遅くまで残ると思います。

西島　今でこそ「うまかっちゃん」とか、博多弁でコマーシャルするようになってから、私たちも堂々と使ってるように見えますが、以前はやっぱり博多弁を使うのは気が引けたものですよ。

奥村　そうですか。

西島　たとえば東京で展覧会の審査をするときに、だんだんけわしゅうなって「**これよかろうが**」と言うと、笑われますね。だから、つい口ごもってしまう。「私は**こげん**思うとりますが」と言うと笑われそうで「**もう言わんどこう**」と思う。そうやって、かなり黙り込んだ場面がありますよ。

奥村　西島さんにしてしかりですか。

西島　いちばん往生したのが、日本宣伝美術界の審査会で「このキナの色が美しかろうが」と言うたところが、みんなが「ワーッ」と笑ったんですよ。

亀倉雄策さんが「キナってなんだい」と言うから「キナてキナやろうもん」と言うと、「それは黄色というんだよ」と言うのでグラグラしたもんですから（笑）。「しかし、あなた、お正月の餅に付けるあれはキナ粉やろうもん。キイ粉ていうか」と言ったことがあるんですよ。「そりゃ、そうだけど……」と言ってましたがね（笑）。

だから、方言使ってもいいような気になりだしたのは、ここ十年ぐらい前からですよ。新聞社が方言を取り上げたり、見出しを方言で付けたりするようになりましたからね。

奥村　戦争のとき、日本は大東亜共栄圏という構想を立てたことがあったでしょう。あれは、中国全土からジャワやスマトラ、そしてついにはホワイトハウスまで日本語を持っていかなければならない。となると、色気がなくても、奥行きがなくても、とにかく統一された、わかりやすい日本語でなければならないわけで、博多弁に限らず方言があると困るんですね。だから、戦争が方言を撲滅しようとしたといえるんじゃないでしょうか。

戦後、地方重視の傾向が著しくなり、それがだんだん言葉にも影響を与えたわけです。地方文化が発言権を得たということでしょうね。特に九州地方はその傾向が強かったといえましょう。

意外に古い博多弁の起源

西島　町人文化連盟で勉強した中で、博多弁はなにから成り立っているかということを聞いたことがあるんです。たとえば、参勤交代のとき殿様が覚えてきた言葉とか、上方の歌舞伎のせりふとか、韓国から入ってきた言葉とか、合わせて五つぐらいあったんですが、博多弁の起源としてはっきり残っているものはあるんでしょうか。

奥村　そうですね、言葉一つ一つ起源を探っていけばたいていわかりますが、いろんな面が考えられます。五つや六つではとても整理できないと思います。たとえば「**よか**」というのは、中古～中世初期の頃に京都辺りで盛んに使っていたカリ活用形容詞の名残です。

西島　「よか」という言葉をですか。

奥村　「よかり」です。学校で習う「カリ活用」

の言葉ですね。「よか」という形で出てくるのは『**今昔物語**』だけですが、京都では「よかり」「よかる」を使っていたんです。「よか」は、その「り」「る」が落っこちた形ですね。

しかし、京都では「よかり」という終止形は性に合わなかったらしい。「よかった」の形は残りましたが、終止形や連体形はカリ活用でなく、「よし」「よき」から「よい」の形を使うようになってます。それがどうしてこちらで残ったかというと、「よい」では物足らん、「よくある」んだと強める言い方が、こちらの人たちの性に合ったんだと思います。「行く」にしても、「**行きよる**〈行き＋居（オ）る〉」と念を入れる。その本場は琉球で、すべて「あり」「おり」を付ける。たとえば「勝つ」という動詞は、「勝ち」に「おり」をつけて「かちゅん［katsi + ori → katsuri → katsun］」と言い、「高い」という形容詞は「高さ」に「あり」をつけて「たかさん［takasa + ari → takasari → takasan］」という。

つまり、みんな「あり」「おり」を付けないと承知できない。九州の「よか」もそのような力強い表現を好んだものです。そういう意味で九州弁の「よか」は中世の初めぐらいに中央から分派したものです。

おもしろいのは、博多弁の代表語のような「ばってん」が奥羽地方でも使われているんですね。秋田や佐渡ケ島で使っていますよ。

ということは、この言葉のもとになる形〈バトテモ〉も昔の中央語にあったもので、それが辺域に残ったのだと思われますね。

西島　「**あのくさ**」の「くさ」は博多だけのものですか。

奥村　いいえ、肥前（佐賀）、肥後（熊本）や鹿児島地方などでも使います。**近松門左衛門**も博多弁の「くさ」に気が付いていたらしく、『**博多小女郎波枕**』の上巻に例があります。係り助詞の「こそ」が変化したもので、要するになんにでも念を押したがるものの表れで、「強め」になるんですね。

西島　私たちは「**そげなこと言うて、つまるもんかい**」とか言いますが、そういう言葉は文献かなにかに残っているんですか。

奥村　「**そげな**」の元の言葉は「そがような」［sogajo：na → sogaina → sogena］です。中央語では「梅が枝」という形が「梅の枝」というように、連体格助詞「が」が「の」に変わっていったんです。だから、「そがような」は次第に「そのような」になるんですが、博多弁の「そげな」は、古い形の「そがような」の名残といえます。

小山　そういえば、四国では「そがいな」と言いますね。

奥村　そして、それが九州では「そげん」となる。そういう意味では「そがような」のほうが「そのような」よりも古い。このように、一つ一つ言葉を分析的に調べていくと、多くの場合、昔の中央語文献にその原形を見ることができます。そういう意味で、博多弁の中には、中古の終わりから中世期頃の中央語を反映する例がしばしば見られます。

柳田国男さんは、「そういう古い形の言葉が、周辺部各地に残っている」という方言周圏論を主張しました。つまり、池の中に石を投げ込むと波紋がだんだん広がるように、中央の古い波紋がより周囲に広がったというわけです。

しかし、私が調べたところによると、奥羽地方は九州地方に比べて、古いものが意外に少ないようですね。九州には古い要素が多い。そういう意味では九州弁は重要な文化財といえます。言葉の本来的な働きは表現・伝達ですから、そういう意味では、方言はないほうがよいわけですが、現在における言葉の働きは、それにとどまりません。言葉による社交とか文学的表現というようなことも注目されます。そして、そのような面では方言がいろいろ重要な意味を持ちます。方言による対人関係構成は、皆さんご承知のとおりです。博多弁による文学表現の代表例が「**博多にわか**」ですが、また、たとえば、**火野葦平**さんは小説の登場人物に北九州弁その他を使わせて、彼らの性格や経歴などを巧みに表現しています。

なお、岐阜県出身の森田草平という夏目漱石のお弟子さんなども、やはり方言（美濃方言）を使った小説を書いていますが、それは古くさくてイヤなものという形で方言を使っているんです。それで、自分をいじめたおばあさんとか、イヤなやつに方言を使わせています。彼自身、郷土から逃げ出したいという意識を持っており、前近代的なもの、逃げ出したいものの象徴として方言を使っているわけです。

　葦平さんの小説の方言使用とはちょっと意味が違います。そういえば、柳川出身の北原白秋の作品などにも郷土愛の反映としての方言使用が見られますが、そのへん、先に申しました方言コンプレックスの少なさなどとも関係しましょうか。

現在まで残っている昔の言葉

小山　博多弁の中には「行きます」と「来ます」とが同じ意味に使われることがありますが……。

西島　「待っときやい、すぐ来るけん」というように、「行く」ことを「来る」と表現しますね。

奥村　あれは概念未分化という昔の日本語の名残ですね。

小山　九州弁だけの特徴というわけじゃないんですか。

奥村　今は方言的特徴です。つまり、現在の中央語・共通語で「来る」というのは自分を基準にして、向こうからこちらに移動するわけで、こちらから向こうに移動する「行く」の概念とははっきり区別される。ところが、西島さんが言われたように博多では「すぐ来るけん」なんて言いますね。

　そういえば、「やる」と「くれる」もこちらでは区別がないですね。共通語で「ください」と言うべきところを「やらんね」と言います。共通語で「やる」というのはこちらから向こうへあげること、向こうからこちらに対しては、「くれる」あるいは「くださる」んですね。中央語でも、昔は一つの言葉だったのが、次第にいくつかに分かれた例が多いわけで、そういう意味でも博多弁は古い言葉を残しているようです。

　「太か」なんかもそうなんですよ。共通語では「太い」と「大きい」との区別がありますが、博多弁では物の形が大きいことも「太か」と言いますからね。

　昔の日本は「大きい」と「太い」の区別がなかったんです。ビッグを表す「おおきい（大）」は形容詞「おおし（多）」の連体形「おおき」をさらに活用させて作った言葉で、新しい日本語なんです。大きいということを九州では「太い（太か）」と言いますが、また近畿より東のほうでは「でかい」と言う地方もあります。「おおきい」という言葉があまり古くない証拠といえましょう。

西島　私が兵隊でよく笑われたのは「シェンシェ（先生）」と「ジッシェン（実践）」ですね。「せ」の字を「シェ」と発音するんですね。おかしいと笑われるけど、なんがおかしいっちゃろうかと思ってましたね。最近になって「ああ、おかしいっちゃね」とわかったぐらいで……（笑）。

奥村　足利将軍あたりも、たぶん「シェンシェ」と言ってますよ。近畿でも古くはずっとシェと言っていたようです。江戸ではわりに早くシェからセに変わったらしいが、京都辺りではかなり遅くまでシェと言っていました。

西島　そうなんですか。フランスに行っている画家の山田栄二さんに「あんた、博多弁ば使いよるとですか」と聞いたら、「ウン。フランス語のほかは博多弁しか知らんもん」と言われてましたが、博多弁で役に立ったのは、この「シェ」だそうですね。「シェポール」とかいうこの「シェ」は東京の「セ」じゃいかんそうで、「シェがいちばんよかやね」と言われてましたよ（笑）。

　ところで博多弁と福岡弁とは全く違いますね。私のおふくろや祖父は福岡弁を聞きながら育ってきましたから、福岡弁もよく使ってたんですが、あれが武士の言葉で、私たちが今使っているのが町人の言葉だと聞いてましたが……。

奥村　博多弁に比べて福岡弁というのは、方言的色彩が薄れていったものだと思います。ちょっと意味が違いますが、東京の山の手弁のような性格がありそうです。下町弁が本来の江戸弁を多く残している。山の手の言葉はそれにいろいろなものが加わったものですね。博多弁に比べて福岡弁は、方言的特徴が薄れていったものであり、かつては、やはり博多弁と似たものだったと思います。

標準語に取り入れたい博多弁

小山　標準語というのは、どこの言葉になるのですかね。

奥村　うるさく言いますと、現在わが国で普通に標準語と称しているのは、共通語です。厳密な意味での標準語はこれからつくっていくのだと思います。そのあたり、人により説が分かれますが、現在わが国で「日本中どこでも通用する言葉」として現実に使われているのが、共通語です。そしてその共通語を人為的に洗練し、一定の基準で統制した理想的な言葉が標準語です。

　イェスペルセンなどのように、その両者を区別しない学者もありますが、私はいちおう別だと思います。たとえば標準語は正しさを要求しますが、正否は別として現実に通用しておれば共通語と言えます。

　現在わが国の共通語は、だいたい東京の山の手地方の教養ある人々の言葉を基盤としています。そこでは各地から多くの人々が集まったおかげで、いろんな言葉も集まった。その中で自然と言葉が淘汰《とうた》され洗練されたわけですね。たとえば、江戸っ子だったら「だいこん」のことを「でえこん」と言いますが、それをやめて「だいこん」にするというように、次第に淘汰されたんですね。

西島　誰かが音頭を取ったということではないわけですね。

奥村　言葉というものは強力な指導者が変えようとしてもダメなんです。言葉は権力では直せませんからね。たくさんの人々がその言葉を覚えないといけないわけで、明治以後百年近くの間に自然に淘汰され、洗練されてきたということでしょうね。

　いろんな地方から人々が集まると自然に共通語化が進むようです。北海道がそのいい例で、急に各地からたくさんの人が集まってきた結果、北海道は共通語化が非常に進んでいます。今の共通語が、「標準語」制定の基盤になるのは当然のこととして、博多弁の中にも標準語に入れていきたいものがありますよ。

　たとえば「**読みきらん**」と「読まれん」「読めん」の区別。「読みきらん」は難しくて読めないという能力的な意味ですね。それに対し「読まれん」「読めん」は、あの本は九大の付属図書館にあって、自分はそこに入る資格がないので読めないというように、条件的な不可能を表す。博多弁では「読めん」という不可能と「読みきらん」という不可能が区別できる。こういう区別は共通語ではできないんですよ。これは論理的で、非常に優れている言語ですね（笑）。

　また「**降りよる**」と「**降っとる**（ちょる）」の区別も取り入れたいですね。「雪が降りよる」と「雪が降っとる」では違いますね。「降りよる」が進行形で降ってる最中、「降っとる」というのは結果の残存を示すという区別があります。共通語にはこの区別はありません。

　そのほかに標準語に取り入れたいと思ってるのは、準体助詞の「と」ですね。準体助詞というのは、動詞や形容詞のすぐ下に付く語で「**よかとを**」という場合の「と」です。共通語では「の」で「すぐ行くのはイヤだ」「美しいのが好きだ」となり、博多弁では「すぐ行くとはイヤだ」「美しいとが好きだ」となりますね。どうして「と」がいいかと言うと、「の」は所有格の「の」と混同しますし、身びいきかもしれませんが、響きというか落ち着きもいいと思います。

　それから掃除するという意味の「はわく」。共通語では「はく」ですが、「はく」だといろんな意味に取れますが、「はわく」だと、もう掃除するという意味だけですね。
「行かざった」はどうしようかと思ってるんですよ（笑）。「行かなかった」よりも「行かざった」が一つ音が少ないからいいんですね。同じ表現力なら、短い言葉のほうがいいですからね。ただ「ざった」は、チョット音感が悪いかなあとも思っています。ですから、西島さんあたりと一緒に音頭を取って標準語に入れたい博多弁を準備しとけばいいですね（笑）。その話し合い、今度一度やりましょうよ。

博多弁が目指すのは「らしさ」の文化

小山　博多の周辺では方言はどうなっているんですか。

奥村　博多は筑前ですが、筑前と豊前では、はっきり差があります。

豊前ではアクセントもはっきり違いますし、また「うれしか」とは言いません。八幡や直方は筑前ですが、言葉は豊前式です。遠賀川辺りが境になって、筑前式と豊前式に分かれるようです。

また筑前と筑後の区別について言いますと、まず筑後はアクセントの区別が全くなくて、みんな同じアクセント型に発音される。つまり一型アクセントです。

博多では、たとえば、しゃぶる「飴」は「アメが」と言いますね。音楽で言うと「ドミド」になる。一方、降る「雨」は「アメが」つまり、「ミドド」となります。ただ筑前でも朝倉郡は筑後式方言です。

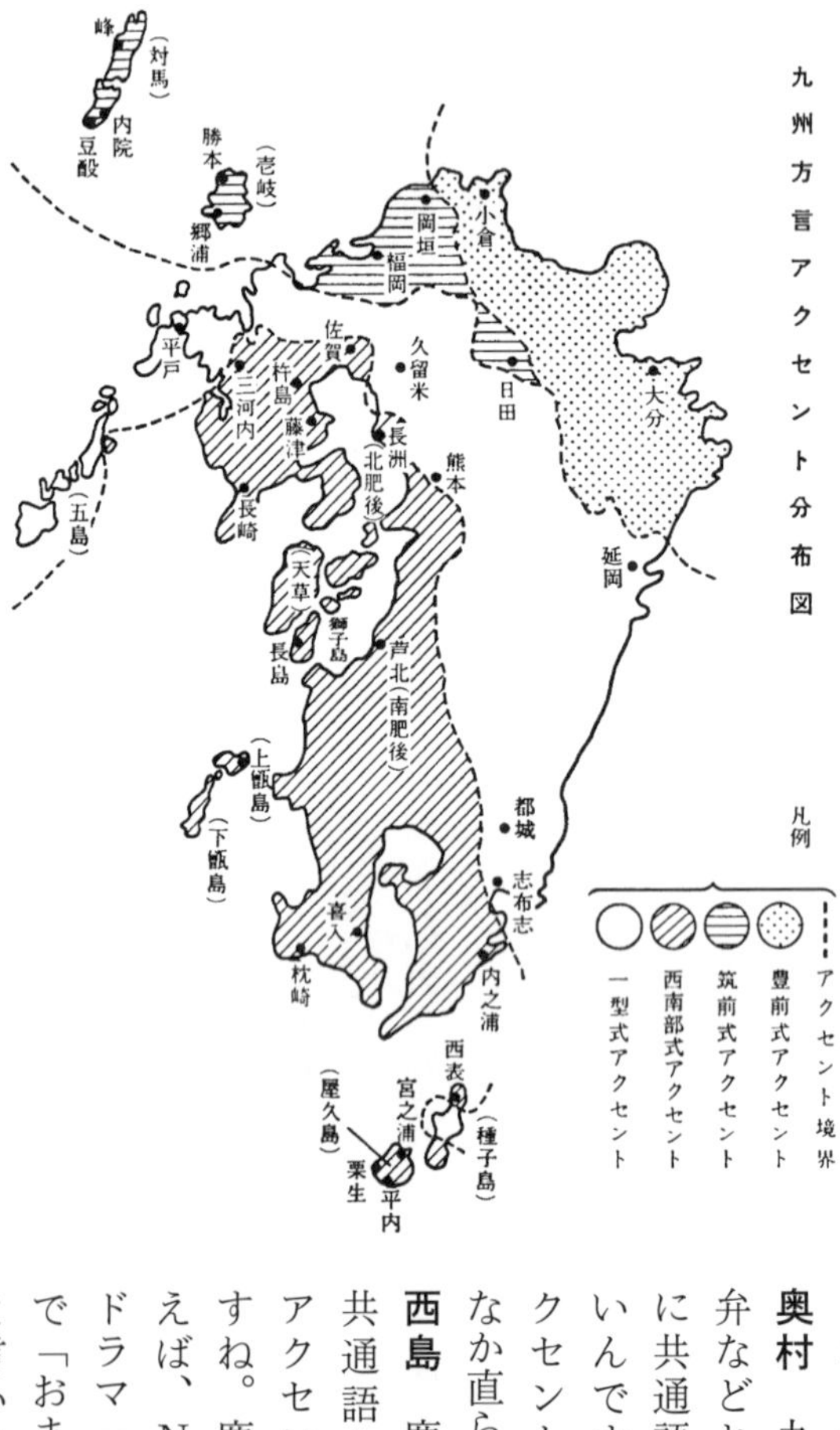

西島　博多のアクセントと共通語のアクセントは違いますね。「みかん」は共通語では「ミカン」といいますが、博多では「ミカン」です。だから、ラジオを聞いていていちばんおかしく感じるのは、天気予報のとき「佐賀地方」を「サガ地方」と言いますね。こちらの方では「サガ地方」と言うから、どうもラジオを聞いてるだけでは、京都の嵯峨地方のことかと思いますね。

奥村　九州弁は東北弁などと違ってわりに共通語に直しやすいんですが、このアクセントだけはなかなか直らないですね。

西島　鹿児島の人は共通語を話すけど、アクセントは独特ですね。鹿児島弁といえば、ＮＨＫの大河ドラマ「獅子の時代」で「おまあさが……」と言いますが、鹿児島弁と東北弁が出てきて、これはどちらも言葉のコンプレックスはなく、かえってプライドを持ってますね。あの掛け合いがおもしろいんですが、言葉はわかるし、アクセントも非常に鹿児島弁らしい。さすが俳優だなあと思って見てますが、鹿児島の人に、鹿児島弁で話してくれと頼むと、ものすごく早口で、さっぱりわからないですね。

奥村　テレビですからある程度は理解されるという範囲で鹿児島弁らしさをよく出してるわけです。当然、地方のほうから見れば違うところがあるんでしょうね。「博多にわか」

にしても、誰にでもわかってもらえるものじゃなきゃいけない。いかにも博多弁らしいなあ、というのが一つ入ってればいいんです。完全な博多弁でやられると、チョットわからないですからね。

　共通語も充分習得した上で、それを土台に、いかにも博多らしいものを出していく。つまり「らしさ」の文化と言いますか。これが今後、博多文化というより地方文化というものの在り方じゃないでしょうか。

博多ことばと錦山亭金太夫さんの絵を組み合わせた「博多かるた」（西日本新聞社発行）。完成を喜ぶ「博多を語る会」の皆さん

上川端通り商店街を彩る「博多弁番付」平16年

今後も大切にしたい博多弁

西島　関西弁もそうかもしれませんが、博多弁は商売のやりとりには便利な言葉でしょうね。角が立たないというか。

奥村　そうですね。それに博多独特の祭りを伝えてきたというようなことにも、博多弁が大きな役割を果たしてきたと思います。山笠のヤマを担ぐときなんか、一言で気持ちが通じる。同じ方言を使っている仲間同士という連帯を深める役目も果たしたと思いますね。

　前にも言いましたように、九州人は善かれあしかれ、方言コンプレックスが少ないわけですが、そのために九州の人はやや共通語教育が遅れているようですね。今はそうじゃないと思いますが、以前は共通語を使おうとすると「漢言者《かんごんもん》」とか「行かず東京」と言ったりする傾向がありました。

西島　博多では「行かず東京」と言いますね。まあ、人間はうまいことできてるというか、東京に行くと共通語に近い言葉を使いますね。しかし博多のお客さん、特におじいさんなんかには、まるっきり博多弁で話すと、親しみを感じて信頼してくれますね。そういうときに東京弁を使おうものなら「なんか、行かず東京が。威張って東京弁使いよう」と言って、帰ってしまわっしゃあですね（笑）。

奥村　そういう場合が多いでしょうね。でも九州の人が東京に行って気後れするんだったら損ですから、まず共通語を覚えることも必要だと思います。

　前にも申しましたが、言葉の本来的な役割はコミュニケーションですから、その意味では方言はなくなったほうがいいんです。ただ、方言には対人関係をよくしたり、表現に幅を持たせる二次的な役割がありますね。食べ物にしても本来の目的は生命と活動の源泉ということですが、現在は食べたくなくても付き合いで食べなきゃいけない。衣服にしても、本来は保温のためですが、現代ではやはりそれよりも対人関係や美意識が重視されますね。

　言葉でもしばしばそのような二次的な働きが重視されますが、そのような対人関係の円滑さを狙ったり、幅のある表現をする場合、方言がいろいろ役立ちます。「方言は一刻も早く撲滅すべし」などと言わず、方言と共通語を上手に使いこなしたいものです。言葉に限らず、一般に晴《はれ》の生活と褻《け》の生活の使い分けが、日本文化の一特徴といえましょう。

小山　興味深いお話をどうもありがとうございました。

■奥村三雄氏

大正四年（一九一五）～平成十年（一九九八）。京都に生まれる。昭和二十四年（一九四九）三月、京都大学文学部卒業。九州大学名誉教授（文学部）。文学博士。著書『方言国語史研究』（東京堂出版）ほか国語史、方言、平曲などの著書多数。

福岡出身のただ一人の総理大臣

広田弘毅 13

広田弘毅首相誕生を祝う出生地の福岡市鍛冶町。昭 11 年頃

［お話］北川　晃二　作家
［聞き手］西島　伊三雄　博多町人文化連盟 理事長
小山　泰　福岡相互銀行
対談：昭和五十五年（一九八〇）十月

昭 39 年当時の修猷館高校

日本の飛躍を願い外交官を志す

西島　私は博多生まれの博多育ちですから、広田弘毅先生が博多出身であることはよく知っていましたし、昭和十一年（一九三六）に総理大臣になられたときは、たしか私が高等小学校に行ってたころで、鍛冶町（現天神三丁目）の石屋のおうちに行って祝辞を読まされたのを覚えています。

北川　私も修猷館の三年生で、広田さんが修猷館卒業ということで旗行列をして、おうちの前まで行きましたね。

小山　今の若い人は知らない人が多いんじゃないですか。

西島　福岡県で総理大臣になった人は広田さんだけですが、意外とその内容までは知らない人が多いですね。

小山　広田さんの一生をかいつまんでお話しください。

北川　広田さんは明治十一年（一八七八）二月十四日、福岡市鍛冶町（現天神三丁目）で**広田徳平**の長男として生まれました。それから、大名小学校、修猷館と進み、一高に行っています。

当時、藩閥政治が終わりを迎え、帝大を出た人がエリートコースに乗るというように情勢が移り変わり、勉強ができればどこの生まれの人でも偉くなれる時代になっていました。それで、広田さんは一高に進んだんです。

日清戦争で遼東半島の割譲を受けましたが、ロシア、フランス、ドイツから干渉（三国干渉）を受け、遼東半島を返還しなければならなかった。広田さんは、これは外交が弱いからで、将来日本を飛躍させるには外交を強くしなければならないと、修猷館を卒業するときに外交官になろうと決めています。

一高から、東京大学の法科に進み、明治三十八年（一九〇五）、日露戦争が終わった後に卒業して、外交官の試験を受けるんですが、残念ながら落ちています。そこで、福岡出身で当時外務省の政務局長だった**山座円次郎**《やまざえんじろう》さんの紹介で、朝鮮統監府の試験を受けて就職、翌年外交官試験に合格して念願の外務省に入っています。

まず北京公使館に赴任、次いで山座円次郎が大使館参事官をしていたイギリスに転任、ロンドンに行き、帰ってきて通商局第一課長、その後アメリカ大使館一等書記官、情報部次長、欧米局長、オランダ公使、そしてソ連大使になり、昭和七年（一九三二）に待命。その年に成立した**斎藤実**《まこと》内閣の外務大臣、引き続き昭和九年（一九三四）**岡田啓介**内閣の外務大臣、昭和十一年（一九三六）の二・二六事件の後、総理大臣に就任。総理大臣は十カ月くらいで辞めて在野の人となり、終戦を迎え、極東裁判の判決により、昭和二十三年（一九四八）十二月二十三日に処刑されています。今年はその三十三回忌を迎えるわけです。

混沌《こんとん》とした昭和初期に推されて総理大臣に

西島　二・二六事件のすぐ後に総理大臣になられたのですか。

北川　そうです。

小山　なぜ、広田さんに白羽の矢が立ったんでしょうか。

北川　議会の第一党の党首が総理大臣になるというのは**若槻禮次郎**《わかつきれいじろう》内閣〈大正十五年（一九二六）〉から昭和七年（一九三二）ぐらいまで続きました。

ところが、昭和六年（一九三一）に軍部によって起こされた柳条湖事件をきっかけに満州事変が勃発、政府は不拡大方針を取りましたが、軍部により昭和七年（一九三二）三月には満州国が設立され、国際連盟から派遣されたリットン調査団が事情調査を始める。

同年五月には五・一五事件が起こって政友会の**犬養毅**《いぬかいつよし》首相が暗殺されてしまう。もうこの状態では政党に政府は任せられない。軍を抑えるためには、軍出身の総理大臣がいいが、過激な陸軍では困る。比較的穏やかな海軍の出身者がよかろうと、犬養さんの次に、海軍大将の経歴のある斎藤実さんが選ばれたわけです。

挙国一致内閣でしたが、帝人事件で昭和九年（一九三四）に斎藤内閣が総辞職すると、同じ方針で退役海軍大将の岡田啓介さんが選ばれます。当時、海軍は対米戦争もやむを得ないと想定していましたが、比較的に穏健でした。

陸軍は満州国を根拠に、ソ連と中国との二正面作戦を考えていました。だから陸軍にとっては、穏健派の出身者が総理大臣になると困るわけです。そして昭和十一年（一九三六）二月二十六日に二・二六事件が起こり、岡田首相は難を逃れたが、斎藤実前首相、**高橋是清**《これきよ》蔵相ほか軍、政の要人が暗殺され、内閣総辞職となります。

軍出身でも抑えられないとなると、若くて、国民の誰もが信望を寄せられる人を、それと中国問題を解決できる人間をということで、広田さんが総理大臣に推されたのですね。

外交官として活躍していた昭和５年頃の広田弘毅と家族

だいたい、当時の総理大臣は、最後の元老であった西園寺公望《さいおんじきんもち》さんが天皇陛下の御下問を受けて推薦していたんです。このときも西園寺さんはまず近衛文麿《このえふみまろ》さんを推しています。当時、近衛さんは四十七、八歳の若さで、陸軍にも受けが良く、摂関家の出で家柄も非常にいいわけです。ところが、五尺八寸（一八一センチ）もある立派な体格の持ち主なのに気の弱いところがあって、どうしても総理大臣にはならないと辞退するわけですね。それで、いろいろと話をしているうちに出てきたのが広田さんなんです。

そのとき吉田茂さん（元首相）が一枚かむわけですが、吉田さんと広田さんは外交官の同期生でした。吉田さんはストレートで外務省に入っています。義父牧野伸顕《のぶあき》（大久保利通の三男）の関係もあり、常にエリートコースをたどっていました。当時、吉田さんは近衛さんとは非常に近く、近衛さんの名前が出ると当然吉田さんの名前も出てくるわけですね。それで吉田さんが、近衛さんに広田さんを推すように勧め、近衛さんは西園寺公に強く広田さんを推薦したのです。

当然、吉田さんは広田内閣の組閣参謀になり、外務大臣が予定されました。この閣僚名簿を見た陸軍が承知しませんでした。というのは、吉田さんは欧米と友好関係を結ぼうとしていたし、自由主義者ということで陸軍の拒否に遭ったわけです。それで広田さんもやむを得ず吉田さんを諦めて、外務大臣を兼任するんです。

博多っ子には珍しく粘り強い人だった

小山　広田さんが総理大臣になって片付けなければならなかったことはなんだったんですか。

北川　「粛軍」です。軍の横暴を抑え、文官で政治を行っていくということです。その頃、陸軍は統制派と皇道派に分かれて派閥争いに終始し、とうとう皇道派の青年将校が二・二六事件を起こしました。

統制派も皇道派を抑えるために、中国でなにかを起こさなければならない、という気分になっていたのですから、粛軍ということが、広田内閣の第一の課題だったわけです。

小山　そうした流れの中で推されて総理大臣になった広田さんもたいへんだったでしょうね。

北川　そうですね。昭和五年（一九三〇）濱口雄幸《おさち》総理大臣（重傷、翌年八月死亡）が、昭和七年（一九三二）の五・一五事件で犬養さん、十一年（一九三六）の二・二六事件で斎藤さんも暗殺されるというテロの時代でしたから、総理になれば殺されるという意識が当時の人にはありましたね。

総理大臣になれば、まず第一に右翼から狙われる。しかも陸軍を抑え、海軍をならしていかなければならない。国内は疲弊し切っており、おまけに中国問題でソ連、アメリカ、イギリスとうまくいかない。内外ともに非常に問題が多かったんですね。ですから、今みたいに、俺もなりたい、俺もなりたいという時代ではなかったんですね（笑）。

小山　広田さんのやり方は一刀両断バサッとやるんじゃなくて、大勢を見つめながら、結果をジワッと思っている方向に持っていこうというやり方だったんじゃないですか。

北川　広田さんは粘り強い人だったようですね。「難しい時勢で難問が多いが、粘って粘って粘り通してやり遂げなければならない」と言っています。いちばんいい例がソ連の大使のときで、今と同じように北洋漁業の問題がいちばん大きいわけです。当時は領海三海里が常識だったんですが、ソ連は領海十二海里を主張して譲らない。十二海里というと、カムチャッカ、オホーツク海の沿岸には日本の船が入れないことになり、ずいぶん打撃を受けるわけですね。

たいがいの人だったら、しょうがないと折れるか、そんなら協定ナシでいこうと決断するかで二〜三カ月か半年で終わるはずの漁業協定を一年二カ月かかって、とうとうソ連に折れさせて、領海三海里をのませています。スラブ民族は粘り強い、ソ連のような国を相手にするには、それ以上に粘らなければ負ける、と粘りに粘ったわけですね。

小山　博多の人は粘り強い人が少ないようですけどね。

北川　血気にはやるという面が多いですね。しかし、その点では広田さんは違っていました。

西島　北川さんが書かれた『黙してゆかむ』や**城山三郎**さんの『落日燃ゆ』で、広田弘毅さんのことを詳しく知ることができるのですが、偉い人、郷士の誇りとは思っていても、何をされたかというと、よく知りませんでしたね。博多の人ですが、物事をよく見通せた方だったというだけに、外交官を志望されたんでしょうね。少年時代から秀才だったのですか。

北川　いや、広田さんは、とびきりの秀才というわけではなかったようです。修猷館では四番ぐらい、一高に入るときは十番ぐらいで、外務省の試験は一度落ちてますしね。しかし、人間としての洞察力は優れていたようです。博多の人は短気ですからね。短気では物事を判断できない。柔道に身を入れながら、精神面は論語を受読し、自制心を養っていたようです。

当時は毛並を重視、でも彼は自力で偉くなった

小山　広田さんは、時代の要望を背負って総理になられたのでしょうが、十カ月余りで総辞職されていて、ちょっと残念ですね。

北川　広田さんは粘り強い人なんですが、辞めるときはあっさり辞めてますね。当時、**浜田国松**という政友会の代議士が、昭和十二年（一九三七）一月の再開議会で「陸軍が強力な軍事内閣をつくろうと考えてるらしい」と非難しました。**寺内寿一**《てらうちひさいち》という陸相は坊ちゃん育ちでカーッとなる性質で、「君の発言の中には軍を侮辱する言葉がある」ということで論争になり、揚げ句の果ては、浜田代議士が「侮辱はしていない。侮辱していたら自分は腹を切る。私がしていなかったら、あんた腹を切りなさい」と、今でも議会史上有名な「腹切り問答」が行われ、寺内陸相は議会を解散しろと言いだしました。広田さんは軍があまりに横車を押すことにあきれ果て、内閣の総辞職に持っていったんです。

小山　次は、近衛内閣の外務大臣になられましたね。

北川　第一次近衛内閣で、外相の人選が大切ということで、西園寺さんや**木戸幸一**さんの要望があり、近衛さんにぜひにと言われて就任したのですね。それが昭和十二年の六月のことでしたが、広田さんは不運でしたね。というのは、それから一カ月して七月七日、蘆溝橋事件が起き、これをきっかけに日中事変、そして太平洋戦争にまで拡大するのです。中国に介入しないというのが広田さんの信念でしたが、陸軍は次々に派兵を続け事変は拡大してしまいます。

広田さんは徹底して反対しましたが、とうとう「**蒋介石**を相手にせず」の政府声明となってしまうのです。怒りを内に隠して激怒することのない人でしたが、南京虐殺事件の報が入ったとき、広田さんは「皇軍」がかかることでと、体をわななかせながら、**杉山**陸相に抗議しています。さすがに陸相も返す言葉がなく、**松井**司令官に厳重警告しました。にもかかわらず極東軍事裁判で日中開戦と南京虐殺に戦犯として大きな責任を負わされたのですから、あまりといえばあまり、悲劇といえばこれ以上の悲劇はありませんね。そして、広田さんが一言も弁解していないのですから、なおさらですね。

広田さんは十三年（一九三八）の五月に外務大臣を辞めています。近衛さんも気持ちを察してでしょう、あえて慰留していませんね。

小山　それから後は、ずっと在野で過ごされましたね。たしか当時の新聞には「重臣に御下問」というときには必ず広田さんの名前も入っていたと思いますが、広田さんが重臣というのは、天皇陛下が資質を見込まれて、相談相手になると思われたからなんでしょうか。

北川　まあ、はっきり申し上げますと、必ずしもそうじゃないんです。元老である西園寺さんが昭和十五年（一九四〇）に亡くなられたので、その後、過去に総理大臣の経験がある人を重臣としていろいろの相談をなさったのです。いわゆる重臣会議です。

広田さんが陛下に特に信任が厚かったかということは、ちょっとわかりませんね。陛下は広田さんが総理になることについて、西園寺さんに「広田は名門の出じゃない。それで大丈夫か」ということを言われたそうです。広田さんは名門の出じゃないし、親類・縁者に偉い人がいませんからね。当時はまだ、本人自身よりも親類・縁者の関係が重視され、いわゆる毛並みのいい人が総理大臣に選ばれてたわけですね。陛下は言葉数が少なくポンと言われるので、広田に対する信任がないんだというような人もいて、広田さんはとても気にしていたようですが、広田さんは、陛下の言葉を広田さんに対するいたわりに取ろうとしています。

自己弁護を一切せず戦犯として死刑判決

西島　昭和二十一年（一九四六）に戦争犯罪人を処罰するために開かれた東京裁判のとき、広田さんはほとんどしゃべらなかったと聞いていますが。

北川　東京裁判で広田さんのいちばん大きな罪状とされたのは、さっきも言ったように、南京虐殺事件と日中戦争を始めたことです。

南京虐殺事件は、昭和十二年（一九三七）十二月十四日に日本軍が南京を占領して、南京の一般民間人を虐殺した事件です。

当時、南京には中国の敗残兵が大勢もぐり込んでいて、一般人と兵隊の区別がつかず、また、日本兵も殺伐となっていたときに起こった事件で、外務省関係は全く知らずに、二週間ほどたって初めて知ったという状況だったんですが、連合軍は外務省がこの事件を黙認したとしたんですね。

広田さんが東京裁判でほとんどしゃべらなかったのは、天皇陛下に累が及ぶことを、いちばん心配されていたからだと思います。広田さんは、御前会議にも重臣会議にも出席してますし、日中戦争が始まるときにも、陛下を交えた話し合いが持たれたわけですが、陛下はあまりご意見をおっしゃらず、こうしたいと思いますが、という軍の発言に、うなずかれることが多かったようです。

それに、なんにしても太平洋戦争の入り口になった日中戦争のとき、外務大臣という要職にあったことは間違いありませんからね。私は中国とは戦争したけれどもアメリカとはしなかったなどという弁解は、広田さんの最も嫌いだったことです。責任的地位にあったことを否定する気は全くありませんでした。

戦争が終わってすぐ戦争犯罪人が連合軍司令部から指名されだしたので、広田さんも自分のところに来ると覚悟されていたようです。昭和二十一年一月に逮捕されたんですが、同年の五月十八日に奥さんの静子さんが自殺されています。

奥さんは、**来島恒喜**《くるしまつねき》と盟友だった玄洋社員の**月成功太郎**さんの娘さんで、死に所ということを、幼時から教えられていたのでしょう。常々、広田さんが「責任は免れない」と言っていたので、自分や家族のために夫に後ろ髪を引かれる思いをさせちゃいけない、と自殺されたんですね。子どもさんたちがすぐに面会に行って報告しても、広田さんは「そうか」と言っただけで動揺の風は見せられなかったそうです。

西島　北川さんがもし裁判官だったら、広田さんの罪はかなり軽いんですか。

北川　無罪とまではいかなくても軽いでしょうね。**東条内閣**の外相だった**重光葵**《まもる》さんは禁錮七年ですが、それよりも軽くないといけないですよ。

西島　広田さんが自分を弁護しておられたら、もっと軽くなっていたんですか。

北川　当然、そうでしょう。最後は投票ですからね。広田さんの場合、六対五の一票差なんです。インド代表の**パル判事**は広田さんの死刑判決に憤慨して「裁く者の手も汚れている」と叫んだものです。オランダ代表のレーリンク判事も「広田は、彼に対する起訴事実のすべてについて無罪としなければならない」と主張しています。

単に、広田さんがオランダ公使をやっていたということからだけではありません。

私も戦争に行って帰ってきたわけですが、責任の所在をはっきりすべきだと思いましたね。広田さんは戦争にそれほど関わっていなかったんじゃないか。むしろ止めようとしていた感が強い。

ところが、戦争を起こした責任は政府にあるという気持ちで、死刑になっても、黙してゆかんという姿勢に感動しますね。

われわれもひどい目にあったけど、たいしたことなかったんだと納得する気持ちがありますね。広田さんは論語がいちばんのよりどころで、東洋的思想の持ち主なんです。いろんなことをしゃべると、ほかの人をはじめ天皇陛下にまで迷惑がかかるという気持ちが強かったんですね。

広田さんには、外国人の弁護士と日本人の弁護士が付いて「このまま、あなたが黙ってると危ないですよ。あなたが無罪を主張し、本当のことを言えば、重い刑になることはないんですから」と、しきりに勧めたけど、「占領軍の一方的な裁判だから言ってもどうにもならん」と受け入れなかったそうです。それで弁護士は「被告本人が自分の刑を軽くする努力がないから弁護士は引き受けられない」と途中で替わっているんです。

戦犯収容所の巣鴨拘置所の日本語教誨師《きょうがいし》となった花山信勝《しんしょう》さんが、広田さんの刑が決まってからいろいろと説教をするんですが、広田さんは「坊主が勝手なことをいうのを聞く耳は持たん。自分には自分の信念がある」とかなり怒られたようです。それで花山さんは、広田さんをよく言われてないですね。

東京裁判そのものについての批判がいろいろありますが、戦争犯罪の最大のものは、原爆じゃないかという気もします。それをおいても、広田弘毅を死刑にしたのは、大きな過ちだと思いますね。

人脈が全然ないのが広田さんの魅力

西島　広田さんは頭山満さんの玄洋社員だったんですか。

北川　広田さんは玄洋社の社員になったことはありません。玄洋社の多くの人たちや、もっとも右翼の団体である黒龍会をつくった内田

広田弘毅は、昭和二十三年十二月に家族近親との最後の面会が許された。

十二月七日付の書面でこの記念すべき面会の模様を次のように認めている。

一、センジツハ、トクエモン、スガノ、ハルコ、マサヲ、イヅミノ五ニンニメンカイシ、イロイロハナシシテ、ジツニジツニウレシカッタ、トクエモンガマニアッテ、アヘタノハ、マッタクシアワセデアッタ

一、ソノゴハ、イツモ、ペーセンス（編註・トランプ遊びの一種）シテ、スゴシテヲルガ、トキドキハゴゼンマタハゴゴニ、三十プンバカリ、ガイシツシテサンポス、シンタイニイジョウナシ、アンシンアレ

一、ハンケツノゼンゴハハガキヤテガミガタクサンキタ、ジツニタノシカッタ、ミナミナノキモチガヨクワカル、アンシンシテヲル

一、アメリカノダイシインハ、六ヒカラヒラカレ、ジョウソヲシンギスルハヅナレバ、ソノケッカヲシルマデ、ショケイハエンキサルルワケナラン

一、コノヒコウテンキ、ニッコウサシ、ヘヤモ、ホットエアデアタタカク、キモチヨシ

一、モハヤナニモカクコトナシ、ママノメイフクヲイノル

十二ガツ七ヒ

コウキ

シズコドノ

右に掲げた手紙は、検閲や翻訳の便宜を慮って、片仮名で書かれていた。そして、明らかに静子夫人に宛て認められていた。静子夫人はすでに二年半前に亡くなっており、広田もつとにこのことを知っているはずであった。（略）遺族に尋ねてみると、「父は最後まで母静子あてをやめませんでした」という返事だけで、あとは無言であったという。おそらく広田の胸中は、夫人への尽きせぬ愛情と思慕の念に満ち満ちていたのであろう。

※「広田弘毅」（編集・広田弘毅伝記刊行会　葦書房発行復刻版）より抜粋

良平さんなどと知り合いだったために、極東裁判では右翼であると見られています。これは非常に不利だったようですね。

玄洋社の評価も、右翼の固まりといった、通り一辺の見方ではいけないんですよ。頭山さんに至るまで、彼らの頭にはいつも自分よりも国という、まあ一つの大義があり、それに基づいて行動しているんですね。

玄洋社は、明治十四年（一八八一）に**平岡浩太郎**を社長として、頭山満、**箱田六輔**、**進藤喜平太**（進藤一馬元福岡市長の実父）らが創立した旧福岡藩士中心の結社で、右翼団体と見られがちですが、一つの革新を目指すものでもあったのです。皇室中心でしたが、従来の藩閥政治から国民の手に政治を取り返すという民権運動をやってるんですよ。

広田弘毅元首相（前列右から２人目）を囲み地元福岡で開かれた慰労会。頭山満（前列左から３人目）も出席＝昭13年頃

小山　広田さんの人脈は……。

北川　玄洋社の社員ではありませんから、そちらの系譜はないですね。明治政府には、福岡藩から**金子堅太郎**、**栗野慎一郎**などの高官が出てますが、財務、司法関係が多く、外務関係の人脈は山座円次郎くらいです。外務省内でいえば、**小村寿太郎**、後には**加藤高明**、**幣原喜重郎**《しではらきじゅうろう》の流れをくんでいます。

西島　そうした中で総理大臣になられたのは、よっぽど人望があったのでしょうね。

北川　見る人が見れば、広田さんの大きさがわかっていたのでしょう。

家は石屋さん、幼いときは貧しかった

西島　広田さんのうちは、ずっと昔からの石屋さんですか。

北川　お父さんの徳平さんは箱崎の農家の息子で、広田家に徒弟で入っていたんです。真面目さと仕事熱心が買われ、子どもがいなかった広田家の養子になっています。

黒田長政は入国して福岡城の守りを固めるために、御笠川、那珂川、樋井川沿いにお寺を建てたんですが、塀に石材を多く使ったので石屋が多かったのですね。

西島　そうですね。今でも京都に次いで多いらしいですね。

北川　ところが、広田徳平さんの時代は明治維新後でたいした建築もなく、福岡では亡くなる人も少なかったらしくて、商売あがったり、たいへん貧乏だったそうです。それで広田さんは小学校に入ると藺草《いぐさ》や松葉を売り歩いたり、葬儀の際に泣き屋のようなバイトをしてたそうです。

一高に行くにしても金が要るんですが、平岡浩太郎さんの紹介で、明治専門学校（九州工業大学の前身）をつくった**松本健次郎**さんがスポンサーになっています。

小山　学資を出してあげても、総理大臣にまでなるんですから、出しがいがありますね。

北川　東公園の亀山上皇の銅像には、あの銅像を彫った石工の名前が書いてありますが、お父さんと石屋を継いだ弟の**徳右衛門**さんの名前もありますよ。

西島　水鏡天満宮の鳥居の掲額の字を広田さんが書いたと聞いてますが……。

北川　表の鳥居だとかいろいろ説があるんですが、私は旧電車道（明治通り）に面した鳥居の上の「天満宮」という字だと思うんです。徳平さんが氏子ですから鳥居を引き受けて、誰か「天満宮」と書かないといけない。広田さんは小学校のとき書道の塾に通っていてひ

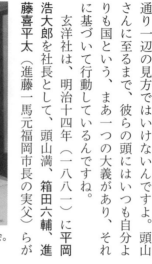

じょうにうまかったんですね。あの「天満宮」というのは非常にうまいですけど、子どもの字ですね。

西島 広田さんは子どものときは「弘毅」ではなかったと聞いてますが。

北川 広田丈太郎《じょうたろう》といってました。中学卒業後、東京に行って外交官として偉くなろうと思ってましたので、どうも丈太郎という名前は良くないというんで、信仰している禅宗のお坊さんに相談に行ったわけですね。

西島 いくつぐらいのときですか。

北川 中学卒業直前ですから十七、八ぐらいでしょう。お坊さんから「お前が自分で自分に責任を持てると思うなら自分で名前を考えろ」と言われて「弘毅」と付けたんです。これは、よりどころとしている論語から採ったようです。当時は改名が難しくて、改名するんだったら一年間は僧籍に入らなければならなかったので、一年間寺に入ったということにして改名しています。

親孝行の広田さん

西島 広田さんはどんな人だったんでしょうか。

北川 私たちも子どもの頃、お会いしたことがありますが、とてもざっくばらんな人でしたよ。外務省に入る人は、みんな身だしなみのよい人が多いのですが、広田さんは小さいときからあまりきれい好きじゃなかったらしいんです。

東京に浩浩居《こうこうきょ》(福岡出身学生の寮)をつくって仲間と一緒に生活していましたが、「広田が炊事当番すると困る。便所に行って手も洗わんから」ということだったらしいですね(笑)。髪の毛もボサボサだったらしいんですが、韓国統監府に就職する前に、散髪に行ったりしてきれいにしだした。「なんごとそげんきれいにするとかいな」と人に聞かれると、「嫁さんもらうっちゃけん、少しはきれいにしとかないかんめえ」と言うんです。それでも、外務省の田舎っぺということで、少しずんだれとったようですよ。

それに、ユーモアに富んだ人で、郷里の人にとってはわりと話しやすい人だったようです。しかし、こんな話もあります。情報部次長のとき、新聞記者ともざっくばらんに話していたらしいんですが、新聞記者の中にはいわゆる外務省発表だけじゃ満足せず、各局に行って話を聞いて、記事にしていた人もいたんですね。そうすると、記事を取れなかったよその記者が来て、広田さんにどうしてそういう記事を発表しないのかと文句を言うわけです。

広田さんは「俺はいちいち新聞記者の監督はしとらん」と大声で怒鳴り、その記者を縮み上がらせました。広田さんは柔道が強かったので、怒ると怖かったらしいですね。

岡田内閣の外務大臣のときの話ですが、中国問題でいきり立って大臣室に乗り込んできた陸軍の青年将校二人を一喝してすごすごと立ち去らせたこともあります。

それに、おもしろいエピソードが残っています。広田さんはものすごく英語が苦手だったらしくて、外務省試験に落第したのも英語が悪かったからなんですね。それで学資支援者だった松本健次郎さんに「外交官になる人間が英語ができんじゃ困る。アメリカ大使館に行って勉強してこい」と言われて、広田さんは大使館付き武官の通訳をやってるんです。ところが「君は英語が下手だからやめてくれ」といわれたそうです(笑)。

西島 私は学校で広田さんが親孝行だったという話を聞きましたが……。

北川 そうです。広田さんが欧米局長のときに、お母さんに東京を見せたいとわざわざ迎えに来て汽車に乗せるわけですね。ところが、お母さんは乗り物に全く弱くて、折尾まで行ったら、「もう行ききらん」ということになった。

それじゃ休憩してから行きましょうと、折尾の宿に二、三日泊まって「もういいでしょう」ということになったんですが、お母さんが汽車はいかんと言いだした。それじゃ人力車で東京に行こうかということになったんですが、人力車も怖いと言うんです。仕方がないので、折尾から博多までお母さんをおんぶして帰ってるんですね。

小山　広田さんが福岡に尽くされたことはなにか。

北川　外交官から総理大臣という経歴ですから、地元に橋を架けたり、工場を誘致したという、今頃の大臣のような話はありません。ただ後輩の指導には熱心でした。東京の浩浩居をつくったのもその一つです。

小山　おしまいに、広田弘毅さんに先生が惹かれるものを。

北川　その人間的魅力ですね。実に平凡な家庭人でありながら、外交官・政治家としては無私の境地で仕事にあたる、心優しさと毅然《きぜん》たるものを持つ二面性。誰もが、自分もそうあってほしいと思っているんじゃないでしょうか。

同時に、広田さんは卓越した洞察力を持っていました。「自分は五十年早く生まれすぎた」とも言っています。その通りです。現在、広田さんがいたら日本の政治は本当に清潔で、庶民のための庶民の政治が行われているに違いありません。何よりも駆け引きのない、責任ある政治を意図していたのですから。

小山　どうもいいお話をありがとうございました。

■北川　晃二氏

大正九年（一九二〇）～平成六年（一九九四）。福岡県生まれ。修猷館（中学修猷館）を経て西南学院大学卒。昭和十八年（一九四三）大東亜省、二十六年（一九五一）フクニチ新聞入社、同社社長を経て、株式会社守谷組社長。著書に『太一郎物語』『青木繁その愛と彷徨』『黙してゆかむ―広田弘毅の生涯』、北原白秋、火野葦平、三原脩などの評伝ほか。同人誌『午前』『西域』を主宰。

年　譜

西暦	年次	月	事　蹟
1878	明11	2	弘毅（幼名丈太郎）出生。（2月14日）
1893	26		大名小。全科目満点で卒業。
1893		6	福岡県立尋常中学修猷館補充科入学。翌2年編入。31年卒業、〝弘毅〟と改名。
1898	31	7	第一高等学校へ入学。
1899			親友平田知夫等と共同生活で「浩浩居」をはじめる。
1903	36		同郷の外務省政務局長山座円次郎にたのまれ、平田と満鮮シベリヤ視察。
	37・2～38・9		日露戦争。
1905	38	7	東京帝国大学卒業。韓国統監府属官。
		11	目成静子と結婚。弘毅28歳、静子21歳。
1906	39		平田とともに外務省入省。同期入省、吉田茂。
1907	40	10	北京、清国公使間勤務。
1909	42	8	ロンドン、イギリス大使館勤務。参事官は山座円次郎。
1911	44		中国辛亥革命。孫文、大統領。
1913	大2	6	帰国、通商省第一課長。（36歳）
1914	3	5	駐支公使山座円次郎逝去。（49歳）
	3	7	第一次世界大戦勃発。
1918	7	4	親友平田知夫アメリカで逝去。
1919	8		アメリカ大使館一等書記官で赴任。
1921	10	10	外務省情報部第二課長、11年12月次長。
1923	12	9	関東大震災・外務省欧米局長。
1926	15	1	オランダ公使。（49歳）（昭和5年2月まで）
1930	昭5	10	ソビエト特命全権大使。（昭和7年7月迄）
1932	7	5	軍将校、首相官邸に犬養首相襲撃。（5・15事件）
1933	8	9	斉藤内閣の外務大臣就任。
1934	9	7	岡田啓介内閣に外務大臣で留任。
1936	11	2	青年将校、首相官邸ほか重臣を襲撃。2・26事件。
		3	広田内閣成立、粛軍と庶政一新にあたる。（昭12年1月23日総辞職60歳）
1937	12	2	文化勲章を制定。
1937	12	6	第一次近衛内閣の外務大臣に就任。
		7	蘆溝橋事件。（日中戦争勃発7月7日）
1938	13	5	外務大臣辞任。
1939	14	8	独ソ不可侵条約。ドイツ・ソビエト、ポーランドへ侵入。第二次世界大戦はじまる。
1941	16	12	真珠湾攻撃。太平洋戦勃発。（12月8日）
1945	20	8	終戦。（8月15日）
1946	21	5	妻静子、自害。
1948	23	11	軍事裁判終了。死刑宣告。（11月12日）
		12	処刑される。（12月23日）

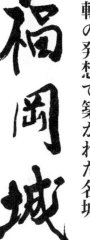

14 逆転の発想で築かれた名城
福岡城

［お話］**帯谷 瑛之介** 日本放送作家協会 理事
［聞き手］**西島 伊三雄** 博多町人文化連盟 理事長
小 山　泰 九州総合信用株式会社 社長

対談：昭和五十六年（一九八一）三月

福岡城、松の木坂御門。明30年頃

天下を取りそこねた黒田如水

小山　舞鶴城といわれている福岡城のこと、あまり知られてなくて残念ですね。

西島　どうも、熊本城のように山の上にそびえたっていないせいか、福岡の人も関心が低く、平和台の城跡に初めてという人も多いですね。

帯谷　そういえば、観光バスの案内でさえ、以前は、天守閣もありません……と、なにやら粗末な城という感じを受けましたね。福岡観光について市の観光課が主催して半年以上もかけて話し合ったことがあるのですが、観光のシンボルというと、どうしても福岡城が浮かび上がってくるんです。なんといっても知将、名将の**黒田如水**、**長政**が心血を注いで築城した名城で、福岡のシンボルですね。

小山　福岡城はいつ頃できたんですか。

帯谷　慶長六年（一六〇一）、つまり関ケ原の戦いの翌年から築城にかかっています。徳川の世の中になって、七年後の夏の終わりまでに城を造れということになるんです。弘前城は、特別の許可をもらって慶長八年（一六〇三）から八年もかかって築いていますが、ほとんどの城はその七年間に造られています。

西島　それじゃ、関ケ原の戦いまでは福岡市には城がないわけですね。

帯谷　今は東区になっていますが、名島に**小《こ》早川隆景《ばやかわたかかげ》**が造った名島城があっただけです。

関ケ原の戦いは、司馬遼太郎さんの名作があるし、テレビのドラマになったりしてますから、ご承知の方も多いでしょうが、端的にいうと**黒田長政**がどちらに付くかというのが勝敗の分かれ目みたいなものなんですよ。**豊臣秀吉**は五大老、五奉行の制度を設けていましたが、五奉行が今の内閣ですね。**浅野長政**、**石田三成**、**増田長盛《ましたながもり》**、**長束正家《なつかまさいえ》**、**前田玄以《げんい》**の五人で行政官僚、経済官僚という人たちでしたが、石田三成は一般行政担当としていちばんの切れ者だったんですね。

黒田家は家伝の目薬が有名で、財を成したといわれるぐらい理財に明るい家柄でした。長政は勇将で豊臣恩顧の大名でもありましたから、石田三成は味方に付けたかったでしょうね。だが実際は、長政が**福島正則**とともに家康側の主力となって働き、関ケ原の決め手となった**金吾中納言**（小早川）**秀秋**の裏切りまでさせてしまう。関ケ原の戦いは三成と長政の戦いであった……と言えますね。

長政だけでなく、父の**孝高**《よしたか》（**如水**）も天下に知られた知将で、秀吉や家康からも、本気になれば天下をうかがう器量があると、敬遠されていた人物でした。関ケ原の戦いの前には蔵の金を全部はたいて、九州の浪人をかき集め、西軍加担の大名の留守城を、加藤清正とともに次々に攻め落としているんです。九州で残っているのは薩摩の島津と柳川の立花ぐらいという目を見張ることをやっているんです。

こういう話がありますね。東西の合戦で少なくとも一カ月は雌雄が決しないだろう。どちらが勝っても戦い疲れのところに、九州軍を引き連れて攻め上り、天下を取ろうと考えていた。ところが、息子の長政が秀秋を裏切らせたために一日で終わってしまった。「この親不孝者め」と烈火のごとく怒ったというんです。このときは、本気で天下を取るつもりだったろうと思いますね。

長政の抜群の働きで筑前国を手中に

帯谷　関ケ原の戦いに勝つと、家康は豊前、中津で十二万石だった長政に筑前五十二万石をくれるんですね。なんといっても東軍勝利の最大の功労で、当然の論功行賞でしょう。元寇の後を見ても、その他の戦争を見ても、戦後の論功行賞の不満で政権が揺らいでくるんですね。足利尊氏なんかその良い例でしょう。元寇のときは進入軍を撃退しただけですから、奪った土地も賠償金もなにもない。北条氏は論功行賞で困ったでしょうね。

関ケ原の戦いでは、いわば日本の半分を没収したようなものですから、思い切った論功行賞ができて、これで徳川幕府の基盤が固まったといえるんです。如水や長政は中津にいて博多の地の利は十分知っていましたから、筑前国が欲しかったでしょうね。

筑前の守というのは、守護の位の中では最高の位に入るんですよ。秀吉も羽柴筑前守だったでしょう。

西島　筑前守が守の中でも高位だったというのは、筑前に大宰府があったからですか。

帯谷　おそらくそうだと思います。それに天変地異もなく、当時は外国に向かって開けている唯一の港ですから、富がある。大名にとっては、ぜひ領地に欲しいところであり、垂涎《すいぜん》の地だったでしょうね。

徳川にとっては島津と毛利が怖いんです。特に島津の国力たるやたいしたもので、秀吉ですらてこずったほどなんです。関ケ原の戦いでは、最後まで動かなかったけれども、結局は敵方に回ってるわけですから、家康にとっては相当に怖いわけです。筑前の国をくれると言ったら必ずくれるという狙いがあったのは、黒田が福岡に入れば、島津に対する押さえになるし、島津と毛利の間にくさびを打ち込む形になるわけです。そうなると、家康は安堵《あんど》するだろうと考えたわけです。金吾中納言のあの裏切りがなかったら、関ケ原の勝敗はどうなるかわからなかったんですからね。だから、家康はすぐに筑前国を与えていますし、子子孫孫まで疎略にしないという感状まで与えているんです。

福岡城は場所探しがたいへん

帯谷　長政は慶長五年（一六〇〇）にまず、名島城に入るんですが、大大名になったときの格式があるわけです。五十二万石の体裁を整えるためには、名島城では手狭なものですから、さっそくどこに城を築くかということになるんです。まあ、今で言えば、県庁移転のようなものですよ。

小山　名島城というのは……。

帯谷　島津攻めの功で、小早川隆景が筑前国守となって築いた城です。三方を海に囲まれ、後ろには立花山がそびえている難攻不落の城ですが、城内も周りも狭くて、五十二万石の国守の城には不十分なんですね。

西島　天守閣はあったんですか。

帯谷　天守閣はないんですが、それに近い櫓《やぐら》はあったようです。秀吉の居間のようなものもありますし、秀吉が隆景や金吾中納言秀秋を置いて、九州全体を監視させた城ですから、そうお粗末な城ではなかったようです。けれども、なにぶん手狭ですから、そこで、いろいろと場所探しが始まるんです。

　最初、箱崎を見ていますが、箱崎は砂地で城壁ができないし、平地ですから攻撃されやすいので駄目。その次に、今の住吉神社一帯を見ています。昔は、あの付近は大湿地帯で、特に春吉は春だけ野菜ができて、夏になると水浸しになるような所で、それで「春吉」という名前が付いたというほどですからね。そういう湿地帯に城を築くのは、たいへん困難なわけです。

　次に荒津山（現西公園）を狙っています。当時、西公園はまだ島で、海に囲まれているんです。三方海というのは構わないんですが、後ろが弱くて、博多の町のほうから攻めてこられると、攻め落とされる懸念がある。それに水がないということで断念。それで結局、福崎（現在の場所）に目を付けるわけです。当時、あそこは赤坂山や大休山がありましたが、山を削って、あの城を築いているんです。

小山　それで現在の地名「**赤坂門**」が残っているんですか。

帯谷　そうです。赤坂門から簀子《すのこ》町にかけての地質は下が岩盤で、それも、あの地に決定した要因のようです。西のほうは大きな入り江で、裏（現在の「谷」辺り）がたいへん深い雑木林で、入ったら出てこられないといわれていたほどで、後にその雑木林に樵《きこり》に化けた精鋭を住ませて守らせています。そして、前は海と地の利がいいので、ここに城を築くことになったんです。

小山　盛り土でなく、山を削って築いたんですか。

帯谷　そうです。赤坂山の上には警固神社があったんですが、城を築くために現在の所に移しています。下から積み上げていくんじゃなくて、自然の山の形をうまく利用して築いていますね。山を削り取った土と、前の堀を掘った土を運んで、それまで島だった西公園をつないでいるんですよ。そこに一番町から五番町までつくって、一番町には精鋭の機動隊を百人ほど住ませていたそうです。

　七年かけて約二十四万坪の城域に城を造り上げたのですが、一説には朝鮮の役で見てきた、堅城晋州城を手本にしたといわれています。その城を見て**加藤清正**が、「俺の城は三日か四日で落ちるけれど、この城は三十日、四十日は落ちない」と言って驚いた、という話が残っています。それにしても天守閣もないし、石垣もない城なのに、加藤清正にそう言わしめたんですからね。それで私は、福岡城は逆転の発想でできた城だと言ってるんです。現在の城域は堀も入れると約十四万六千坪というところです。

天守閣がなくてもよく見えます

西島　福岡城の天守台は結構高いんですね。ビルが立ち並んでいる現在も糸島のほうから志賀島、立花山まで見渡せるんですからね。朝日国際マラソン（現福岡国際マラソン）が有名になったので、よそから来られた人は福岡城に連れていって、あの天守閣に上って、この下が出発点ですと説明しています。だから、高い櫓は必要なかったのかもしれませんね。

帯谷　それも天守閣を築かなかった一つつの理由ですね。

　水野出羽守が、当時の赤針《せきしん》流や賛四《さんし》流という城を造る専門家二人に、城造りの要点を討論させています。それを見ると五カ条あって、当時、それが城造りの公式となっています。第一条は地勢の件、左のごとく問いただし候。その方位はいかに候や、その形状はいかに候や。第二条は塁石の件、左のごとく問いただし候。その基塁は何を用い候や。第三条は守楼の件と書いてあって、天守閣がすでに出てきてるんですね。そのご本主はいかに建て候や、つまり、天守閣をどういうふうに造るか、そして他のものがどういうふうに天守閣を取り巻くか、を尋ねています。第四条には食料や水をどういうふうにするか、天変地異のときにどういうふうに備えるか。最後が、特別曲塁の奇策左の如く問い正し候、と書いてあります。これは特別な仕掛けのことですね。万年水、つまり貯水池をどこに造るか、抜け穴をどこに造るか、いざというときの隠れ場所や、天守閣内に迷うような部屋をどういうふうに仕掛けるか、見えずの落とし穴をどういうふうに造るかというようなことを尋ねています。

　これを見ると、天守閣というのは初めから城を造るときには頭に入ってるわけですね。天守閣はどういう役目があるかというと、「天守閣十徳」というのがあって、次のようになっています。

一、城内を見る
二、城外を見る
三、遠方を見る
四、城内武者配りの自由（戦闘指揮所という意味）
五、城内の気を見る
六、守護の檄の自由（いざとなって守るとき、すべての命令が行き渡る）
七、寄手の左右を見る
八、飛物が自由に使える高さ
九、非常時の変化
十、城の飾り（住民に対する威圧感）

　引っくるめて考えると、天守閣は戦闘の指令所と展望所、威厳の象徴であるということですね。しかも、戦闘の最終拠点でなければならない。そのための食糧や武器の貯蔵庫でなければならないわけです。

　天守台に上がってみると、高いビルが建っていても糸島から志賀島、東は立花山まで見えるんですよ。そうするとあの上にさらに天守閣を造る必要はないんです。ましてや、長政は関ケ原で大軍を引き連れて戦ったし、国元の如水はまた九州中の浪人を雇って西軍加担の城を攻めているので金がないんですよ。黒田が福岡に入ってくるときは、博多商人に威丈高《いたけだか》な手紙を送っていますが、最初に威を示すことも必要だったのでしょうね。しかし如水は臨終のときに「博多商人を大事にしろ」と言い残しています。城の建築費もずいぶん博多商人が持ってるんですよ。そうすると、商人に対する威圧感は必要ないわけですね。

長政の陰でかじ取る如水

帯谷　もう一つの理由は、なんといったって徳川への深謀遠慮ですよ。壮大な城を造ったとすれば、「こりゃ、危ない」と目を付けられるけれども、黒田もさすがにくたびれて天守閣も造りきらなったということになると、いちばん安心するのは家康だという見通しがありますね。あの高さまで石垣積んで、この上に天守閣を造りますよ、と言わんばかりに礎石まで置いていますが、造ってない。以後幕末まで造りませんでした。

西島　でも、江戸で殿様同士が集まって、天守閣がないのは格好が悪かったんじゃないでしょうか。

帯谷　いや、ニヤニヤ笑ってたんでしょう。華麗な城を造ったところは、ほとんど取りつぶされていますからね。清正も次代の忠広のときにつぶされてますし、福島正則もあれだけ関ケ原で働いているのに、豪雨で石垣が崩れたのを無断で修理したということ（了解を取っていたということですが）を口実に、全く因縁を付けるとしか言いようのないことでつぶされてます。

小山　戦国を生き抜いただけに長政はなかなかのもので、先が読めたのですね。

帯谷　そうです。長政が築いたといわれている中津城は地の利もひじょうに良くて、名城の一つになっています。それが福岡で全く造らなかった。ひじょうにおもしろいですね。

　福岡城は長政が築いたといわれていますが、私はどうも如水の考えがだいぶ入っているのではないかと思います。あの地に決めて図面を引いているのは如水ですからね。博多の街まで加えたスケールの大きな「城づくり」は、どうも如水の器量から出た案じゃないでしょうか。

小山　如水は徳川の世になってから、家康の目を避け、さっぱりと世を捨てて隠居したと聞いていますが。

帯谷　あれだけの人物です。陰ではずいぶん働いているでしょう。実戦の部隊長は長政ですが、その後ろでかじを取ったのは如水だと思いますよ。

常識を打ち破った城造り

帯谷　私は、福岡城の傑作はお堀だと思うんです。忍者が書いているのを見ると、堀が深いほど忍びやすいというんですね。もぐっていけるから。今の秒数にしてたかだか四十秒あれば、どんな広い堀でも渡れるそうです。あの堀は初めから浅くて当時の設計図らしいというものを見ると、深い所と、浅い所が市松模様になってるんです。

西島　浅いと思って歩いていってたら、ズボッと埋まるんですね。

帯谷　今は埋まっているのでわかりませんが、もぐるには浅すぎる、といって立って歩くにはやっかいで忍びようのない堀だったようです。しかも周りは土手でしょう。土手というのは登りにくいんですよ。戦時中、空襲のときに兵隊がだいぶんあそこに飛び込んでるんですが、みんな上がるのに往生したと言ってましたね。ちょうど手が掛かるぐらいの所に石垣があるんですが、現在は塀際に小さい道のようなものができていますが、昔はなくて、堀から真っすぐで、なかなか上がれない。それでもやっと塀を越えても、城側の槍ぶすまでばっさりやられてしまう。金をかけずに、城の常識を打ち破った素晴らしい城だと思いますね。

　それに、大濠のさらに西にある樋井川と、東は那珂川を外堀にしています。さらには、西は室見川、東は多々良川まで勘定に入れて城造りをしています。つまり町全体を城に見立てているんですね。当時のメーンストリートは、現在の五十メートル道路（昭和通り）で、関所があった石堂橋を渡り、西中島橋を渡ると、今の電通と東急ホテル（いずれも対談当時）の間に**桝形門**《ますがた》があって、実はこれが城の大手門になるわけです。城から離れた所に大手門を持ってる城は、日本に一つしかないですからね。これを間違えて、城にくっついてる門が大手門だろうと考えたものだから、大手門一丁目なんて間違った名前が付いたんですね。

　道もそして門から海までと国体道路まで川沿いに高さ十尺（約三メートル）の石垣を築いています。ですから福岡と博多は完全に別の町になっています。現在の五十メートル道路だけが一本の幅の広い道で、あとは全部細い道で、おまけに橋も造らせないんです。だから、住吉から警固に行くのに船で渡ってるんですよ。橋を造らせなかったのは、攻められたときに橋があったらいかんということですね。大砲なんかを引っ張って通れる橋は一本しかないわけで、その西中島橋ですら、明治になって架け替えるときの理由書に山笠が走ったら落ちると書いてあるくらいの危なっかしい橋で、あとは板を並べたような橋があるだけなんです。いつでも引き落とせる、といった状態ですね。

中央区桜坂上空から福岡城跡、博多湾を望む。昭 52 年

東から攻めてきたとして、東中島橋を目指して博多五町筋をひた走りに走るとします。東中島橋の手前、麹屋町から掛町、橋口とほぼ直角に曲げています。その曲がり角にパッと出せる「隠し家」の塀のようなものがあるんですが、それを出すと道を塞いでしまうでしょう。すると、町筋は那珂川と平行に海に向かう。ですから、走ってきた者はドンドンそっちのほうに行って海に落ちるという具合になるんです。またそれを突破して福岡に入ったとしても、今度は万町の角、今の西鉄グランドホテルの所に同じ仕掛けがあって、攻めてきた連中は薬院川（泥川）へまっしぐらという仕掛けになっている。たいしたもんです（図参照）。

　ところがこの桝形門が、博多と福岡の仲が悪いという原因をつくったんですね。明治になって初代の山中立木市長が「博多から福岡の町が見えんし、福岡から博多の町が見えん。それが二つの町の人情を隔てている。あの門と塀を取っ払ってしまえ」と言ったので、取り払われたわけです。現在は下の台石だけがいくぶん残ってます。

　しかし、この桝形門と東中洲（藩領）が、徳川三百年、町人の町〝博多〟の自治を守らせたといえるんじゃないですか。博多の人は関所もなにもないから東中洲へ簡単に行けるんですが、侍たちが行くには、まず黒門外の住人だと黒門で検問を受けて、また桝形門で検問を受けなければならない。帰りもそこを通るわけです。苦労したと思います。だから、西公園の下から船を出して中島に上がったという話がたくさん残っているんですよ。

　また中洲は歓楽街もさることながら、常に新しいものをつくり出しているんですよ。十一代目の、幕末のときの殿様だった黒田長溥《ながひろ》は蘭癖《らんぺき》大名といわれ科学にたいへん目の利いた人で、中洲に研究所兼工場（製煉所）を造って鉄砲の鋳造、ガラス、薬品、染料なんかを作っています。島津家から婿入りしてきた人で、斉彬《なりあきら》公と同じように開明的な殿様だったのですね。調べてみると明治になって最初の公会堂も中洲にできていますし、病院も、新聞も、活版印刷も、肉屋も、新しいものはたいてい東中洲が始まりです。

　私は、あの桝形門があったおかげで、そして東中洲が一種の自由地帯として間にあったため、博多商人が三百年間実質的に自治を保てたんじゃないかと思うんですがね。あの門で侍の町と商人の町にかちっと分かれている。しかもその間に藩の土地なのにむしろ町人の土地のような東中洲がある。なにしろ税金まで自治の形で納めていますからね。

お寺も要塞《ようさい》に早変わり

西島　川に沿ってお寺がたくさんありますね。

帯谷　黒田藩は奨励してお寺をたくさん造らせています。川沿い、海沿いに二重にも三重にも造らせて、お寺の数は京都に次いで多いそうです。これは、墓石を鉄砲の弾よけにするという狙いがあって、萩がそれをまねています。

西島　それから、みんなの集会場所にもなりますね。

帯谷　そうです。いざ戦争になったときは本堂に庭がありますから、武士が集まってきても困らんでしょう。戦闘宿舎がアッという間にできるわけですよ。それを初めから考えて、無理して糸島の寺を持ってきたり、あちらこちらに頼んで造ってるわけです。

小山　その寺は博多のほうにできてるんですか。

帯谷　博多のほうにもありますし、福岡のほうにもあります。

西島　今の「親不孝通り」にも結構ありますね。ビルの中に寺だらけという感じです。

帯谷　幕府の隠密《おんみつ》が探りにきても、お寺はいっぱいあるし、誠に平和な町のように見える。けれども実際は、墓石を弾よけに考えている。加藤清正はあの城だけを見て感心したのではなく、町全体を見て「これはたいへんなもんだ」と感じたんじゃないでしょうか。そういう意味で、福岡城は戦国時代の逆転の発想の第一号のようなものですね。

天守閣は造らなかったのですが、櫓を四十七も造っているんです。それは全部武器庫ですし、食料の貯蔵庫になっています。たとえば、多聞櫓《たもんやぐら》に入ってみてびっくりするのは、上に編んである竹はすべて弓の矢になる竹ですし、それを結んでいるのが全部干しワラビです。それはいざとなると、戻せば食料になるわけですね。こういうふうに隅々までちゃんと考えたものを造っています。

抜け穴まであった不落の城

小山　今の城跡のどこになにがあったという配置はわかってるんですか。

帯谷　ええ、それは全部わかってます。殿様がいろんな人を引見したりする政治の中心であった所がいちばん上です。それから、奥方が住んでいた所。久野・野村など重臣八人は全部お城の中に住んでいました。いざというときに城内ですぐ会議が開けるような状態じゃないといけないですからね。今の裁判所の辺りに住んでいたようです。

ところが「**大名町**」があるでしょう。バスガイドさんも「ここは大名が住んでおりました町でございます」なんて言われるんで、おかしくてたまらないのです。たしかにある程度の身分の人が住んでいましたが、本当の大名は城内に住んでおります。あの町は名島の大名町をそのまま移した町です。禄高の順で言いますと、高い人ほど城に近く、遠くなるほど低くなります。

西島　朝日国際マラソンのときに選手が走り出てくる所が下の橋でしょう。平和台の入り口は上の橋ですね。

帯谷　そうです。「上の橋」が城全体の玄関で、「下の橋」は通用門です。そして入り口には大きな門があったわけです。ところが明治になって全国的に、片っ端からお城を壊したんですね。福岡城もそうで、二の丸から本丸に上がる所にあった門は、崇福寺に山門がないもんだから、おまえんとこは代々殿様の菩提寺じゃないか、引き取れと言われて、櫓二つと山門をいやいや持っていってるんですよ。ですから崇福寺の山門は純粋な山門ではありません。汐見櫓《しおみやぐら》も海のほうにあったものを現在の所に移しています。

西島　お城の中に梅の木を植えているのは、どこの城でもですか。

帯谷　どこでもたいてい植えていますが、梅干し用の梅です。あの梅林の所に抜け穴があったんですよ。戦後、近所の公民館の館長さんが百メートルぐらい腰に縄を付けてもぐったんですが、途中で恐ろしくなって引き返したことがあるそうです。

見れば見るほど素晴らしい城

西島　郷土史家の波多江五兵衛さんが、汐見櫓に卍字が付いていると言われてましたが、あれは本当ですか。

帯谷　如水がキリシタンでしたから受けいれられやすいお話ですね。初めは十文字だったのを隠れキリシタンだと見られたらいかんから、卍字の形にしたんだという話が残ってますが、まあ、それくらいキリシタンに対して神経を使っていたのでしょうかね。

如水という人はあの時代をあれだけ生き抜いてきた人で、しかも武将の中では珍しいインテリで、ヒューマニストなんです。実は彼は純粋なキリシタンで、葬式は橋口の教会でやれ、と言い残しているぐらいなんです。キリシタン大名というのは珍しくないのですが、そのほとんどは宣教師が持ってくる科学技術や医術を手に入れるためにキリシタンになるだけで、如水のような本当のキリシタン大名はあまりいないんですよ。

如水は若い頃に足を悪くしてるうえに、背も低く風采も上がらないので、秀吉の重臣たちからは冷ややかな目で見られている傾向はあるんです。秀吉が重臣たちを集めて言った話の中に「私が今日ここまでやってこれたのは、みんな如水のおかげだ」というと、みんな苦笑したというんですね。それで「おまえたちはそう思うかもしれないが、自分がなにかを考えて行き詰まったときに、相談したらすぐ答えるのは如水一人だ。しかも、自分が考え抜いて今度はここまで、という話をすると、如水はもっと先を考えていた。私が今日あるのは如水のおかげだ」と言ってるんです。しかも如水が本気で天下を取ろうと思ったら、如水のものになるとまで言っています。それを聞いて、如水が表立たなくなるわけで、権力者の気分を知り抜いていて、如水はやはり乱世を生き抜いただけの人ですね。

西島　汐見櫓の門にいっぱい傷が付いているでしょう。

帯谷　あれは、明治の**竹槍騒動**のときのものだと言われています。

小山　竹槍騒動というのは。

帯谷　農民一揆です。明治六年（一八七三）地租改正で金納となって農民に重税がかかり、しかも旱魃《かんばつ》で生活は苦しくなるばかり、そこで同年六月一揆が起こったのですが、発端は嘉麻郡高倉村の雨乞いで、これがちょっとした行き違いから、嘉穂、宗像、糟屋などの農民三十万人の暴動に発展、博多に乱入して大暴れに暴れています。途中宇美の小林本店（萬代）もやられていますし、博多では石橋源一郎さんの造り酒屋鳥羽屋などめちゃくちゃです。当時酒屋は大金持ちですから、真っ先に狙われています。鳥羽屋では壊された桶から流れ出た酒が井戸に流れ込んで、何年も井戸水が酒臭かったといわれています。

　その暴徒たちが、当時県庁のあった福岡城へ攻め入ったとき、竹槍で突いたのが、あの門の傷だというのです。竹槍騒動は明治以降今日まで、福岡市では規模からいって最大の暴動、最大の大事件です。

小山　それ以後、現在まで、お城の移り変わりといいますと。

帯谷　それ以後は明治九年（一八七六）県庁が城内から天神へ移り、それから十年後の明治十九年（一八八六）二十四連隊が入ってきて終戦まで兵営です。終戦後二十三年（一九四八）の第三回国体のとき平和台陸上競技場が造られて開会式が行われ野球場もできて、スポーツの平和台として全国的に知られているわけです。

　いずれにしても福岡城は、天守閣のない名城です。堀と土手に見る逆転の発想の見事さ、作家の白石一郎さんがおっしゃるとおり、よく見れば見るほど、調べれば調べるほど、アイデアに満ちた素晴らしい城だと思います。「福岡城は天守閣もなーんもない城じゃろうが」とおっしゃらずに、胸を張って自慢してもらいたいのです。

小山　興味深いお話、どうもありがとうございました。

帯谷瑛之介氏　15ページ参照

天文一五	一五四六	黒田孝高生まれる
一九	一五五〇	フランシスコ・ザビエル博多へ来る
永禄三	一五六〇	桶狭間の戦
十一	一五六八	黒田長政生まれる
天正三	一五七五	孝高、織田信長にしたがう
五	一五七七	孝高、秀吉軍の先陣として毛利攻めに加わる
十	一五八二	本能寺の変。明智光秀、信長を討つ。秀吉、光秀を破る。
十一	一五八三	賤ケ岳の戦い
十五	一五八七	長政、豊前中津十二万石。秀吉、島津征伐、箱崎で茶会、孝高、家督を長政にゆずり隠居して如水と号す
十八	一五九〇	北条氏降り秀吉天下を統一
文禄一	一五九二	朝鮮出兵に長政出陣(文禄の役)
慶長二	一五九七	朝鮮再征(慶長の役)
三	一五九八	秀吉没
五	一六〇〇	関ケ原の戦。長政、家康につき奮戦。如水、九州で石田派を討つ。長政、筑前五十二万石。
六	一六〇一	黒田城築城にかかる
八	一六〇三	家康、幕府を開く
九	一六〇四	如水没
十九	一六一四	大坂冬の陣
(慶長二〇)元和一	一六一五	大坂夏の陣、豊臣氏亡ぶ
二	一六一六	家康没(75歳)
九	一六二三	長政没、家光三代将軍に

博多生まれの新劇の祖

川上音二郎

15

［お話］
柳　猛直
フクニチ新聞社顧問
［聞き手］
西島　伊三雄
博多町人文化連盟 理事長
小山　泰
福岡相互銀行

対談：昭和五十六年（一九八一）三月

■川上音二郎のオッペケペの文句

権利幸福嫌いな人に　自由湯《じゆうとう》をば飲ましたい　オッペケペ　オッペケペ　オッペケペッポ　ペッポッポー　堅い裃角《かみしもかど》取れて　マンテルズボンに人力車　いきな束髪《そくはつ》ボンネット　貴《き》女《じょ》や紳士の扮装《いでたち》で　表面《うわべ》の飾りは立派だが　政治の思想が欠乏だ　天地の真理が分からない　心に自由のたねをまけ　オッペケペ　オッペケペ　オッペケペッポ　ペッポッポー

音二郎といえばオッペケペー

小山　明治の演劇界で活躍した川上音二郎は、「オッペケペー」と「壮士芝居」で有名ですが、彼は博多出身なんですね。

柳　川上音二郎は実名ですが、彼の生家は対馬小路にあった、かなり大きな藍問屋で、文久四年（一八六四）一月に生まれています。早くにお母さんが亡くなって、継母が来るんですが、音二郎はこの継母とどうも折り合いが悪かったようで、十四歳のときに家出をするんですね。ちょうど明治十年（一八七七）の西南戦争の最中で、政府の物資が続々船で送られるので、博多の船だまりが出船、入船でたいへん活況を呈していましたからいい按配と、十四歳の音二郎は船に潜り込んで、早く言えば密航みたいにして大阪まで行くのです。

大阪で見つかってつまみ出され、歩いて東京まで行ったということで、その後壮士になるまでの波乱万丈のいきさつは、本人が話してますが、たぶんに脚色されているようで、私はちょっと怪しいと思ってますが……。伝説の人物は、本人の言ったことがいちばん当てにならんということもありますからね（笑）。

当時は薩長の藩閥政治に対抗して、板垣退《いたがきたい》助《すけ》を総理に、**中島信行**、**後藤象二郎**《しょうじろう》らが立憲政府の確立、自由の拡張などを主張し、自由党を組織して自由民権運動が盛んでしたが、音二郎は自由党の壮士になるんですね。壮士は官憲に対抗した政治青年ということができるでしょうが、中には政治的な色が多少付いているだけで、ゴロツキのような連中も多かったでしょうね。演説はもちろんですが、腕力提供もしばしばで、しょっちゅう官憲に捕まって、ブタ箱に放り込まれていたようで、それを誇りにしていたところもありました。当時の血気盛んな青年は、正規の学校には行かずに、壮士になる人が多かったんですね。

明治二十年（一八八七）ごろになると、自由民権運動の取り締まりが非常に厳しくなって、壮士は東京から追い払われたりして、生計が立たなくなるんです。壮士仲間で岡山出身の**角藤定憲**《すどうさだのり》という人が生活できないと、当時、フランス流の進歩的な民権思想家だった**中江兆民**に相談に行くんですが、兆民が「君たち芝居をやったらどうか」と言うんですね。「演説はするけど、芝居はできません」と言うと、「君たちはけんかはできるだろう。舞台の上でけんかをやっているのを見せたら、みんなが喜ぶぞ」と言われて、「それじゃあ」

とそういう芝居を仕組んで、取っ組み合いのけんかをやるわけです。歌舞伎にも立ち回りというのがありましたが、これは踊りに毛が生えたようなもので、角藤定憲がやりだした壮士劇は、実際に踏んだり、蹴ったりするので、次第に評判になっていくわけです。

　音二郎は、角藤の壮士劇を見て芝居を始めるんですが、その前にも明治二十年（一八八七）に歌舞伎俳優に加わって、京都で出演したり、大阪落語の**桂文之助**に弟子入りして、浮世亭○○《マルマル》と名乗って高座に出たりしていますが、その頃の高座の芸の一つに「オッペケペー」があったんです。これは世間の出来事をおもしろおかしく語っていたものですが、たいして評判にもならなかったのです。

　それを音二郎が、自由民権運動に絡ませ始めてから評判になり、川上といえば「オッペケペー」、壮士芝居といえば「オッペケペー」と言われるようになったんですね。たとえば「権利、幸福嫌いな人に、自由湯（党）をば飲ませたい、オッペケペー、オッペケペー、オッペケペッポ、ペッポポッポ」という具合ですね。

小山　「オッペケペー」というのは、なにか意味があるのですか。

柳　あれは調子がいいから言うだけで特別な意味はないんです。一節やって「オッペケペー」で締めるという調子ですね。音二郎がオッペケペーをうまく自由民権運動に織り込んでいった、いいアイディアだと思いますよ。

　オッペケペー節の扮装《ふんそう》は、陣羽織を着て鉢巻きを締め、日の丸の軍扇を持って、はかまをはいてやっています。これは「八犬伝」の端役、御注進の役で、音二郎が京都の歌舞伎時代に演じたことがあるそうです。この扮装がたいへん気に入っていたので、オッペケペーをやるときに、その扮装をしているわけです。

児島高徳に扮した音二郎

　彼の壮士劇も次第に人気が出てきて、角藤定憲よりも有名になりましてね。堺の卯《う》の日《ひ》座で旗上げをしてひじょうに評判になって、いろいろいきさつがあって、東京に出てくるんですね。

壮士芝居で派手に乱闘

柳　川上は相当の短気で暴れん坊だったらしく、しょっちゅういざこざを起こしては警察のご厄介になっています。

　壮士芝居を始める前に、旅回りの一座で京都に来たとき、先ほど言いました「八犬伝」に御注進役で出たときに、誰かが「あんな下手なやつをどうして出すか」と言ったところ、川上は例のいでたちに小道具の槍を持って楽屋に怒鳴り込んで「今、俺の悪口を言ったやつは出てこい。片っ端から突き殺してやる」と大暴れしたそうです。

　東京に出てきても芝居小屋で大げんかして

警察に捕まっています。たとえば、芝居ですから当然悪役をやる者もいるわけで「自由党なんかけしからん」と言うと、客席にいるのはほとんど自由民権運動の連中ですから「ノー、ノー」とやじるわけですね。自分は芝居の中だからそう言うのであって、自分も自由党員だと言うけれど、客も酔っぱらって黙らないわけです。するといきなり降りていって、その人をポカッとやるんですよ。そしたら、その子分がやって来て大乱闘になった、なんてエピソードもあります。

西島 「オッペケペー」で政府批判をして引っ張られてたと思ってましたが、それプラスの暴力もあったんですね。

柳 そうです。壮士芝居もいい加減なもので、一応台本はあるんでしょうが、同じものをそう何回もやれない。新しいものとなるとたいへんなので「口立《くちだ》て」といって、「自分がこういうことを言うから、おまえはこう言え」と打ち合わせをやるわけですが、それが最後まではないんですね。「後は俺に任しとけ」と言って、舞台に出てある程度まではやるわけです。

当時は臨監席というのがあって、警察官が見にきてるんですが、打ち合わせが切れるころに猛烈な政治攻撃演説をするわけですね。すると警察官が「やめろ」。そこで「警察官の横暴は皆さんがご覧になった通りだ。官憲に抵抗はできないから、芝居はここでやめます」と言うと、観客も「よか、よか」となる(笑)。そういうでたらめなこともやっていたようです。

小山 川上音二郎はいつ頃、最も活躍したのですか。

柳 最初に評判になったのは「板垣君遭難実記」で、大当たりになったのですが、いちばん成功したのは明治二十七、八年(一八九四、五)の日清戦争のときですね。当時は新聞か号外しかなく、新聞といっても、まだ錦絵が盛んに出てた頃ですからね。

そこで、川上音二郎が壮士芝居の仕立てで「実録日清戦争」をやるわけです。彼はひじょうに行動力のある人で、実際戦地に見に行ってます。前線まで出かけたかどうかわかりませんが、朝鮮半島までは行ってるようです。実況報告というんで、舞台で敵兵をメチャメチャにやっつけるんですね。観客は非常に喜んで、そりゃもうたいへんな入りで、収入もたいへんなものだったらしいですよ。

歌舞伎座でも川上に食われるばかりじゃしゃくに障るというんで、団十郎、菊五郎という当時の名優を使って戦争劇をするんですが、こちらはさっぱり入りがない。踊りのようなチャンバラと川上の実録チャンバラでは比べものにならないわけですね。

壮士芝居は、新国劇以前に格闘やチャンバラを取り入れて、舞台では本当に柔道で投げ飛ばしたりするものですから、楽屋には医者がいて、骨折した人やけが人の手当てをしたそうです。当時の劇評に「これだけやっておもしろくないのなら、死ぬよりほかに手はなかるべし」なんてのがあります。相当派手なものだったらしいですよ。

小山 芝居には女性も出るんですか。

柳 いいえ、出ません。川上の後にできた新派でも、最初は女性を使ってませんね。

女性役は女形ですが、おもしろい話が伝わっていますよ。女形でけんかの強い人がいて、振袖を着ていながら裾をまくって毛脛《けずね》を出して、ブン殴ったり、けがをさせたりするんですね。警官が来て、娘姿のまま数珠《じゅず》つなぎにして連れて行ったりしてます(笑)。

一流の葭町《よしちょう》の芸者「貞奴」と結婚

西島 音二郎の奥さんの貞奴《さだやっこ》がすごくきれいな人だったらしいですね。

柳 ええ、神田葭町《かんだよしちょう》の芸者で、「奴《やっこ》」というたいへんな売れっ子だったんです。その売れっ子がなんで壮士芝居の川上音二郎と一緒になったのか、九つぐらい説があるんですよ。

中には、伊藤博文が奴をとてもひいきにしていて、伊藤が川上に会わせてたいへん気に入って一緒になったという話や、奴のお母さんが壮士芝居を見て、たいへんおもしろいから行っておいで、ということになって見に行ったという話や、奴が当時の中村福助に惚れていて、デートの約束をすっぽかされたところ、川上音二郎も同じ場所で約束をすっぽかされて、すっぽかされた同士が結び付いたとか、奴は乗馬が好きで、馬に乗って行ってたら落馬し、たまたま通りかかった川上が気付け薬を飲ませた、という話。これがいちばん怪しいですね（笑）。

そういう伝説がいろいろ出てくるというのは、音二郎みたいな書生気質《かたぎ》の役者が、一流の葭町の芸者と一緒になるということが不思議だからでしょうね。

小山　音二郎がいくつのときですか。

柳　三十歳前後でしょうね。奴は明治五年（一八七二）生まれですから八つ年下で、ひじょうに売れっ子のときだったので、みんなびっくりしたらしいですね。音二郎は、それほど男前じゃなかったようですが、博多っ子の典型のような人で、ひじょうにきっぷのいい人だったらしいですよ。

奴は川上と一緒になって「貞奴」と名乗り、後には芝居にも出るようになり、欧米巡業をしたり、女優の養成所をつくって帝劇女優を生み出したり、とにかくわが国最初の女優といえる人ですね。

日清戦争が過ぎると、戦争物は瘧《おこり》が落ちたように人気がなくなってしまうんです。明治三十一年（一八九八）の衆議院選挙に、音二郎は立候補するんですが落選。そこで、有名なボート旅行を始めるわけですね。意図がよくわからないのですが、相当大きなボートに川上と貞奴と姪のつると犬一匹が乗り込んで、下田の沖から漕ぎ出します。本人の話では「千島に行く」とか、「アメリカに行く」とか言ってますが、そんなことできるはずがない。いくらも行かないうちに横須賀の軍港に入り込んでしまうんです。

海軍に捕まり、司令官から「バカなことをしちゃいかん、やめろ」と叱られるわけですが、川上は「いや、やめません、頑張ります」と言って聞かないわけです。司令官も根負けして「勝手にしろ、ただし、子どもは乗せていくな」と言われて、あとは二人で行ってますが、結局は惨憺《さんたん》たる状態になって下田に着くんです。そのときの新聞を見ますと、また例の川上が大ボラで、とんでもないことをやりおった、と出ています。それで評判になるんですね。

茅ヶ崎の自宅「万松園」の庭に立つ音二郎貞奴夫妻。明35年

音二郎に実際に会ったことのない人はそういうふうに受け取るんですが、会った人はすぐに彼のファンになるんです。ろくなことはせんけど、顔見ると文句は言われんような人が「マァ、しょうがない」ということになる。

大胆不敵に欧米巡業

柳　そのうちに日本の芝居をアメリカに持っていこう、というアメリカの呼び屋に誘われて、川上は一座を組んでアメリカに渡ります。明治三十二年（一八九九）のことです。アメリカの西海岸に上がって、在留邦人を相手に芝居をするんですが、度胸があるというかなんというか、歌舞伎の衣装を持って行って、歌舞伎をやってるんですね。

ところが、呼び屋が上がりを持って逃げ出したものだから、一行十数名はどうしようもなく途方に暮れてしまうんです。川上夫妻は子どもがいなかったので、姪のつるをたいへんかわいがっていますが、どうしてもやっていけないようになって、サンフランシスコにいた青木という画家につるを養女として渡していくんですね。

つるは、**青木つる子**と名前を変えて、後にハリウッドの女優になります。日本の女の子は髪が黒くて長いものですから、インディアンが出てくる映画にインディアンの娘役で出たりしているうちに、ハリウッドでたいへんなスターだった早川雪洲と知り合い、結婚し、戦後も長く生きておられましたね。だから早川雪洲は博多に来ると、承天寺の音二郎のお墓に参ったりしてますよ。

一行は、アメリカを横断して、ニューヨークやワシントンで興行しますが、ちょうどイギリスからシェークスピアの本職の役者が来ていて、オセロの舞台を見て、「こりゃ、いい」と日本風に翻案してすぐに舞台でやるわけです。このあたり、心臓が強いですね。それが当たって、だんだん評判になるんです。もっと心臓が強いのは、ヨーロッパに渡って、本場ロンドンでシェークスピア劇をやるんですからね。それでもけっこう日本人がよくやると評判になるんですよ。

ロンドンで「児島高徳《たかのり》」をやったところが、海軍の軍人が一人来ていて、盛んに拍手してくれる。芝居が終わるとその軍人が楽屋にやって来て川上の芝居を褒めます。例のボート事件でお説教をした鎮守府長官から川上音二郎という役者が、アメリカからヨーロッパのほうを回っているが、こいつはひじょうにいいやつで、もしメシが食えんようになったらかわいそうだから、いよいよになったら軍艦に乗せて連れ帰ってくれと頼まれていたので、舞台を見に来たというわけなんです。

この軍人は上村彦之丞《かみむらひこのじょう》といって、後の日露戦争の名将、上村提督ですね。ウラジオストクから出てきたロシアの艦隊が日本の輸送船を次々に撃沈するので、上村艦隊が追跡して釜山沖で捕捉し、一隻撃沈して逃げていく船を追跡しようとしたら弾薬がなくなる。そこで、すぐに引き返して撃沈した船の船員の救助に当たり、七百人ほど乗ってたうちの六百人ぐらい助けてるんですね。ロシア人が「上村は素晴らしい軍人だ」と書いてますが、この人が見にきていたのですね。

フランスでアカデミー賞

柳　当時は明治三十三年（一九〇〇）から三十四年（一九〇一）の間ごろで、パリで万国博覧会が開かれてたんです。一行にスポンサーが付いて、万国博で歌舞伎をやったら、えらく人気が出るんですよ。

パリの万国博でも人気が出だしたら、チョット物足らんところがあるから、「腹切り」をやってくれと言われるんですね。ところが、出し物の「児島高徳」にしても「遠藤盛遠《もりとお》」、この人は後の文覚《もんがく》上人ですね。どちらも死ぬ場面はないわけです。ところが、スポンサーのほうは遠藤盛遠に切腹させるという。川上が「それでは後で文覚上人になれん」と言っても、どうせフランス人はそんなことわからないんだから、腹を切らせろと注文されるんですね。

フランス人がそんなに切腹を見たがるのならよかばいと、とうとう遠藤盛遠が切腹するというめちゃくちゃ芝居になるのですが、音二郎は一工夫して、立ったまま腹を切る「立《たち》腹《ばら》」をやっているんですね。血のりをたくさん使って、ダーッと腹を切って、ダーッと血が出て、ドーンとひっくり返る。観客はすっかり喜んでたいへん大入りだったということです。そのほかに、「道成寺《どうじょうじ》」や「鞘《さや》当て」などもやって、ずいぶん長い間万国博で日本の歌舞伎を見せています。

そのときのフランス公使が栗野慎一郎です。この人は元福岡藩士で、殿様の黒田長溥《ながひろ》から留学生としてハーバード大学に行かせてもらい、帰国後は外交官として活躍し、子爵にまでなった人ですが、川上が博多の出身だというんで、ずいぶんかわいがっています。

あるとき、栗野から電話で「大ごとのできとるけん、ちょっと公使館に来ちゃらんか」と呼び出され、音二郎と貞奴が急いで駆け付けると、栗野夫妻はニコニコしている。「おまえたちに勲章が出るよ」と言われて、ビックリするわけです。

明治三十年代ですから、今みたいに歌舞伎の役者が文化勲章をどんどんもらう時代ではないですからね。まだ日本では、芸人は河原乞食の時代でしょう。国から勲章をもらうなんで考えも及ばないことですから、びっくりするわけですよ。しばらくしてアカデミー勲章をもらい、ひじょうに感激したらしいですね。

小山　ヨーロッパでは「日本ブーム」のようなものがあったんですか。

柳　ルノワールやロダンが盛んに活躍していたときで、浮世絵がひじょうに高く評価された時代ですからね。日本の文化だけが切り離されて高く評価されていた時代で、一種のエキゾチシズムというか、日本が興味を持たれてたのは確かでしょうね。

明治三十四年（一九〇一）に日本に帰ってきて、すぐに『川上音二郎 貞奴漫遊記』を出すんですが、おもしろい本で、今私がお話ししたようなことが書かれています。

すると、すぐスポンサーが付いて、今度は東ヨーロッパからロシアのほうに行く契約になって、三十五年（一九〇二）の秋ごろ出かけています。ちょうど日露戦争の前にロシアに入るわけですが、当時のペテルブルクに行くと、フランス公使から転任して栗野慎一郎がロシア公使になってるわけです。川上一行はニコライ二世の前で御前公演をして、ダイヤモンド入りの金時計をもらっています。ニコライ二世は、できれば日本と戦争をせずに済ませたいという気持ちだったらしいんです。そういったときに、音二郎と貞奴が日露の文化交流をし、文化使節の役割を果たしてくれたので、金時計を与えたんだと思います。とにかく異例のことですからね。

そうやって、外国を回って帰ってくると、「川上はたいしたもんだ」という称賛の声と、「歌舞伎をろくにできもしないのに、ヨーロッパで、これが歌舞伎でござい、というのは国辱も甚だしい」という酷評もあるんです。ところが川上は「誰も行かんから俺が行ったんであって、そんなこと言うなら、そういう人が行けばいいじゃないか」と開き直っているわけですよ。これも理屈ですね。

当時、日本に対する文化的評価が高かった時代ですから、川上の功績は大きかったと思いますね。それに、向こうでシェークスピア劇や児童劇、近代的舞台装置だとかをたくさん見てきて、どんどん取り入れて、演劇の改革をやってますから、その功績は大きいと思いますよ。

名優ではないが演劇界に貢献

西島　新劇ができていくときに、壮士劇というのは手助けになったんですか。

柳　壮士劇の流れを引くのは新派で、**伊井蓉《よう》峰《ほう》**、**河合武雄**、**喜多村緑郎《きたむらろくろう》**、といった人々が新派を形成していきますね。

西島　音二郎が、その新派を指導したりすることはあったんですか。

柳　それがおもしろいんですが、新派の人たちは、歌舞伎を旧派と見、自分たちの新しい芝居を〝新派〟と言って、門閥もなにもなく、芸が好き、芸がうまいという人たちでやっているんだという考えが新しい人たちのはずなんですが、川上音二郎が〝新派の祖〟と言われたり、彼らが川上の後裔《こうえい》だと言われるのをあまり好まなかったようですね。

小山　直接に弟子と先生という感じのつながりはなかったんですか。

柳　それはなかったですね。新演劇の先輩だということで立てられてはいたでしょうが、新派の連中は、どちらかというとばかにしている面もありましたからね。演技者として名人とは言えなかったと思いますが、演劇の方式とか舞台装置などを改革して、演劇界にはひじょうに貢献しています。

西島　歌舞伎の殻を破ったという意味はあったんでしょうね。

柳　ちょっと大げさに言えば、リアリズム演技というんですか。明治になって西欧の近代的な現実主義的な考え方が入ってきて、演劇の中にもそれが取り入れられるようになってきた。その早いところをバッとつかんだんでしょうね。

小山　当時の歌舞伎の権威はどうだったんですか。音二郎さんとの開きといいますか。

柳　演劇の世界に入れば天と地の差ですね。

音二郎が日清戦争の芝居をやってえらく当たったものですから、歌舞伎座の小屋のほうがどうしてもやらないといけないというんで、歌舞伎座に音二郎を出すんです。大入りになったんですが、団十郎が怒って「舞台を削り直せ」と言ったという話が残っています。書生が踏んだ舞台を踏めるかということでしょうね。歌舞伎座は平身低頭して、団十郎にやっと出てもらったらしいですね。

　そういういきさつもあったんでしょうが、団十郎が茅ケ崎で亡くなったとき、音二郎は弟子に駅から団十郎の家までの道をきれいに掃き清めたりさせたそうです。「また川上が宣伝して」と人がうわさしたらしいですが、恩讐《おんしゅう》を越えて、名優の死を悼んだんだと思いますね。

博多っ子の典型、川上音二郎

西島　音二郎がこれだけ有名になったのはどうしてでしょうか。

柳　一種の鉄砲玉型のパイオニアだからじゃないでしょうか。アメリカやヨーロッパを回っていろんなアイデアを持って帰り、いろんなものを開拓しています。新派の連中はみんなばかにしながら、結局は川上が開拓したものに乗っかっていますからね。そういう点ではひじょうに気の毒な人ですよ。

西島　お話を伺っておもしろいのは、音二郎がいろんな人にかわいがられ、好かれたということですね。

柳　博多っ子の典型で、人に好かれる人間的に愛らしいところがあったんでしょうね。

西島　博多で興行したことはないんですか。

柳　ずいぶん博多に来てたらしくて、博多に来るのをとても楽しみにしてたらしいですね。

　高村光雲の弟子で、明治の木彫界の第一人者といわれた山崎朝雲や、日本画で有名な富田渓仙は、博多に来るのをあまり好まなかったらしいですね。朝雲は「べっ甲屋の鎮五郎《しずごろう》」、渓仙は「そうめん屋の春さん」などと言われるものだから、あまり帰りたがらなかったそうです。

　音二郎は、博多に帰ってくると「音ちゃん」「音しゃん」と呼ばれて、それが楽しみだったらしいですね。舞台に出て「あたしゃ、博多に帰ってくるとオトチャンと呼ばれよりますばってん、東京では先生とか呼ばれて、チィーとはえろうござす」と言うもんだから、とても親近感があったそうですよ。音二郎も貞奴も子どもが好きで、グリム童話やアンデルセンの童話などの児童劇をよくやりましたが、博多では、小学生にタダで見せていますね。

小山　音二郎を生む土壌が博多にあったんでしょうね。

柳　芝居小屋はたくさんあったようですよ。博多はお金持ちが多かったので、かなりいい役者が来てますね。たとえば、七代目の団十郎が博多に来て仙厓と会ってこんなことを話したとか、いろいろエピソードは残っています。劇場はずいぶんあったらしいですよ。

西島　戦前に私たちが知ってるだけでも教楽座、南座、博多座、九州劇場があって、席が升割になってましたね。劇場がいくつもあったということは、役者がいっぱい来ていた証拠でしょうね。残念なことに空襲でほとんど焼けてしまいましたが……。

役者冥利《みょうり》、舞台で息絶える

小山　いつ頃亡くなったのですか。

柳　明治四十四年（一九一一）に腹膜炎かなにかで亡くなってますが、過労がたたって体を壊したんだと当時のものには書いてあります。成功した後に大阪に帝国座という自分の劇場をつくるんですが、もうダメだという日に、劇場の舞台に連れていってくれと、担架で舞台に運ばせ、そこで息を引き取っています。

　貞奴も音二郎の死後、舞台を引き、後には明治の実業界の大立物、福沢桃介の愛人になっています。昭和二十一年（一九四六）に七十四歳で亡くなっています。

小山　音二郎は一代の風雲児にふさわしい最

期だったのですね。

柳　そうですね。音二郎が亡くなって七十年になりますが、演劇史の中では大きく評価されていますね。ある批評家は、「川上というのは正面切りたがる役者ですなあ。演技というほどのものはないでしょう」と言われてましたが、音二郎が演劇界に残した功績は大きく、それだけで割り切ってしまうのはかわいそうな気がします。彼はプロデューサーの才能もありましたから、四十八歳という若さで亡くならなければ、興行屋としても大成したと思いますね。外国との交流も盛んになっていたかもしれませんよ。

小山　愛すべき博多っ子、川上音二郎ですね。今日はおもしろいお話、どうもありがとうございました。

音二郎の死後、大阪で執り行われた全新派葬

■柳猛直氏

大正六年（一九一七）～平成九年（一九九七）。福岡市大名町生まれ。大名小学校から福岡県立中学修猷館卒業。西日本新聞社を経て、昭和二十一年（一九四六）～平成四年（一九九二）フクニチ新聞で地方史各面に健筆をふるう。平成四年福岡市文化賞受賞。著書『はかた巷談（一～四）』『悲運の藩主・黒田長溥（ながひろ）』ほか。

川上音二郎年譜

文久　四（一八六四）（この年二月二十日元治と改元）博多中対馬小路藍問屋・川上専蔵の長男として出生。

明治一〇（一八七七）十四歳、家を飛び出す。東京に出て増上寺の小僧。福沢諭吉に見出され慶応義塾の学僕となる。裁判所給仕。こうもり傘の修繕をしながら東海道を京都へ。京都府巡査。のちに自由民権の演説使いの壮士となる。――**二月～九月西南の役・四月東京大学設立。**

明治二〇（一八八七）十二月、保安条例公布。壮士は飯が食えなくなる。音二郎、京都・阪井座の中村駒之助一座に入り、八犬伝・芳流閣の場で御注進の役。大阪の落語家・桂文之助に入門、浮世亭〇〇と名乗りオッペケペをはじめる。――**鹿鳴館で首相主催の舞踏会**

明治二一（一八八八）十二月、岡山出身の壮士・角藤定憲、大阪・新町座で「大日本壮士改良演劇会」の旗上げ。

明治二三（一八九〇）音二郎「書生仁和加」を組織して巡業をはじめる。――**第一回衆議院選挙・教育勅語発布**

明治二四（一八九一）二月五日、堺の卯の日座で川上書生芝居の旗上げ。「板垣君遭難実記」好評。六月二十日浅草鳥越の中村座で公演。初の東京進出は好評、大成功。ついで猿若町・市村座に出演。神風連の実録「ダンナハイケナイ」好評。――**津田三蔵の大津事件・鉄道上野↔青森間開通**

明治二五（一八九二）福地桜痴の「平野次郎」上演。

明治二六（一八九三）一月、鳥越座（中村座が改称）出演中の川上が突然蒸発。奴と結婚する。奴は本名・小熊さだ、明治五年日本橋の生まれ。――**郡司大尉千島探検**

明治二七（一八九四）日清戦争はじまる。川上一座の「壮絶快絶日清戦争」大当たり。川上は現地視察で朝鮮に出かけ「川上音二郎戦地見聞日記」を上演（十二月、市村座）。川上一座の人気沸騰

明治二八（一八九五）五月、日清戦争実記「威海衛陥落」で念願の歌舞伎座の舞台を踏む。――**日清講和条約、英独仏三国干渉により遼東半島還付**

明治二九（一八九六）六月神田三崎町に自前の劇場・川上座を建てる。間もなく経営不振で人手に渡る。――**アテネで第一回オリンピック**

明治三一（一八九八）三月、衆議院議員に立候補、落選。

明治三二（一八九九）四月、アメリカ巡業へ。――**条約改正（治外法権撤廃）**

明治三三（一九〇〇）二月から四月までニューヨーク公演。好評。六月ロンドン公演。七月パリ万国博公演。十一月フランス政府からアカデミー勲章を授与される。

明治三四（一九〇一）一月、神戸に帰着。四月、再び渡欧。スペインからロシアまで十四カ国を回る。

明治三五（一九〇二）露都ペテルブルグでニコライ二世からダイヤモンド入りの金時計下賜。八月神戸に帰着――**日英同盟調印**

明治三六（一九〇三）このころから翻訳劇、児童劇を手がける。――**明治三七、八年　日露戦争**

明治四四（一九一一）十月、帝国座開場。十一月十日夜、帝国座の舞台に運ばれ翌十一日朝六時死去。四十八歳――**平塚雷鳥ら青踏社結成**

昭和二一（一九四六）川上貞奴死去。七十四歳

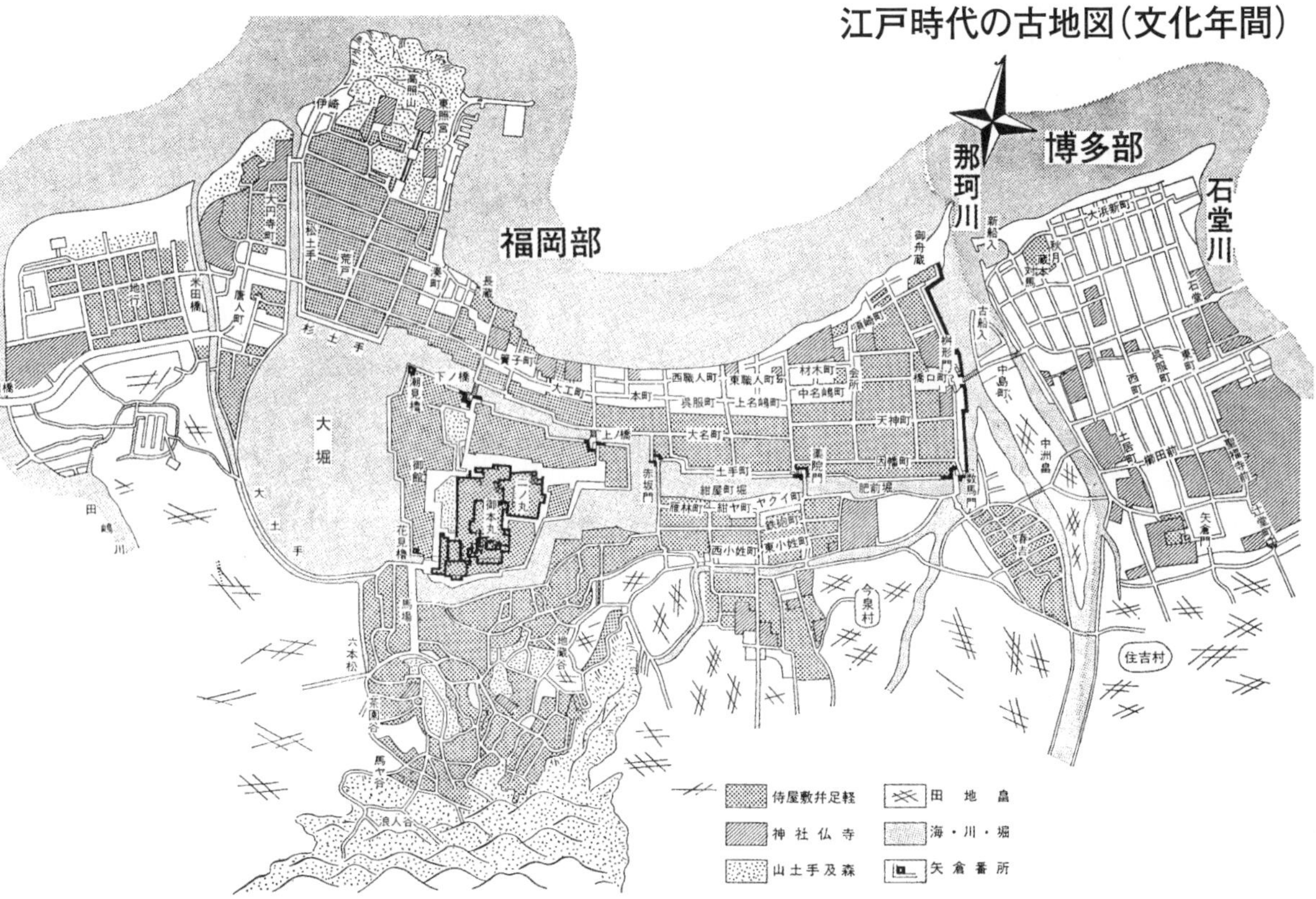

江戸時代の古地図（文化年間）

16 城下町福岡の町並

［お話］
秀村　選三
九州大学 教授
［聞き手］
西島　伊三雄
博多町人文化連盟 理事長
小山　泰
九州総合信用株式会社 社長

対談：昭和五十六年（一九八一）五月

古い町「博多」、新しい町「福岡」

小山　秀村先生は、ご専攻が経済史で、旧藩時代からの福岡の町並みにお詳しいと伺いました。

秀村　専門は農村史なんですが、生まれも育ちも福岡ですから、肌で知ってるだけです。

西島　江戸時代からというと、黒田さんになってからで、私たちが子どもの頃の町名や町並みにつながってるんでしょう。

秀村　そうですね。博多部は、古い歴史がありますが、福岡部の町並みは、慶長五年（一六〇〇）に黒田長政が入部して江戸時代になってからの町並みですから、現代につながっている面が多いんですよ。

西島　**那珂《なか》川**から**石堂《いしどう》川**までが「博多部」というのは、だいぶん昔からですか。

秀村　今の博多の町の原型は**豊臣秀吉**の再興のときからですが、港が平安中期ぐらいから現在の博多部に移っていますから、おそらく古代末、中世からでしょうね。

小山　那珂川から石堂川までというと、本当の博多は案外狭いんですね。

秀村　そうですね。今考えると狭い範囲ですね。でも、世界的に見ても古い町（オールドシティ）というのは、だいたい足で歩ける範囲ですね。福岡にしても、現在の今川橋から那珂川の辺りまでですから、歩こうと思えば歩ける範囲ですね。

西島　博多の港は、古くから**袖《そで》の湊《みなと》**として知られていますね。

秀村　石堂川の下流から西へ博多のほうへ大きく入った入り江です。江戸時代には、もう陸地になっていましたが、大水道が残っていました。これは、袖の湊がズーッと縮められて、最後に残ったものです。

西島　今でも残ってますか。

秀村　数年前までは、玉屋の所の博多大橋のもう一つ川下の寿橋の所に、大水道の入り口がありました。今でもあるでしょう。学生を連れて行ったところ、学生が「入ってみましょうか」と言うんですが、もし事故があったらいけないとやめさせたんですが……。もう一方の入り口は、石堂川の淵の**入定寺《にゅうじょうじ》**の所にあります。その大水道の上に石を置いて造ったのが、かつての博多情緒豊かな**新道**、つまり「**寿通り**」ですね。

小山　その入り口には、石碑が立っているんですか。

秀村　いいえ。ただ大水道にかぶせてあった石の一つが櫛田神社に移してあります。

小山　今は下水道か何かに。

秀村　さあ、どうなってるんでしょうか。ずっと続いているのかどうかわかりませんが……。

西島　袖の湊は、博多部のほうなんですね。私は博多部から福岡部にかけての全体の海岸線だと思ってました。

秀村　海岸線は博多部のほうが中世の袖の湊、福岡部のほうも相当に海に入り込んでいて、お城の辺りから**荒津山**（その後西公園）、そして東にずっと**福崎**といわれた岬が出ていて、その先端が**洲崎**だったのでしょうね。

　遣唐使の時代（七～九世紀）は、福岡部のほうに船が入ったらしいですね。博多の大津は相当広い地域と思われますが、今のお城跡の一角には、外国使節や遣唐使を迎え入れる**鴻臚館《こうろかん》**がありました。

　今の福岡部のほうで官貿易が行われていたんですが、次第に衰えて、私貿易が博多部のほうで盛んになる。宋船は袖の湊のほうに来ていました。宋との貿易は博多部のほうで行い、博多には、宋人が相当居留していたわけです。

小山　江戸時代の海岸線と現在の海岸線はずいぶん違うんですか。

秀村　博多のほうは、築港なんかで明治以降だいぶ変わりましたが、福岡のほうは、私の少年の時代までは、江戸時代とほとんど変わっていませんでしたね。今は変わってしまいました。

西島　そうですね。私は**須崎**の辺りで泳いでましたよ。

秀村　私は**赤坂門**に住んでいましたから、家から裸になって海までダーッと走って泳ぎに行ってましたね。

　しかし、私が中学生の頃、現在の長浜辺りは埋め立てられて広っぱになり、日中戦争の初期には、そこにトラックを集めて軍用車に仕立てて、ドンドン送り出していましたね。

メーンストリートは「六町筋」

小山　今日の本題の福岡の町並みなんですが……。

秀村　関ケ原の戦いが終わって、慶長五年に黒田家が筑前一国を与えられて、まず名島に入ります。ところが**名島**の城が狭いので、現在の場所、当時の福崎に城を構え、黒田家が起こった備前の福岡の地名を取って、**福岡**という地名を付けたんです。

現在の東急ホテル（対談当時）の北側に福岡部に入る「**桝形門**《ますがたもん》」があって、博多部を過ぎて中島の橋を渡ると、この門の辺りが城の構えのようになっており、幕府の巡検使が来て、「これは城の構えか」と尋ねると、「いいえ、福岡の構えでございます」と、わかったような、わからんような答弁をしたという記録が残っています。

その桝形門を入ると、そこから**橋口町**です。今の日銀の前の通りですね。少し前までは、旧電車通り（明治通り）がメーンストリートでしたが、五十メートル道路（昭和通り）ができてからは、こちらに変わりましたね。昔もこの五十メートル道路の線がメーンストリートだったんです。もちろん道路は狭かったのですが。橋口町から、**中名島町**、**上名島町**、**呉服町**、**本町**、**大工町**、**簀子**《すのこ》**町**、これが「**六町筋**」といって、福岡のメーンストリートです。名島町というのは、黒田家が名島から移ったときに、名島の商人を連れてきたので名島町。おもしろいのは、上名島町と中名島町があるのに下名島町がないんです。「シモ（下）」というのは商人にとっては景気が悪いらしいんですね。明治以降は上名島町、下名島町といってましたが、江戸時代には下名島町はないようです。中名島町は中ノ番ともいってましたね。

この六町筋は商人の町で、大工町の所に、現在の岩田屋の前身の呉服商**岩田屋**がありました。

小山　それが、今の天神に移ったのですか。

秀村　岩田屋呉服店から分かれた博多麹屋番《こうじやばん》の岩田屋（呉服店）はじめ暖簾《のれん》分けした別家があったわけで、本家がこれらの別家を集めてつくったのが、岩田屋デパートなんです。だいたい日本のデパートは呉服店が中核で、それから出た別家を集めてできていますね。

小山　**旧電車通り**のほうは。

秀村　旧電車通りは、東から**天神町**、**大名町**と続きます。そして、お城には「**上の橋**」と「下の橋」が架かっていました。また六町筋の北側には、**材木町**、**東職人町**、**西職人町**、**天神町**から下った辺りが、**鍛冶町**など職人が住んでいた町がありました。

西島　地図を見ると、「天神」といってる所は「テンジンノチョウ」というのが本当のようですね。

秀村　そりゃ、そうですよ。天神様のある町で「天神町《てんじんのちょう》」でしょうね。古くからの福岡の人は「テンジノチョウ」と「ン」を抜かします。「テンジンチョウ」と言う人には「アリャ、よそもんバイ」と言ってましたね。「ヤクイン（薬院）」も「ヤクイ」と言ってました。

西島　懐かしいですね。私たちも「ヤクイ」と言ってました。

秀村　京都で「烏丸」を「カラスマ」と呼ぶのと同じですね。それに「**室見**」は現在は「ムロミ」と言われていますが、古くからの人は、必ず「モロミ」と言いますね。「**藤崎**」は「フミサキ」と言ってたんですよ。

紺屋町も、NHKのアナウンサーが放送で「コンヤマチ」と言ったりして……。本当は「コウヤマチ」だと言っても、『NHKの放送でコンヤマチと言いよったけん、ソリャ、先生のほうが間違うとぉ」と言われたりします。念のため紺屋町に行ってお年寄りに尋ねると、昔から「コウヤマチ」と言ってたとい

明40年頃の岩田屋呉服店。福岡市大工町

うんですね。マスコミの力は恐ろしいですね（笑）。

なんと城の南側にもお堀があった

小山　侍が住んでいたのは、どこらへんなんですか。

秀村　武家町は、旧県庁前辺り、天神町、大名町、因幡町、土手町にあって、特に大名町には高級家臣が住んでいました。それから筆頭家老の三奈木黒田家はじめ家老級の重臣が、城内に住んでいたわけですね。中級の馬廻りの家臣は荒戸一帯に、それより下の位の武士は唐人町界隈と薬院付近に住んでいたようです。地行、春吉には足軽がいました。

このあいだの町名変更で、私が疑問に思うのは、大名町が北から南へ国体道路の辺りまで広がっていることですね。本来は大名町というのは東西の通りと思いますよ。この大名というのは、黒田の殿様に対しての大名で、大名町というのは上級の家臣団が住んでいた所で、鹿児島では千石馬場、金沢では殿町といった所ですね。

城の周りにはお堀があって、城の西に文字どおり大きな大濠《おおほり》があります。この大濠は草ケ江といわれた入り江の跡で、中ノ島なんかなくて、水面も現在の二倍はあったでしょうね。

西島　私たちの青年期まで、城の南側にも堀がありましたね。

秀村　そう、柳原の所ですね。それから城の東側の堀からさらに東に「中堀」または「紺屋町堀」と呼ばれる堀があり、さらに「肥前堀」とか「佐賀堀」と呼ばれる堀が、那珂川まで続いていました。現在NTTの建物なんかが建っている所ですね。今はすっかり町になってますから、「ここはお堀の上ですよ」と言っても、けげんな顔をされますね。

この肥前堀は、関ケ原のとき鍋島藩は西軍に味方したのですが、黒田のとりなしで、取りつぶされずにすんだので、そのお礼に肥前堀を掘ったとされています。しかし、佐賀城にも筑前から来て掘ったとされている堀があり、どうもお互いに助け合って平和交渉をやってたんじゃないでしょうか。

平18年に土中から見つかった福岡城の肥前堀跡

小山　城の周りですから、いろいろと〝門〟の付く名前がありますね。

秀村　多いですね。肥前堀の東北、以前の知事公舎の南には「数馬門」があり、「中堀」と「肥前堀」の間には道があって、北に薬院門があり、「中堀」と現在の高裁の東側もずっと広くお堀で、その間の道の北に赤坂門があったんですよ。それから西に黒門がありました。桝形門とこの四つの門は、城下町の郭内と外部を画する門なんですね。

赤坂門と言っていたのに、地下鉄の駅を「赤坂」とするそうですが、昔の赤坂というのはお城の南の山のほうで、古文書には「警固村の内」と見えています。その赤坂のほうへ行く道にあった門だから「赤坂門」なんですね。

赤坂というのは古い地名で、元寇《げんこう》のときに竹崎季長《たけざきすえなが》が住吉から赤坂を経て進撃し、元軍は麁原《そはら》（祖原）と別府《べふ》のほうへ退き、鳥飼の塩屋の松の辺りで激戦したと、「蒙古襲来絵《もうこしゅうらいえ》詞《ことば》」に書かれています。名前からして赤い坂だから山の所で、地下鉄の駅名が「赤坂」となると、若い人たちは駅の一帯を「赤坂」と思って、元寇の際の大事な歴史的地名がおかしくなるのではないかと、私は言ってるんですけどね。

城下町が博多の町と違うのは、道路が防衛のために鍵形かT字形になっているということですね。西鉄グランドホテルの所は、削りに削って緩やかなカーブになっていますが、私が少年の頃はまだ鍵形で、夜など電車がカーブするときレールのきしむキーッという音で、ひとしお夜を寂しく感じましたね。

西に新しくできたから「西新町」

西島　私たちが〝城外練兵場〟と言ってた所は、現在どこになるんですか。

秀村　今の護国神社から大濠高校にかけての一帯です。

西公園から西を望む。伊崎の浜の漁船や、海岸線沿いの松原が見える。昭和初期

西島　天神町に、**伊藤伝右衛門**《いとうでんえもん》さんの「銅御殿《あかがねごてん》」があったんでしょう。

秀村　福岡銀行本店の西側辺りじゃないでしょうか。残念ながら昭和二年（一九二七）の火事で焼けてしまいましたが。野村証券（福岡天神センタービル）辺りが、**母里太兵衛**の屋敷があった所です。

西島　西公園の**光雲**《てるも》**神社**は、現在黒田さまを祭ってありますが……。

秀村　明治になってから、藩祖の如水、初代の長政を奉祀《ほうし》したお宮ですね。藩政時代は将軍に気を使って、**東照宮**、つまり家康を祀ってるんですね。その近くに**源光院**があって、ここは三代将軍家光ら将軍の位牌《いはい》を安置してたんですが、どちらも封建時代が終わるとすぐにやめています。権力は強いものですが、同時にもろいものだと感じますね。

　西公園の下の**伊崎**と**荒戸**は、城下町の内のようですが、伊崎浦は浦方、荒戸村は郡方に入るんです。伊崎浦は藩の台所にお菜（魚）を献上する浦なんですね。漁村は一般的に浦方なのですが、伊崎浦はちょっとほかの浦と違う浦だったようです。

　今の大手門三丁目辺りに**永倉**というのがあったんですが、これは藩の御蔵で、年貢米が集まってくる所です。糸島郡今宿の横浜と遠賀郡の若松にも藩の御蔵があって、藩の積み出し港でした。それから西公園の下には、港があって藩の御船手《おふなて》の基地なんですね。

西島　私が小学生の頃までは、今の国体道路の所は川が流れていて、「泥川（薬院川）」と呼んでいましたが。

秀村　薬院ですね。昭和二十三年（一九四八）の国体のときに道路になったんですよ。

小山　じゃあ、国体道路の下には暗渠《あんきょ》か何かあるんでしょうか。

秀村　あるんでしょうね。泥川にしろ、あれだけの川があったんですからね。

西島　先ほど福岡部は、**今川橋**までだとおっしゃいましたが、**西新町**はその頃はまだなかったんですか。

秀村　ありましたけど、早良郡西新町だったんですね。「西新町」というのは、西に新しくできた町ですから「西新町」ですね。

　今の百道《ももち》の海岸にはずーっと松原があって、「**紅葉八幡**」が現在の西新パレスの辺りにありました。百道松原は「紅葉松原」と呼ばれていました。

　黒田家には、直方と秋月に支藩があって、本藩の五代宣政が亡くなったとき、直方から継高が本藩に入り跡を継いだので、その家臣団も付いて福岡に入り、今の修猷館からその西側にかけて住んでいたんです。

　修猷館は昔は藩校で、上の橋の所にあったんです。修猷館が東の学問所で、唐人町の所に西の学問所として、**亀井南冥**《なんめい》の開いた**甘棠**《かんとう》**館**《かん》がありましたが、こちらは短期間で閉鎖されました。修猷館は朱子学で、甘棠館は行動を重んじる陽明学だったのですが、結局、修猷館一本になったんですね。

昭和二年（一九二七）に造られた大濠公園

秀村　今の**樋井川**は以前、大濠のほうに入っていたのですが、城下町をつくるときに、今の流れのように「**鳥飼・今川橋**」のほうへ回したそうです。一種の防衛線でしょうね。新しくできた川だから「**今川**」と呼ばれ、今川に架かっている橋だから「**今川橋**」なんですね。今の今川橋よりもう一つ上の橋です。今でも、川があふれるときは城下町側は守られて、対岸のほうに水が出ますね。

小山　昔はそれだけでもたいへんな工事ですね。

秀村　そうですよ。しかし、労賃はほとんどタダ同然ですからね。

小山　ところで、大濠を埋め立てたのはいつ頃ですか。

秀村　あれは、明治になって何回かに分けて埋め立ててるんですよ。**谷**の陸軍墓地辺りの山を削って持ってきたり、鳥飼付近が小さな丘だったので、そこを削って持ってきたりしています。

現在の形になったのは、昭和二年の東亜勧業博覧会があったときに、九州大学の**永見健一**先生が設計されたそうです。油山を遠くに望む広々とした景色が良かったんですが、今は周囲に高い建物が建ってしまって、**大濠公園**の持ち味が薄れましたね。

大濠の西公園側の土手は〝**杉土手**〟と言ってましたが、立派な松並木だったんです。惜しいことに進駐軍の兵舎のために切り、残りも、排気ガスやマツクイムシのため、一本、一本と枯れてしまいました。

西町の**金龍寺**にも松があったんですが、なくなりましたね。福岡はあまり歴史を重んじない町で、進取の気性というか、大胆に前へ進むのはいいが、どうも古いものを大事にしませんね。

小山　黒田さんの庭園、**友泉亭**が市民の公園として開放されましたね。友泉亭といえば、城からちょっと遠いですね。

秀村　黒田の殿様が、城から休養に行った所ですから、当時の気分でははるかに離れた郊外の別荘だったのでしょうね。もっと初期の頃は、大濠を舟をこいで、**鳥飼**の別荘に行っていたぐらいですからね。私たちの感覚でいってもはるか郊外ですよ。

友泉亭は、私が高校生（旧制）の頃は田んぼばかりでした。軍事教練の野外演習のときなんか、刈り入れ後の田んぼを走り回って……、田舎でしたね（笑）。

豊臣秀吉の兵站《へいたん》基地だった「博多」

小山　ところで**秀吉の町割**というのは博多部のことなんですか。

秀村　そうです。呉服町を南北へ、海へ抜ける道を「**市小路**」（一小路）と言って、第一番に町割の竿を入れた基準の町なんですね。その東と西に東町、西町があったんです。博多部は、先ほども申しましたように那珂川と石堂川の間で、**萬行寺**の辺りが南限でした。

福岡部はお城を中心に東西の考え方ですが、博多部は市小路を中心に南北流の考え方なんですよ。

小山　地図を見ると、**東中洲**の所は何もないですね。

秀村　中洲とか中津とかいった所で、ここは**春吉村**や**住吉村**などから畑を出作りに来ている程度でした。ここなら新しいことが何でもできたのですね。だから黒田藩がここで精煉所を造るなど、新事業を始めています。博多織の松居さんの前には**精煉所跡**の記念碑がありますね。

小山　**中洲**が今のような歓楽街に発展したのは……。

秀村　幕末には、いろいろ新しい技術を始めた所で、現在のようになったのは明治以降、ことに大正から発展しているようですね。今は、東中洲から天神町辺りが「博多」のようになっていますが、本当は博多は玉屋（対談当時）の所の博多川から東ですからね。博多の町も変わりつつありますね。

西島　そうですね。〝どんたく〟と言ったら博多の町をチンチャラしてたのが、今は中洲から天神のほうに行くもんだから、私たちは昔の博多を回ってるんですよ。

小山　博多部・福岡部の長のような人はいたんですか。

秀村　年行司がいました。福岡では月行司といったこともあります。おもしろいのは、この年行司は数人いて年番、月番があったようです。江戸時代は巧妙だなと思うんですが、いろんな役職は複数の何人かが輪番でやっているんです。日本は昔から一種の合議制で、これは日本人の知恵だと思いますね。

小山　福岡の商人と博多の商人はどう違うんですか。

秀村　福岡のほうの商人の記録は少ないんですが、博多の町人も江戸時代は中世や秀吉の頃ほど自由闊達ではありません。ただ、福岡のほうは城下町の商人で、博多のほうは商人町の商人で多少の差はありますが、全体として城下町的になっていますね。

　商業の力としては博多が三分の二、福岡が三分の一という力関係で、藩に対する負担なんかもそうなっています。お互い縁組みや協力はしていたようです。

小山　当時の魚市場などはどこらへんにあったんですか。

秀村　ハッキリ書いたものはありませんね。福岡部の「魚町《うおのまち》」なんかは、多少そういったところかもしれませんね。しかし、江戸時代の博多にしろ福岡にしろ、それほどの商業都市じゃないんですよ。博多が繁栄したのは中世で、そのため荒廃していた博多を、秀吉が朝鮮出兵のための兵站基地として、町割をやり再興したわけですが、それ以後は鎖国時代で、博多の商人で大きなところはずいぶん長崎に移って町の力は激減したと思いますね。

いい地名がどんどん消えていく

小山　消えた地名で惜しい地名というのは……。

秀村　上の橋、下の橋、赤坂門、**養巴《ようはの》町《ちょう》**、**雁林町《がりんのちょう》**などいかにも福岡らしいですね。よく調査して古い地名、個性ある町名を残しながら、新しいものを盛り込んでいくというんならいいんですが、惜しい町名を無神経に消してしまいましたね。

西島　新しく付けた地名では、「**大手門**がどうも……」と聞きましたが……。

岩田屋百貨店と西鉄大牟田線福岡駅。昭 11 年

秀村　そうですね。大手門は漠然とした言い方で、たしかに江戸時代の測量家として有名な**伊能忠敬《いのうただたか》**が来たときに、ヨソの人として「大手門」と使ってはいますが、福岡の人が「大手門」という言葉を使ったという記録は見た

ことありませんね。大手門何丁目というよりは、よっぽど下の橋、上の橋のほうがいいんじゃないでしょうか。

西島　博多にあって福岡にもあった地名は……。

秀村　呉服町、西町、魚町、橋口町などでしょうか。

西島　先生、ついでに昔の福岡の「がっしゃい」言葉を覚えてあるなら、ちょっとお話ししていただけませんか。

秀村　私が少年の頃は、「どうしてがっしゃあな」とか、「貸してがっしゃい」「おいでない」なんて言ったり、聞いたりしてましたね。

小山　それは福岡語ですか。

秀村　そうですね。だいたい目上の人とか同輩にですね。戦後は自然と親に対してだけ言ってましたね。

小山　じゃあ、丁寧言葉なんですね。

秀村　そうなんですよ。この頃は「どうしてがっしゃあな」なんていうと妙な目で見られるので、「どげんしてござあですな」と言ったりしますね（笑）。

西島　私たち博多の者からすれば、やっぱり城下町の言葉だなあ、と思って聞いていましたね。

小山　私は福岡市に住むようになって十年ぐらいですからよくわからないんですが、昭和初期の町の大きさはどのくらいだったんですか。

秀村　私たちは、天神から大牟田までの西鉄電車を「急行電車」と呼んでましたが、その急行電車に乗って薬院まで出ると、もうレンゲ畑、菜の花畑でしたね。市内電車の城南線も田んぼや畑の中を走っている感じでした。

内部に力を蓄えていた江戸時代

秀村　今は福岡が九州の中心地にまで発展しましたが、私たちの子どもの頃は、熊本が行政の中心、長崎には控訴院がありました。学校も高等学校は、たいがいブロックに一つなんですが、熊本に第五高等学校、鹿児島に第七高等学校と、九州にはナンバースクールが二つもあるんです。鹿児島は薩閥の力が強かったからなんですね。

　福岡に帝国大学ができたのは、地元の強力な運動が効を奏したのですね。中都市だった福岡が急に大きくなったのは昭和期に入ってで、ことに戦時中に大きくなり、特に戦後は中枢管理機能が集中して、大きく発展してきたわけですね。

小山　地下鉄も大工事でしょうが、現代の科学になってですから。四百年前の城の造営、福岡の街づくりと比べると、どちらが大きい土木工事になるでしょうね。

秀村　おもしろい比較ですね。しかし昔の土木工事はすごいんですよ。水害のとき調べてみると、近代科学の粋を集めて造った最近の堤防が崩れて、江戸時代に造られたものは、ビクともしないというのがよくあって、自然の理《ことわり》をよく見極めて造っていると思いますね。

　江戸時代というのは、古い悪い時代と見られがちですが、十六、七世紀、あるいは幕末維新期にやって来た外国人の記録を見ると、日本人の礼節、教養、勤勉、清潔さを褒めて書いていますよ。

　私は、江戸時代というのは蓄積に蓄積を重ね、内部にひじょうにエネルギーを蓄えた時代だと思うんです。だから、明治以後の発展があったんじゃないでしょうか。そういった意味で、もう一度江戸時代を見直す必要があると思いますね。

小山　興味深いお話、どうもありがとうございました。

■秀村選三氏

大正十一年（一九二二）福岡で生まれ。京都大学経済学部を経て九州大学法文学部卒業。九州大学経済学部教授。主な編著書に『薩摩藩の基礎構造』『博多津要録』『筑豊石炭礦業史年表』などがある。

笑いと風刺のエッセンスを伝えて生きる

博多にわか

17

[お話]
井上 精三
福岡地方史研究家
[聞き手]
森田 孝雄
福岡相互銀行

対談：昭和五十六年（一九八一）九月

最後に残ったのが、博多にわか

森田　「にわか」といいますと小さい頃、父に連れられて、佐賀にわかを見に行った記憶があるんですが、博多にわかと同じようなものなんですか。

井上　そうです。もともと、にわかというものは、各地にあったわけですから、にわかの文字も、「俄《にわか》」がいちばん古く、仁輪加、仁和歌、二和嘉、爾和加、二和加、爾波加などがあり興行では⚭加と書いたり、いろいろです。私はラジオ番組には博多仁和加と発表していましたが、この頃は仮名で「博多にわか」としています。

森田　博多にわかが、残っている最後のにわかということですか。

井上　そうですね。ただ、よそのは、形を変えて残ってはいるんですよ。

森田　たとえば……

井上　藤山寛美さんがやっているあの大阪喜劇は、劇にわかのスタイルで、大阪にわかの流れをくんでいるんですね。今の博多の一口にわかとは、ちょっと違います……。

森田　博多にわかについて、歴史的に書いている文献は出ていないのでしょうか。

井上　ありますが、黒田藩の為政者の立場から書いたものばかりで、どうも町民の側から書いてないのです。だから、にわかを利用してよい政治をしたことばかりを書いていきます。

森田　井上さんが『にわか今昔談義』を出されたのは、一九五七年ですね。博多にわかの起こりから、お話しいただけますか。

井上　陽気ではしゃぎ好きの博多っ子は、年の始めの儀式の**松囃子《まつばやし》**でさえ、単なる儀式とせずに底抜け騒ぎしています。明和（一七六四〜七二）の頃の松囃子を『追懐松山遺事』（一九一〇）は、「当日は国君の前といへども、諧謔戯言《かいぎゃくざれごと》毫も憚《はばか》らず、其の他実に抱腹に堪へざる猥雑《わいざつ》甚しきことを云ふ」と書いているのを見ても、言葉の上の遊びが盛んだったことは確かですね。そんな戯言は、**黒田長政**が自分の郷里の祭礼を、博多の者に見学させたから、はやったんだという学者がおりましてね。**海妻甘蔵**《かいづまかんぞう》という幕末の黒田藩の学者なんですが、その著書「**己百斎筆語**」の中で、「其源（博多仁和加）は播州一宮伊和大明神の祭典の踊を黒田如水姫路に在りし、諫鼓《かんこ》の情に感じ、黒田長政襲封福岡城を築かれし已後、博多人を姫路に派遣し其踊を学習せしもの也」と書いています。これをそのまま取り上げて、にわかの始まりとするならば、今から三百数十年前ということになります。

森田　お祭りといいますと……。

井上　それが、何の祭りか書いていないのですが、**悪口**《あっこう》**祭**だということがわかりました。悪口祭というのは、西鶴《さいかく》の「世間胸算用」にも出ているほどで、あちこちで行われているようです。神社に集まりまして、かがり火をたくさんたくんです。ある時間が来ると、パッと火を消して、誰が誰かわからないようにします。そして、悪口を言うわけですよ。あいつの娘がどうの、あそこの嫁はどうだ、こうだとか。そんなことを言って、鬱憤《うっぷん》を晴らす祭りです。

森田　それが政治に対する不平のときもあるわけですね。

井上　海妻甘蔵は、その不平を聞くために、藩がわざわざ見にやったのだというように書いています。その悪口祭を見た博多の人は、松囃子の中に取り入れたのでしょうね。それが次第に、にわかに転じていったのだと思います。黒田藩の家老の中には、たしかに政治の批判をした者に、褒美を取らせると言った人もあったのですが、反対に、引っくくって牢に入れた者もいるんです。江戸時代といえば、封建時代でしょう。侍が、威張っているときに悪口など、そうやすやすと言えるものではないと、私は思うんですがね。

にわかの半面、元は黒子

森田　面を付けたにわかが出てくるのは、いつ頃からでしょうか。

井上　江戸時代も末期になると、侍の力は落ちてきて、町人のほうが強くなってきます。そうすると、川柳、狂歌など風刺の効いたのが、はやってきます。その頃から、侍を風刺するにわかが、盛んになったようです。「野口どんのそば畑」というにわかが、幕末に演じられ、喝采を博したようです。酒に酔った野口という侍が一晩中、田んぼの中をさまよい、キツネにだまされたのだろうといううわさをさっそく博多っ子がにわかに仕組んだのです。あまりに評判になったので、主人公の野口という藩士は、侍の体面を汚したというので、けん責を受けています。

森田　侍への風刺をやって、博多っ子が留飲を下げたのですね。

井上　幕末には半面に隠れて、相当に政治批判をやったものです。

森田　半面を使ったのは、やはり風刺のためでしょうか。

井上　いちばん古いにわかの資料といわれる明和・安永（十八世紀後期）頃に出た『**清神秘録**』に書いてあるんですが、にわかというのは、素人がやるもので、玄人のやるものじゃないから、顔を隠せ、黒子《くろこ》を付けて自分ということを隠せ、というんです。料亭辺りで、にわかをやったときなどエチケットとして、決して面を外してはいかん、好きな女の前でも黒子を取るなと教えています。

森田　恥ずかしいから面を付けるってことはないんでしょうか。

井上　それはあったでしょうね。江戸時代の

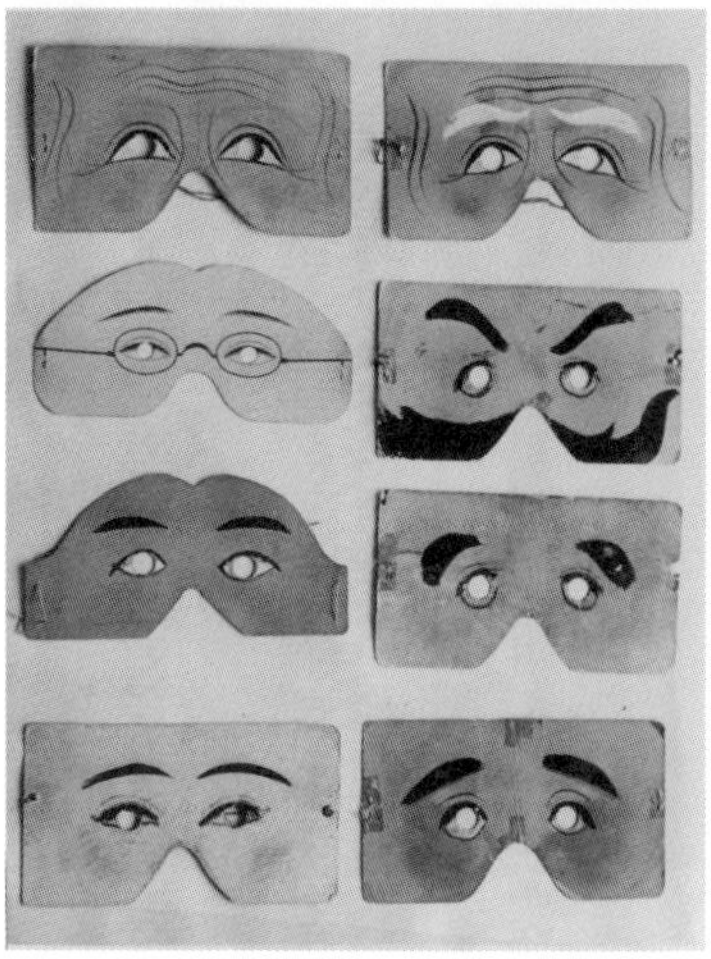

博多にわかの半面。（左上から）、ばばさん、メガネ夫人、おかみさん、じょうもん、（右上から）、じいさん、官員（役人）、三枚目、二枚目半

桜見の情景を描いた絵を見ると、みんな面をかぶってます。おどけて見えるけれど、恥ずかしいという気があったんでしょうね。

森田　恥ずかしいのも、町内の人や知っている人に見られるのが、特にそうじゃないでしょうか。

井上　「清神秘録」の中にも、自分の身内の者に見られるのが恥ずかしいから、わからんように面をかぶる、と書いてありますね。

森田　博多にわかの半面というのが、なんともとぼけた、ユーモラスな味になっていますでしょう。

井上　博多にわかの良さといったら、そのおどけたところですね。そして素朴なところ。半面をかぶりだしたのが、いつからかは、はっきりしませんが、半面の元は黒子ですから、仮面とは本質的に違います。黒子は*覆面ですから、博多にわかの半面も覆面なんです。それにちょいと目を付けただけです。仮面劇というのは、よくありますが、覆面劇はにわかだけです。

　にわかというのは、博多だけじゃなく、東京の吉原にわか、大阪にわかなど各地に独特なものができましたが、博多だけが、黒子でにわかをやるという伝統を守ってきたわけです。その点は、大いに自慢していいと思いますね。

にわかは即興の素人芸能

森田　初めのにわかというのは、どんなものだったのでしょうか。

井上　初めのは、御神幸の行列に交って、おどけた格好で参拝者を笑わしたものをにわかといっています。

　おどけ者というのは、どこにでもおりますので、後には「にわかじゃ、にわかじゃ」と言って人を笑わせ、自分も楽しんだものです。

森田　それでは一般に、にわかはどんなものだといえるんでしょうか。

井上　思い付きの仮装にすぎないものも、福岡県の甘木で行われた素人歌舞伎も、にわかと呼ばれています。即興の素人の芸能を全て、にわかと呼んでいたのです。

　これが江戸末期には、口立て《くちだ》が中心になってきました。博多では、特に大店《おおだな》の旦那連中が出入りの職人たちを集めて、一座をつくりましてね。あっち、こっちで見せて回るんです。まあ一種の道楽ですね。

森田　福岡部の侍が、面をかぶって身を隠して、にわかをやったというようなことはないんでしょうか。

井上　見物はしても、侍自身にわかをやることはありませんでした。文化（一八〇四～一八一八）の頃、福岡の唐人町で盆にわかが始まったときに、侍が女中を連れて見に来ました。幕末であり、そのときは、かなり侍の悪口を言ったと思われるのですが、侍は見て見ぬふりをするのが、当時の侍と町民との関係だったようです。

　そのときに、女装した男が女中のお尻をなでていたずらするんです。すると、その侍が腹を立てて一刀両断に斬り殺してしまったのです。だから、その年の盆は寂しいものだったそうです。

森田　にわかのおもしろさは、素人だということじゃないですか。

井上　そういえるでしょうね。明治は素人の黄金時代で、にわかは造り酒屋、旅館、劇場主といった大店の旦那たちの道楽でした。だから、にわかを見せて金を取るようなこともなく、教養ある人が演ずる芸だけに、上品ななかに、おかしみがありました。後には、博多にわかが人集めにはもってこいだったところから、だんだん大売り出しや、お祭りなんかに招かれるようになりました。それが頻繁になってくると、何も金もうけでやるわけでもなし、面倒くさくなって、博多の旦那連中が出演しなくなり、職人さんたちが、代わって演ずるようになりました。そこに職業にわか師が出てくるんです。ところが、職業にわかといいましても、にわかだけではとても食べていけないので、本来の仕事とにわかを半々にやっていくものが多かったんですね。

大正時代には、市政を総攻撃

森田　一座を組んでやっていたんでしょうか。

井上　明治の初め頃から、組がつくられていますが、にわかが好きでたまらない素人のグループが、年に一回の盆（旧暦）にわかで大張り切りして、博多では土居町の綱敷天満宮、下鰯町の広場、大乗寺前町、矢倉門、大浜一丁目、福岡では水鏡天満宮、小烏神社境内、唐人町、西公園下、伊崎などに組まれた舞台で、盆の十六日から五日間ぐらい大熱演をやったものです。明治十二（一八七九）～十三年（一八八〇）ごろ、須崎の**鬼若甚次郎**という人が大将になって、博多にわか最初の組、鬼若組をつくっています。それから、造り酒屋の旦那衆の竹田屋組、下土居の吉井屋組、旅館の主人の万利組、博多織屋の麩屋組、豆腐屋の角正組、畳屋組、寄席と旅館の川丈組、福岡部のほうでも石屋の石平組、そのほかいろいろできて、最後の組が看板屋平川梅吉のペン梅組。ペン梅は、知名士の援助を得て外地まで出かけていきました。明治の中頃から末までが、素人にわかの全盛時代でしたね。

二〇加煎餅の東雲堂。福岡市吉塚、大正初期

森田　プロのにわか師が出だしたのはいつ頃ですか。

井上　明治も末頃、四十年（一九〇七）ごろからですね。仮設舞台のほかに、劇場進出が目立ってきて、水儀組と泉組が張り合ったんです。

森田　お盆は素人にわかグループの腕の見せどころだったのですね。

井上　そうです。四、五日間やるのですから、福博の人は次々と見て回って、今年はどの組がいちばんおもしろかったと、ちょうど山笠の出来栄えを褒め合うように、盆には、にわかを話題にしたものです。演ずるほうも見るほうも、盆になるとにわかに熱中して、明治時代は博多にわかの黄金時代でした。水儀組は寿座で大衆ファン、泉組は明治座で多少インテリの人が見物するというふうでした。泉組を始めた**泉清米**は、**川上音二郎**の一座にいた人で、その影響からよく社会事件を取り扱ったようですね。

森田　先号で、川上音二郎のことを取り上げたのですが、音二郎とにわかとの関係は……。

井上　音二郎も、明治二十三年（一八九〇）に、横浜と東京で書生にわかを興業して、政治の批判、政府攻撃をしましたが長続きはしませんでした。

森田　にわかの中での政治風刺、それが博多っ子に受けたんでしょうね。

井上　そうです。そりゃもう、いろいろ批判をやっておったようです。明治二十年代になると、思想統制が厳しくなり、中止を命じられたことが、何遍もあります。劇場には警官席がありましてね。ちょっと政治攻撃をすると、たちまち「中止っ！」ときたもんです。

森田　民権運動なんかとは結び付かなかったのでしょうか。

井上　心の中では応援するものがあったのでしょうが、民権運動に直接結び付くまでは、いかなかったようです。

森田　イデオロギーにまでは、いかなかったのですね。

井上　そうですね。ただ、大正時代の福岡刷新事件では、かなり表立っています。福岡市の水道事業が滞《とどこお》っていて、当時、政権を握っていた政友会を攻撃する福岡市刷新会が、大衆運動を始めたんです。そのとき、にわか師たちは刷新会の応援をしまして、六つのにわかの組が三回にわたり、劇場で市政総攻撃刷新会応援にわか大会を開いて、千円余を会に寄付しています。

森田　市政批判というのも、おどけた中に交ぜてやったわけでしょう。

井上　そうです。不正事件を芝居の中に仕込むんです。私の父なんか、攻撃を受けるるほうの市会議員をしていたんですが、父を直接名指さずに皮肉るのです。うちは、はき物の卸問屋をやっておったんですが、そのころ、大きな犬を飼っていました。その犬の鼻と尻尾を下駄の花緒に掛けて話題の人が誰かと聞く者に想像させて、「あの犬の飼い主が……」と攻撃を始めるのです。

にわかのまくらが一口にわか

森田　露骨でなくて、なかなか礼儀ただしいですね（笑）。それを掛け合いで……。

井上　そうです。イキの合った掛け合いで、興を盛り上げていくんですね……。

だいたい、博多の昔のにわかというのは、舞台の両方から、一人ずつ出てくるんですよ。出てきて、ちょっと行き過ぎて振り返り、「おまえやァ徳兵衛じゃなかや」「お、おまえやァ伊三郎たい」と、二人で話を始めるんです。「おまえやァ、この頃何しよるや」「まァどうやら、こうやらたい」「それィしてもこの頃の政治のだらくさなたどうかいね」といったふうに、やり合うわけです。さんざん政治の批判をした揚げ句、「あ、こげなのんきなことはでけんとじゃが、実は、云々……」とここに、初めてこのにわかの本筋に入り、事件の発端を述べて二場、三場と事件は発展して最後に「オチ」を付けてにぎやかに幕が下りるのです。これを博多にわかの「段もの」といいます。

森田　今の一口にわかというのは、それじゃ、段ものの初めの部分のようですね。

井上　そうです。にわかのまくらの部分が一口にわかと言っていいと思います。

森田　にわかは、だいたい男ばっかりのようですが……。

井上　そうです。女の人に扮《ふん》しても、毛脛《けずね》が出とるところがおもしろいんですよ。そして、どんたくもそうですが、お化粧は絶対にしなかった。面とかづらだけでやる。顔はひげ面、毛脛丸出しで衣装だけ女ものにして、そこにおどけた味があったんです。博多の大店連中が、歌舞伎のかづらを買えなかったはずはないですよ。決して、それは買わずに、ずーと安ものの**ぼてかづら**でやる。その素朴なところを伝統的に守り伝えたのが、博多にわかの素晴らしいところです。

森田　ぼてかづらと半面というようなおどけたスタイルは博多だけなんですね。

井上　『清神秘録』が教えているように、ほかの土地のにわかも黒子か目かづら（半面）をかぶって演じていましたが、今は博多だけが半面を付けています。大阪にわかは明治三十四年（一九〇一）〜三十五年（一九〇二）ごろまでは、面ぬきにわかが盛んでしたが、演ずるものが、歌舞伎のパロディー一辺倒だっただけに飽かれて大阪喜劇に転向したのです。

博多にわか師・平田汲月。昭24年頃

博多にわか「最後の名人」、作者兼役者の生田徳兵衛

森田　**博多淡海**さんは、どういう系統になるんですか。

井上　この間亡くなりました博多淡海の父親、木村平太郎が初代「博多淡海」です。これは当時の大阪喜劇の人気者だった「淡海」から名をもらったものです。このように有名喜劇人の名をもらうのが一時にわか師の間に流行して、大阪喜劇の人気者「五九郎」の名をもらって「博多五九郎」と名乗る者も出ていましたが、「大阪の芸人の名前なんか付けるな。博多にわかの誇りを持て」と私はやめさせました。

戦後も、淡海親子は一緒に博多の舞台に出てました。三つ外題《げだい》を出すと、一つは半面をかぶってする純粋のにわかを、あとの二つは面を付けない喜劇をやってました。初代淡海が亡くなって二代目は、東京の浅草で跳び上がり婆さんの役で一時人気者になりました。その後、**藤山寛美**さんの松竹新喜劇に入り一緒にやりましたが、どうも大阪言葉と博多言葉がかみ合わず苦労したようです。なにぶん芸がうまいもんですから、ほかの者から疎まれたようです。

森田　古典的なにわかというのはあるんですか。

井上　古典にわかとはっきり言えるものはありませんが、強いて挙げれば明治にあった二《に》人羽織《にんばおり》などは古典的にわかと言えるかもしれませんね。

「ふてぇがってぇな」も三つある

森田　一口にわかのようなものは、よそにはないのでしょうか。

井上　それはあります。一口にわかは語呂合わせを結びとするコントですから、それに似たものは、雑誌などでご覧になるでしょう。しかし、単に語呂合わせだけでは興味はありません。あくまでもその中に、風刺、諧謔《かいぎゃく》、笑いが織り込まれねば優れた一口にわかとはいえません。語呂合わせの一つの、なぞなぞというのも、江戸時代末期から流行してきて、明治三十年（一八九七）ごろに全国的にはやりました。博多にも、なぞなぞの会が幾組もできましたね。

森田　博多にわかは頭から「ふてぇがってぇな」という言葉で、始まるでしょう。

井上　ええ、舞台でも大仰《おおぎょう》に言いますね。

森田　どういう意味なんですか。

井上　ま、びっくりしたときの表現です。あれも、言い方が三通りあるんです。いちばん驚いたときは、「あっふてぇがってぇな」と「あっ」を付けるんです。ふつう程度では「あっ」は付けない。「ふてぇがってぇな」です。それよりも、驚きの程度が低いときは「ふ」も抜かして「てぇがってぇな」と言います。この三つですね。このニュアンスは博多で育っていないと、ちょっとわかりませんね。舞台でやるときは、戦後まで活躍した**生田徳兵衛**さんがよくやってました。この人は博多にわか最後の名人といえましょう。父親もにわか師でした。孫も芸の道に入っています。あの女優の**生田悦子**さんですよ。

森田　今、一口にわかでなくて、段ものにわかをやる人はいますか。

井上　今はもう五、六人ぐらいしかいませんね。昭和十三年（一九三八）に、博多にわか芸術協会というのを、政府の命令でつくったんですが、当時百三十人くらいはにわかをやる人がいました。西島伊三雄さんのお父さんも旅館をされていて、にわかの舞台に立っておられました。

森田　にわか師というと、**平田汲月《きゅうげつ》**さんが有名ですね。あの方も一緒になさっていたんですか。

井上　だいたい同じころですね。しかし、汲月さんは、にわか師じゃなくって、にわか作者です。

森田　作者業が成り立ったぐらい、にわかが盛んだったのですね。

井上　もともと、にわかは即興劇ですから、台本はありませんでしたが、だんだん盛んになりだすと、出しものに困りだしてきました。それで汲月さんが各組のために、にわかを書いたのです。

どうにかしてにわかを残したい

森田　今、にわかを聞くのは、結婚式のときなどにご祝儀のようにしてされるぐらいで。

井上　そうですね。どんたくのときにも、一口にわかをやったりしますね。

森田　これからのこととして、若い人を引き付けるものがあるか…ということですが…。

井上　私がいつも不思議に思うのは、落研《おちけん》（落語研究会）などに若い人がたくさん入ってますが、なかなか博多にわかを取り入れようとしませんね。やはり方言コンプレックスがあるんでしょうかね。私が選者をしている朝日新聞の博多にわかは応募が多いんですよ。題によっては作りやすいのと作りにくいのがありますが、毎週五十～六十編ほどの投稿があります。ところが、博多の人の投稿がわりと少ないんですよ。博多の人はおしゃべりはうまいが、書くのは苦手なんだと思います。

森田　市外の人が、博多弁で書くんですか。

井上　全然博多の人でないのに、なんとか博多にわかを作ってみたいというような人には、「あなたの言葉で書いてみなさい」と言っているんですよ。新聞に出すときには、私が博多の言葉に直しております。

森田　お祝いの会などで、にわかが始まると、どんなふうなオチが出てくるかと興味深いものがありますね。

井上　そこが一口にわかのおもしろさでしょうね。言葉のおもしろさといいますか。宴会でやる場合は宴会に出席している人をつかまえて、その人のことを落とす。すると宴会も和やかになる。

　亡くなられた岩田屋社長の**中牟田喜兵衛**さんなんかもお上手でしたね。戦後、食べることに一生懸命で、みんなが笑いを忘れていたときです。なんとかして、世の中を朗らかにし、併せて忘れかけているにわかの名前を残したいと、私が昭和二十五年（一九五〇）にNHKで始めたのが、「にわか倶楽部」というラジオ放送でした。

　これはクイズ番組で、司会者が題を出して、回答者が一口にわかで回答するものですが、回答者を専門のにわか師としません。昔は博多の旦那連中がにわかをやってたから、というので岩田屋の会長さん、人形師**西頭哲三郎**さんのお兄さんの**西頭三太郎**さん、新天町の**森弥吉**さん、**河原田健次郎**さん、川柳の**安武九馬**さんといった博多の通人、粋人を集めてやったんですが、これが受けましてね。

森田　当時はNHKにお勤め中ですね。

井上　そうです。福岡だけのローカル放送でしたが、いちばん最初の司会者が今の参議院議員の**木島則夫**君でした。

森田　あの方は福岡にいらしたのですか。

井上　NHKに就職して最初に福岡に来ています。ところが、木島君は標準語で問題を出すでしょう。一方は博多弁で答える。どうもピッタリこないんです。「精ちゃんどうもいかんバイ」と言うんで「そんなら私がやろう」ということになって、このダミ声でずっと続けましてね。これが評判になって一口にわかがはやりだし、新聞社が取り上げるようになったんです。

森田　今でもそんな番組があればいいですね。

井上　私が東北のほうに転勤になったので取りやめになったのですが、二、三年後にプロデューサーがそれをまねて「にわか教室」をやりましたが、これはあまり続かなかったらしいですね。

森田　何かおもしろいにわかがあったら挙げてください。

井上　そうですね。こんなのは風刺が効いておもしろいですね。

【裏口入学】

「テーガッテーナ、あのバカ息子がクサ、入学試験にパスして大学ィ入ったゲナぞ」

「そらァあやしか、どうせ裏口入学じゃろう、どうも臭か」

「ポックリ、臭かはずタイ、入ったとが、正門からじゃのうして、裏の校門（肛門）」

【デート】

「ただいま……」

「若か娘が、今頃帰ってくるもんが、あるもんかい。どこバそうついとったとネ」

「母ちゃんも若いときは、父ちゃんとデートして、遅うなりよったろうもん」

「……そら、そうじゃバッテ……。変なところィやら行ったらいかんバイ」

「変なところて、車のまんまスーッと入っていくホテルのようなところネ」
「そうタイ」
「ぞうたんのごと。そげなところにゃ、いくら男にもてる（モーテル）でも行かん」

【公共料金値上げ】
「人件費やら原料代の高騰で、事業も欠損じゃケン公共料金も残念じゃが、値上げせにゃならん、て言いよるが、あらァどうも、スラごと（うそ）のごとあるバイ」
「ヘー損どころか。仕事も都合よう行きよるっちゃなかろうか。みんな好況（公共）事業て、言いよる」

森田　興味深いお話、どうもありがとうございました。

■井上精三氏
明治三十四年（一九〇一）～昭和六十三年（一九八八）。博多下西町（現博多区綱場町）生まれ。西南学院大学卒。NHKに入り課長、所長、局長を歴任して、昭和三十一年（一九五六）退職。福岡地方史研究会幹事。著書に『にわか今昔談義』『博多風俗史遊里編』『日本民謡全集（福岡県）』『はかたにわか傑作集』『博多大正世相史』『博多にわか読本』などがある。

主な現行博多ことば

（九州及び関西の一部で使われているものもある）

❖ア行
あげな（副）あんな・あのような
あせるがる（動）せいて気をもむ
あぽ（名）大便
いさぎよう（形）大層
うてやう（動）
かまう・相手になる
うんだごとしとる（動）すましかえっている・知らぬふりしている
おうけ（名）量・かさ
「食いおうけがある」

❖カ行
かすくる（動）
残りのないよう始末する
かたす（動）仲間にいれる
「あたしもかたしてよう」
がと（助）程・だけ
「百円がと買ってこい」
がめに（名）うま煮
ぎょうらしい（形）仰山な
きる（助動）（可能を表す）
「こげなむつかしい本は読みきりまっせん」
くさ（助）ね「あのくさ」
ぐらぐらこいた（動）腹がたった
くらす（動）なぐる
けん（助）から
「かぜひいたけん行かれん」
こく（動）言う
「いらんことこくな」

❖サ行
さいたら（名）よけいなこと
さるく（動）歩く
しかともない（形）つまらない
しょうけ（名）ざる
しろしい（形）
陰うつ・気持ちがわるい
しわごんちゃく（名）しわだらけ
すったり（名）
やりきれない・駄目
すらごと（名）うそ
そうつく（動）歩きまわる
そざす（動）こわす・そこなう
ぞろびく（動）ひきずる

❖タ行
たい（助）よ「よかたい」
だらくさな（形）だらしない
だんだん（感）ありがとう
「結構なものいただきました、だんだん」
ちょうくらかす（動）愚弄する
つかあさい（動）ください
つんのうて（動）連れだって
てぇがってぇ（感）（驚きのことば）
てれっと（副）ぼんやりと
とう（名）かざぶた

❖ナ行
どんばら（名）大きな腹
なお（わ）す（動）
片づける・しまう
なんかかる（動）もたれかかる
にくじゅう（名）いたずら
に（ね）じくる（動）なすりつける
ぬべる（のべる）（動）ぬるめる

❖ハ行
ばい（助）よ・ぞ
「すぐ行きますばい」
ばちかぶる（動）罰があたる
ひちこいい（形）くどい
びったり（名）だらしないもの
ひょうぐる（動）おどける
ひょくっと（副）不意に・突然
ふ（名）運
ふうたんぬるか（形）遅鈍な
へっぱく（名）文句・無駄口
ほがす（動）穴をあける

❖マ行
まいまい（名）髪の毛のつむじ
ももぐる（動）いじくる

❖ヤ行
やおういかん（句）並たいていではない
よがむ（動）ゆがむ

❖ワ行
わるそう（名）
いたずら・いたずらっ子

ナシもカキも 放生会《ほうじょうや》

18

［お話］
江頭 光
西日本新聞社編集委員
［聞き手］
西島 伊三雄
博多町人文化連盟理事長
宮地 勇
福岡相互銀行

対談：昭和五十六年（一九八一）八月

宮地　秋になると筥崎宮の放生会ですね。九月十二日から十八日まで……。一週間でおよそ百五十万人もの人出だそうで、たいへんなにぎわいですね。よい季節にいいお祭りで、子どものころ、放生会が近くなると待ち遠しかったですね。どんたく、山笠と、博多のお祭りの締めくくりが放生会ですね。

西島　放生会といえば、「**ナシもカキも放生会**」のことわざが浮かびます。あれは子どものなぶり言葉ということですね。

江頭　ナシもカキも、実際に放生会の露店から出てくるわけですから、季節感豊かなことわざですね。お年寄りに聞いたところによると、明治の頃まで子どもたちが言い争いになって「**なしや、なしや**」と問い詰められたときに「ナーシもカーキも放生会」と言ってスルリと逃げたんだそうです。ほかにも「やかましか」と叱られると「やかま（八釜）しかま（四釜）は十二釜」で逃げたり、博多っ子は子どものときからユーモラスですね。

宮地　ちゃかすのですね。

江頭　こんな使い方もするそうです。家庭の**ごりょんさん**が、朝から掃除やら洗濯やら、お客さんが来たりしてガタガタして、ようやく一息ついたときに「あーあ、きょうはナシもカキも放生会のごとあった」と。

西島　ごった返すというような感じですね。

江頭　「盆と正月が一緒に来る」という言い方と同じような感じだと思います。

西島　私など子どものころからお参りはしていましたが、歴史については江頭さんがよくご存じですから……。

江頭　放生会というのは、仏教の殺生戒に基づき、文字どおり生きものを放ち供養する儀式です。魚や鳥、亀など、中には蜷貝《にながい》を水に放つ儀式をするところもあります。

養老四年（七二〇）、南九州の隼人《はやと》進攻の犠牲者の霊を慰めるため、**宇佐神宮**で弔ったのがそもそもの始まりだといわれています。宇佐は全国の八幡様の総本社ですから、武の神様、八幡大菩薩と結び付いて、八幡様に付きものの祭りとなり、各地に広がります。もともとは仏教に基づくものですから、神仏混淆時代のものだといえます。明治維新になり新政府が神仏分離策を取ると、仏教の名前ではいけないというので、仲秋祭に改めているのですが、長い間親しまれてますから変わらず今も放生会です。博多ではなまって、「**ほうじょうや**」です。

筥崎宮　露店の数は西日本随一

宮地　では、筥崎宮の放生会はいつ頃から……。

江頭　筥崎宮は、その社伝によると、現在の場所に鎮座したのは延長元年（九二三）です。それまでは、今の嘉穂郡の大分《だいぶ》という山の中にあった。山の中で、川も海もなく、放生会に便利が悪いということも一つの理由になって、今の所に移ったということです。それまでも延喜十九年（九一九）以来ちゃんと行われています。

現在は、十八日の午後三時にハトを境内に放つ儀式が行われていますが、これがいちばん大事な神事です。戦前は境内の放生池に亀を放ちました。戦後ひと頃、スズムシを放ったこともあります。

西島　今、江頭さんが話されたような縁起は、博多のもんは深く考えないものだから、あまり知らないまま、あの祭りのサーカスの「ジンタ」の音やたくさんの露店とかに対する郷愁みたいなもので、長く続いているような気がします。

江頭　そうですね。お宮の行事としては、ハトを放ち、一年おきに御神幸（みこし行列）が氏子の区域を回ります。ちょうど今年はそれがある年です。しかし何といっても露店ですね。今の放生会はあらゆることの、家内安全も、豊作のお礼も、いろんなものを含めたお祭りとなっています。

元気に育てと稚児行列。昭 16 年

出番を待つ子供たち。昭 14 年

宮地　露店は、どのくらい立ち並ぶのでしょうか。
江頭　だいたい千五百軒くらい。それに、浜のほうの広場には古くからサーカスとか、オートバイの曲乗りとか、幽霊屋敷とか、ストリップショーとか時代ごとに……。去年はカニ釣りがおもしろかった。
西島　露店があんなにたくさん集まってくるのは、明治以降のことでしょうか。
江頭　そうだと思います。これは西日本随一の露店数です。筥崎の放生会を目当てにして、全国から集まってくるのです。
西島　この祭りが終わると、熊本に行く組、宇佐に行く組、というふうに各地に回っていくという話を聞きましたが。
江頭　そうです。ここから各地に散って次々に秋祭りを彩るわけです。だから秋祭りのトップで最大のものだといえますね。

〝幕出し〟飲めや歌えの無礼講

宮地　昔、放生会には町家の人たちの幕出《まくだ》しというのがあって、博多らしい情緒だったそうですが、どんなものだったのですか。
西島　箱崎の松原に、自分の町内や大きな商店などが幕を張り、そこでごちそうを食べたりしたんですよ。
江頭　町内、商店ごとに長持ちにごちそうや食器を詰めて、若い衆が肩に担いで、ずうっと博多の町々から箱崎松原まで繰り出していく。大正の半ばごろまでは、十里松とか千代の松原とかいって、見事な松が並んでいました。石堂川（御笠川）に架かる石堂橋を渡ると、お宮まで一本道ですから、その長持ちを担いだ列が後になったり、先になったりしながら続きます。所々で一服して、町内ののど自慢が長持ち道中の唄《うた》を披露します。のどかないい風景だったでしょうね。
　江戸時代の筑前名所図会[※1]というスケッチには、幕出しのにぎわいようが描かれています。古い、町人文化隆盛の頃からの習慣だろうと思います。この時代には、小舟で海岸からも松林に繰り込んでいます。
宮地　長持ち道中の唄は、今でも保存されていますか。
江頭　博多の古い民謡の保存会「博多那能津会」の人たちが唄い継いでいます。
宮地　ごちそうのメニューは何ですか。
西島　堺重という組み立て式のお重箱に糸ごんにゃく、がめ煮、このしろと大根のおなますなど……。ごちそうのために、鶏もひねっていたんでしょうね。
宮地　それでは放生になりませんね（笑）。
江頭　そもそも祭りの起こりがそうだったということで、江戸時代にはすでにゆるんでいるようです。黒田藩が石堂川から多々良川にかけ海漁、川漁とも禁止したといわれていますが、さっきの筑前名所図会にも、沖で魚釣りしている姿が描かれていますから。
宮地　幕出しのとき、男衆は飲み食いして騒ぎ、女衆は着飾るわけでしょう……。
江頭　〝放生会ぎもん〟と呼ばれ、このときに着物を一斉に新調する。ちょうど衣替えの季節でもありますし。私、戦前箱崎に住んでいたことがあるが、娘のいる家などは、通りからちょっと見えるように、廊下にずらーと着物を掛けて飾っていましたよ。年頃の娘のいるところなど、嫁入り縁談の示威運動も兼ねていたんじゃないでしょうか（笑）。

ハトの放生。昭31年

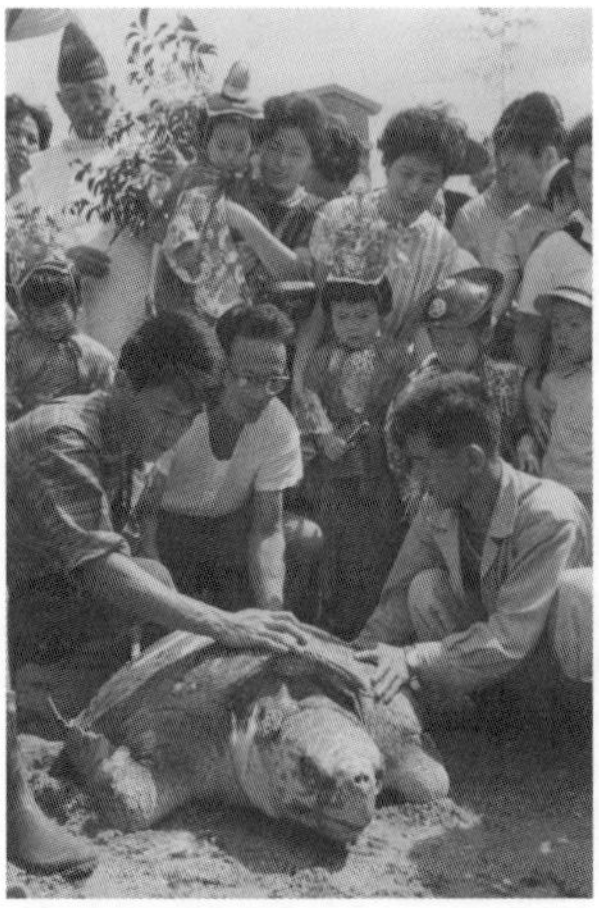
放生会最終日に海亀を箱崎の海に放す様子。昭38年

昭46年、家族連れでにぎわう放生会

〝放生会ぎもん〟買ってやれないのは男の恥

西島　博多の男にとって、その放生会ぎもんを妻や子どもたちに買ってやれないというのは、最大の恥とされていました。福岡市内の呉服のほとんどが売れてしまうほどだったらしいですね。

江頭　明治の頃は一年の呉服の売り上げの半分ぐらいが、放生会ぎもんで占められたと聞いています。「人を見るなら宰府の祭り、衣装見るなら放生会」ということわざもあるほどです。

宮地　女の人にとっては、絶好のチャンスですね。

西島　その放生会の着物は、夏物は着たらいけないそうですね。暑くても、放生会からはひとえを着なければならないと聞きました。

江頭　夏物の浴衣や絽《ろ》を着るのは、もう季節外れなんですね。

宮地　男ばかりのお祭り騒ぎでなく、女性を喜ばせるチャンスがあるのがおもしろいですね。

江頭　博多の男たちはフェミニストだったようで……。

宮地　幕出しでの女性たちの楽しみは、もっぱら晴れ着を着ることですか。

江頭　そうですね。若い娘など、晴れ着を二回も三回も着替えて、浮かれて遊んだといいます。社会的に見て当時は主婦とか、嫁入り前の娘は、戸外に出るチャンスは少なかった時代ですから､楽しいレクリエーションです。

西島　そこで女性のマナーとか、料理とか教えられるのです。がめ煮の味をおばあちゃんたちが教えてくれるとか……。

男は、そこでふしだらなことをすると「あら、つまらんばい」と言われ、逆にきちんとしていると「あら、なかなかしっかりしとるばい､隣りの花子しゃんに世話したらどうな」という話がそこに出てきたりしたらしい。社交の場になったでしょうね。

江頭　そうですね。博多の町方のいろいろな生活暦、文化はよくできていると思います。幕出しが町内の融和、連帯感を育てるのに非常に役立っていますね。

幕出しに繰り込むのは博多の町衆

江頭　明治の、幕出しの盛んなころには、券番も出て、芸者さんの彩りで、また一段と華やかなものだったようです。千代村の水茶屋券番でなく、博多の相生《あいおい》券番の芸妓さんたちですから、博多町人のお祭りだったともいえると思います。その頃の大店《おおだな》の大将などは、幕出しに風呂おけを持ち込んで、お湯を沸かして風呂に入ってみせたりしています。

宮地　粋がってるのですね。

江頭　ちょっとふざけて、ひょうきんなことをするんですよ。そういう気質が昔から博多の人にはある。

宮地　幕出しは期間中に何回も行ったのですか。

江頭　まあ一回でしょう。幕出しは、町内全部うち連れてのにぎわいで、現在の感覚でいくと、テレビ、映画など娯楽が多いから、何がおもしろかったのかということになるが、その当時はそれは非常に楽しかったでしょうね。

宮地　幕出しの日は決まっていたのですか。

江頭　期間中の一日です。朝早くから場所取りなどして……。

宮地　繰り込むのは博多の町衆だけですか。

江頭　地元の箱崎の人は幕出しは迎える側で、博多町人がわざわざ繰り出したのです。

宮地　ご主人、ごりょんさん、お嬢さん、そこに使われている小僧さんなど一緒に行くわけですか。

江頭　大きな呉服屋さんなど店員も総出で三十～五十人ぐらい連れていたでしょう。当時は大家族制ですから、家族だけでも十～二十人いるところだってあったでしょうね。

放生会を前に筥崎宮にチャンポン、博多人形などを奉納した（左から）小川勝男、西島伊三雄、西頭哲三郎の各氏。昭 51 年 9 月

町人文化の質の高さがうかがえる幕のデザイン

西島　私どもは、もう幕出しを直接知らないのですから、大正の終わりにはすでにやらなくなっていたようですね。

江頭　もっと早いでしょう。大正九年（一九二〇）の秋、箱崎にあった松が全滅していく。それで県議会でも何とかしろと問題になって、**安河内知事**が声涙ともに下るような答弁をしていますが、そのときに松が枯れることについては非常に論じられているのに、幕出しができなくなるという問答は出てこない。ということは、二、三組ぐらいはお好きな人が続けていたにしても、大勢は明治の末にやらなくなっていたと思います。

　どうしてなくなったか、ずいぶん昔、お年寄りに聞いたところ、こうです。**小学校の運動会**が、ちょうど明治の末ごろから始まり、その運動会というのがそれぞれの小学校でなく、決まって東公園まで出かけてやっていたようです。遠足も兼ねていたんでしょうか。昔の運動会は、父兄が酒、弁当を抱えてにぎわうものですから、幕出しよりもおもしろいということで幕出しが消えていったというのです。

西島　そのとおりでしょう。私たちのころも大運動会は、東公園の亀山上皇の下でやっていました。

　私たち博多町人文化連盟で、一つ幕出しを復活してみようということで、七年ほど前、古い長持ちを探し出してきました。幸い**小島与一**先生が作られた博多人形の幕出し風景があって参考になりました。そこで和服に黒足袋姿で担いで長持ち唄をうたって、その後、野宴を開くことになりました。それから毎年

博多町人文化連盟のにぎやかな幕出し。昭 56 年

やってますが、海岸は露店ばかりでできないので、お宮さんに相談して楼門の裏側に幕を張りました。そしたら、暑いのなんのって、風は吹かない、蟻は来る、蚊は来るでたいへんでした。昔の人は海岸の松林で、海に向かって片方は幕を開けて風を通していたんじゃないでしょうか。

江頭　旧暦ですから、さほど暑くなかったかもしれません。

西島　今は楼門の左側の境内をお借りして続けています。

宮地　幕はどんなものですか。

西島　昔は幕のデザインが、金魚やアヤメや打ち出の小づちなど、いいのがありました。その柄を見て「あっ、あの町が来とる」とか言っていたんでしょう。

江頭　幕は紺地で浜小路（現古門戸）が波に千鳥、下呉服町が相撲取り、川端が猩々《しょうじょう》、奈良屋が金魚、鰯町（現須崎）が鳥追い姿の踊りといった具合で、これらは現物や写真が残っていますが、デザインも優れ、まさに博多の日常的な町人文化の質の高さを示しています。こういうものを見ると、ああ博多はいい町だなあと思います。

十間道路が福岡市を九州一の雄都に

宮地　幕出しが盛んだったころも、道幅は今と変わらないんですか。

江頭　そのころは二間（三・六メートル）程度です。

　明治四十三年（一九一〇）に、福岡市が初めて完成させた都市計画で十間（十八メートル）道路が走ります。当時の九州では、そんな広い道路は見たことも聞いたこともありません。それが東公園から今川橋までの旧貫線です。

　これを機に福岡市は〝九州第一の雄都〟というキャッチフレーズを獲得するのです。明治二十年代ぐらいまでは、長崎、熊本、鹿児島が九州の先進都市で、福岡は残念ながら二番手でした。広い貫線道路ができて、その上を九州で初めての市内電車が走る。

　それまで郊外電車は別府―大分間を走っていたのですが、新築の博多駅や日本生命保険福岡支店（当時。現福岡市赤煉瓦文化館）、抱洋閣（消滅）などはハイカラな赤レンガ造り。レンガの一枚一枚が輸入品です。博多のことわざに「立ちしょんべんは赤レンガ」というのがありますが、そのころできたものと思います。立ち小便、どうせするなら木の塀にするより、赤レンガにしたほうが気持ちがいい、という意味でしょうか。それほど赤レンガは心のときめくものだったわけです。こんな博多の大躍進は、明治三十年代から四十年代にかけてのことです。

宮地　道幅が広くなって、また一段と放生会がにぎやかになったということはないですか。

江頭　それはありません。江戸時代のほうが盛んだったと思います。筑前名所図会のおみこし行列の絵を見ると、それは格式高く、盛大な行列です。夜も、バックに花火をたくさん打ち上げている情景が描かれています。

箱崎、ナマコ餅、唐船塔

宮地　筥崎宮のことですが、神功皇后と応神天皇が祭られていますね。神功皇后が応神天皇をお産みになったのは宇美八幡宮といわれていますが……。

江頭　それと玉依姫命《たまよりひめのみこと》です。伝説では、宇美で応神天皇を出産し（それで地名がウミ）、そのときお胞衣《えな》つまりへその緒を箱に納め海に流す。その箱が流れ着いたのでハコザキという地名が付いたのだと伝えています。

　流れ着いたのがちょうど年の暮れで、その箱を埋めたりして忙しく、餅をつくことができない。そこで、正月に餅の代わりにナマコを食べたということです。そういう伝説から、今でもナマコ餅つきという行事が大みそかにあります。昔は夜遅くにやっていたのですが、今は夜九時からです。箱崎の氏子が境内に集まって餅をつく。ついた餅をこねる場所まで運ぶのに、五人くらいで長い樫《かし》の棒の先に支えて持っていくのですが、途中で落としたら、その年は不漁といいます。うまく持っていき、ナマコのようにこねて、それを筥崎の神様に供えて新年を迎えます。

宮地　筥崎宮の境内に唐船塔《とうせんとう》という塚石がありますね。唐の人が日本妻と別れる謡曲の題材になっている碑ですね。

江頭　ええ。**祖慶**という唐の官人が捕われ、箱崎で牛飼いに従事しながら日本の女と結婚して十三年間過ごす。日本妻との間に二人の子どももできる。一方、唐にも残してきた男の子が二人いる。その子どもが父親を捜しに日本に来、巡り会って許されて帰っていく、という謡曲の筋ですね。謡曲では、子どもたちは宝物を唐から持ってきたとなっていますが、伝説では、お父さんが死んでいたらお墓にしようと石を持ってきた。その石があの唐船塔の石だと伝えています。

　それから、そばに**夫婦石**と書いた二つの石がありますが、戦前は一の鳥居の参道にあり、少し頭を出していました。その間を通ると親子とか、夫婦の縁が切れると言ってました。というのも祖慶が船で唐に帰るとき、あの石にとも綱を巻いたというのです。日本妻と悲しい別れをしたので、あの石の間を通ると縁が切れるというので、みんな「あそこは、通り抜けなんな」と親たちは子どもにやかましく言っていました。戦後、米軍が進駐してきて、ジープで通るのに邪魔になるからということで、唐船塔の横に移されました。

宮地　一の鳥居は長政建立と書いてあります。**黒田長政**ですね。あれは立派なものですね。

江頭　あの形式は全国で一つだけですから、国の重要文化財になっています。楼門は**小早川隆景**、ご神殿、拝殿は**大内義隆**で、結局、三代の筑前の支配者が並ぶ形になります。為政者の信心の深さとは別に、政治的にお宮にそういういいものを奉納することによって、お宮を通じて領地の民心をつかみたかったわけです。

チャンポンともピンポンとも

宮地　放生会に話を戻しますが、名物にチャンポンがありますね。

江頭　そうですね。天保三年（一八三二）、福岡の上名島（現中央区舞鶴）の醸造元・**小川宇平**がガラス製造を始めたのが、そもそもの起こりです。この人、なかなかきっぷのいい人で、失業者を裏に居候させていた。

　あるとき、ぶらぶらしている長崎から来た男に「何か芸はないのか」と聞くと「ガラスを作ります」と言う。そこで水玉かんざしや糸繰り、グラスなどを作り、放生会にはチャンポンを卸して人気を集め、「**びいどろ屋宇平**」と呼ばれました。チャンポンはあまりたくさんは作れないこともあって、放生会にだけ卸したので、たちまち名物として喜ばれたわけです。昔は、一メートル以上の大きさなものもありました。

宮地　音がいいですね。

江頭　ラッパのように、吹いたり吸ったりすると、薄い底がペコペコと音を立てますが、あれをチャンポン、チャンポンと聞いたのですね。耳で聞いたのだから、戦前にはチャンポンと言う人とピンポンと言う人がありまし

チャンポンの涼しげな音色は昔も今も変わらない。昭48年

た。同じおもちゃが江戸にも伝わって、**歌麿**《うたまろ》の描いた浮世絵に「ビードロを吹く女」というのがあります。「ポッピンを吹く女」と呼ばれた時期もあります。

戦後、**小川勝男**さんが復活されて、博多町人文化勲章をもらっていますね。復活したとき、マスコミがチャンポンと統一して呼んだから、ピンポン説は消えましたが、お年寄りの中には、ピンポンと言う人が今もおられます。

宮地　ポッピンというのは……。

江頭　それは江戸の言い方です。博多はチャンポンとピンポンです。

宮地　音のおもしろさが受けたのでしょうか。

江頭　ギヤマンあるいはビードロと呼ばれるガラス自体がたいへん貴重なものでしたから……。

宮地　では、大人のものだったわけですか。

江頭　そうです。高級なもので、幼児に買って与える、いわゆるおもちゃではなかったと思います。明治時代でも、芸者がお参りに来て旦那から大きなのを買ってもらい、大切そうに抱えて人力車で帰っていく情景が華やかだった、と語り草に残っているくらいですから、十人お参りに行って十人とも買えるような値段ではなかったと思います。

珍しい品物が放生会を目がけてやってくる

宮地　新ショウガも名物ですね。

西島　そうですね。放生会に博多の者が忙しくて参られないときは、近所の人が行ってきたおしるしにと、あの葉の付いた新ショウガを買ってきて配ってくれたものです。**海ほおずき**なども出てましたね。

江頭　水を張った入れ物に小さな木が浮いていて、それをひっくり返すとずらーと海ほおずき。楽しかったですね。あとからゴムのほおずきなどできてきました。

西島　キュー、キューと郷愁を誘うような音と、唇のビリビリする感じが何ともいえませんね。

宮地　ほかにおもしろいものといったら…。

江頭　**サーカス**。映画常設館というのは大正時代で、比較的新しいものなんです。それまでは**活動写真**にしても、**のぞきからくり**、**バナナのたたき売り**にしても、全部放生会を目がけてくるわけです。

明治のころ活動写真といってもたわいないもので、ちょこちょこと何分か動く程度で、それが初めて博多に来たのも、この放生会だったそうです。

今では全国どこに行っても同じようなものを売ってますが、戦前までは放生会でないと珍しい品物が来ない。たとえば、私たちの小さい頃では拡大器。映画女優のブロマイドに当ててエンピツを動かすと似顔絵がスースーと描けるんです。原節子とか桑野通子とか、霧立のぼるとか……。本当に描けると思って二十銭ぐらいで買って、やってみるけどうまくいかない。

西島　私はあれで描き始めたのが絵の勉強になった。

江頭　何の絵でも写せる薬というのもありました。新聞、雑誌の絵や写真に、くさい薬を筆で塗って強くこすると、何にでもベタベタ絵が写るんです。買った覚えがあります。素晴らしいものが、放生会には次々にありました。そういう点では、戦前の感激と興奮は今説明してもわからないでしょうね。

戦後、軍隊から復員して初めてストリップショーを見たのも放生会。ああ、平和がきたと思いましたよ。

西島　私は暗い所で白い紙でできた幽霊がピューと上がっていくのが珍しくって、じーと見ていた記憶がある。糸がつってあり、幽霊の切り紙を置くとピューと上がっていくのがわからなくって、珍しくって……。

宮地　カーバイトの明かりはいつごろまで。

江頭　戦後なくなりました。

宮地　独特のにおいですね。

江頭　白く光ってくさーくて、戦前の祭りのにおいですねえ。

社日参りのおみやげはタコ坊主

宮地　放生会の後、社日祭が続きますね。

江頭　ええ、博多の者にとっては社日祭も大切で、このときのお潮井（清浄な真砂）がいちばん効き目があるといいます。社日というのは、春と秋のお彼岸にいちばん近いつちのえ（戊＝土の兄）の日です。年に二回ありますが、放生会の後が秋の社日です。

宮地　だいたい何日ぐらいですか。

江頭　放生会の後、一週間目ぐらい、遅くても二十日目ぐらい。暦で決まるので必ずしも一定していません。つちのえの日で土の神様です。もともとは農耕の神様だといわれていますが、商売繁盛、無病息災などとも結び付いて、お潮井を取るわけです。テボ（竹かご）に入れて持ち帰り、門口につるします。家を新築するとき敷地にまいたり、病気が治ったとき部屋にまいたり、気分がふさぐとき座敷にまくような昔風のおじいさんもおりますよ。農村部では豊作を祈って田んぼにまいたりします。

おもしろいのは、中風にならないからと、社日ダコといってタコを食べますね。明治の末ごろ、博多奥の堂（御供所町）にいた小平《こへい》という人が放生会に、魚の煮付けなどを食べさせる煮出し屋を出した。ところが台風が吹いて、小屋は吹き飛ばされるし、お客は来ないし、大損して、ぼやっと箱崎の浜に立っていたら、台風で海岸にタコが打ち寄せられている。さっそく、これを社日に売り出そうと思いつくが、ただ売ってもつまらないので、「社日ダコを食べたら中気にならない」とキャッチフレーズを付けて売り、大当たりしたという話があります。

箱崎は電車通りを境に、近年まで海の岸側が浜部といって漁村で、岡部のほうが農村。タコが浜部の、ショウガが岡部の名物だったのでしょうか。

宮地　放生会も社日も、博多の生活に深く結び付いたお祭りなのですね。興味深いお話、ありがとうございました。

■江頭光氏　29ページ参照

［注］

※1　筑前名所図会＝奥村玉蘭著。江戸時代後期の文化・文政年間（一八〇四～一八二九）、筑前国内の街道筋の家並や風景、社寺を詳細に写生し俯瞰図にして年中行事や、神話、伝説を挿絵で解説したもの。十巻で構成

維新の母と呼ばれた女流勤皇歌人

野村望東尼

19

［お話］
檜崎　佳枝子
郷土史家

［聞き手］
西島　伊三雄
博多町人文化連盟 理事長

小山　泰
九州総合信用株式会社 社長

対談：昭和五十六年（一九八一）11月

"隣は何をする人ぞ"がきっかけに

小山　野村望東尼は歌人で、幕末に筑前の勤皇家として登場しますが、あまり知られていませんね。檜崎さんは望東尼の研究家としてご活躍ですが、お若いのに、彼女に関心を持たれたのはどういうことからですか。

檜崎　三年半ほど前に、平尾山荘の隣に越してきましたが、ちょうど大学の卒論に取りかかる時期でもあり、格好のテーマなので、かつて隣に住んでいた人のことを無性に知りたくなって、望東尼に取り組んだのです。それまで望東尼についての知識はほとんどありませんでしたから、九州大学の田村圓澄《えんちょう》先生と川添昭二先生のご紹介で、福岡県文化財専門委員の筑紫豊先生をお訪ねして教えていただきました。

小山　望東尼の研究は、ほかにどういう方がなさっていますか。

檜崎　現在は筑紫先生お一人と言っていいと思います。在野で語り継いでおられる方は、何人かいらっしゃるようですが。

西島　望東尼は、ボートーニともモトニとも呼ばれますが、どちらが正しいのですか。

檜崎　ボートーニと呼んだほうがいいでしょう。正式には招月望東禅尼《しょうげつぼうとうぜんに》です。ただ、出家する前の名前はモトですから、モトニと言う方も多いようです。

小山　それでは、本名は野村モトさんですね。調べていくうちに、どんどん惹かれていくような女性ですか。

檜崎　調べていくうちに、とても人間の幅が広く、教養があるうえに行動力もある、そして女らしさのある女性であることがわかってきました。

　筑紫先生に指導していただいた研究の取り組み方がたいへんに良かったと思います。ほかの研究者による文献にあたる前に、望東尼自身の手紙や日記を読むことから始めたのです。そこで彼女の真の姿、人間性に直接触れることができたと思います。というのも、東京にお住まいの野村家のご子孫、**野村肇一**《としかず》さんが福岡市立歴史資料館に寄託されていた六百点余りの手紙や日記を、同館のご厚意でじかに手にすることができたのです。手紙や日記には、悲しいとき、うれしいときの本当の気持ちがいちばん表れています。それを見ているうちに、自然にのめり込むように望東尼に惹かれていきました。

平尾山荘は勤皇家のアジトに

小山　感懐を素直に表現する人だったのですね。ところで、望東尼の理解のために、彼女の生涯を少しお話し願えますか。

楢崎　望東尼は文化三年（一八〇六）九月六日、福岡藩四百石取りの中級武士の三女として生まれます。父、**浦野重右衛門勝幸**は生け花などもたしなむ風流人で、母**みち**は百姓今泉氏の娘で、勝幸にとっては三人目の妻。最初の妻は離縁。二人目の妻は病みがちで、みちは当時、浦野家の下女でしたが、その妻は気立てのよい人で、みちに「私が死んだら、ぜひ後に……」と言っていたそうで、その言葉どおりみちは後妻となり、望東尼を生みます。

望東尼は十三歳で家老**林五左衛門**宅に行儀見習い奉公。十七歳で五百石取りの福岡藩士**郡甚右衛門利貫**《としつら》に嫁ぎますが、二十歳も年長の利貫とうまくいかず、半年余りで離婚しています。利貫は、七十歳になっても若いおめかけさんをも持っていたというほどのプレイボーイで、浦野家の話によれば、望東尼が連れていった女中に利貫が手を付けたのが離婚の原因らしいのです。望東尼も気が強かったのでしょう。二十四歳で、四百十三石取りの福岡藩士**野村新三郎貞貫**《さだつら》（三十六歳）の後妻になります。先妻には**貞則**《さだのり》、**鉄太郎**《てつたろう》、**雄之助**《ゆうのすけ》の三人の子があり、そのとき長男貞則はすでに十八歳でした。望東尼自身も四人の子を生みますが、皆幼いうちに亡くなります。先妻の子も、貞則は家督相続後に自殺し、鉄太郎もあまり長生きしていません。三男雄之助は**隅田九兵衛**の養子になりますが、成長後、脱藩して行方知れずになってしまいます。子どもにはあまり縁がなかったようです。

望東尼とともに、夫貞貫も歌が好きで、夫婦ともども歌人**大隈言道**《ことみち》の門に入ります。生涯の師、言道との出会いは望東尼二十七歳のときでした。この頃からの歌が後に、歌集**『向陵集**《こうりょうしゅう》**』**に収められることになります。

四十歳になると、家督は長男貞則に譲り、

年号	西暦	年齢	事項
文化三	一八〇六	1	九月六日、福岡城裏谷のお厩後に生まれる。
文政五	一八二二	17	石郡甚右衛門利貫に嫁ぐ。
文政一一	一八二八	23	10月、シーボルト事件。
文政一二	一八二九	24	野村新三郎貞貫の後妻となる。
天保三	一八三二	27	夫妻とも歌人大隈言道に入門。「向陵集」を書き始める。
天保七	一八三六	28	天保の大飢饉。
天保八	一八三七	32	2月、大塩平八郎の乱。
天保一〇	一八三九	34	5月、蛮社の獄。
天保一二	一八四一	36	5月、天保の改革。
弘化二	一八四五	40	7月、平尾の山荘に隠居。
嘉永七	一八五四	49	3月、日米和親条約締結。
安政四	一八五七	52	8月、大隈言道上坂する。
安政五	一八五八	53	6月、日米修好通商条約締結。9月、安政の大獄始まる。
安政六	一八五九	54	7月、夫貞貫没。8月、得度剃髪し招月望東禅尼となる。
安政七	一八六〇	55	3月、桜田門外の変。
文久一	一八六一	56	11月、陸路大坂に向かう。12月、大坂にて言道に会って後、京都に行く。大文字屋比喜多五三郎宅に宿る。
文久二	一八六二	57	1月、坂下門外の変。2月、和宮親子内親王、将軍家茂に降嫁。3月、太田垣蓮月尼を訪れる。4月、寺田屋騒動。平野国臣福岡桝木屋の獄に入牢。
文久三	一八六三	58	3月、朝命で、国臣出獄。6月、国臣と山荘で会う。
元治一	一八六四	59	6月、池田屋騒動。7月、禁門の変。平野国臣、京都六角の獄にて刑死。8月、第一次長州征伐開始。11月、高杉晋作博多に来、山荘に潜居。12月、高杉晋作挙兵。
慶応一	一八六五	60	1月、五卿太宰府延寿王院に入る 乙丑の獄、福岡藩勤王派閉門謹慎。10月、月形洗蔵他一四名斬罪、望東尼姫島流罪の命下る。加藤司書ら四名自刃、建部武彦、衣斐茂喜ら切腹。12月、「ひめしまにき」書き始める。
慶応二	一八六六	61	1月、薩長同盟成立。6月、第二次長州征伐始まる。9月、高杉晋作の手配により姫島脱出、下関竹崎の白石正一郎宅に着く。
慶応三	一八六七	62	9月、「防州日記」を書く。薩長連合軍の東上を送りに三田尻に赴く。10月、大政奉還。11月7日、三田尻にて没。六十二歳。曹洞宗正福寺で葬儀。12月、王政復古の大号令。
明治元	一八六八		

夫婦ともに平尾向岡《むかいのおか》の山荘に隠居します。息子たちも成人したので、花鳥風月を友に、歌人として自適の生活をしようというわけです。五十四歳のとき、夫貞貫を亡くし、博多明光寺で得度《とくど》剃髪《ていはつ》し、招月望東禅尼となります。二年ほどして突如上洛します。

西島　なかなか行動的なおばさんですね。

楢崎　そうですね。「生きているうちに帝《みかど》の御所を見ておきたい」「皇女和宮《かずのみや》のご降嫁を見たい」などと言っていたそうですが、その頃、大坂にいた師の言道に会いたいということもあったのでしょう。

小山　京都ではどういう方々と交友していたのですか。

楢崎　当時の一流の人たちと交友していますから、たいしたものですね。大坂では言道と再会し、京都では近衛家の老女で嵯峨の直指庵に隠棲中の**津崎村岡**や、女流歌人として、また手すさびの陶芸の蓮月焼で知られている**大田垣蓮月尼**《れんげつに》などいろいろな人に会う中で、京都で活躍していた諸藩の勤皇の志士とも知り合っています。これが文久元年（一八六一）から二年にかけてで、維新を七年後に控え、京都の情勢が最も緊迫していたころです。そういう情勢を目の当たりに半年余り過ごすことが、望東尼の晩年の勤皇思想に影響を与えたのでしょう。

小山　そこから勤皇歌人望東尼が出現するのですね。

楢崎　そうです。福岡に帰ってくると、京都の情勢を聞きたい**平野国臣**《くにおみ》や**中村円太**《えんた》といった筑前の志士たちが望東尼を訪ねてくる。彼らの上洛に際し、京の志士たちへ紹介してやったりする。そうこうして、平尾山荘が勤皇派のアジトになっていったわけです。

　山荘は、西鉄大牟田線平尾駅から歩いて七、八分の所ですが、城下からもさほど離れていない。まして望東尼は尼《あま》ですから、そんな大それたことに関わっているとも思われていない。そういうことで、山荘はいい隠れ蓑《みの》になってしまうのです。**高杉晋作**《しんさく》も元治元年（一八六四）に長州から逃れて平尾山荘に一週間ほど潜居しています。

　慶応元年（一八六五）に福岡藩は、**加藤司**《かとうし》**書**《しょ》以下の勤皇派を一網打尽に弾圧して処刑します。（乙丑《いっちゅう》の獄）望東尼は女性だからということで、芥屋の近くの姫島に流されます。獄中、『**ひめしまにき**』を書いています。翌慶応二年九月十六日に高杉晋作は、かつての恩義に報いるため、福岡藩を脱藩し奇兵隊に入っていた**藤四郎**《ふじしろう》ら六人を姫島に送って望東尼を救い出し、船で下関まで連れていきます。

　しかし残念なことに、高杉晋作は翌年、望東尼にみとられて亡くなっています。この時、晋作が辞世に〝おもしろきこともなき世をおもしろく〟と上の句を詠み、望東尼が〝すみなすものは心なりけり〟と下の句を添え、晋作が、「おもしろいのう……」と言って息を引き取ったのは、よく知られている話です。その後、望東尼は山口から三田尻へと移り、薩長連合軍の東上を送るため、防府天満宮に七日間の断食祈願をし、やがて病にかかり三田尻で慶応三年（一八六七）十一月、波乱に富んだ六十二年の生涯を閉じるのです。

望東尼にとって生活はすなわち歌

西島　勤皇家としての活動は、京都に行ってからということですが、それまでは歌人だったのですね。

楢崎　彼女の生涯を通じてのものは歌を詠むことで、歌を詠まないときはありません。京に上る前、五十五、六歳ぐらいまでは勤皇家と呼べる活動は全くしていません。現在、彼女が勤皇家といわれるのは、晩年の六年間ぐらいを指しています。

小山　歌人としては、勤皇活動で世に知られる前から有名だったのですか。

楢崎　望東尼が師事した大隈言道は、今でこそ近世和歌史を代表する人といわれていますが、当時は、歌壇に認められない新派的存在でした。ですから、望東尼も全国的に有名であったというわけではありません。しかし、言道はたくさんの門下の中からただ一人挙げるなら望東尼だと、たいへん彼女のことをか買っていました。

小山　言道には勤皇思想の背景はないのですか。

楢崎　言道は望東尼が亡くなった翌年、慶応四年（一八六八）に七十歳で亡くなります。言道は生涯勤皇思想は持っていません。そこで晩年、望東尼との間に感情の齟齬《そご》を生じたと、よくいわれます。しかし、私はそのようなことは決してなかったと考えます。望東尼にとって、やはり言道は生涯の師であったでしょう。

小山　望東尼は美人だったと聞きますが。

楢崎　若いときは、「じょうもんさんのしゃれもんさん」など、いわれていたという逸話があります。山荘公園の銅像は、矢田一嘯《やたいっしょう》が描いた絵をもとに造ったものです。

小山　望東尼の歌はどんなものですか。

楢崎　日常生活そのものを歌に詠むのです。お茶わんがあればそれを、カタツムリがはっていればそのさまを。悲しいとき、つらいとき、うれしいとき、いつでも歌を詠んでいます。師の言道は、現実主義、個性主義に徹した平淡軽妙な歌風で、清新さにあふれていますが、望東尼もその影響を受けて、嘱目《しょくもく》をそのまま詠み込むものが多いのです。夫貞貫が亡くなったときも、一糸乱れない態度で歌を詠んでいます。この世の愛別離苦の一切を、歌を詠むことで超越できたのでしょうか。彼女の平常心は歌で養われていたのではないかと思います。

西島　ありのままを詠んで、あまり装飾しないのは、博多らしい……（笑）。

小山　すると今読んでもすんなり受け取れる歌でしょうね。

楢崎　言道の影響でしょうけど、わかりやすい歌が多いですね。

小山　どんな歌がありますか。

楢崎　自分の住んでいる山荘を詠んだものでは、夫婦で風月と歌をともに暮らしている静かさが読み取れますね。それから、

「いのちにもかけたる梅の花を見て
老《おい》ののぞみも月が瀬の里」

「もののふの大和心《やまとごころ》をよりあはせ
ただ一すぢの大綱にせよ」

「もろともに住む人あれど有明の
月まつ虫ぞ友となりける」

昭30年撮影の望東尼幽居跡の碑。姫島で大切にまつられている

お人よしの夫と強い性格の師

西島　初めに、彼女の筆稿から読み始めたと言われましたが、昔の人の草書体をよく読み取れますね。たいへん努力されたのでしょう。

楢崎　それまで変体仮名に触れるチャンスは全くありませんでしたし、こんなミミズが並んだようなくねくね文字にはお手上げで、最初のころは全然読めませんでした。決心したものの、どうなることかと心配でしたが、根気よく彼女の筆と付き合っているうち次第に読めるようになってきました。読めるようになると、望東尼の字がとてもきれいな書であることもわかってきました。

小山　読まれた手紙は何歳くらいのときからのものですか。

楢崎　二十代後半くらいからのものです。

小山　恋文の類はありませんか。

楢崎　夫の貞貫とは夫婦仲が良く、恋文を書くような相手はどうもいなかったようです。大隈言道に入門したのが望東尼二十七歳、貞貫三十九歳の時で、言道は三十五歳です。貞貫は〝三年やればバカだ〟といわれる足軽頭を十三年も勤めたようなお人よしという感じですが、言道は正反対で、自分の考えたことは人が何と言おうとやり通すという強い性格の人でした。性格の違う三人はたいへん仲が良く、言道は平尾山荘によく遊びに行ってい

ます。
　月のきれいな夜、戸をたたく音がする。誰かと思って開けてみると、言道が酒を持って立っている。そこで三人で夜が明けるまで酌み交わし、歌を詠み合った。そんなことが日記に書いてあり、三人がよく一緒だったことがうかがえます。
　今度出版した『向陵集』は、望東尼が二十七歳で言道に入門してから、六十歳で姫島に流される前までの、日記兼歌文集です。その中で言道の名と貞貫の名の出てくる頻度を見ると、言道のほうが多い。そういうことから、望東尼にとって言道はひじょうに大きな存在だったと考えられます。
西島　手紙や日記をずっと読んでいかれるうちに、楢崎さん独自の望東尼像ができてくる。これまで誰も気付かなかった望東尼像も発見されるものですね。
楢崎　どうでしょうか。ただほかの研究者の方の望東尼伝などから入っていくと、どうしても外から望東尼を眺める姿勢になるでしょうね。直接彼女自身の筆のものに触れていくと、たとえば獄舎の生活が実感として、「つらかろう」「悲しかろう」、あるときは「うれしかったろう」と感じ取れる。歌の生命も読み取れるのですね。生身の望東尼に触れることができるわけで、この行き方で私は、望東尼の魅力のとりこにされてしまったのでしょう。歴史の研究は、やはり原資料に直接あたるのがいちばん大切だと思います。
小山　言道は、博多の生んだ近世の大歌人ですね。でも、私たちはよく知らない……。
楢崎　寛政十年（一七九八）に博多に生まれ、明治元年（一八六八）まで、幕末激変の時代に生きた歌人です。商家の生まれで、**二川**《ふたがわ》**相**《すけ》**近**《ちか》に和歌と書を、漢学を**咸宜園**《かんぎえん》で有名な日田の**広瀬淡窓**《ひろせたんそう》に学び、独自の歌風を確立したのは三十五歳ごろからです。四十歳近くになって弟に家督を譲り、今泉村の**池萍堂**《ちへいどう》（ささのや）に隠棲し、作歌活動にいそしんでいます。号を萍堂《へいどう》といっています。
西島　池萍堂は今ものこされていますか。
楢崎　保存の声が多かったそうですが、取り壊されてしまって残念です。今では今泉公園に碑がのこっているだけです。言道の歌は、初めは異端視されていましたが、現実主義の平明な歌風が次第に注目されるようになり、安政四年（一八五七）に大坂に上ったときには、師事する人がたくさんありました。**緒方**《おがた》**洪庵**《こうあん》なども言道に歌を習っていたそうです。
西島　平尾山荘で、望東尼と勤皇の志士たちとは、どんなつながりだったのでしょう。
楢崎　自分の子に次々早逝されていますから、二十歳からせいぜい三十歳前までの志士たちを子どものように思っていたのでしょうね。望東尼は五十代後半、当時ではもうおばあさんですから、母性愛を志士たちに注いで、食事やお酒など、あれこれと世話を焼いてやったのでしょう。
　そこで、「彼女は縁の下の力持ちであって、思想的には何もない」と言われることがありますが、私はそうは思いません。手紙を実際に見ていると、ただ志士をかわいがるだけでなく、志士たちの暴挙を戒めたり、非難したりしている。京都の情勢なども実に正確に捉えています。
小山　その頃、例の**三条実美**《さんじょうさねとみ》らの**五卿**が流されて太宰府に来ていますね。彼らとは、何か往復はありましたか。

没後150年を記念し、高杉晋作と望東尼を彫った記念碑が平尾山荘に建てられた。平29年

楢崎　文久三年（一八六三）八月に、尊攘派の公卿七名が京から長州へ逃れた、いわゆる**七卿《しちきょう》落《お》ち**ですね。そのうち、五卿が太宰府に移されていました。当時の五卿は、尊皇攘夷のシンボルのような存在でしたから、望東尼はとても会いたがっていました。太宰府の**信全法印**が勤皇の志士を庇護していて、望東尼とも面識があったので、その伝手《つて》で会おうとしています。ある雨の日など五卿が幽閉されている延寿王院《えんじゅおういん》に、梯子《はしご》を掛けて入り込もうとしますが失敗。たいへんな行動力ですね。別の機会に会うことができますが、そのときの喜びはたいへんなもので、これまで勤皇活動をやってきたかいがあったというような歌を詠んでいます。

まどひつつ老のさかぢをのぼりきて
ただしき道となるぞうれしき

姫島脱獄を高杉晋作が援助

小山　福岡藩の勤皇活動とその取り締まりによって、望東尼が姫島に流された事件までの概要を、お話しいただけませんか。

楢崎　尊皇思想がまだ日の目を見ていないころ、筑前では平野国臣が口火を切って活動を始めるのです。国臣は、**西郷隆盛**や勤皇僧**月照**たちと親交があり、文久二年（一八六二）、寺田屋事件のとき、福岡藩主**黒田長溥《ながひろ》**に決起を促して、投獄されます。翌年許されて後、脱藩し京で攘夷親征運動に参加するのですが、頼みの長州が薩摩、会津のクーデターで京から追われて挫折。七卿の一人、**澤宣嘉《のぶよし》**を担いで、但馬に兵を挙げます。失敗して捕らえられ、元治元年（一八六四）京都六角の獄で処刑されます。三十七歳の若さでした。

文久二年（一八六二）五月に望東尼が京都から帰ってきたとき、国臣は藩主に忌避され、福岡桝木屋の獄につながれていたのですが、その国臣に激励の手紙を書いています。そこで国臣が出した返事が有名なこより文字です。国臣は文久三年に出獄を赦されると、平尾山荘を訪れています。その後脱藩して京に上るのですが、山荘で望東尼が贈った送別の歌がのこっています。

うれしさと別れ惜しさをいかなれば
ひとつ心におもひわくらん　望東尼

忍ひつつ旅立ちそむる今宵とて
山かげ深き宿りをぞする　国臣

当時の福岡藩主黒田長溥は、薩摩からの養子で蘭癖大名といわれるほど開明的で英明な殿様だったのですが、代々幕府とのつながりも深く、徳川中心の考えが抜けず時代の流れが見通せなかったのでしょう。藩の勤皇派の声に耳を傾けたかと思えば、幕府側に付いて志士を弾圧したりする。元治元年（一八六四）禁門の変で長州が敗れ、幕府が長州征伐を発令すると、幕府から疑いかけられるのを恐れて幕府側に付く決意を固め、勤皇派を処罰してしまいます。それが慶応元年（一八六五）の事件です。家老の加藤司書は自刃。そのほかの志士も斬罪。望東尼は姫島へ流されるのです。

小山　それを、高杉晋作が助けるのですね。

楢崎　晋作が長州の俗論党に追われ、福岡にいたのは元治元年（一八六四）に山荘にかくまわれた二週間ほどにすぎません。そのときの恩義を忘れないで、望東尼を救援するのですが、誠に風雲児の面目が表れていますね。

晋作は、救援に藤四郎ら六人の部下を差し向けます。藤四郎ら二人は定番役の所に行き、藩からの特別のご沙汰が出て牢を出ていいようになったという内容の書状を見せて押し問答する。別の二人は獄舎へ走り、途中で工事をしている家の掛矢《かけや》を持ち出して牢の錠を壊し、望東尼を救い出す。望東尼は長年座ってばかりの生活で足腰が弱っているし、突然のことなので驚いて腰が立ちません。そこで望東尼を背負って船へ走ります。合図の鉄砲を打つと、定番役と押し問答をしていた二人は、「また出直して来よう」とさっさと退散する。そして下関まで船で連れて行くのです。定番役が抱え大筒を持っておっかけたときには、船は沖へ出てしまっている。定番役を欺くために、初めはちょっと壱岐のほうに向かい、途中で下関へ向きを変えます。

西島　よく逃げられたものですね。

檜崎　まさか、望東尼を助けるものがいるとは考えていなかったでしょうから。

板敷きに風が吹き抜ける獄舎

西島　姫島の牢に行ってみましたが、あんな所でつらい生活だったでしょうね。

檜崎　望東尼が描いた獄舎の絵を見ると、今再現されている獄舎よりも粗末なものだったようです。板敷きにござを敷いているだけで、周囲も隙間だらけの格子で、着物で風を防いでいたといいます。望東尼はすでに六十歳ですし、体も丈夫ではなかったので、たいへんだったでしょう。流された当初の日記『**ひめしまにき**』を見ると、生きているに忍びない、悔しい、いっそのこと殺してほしいというような悲愴一色のものです。それがしばらくすると孫にもう一度会いたいというふうに明るさが見えてきます。

西島　食事はどうしていたのでしょう。

檜崎　島で三軒ほど藩が賄方《まかないかた》を決めて、食事を持って来させていました。そのほか差し入れもあったようです。

小山　牢から手紙を書くことはできたのですか。

檜崎　禁じられていますが、島の人が紙などを差し入れ、また書かれた手紙をこっそりと望東尼の実家に届けてくれていたようです。

　初め島の人々は、「こんなおばあさんがいったいどんな悪いことをしたのだろう」と、うさんくさげな目で見ていました。子どもが珍しげに寄ってくる。望東尼も子どもに差し入れのお菓子をやったりして、だんだん打ち解けてくる。望東尼はそのために実家には、「島の誰それにあげなければならないから」と、あれこれを送ってくれるように依頼の手紙を送っています。そうしているうちに、島の人たちも歌を詠む望東尼に短冊を書いてもらい、代わりに差し入れをするといった交流もでてきます。

　また昔、望東尼の弟がこの島で定番役をしていたことがあり、それを知ってなんやかやと持って来てくれたりしたそうです。お正月など、腐るほどお餅を持って来てくれたそうで、「ネズミの取り分だけは取ったけれど、残りはどうしようもない」とおどけた文章も見られます。

ますらをのこに劣りやはする

小山　日記や手紙には、博多の町の様子などは書かれていませんか。

檜崎　勤皇関係の手紙は、晩年になってからですから、それまでの手紙には歌仲間との生活に関するものが多いですね。歌仲間と月に一回「円居《まどい》」をやっています。「月を惜しむ会」ということで、平尾山荘や大隈言道の隠居宅であるささのやや、誰それの家と、月ごとにあちこちに集っていました。だからのこっている手紙の多くは、「今度の歌会は何某の所でやろう」と言ったものです。

　当時の福岡の武士は、ほとんど**藤田正兼**《まさかね》という武家出身の歌人に入門していました。一方、言道に師事した者は、望東尼のような武家の者もいれば、医者の妻などいろいろな階層の人がいました。

小山　そうした平穏な生活をしていて、まして女人の身で、どうして藩主に反する勤皇思想を持つようになったのでしょう。

檜崎　背景には、やはり和歌がありますね。和歌を詠むことは国学思想につながり、ひいては勤皇思想に結び付いてゆきます。勤皇家、平野国臣も一流の国学者です。

　望東尼の若い頃詠んだ歌の中にも、国を憂える思想は見られます。それは歌人ならたいていの人が持つ程度の思想ですが、望東尼の場合、何といっても京行きの体験がその思想に大きな影響を与えたと思います。誰か一人の影響を強く受けたというのではなく、沸騰している京の情勢と、**馬場文英**や大田垣蓮月尼など数人の勤皇家との出会いが彼女に影響を与えたのだと思います。

小山　檜崎さんが出された『**向陵集**』は望東尼自身が題したものですか。

楢崎　昔、平屋山荘の辺りを「向の岡《むかいおか》」や「向陵」と呼んでいて、望東尼が自分で名付けたものです。
小山　歌は何首くらいありますか。
楢崎　たいへんな数です。今度出した本だけで千八百五十首ほどです。何を見てもすぐ歌に詠みますし、人に書いてあげた歌もかなりあります。
小山　その中で、いちばん望東尼らしいと思われる歌は……。
楢崎　私が好きな歌は、

ひとすじの道を守らばたをやめも
ますらをのこに劣りやはする

です。女も一筋の道を守りさえすれば男に劣るものでしょうか、といった歌です。
小山　晩年の作ですか。
楢崎　いいえ、勤皇活動をする前のものです。「若き女の戒めになる歌を」という詞書があります。
小山　昔からそういう歌を詠んでいたことで、後年の活動がわかるような気がしますね。
楢崎　望東尼のところに血気盛んな勤皇の志士が、それほど多く集まってきたというのは、彼女に何か大きな魅力があったのでしょう。私は、そこにいちばん興味があります。幕末に一個の独立した人間としての自覚を持ち、登場した女性は意外に少ないのです。訪ねてきた若い志士たちも、時には彼女を「先醒《せんせい》」と呼んだりしています。ただ単にお母さん的な役割だけではなかったと思います。望東尼の人間性や知性が、人を惹き付けて離さなかったのでしょう。

一人の〝多感な女性〟に惹かれて……

小山　たとえば、彼女が勤皇活動に登場せず、高杉晋作とのエピソードもなく、平野国臣とも知り合わなかったとしても、やはり生き生きとした魅力的な女性ですか。
楢崎　ええ、手紙を読んでいると、歴史上で果たした役割などよりも、彼女が妻として、母として、一人の女性として、こういうふうに生きてきたということに惹かれます。
　たいへん器用な人で、懐紙入れや財布などをはじめ、孫の具足なども作っています。字もきれいで、絵も得意ですね。福岡には、昔「おきあげ」というはめ込み細工があり、今でも羽子板などに使われていますが、それにも巧みでした。京では、その「おきあげ」作りで滞在費を捻出していたようです。これらの作品は福岡市立歴史資料館にあります（対談当時）。
　望東尼は歌文に書画に手芸に諸人との交際にと、いずれの面においてもその持てる天分を遺憾なく発揮することのできた才女であったと思います。そして、それは彼女がその裏面においてまさに〝多感な女性〟だったからではないかと思います。
小山　お話を伺って、これまで歴史の中のエピソードとしてしか知らなかった野村望東尼が、確かに「生きていた」一人の女性だという実感が湧きました。興味深いお話、ありがとうございました。

■**楢崎　佳枝子氏**
昭和五十四年（一九七九）九州大学文学部卒。在学中より筑紫豊氏の下で野村望東尼研究に取りかかる。福岡地方史研究会を研究の拠りどころとする傍ら、福岡女性史研究会を主宰。五十六年（一九八一）に望東尼著『向陵集』を校訂、出版（文献出版）。現姓・谷川。

戦国武将と博多 20

［お話］
吉永正春　地方史研究家
［聞き手］
西島伊三雄　博多町人文化連盟 理事長
中村治一　福岡相互銀行 総務部長

対談：昭和五十六年（一九八一）十二月

西島　戦国時代というとすぐに、謙信や信玄、信長、秀吉、家康といった中央制覇を狙ったエースたちの話になってしまうのですが、博多の戦国時代はどうだったのでしょう。

吉永　博多は海外貿易港で、富の拠点でしたから、西国の武将たちは博多を手に入れようと争奪戦を演じていますが、博多の市中には武威を象徴する城が造られていません。そこに博多の特殊性があると思います。博多の戦国時代というと、地元の人たちでも、秀吉が島津攻めに来て、博多再興を図ったことぐらいしか知らないでしょう。

中村　戦国時代はいつまでをいうのですか。

吉永　普通は応仁の乱が始まった応仁元年（一四六七）から、秀吉が島津攻めをする天正十五年（一五八七）までの約百二十年を指します。この間の博多の支配者は大別すると、文明年間（一四六九～一四八七）の前半が大友・少弐《しょうに》の分領時代、同後半から天文二十年（一五五一）までは大内時代、それ以後は天正六年（一五七八）ごろまでは大友時代、その間大友・毛利、大友・龍造寺の抗争を経て島津の進攻、秀吉の島津攻めとなります。

西島　目まぐるしく支配者が変わって、たいへんな時代ですね。

吉永　そうです。とにかく戦国時代は、生き残るために最善を尽くして競い合う。その火花が四百年たってみると、ロマンでもある。戦国武将たちの人間像が生き生きとする戦国末期に、博多周辺を舞台に活躍した武将たちを取り上げてみましょう。

博多を二百五十年間支配した少弐氏

西島　まず少弐氏ですね。本拠は筑前大宰府ですか。

吉永　ええ。少弐氏は、藤原秀郷《ひでさと》の子孫の武《む》藤資頼《とうすけより》が鎮西奉行として下向し、大宰少弐に任ぜられてから、少弐を名乗っています。大宰府を本拠に、筑前、肥前、豊前、壱岐、対馬まで勢力を広げていたのですが、次第に勢いが衰え、文明十年（一四七八）ごろには大内氏に大宰府を追われ、肥前、対馬を転々と流浪し、〝流れ大名〟といわれます。

中村　対馬では宗氏を頼るわけですか。

吉永　宗氏は少弐の守護代として、対馬島を支配した豪族で、少弐氏のため涙ぐましいほど忠誠を尽くします。対馬は所領が少ないので、博多、つまり少弐氏と結び付く必要がある。逆に、少弐は朝鮮貿易のためには、宗氏の仲介がいる。お互い不可分の関係にあったといえます。龍造寺氏も少弐の幕下で、宗氏が少弐にとって「手」であれば、龍造寺《りゅうぞうじ》氏は「足」といえます。龍造寺は肥前の土豪で、文治元年（一一八五）藤原季家《すえいえ》が佐嘉郡龍造寺村の地頭職に任ぜられてからこの姓を名乗っています。

天文十四年（一五四五）、少弐は、龍造寺が敵の大内と通じているというデマを信じて龍造寺の主だった者を惨殺したので、龍造寺は大内に付いてしまいます。また宗氏にも疎まれて、少弐は文字どおり手足をもがれて動きが取れなくなる。これが少弐の衰亡を早めたといえるでしょう。永禄二年（一五五九）少弐冬尚《ふゆひさ》は**龍造寺隆信**《たかのぶ》に敗れ、滅亡します。

中村　少弐が博多を支配したのは何年間ぐらいですか。

吉永　初代資頼《すけより》から**政資**《まさすけ》まで約二百五十年間。博多という都会が少弐の器には大きすぎたのでしょう。朝鮮との貿易にしても、鉄や綿などかなりの実績を誇りながら、権勢にあぐらをかいて民心をつかめなかった。政資の全盛期は十年程で、末路は哀れです。多久の専称寺でひっそりと果てています。その孫の冬尚の代で滅亡します。少弐氏の墓も数カ所しか所在がはっきりしていません。

〝長篠の合戦〟より六年早い鉄砲戦術

西島　その頃の九州の勢力は……。

吉永　明応から天文年間（一五三二～一五五五）の九州は、豊後の大友と周防の大内が二大勢力で、薩摩の**島津**は立ち遅れ、少弐がわずかに大友や肥前方面の諸豪の支援で、反大内闘争を続けている状態でした。

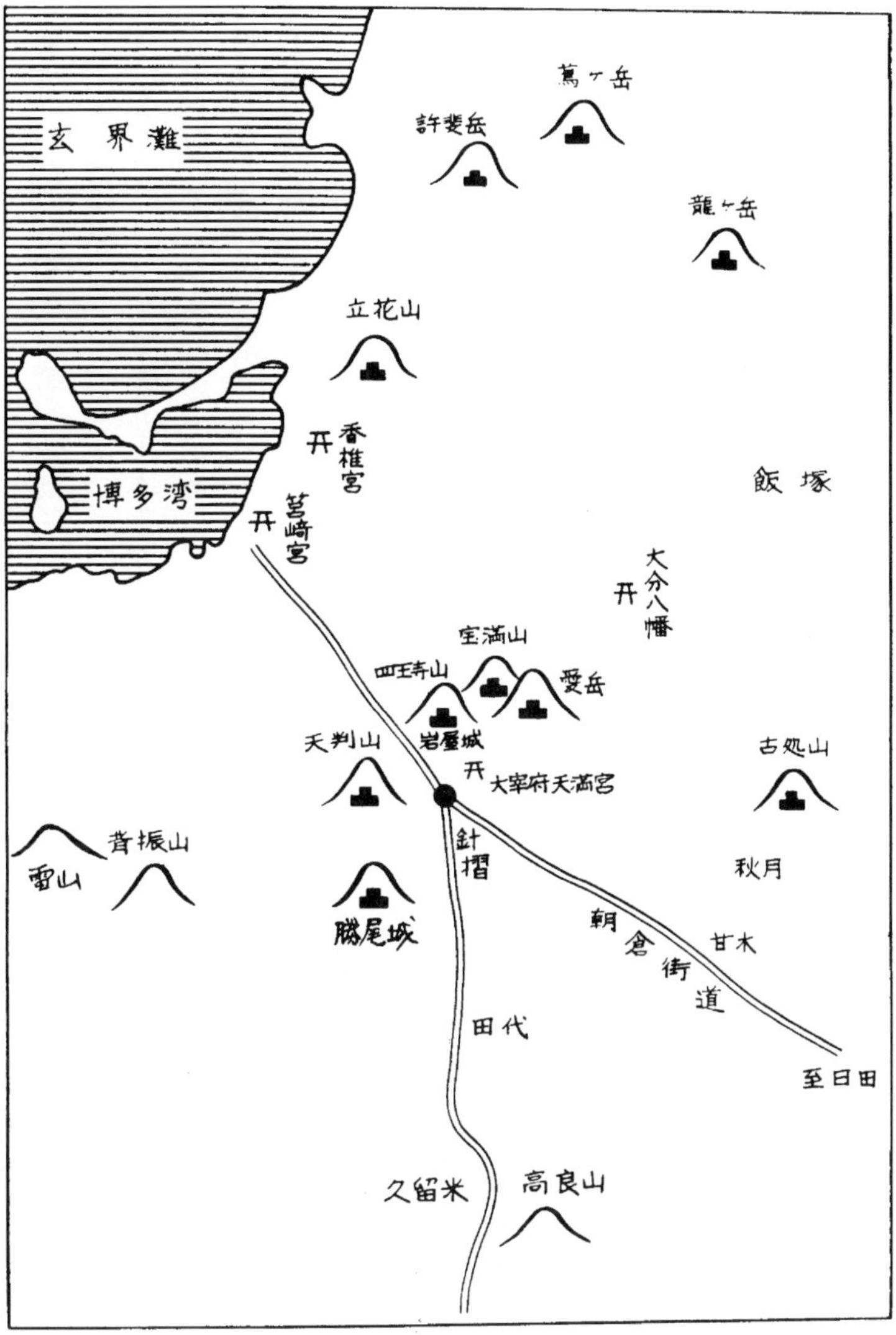

大内氏は、本拠を山口に移してから強大となり、**義弘**の時代から明や朝鮮との貿易で富み、**義隆**に至って七カ国守護を兼領し、文化的にもキリスト教布教を認めるなど開明的な政治を行いました。大内氏は少弐氏に続いて博多を支配しましたが、天文二十年（一五五一）大内義隆は家臣の**陶晴賢**《すえはるかた》の反逆に遭い、長門大寧寺で自害し、滅びます。その陶氏を倒して大内の遺領を継ぐのが毛利氏です。毛利は安芸吉田荘の一地頭職でしたが、初め尼子氏に、次いで大内氏に属し、大内義隆を討った陶氏を倒して周防、長門の二国を握り、やがて尼子を滅ぼして中国（山陽・山陰道）七カ国の大大名に成長するのです。

西島　鉄砲も九州が早かったのでしょう。

吉永　そうです。天文十二年（一五四三）ポルトガル船が種子島に漂着して鉄砲が伝わります。天文年間最大の出来事だといえますね。

それまで騎馬戦を主体とした、首取り合戦だった戦術が、鉄砲によって大きく改革されます。伝来から二十六年後の永禄十二年（一五六九）に行われた多々良川の合戦で、毛利は鉄砲で大友を圧しています。信長、家康軍が、鉄砲隊で武田勝頼を破る、長篠の合戦が天正三年（一五七五）だから、それよりも六年も前のことです。いかに早く鉄砲を取り入れたかがわかりますね。

中村　毛利氏の九州進出はいつ頃ですか。

吉永　弘治三年（一五五七）、大内義長《おおうちよしなが》を討った後で、永禄初頭から進出開始ということになります。大友・毛利両軍は、門司城を挟んで激しい攻防戦を展開。世に門司合戦として知られています。

西島　どちらが勝ったのですか。

吉永　全体的に見ると毛利。しかし大友は、実戦の不足を外交戦でカバー。幕府に献金をして仲介を頼み、優位な講和を取り付けます。その結果、永禄七年（一五六四）毛利は、せっかく奪った豊前の要衝松山城を大友に返すなど、不利な条件をのみます。

西島　これで毛利は九州から手を引くわけですか。

吉永　いいえ。永禄九年（一五六六）毛利元就《もうりもとなり》は山陰の尼子を降し、後方の憂いを断つと、再び九州をねらって各地の情勢を探っています。かねてから宗麟を快く思っていない筑前宝満城督、高橋鑑種《あきたね》を味方に引き入れる。父を討った大友を不倶戴天《ふぐたいてん》の敵と狙う秋月もこれに呼応、原田、筑紫、宗像、麻生らの諸豪と結んで、反大友戦線を結成させます。永禄九～十一年にかけて豊筑の各地で大友への反旗が翻りました。

そむく鑑種　支える紹運《じょううん》

中村　宗麟への不満が大きかったのですね。

吉永　鑑種は大友一族で、初めは宗麟に忠誠を誓っていたのですが、宗麟の私行の乱れや、家政の紊乱《びんらん》に嫌気が差したことや、毛利攻めを命じられ、武門の誉れと周辺の諸豪を語らい成果を挙げていると、急に中止となって面目を失うなど、いろいろのことがあって、宗麟不信となったのですね。

　糸島でも高祖城の原田親種《ちかたね》、永禄十一年（一五六八）の春には一族の立花鑑載《あきとし》が立花山上に反旗を掲げ、筑前がまた争乱に巻き込まれます。このとき立花支援のため毛利軍は糟屋（粕屋）まで押し寄せ、原田勢も加わって、立花山の東西の城には一万もの兵があふれたといいます。宗麟は「憎っくき鑑載め！」と、戸次鑑連《べっきあきつら》、臼杵鑑速《あきすみ》、吉弘鑑理《あきまさ》の大友三老に兵三万を預け討伐に差し向けます。立花城は敗れて鑑載は憤死し、秋月種実《あきづきたねざね》は降伏、高橋鑑種も二年近く籠城しましたが、毛利勢が急に撤退したので永禄十二年（一五六九）に進退極まって降伏します。

　宗麟は重臣一万田氏の請いで一命を助け小倉へ移しますが、のち一族吉弘鑑理の二男、弥七郎鎮理《しげまさ》に高橋家を継がせています。これが高橋紹運《じょううん》となる人です。鑑種には秋月から迎えた養子元種がいましたから、別家を立てた形ですが、鑑種は後にまた背き、反乱のうちに病にかかり、天正七年（一五七五）、五十七歳で亡くなります。養子の元種も、実家の秋月とともに徹底的に大友に反抗しますが、別家を立てた高橋紹運は、彼と前後して立花城に入った立花道雪《どうせつ》とともに衰退の大友家を支えて奮闘するのです。戦国の悲哀を感じますね。

中村　なぜ、毛利は撤退していったのですか。

吉永　それは大友の奇抜な作戦のためです。宗麟は、大内家再興に燃える大内輝弘を利用することを思い付くのです。

　大内義興《よしおき》（義隆の父）は家督争いから、弟の隆弘を殺す。そこで隆弘の子輝弘は豊後に亡命していました。

　宗麟は足利将軍家から、大内相続の認可状を預かっていたので、輝弘にそれを与え、手兵六百人を付けて周防に上陸させ山口へ進撃させます。毛利は、主力軍の小早川隆景《たかかげ》や吉川元春《きっかわもとはる》を筑前に送り込んで本国は空っぽ。永禄十二年十月「輝弘、高嶺城《たかみね》（山口）奪回す」の知らせに、毛利は筑前どころではなくなる。

そこで、せっかく手に入れた立花城を放棄し、宝満城を見捨てて関門を渡り撤退し、輝弘攻略にかかるのです。

進攻の直前に洗礼を受ける宗麟

西島　毛利の帰国後は、大友の全盛ですね。
吉永　ええ、天正六年（一五七八）耳川の合戦までの十年間くらいが、大友全盛期です。
中村　筑前各地のその後は……。
吉永　宗麟は、筑前擾乱《じょうらん》に懲りて元亀元年（一五七〇）五月、高橋鎮種（紹運）を筑前宝満、岩屋城督に、翌年正月、戸次鑑連を筑前立花城督に任じます。鑑連五十六歳のときで、これより**立花道雪**と名乗ります。九州全体を見ると、島津義久がようやく薩摩、大隅、日向の三州統一を果たし、豊後の大友と肥前の龍造寺、この三家が鼎立《ていりつ》状態をつくっています。
　島津義久には**義弘**、**歳久**、**家久**の弟がいてみんな知略に優れた勇将ですが、四兄弟が一丸となって統一の偉業を果たし、九州制覇の道へと突き進むのです。
西島　九州分け目の決戦が始まるわけですね。
吉永　天正六年（一五七八）十月、ついに大友と島津は日向の高城、耳川でぶつかります。島津が島津軍法で思想的に一枚岩で固まっていたのに対し、大友はちぐはぐです。宗麟は進攻の直前、臼杵でキリシタンの洗礼を受け、ドン・フランシスコというクリスチャンネームをもらっています。宗麟四十九歳の時で、彼はこの戦いに宣教師を同行させ、道々在来の神仏を破壊してはばからない。軍中が動揺し士気が阻喪《そそう》するありさまだったそうです。
西島　耳川での戦いは、大友の惨敗ですか。
吉永　高城での戦いが勝敗の分かれ目で、初めは大友が勝っていたのに、撤退する薩摩軍を見て、攻めかかられると錯覚した大友の別軍が退却。それで全軍浮き足立って敗走してしまうのです。でも、いちばんの敗因は宗麟の統率力のなさでしょう。キリシタン入信による家臣団の対立がくすぶったまま日向へ出兵したこと、島津の戦力を侮り、援軍を出さなかったことなど、敗れるべき要因が多すぎました。

筑前三名将　道雪、紹運、宗茂

中村　耳川の敗戦後、筑前ではまた大友に対する反乱が各地で起こるのでしょう。
吉永　古処山の秋月種実、五ケ山の**筑紫広門**らが、肥前の熊と恐れられていた龍造寺隆信と呼応して立ち上がります。これに対し、宗麟幕下の高橋紹運は立花道雪と共に御笠郡針《はり》摺《すり》峠（現筑紫野市針摺）に打って出、柴田川を挟んで対陣。天正六年（一五七八）も終わろうとするころです。寡兵でありながら紹運、道雪は、逃げると見せかけて囲み込む作戦で、種実を退けてしまいます。後にも種実や広門の来襲を紹運は奮戦して破っている。
　衰運の大友を見捨てなかったのは立花道雪と高橋紹運の二将だけです。節義を重んじない風潮の中で、珍しいまで気真面目で、部下を愛し、しかも戦術に勝れている、立派な武将です。
中村　彼らのような名将が、筑前にいたことさえ知られていないのは残念なことですね。
吉永　高橋紹運とその息子立花宗茂とその養父となった立花道雪、この三者は実に爽やかな武将ですね。現在の企業の中でも、自分の

高橋紹運 400 年祭。昭和 60 年

運命を企業と共にするという自覚を持った人は、どれだけいるでしょうか。

西島　そのころの筑前は戦乱ばかりでめちゃめちゃですね。大友家はまだ宗麟ですか。

吉永　天正七年（一五七九）一月、嫡子**義統**《よしむね》に家督を譲っています。耳川敗戦による家中の気分刷新を図ってのことでしょう。しかし宗麟は完全に政権を譲ったわけではなく、二頭政治が続いています。宗麟が五十八歳で亡くなるのは天正十五年（一五八七）、秀吉が島津征討で九州入りした年です。

　天正十二年（一五八四）、龍造寺隆信の死後主戦場は筑後へと移ります。この頃には、秋月種実、**高橋元種**《もとたね》、**原田信種**《のぶたね》、筑紫広門らの筑前諸豪族や筑後の草野宗養、肥前の龍造寺政家さえ島津幕下に入っていました。大友義統は、立花道雪と高橋紹運に出陣を促します。筑前軍は、途中待ち伏せる敵を排除しながら、耳納山を越え、黒木領へと侵入。筑後での大友の失地は局地的に回復したものの、柳川の龍造寺勢を追い落とすまでには至りません。

　道雪、紹運は柳川押さえの兵を残し、高良山を本陣としますが、道雪は陣中で発病、間もなく陣を御井《みい》郡の北野に移します。ここで道雪は、七十三年の生涯を閉じます。

部下を人前でなじらなかった道雪

中村　彼の死は大友衰亡の象徴のようですね。

吉永　そのとおりです。道雪は十四歳で初陣、以来六十年にわたって戦場往来した驍将《ぎょうしょう》で、大友の魂といわれた人ですから。

彼は、宗麟の非道に諫言することが多かったようです。宗麟は戦陣で先頭に立って指揮する武将ではなく、いつも後方で軍略を指示していました。本陣で舞楽にうつつを抜かす宗麟に、道雪は「前線の兵士のことを思って、お慎みください」と何度もいさめています。

　また、宗麟は一時酒色におぼれ政治を顧みず、老臣にも会おうとせず、ペットの猿に引っかかせておもしろがったりしたそうです。その頃、戸次鑑連といっていた道雪は、鉄扇でこの猿を一撃。「こんな戯れをされていては、大友家にも末路が見えます。どうか本心にお立ち返りください」と何回も諫言《かんげん》しています。宗麟が煙たがって会わなくなると、道雪は踊り子や白拍子を集めてドンチャン騒ぎ。宗麟が珍しそうに顔を出したところで、また諫めるわけです。そのときの踊り子たちの踊りが、今大分県の無形文化財として鶴崎に伝わる、鶴崎踊りだといいます。

西島　部下もよくかわいがったのでしょう。

吉永　そうです。部下が失策しても絶対に人前ではなじらない。むしろ人前では「この者は、こういう不調法で不慣れですが、戦場にあっては火花を散らすほどの者。特に槍が得意でござる」と言って、自ら槍を取ってそのさまを人前でしてみせる。だから部下は、戦場で恩返ししないわけにはいかなくなるわけです。

　半面、軍律にはたいへん厳しい人でした。龍造寺との対陣で、暮れから正月にまたがり、戦闘も小やみになったので、部下の中には里心のついた者もありました。そして、三十数人が脱走してしまったのです。それを知った道雪は、さっそく同数の追っ手をかける。全

宗茂の代表的な甲冑
「鉄皺革包月輪文最上胴具足」

員が首をはねられたのはもちろん、戦陣を抜け出してくる息子におめおめと会う親も同罪と親も斬首してしまいます。

北野から一年ぶりに

西島　道雪の後、立花家は宗茂ですか。

吉永　そうです。**立花統虎**《むねとら》（宗茂）は、高橋紹運の長子で、立花道雪の養子になっていたのです。宗茂は、豊後高田の筧《かけい》館で永禄十年（一五六七）に生まれ、幼名千熊丸。三歳のとき、父紹運に連れられ、大宰府の宝満城に移り、十五歳の春、元服して名も統虎と改めます。父紹運に似て背丈も高く、肩幅もがっちりとした立派な若武者でした。道雪は一人娘で十三歳の**誾千代**《ぎんちよ》の婿にぜひと、紹運に請い、十五歳の統虎とめあわせるのです。

中村　高橋紹運、立花道雪と二人の優れた武将を実父と養父に恵まれ、名将が育つべくして登場したといえますね。

吉永　道雪亡き後、筑前における大友家の重責は紹運の肩にのしかかってきます。紹運は北野の陣を払い、一年ぶりに太宰府へと帰ります。この間、道雪の死を聞いた秋月種実と筑紫広門は手薄の宝満城を奪い取るのですが、間もなく広門が紹運の二男**統増**《むねます》に娘を嫁がすという和議を申し出ています。十六歳の娘が一家のためと身を捨てての押しかけ嫁入りで、勇将紹運がその心根に打たれて、宿年の恨みを流し、和議を結んだといいます。

　島津の勢力が盛んになって、いよいよ秀吉が九州進攻に出かけて来ます。

中村　秀吉援軍は宗麟が請うたのがきっかけですか。

吉永　そうです。天正十四年（一五八六）三月、宗麟は隠居の身でしたが、臼杵より海路東上して大坂城に登城し、秀吉に九州進攻を願うのです。翌年島津攻めが行われて九州の戦国争乱に終止符を打ったのですから、秀吉の天下統一はたいへんな事業ですね。

〝岩屋〟死にもの狂いの抵抗

中村　いよいよ紹運の死闘となるわけですね。

吉永　北上した島津軍は天正十四年七月十日、筑紫広門の勝尾城を落城させ、いよいよ大友の拠点、宝満、岩屋、立花攻略にかかります。宗茂は父の紹運の身を案じ、老臣十時摂津を岩屋に遣わし、「宝満または、立花に移られて、秀吉の援軍の来るまでともに戦いましょう」と勧めますが、紹運は「たとえ大軍が来ても、自分が命を限りに戦えば、十四、五日は支えて寄せ手三千を討ち取ることができるだろう」と受け付けません。

西島　どうして、不利な岩屋で戦い抜こうとしたのでしょうか。

吉永　紹運の士魂が城を明け渡すことを許さなかったのでしょうね。

　薩軍は岩屋を落とせば、宝満は戦わないで落ちるものと考え、島津を主力に龍造寺、秋月、高橋、**星野**、**問註所**《もんちゅうしょ》、**草野**、**長野**、原田、**城井**らが山麓を十重二十重《とえはたえ》に取り囲み、アリのはい出す隙間も与えません。島津は荘厳寺快心という禅僧を使者として送り、「城兵のためによくお考えください」と開城を進めますが、紹運は「少しも対戦の労はいとわない。秋月、龍造寺らは義を忘れて島津に付いた恥知らずだ。自分は命の限り戦うので遠慮なく攻められよ」と答えたといいます。

　一方、秀吉の軍監として九州出兵の指揮を執っていた**黒田孝高**《よしたか》は、家臣を岩屋に遣わし「いったん立花に退き、統虎と父子ともに関白の援軍を待て」と伝えますが、紹運は厚意には謝するものの、良策ではないと断ります。

　このような開城勧告は敵方から、味方側から合わせて五回もなされていますが、紹運はあくまで武門の名誉を尊び、死闘となるわけです。

　岩屋の城兵の死にもの狂いの抵抗に、寄せ手は手ひどい打撃を受けるが、天正十四年（一五八六）七月十四日、島津の精鋭を主に全軍の総攻撃。二十七日まで十四日間も、わずか七百人の寡兵で津波のように押し寄せる数万の薩軍を相手に、一歩も引かず死守。しかし、圧倒的な敵の大軍に討たれ、生き残りの者わずか五十人となり、「このうえは……」と紹運は潔く腹かっ切って果て、城兵も後を追って自刃するのです。時に紹運三十九歳でした。紹運は城の楼扉に「かばねをば岩屋の苔に埋めてぞ、雲居の空に名をとどむべき」と辞世をしたためています。薩将、島津忠長はその敢闘に「月白風高岩屋の秋」と追悼の偈《げ》をさげています。

道雪の一粒種　誾千代《ぎんちよ》

西島　島津がすぐに立花城を攻撃しなかったのはなぜですか。

吉永　岩屋で島津軍は四千五百人もの犠牲者を出しています。さすがに続けては無理だったのですね。

　ようやく八月十八日の立花城総攻撃が決まります。そこへ立花の重臣**内田鎮家**《しげいえ》が謀略のため自ら敵陣に乗り込み、島津忠長に会い、こう言うのです。「主君統虎は降伏を決意した。城中の者たちの身の振り方など、整理がつくまで猶予をいただきたい。その間は自分が人質となり留まる」。そこで敵陣で日数を稼ぐ。

　やがて、「小早川、吉川、黒田の軍勢が八月十六日豊前到着」の報が伝わると、「今まで私の言ったことは、すべて謀略のためだ。私は主君に忠節を尽くしたまででござる」と死を待ちます。島津忠長は、「身を捨てての覚悟は見事」と鎮家に乗馬を与え、護衛の兵まで付けて送らせたといいます。秀吉の来攻を見て、島津は情勢不利を察し、立花城より撤退を始めます。いったん博多に退き、民家を焼き払って府大道《ふおおどう》（国道3号沿い）を退いていったそうです。

中村　これから宗茂（統虎）が活躍するのですね。

吉永　宗茂は退陣する島津を追撃し、その余勢をかって島津方の**星野吉実**《ほしのよしざね》、**吉兼**兄弟の守る高鳥居の攻略にかかります。続いて秋月が守備する岩屋、宝満へ押し寄せます。

西島　岩屋は宗茂にとって父紹運の痛恨の地ですね。

中村　そのころ宗茂は何歳ですか。

吉永　数えで二十一歳です。宗茂の生き方も、武将の爽やかさに終始した一生ですね。秀吉に柳川城主に任ぜられますが、関ケ原で西軍に付いて改易されます。

　しかしその宗茂を家康が拾い上げ、再び柳川城主にしたのは、文禄・慶長の役での彼の武勲だけでなく、彼の人柄にほれ込んだのです。

中村　**加藤清正**もずいぶん支援したのでしょう。

吉永　ええ、文禄・慶長の役で清正の苦境を宗茂が救って以来、二人の間に友情が芽生えています。清正は肥後五十二万石の領主になると、宗茂の家臣をかなり引きとって面倒を見ていますし、宗茂にも充分な援助をしています。

中村　宗茂夫人、誾千代《ぎんちよ》は有名ですね。

吉永　道雪の一粒種で、相当気性の激しい美人だったそうです。道雪はこの誾千代に天正三年（一五七五）立花城督を譲って、女城督にしています。宗茂との縁組にしても養子ですから、誾千代が何かにつけて気位が高いので、夫婦仲は悪かったようです。宗茂は慶長三年（一五九八）から、別居生活に入っています。誾千代は柳川郊外の宮永村に数人の家臣と女中に守られて暮らします。宗茂は一度もここを訪れていませんし、誾千代も城に顔を出しません。改易後、肥後玉名郡の腹赤村（現長洲街）の庄屋に引き取られ、病のため慶長七年（一六〇二）亡くなります。三十四歳の若さでした。

中村　何だか気の毒な女性ですね。

西島　秀吉の戦後処理はどうなりますか。

吉永　薩摩、大隅の本領を島津に許し、**島井宗室**《そうしつ》から取り上げた「楢柴《ならしば》」の茶器を献じて降伏した秋月氏は日向高鍋に転封、立花宗茂は紹運の功も含め柳川城主に、筑紫広門は筑後（上妻郡）に封じています。そして帰途、博多に寄り、島井宗室や**神屋宗湛**《かみやそうたん》を召して箱崎で茶会、博多復興の町割りを行っています。

〝ネリヌキ〟と島井宗室

中村　戦国時代の博多を去来する武将たちのお話を伺ったのですが、折々の博多の支配者たちと、島井宗室や神屋宗湛たち、博多の豪商との関わり合いはどうだったのですか。

西島　権力の行方を見定めないとたいへんなことになる。海外との取引から、中央をにらみ、支配者と接する。高度な情報と政治力を持っていて、彼らが傑商といわれるのも、わかりますね。

吉永　宗湛は外船を仕立てて、貿易で富を築いていきますが、争乱を避けて唐津へ行ったり博多に戻ったりしています。宗室は、大友家の御用商人的役割を果たし、軍需物資の調達や、軍資金を融通し、宗麟のため大いに働いています。『島井家文書』にはこの間の事情を物語る**吉弘宗仭**《そうじん》の書状があります。

もっとも宗室を堺の豪商、**天王寺屋**《てんのうじや》一家に紹介したのは宗麟で、この縁から、**津田宗及**《つだそうぎゅう》や**千利休**《せんのりきゅう》、信長や秀吉麾下《きか》の武将たちとつながりができたわけで、彼も宗室を育てたわけです。宗室は質屋と酒蔵で財を築きましたが、ネリヌキという銘柄が諸国に知られていました。当時の酒は濁り酒ですが、ネリヌキは夏場も日持ちが良く、豊潤で、濁っていないということで評判になったのですね。神屋は石見銀山の開発や貿易で財を築いています。

本能寺の変の前夜、宗室が信長の茶の相手をし世間話をしていたというのが伝えられていますが、それだけの実力を持っていたということですね。

中村　秀吉にも優遇されたのでしょう。

吉永　秀吉は関白になったころから、海外出兵を考えていましたから、兵站面、情報面で、宗室や宗湛に期すところがあったのでしょう。

中村　秀吉の博多復興は有名ですが、博多はだいたい何回ぐらい戦火にあっているのですか。

平25年に西正寺（太宰府市）で開かれた岩屋城戦犠牲者追悼法要

吉永　古くは**藤原純友**《ふじわらのすみとも》や、刀伊《とい》の来寇《らいこう》、元寇などがありますが、南北朝時代には**菊池**と**北条探題**との戦い、文明、明応の大内、少弐の戦い、天文から天正にかけて、大友対毛利、龍造寺、島津の戦い、十回ぐらい焼かれています。

中村　秀吉がそれに終止符を打ったわけで、博多っ子が、博多再興の恩人としているのもうなずけますね。今日は興味深いお話をありがとうございました。

■吉永正春氏

大正十四年（一九二五）～平成二十八年（二〇一六）。東京市本所に生まれる。門司市豊国商業学校卒。先祖は宗像氏貞に仕えた吉永隼人佐あり。家紋は釘抜。著書に『九州戦国史』『筑前戦国史』『筑後戦国史』『乱世の遺訓』『九州の古戦場を歩く』がある。

最後の殿さま 黒田長溥

21

福岡市博物館所蔵　画像提供：福岡市博物館 / DNPartcom

［お話］
柳　猛直　フクニチ新聞社顧問
［聞き手］
西島　伊三雄　博多町人文化連盟理事長
小山　泰　九州総合信用株式会社 社長

対談：昭和五十七年（一九八二）六月

ハイカラで学問好きの「蘭癖大名」

司会　黒田藩の最後の殿様が黒田長溥公ですね。

柳　長溥公は福岡藩主十一代目で、戊辰《ぼしん》戦争の終わった明治二年（一八六九）には藩主を長知《ながとも》に譲っていますが、実質は最後の殿様ですね。

西島　藩主を長知に譲るのは版籍奉還後ですから、もう殿様と呼ばなかったんじゃないですか。

柳　いえ、必ずしもそうではありません。明治二年六月の版籍奉還の後、殿様がそのまま藩知事となっていました。藩はまだ残っていたのです。旧体制に終止符が打たれたのは明治四年（一八七一）七月の廃藩置県によってです。ただ黒田藩は、例の贋札《がんさつ》事件が明治三年に発覚して長知が廃藩置県の一年前に罷免されます。

長溥は、佐幕派の殿様だったということで、不当に誤解されている面がありますね。「司書会」編の『加藤司書伝』には、「殿様が愚昧であったから云々」とあります。しかし、一藩の殿様としての長溥には、それなりの苦衷があったんだと思います。

小山　長溥の生い立ちからどうぞ……。

柳　黒田の殿様は、六代からずっと養子です。長溥も薩摩の人で、父親は島津重豪《しげひで》。島津の名君斉彬《なりあきら》の曽祖父にあたる人です。重豪は豪放な人だったらしく、江戸人の間で、「島津の隠居は朝鮮ニンジンの風呂に入っている」とうわさされていました。

長溥は重豪六十六歳の時、男児九人目の子として文化八年（一八一一）三月に江戸で生まれています。幼名は桃次郎、文政五年（一八二二）十二才のとき、黒田斉清《なりきよ》の養嗣子となり、斉清が目を患ったので天保五年（一八三四）二十四歳で筑前五十二万石の十一代藩主になります。

長溥の姉の茂子が十一代将軍徳川家斉《いえなり》の正室で、将軍家とは強いつながりがありました。こうした縁もあって、長溥は強い公武合体派で、彼の言う「天幕一和」に終始したので結局、佐幕派ということにされています。

西島　先代斉清の影響は。

柳　斉清は学問好きで、シーボルトとも親交があり、いろんな書物も著しています。シーボルトはドイツ人ですが、幕末にオランダ商館付きの医員として来日しました。長崎で高《たか》野長英《のちょうえい》らに洋学を教えましたが、国禁の地図持ち出しの件で追放されます。長溥も斉清に長崎へ連れて行かれてシーボルトに会っています。斉清はたいへんな勉強家でね。

西島　開けた殿様だった（笑）。

柳　長溥は、重豪の血を引き、斉清の影響で、蘭癖大名といわれたほど学問好きの開明君主でした。特に西欧の学問が好きで、弘化三年（一八四六）、中洲にある博多織の松居本店の所に鉄の精錬所を設け、ガラス製造もしています。藩士を長崎へ出向かせて、西洋砲術や航海術を習得させ、文久二年（一八六二）にはオランダ医学を取り入れて医学校「賛生館」までつくっています。

西島　ずいぶん進んでいますね。

柳　明治になってからも、養嗣子の長知や、旧藩の俊才をアメリカやヨーロッパへ留学させています。新時代に乗り遅れた分を人材で……と考えたのでしょうか。殿様のお金で留学した人の中から、栗野慎一郎《くりのしんいちろう》や金子堅太郎、團琢磨《だんたくま》などの大物が出ています。

太平洋にアメリカ船が星のごとく

小山　その頃の黒田藩の状況は。

柳　ひどい時に殿様を継いでいるんですよ。幕末の財政破綻は、どの藩にも共通したことですが、福岡藩も破綻寸前。世直しというわけで、新政策に取り上げたのがインフレ政策です。藩札を乱発し、中島町に歓楽街をつくって料理屋や芝居小屋などを奨励する。そこで金が落ちるようにするわけです。七代目の市川団十郎を招《よ》んだりしていますから、ずいぶん派手にやったのですね。しかし、物価は騰貴する一方で、この世直し政策は完全な失敗に終わるのです。その時期に殿様になり、早々に挫折感を味わいます。そこで長溥は藩主親政の決意を固めたといいます。

　次のエポックは、日本開国の節目になる嘉永六年（一八五三）のペリーの来航です。幕府はすでに弱体で、どうしていいか対策が立てられない。そこで各藩の殿様の意見を聞いています。

　水戸の烈公徳川斉昭《なりあき》などはコチコチの攘夷論で、「ペリーの船に斬り込んで、全員を虜《とりこ》にしてしまえ。軍艦も奪えるし、一挙両得だ」と言っています。そういう中で長溥の建白はさえていて、随一だといわれていました。

　長溥は、開国以外に良策はないこと。開国がなぜ必要かを諄々《じゅんじゅん》と説きます。打ち払えば一時的勝利にはなるかもしれないが、アメリカ船が太平洋を星のごとく航行しているので、日本の船は片っ端から報復されてしまう。前年、ロシアが開国を求めて来たときに、幕府はひじょうに冷たいあしらいをしているが、国際信義上良くない。アメリカに開国を許すなら、ロシアにも同時に開国を許すべきだ、と言っています。

　しかしおもしろいことに、イギリスやフランスには開国を許さないほうがいいと言っている。アジアを盛んに侵略している国だから、というわけです。ここのところは攘夷論者たちに自分の意見をちょっと、のみやすくしたのだろうと思います。

　親しい、宇和島藩主の伊達宗城《だてむねなり》への手紙には、全部の国に一様に開国を許さなければ、と言っています。また、ナポレオンがワーテルローで負けなければ日本にも攻めて来たに違いない。負けたのが幸いだったという話や、ロシアのピョートル大帝の話などを引用しています。

小山　そこまでの見識があったとは驚きますね。どこから知識を得ていたのですか。

柳　長崎からでしょうね。黒田藩は鎖国以来、佐賀藩と交替で長崎警備を受け持ち、一年ごとに九百人もの人を出しています。その代わり、参勤交代も江戸滞在が百日でよかったので、「百日大名」と呼ばれていました。だから世界の最新情報も長崎のオランダ人からキャッチしたのでしょう。

国臣《くにおみ》を、下関まで武士待遇

柳　長溥の建白が取り入れられたというわけではないが、大勢は開国のほうに流れていきます。その後、だんだん尊皇攘夷へ流れが変わるのですが、初期の尊皇攘夷論は必ずしも倒幕を考えていたわけではありません。勤皇佐幕というのがあり得たわけです。朝廷を尊重し、幕府も同時に大切にする。長溥をはじめ当時の諸侯のほとんどがその立場だったでしょう。

　ペリー来航の混乱の後、勅許を待たずに開国した大老**井伊直弼**《いいなおすけ》は安政五年（一八五八）に反対派の尊皇攘夷派に大弾圧を加えます。世に言う**安政の大獄**ですが、福岡藩は佐幕派ですから、あまり影響がありませんでした。

　しかし安政七年（一八六〇）に井伊直弼が桜田門外で暗殺され、文久になると勤皇か佐幕かで物情騒然となってきます。その頃、尊攘の志士たちの間では、薩摩の**島津久光**に期待が集まります。久光が兵千人を率いて上洛することになると、彼を担いで伏見で兵を挙げ、大坂城を奪って幕府を倒そうという動きがありました。これは肝心の久光が乗らず、かえって志士たちが久光の上意討ちに遭ってしまう、あの**寺田屋事件**となります。

　ちょうどその頃（文久二年）長溥が参勤東上しようとして、今の明石市の大蔵谷《おおくらだに》まで行ったところ、脱藩して倒幕運動をしていた**平野国臣**が京都の緊迫した情勢を伝えます。藩主一行は驚いて、そういう時勢の滾《たぎ》りに巻き込まれてはたいへんと、病気を口実に慌てて引き返してしまいます。この事件は筑前では有名で、「**大蔵谷回駕**《かいが》」といいます。

　おもしろいのは、平野国臣を巧《うま》く言いくるめ、武士として行列の中に入れてしまう。国臣は足軽の身分ですから、その待遇に満足して帰ってくるわけですが、下関に着くと脱藩の罪を問われて拘束され、帰国するや牢《ろう》に入れられてしまいます。

　ずるいやり方ですが、京都や大坂近くには尊攘の志士がいっぱいいて、そこで国臣を捕らえると面倒なことになるからでしょう。

　というわけで、文久二年（一八六二）は一つのエポックでした。そのうちに、長州藩をリーダーに尊攘派がものすごい勢いで台頭してくると、これに反感を持った公武合体派の諸侯は、会津と薩摩ひそかに手を組むのを契機に、朝廷内部のクーデターを謀ります。文久三年（一八六三）八月十八日の有名な政変（八月十八日の政変）で、長州勢は京都から追い出されてしまうのです。

五卿を太宰府に

小山　それで尊攘派の七卿落ちとなるのですね。

柳　**三条実美**《さんじょうさねとみ》ら尊攘派の公卿七人が、京都から長州へ脱走するのです。そこで起こったのが元治元年（一八六四）の**池田屋事件**で、隠れて京に残っていた長州藩を中心にした志士たち二十余人が、**新撰組**に襲われるのです。

　それに憤激した長州藩、**福原越後**ら三家老が同年七月に兵を率い、過激派の塊となって勢力回復のため京都へ押し寄せる。そこで「**蛤御門**《はまぐりごもん》**の戦い**」（禁門の変）となるのですが、これに敗退して、幕府の第一次長州出兵が始まります。

　この収拾に長溥は**加藤司書**《ししょ》を広島へ遣わし、幕府軍の解兵を建議するのです。司書は薩摩藩代表の**西郷吉之助**（隆盛）と謀り、長州藩を死地に追いこむことを避けて征長総督**徳川慶勝**に解兵の決定をさせます。その結果、長州は三家老を切腹させて謝罪。そうして七卿を筑前が引き受けることになる。実際は五卿ですね。**錦小路頼徳**《にしきこうじよりのり》は亡くなり、**澤宣嘉**《さわのぶよし》は平野国臣に誘われて**生野**《いくの》**の変**〈文久三年（一八六三）〉の討幕挙兵に担ぎ出されて、長州にいない。そこで、太宰府に五卿を迎えることになる。

西島　五卿とは……。

柳　筆頭が三条実美で、後に太政大臣になります。そのほか、**三条西季知**《にしすえとも》、**東久世通禧**《ひがしくぜみちとみ》、**壬生基修**《みぶもとなが》、**四条隆謌**《しじょうたかうた》といった公家たちです。司書は五卿の保護に心を注ぐのですが、次第に藩内で佐幕派が優勢となり、司書も切腹させられ、五卿も冷遇されるわけです。

小山　それが、後でひどいしっぺ返しを食うことになるわけですね。

柳　幕府の記録や文書は、「五人の者ども」と罪人扱いをしています。しかし、五卿は全国の勤皇派のよりどころで、各地から志士が集まってきたり、また長州藩の奪回も懸念される。そこで、幕府は大目付の**小林甚六郎**を太宰府へ差し向け、五卿を江戸へ送ろうとしますが、西郷の命を受けた薩摩の**大山格之助**（綱良）が空砲を小林の旅館の前でぶっ放して脅し、五卿を守ったという話もあります。

西島　黒田藩は、維新で新政府ができると、大慌てだったでしょうね。

柳　ええ、手のひらを返すようにお祝いに行ったり、いよいよ上京というときは、三条実美に金三千両と博多織の帯地十反を献じたりしています。

三条実美ら五卿の都落ち70年祭。昭10年

加藤司書の切腹

小山　私は殿様の長溥さんの心境がわかるような気がします。その頃は三条実美も過激派ですよね。若者どもが騒いで何かやっている。それを国の治安を預かる者が抑えようとする。真面目な人だったら当然でしょう。

柳　流れが激変して高杉晋作が慶応元年（一八六五）に、長州で挙兵、討幕へと時代の変換期を迎えます。

　この頃、黒田藩でも**月形洗蔵**ら尊攘派の過激派が佐幕派を斬ったりする。保守派と尊攘派との対立はエスカレートするばかりです。

　尊攘派が長溥の意向を無視することも多くなってくる。もともと天幕一和をスローガンとし、藩主親政を目指していた長溥と、尊攘派とは相いれないものがありました。長州の二の舞を踏んではという不安が、長溥にとうとう弾圧を決意させたのです。

　尊攘派は一網打尽となり、家老の加藤司書らは切腹、月形洗蔵らは斬首。**野村望東尼**《ぼうとうに》も姫島へ流されます。この慶応元年が乙丑《いっちゅう》の年に当たっているので、**乙丑**《いっちゅう》**の獄**といわれています。

西島　加藤司書が切腹したのは、もと奥の堂電停そばの**天福寺**でしょう。

柳　ええ。司書の家は、平和台球場に入る道の向かい側にありました。しばらくは閉門させられ、いよいよ切腹となって、赤坂門の角にあった隅田《すだ》という家に移されます。そこに座敷牢を組み立てて、二、三日過ごすと切腹の命が出されます。切腹、斬首、遠島、そのほかを合わせると百数十人に及ぶ大獄でした。明治維新まであと二年、惜しいときに優れた人材を抹殺してしまったものです。

　加藤司書の切腹には、もう一つ説があって、藩老の**黒田播磨**《はりま》らと組んで、このままでは時代を乗り切れないから、長溥を犬鳴《いぬなき》山に建築中の別館に幽閉して、藩を一新しようとしたからだといわれます。先祖が黒田藩士の人たちの集まりの**藤香会**《とうこうかい》はこの説を採っておられるようです。

　また俗説によれば、犬鳴へ連れて行かれた大工が、ひそかに柳町の好きな女に会いに行き、寝物語りに「実は、犬鳴で云々」と話してしまう。女には福岡の目明かしの情夫がいて、「これはえらいことだ」と手が回ったといいます。まあ、確かかどうかは疑問ですが。

西島　乙丑の獄で惜しい人たちを殺してしまったので、明治になって新政府に通用する人材がいなくなったわけでしょう。

柳　先の見える人たちを抹殺したのだから惜しいですね。特に加藤司書は、新政府の参議になれる人物でした。福岡藩は殿様が英明で、藩主親政を意図したために、かえってマイナス面が出たのでしょう。

　毛利の殿様は「そうせい公」と呼ばれるほど、何か言えば、「フム、フムそうせい」と言ったといいます。薩摩も実際に動かしていたのは、西郷隆盛や**大久保利通**といった人たちで、島津久光が大久保に、「俺はいつ将軍になれるのか」と聞くと、「今、しばらく……」とかわしていたそうです（笑）。あまり当てになる話ではありませんが。

最初に電話で話された外国語は日本語で、博多弁？

小山　維新になると、今度は佐幕派の人たちが責任を。

柳　ええ。**野村東馬**、**浦上数馬**、**久野将監**《しょうげん》ら三家老が切腹です。立派な最期だったそうです。

西島　殿様もつらかったでしょうね。

小山　右も左も人材を失って維新には乗り遅れたものの、明治中期になって、新時代を支える人物が次々出てきますね。

柳　そうですよ。旧福岡藩の人材が、明治の中期からたいへん活躍しています。栗野慎一郎〈嘉永四年（一八五一）～昭和十二年（一九三七）〉は、長溥がアメリカのハーバード大学に留学させた藩士で、同級生には旧飫肥《おび》藩の**小村寿太郎**がいます。日露戦争当時のロシアとの交渉では、栗野がたいへん苦心しますが、小村が外務大臣で、栗野は駐露公使でした。栗野は不平等条約の改正交渉にも尽力して後に功により子爵を授けられています。

　ポーツマスの会議に小村全権に随行した外務省政務局長が、福岡藩出身の**山座円次郎**《やまざえんじろう》〈慶応二年（一八六六）～大正三年（一九一四）〉で、講和の成立に大きく貢献しています。人物が大きく優秀で、小村がたいへん期待していましたが、公使として北京に在任中、四十九歳で客死したのが惜しまれます。

　また、**明石元二郎**《あかしもとじろう》陸軍大将〈元治元年（一八六四）～大正八年（一九一九）〉も福岡藩出身です。日露戦争のときは、ヨーロッパで諜報活動に従い、レーニンらの革命分子と連絡を取り、ロシア帝国を内部から揺さぶることで殊勲を立てました。彼がいなければ、日露戦争の勝利はなかっただろうといわれていますね。後に台湾総督を務め男爵となっています。

　金子堅太郎〈嘉永六年（一八五三）～昭和十七年（一九四二）〉は、やはり長溥公の留学生で明治四年（一八七一）、十六歳の時、岩倉大使一行と同行する長知に従ってアメリカに留学するのです。このときの人選も初めは長知周辺の連中が選ばれたのですが、長溥が、それではこれまでと同じだ、英才を探せといったので、金子が選ばれたのですね。金子は生涯、自分の今日があるのは長溥公のおかげと言い通して感謝していたそうです。ハーバード大学に留学し、帰国後、**伊藤博文**の下で憲法の起草に参画。農商務相、法相などを歴任して、伯爵を授けられています。

　ハーバード大学の同級にアメリカ大統領になり日露講和をあっせんした**セオドア・ルーズベルト**がいました。後年、日露戦争の時、金子はアメリカに特派され、日本支持の世論をつくるために力を尽くしたことはよく知られています。ルーズベルトの日本びいきの一翼も金子が担っているわけです。

　おもしろいのは金子が、グラハム・ベルと関係があることです。

西島　電話の発明者のベルですか。

柳　そうです。明治九年（一八七六）に、**アレクサンダー・グラハム・ベル**が電話を発明しますが、ボストンにいた金子が、後年、初代の東京音楽学校校長になる**伊沢修二**とベルを訪ねて電話実験をしています。ということは、最初に電話で話された外国語は日本語だった。しかも金子が話したのだから、それは博多弁だったはずです（笑）。

　ベルの発明に黒田長溥はずいぶん資金援助をしたといわれています。後に金子が外債の募集でアメリカを訪れたとき、ベルが資金援助のことをよく覚えていて、日本の外債を買ってやろうとPRしてくれたそうです。

　團琢磨〈安政五年（一八五八）～昭和七年（一九三二）〉は、福岡藩士神尾宅之丞の第四子ですが、團家の養子となります。明治四年（一八七一）、十四歳の時、長知に従って金子と共にアメリカへ渡るのですが、團にもおもしろい話があるのです。

　蘭癖大名の長溥が種痘を思い立ち、近臣神

尾宅之丞の次男に種痘を接種するのですが、これが原因かどうか、亡くなってしまいます。長溥は長く心の重荷だったらしく、長知留学の話が出ると、「神尾の子どもはどうしている」「秀才で英語を勉強しています」「よし、それをつけてやれ」となって、團琢磨の留学が実現するのです。

團は、ボストンの工科大学に留学します。帰国後、三井財閥の総帥として活躍し男爵を授けられますが、惜しいことに昭和七年（一九三二）の**血盟団事件**で**菱沼五郎**に射殺されます。

團は幼くしてアメリカに渡っているので、会議のときなど初めは日本語でも、だんだん興奮してくると英語が交じり、最後には全部英語になってしまったそうです。日本語も博多弁で個人の会話では、「あたきゃ……」なんて言っていたそうです（笑）。

それから、玄洋社の**頭山満**《とうやまみつる》〈安政二年（一八五五）～昭和十九年（一九四四）〉。野にあって、浪人ながら日本の政治を動かし、中国の辛亥《しんがい》革命では**孫文**に力を貸している。いろいろ評価の分かれる人ですが、国士として常に政治の流れを凝視していましたね。長溥を敬慕していて、葬儀のときは貧窮のまっただ中でしたが、在京していた頭山や、**平岡浩太郎**、**杉山茂丸**といった玄洋社の連中それぞれに礼服を都合し、珍妙なスタイルで参列したということです。

「洋服を着るが、おはらいがいるか」

西島　長溥公は立派な殿様なのに分が悪かった……。

小山　贋札事件もそうですね。

柳　そう。どうも長溥は、明治政府が長く続くとは考えていなかったようです。大阪の鴻池家に頼んで、太政官札五十一万両を半値で幕府時代の通貨と交換したりしています。

財政が行き詰まってきて、山本一心という藩士の発案で、城内の二の櫓と、切腹して空き家となっている前家老の野村邸を使って、太政官札の贋札造りを始めるのです。他の藩も財政に困ってやっていたらしいが、佐幕藩だったこともあって、厳しく追及されてしまう。責任者の小河《おごう》愛四郎、矢野安雄《やすお》ら五人が斬首、藩知事の長知は罷免、閉門となる。後

黒田長溥年譜　（年令は数え年による）

和暦	西暦	年齢	ことがら
文化八	一八一一		三月一日、島津重豪の第九子として江戸薩摩屋敷に生まれる。幼名・桃二郎。
文政五	一八二二	十二	十代筑前藩主・黒田斉清の養子となる。
八	一八二五	十五	元服。将軍家斉《いえなり》に謁し「斉」の一字をもらって、松平美濃守斉溥と称す。**二月、幕府異国船打払を指令。**
十	一八二七	十七	はじめて福岡に入る。それまでは黒田の江戸屋敷にいた。
文化十一	一八二八	十八	養父・斉清に伴われて長崎でシーボルトに会う。**十二月**、幕府、シーボルトを出島に幽閉**（シーボルト事件）**
天保五	一八三四	二十四	襲封、十一代筑前藩主となる。
十	一八三九	二十九	五月、渡辺華山、高野長英の**蛮社の獄**起こる。
十二	一八四一	三十一	五月、幕府の**天保改革**始まる。
嘉永六	一八五三	四十三	**ペリー浦賀に来航。**
嘉永元	一八五四	四十四	**日米和親条約調印。**
安政六	一八五九	四九	**シーボルト再来日。（一八六二まで）長溥この間に再会。**
七	一八六〇	五十	**三月、井伊大老、桜田門外で殺される。**
文久二	一八六二	五十二	四月十四日大蔵谷回駕。四月二十三日**寺田屋騒動。**
三	一八六三	五十三	**八月十八日政変、七卿京都を脱出。**
元治元	一八六四	五十四	七月**禁門の変**。八月**幕府第一次長州出陣**を命ず。
慶応元	一八六五	五十五	**乙丑の獄**。加藤司書等切腹。
四	一八六八	五十八	**戊辰戦争。**
明治元	一八六八		**明治維新。**
二	一八六九	五十九	養嗣子・長知に藩主を譲って隠居。
三	一八七〇	六十	七月贋札事件発覚。
十	一八七七	六十七	**二月西南の役**起こる。
十四	一八八一	七十一	二月頭山満ら**玄洋社**を創立。
十七	一八八四		孫、長成が侯爵を授けられる。
明治二十	一八八七	七十七	三月死去。

任の藩知事は、東征軍大総督で〝宮さん、宮さん、お馬の前に……〟の歌で知られる**有栖川宮熾仁**《ありすがわのみやたるひと》親王です。

この間、三条実美や西郷隆盛らに減刑のとりなしを依頼するのですが、成功しません。五卿を冷遇したことや、ぎりぎりまで佐幕派だったことが、ここで裏目に出るのです。

小山　私は前に仙台にいましたが、伊達さんと仙台との結び付きは、今も強い。博多と黒田さんとのつながりは、ちょっと希薄な気がするのですが。

柳　それは博多が日本でおそらくいちばん古い都市で、黒田氏入国〈慶長五年（一六〇〇）〉のはるか以前から栄えていて、博多商人から見ると黒田氏は新参者だったからでしょうね。長い間商人の町でやってきた。那珂川から西の福岡の町はもちろん殿様がつくったわけですが、四百年前ぐらいに始まった新しい町です。それに対し、博多の歴史は問題にならないくらい古いでしょう。だから、どうも殿様のほうが分が悪い（笑）。

小山　ところで長溥はどういう人だったのでしょう。維新後のエピソードなど何かありますか。

柳　ひじょうに剛毅果断な人で、写真を見ても立派な風貌です。明治になって工部美術学校に彫刻の教授として**ラグーザ**というイタリア人が来ますが、この人が長溥に会って感動して彫刻を造っています。ひじょうに豪快な薩摩的風貌だったのですね。

酒が大好きで、よく飲んで帰っては、玄関でひっくり返って寝込んだり……。芝居が好きで、忠臣蔵を見て帰ってくると傘を持って来させ、定九郎のまねをして、何本も破ったりしたそうです。

シーボルトが再来日したときも、長崎に訪ねて語り合い、解剖学にたいへんな興味を示して、アルコール漬けの死体をも見たりしています。家来が「汚れのあることをして来られたから、おはらいしなければ」と言うと、「そうか、じゃあ、これから洋服を着ようと思うが、これもおはらいがいるか、神主に聞いてこい」と、からかったという話があります。たいへんなリアリストでもあったのです。

明治になってから、公式の場で活躍というと、明治十年（一八七七）に西郷が兵を挙げて熊本城を攻めているとき、**柳原前光**《やなぎわらさきみつ》が勅使、長溥が副使となって、もぬけの殻になっている鹿児島へ上陸、島津久光を慰撫《いぶ》して西郷軍と関わるなと説いています。久光は西郷が嫌いで、挙兵も無視していたのですが、久光の力は隠然たるものですから、さらに念を押したのですね。

このとき、「久光公を騙《だま》して東京へ連れ去ろうとするのだ」といううわさで、不測の事態も懸念されたのだそうです。長老連が、「あの方は重豪公の御子息だ、無礼なことをするな」と言って鎮めたそうです。島津の血を引いていることも任命の背景だったのでしょう。長溥はこのとき、六十幾つになって初めて桜島を見たのだそうです。

このとき西郷軍に同調した県令の**大山綱良**を連行し、捕らえられていた警視庁の連中も救出していますから、薩軍の士気をそぐ効果は大きかったでしょうね。

小山　地元との関わりは……。

柳　黒田奨学会がありますね。まあ、殿様はみんなやってますが、黒田さんのは方法がユニーク。浜の町の法務局の所は黒田の別邸でしたが、庁舎を建てるとき、どうしても譲らない。貸しましょうということで、その借地料をすっかり奨学会の資金に充てたのです。

法務省の出先機関で借地なのは福岡だけですね。教育で人づくりということが、明治になってから長溥がいちばん留意したことでしょうね。藩の人材を時代の変革の中で生かせなかった。最後の殿様はその鬱懐《うっかい》を、旧藩子弟の育成に向けたのでしょう。明治二十年（一八八七）、七十七歳で亡くなっています。

司会　最後の殿様のお話、どうもありがとうございました。

■柳猛直氏　124ページ参照

博多の幽霊ばなし

22

［お話］
波多江　五兵衛
郷土史家
［聞き手］
帯谷　瑛之介
博多歴史研究家
小山　泰
福岡相互銀行

対談：昭和五十七年（一九八二）七月

陽気な博多の幽霊

小山　どこの町にも怪談はあるわけですが、博多の怪談にはどんな特徴がありますか。

波多江　一口で言えば幽霊失格の幽霊ばかりです。

第一は、事もあろうに、足があるのです。カランコロンと下駄の音高く響かせたり、ドスンドスンと歩いてみたりする。

第二に、幽霊がどれもこれも博多方言を使う。「あなた、どこ行きござるとですな」、これじゃ、まるで「博多にわか」でちっとも怖くない。

第三に、博多の幽霊は短気者が多い。舞台装置よろしく明かりが細く震えたり、消えたり、裏の笹がサラサラと鳴ったり、鐘の音がボーン、そんな背景が全くない。いきなり出てくる。だから怖がられるどころか、ほとんどの人が幽霊と話をしている。話しやすいと言うのです。こうなると博多の怪談はどうにもこうにも始末がつかない。こんな独得の博多風土の幽霊話がワンサとあります。

帯谷　では、その何やらおかしげな幽霊のお話をお伺いしましょう。

足があって、博多弁しゃべる、短気者

波多江　江戸時代の末期の頃のお話です。博多の聖福寺《しょうふくじ》の隣に円覚寺という寺があります。この寺の住職になった猶山《ゆうざん》和尚が、まだ聖福寺の典座《てんざ》として修行の身だった頃のことです。猶山和尚が外から帰ってくると、門の所に提灯下げて立っている人がいる。その人が、「そこに行きよんなざるとは猶山さんじゃござっせんな（ありませんか）」と、例によってこれが博多方言で話しかける。

「うん、あたきゃ（私は）猶山たい」「あの、あたきゃ蔵本町の山岸から来ましたが、あさって山岸の法事ですけんどうぞ忘れんごと来てつかーざっせい（ください）」「うん行くばい」と返事して「あんた誰な」と聞くと「あたしゃァ蔵本町の山岸の惣右衛門ですたい」という。

「ぞうたん（冗談）言いなさんな」と言い、ハッと気付いて振り向いたときには、もう提灯下げた男は消えて見えない。よく考えて見ると、山岸惣右衛門は七年前に死んでいる。

自分で七年目の法事の催促に来るなんて、あつかましい幽霊たい、ということになるのです（笑）。

次は明治時代も末のこと、私の父が実際に体験した綱場町の話です。当時、店は夜十一時ごろまで開けていましたが、十二時ごろになるとどこも締めてしまいます。すると蔵本町のほうから下駄をカランコロンと大きな音を鳴らして通る人がいる。最初の何回かは、どこかの若い者が夜遊びに行って帰ってくるのに違いない、と言っていたが、これが毎夜続く。よく考えてみると、内緒で酒呑んだり、女遊びをしている人が、あんなに足音高々に帰ってくるものだろうか、と疑問に思える。いったいどこのどいつだ、一遍つかまえてみれ、というわけで、足音が鳴るとガラッと戸を開けてみた。ところが、たった今まで町の真ん中まで響き渡った足音も消え、人の影一つ見えない。さては幽霊の仕業やなと、それからの夜はみんな待機して足音が聞こえると「飛び出せー」と幽霊捕り物帳の始まりです。足音がする、戸をガラッと開ける、パッと消える、見えない、これの繰り返し。

こうなると意地でも幽霊を捕えてみせると策を講じる。初め幽霊が足音高くやって来ても、みんな戸の後ろに潜んでいて、町の真ん中まで来ると、両側からワーと出て来て挟み撃ち作戦です。今度こそはと一斉にそれーっと飛び出すが、影も形もない。これが毎晩続いて一カ月もたつと、町内の若い衆たちもばからしくなって「やーめた」となる。幽霊のほうもそろそろ疲れてきたらしく、両方ともそれなりけり、というわけです（笑）。

小山　何だか少しも怖くないですね。

波多江　うちの父親も、それーっと飛び出したくちだから、それは実際にあったことなのだと話してくれました。だから荒唐無稽な話ではなかったはずです。これも足のある幽霊の見本です。

「文句のあるなら、生き返って来てみろ」

帯谷　短気者の幽霊というのにもお目にかかりたいものですね。

波多江　これは幕末の話ですが、市役所の突き当たりに、アメリカン・センターがありますが（当時）、その辺りに刀研《と》ぎ屋がありました。腕がよくたいへん繁盛していたが、ある日店の主人が病気で亡くなった。これでは店もやっていけない。幸い嫁がまだ若いということで、養子を迎えました。

これがまたできた人で、腕も亡くなった主人に勝るとも劣らない。店も繁盛する、夫婦仲もたいへんいい。両親は、いい養子を迎えて本当によかったと、胸をなでおろしていた。それから一年ほどたったある夜、突然幽霊が現れた。死んだ前の主人です。背景なし、音響効果なしに現れる短気者の幽霊の例ですね。

お嫁さんと養子さんの寝所にドカドカと

入ってきて、いきなり「やい起きろ」とやったらしい。それじゃ雲助かやくざのようなもの。「俺が死んだからと言って、あんまりいちゃつくな。たいていにしとけ！」と焼きもちを焼いて出てきたわけです。養子のほうも何しろ突然のことだから、怖いというよりも「なにを！」という気持ちで跳ね起きる。

「正式に夫婦になっとうとい（なっているのに）仲ようしょうと、べたつこうと余計なお世話たい。文句のあるなら、生き返ってきてみろ、できるか」（笑）。

小山　それで幽霊はどうしたのでしょう。

波多江　それが至って素直な幽霊で、「あいすみません」とスゴスゴと引き下がったそうです（笑）。

ところが、話はそれだけじゃありません。幽霊が出てこんなことがあったと評判が立つと、この評判をこのまま放っておく手はないと、これを店のPRに使うのです。

それがなんと刀研ぎ屋の屋号を「御研ぎ師幽霊屋」と改めたそうです。これが評判になって、ますますの繁盛。そうなってくると博多のあちこちの連中が、「幽霊屋というのがいいそうな。どこかに幽霊が出ないか」と言っていたころ、案の定第二弾が出る。

奈良屋小学校の裏側にこんにゃく屋があったのですが、ここにも幽霊が出たということで、すかさず幽霊蒟蒻というものを作ったそうです。これがまた売れるから、博多というところはおかしな町です。

帯谷　幽霊かまぼこというのも聞いたことがある（笑）。

博多っ子は幽霊なんか怖くない

小山　幽霊が気味悪いものだという感覚が、博多の町の人々にはあまりないのでしょうね。私は幽霊といえば、すぐ怨念という言葉を思い出すのですが……。

波多江　あまり怨みを込めたのはいませんね。

ぐっと新しく、昭和に入ってからの話です。福岡市内のある総合病院の大部屋の患者たちから、病院にこんな訴えがなされた。「私たちの部屋には、一人亡くなって空いているベッドがあるが、夜になったら音がするし、変なことが起こる」と。

ところが「この新設備の病院で幽霊話などあるものか。ここは科学のメッカだぞ」と事務長も医院長も相手にしない。そのうちに、医局の医師たちがその評判を聞き付ける。その一人の柔道五段という豪傑が「そんなに言うなら、今日俺がそのベッドに寝てみせよう」ということになったらしい。

明くる朝その豪傑が真っ青になって、「あらいかん、出るばい」と医局に飛び込んできた。ベッドからはこけ落ちるし、患者の騒ぐのも無理はないという。それで医院長は、珍しいベッド供養なるものをしました。そうして、この一件は収まったといいます。

小山　何か出たわけですか。

波多江　形が見えたとか、こんな音がしたということははっきりしませんが、何か尋常でないことが起こったことは確からしい。

小山　思ったより怖くないですね。

波多江　そうなのです。だから博多の子どもは幽霊をちっとも怖がらない。

唐人町におられた速水さんもおっしゃってましたが、大濠公園に火の玉が出るといううわさが立つと、怖がるどころか若い娘たちが集まって、夜中に火の玉見物に行ったそうです。そのくらいですから、祟るとか言ってみせても一向に怖がりません。

帯谷　陽気で変に間が抜けているようなところがあったのでしょうかね。怪談的怖さはないですね。

「お綱門」に込められた女の執念

小山　怖い怖い幽霊のスターはいませんか。

帯谷　スターといえば、お綱《つな》さんと空誉《くうよ》上人じゃないですか。

波多江　お綱さんの話は「お綱門」ということで、ご存じの方がいらっしゃるかもしれません。福岡城の本丸から扇坂に下ってくる所、今でいう東門の奥の辺りに、誰言うとなく呼ばれたお綱門がありました。お綱門は今はもうありませんが、朽ち果てた柱に触ると熱病にかかり、夜中にうなされるといわれていました。

寛永七年（一六三〇）のこと、福岡藩士の**浅野四郎左衛門**の妻お綱が、夫に嫉妬の炎を燃やして逆上し、薙刀《なぎなた》を手にして箱崎の馬出《まいだし》の下屋敷から、浅野家本宅までの道を急ぎ、夫を斬ろうとして、この門まで来て殺されたという〝お話〟です。

〝お話〟の始まりは黒田の二代目の殿様忠之公が、江戸参勤交代の帰り道、大坂新町で**采女**《うねめ》という遊女がたいそう気に入ったことです。さっそく身受けして船に乗せて博多まで連れ帰ってきて、城中に住まわせた。

ところが城中には**お秀の方**という正式の第二夫人がいる。江戸時代、殿様の奥方は江戸屋敷と決まっていましたから、第二夫人が公認です。忠之は采女にのぼせて、お秀の方に寄りつかなくなる。

筆頭家老**栗山大膳**《だいぜん》が「こういうことでは政務に差し支える。采女を手離しなさい」といさめるので、しぶしぶ浅野四郎左衛門に「その方、手厚く第二夫人にせよ」と采女を下げ渡すことになります。浅野はお下げ渡しの采女に夢中になり、本宅に住まわせ、本妻は箱崎の馬出に住まわせる。

初めのうちは、本妻のお綱さんを立てながら、殿様のお声がかりだからと、時々、采女のほうに通っていく生活を送っていた。

しかしお綱は武家育ちで礼儀正しい。三つ指ついてかしこまり奉ります言葉で迎えるので、お城での緊張もほぐれない。一方、采女は芸妓上がりだから、夏は冷たい手拭いで体を拭いてくれるし、裸になって酒呑んでいると後ろから扇《あお》いでくれる。

だんだん采女の方にのめり込んでしまって、お綱はなおざりにされてしまいました。いくらなんでもひどすぎると、お綱は薙刀振りかざしてお城に乗り込んでくるわけです。

帯谷　伝説によれば、浅野は生活費をお綱に渡さなかったそうです。

雛の節句が迫ってきた。本来なら長女のお妻のために雛壇を飾り、桃の花に灯をともして白酒を酌み交わす一家だんらんの家庭であったはずなのに、今年は一転して寂しい日々。奉公人の善作は見かねて「私がご主人さまに会ってまいりましょう。せめてお節句なりともお子さまたちのために盛大にしてさしあげたいものです」、そう言って本宅に向かった。

善作は浅野にいろいろと懇願したが、浅野はもう聞く耳を持たない。善作は帰っても奥方に伝えようがないと、遺言を残して松林で首を吊って死んでしまうのです。

そのことがお綱にも知れ、カーッとなって薙刀を抱えて斬り込んだところ、居候の浪人**明石彦五郎**が斬り付けた。お綱は傷ついた体を薙刀を杖にして必死で本丸に向かって石段を上ったが、吹き出る血潮は止まらず、扇坂まで行って門に手をかけたところで息絶えたというのです。

それ以後、その門に触れると高熱にうなされる。お綱さんの執念が祟るということで恐れられていました。そこでお綱の供養塔が建てられたのだそうです。

小山　このお綱さんの〝お話〟は単なる伝説なのでしょうか。

波多江　それがものが残っているから困るのです。門を解体するときも、お綱門だけは祟るから壊しようがないと、家庭裁判所の所に長宮院《ちょうぐういん》というお堂がありますが、その境内にそのまま壊さず移したのです。

お綱のところの奉公人は二人いたのですが、別説ではお綱の悲運の死を追って自分も死んだとなっています。九州大学医学部の近くの崇福寺の中の日切地蔵が、その奉公人を祀ったものだといわれています。

またお綱を斬った明石彦五郎の墓も堅町《たてちょう》の正定寺の中にある。そういうものがきちんと残っていると、ああそれは伝説と片付けるわけにはいかなくなるのです。

帯谷　三月二日に惨劇が起こったということに後の人が脚色して話を筋道立てた部分はあ

るでしょうね。

波多江　そういうことを書いた『箱崎釜破《はこざきふば》故《こ》』という本がありますが、これが七通りもの話がある。後のものになるほど物語がかってきます。

帯谷　歴史の事実と考えたら、門には警護の侍もいるわけだから、それをするりとくぐり抜けて入ったとは、少し変ですよね。

波多江　そうなのです。上の橋御門を入ったとしても、扇坂までは重臣の屋敷が並んでいる。また東の御門もある。そこをどうやってくぐり抜けたかは疑問ですね。

帯谷　バッキンガム宮殿にも泥棒が入れたのだから、あり得たかもしれない（笑）。

小山　長宮院にお綱さんを供養するわけですが、その後が男女のいざこざを調停する家庭裁判所になっているのはおもしろいですね（笑）。

帯谷　だから私は、お綱さんは今なお生きているとよく言っています。

三百年間祟《たた》った空誉上人

波多江　空誉上人も三百年間祟っている博多の幽霊のスターです。

　御笠川の洲は江戸時代、処刑場でした。ここで処刑された人が哀れだと、空誉上人は供養してあげるのです。ところが黒田の二代目忠之は、自分が罪人として処刑したものを供養するとは何事だと、空誉上人を釜ゆでの刑にします。

帯谷　こういう話は二代目の忠之のときに集中していますね。父親の長政は後継ぎにはできないと思っていたのでしょう。もし商人になるなら五千両やるし、坊主になるなら寺を建ててやると言っていたそうです。

波多江　空誉上人を、**石川五右衛門**と同じ釜ゆでの刑に処すると言い出したが、人をゆでるような大きな釜はない。どこかに作らせようと捜したのが、遠賀郡の芦屋釜。ところが釜師たちは、ここは茶の湯の釜を作るところでそんな釜は作れない、と逃げてしまう。

　あちこちをあたって釜を作ることはできましたが、ケチな話で、石川五右衛門のように菜種油を満たしてゆでるのは油がもったいないと言い、空焚きにしたそうです。その場所が前の県知事官舎の中です。これは約三百年間祟り、県知事が官舎に入ると、夜中にうなされてしようがない。

　昭和の初め、**大塚惟精**《いせい》という県知事の時代に県庁官舎の中の庭に供養塔が造られ、祀られることになりました。それ以後、県知事はうなされなくなったそうです。怖い、子々孫々まで祟る幽霊というのは、これくらいですね。博多では珍しい例です。

「お綱門」と呼ばれたこともあるという福岡城の東御門跡。平８年撮影

平27年に執り行われた「濡衣塚」の供養祭

米一丸《よねいちまる》の悲劇と踏切事故

帯谷　米一丸というのも有名ですが、怪談としては何もないのでしょう。

　東区筥松のあの場所に鉄道が敷かれて踏切死亡事故が多発したのが、米一丸の悲劇の話と結び付けられたのでしょう。

小山　たいへん古い話なのでしょう。いつ頃の話なのですか。

帯谷　この話は史実としては妙な点が多いのです。新しい時代の名前や古い時代の名前が交錯して出てくる。米一丸は駿河国の木島長者の息子として生まれ、たいへんな美少年だったそうです。この長者という名前、いかにも伝説的ですね。

波多江　その美少年米一丸は、二十歳で若狭国の湯川の長者の娘**八千代姫**を、嫁に迎えます。木島長者は京都の一条家の領地を管領していたので、嫁を迎えたあいさつのため、新夫婦を連れて上洛し、一条殿に参上しました。

大殿にあたる一条殿は、美しい八千代姫を見てどうしても側室として欲しくなった。そこで一計をめぐらすわけです。一条はかつて博多を訪れたとき、路銀に困り名刀三池典太《みいけてんた》を土居町の奥伊右衛門に質入れした。その名刀を米一丸に受け取ってきてほしいと言い付けるわけです。要するに米一丸と八千代姫を引き離して姫を奪おうという策です。

帯谷　奥伊右衛門なんて名前は江戸時代風の名前ですね。

波多江　米一丸事件は、鎌倉時代だという書き方をしているのや、室町時代だというのがあります。しかしその頃には三池典太なんて銘の刀があろうはずがないのです。

帯谷　米一丸は主君の命令に逆らうわけにもいかず博多に向かいます。箱崎の館に逗留《とうりゅう》し、お金を払って名刀を返してもらい帰ろうとするところ、一条殿の意を受けた博多の守護職に殺されてしまいます。

代官じゃなく、守護職が突然出てくるのも妙です。八千代姫は侍女を連れ、米一丸を訪ねて博多にやって来ますが、事の次第を聞いて姫も自害し果てました。

それで米一丸が祟って出たという話かといえばそうじゃない。箱崎の鉄道踏切事故が頻繁なのに、米一丸事件が関連付けられて、碑が建てられたと聞いています。ただ米一丸は地名として残っているわけですから、たいへんな事件だったのでしょうね。

波多江　博多の怪談めいた伝説は、一見歴史的事実のように見えるが、どこまでが史実でどこからが創り話かわからない。濡《ぬ》れ衣《ぎぬ》の話も時代背景ははっきりしませんからね。

福岡市箱崎の国鉄鹿児島線米一丸踏切。自殺者を何度も救い“お助けばあさん”と呼ばれた時枝ヨネさん。昭35年

「濡れ衣」の語源は博多にあった

小山　濡れ衣の話というのは……。

波多江　佐野近世という侍には一人娘の姫がいる。そこに継母が来るわけですが、例によって娘をいじめる。ある夜、継母は夫に寝物語としてこう告げ口をする。「毎晩姫は、浜に行き男とあいびきをしてふしだらなことをしている。その証拠は朝、姫の部屋に行ってみたらわかる。濡れた衣が掛けてあるはず」と。翌朝、父親は継母の言葉につられて、姫の部屋を調べてみると、濡れた衣が掛かっているではありませんか。父は怒り狂って、とうとう姫を斬り殺してしまったのです。

それから毎夜、歌を歌って女の幽霊が現れる。姫は無実の罪を着せられて殺されたと訴えるわけです。あの濡れた衣は、継母が漁師をそそのかしてわざと娘の部屋に掛けさせていたことがわかってしまいます。

帯谷　無実の罪のことを〝濡れ衣〟というでしょう。

小山　あれは博多の伝説からきた言葉なのですか。

波多江　ええ、江戸時代に全国的に使われるようになった言葉です。だいたいそういう類いの言葉は、芝居や浄瑠璃から始まる言葉が多いのです。

帯谷　この濡れ衣の話にしても、今の石堂川のほとりにはちゃんと塚があって、その前のお寺は濡衣山松源寺《しょうげんじ》といって、名前がちゃんと残っているのです。これも史実なのかどうか……。

波多江　最初の文献は、寛永十八年（一六四一）の『**雑和集**』三巻のうちの中の巻に出ています。

帯谷　いかにもまことしやかですが、いつの時代の話なのか確かめる方法は全くありません。史実なのか伝説なのか、境目がない点で、博多の話はユニークです。

波多江　だいたい博多では、怪談は話すほうも頼りなく、根拠があるような、ないような……。

帯谷　全くの伝説であるとか、お岩さんのように小さな事件から脚色されて膨らませた話とか、いずれか普通ははっきりしているのです。しかし博多のは境目がぼんやりしている。荒唐無稽かといえば、そうでもない。何かあったということは事実なんだけれども……というわけです。その辺、非常に個性的だと思います。

小山　普通の怪談だと、非業の最期を遂げたのでその怨《うら》みを込めて、その結果悪い者が狂い死にしたとかでわれわれは納得という話が多いのですが、博多のは意外にそういうのがなくて、スーッと流れていくようですね。

帯谷　勧善懲悪というふうになっていない。米一丸の八千代姫の最期も悲劇なのに、それを供養しているわけでもない。

小山　空誉上人も、三百年も祟るのなら、殿様のほうに祟ればいいのに……（笑）。

波多江　濡れ衣は祟っていませんねェ。だいたい博多の人間は幽霊をばかにしているようなところがある。よーし出るなら見てやろうといった調子ですから。

　でも、お綱さんの祟りはある程度信じられていました。福岡にまだ兵隊がいたころ、お綱門のある近くが火薬庫だったのです。兵隊が当番で火薬庫の警備に夜行かなきゃならない。「またあそこか、気味悪いので行きたくないなあ」とぼやいていたそうです。実際に祟りがあったとは聞いていませんが。

お琴・新兵衛事件がお琴せんべいに

小山　幽霊話のもとになる心中だとか、姦通《かんつう》だとか、そういう話自体が博多には少ないということですか。

帯谷　それは違います。やはりありますよ。

波多江　明治の中ごろ、**お琴と新兵衛事件**という博多では有名な大惨劇がありました。たいへん強欲なお琴の母親が、夫婦仲を無理やり裂くわけです。同じ結婚させるなら、新兵衛よりも金持ちの男をつけなくちゃと、母親がたくらんでいた。それを知った新兵衛が出刃包丁で斬り付け、大惨劇となったという事件です。『福岡市史』の明治編にも出ているくらい有名な事件です。

　しかし、博多の人はこれを惨劇として捉えるよりも、これだけ有名になったのだから何かに使わないともったいないと考えるのです。すぐに芝居につくられ、お琴新兵衛の名前は売れに売れたわけです。さっそくお菓子を作れとか……。

帯谷　お琴せんべいですね。（笑）。

波多江　大正の末ごろまで売ってましたよ。

小山　博多は京都に次いでお寺の多い町ですが、お寺には幽霊の話はないのですか。

波多江　材木町（現天神三丁目）の安国寺のあめ買い幽霊だけですね、ほかにはありません。

帯谷　あめ買いの話というのは、ある美しい女の人が毎日決まった時刻にあめを買いに来るのです。あめ屋の主人がある日、後を付けてみると、寺のところでスーッと姿が消えた。その消えた墓の中から赤ちゃんの泣き声が聞こえてくる。墓を掘ってみると、亡くなった母親の遺体から赤ちゃんが生まれていたという話で、母が子を思う一念から、あめを買いに行き、嬰児《えいじ》を育ててきたというわけです。しかしこのあめ買いの話は全国至る所にあります。そのほかには、寺と結び付いた幽霊の話は聞きませんね。

波多江　怖い幽霊話というのは、旧博多の町からは離れている。空誉上人にしても、お綱さんにしても福岡城下の話だし、濡れ衣塚も米一丸も旧博多の町中ではありません。博多の幽霊というのは非常にユーモラスなものしかないですね。

帯谷　博多の町の気質というものの反映でしょう。

小山　幽霊もやはり博多っ子なわけですね。たいへんおもしろい幽霊話、ありがとうございました。

■波多江五兵衛氏　21ページ参照

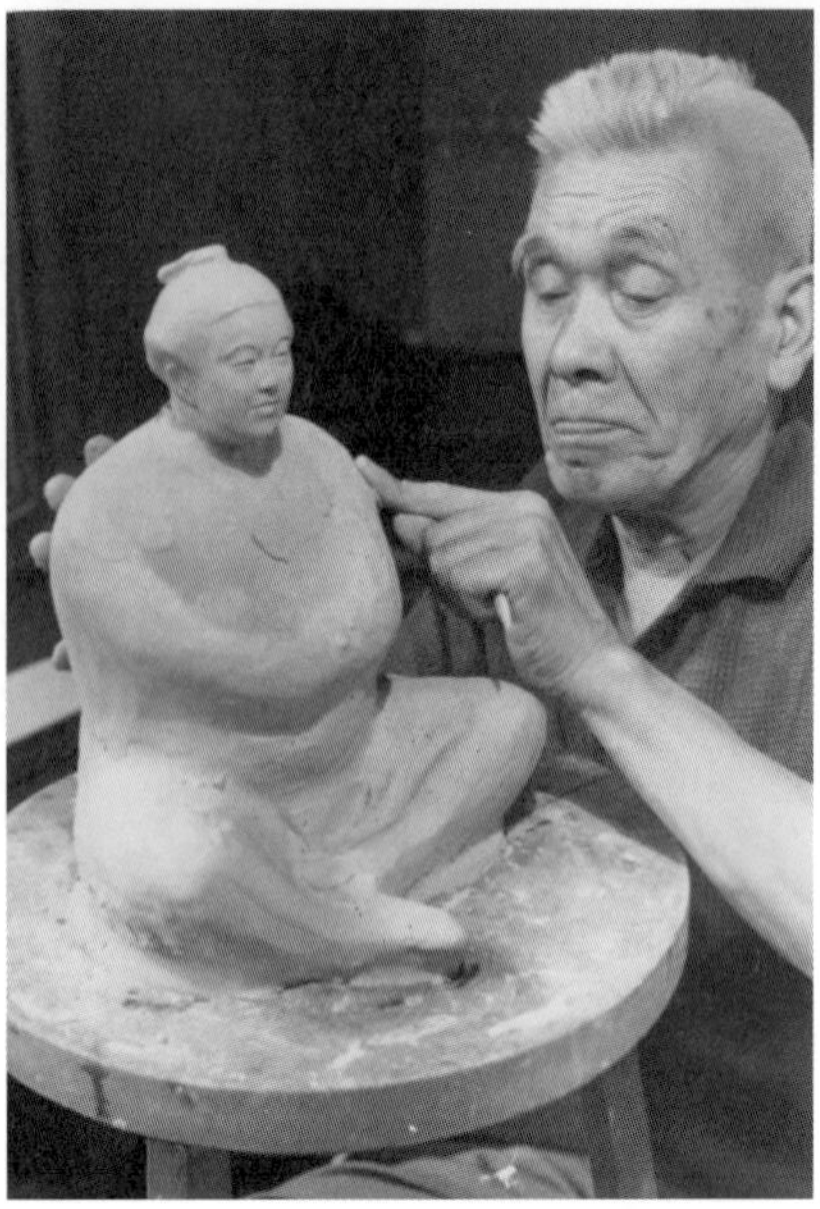

23 博多人形師 小島与一

［お話］
西頭 哲三郎
国・卓越技能保持者
博多人形師

［聞き手］
西島 伊三雄
博多町人文化連盟 理事長

小山 泰
九州総合信用株式会社 社長

対談：昭和五十七年（一九八二）八月

江戸時代の素焼人形が起こり

司会　博多人形といえば、小島与一さんがすぐに浮かびます。先生のお師匠さんだったのですね。おいくつで亡くなられたのですか。

西頭　昭和四十五年（一九七〇）に八十三歳で亡くなられたのですが、八十六歳だったと言われる方もあるし……。弟子の私たちにもわからない……（笑）。

西島　年をはっきり言っておられませんでしたからねえ（笑）。

にぎやかなお葬式でしたよね。みんな、山笠の当番法被など着て。

西頭　与一先生がにぎわい好きでしたし、ちょうど山笠の季節でしたから。

西島　かわいがっておられたカナリアや、犬のチンまで、お寺でお見送りしましたね。

小山　まず、お話の初めに、博多人形についてお聞かせいただけますか。

西頭　もともと博多人形の起こりは、祇園町の住人で素焼物製造の陶工**中ノ子安兵衛**の次男、**吉兵衛**が、文政年間（一八一八～三一）に一種の土俗素焼の玩具人形を作ったというのが定説のようです。**黒田長政**が慶長六年（一六〇一）に福岡城を築いた折、瓦師**正木宗七**が、瓦土で人形を作って献上したのが博多人形の初めという説もあります。

「博多人形」という名称が生まれたのは、明治二十三年（一八九〇）四月のことでした。それまでは「博多素焼人形」といっていましたが、この年に大阪で第三回国内勧業博覧会が開かれ、それに、**讃井清兵衛**、**後藤治吉**、**井上清助**さんたちが、新作の人形を出品して褒賞を得ました。その褒状に、「博多素焼人形」の「素焼」が抹消されていたので、それ以来、「博多人形」が公称となったわけです。

小山　博多人形の特徴といいますと……。

西頭　博多人形を主な種類に分けると、美人もの、歌舞伎もの、能もの、風俗もの、童もの、道釈《どうしゃく》ものといって道教と仏教の有名な人物を描いたものに大別することができます。大きな特徴は、素焼きに着色することです。そして、きめ細かな彫り込みをするのも独特ですね。

気が向くと買って、「与一払い」

小山　与一さんのところに、弟子入りされたのはいつ頃ですか。

西頭　私が弟子入りしたのは、昭和十一年（一九三六）ですが、振り返って思うと、仕事を教えてもらったということより、人間を教えてもらったということが強く心に残っています。「仕事は、俺が教えるんじゃない、盗め」といつも言われていました。「知りません」と言うと、「忘れましたと正直に言え、一度何かで教えているはず」と怒鳴られます。

西島　小島さんといえば、「与一払い」は有名ですね。

西頭　先生はものを買うときはパッと買われるが、支払いのほうはすっかり忘れてしまわれる。それで「与一払い」と言われていたのです（笑）。

　金に無頓着というわけじゃないのですが、気が向くと何秒と待てないような人ですから「あれよかねー」の後は、すぐに「あれ買おう」です。旅行にお供したときでも、骨董屋で「よかつぼばい」でパッ。いつも帰りの汽車賃が流れてしまう（笑）。

小山　お弟子さんはたいへんですね。

西頭　それから、先生はお客さんに人形を渡すときいくらだと言ってあるのですが、すぐ忘れてしまわれる。後で私が「いくらもらってくればいいですか」と聞くと、いくらと言われる。

　お客さんにその値段を言うと、話が違うと言って腹を立てられる。「もう一遍先生に聞いてみんしゃい」と。帰って先生に聞くと「そげなこと言うとらん」、私は間に挟まってオロオロするばかり。「そんなら人形取りあげてこい」と、そういうことが何回もありました。最後には「せからしか（面倒だ）、ただでやってこい」（笑）。

　歌舞伎を観に行っても帰りになると、問屋に行って金借りてこいと言われる。持っているだけ使われるので、帰りのお金がなくなってしまう。行きはよいよい、帰りは怖いということは、よくありました（笑）。

小山　しかし幸せな人ですね。天衣無縫で全然アクがないというか。

西頭　税務署には、代わりに私が行っていました。

　「経費がわからん。あんた弟子なら、きちんと付けなさい」と言われるが、どういうことを付けたらいいかわからない。経費の領収書がまずないでしょう。「小島さんぐらいになりゃ、芸者遊びもあろうから、それも経費と見るが、商売の勉強のための必要経費か、個人の遊興か、はっきりさせないかんばい」と言われても、訳がわかりません（笑）。しかし、先生が亡くなったときビクビクして税務署に行くと、驚きましたよ。いつの間にかきれいに清算してあって何もないというのです。

小山　まさに達人ですね。

人間与一さんに惚れた人たち

西島　前の奥さんのひろ子さんとのロマンスは有名ですね。

西頭　私が弟子入りした昭和十一年（一九三六）には、前の奥さんがまだおられました。ひろ子さんは水茶屋の舞妓さんでした。大阪の博覧会に舞妓の人形を出品するために、当時まだ十三歳のひろ子さんをモデルに人形を作られたのが、そもそものきっかけだったそうです。先生は夢中になって、せっせと茶屋通いなんですが、身請けのお金がたまるはずがない。とうとう、東京への駆け落ちとなるわけですが、宮島で捕まって、連れ戻されるのです。

　それからは、会おうにも会わせてもらえない。ひろ子さんの座敷に、外からドンドン石を投げたりしたそうです。小島先生のお母さんが、「与一ちゃんの嫁ごは、こげんふう（こんなふう）にして来とうとばい」と話してくれていました。ひろ子さんは私が弟子入りして間もなく亡くなられました。

西島　京都に小島先生とご一緒したことがありますが、朝目が覚めると、先生がおられない。「えらく早くござれんなあ」と思っていると、知恩院のひろ子さんのお墓に参ってあったのです。

西頭　ひろ子さんも立派な人で、木綿の絣《かすり》を着て、絹ものを着られません。元芸妓とわからないような質素ななりをしてありました。粋ではあるが、本当の博多ごりょんさんというふうでした。

だけど先生は髪だけは、やかましくて、それでひろ子さんは毎日髪結いさんに通っておられました。よく女の髪の富士額の生え際の見本になってもらいました。私たちの前に座って、「私の顔ば見んしゃい。こげん描かないかんと」と。

小山　お子さんはいらっしゃらなかったのですか。

西頭　養子の定《さだむ》さんがおられましたが、ビルマ（現ミャンマー）で戦死されました。私とは小学校からの同級生でした。人形は巧かったから、先生も残念だったでしょうね。

西島　今の千代子夫人も、ずいぶん若くしてお嫁に来られたんでしょう。

西頭　ええ、千代子さんはまだ数えの十八歳。私は先生の手紙を持って、お使いに行ったことがあります。「川の淵のぜんざい屋の二階に行けばわかる」と言われて行ったものの、「千代子さん」と呼んで出てきた人は、どうも若すぎて違うようだ。「おらっしゃれんやった」じゃ叱られるから、もう一度大声で呼ぶと、またその人が出てきて「私が千代子です」と言われる。おかしいなあと思いながらも手紙を渡した覚えがあります。

先生とは孫ほどにも年が離れてありましたから、先生は大事に、大事に、娘を育てる気持ちでかわいがっておられました。弟子の私たちよりもお若いわけですから、千代子さんにも、人知れないご苦労もあったはずですが、先生の人間性に惚れ込んであったのでしょうね。

サインはオリジナルの「与一」

小山　「三人舞妓」が、小島さんの代表ですか。

西頭　そうです。大正十三年（一九二四）のパリの万国博覧会で銀牌《ぎんぱい》を受けられた作品です。このとき、**原田嘉平**《かへい》さん、**置鮎与市**《おきあゆよいち》さんも出品されていましたが、銅牌でした。

小山　三十七、八歳の頃ですね。

西頭　いちばん脂が乗り切った頃ですね。大正十二年には、下呉服町の中村家具店で個展も開かれています。この店は、博多の百貨店のはしりみたいなもので、下足番には、亡くなった名優の**丸山定夫**がいたそうです。

西島　パリの万国博に出品できたということは、誰か促し役がいて……。

西頭　それは、先生が「この人がいなかったら、今の俺はない」といつも言っておられた、**井上清助**さんです。

井上さんも人形師でしたが、うちが人形の問屋さんで、商売の企画がたいへん優れた人でした。井上さんはいろんな資料を、小島先生に与え、いろんな所に連れて行き、勉強させた方で、博多人形の声価を高めることをいつも考えておられました。

小山　小島さんの先生がまた素晴らしい方だったのでしょう。

西頭　**白水六三郎**《しろうずろくさぶろう》さんです。小島先生はじめ、原田嘉平さん、置鮎与市さんがここから出ているわけです。日蓮さんの銅像のある所に蒙古襲来の人形がありますが、それが六三郎さんの作品で、それはもうリアルで、素晴らしいものです。

西島　素焼きで、ものすごく写実的、あれは博多人形というよりも、優れた彫刻ですね。

西頭　博多人形がここまでになったのは、**山崎朝雲**《やまざきちょううん》さんや**上田鉄耕**《うえだてっこう》さん、**矢田一嘯**《やだいっしょう》さんなど、いろんな方から教えを受けているおかげです。

朝雲さんは東公園の亀山上皇の銅像を作られた方ですが、初めて石膏で人形の型を取ることを教えられ、人形の量産ができるようになりました。矢倉門の上田鉄耕さんを中心に、人形師たちが人形を持ち寄って勉強会を開いていました。そこに矢田さんが紹介され、色の使い方などいろいろと教わったそうです。

西頭　上田鉄耕さんは、渡辺崋山のような筆法の南画家。矢田一嘯さんは洋画家で「蒙古軍襲来」の大油絵は名画として有名ですね。

西島　勉強してあったんですね。与一さんは九州大学で解剖学も習われたのでしょう。

西頭　矢田先生が九大に頼まれて、解剖図を油絵で描いておられました。その関係で解剖学の**桜井恒次郎**博士の教室で、二年間習われたそうです。

西島　だから、痩せた人間やカッパの名作などいろいろあるけど、あばら骨や筋肉の具合が、実にリアルでいいなーと思いますね。

小山　ずーっと左利きでしたか。

西頭　左手です。だから字も反対の左文字、サインは全部「与一」です。

見てきた感動をそのまま人形に

小山　修業中の西頭さんの見られた与一さんは、どんな先生でしたか。

西頭　とにかく、新しもの好きです。新しいものを見たい、見たらすぐに作りたい。前の晩に歌舞伎や芝居を見ると、翌朝、私たちが起きる頃には、もう原型ができていました。

大博劇場に喜劇の**曽我廼家《そがのや》五郎**が来てたときもそうでした。それは何とも言えない、いいお婆さんの顔で……。写真があるわけじゃない。見てきた感覚を頭に入れて作られるのです。

西島　散歩や風呂屋で見た情景も、すぐ人形にしておられました。私が持っている「町をきれいに」の人形も、お婆さんがごみを取ってあるのを見て、それがただおもしろいから作られたので、全然威張った芸術なんかじゃないんですね。

西島　朝は早かったのですね。

西頭　ええ。朝四時ごろから起きて人形を作っておられた。四時半から五時ごろ朝風呂に行かれて、私たちが起こされるのが六時ごろ。玄関の戸がガラッとして、もうちょっとよかろうと思っていると、「きさまたちゃ、まーだ寝とるかー」で、ガーンと箒《ほうき》でたたき起こされます（笑）。

そしてまた、仕事がものすごく早かった。原型の型を石膏で取ることを、「型とる」と言いますが、先生はまだ柔らかい原型を持ってこられて、「型とっとけ」と言われる。パッと気に入ったら、一時間やそこらで作られるものだから、柔らかいのです。型を取ろうにも原型を崩しそうで……。原型を彫られながら「型とれ」と言われることもあります。「手と足がまーだできとらんですよ」と言っているまに「はい、手。はい、足」とできあがって、言ったほうが恥かく。「お前の型とりのほうが暇のいる」でした（笑）。

大13年に制作された「三人舞妓」

「マルバシ」は丸橋忠弥の合羽の色

小山　与一さんは、歌舞伎好きで、よく見ておられたのでしょう。

西頭　ええ。大正三年（一九一四）に、先々代の**松本幸四郎**が初めて博多に来て、弁慶をやっています。先生は幸四郎の「勧進帳《かんじんちょう》」に魅せられて、スケッチブック抱えて、熊本から長崎まで追いかけて見られる。そのとき作られた「弁慶」は、たいへんな評判でした。

京都へもよく出かけられました。十二月の

顔見世、昼夜二回あるのですが、初日を必ず見てありました。本当の通でしたから、博多に歌舞伎がやって来ると、番頭が必ずタオルなんか持ってあいさつに来ていました。お返しにと、楽屋におみやげを持って行くのは、私たちの役目です。

　それですぐに帰ってくると、「なぜ早う帰ってきたか。お前、見せるためにやったもんば。楽屋のそででも、よう見て来い」としかられる。そういう、見てこい、聞いてこいの教育でした。

小山　博多人形に、歌舞伎や能のモチーフを取り入れたのは先生が初めてですか。

西頭　先生以前になかったわけではないが、あれだけ有名にして、広めていったという点では画期的です。

　先生は人形の色の説明も歌舞伎でされました。今はカラー番号や色見本がありますが、当時はそんなものありません。先生が「マルバシの色塗っとけ」と言われる。わからないので絵の具屋に問い合わせてみますが、そんな絵の具はないと言われる。

ベーブルースの似顔人形

　仕方なく先生に尋ねると、「バカタレ、マルバシの色やら売りよるか。お前は歌舞伎は何を見ようか。丸橋忠弥《まるばしちゅうや》の堀の場面たい」と言われて、やっとあの場面の合羽《かっぱ》の色とわかるのです。丸橋忠弥が土手の所で、雨にぬれながら、江戸城の堀の深さを測る場面があるでしょ。そのときの忠弥の合羽の色、それをマルバシの色と言われる（笑）。「歌舞伎色にせれ」と言われることもあります。ベンガラと緑と黒の歌舞伎の緞帳《どんちょう》の色なのです。

西島　ベンガラはベニガラのことでしょう。茶色っぽい赤の。

西頭　一口に赤と言われても、朱がどのくらいかわからない。すると先代萩《せんだいはぎ》の政岡の打ち掛けの色でいい……と言われる。私たちはそれを想像しながら、色合わせをしていくのです。

　昔は、そういう身近な色を手本にしなければ、説明のしようがなかったのです。シンバシという名も、新橋駅のホームの壁の色ですからね。

西島　ああ、今顔料で「しんばし」という色は、そういう起こりから付いた名なのですか。今で言えばセルリアンブルーですね。

見て、聞いて、確かめて

西島　彩色のとき、筆をねぶっておられたでしょう。私もねぶるのですが、うちの若い人たちは笑うのです。

西頭　水瓶に筆を投げ込んどくと、竹の筒まで水を吸っていて、描こうとすると、ポテッと水玉が落ちるでしょう。それでスーと口ですると、水の含みがわかるのです。

　一度こんなことがありました。大丸デパートで人形の展覧会をした中に、樽の上に腰かけたじいさんが、角打ちしている姿の人形がありました。お客さんが、「あんた弟子な、小島さんは呑まっしゃーな（呑まれるのか）」と言われる。

　「いや、酒は一滴も呑まれん」と答えると、「やろ（そうだろう）、こら（これは）間違うとるばい。枡の角は握ったらいかんばい。口当てるところば握っとる。小島さんに言うときない（なさい）」と言われた。

　先生に伝えると、すぐさま「ちょっとお前付いて来い」と、町の角の居酒屋に行きます。じーっと見ていると、誰も枡の角を握っていません。その日のうちに、その人形は引っ込めて、すぐに作り替えでした。

西島　そういえば、こういうこともありましたよ。戦後に柳川の「御花」にご一緒したとき、殿様の能衣装が虫干しされていました。それを全部着て、ひもを結んで、後ろ姿、結び方などを丹念にスケッチしておられました。

西頭　必ず現場で確かめられるのです。提灯の下にさがっている結びがありますね。あれがどう結んであるのかわからない。すると「提灯屋に行って、お前見て来い」です。「嘘《うそ》をしちゃいかん」とよく言ってありました。

　下駄一つにしてもそうです。私が作っている人形を見て、「お前の下駄は誰が履いとうとや、芸妓が下駄履いておりてくる姿ば（を）見てきやい（なさい）」。見ると、芸妓さんの下駄は、ほんとつま先だけをちょっと、つっかけるかつっかけないかわからないようにして、履いて行きます。

　中市小路《なかいちしょうじ》の前は、夕方になると、相生《あいおい》町の芸妓が、次々と券番からお座敷へ歩いて行きます。「お前、よか見本の行きようけん、早よ見て来い」です。髪の格好を見ようと追いかけて、とうとう置屋まで付いていって、水をかけられたこともありました（笑）。

　そして、いよいよのときも、先生は人形にじかに手をかけるということは、絶対にされませんでした。ヘラで「こげんなると」と言ってサッサッとかかれる。それがまた、実に巧《うま》いのです。

粘土は〝耳たぶ〟の固さ

小山　名士劇に出演した人たちの人形もよく作られて。あれはご本人に。
西頭　ええ。似顔人形は、よく譲られています。
　私は、三浦環《たまき》のお蝶《ちょう》夫人の人形を、駅の近くの博多ホテルへ持って行ったことがあります。野球のベーブルースが来たときも作っています。人形の背中にベーブルース本人がサインしています。いい顔の人形でしたよ。
　奈良屋小学校の相撲場開きのとき、子どもがワーッと双葉山を押している人形を作られた。橋口町の旅館に届けると、双葉山が私をにらんで、「これは似とるか」と聞いたが、怖くってね（笑）。お弟子さんと一緒にちゃんこ食べたときのことは忘れません。
小山　人形の粘土はどこの土ですか。
西頭　私たちが弟子入りしたころの粘土は、麦野（福岡市博多区）の田んぼの土でしたが、今は七隈《ななくま》（同市城南区）の土です。昔、粘土を作る人は馬車で持ってきていました。
　先生はその粘土をなめて、「こら（これは）、今年はよう（よく）できた」とか、「できとらん」とか言ってありました。どうしてなめてわかるのか、今もって私たちにはわかりません。
西島　粘土を捏《こ》ねるのが、また難しいのでしょう。
西頭　耳たぶが人形の固さだと、やかましく言われていました。ちょっと固すぎると、投げつけられて、耳を引っ張られ、「俺の固さはこの固さたい。よーと覚えとけ」です。仕事面ではとても厳格な人でした。

年季があけると「西頭くん」

西島　お弟子さんは何人でしたか。
西頭　その頃十三人いましたが、今残っているのは三人だけです。
小山　修業はつらかったでしょうね。
西頭　修業中の五年間は、ものすごく厳しい。この五年をすぎると、「年《ねん》が明ける」と言うのですが、この年が明けると先生の言葉遣いがガラリと違います。きのうまで「哲ちゃん」や「哲！」だったのが、急に「西頭くん」など呼ばれるので気持ちが悪い（笑）。
小山　五年で年が明けると、給料ももらえるわけですか。
西頭　だいたい十五、六歳で弟子入りしますから、二十歳の兵隊検査のころ年が明けるのです。それからお礼奉公を普通一年して、給料がもらえるようになります。料亭などの据膳にも座らせてもらえます。修業中は髪も伸

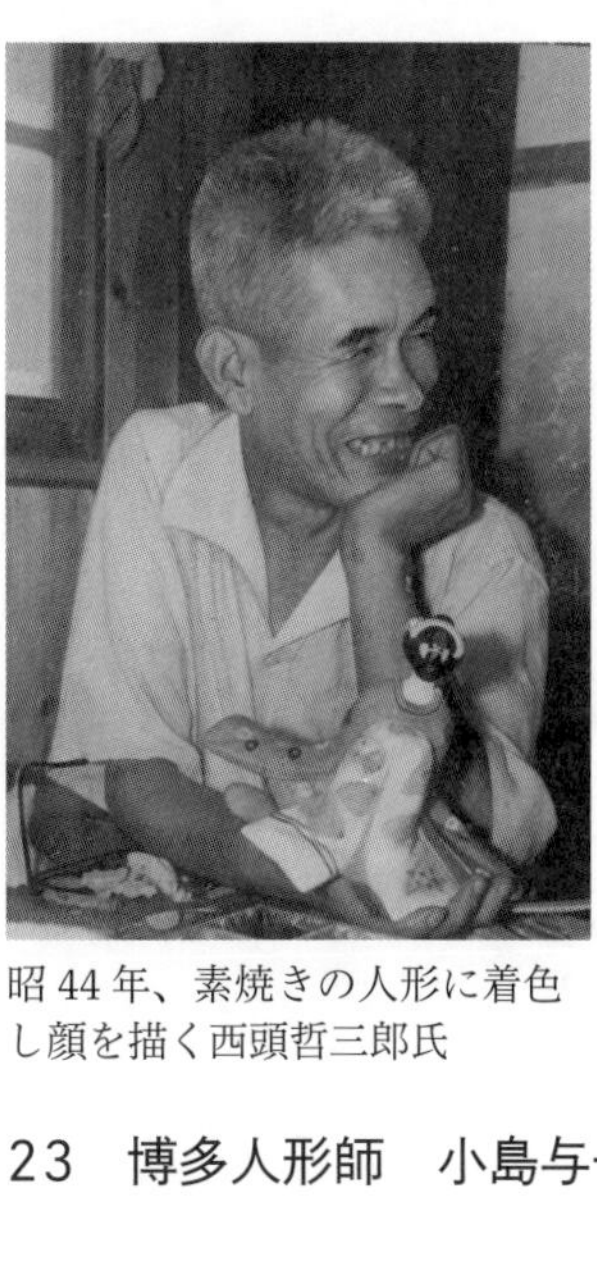
昭44年、素焼きの人形に着色し顔を描く西頭哲三郎氏

ばしてはいけません。バリカンで刈って、その後カミソリで剃るのですが、それが恥ずかしくて、恥ずかしくて。お金も持たされません。風呂屋も床屋も木札の切符で行くのです。

西島　私が年明けてもらった給料は五十銭ぐらいでした。その頃、人は四十円ぐらいで……。私は商業美術の豊田先生に弟子入りしましたが、通りから、小島先生の仕事場を見て、こっちの弟子に行ったほうがいいかなあとじいっと見ていましたよ。あのとき私が入っていたら、西頭さんは兄弟子だった。

西頭　私は西島さんより一年ばかり早いから、一カ月三十銭で、ついたちに十五銭、十五日に十五銭もらっていました。十五銭じゃ映画も寿館には行かれなかったし、チャンポンが十五銭でやっと。ブロマイドが十銭。大阪屋のスキヤキを一遍食べたくて、貯金して食べに行こうかと思ってましたよ（笑）。

小山　『キング』や『少年倶楽部』が五十銭の時代ですね。

　戦後、米軍が来ると、博多人形はものすごく売れたでしょうね。

西頭　アメリカ人がよく買ってくれたので、にわか人形屋がいっぱいできました。しかし、小島先生は「やめれ、腕が落ちる。向こうの言うとおりにするけんいかん」と、いつも言ってありました。

　先生が明治時代に作られた、網を引いているおじいさんの有名な人形があって、これの似せものが、貿易ものとしてもてはやされたのです。

「こういう、明治に俺たちが作ったものを、若いもんが作って何になるか。百姓や芸者、富士山やちょんまげなど、外人の言葉につられて、明治に逆戻りするようなことをやっていたらつまらん」というわけです。

小山　西頭さんの、童《わらべ》人形は。

西頭　「叱られて」を作ったとき、先生にたいへん叱られました（笑）。

「泣くような人形は作るな。人形はお祝いに行くとぜ。縁起の悪いものを作ったって売れん。頭にリボン着けたり、模様変えたり、時代考証がなっとらん」と。その頃、横山隆一さんの『フクちゃん』の漫画がはやっていて、それがリボンを着けていましてね。

小山　ああ、着けてた（笑）。

西頭　これはおもしろかろうと着けたんです。先輩のまねでもしようものなら吊し上げでした。

鏑木《かぶらき》清方《きよかた》や伊東《いとう》深水《しんすい》といった日本画風の美人人形はみんなが作るでしょう。創作しなければいけない。それで作ったのが童人形で、玉屋の展覧会に出しました。先生にも怒られたものだし、「まあ、展覧会に出すのはよかろうばってん、あとは売れんぜ」と言われる。売れんでもいいと思って、私はその人形に五百円の値を付けたのです。仲間に「子ども人形に五百円も付けて」と言われましたが、これが一週間で二十本も売れたのです。

　それで人形屋で評判になって、似せものが京都に出たりした。組合が怒って、一騒動になりましたが、先生は「人がまねするようなもんば作っただけ喜んどけ。こまい（小さい）こと言いよったっちゃつまらん。こだわるな」、こう言われました。

「俺のまねせんやったけん、よかった」

小山　博多の夏祭り「博多祇園山笠」でも小島さんは忘れられない人ですね。

西頭　私が山（飾《かざ》り山）を作り始めて二回目でしたが、ちょうどＮＨＫが「義経」を放映していて、川端もそれがいいというので、それならと、私は五条の橋の弁慶と義経を作っていました。先生が朝、見に来られたときには、もうほとんどできあがっていました。

　先生は見るなり、「こらいかん、原田嘉平のと同じやないか。つまらん、やりかえれ」と、バリーッと破られてしまいました。「子どもの背中に七つ道具を付けて、坊主にして、鉢巻きしとうと（しているもの）でいいけん、しやい（しなさい）」。もうあと二日しかない。たいへんでした。

西島　与一先生の山笠の飾り方は、ほかの人のと違いましたね。

西頭　立体的に作らなければ山じゃない。はね木に人形が乗って、前に突き出している。前半分なら裏はベタッとすればいいが、先生のは全身を作らなければいけない。だから材料も倍かかる。しかし立体感があって、迫力が違います。先生の特徴ですね。

　山を作るのも早い、早い。てこをしていて、「はい、こっち結んで、こっち結べ」と言われて、「俺はちょっと用のあるけん行くぜ」とパッと手を離されるから、ガチャーン。「きさま、結んどかんか」と、自分の気持ちの中だけでは結んであるわけです（笑）。

西島　気持ちのほうが先に先にいかれるのでしょうね。

西頭　現代の博多人形がここまでになり、弟子を四十人も育てられたのは、先生の非常な功績ですよ。現在山笠を作っているのは全部小島先生の弟子や孫弟子です。

西島　先生は病院嫌いでしたね。どんなにお悪くなっても、五体に刃物を入れるべからずで。入れ歯もされなかったから、話がもごもごで聞き取れない。あれには困った（笑）。

西頭　箱崎に中富さんという有名な歯医者さんがおられましたが、「小島さんを長生きさせるには、歯を入れてやらないかん。だまして連れて来なさい」と言われるので、私がだまして連れて行きました。「ちょっとここで話ばしましょう」と中富さんは病院の椅子の小島先生をつかまえて離しません。小島先生は謀《はか》られたと腹を立てて、機械をパーッとひっくり返して逃げて行かれたのには驚きました（笑）。

　体がいよいよ弱られたとき、手術さえ受けておられれば、もう少し長生きされたのではと、惜しい気もしますね。亡くなられる前に、「俺は褒めるのは好かんけど、お前は俺のまねせんやったことだけは褒める。最後までまねせんやったけんよかった」と言われたときは、いちばんうれしかったですね。

小山　名人小島与一さんの姿がありありと浮かぶいいお話、ありがとうございました。

小島与一

〈明治十九年（一八八六）～昭和四十五年（一九七〇）〉。福岡市中市小路（現福岡市博多区）生まれ。中市小路尋常小学校（現博多小学校）卒後、日本画家、上田鉄耕に師事し、博多人形師白水六三郎に入門。名人与一として知られ、名作を発表しながら、多くの弟子を育成した。火野葦平の小説「馬賊芸者」のモデルともいわれ、歌人吉井勇の歌に「人形師与一の髪のいや白し　艶話の主のいまや老いさぶ」がある。

■西頭哲三郎氏

大正十年（一九二一）～平成八年（一九九六）。福岡市古渓町（現博多区）に生まれる。昭和十一年（一九三六）人形師小島与一の門下となり、二十二年に箱崎で独立。二十八年より通産大臣賞受賞二回、四十二年には第一回総理大臣賞を受賞。福岡県技能功労者として表彰され、五十一年には国・卓越技能保持者に認定される。五十三年黄綬褒章受章。平成五年（一九九三）福岡市文化賞受賞。

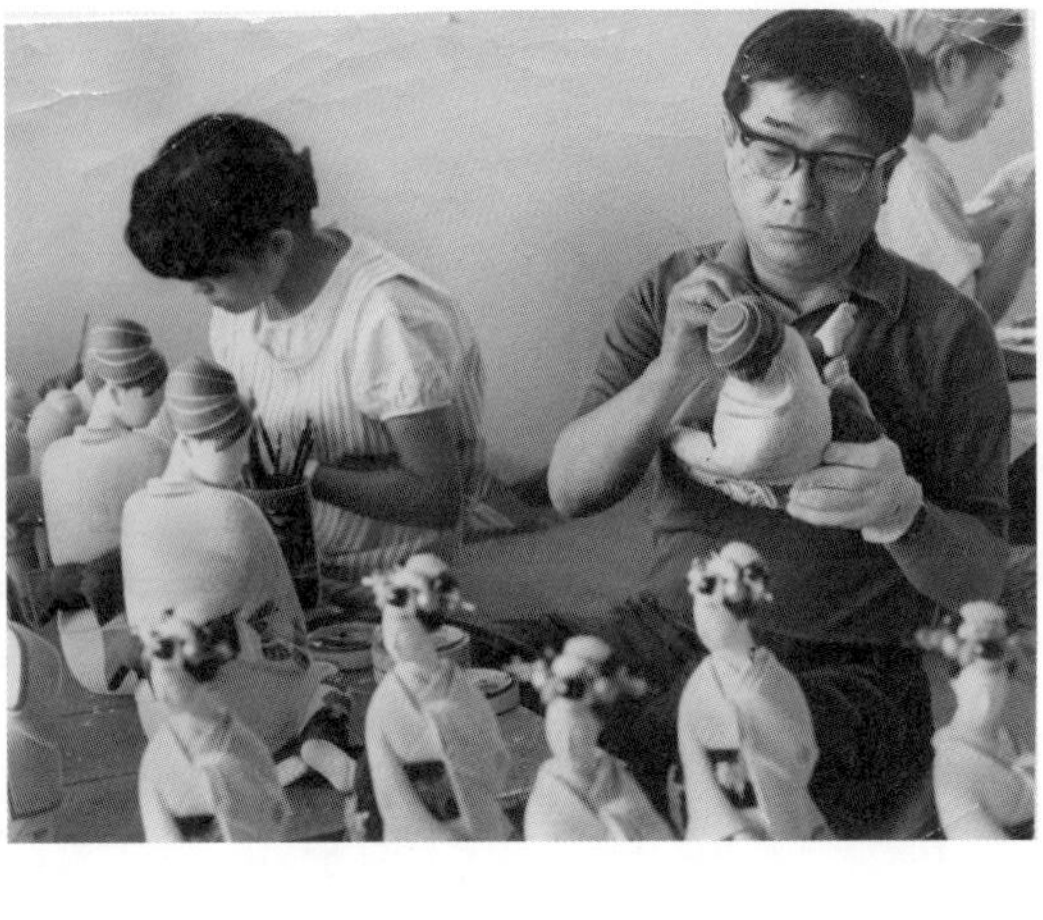

名槍「日本号」を呑み取った

母《ぼ》里《り》太《た》兵《へ》衛《え》

24

［お話］
山内勝也
筑前近世史研究会 会長
藤香会 副会長

［聞き手］
西島伊三雄
博多町人文化連盟 理事長

小山　泰
九州総合信用株式会社 社長

対談：昭和五十八年（一九八三）一月

酒豪であだ名は"フカ"

司会　母里太兵衛〈弘治二年（一五五六）〜慶長二十年（一六一五）〉といえば、**名槍《めいそう》日《に》本号《ほんごう》**を呑み取ったエピソードで知られてますね。黒田武士の代表者、理想の日本男性像で、ミスター福岡の資格十分ですね。

山内　あの話は、文禄年間（一五九二〜九六）ですから、**豊臣秀吉**が天下人で伏見にいた時代のことですから、**黒田長政**はまだ中津城主で、十二万三千石の中大名の時代です。

小山　**如水孝高《じょすいよしたか》**（長政の父）の名声に比して禄が少ないですね。

山内　如水は軍《いくさ》奉行筆頭（参謀総長格）として、秀吉の天下取りに大きな貢献をしています。秀吉が天下平定のときは一国を与えると言っておったようですから、内心は不満だったでしょう。

如水は、家臣に中津の七十石は他領の百石分だと言っています。中津へ入国して豊前六郡を検地してみると相当の石高になる。如水は知恵者ですから、差額分をせっせと蓄えていたのでしょう。

この結果は、関ケ原合戦のとき生きてますね。長政は**徳川家康**に従って上杉征伐に赴きましたが、父の如水は独力で西軍加担の九州勢を、ほとんど総なめにしてしまうのですから。

長政は家康に付いて関ケ原の戦〈慶長五年（一六〇〇）〉で大功を立てて、筑前五十二万石の大守になりますが如水は勝手働きで何の恩賞もない。だが、父子二代の知謀と武勇で、黒田藩は他藩から一目も二目も置かれていたのですね。その社員代表が**栗山備後《びんご》**や**後藤又《また》兵《べ》衛《え》**と並んで**母里太兵衛**なんですね。当時の武勇の士は酒豪でもあって、太兵衛はフカというあだ名があるほど、そのほうでも剛の者だったそうです。

西島　そこで名槍日本号の話となるのです

ね。

山内　ええ。母里太兵衛が長政の名代《みょうだい》として福島正則のところへ行って、呑み取り合戦となるわけです。

西島　正則と長政は、深い付き合いがあったのですね。

山内　長政も正則もいずれ劣らぬ勇将で、仲が良く、そしてお互いに酒癖がよくなかったといわれています。酒の上で大げんかをして、仲直りの印に長政が水牛の兜《かぶと》を、正則は一の谷形兜を譲り合ったりしています。水牛の兜は、正則没後長政に返されましたが、まあ、そういう仲で、お互いによく知っていますから、太兵衛が使者として正則のところに出かけるとき、「お前は絶対に酒を呑んではならぬ」とくぎを刺しています。

　太兵衛が行くと、正則は案の定酒を呑んでいて、「よし、よし、お前の用件はわかった。一献《いっこん》受けろ」ということになる。太兵衛は、「不調法でいただけません」と断りますが、正則は、呑め呑めの一点張り。とうとう、「この大盃《おおさかずき》で見事に呑み干したら、お前の望みのものをやる」と強要します。これ以上断って、癇癪《かんしゃく》の強い正則と争いになっては……と太兵衛はハラを決め、大盃になみなみとつがれた酒を一気に呑みほすのです。

　黒田藩の学者**貝原益軒**《かいばらえきけん》の『黒田家臣伝』によると、次のように記してあります。

「伏見にて左衛門大夫（福島正則）より……是の大盃にて酒をのまば何にても其方望みの物を引出物にせんと申せしかば太兵衛内々かの大身の鑓《やり》を望みに思ひければよき折節と思ひ其の座上にかかりて有けるを見やりて、あの鑓を賜はらば此の大盃にてのみ申さんといふ。左衛門大夫酒に酔ってかの鑓の秘蔵成し事を忘れ、しからば此の鑓を与ふべし。其の大盃にてのみ候へと云はれしかば太兵衛其の大盃にて酒を受けのんで彼の鑓を取って帰りける云々」（『益軒全集巻五』）。

小山　大盃はどれくらいのものですか。

山内　両腕に抱えるくらいの、大きな盃だったらしい。直径三十センチぐらい。酒五、六合は優に入ったでしょうよ。「見事なり、太兵衛いま一献」と勧められるままに、三杯呑んだそうです。正則も驚いたでしょう。

西島　そのときの太兵衛が博多人形の「黒田節」になっていますね。中には太兵衛が持っている大盃の紋が黒田の紋になっているのがありますが……。

山内　厳密に言えばおかしいですね。正則の紋でないと……。

“呑み取り槍”として評判に

小山　正則も約束とはいえ、よく日本号の槍《やり》を譲ったものですね。

山内　簡単にやろうと言ったわけではありません。あれは、**正親町**《おおぎまち》天皇から将軍足利義昭に下賜《かし》され、織田信長、豊臣秀吉を経て、福島正則が拝領したものだといわれています。

　だから、正則にとっては、かけがえのない大切なものだったわけです。しかし、武士に二言はない。さすが戦国大名、思い切りはいいですね。家臣たちは、帰りに酔っ払って手離すかもしれんと考えていたらしい。しかし太兵衛は、悠々と日本号を持って帰ります。それが藩内の評判になって、呑み取ってきたのだから“呑み取り槍”と言われるようになりました。“名槍日本号”というのは、明治になって言われるようになったのです。

西島　今、市の美術館（現在は福岡市博物館所蔵）にありますが、立派なものですね。

山内　ええ、しかしよく見ると、突いた後が残っているそうです。槍の穂の長さ七十九・二センチで、平《ひら》に長く掻《か》かれた樋《ひ》※1の中に倶利《くり》迦羅龍王《からりゅうおう》※2が浮き彫りされています。柄は大粒の青貝の螺鈿《らでん》作りで見事。全長が三メートル二十一・五センチの大きなものですよ。普通の人では、とても抱えて突きれないでしょう。

西島　よく市の美術館に……。

山内　志賀島出土の国宝金印や、長政愛用の**水牛の兜**とともに黒田家宝の代表格ですものね。学芸員の田坂大蔵さんによると、槍の穂先にはめている鞘《さや》だけは、少し新しいものだそうです。

小山　太兵衛は、その長い槍を馬上に持ち抱えて帰ったのですか。

山内　と、伝えられています……ね。まあ、絵になる情景ですね。とにかく相手が荒大名の正則で、名槍を呑み取ってきたというので、天下に太兵衛の名がとどろいたのです。

太兵衛、又兵衛、野村家、黒田家を経て、福岡市美術館へ

西島　その槍を長政に献上したのですか。

山内　いいえ、太兵衛が持っていて、文禄、慶長の役でも使っています。太兵衛と後藤又兵衛は、兄弟のようにしていますから、又兵衛はいつも「呑み取り槍を俺に譲れ」とせびっていたそうです。とうとう二度目の慶長の役のとき、太兵衛はこの槍を又兵衛に譲ってしまいます。

西島　虎退治のとき、大虎が出て槍に食い付いて、押しも引きもできない。そこへ又兵衛が通りかかる。「おい力を貸してくれ」。又兵衛はニヤニヤして「この槍くれるなら加勢する」。仕方がないので「やるから加勢しろ」……とこんなことで又兵衛の手に渡った、と何かで読んだことがあります。

山内　講談本の話でしょう（笑）。又兵衛は、太兵衛にとっては兄貴分だし、各藩に名の通った勇者ですから、太兵衛も頼まれ負けしたのでしょう。

西島　すると、槍は後藤家に伝わっていくんですか。

山内　いいえ。又兵衛が主君長政との確執で筑前退散となったとき、呑み取り槍と自分の紋を娘婿の**野村祐直**にやるのです。又兵衛の娘が、太兵衛の弟の**野村祐勝**《すけかつ》の息子祐直に嫁に行っていたのです。「この名槍は浪人する俺には不要。太兵衛からもらった大切な槍だから、お前にやろう」というわけで、野村家に代々伝わりました。大正時代に安川敬一郎さんに移り、黒田家に献上。昭和五十六年（一九八一）に十四代当主の**黒田長禮**《ながみち》氏（没後、茂子夫人）が、国宝金印とともに福岡市に寄贈されたわけです。

黒田節→越《え》天楽《てんらく》→シルクロードへ

西島　名槍呑み取りは、黒田藩士には胸のすく話だったでしょうね。それを誇りにして、**今様**《いまよう》になったんですね。

山内　そうですね。今では今様といえば、筑前の歌のように思われていますが、そもそもは、平安末期から平家の全盛時代にはやった歌で、大宰府の役人たちも歌っているんですよ。広島の宮島付近でも歌っています。

　今様というのは、今の流行歌という意味で、平安朝時代の越天楽という雅楽の旋律を取った七五調四節で、自分たちで文句を作って歌ったものです。

　しばらく衰えていたのを、徳川の半ば過ぎごろから武士や歌人の間で、再びもてはやされだしたのです。百五十年くらい前の天保年間（一八三一～四五）がいちばんはやったんじゃないですか。その頃、藩士の高井知定《ともさだ》が呑み取り槍の歌を作って、藩士たちに歌われたのです。

西島　あの、酒はのめのめ……の歌ですね。

豪傑母里太兵衛邸に構えられた長屋門。昭 60 年撮影

JR 博多駅前の黒田武士像。平 24 年

山内　知定の今様は、〝のめのめ酒をのみこみて　日《ひ》の本《もと》一のその鑓を　とりこすほどにのむならば　これぞまことの黒田武士〟です。

西島　〝酒はのめのめ、のむならば、日の本一のこの槍を、のみとるほどにのむならば、これぞまことの黒田武士〟の今の歌よりぎこちない感じがしますが、〝のみこみて…〟がいかにも武士らしくていいですね。

小山　先日、聞いた話ですが、シルクロードを巡ると、いろんなオリジナルな楽器が出てくるわけですが、その楽器で黒田節を演奏してみると、非常にスムーズに弾けるそうです。黒田節は、越天楽からさらにさかのぼってみると、このシルクロードにつながっているんじゃないでしょうか。

山内　昔のは豪壮な感じで歌いだして、最後は哀愁が漂うような歌い方になっていたらしいですね。

　ところが、NHKが昭和三年（一九二八）に、全国の民謡紹介をしたとき、筑前今様を、黒田節と名付けて、赤坂小梅さんが下のほうを非常に派手に歌いましたから、今のような陽気な感じになって、宴会でも歌えるようになったんだといいます。

　このとき「黒田節」と名付けたのが、当時NHK福岡におられた井上精三さんで、福岡県代表民謡として紹介されてから、全国で歌われるようになったと聞いております。ただ、昔の哀調がないのがちょっと残念ですね。

小山　〝皇御国《すめらみこく》の武士《もののふ》はいかなることをかつとむべき、只《ただ》身にもてる赤心《まごころ》を、君と親とに尽くすまで……〟というのもありますね。

山内　幕末の勤皇家加藤司書《ししょ》が詠じた歌として有名ですね。筑前今様は、高井知定の後に国学者で書家でたいへんな文化人の二川相近《ふたがわすけちか》という人がいて、藩の料理人だったのですが、早く家督を息子に譲って、いい今様を作っています。〝嶺の嵐か、春の弥生の曙《あけぼの》に、花より明るい三芳野《みよしの》の、古き都に来てみれば〟もこの人のものですね。

黒田武士のシンボル　太兵衛と又兵衛

小山　太兵衛は、後藤又兵衛と親しかったんですね。

山内　又兵衛と太兵衛は、黒田二十四騎の双璧ですね。長政を加えて二十五騎ともいっています。又兵衛と太兵衛は、世に聞こえた豪勇の士ですが、二人の生涯は明暗が対照的で、又兵衛は大隈の益富城を預かっていますが、どうも主君の長政とはしっくりしない。

　如水は、長政と又兵衛を兄弟のようにして育ててきましたから、如水の命は親のごとく守った又兵衛も、如水亡き後は、「吉兵衛（長政の幼名）がちと俺に威張りすぎる」という気持ちがあるわけです。又兵衛は、天下に知られた剛の者で、戦場では自分の方が上だと自信を持っているし、長政を通さずに他の大名たちとも付き合っている。長政はそれが気に入らない。

　当時の主従の関係は、力による雇用関係ですから、又兵衛は藩を退散してしまう。それで又兵衛ほどの剛の者ならと細川や加藤、福島、池田などの大大名が競って抱えに来たのですよ。しかし長政が「召し抱えるなら、こちらにも考えがある」と抗議するので不調になる。又兵衛は相当貧乏していたようです。

　浪人生活八年目に大坂城の秀頼から迎えが

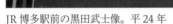

来る。大坂冬の陣ですね。大坂方で大活躍するのは、**木村重成**、**真田幸村《さなだゆきむら》**、後藤又兵衛らですが、又兵衛のほうが幸村より戦術は巧《うま》かったんじゃないかという話もありますね。東軍でいちばん勇武の**伊達《だて》政宗《まさむね》**軍と合戦になり、鉄砲に打たれて討ち死にしてしまいます。又兵衛五十五歳で、覚悟の上の討ち死にだったでしょう。

「ボリ」か「モリ」か

西島　それにしても、戦国の世の主従関係というのは興味深いですね。

山内　又兵衛や太兵衛と長政との関係は、江戸時代以後の主従関係とは違います。あくまでも力による雇用関係です。力があるから大禄で私は召し抱えられているんだ、という関係です。

　太兵衛の述懐の中に、「主君長政公とはいえ無理なことを言われれば、自分は承知しない」というくだりがあります。長政との主従関係は力による雇用関係と考えていたんだと思います。

　又兵衛も一介の浪人になっても、五十二万石の殿様の長政を相手に堂々とやり合っていますね。

小山　太兵衛が、二人の確執を調停したというようなことは。

山内　記録にはないようです。その頃の人間の気持ちは、後の代の、型にはまった主従とは違いますから。お互いに武士の面目を懸けての確執だし、力量があるんだから、堂々とやり合うがよい……というおおらかさが根底にあるのです。だから調停なんておせっかいは表には出ていないようです。

西島　母里太兵衛は、そもそもモリタヘエですか、ボリタヘエですか。

山内　どちらでもいいようですが、本来の姓はボリ（母里）ですね。それが、明治以前は〝毛利〟（モウリ）と言っていました。それにはこんなエピソードがあったのです。

　徳川二代将軍秀忠が、慶長十一年（一六〇六）に江戸城天守閣の石垣が緩んでいるので、その修復を三大名に申し付けています。その筆頭が黒田長政です。黒田藩の総奉行が母里太兵衛で、藩士の石垣積みの名人**野口佐助一成**（二十四騎の一人）や、石組みの巧い藩士や職人を連れて出かけています。当時の武将は、武芸だけでなく、戦略や築城にも優れていなければなりません。

　藩の威信にも関わることですから、長政はもっとも信頼できる母里太兵衛を、総指揮に選んだのでしょうね。太兵衛は、この特命工事の指揮を執って他藩よりも早く立派に仕上げています。

山内　そこで将軍お目通りのうえ「よくやった」とお褒めをいただき、太刀をもらいますが、そのときの感状書に、幕府の右筆《ゆうひつ》役が「毛利」と書き間違え、そのまま披露されるのです。

　将軍直々のものだから、仕方なくそのまま引き下がって長政に報告すると、「仕方がない、これからはモウリでゆけ……」ということになって、毛利だか母里だかわからなくなってしまうんです。

西島　太兵衛も困ったでしょうね。

山内　この話には続きがありましてね。三代将軍家光のときに、大藩の家老たちが一緒にお目見えしたことがありました。そのとき黒田藩の家老は**久野《ひさの》四兵衛《しべえ》**ですが、口上役にクノと呼ばれたのです。久野を関東ではクノと言いますからね。

　久野は太兵衛の二の舞いでは困ると、大声で「クノではございません、ヒサノでございます」と訂正するのです。「黒田の家老は大声で名前の訂正をした。豪気な奴だ」と、江戸城中で大評判になり、黒田武士の名が上がったそうです。太兵衛の場合は、文書ですから仕方がなかったのでしょう。だから、旧藩時代はモウリを通し、明治維新になってやっと戸籍を訂正しています。だから現在では、子孫は母里（ボリ）になっています。

城主として幸運な一生を

小山　母里太兵衛の生まれはどこですか。

山内　正式には母里太兵衛友信。幼名は万助で、後に太兵衛、筑前に来て但馬《たじま》と改めます。弘治二年（一五五六）播州（現兵庫県）の加古郡に生まれています。太兵衛はもちろん黒田二十四騎の一騎ですが、その中に**野村太郎兵衛祐勝**《すけかつ》がいて二人は兄弟です。

　加古川の川上に野村という地名があります。本来の姓は曽我で、どういうわけか兄弟とも他家を継ぎ、兄が母里を、弟が野村を継ぐわけです。黒田如水が播州の人ですから、二人とも子飼いの臣として如水に仕えているわけです。

西島　如水、長政に従って博多入りしたのですね。

山内　ええ、弟の野村祐勝は中津で、四十歳を迎える前に亡くなってしまいます。この祐勝も武勇の士で、長政が中津領主の頃、降服しない土地の豪族**宇都宮鎮房**《うつのみやしげふさ》と仮の和議を結び、城中に招いて誅殺《ちゅうさつ》するのですが、長政は仕止め役の一人に祐勝を命じていますね。

小山　**大沸**《おさらぎ》**次郎**の『乞食大将』は、鎮房を後藤又兵衛の好敵手として豪勇な武将に描いていますね。

山内　そのとおりでしょう。鎌倉以来代々の領主だった鎮房は、秀吉から四国今治へ移封を命ぜられるが、聞きません。

　それで、秀吉は如水、長政に鎮房を討てと命ずるわけです。長政は、あいさつに来た鎮房と酒宴を設けます。祐勝が酒のさかなを載せた三方《さんぽう》を投げ付けるのを合図に、長政が斬り付けるという段取りでした。鎮房も剛のもので、とっさに佩刀《はいとう》を振って抵抗し大玄関まで出て来たところを、後藤又兵衛が槍で仕留めるのです。ここで宇都宮氏は滅亡します。

西島　そのとき太兵衛は……。

山内　記録に載っていませんね。その頃、如水が肥後へ検地に出向いていますからその供をしていたのでしょう。如水が**小寺政職**《まさもと》に仕え、二十二歳で、父に代わって家老になったとき、姫路にいた父親の**職隆**《のりたか》が、後々頼りになる男をと、**栗山備後**《びんご》と母里太兵衛を付けてやるのです。如水は、後年秀吉に背いて**荒木村重**に付いた政職の説得に赴き、捕らえられて土牢に幽閉されますが、栗山備後が救い出しています。二人とも如水子飼いの重臣だったわけです。太兵衛は如水よりも十歳年下、長政より十一歳上ですね。

西島　母里とは由緒ある家柄ですか。

山内　曽我より母里や野村のほうが少し良かったんじゃないかと思いますが、詳しいことはわかりかねます。

小山　太兵衛は武人ですか、行政家ですか。

山内　純然たる武人です。武勲で長政から、鷹取《たかとり》一万八千石をもらっています。陪臣でありながら、一万石以上の大名並みの禄高なんです。鷹取城は鞍手郡直方ですが、近くの土地にいい土があったので、朝鮮から連れて来た陶工**高取八山**《たかとりはちざん》に、そこで焼き物を焼かせました。これが**高取焼**なのです。たぶん母里太兵衛も高取焼の誕生に関わっていたでしょうね。

　その後、後藤又兵衛が筑前を退散したため、又兵衛の居城だった大隈益富城主（嘉穂郡）となり、元和元年（一六一五）六月六日、病のため六十歳でこの世を去ります。麟《りん》翁《のう》紹仁《じょうにん》と追号、大隈町の**麟翁寺**《りんのうじ》に葬られています。

　太兵衛は、おおらかで、領民には情深い城主だったと伝えられています。元和元年には、幕府から一国一城制の令が敷かれ、筑前は、本城の福岡城のみを残して、他の六つの支城は壊されてしまいます。太兵衛はその令を知らず城主のまま幸福に世を終わっています。

意外に派手な武勇伝がないのは……

小山　江戸に上る途中、一行が富士山を見て、日本一の山と褒めそやしたとき、太兵衛は、福智山（領地の鷹取城の背後の山）のほうが高いと言い張った話がありますね。太兵衛の傲骨《ごうこつ》ぶりがおもしろい。

西島　太兵衛の武勇伝のほうは……。

山内　あまりはっきりしたことは記録に残っていないのですが、賤《しず》ケ岳《だけ》の合戦あたりからではないでしょうか。秀吉と**柴田勝家**《かついえ》との天下取り合戦で、長政は秀吉方で出陣していますからね。

どうも、太兵衛には戦場で敵将の首をいくつ取ったというような派手な話が伝わっていないんです。裡《うち》に秘めた豪胆が、「この男は……」という信頼感となって、大事のときに周囲を威服させていったのでしょう。

小山　単なる武者ではない。大きなスケールの武人だったのですね。

山内　ええ。そう思います。太兵衛は、一生涯に五十何回も出陣し、常に先陣を務めながら、槍傷も刀傷も受けていないといわれます。太兵衛の豪勇は鳴り響いていましたから、敵のほうが避けたんじゃないかと思うんです。

文禄慶長の再度の朝鮮の役のときでも、後藤又兵衛と母里太兵衛と**黒田（加藤）美作《みまさか》**の三人が、交替で先陣を務めています。先陣であれば、相当の激戦にも遭っているはずですが、太兵衛は手傷一つ負っていない。非常に幸運な星を持っていたんですね。

太兵衛の勇名が知られていたのは、秀吉が如水に、自分の臣下にくれと言っていることからも、うかがえますね。もちろん如水ははっきり断っています。また、豪勇な男であった証拠に、抜き身の槍を陣中で持っていいという許可を、秀吉からも長政からも受けています。槍の但馬（太兵衛別称）といわれただけの男ですから。やはり、太兵衛の先陣にぶつかる連中は、威圧感で負けたのでしょうね。

西島　太兵衛の画像はあるのですか。

山内　菩提寺の麟翁寺に、寺宝として残されており、二十五騎像にも描かれています。面構えもかなりごつい男で、文字どおりの武弁ですね。背丈も高かったようで、威圧感があったでしょうね。太兵衛の墓は小さな五輪の塔です。筑前五十二万石の重臣の墓ですが、昔の人は質素だったんですね。

小山　太兵衛は、関ケ原の戦のとき、栗山備後と共に大坂方の人質になっていた如水・長政両夫人を、西軍監視の中から見事に救出していますね。

山内　秀吉死後、家康が勢力を伸ばし、**石田三成**との対決になる。有名な関ケ原の戦で、慶長五年（一六〇〇）のことです。長政は武断派で、官僚派の三成とは不仲です。長政は家康に付いて大活躍をします。

この戦は、**上杉景勝**が家康の命を聞かないので、景勝を討つということから始まるのですが、この会津征伐に長政も参加しています。ただ、秀吉時代からの取り決めで、夫人や子息は大坂の屋敷に置いている。家康東上の隙を突いて三成挙兵のときは、人質にとられてしまうので、その折の処置を、留守居役で老巧な栗山備後と、豪勇の母里太兵衛に頼んでおくのです。三成挙兵となって、東軍加担の大名家は大騒動になる。

太兵衛と備後は一計を案じ、如水と長政の奥方二人を、黒田藩出入りの**納屋小左衛門**という商人に頼み、小左衛門の家の床下に穴蔵を掘って隠します。その時、備後と太兵衛が、両夫人を長持ちに入れ、小左衛門が道具を運ぶようにして連れ出したという話です。

太兵衛は力持ちだから、もっこに夫人を入れて、天秤《せんびん》で担いでいったという話もあります。そうやって一日隠してから、二重床の船に、二人をかがませて隠します。太兵衛がその上に槍を持って突っ立って船を出すのです。たぶん日本号の槍でしょう。

石田側は、淀川のあちこちに関門を設けて船中改《あらため》をしています。太兵衛の顔が売れているので途中は無事通過しましたが、淀川のいちばん出口の所で引っかかるのです。太兵衛は、「もし何もなかったら、この槍で突き殺すがいいか」と脅したらしい。検問の武士たちは震え上がって、ただちょっと改めただけ……ということで通したそうです。こうして、無事に両夫人を国元の中津へ連れ帰った。大きな功績ですね。

先年亡くなられた黒田長禮氏から直接お聞きした話ですが、長政はお謡《うたい》では、観世をやっていたらしいのです。

小山　その頃の武将のたしなみですね。

山内　ええ、後の黒田藩は喜多流ですが、長政は観世流で、宗家の指導を受けて、だいぶ手が上がったと言われていたのでしょう。国元で家臣たちに聞かせてやろうと観世をうなったのだそうです。

　調子外れで聞けたものではないが、家来たちは、お上手、お上手と褒める。太兵衛は一瞬考えていたが、「殿の謡は、とても聞かれたものでない。今後人の前ではなさいますな」と、ズバリ言ったそうです。

　長政もむっとして引き込んでしまう。どうなることかと皆が気をもんでいると、しばらくして出てきて、太兵衛に「お前の申すことがもっともかもしれぬ。以後は皆の前では謡うまい」と言って、大事にしている佩刀を太兵衛にくれたそうです。

小山　なかなかいい話ですね。

山内　長政と太兵衛は主従というより、もっと深い連帯感があったのでしょうね。だからそんな思い切ったことも言えたんです。

　太兵衛はまた、刀に縁があって、いろいろもらっています。家康の養女、栄姫が長政へ嫁入りのとき母里と栗山が、家康に目通りしています。家康は「お前たちははなかなかの器量だ」と褒めて、腰のものを二人にやっています。江戸城の普請のときも秀忠から腰のものをもらっています。

小山　太兵衛は、大坂の陣に出ているのですか。

山内　出ていないようです。大坂冬・夏の陣のときは、黒田長政はじめ、浅野、加藤、福島らの豊臣恩顧の大名を家康が全部江戸に足止めしています。だから黒田藩は、当時わずか十三歳ぐらいの長男の忠之が、冬の陣、夏の陣の総大将になっている。栗山備後・大膳の父子は家老として忠之の補佐役で、大坂の陣に出陣の記録があります。太兵衛は、長政に付いて江戸に残ったのではないでしょうか。

西島　そのほか、太兵衛と福岡の結び付いた話は……。

山内　万町（現天神二丁目）に屋敷跡がありましたね、野村証券の支店がある所。その長屋門は、福岡城跡に移築されています。

小山　名槍日本号を呑み取った太兵衛は、九州人の一つの典型として全国に知られています。太兵衛は呑み取り槍を美術館に残し、福岡の顔として、四百年近くも活躍してくれてるんですね。

山内　誰からも愛される人間像ですね。日本人好みのいい男だったのですね。

司会　興味深いお話、ありがとうございました。

［注］

※1　樋《ひ》＝刀や薙刀《なぎなた》や槍の側面につけた溝。重さを減らし調子を整えるためのもの。血走りをよくするためともいう。

※2　倶利迦羅龍王《くりからりゅうおう》＝不動明王の変化身。龍が火炎中の宝剣に巻き付き、先端を呑み込もうとするさまで表現される。空と生佛不二《しょうぶつふに》を意味するともいう。

■山内勝也氏　43ページ参照

太兵衛の命日、墓がある福岡県嘉麻市の麟翁寺で399回忌法要が営まれた。平25年6月6日

世界を揺さぶった明治時代の諜報員

25 明石元《もと》二郎

［お話］
柳　猛直
フクニチ新聞社顧問
［聞き手］
西島伊三雄
博多町人文化連盟 理事長
小山　泰
九州総合信用株式会社 社長
対談：昭和五十八年（一九八三）四月

日露戦勝利の影の立役者

西島　明《あか》石《し》元《もと》二郎《じろう》さんは、福岡出身の陸軍大将ですね。日露戦争のとき、ロシアの革命派の人たちに資金を渡して国内の攪《かく》乱を図ったり、表に立たないところで活躍した人なんですね。

柳　ええ、日露戦争前後に大きな活躍をした人です。長崎出身の**橘《たちばな》周太《しゅうた》**中佐や大分県竹田出身の**広瀬武夫《ひろせたけお》**中佐が軍神として有名で、軍歌や小学唱歌にもなっていますが、明石元二郎は博多の人にもあまり知られていませんね。

小山　ヨーロッパを舞台にロシアの後方攪乱工作を展開した。当時は、たしか参謀本部の大佐でしたね。諜報《ちょうほう》活動つまりスパイとして大活躍した人……。その人があまり知られていない。なぜでしょうね。

柳　理由が二つあると思うのです。一つは明治維新に立ち遅れて、筑前人は冷や飯を食わされ、目ぼしい将官が出ていない。小倉出身の**奥保鞏《おくやすかた》**元帥が第二軍の司令官として活躍したのなどは例外で、**大山巌《いわお》**元帥や**東郷平八郎**元帥、**乃木希典《まれすけ》**大将、**児玉源太郎**大将など、ほとんど長州と薩摩人が活躍したということになっていますね。

けれども、福岡出身の**金子堅太郎**（後の伯爵）は、日露講和のあっせんをした**ルーズベルト**大統領の友人で、アメリカの世論を日本側に有利に導き、日露講和条約成立のお膳立てをして、たいへん功績のあった人ですし、同じ福岡藩士の**栗野慎一郎**、この人はロシア公使として数々の功績を残し、後に子爵になっています。筑前の人間は歴史の裏面で大きな活躍をしているのですが、ひのき舞台にはあまり出てこない。福岡の人たちにさえあまり知られていない……残念ですね。

もう一つは、明石がやった謀略活動は、日露戦争で勝利をもたらした大きな要因なんですが、諜報はだいたいが陰の仕事で、あまり表に出せませんよね。だから、世間的に大きく取り上げるわけにはいかなかったのです。筑前陸軍部内での評価は非常に高くて当時、筑前人が冷遇されている中で、ただ一人陸軍大将になっています。

パリ・ロンドンで諜報活動

西島　一人だけですね。諜報活動というと、今の若い人たちだと007というイメージですね。

柳　諜報活動といっても、007のように派手な立ち回りをしたわけではありません。情報収集が大きな役目です。

参謀本部はロシアに近いストックホルムでの収集を命じたのですが、明石は、「ストックホルム情報は、パリ、ベルリン、ロンドンの二番煎じにすぎない」と、参謀本部を説得して、この三都をはじめヨーロッパを飛び回ってホットな情報を収集しました。

もう一つは、ロシアの革命派の人たちに資金を渡して、騒擾《そうじょう》事件を起こすこと。こればかりは事の性質上、明石が使った金がここでこう動いて、こういう事件になったというような因果関係を示す明白なものは残されておりません。

落花流水

柳　ただ明石の事績の中で、私たちが知ることができるのは、明治三十九年（一九〇六）に参謀本部に出された『**明石復命書**』という報告書だけです。これはなかなかおもしろい。原本は、終戦のときに焼いてしまって現存しないという話ですが、複写が残っていて、それに明石自身が『**落花流水**』と題を付けています。

小山　『落花流水』とは意味深長ですね。

柳　一見、風流な標題ですが、落花流水という標題に明石の心情を見る思いがしますね。明治の人はだいたい、自分の回顧録にしゃれた題を付ける趣味があったようです。

小山　どんな内容なのですか。

柳　その大半は、ロシアの成り立ちから日露戦争に至るまでの歴史を詳しく調べ、ロシア国内の不平党の分析となっていますが、あの年代に日本で書かれたロシア史の中では、最も完璧なものだといわれています。

不平党の重要人物の項には、「**倉保**」（クロポトキン）、「**布破**」（プレハーノフ）、「**瓦本**」（ガポン）、「**礼仁**」（レーニン）などがでています。明石はこういった革命勢力に近づき、扇動し、援助することで、ロシアの弱点を衝《つ》いて背後から脅かしていったわけです。

小山　そういう世界的謀略を企てた大人物の幼年時代はどんなものなんでしょう。

柳　元二郎は、元治元年（一八六四）八月一日、維新の少し前、福岡市の大名町に、**助九郎貞儀**《さだのり》の次男として生まれています。貞儀は千三百石の大身で、屋敷は今の西鉄グランドホテルの道を隔てた東側で、かなり大きなものでした。

慶応二年（一八六六）父の貞儀が二十八歳のときに、理由ははっきりわからないのですが、北九州の芦屋で切腹して亡くなります。兄の**直**が六歳、元二郎は三歳と幼いので、家督が相続できませんから、親戚を養子にするのですが、家を維持することができないで、広大な邸も人手に渡ってしまいます。母の**秀子**は吉田という大身の家の出ですが、二十五歳で未亡人になって、浜の町の吉田家の長屋で針仕事をしながら、二人の子どもを育てます。この人はたいへんな賢母で、子どもたちの教育には特に熱心だったようです。

子どもの頃の元二郎は、鼻水たれのヨダレたれで、あだ名を「ハナたれ」と呼ばれていましたが、非常に頭が良かったそうです。大名小学校に県令、**渡辺清**（元大村藩士）が視察に来たとき、よくできる子を選んで、書の席上揮毫《きごう》をさせたそうですが、元二郎はその一人に選ばれます。

県令の前で「精神」の二字を書いたのですが、「神」の最後の縦棒が勢い余って紙からはみ出したのです。県令がお見えになるというので、新しい表替えをしたばかりの畳の上に、元二郎は構わず、ずうっと筆を引っ張っていったそうです（笑）。渡辺県令は、この天衣無縫の元二郎にすっかり感心し、養子に欲しいと言ったらしいのです。結局、養子にはなりませんが……。

西島　やっぱり小さい頃から、並の秀才じゃなかったんですね。

柳　明治九年（一八七六）十二歳になると、元二郎は上京して、池の端の**團尚静**《だんなおしず》（**團琢磨**《たくま》

の養父）の屋敷に寄宿し、経世実学を主張した**安井息軒**《そっけん》の塾に入ります。この頃、身なりを構わない元二郎に、洋行帰りの團琢磨が洋服の着方を教えてやったりしたそうです。明治十年に陸軍幼年学校に入学します。幼年学校は、陸軍士官学校に入る前の士官の卵を養成する学校で、外国語をよく教えるんです。元二郎の頃はフランス語でした。

この頃、初めて金子堅太郎に会っています。金子も團と一緒にアメリカから帰ったばかりのころです。金子は、「團さんが、幼年学校の制服を着けた美少年を連れてきて、これは福岡の明石元二郎という者だが、成績優秀で前途有望な青年であると紹介された」と語っています。

明治十四年一月に陸軍士官学校に入学、明治十六年十二月に少尉に任官します。明治二十四年一月に陸軍大学入学。当時の校長は、後に日露戦争の名参謀長となる**児玉源太郎**でした。明治二十六年十二月、陸大を出ると参謀本部付になります。

小山　その頃に、何かおもしろいエピソードはありませんか。

柳　参謀本部付の時代、士官学校の教官をしている友人と校内を歩いていると、向こうから**寺内正毅**《まさたけ》校長（後の元帥）がやって来る。「おう、やっとるか」「やってます」と敬礼して、寺内はにこにこして去っていきます。その間、明石は左側を友人にピタッとくっ付けて離れません。友人はえらくくっ付いてくるなと妙な気がして聞くと、「サーベルがさびとるから……」というのです。

ズボラで、明石の〝さびサーベル〟は参謀本部でも有名でした。軍紀にとりわけ厳しい寺内校長に見つかるとうるさいので、とっさの判断で苦心して左側を隠していたのだそうです。

西島　その辺りは、明治の軍隊はまだおおらかですね。

身辺に無頼者

柳　おおらかな時代でしたが、明石が服装に無頓着なのは有名でしたね。参謀本部の頃は赤坂の黒田屋敷（筑前藩士がよく寄寓《きぐう》していた）にいましたが、帰ってくると、軍帽を脱いでパァーと放り出します。すると、まだ温かい帽子にサッと猫が入って寝るのです。明石もそのままごろっと寝て、朝になると、猫入りの帽子をひっくり返して、毛だらけのまま構わずかぶっていったらしい。そういう点は、全く気にしない人だったようです。

西島　性格は全く博多っ子らしいですね。やっぱり。

柳　明石は、見かけが汚なくて心がきれいで、あれくらい見かけと中味に開きのあるやつはいないといわれていたらしいですね。

石井光次郎さんのお話ですが、大正七年（一九一八）、明石大将が台湾総督になって赴任するとき、総督秘書だった石井さんは明石総督のお供で一緒に汽車に乗っていました。明石は喉にたんが絡んだらしく、副官に「ちり紙はないか」と言いましたが、手持ちがなく探しに席を外しました。すると明石は、エヘン、ペッとたんを手のひらに吐いて、ポケットに突っ込み、中で拭ってすましている。

びっくりする石井さんを前に、副官がちり紙を持ってくると、明石は平然と「もう済んだ」と言ったそうです（笑）。

小山　いかにも豪放磊落《らいらく》ですねえ。

謀報へ、駐在武官時代

柳　明治二十七年（一八九四）にはドイツ留学を命じられています。当時の陸軍には、語学の達者な人が多かったのですが、とりわけ明石は堪能で、幼年学校ではフランス語をやっていましたが、ドイツに行くとすぐにドイツ語も達者になったらしい。勉強の仕方がまた彼一流の独特のやり方で、朝から晩までそれこそ寝食さえ忘れて、一日中一室に閉じこもりっきりの集中学習だったそうです。

日露戦争の少し前、ドイツ人の将校とロシアの軍人が聞かれてはまずい話をするのに、横にいた明石にフランス語で「ドイツ語は話せますか」と訊《き》きました。明石は「ドイツ語はわからない」と答え、すまして秘密の話を聞き、後で報告したという話があります。

同年に日清戦争が始まると、すぐに呼び戻されますから、本当に短い間にドイツ語をマスターしてしまうのですね。ついで、明治三十四年（一九〇一）にフランス公使館付武官（当時は中佐）になって、栗野慎一郎と共にフランスへ行きます。明治三十五年に栗野はロシア公使になり、また明石と一緒にペテルブルグへ行きます。日露戦争の前々年のことです。この頃から諜報活動の下準備を始めています。戦争になることがわかっていたからですね。

第二次大戦後に発刊された、**デニス・ウォーナー**夫妻の名著、**『日露戦争全史』**には明石大佐の活躍の項に、「**ニコライ皇帝**が想像していたよりも、はるかに身近なところで、この戦争と、ロシア宮廷の運命に極めて大きな影響を与えることになる事件が、今や引き続いて生起しようとしている」と述べ、明石の駐在武官赴任に触れています。

明石の前任は**田中義一**（後の大将、総理大臣）で、この人も非常にロシア語が達者で、自らもギイチ・ノブスケビッチ・タナカ（ロシアの名称は中に父親の名を挟む）と称するほど、ロシアにはまり込んでいたわけです。

海軍の**広瀬武夫**とこの田中が、すでに革命党員と接触したりして、明石の下工作のようなことをやっていました。この田中も、後に総理大臣になると、昭和三年（一九二八）三月十五日に共産党の大弾圧（三・一五事件）をやります。明石も、日韓併合後の韓国の憲兵司令官になって革命家を弾圧しています。この人たちは、革命家と接触したけれども、根底は革命家とは全く無縁の存在だったのですね。

フィンランド人が協力

西島　諜報活動というと、旅順港の防衛状況とか、バルチック艦隊の進路とかいうことも。

柳　ありますね。明石はロシア国内に、うまくスパイをもぐり込ませて、満州への兵站《へいたん》、輸送の状況などを逐一報告させています。バルチック艦隊がどんな編成で、いつ頃出ていくという報告なども全部あったはずです。

さらに不平分子を扇動してロシア国内を撹乱させるために次々と手を打っています。まずフィンランド独立運動を進めているフィンランド人の弁護士、**コニ・シリヤクス**と接触します。これがフィンランドの独立とロシア革命、そして日本の勝利のために大きな働きをするきっかけになるのです。シリヤクスを通じ、スウェーデン参謀本部の**アミノフ**参謀大尉と接触ができ、彼が秘密の手紙や資金をロシア国内のスパイに送ってくれるようになる。長年ロシアの圧制に苦しんでいたフィンランド人は、日本が勝つことが、フィンランドの独立を促すことになるといって、亡命者たちが協力してくれたのです。

ポーランド人もそうなるのですね。ロシア陸軍に配属されているポーランド人は、「戦前は十五％ぐらいだったが、今は三十％いる、この連中に反軍、独立のサボタージュを起こさせると大きな力になる」と言っています。

諜報費百万円（いまの百億？）

柳　そういう活動の資金として、参謀本部から明石は百万円を預かっていました。当時としては膨大な百万円という大金を与えられて、一大佐の明石が大謀略を展開することになるのです。参謀本部次長の**長岡外史**《がいし》（後、中将）は、「風采といい、顔付きといい、あの変な男に百万円という大金を委ねてもいいのかなあと思ったものだが、実際の手並みを見てびっくりした」と回顧しています。

西島　でもこうやって写真で見ると、風采もいいし、きれいにしてあるようですがねえ（笑）。当時の百万円といったら今で言うと、いくらぐらいにあたりますか……。

小山　百億円はゆうに超えているでしょう。

西島　百万円は大金でしょうが、大国ロシアを引っかき回すには、いくらあっても足りなかったでしょう。そのお金を増やしながら、商事会社やブローカーを誰かにさせて……、ということはなかったのですか。

柳　おもしろい考えですね。でも、それまでは手が回らなかったでしょう。大金ですが、使途もきちんとしていて戦後、復命書とともに、明細を添え残金二十七万円をきちんと返却しています。

西島　大金をどんなふうに使ったのですか。

柳　まず、スパイにお金をやります。明石はスパイについて、おもしろい評価を下しています。金が目当てのスパイがいちばんいい。主義主張でやっているより、ひもじい思いをしているプロのスパイのほうがよく働いてくれるというわけです。正義の味方よりも、銭の味方のほうがいいと。おもしろいですね、非常にリアルな考え方で。

それから、革命党に資金を出しています。明治三十七年（一九〇四）十月一日、パリにロシアをはじめ、ポーランドやフィンランドの革命家を集めて、ロシアで大反乱を起こすための工作をやろうと企てます。

レーニンの党はそれに参加していませんから、明石はレーニンに会わなかったという説もありますが、私はスイスのジュネーブで会ったと思いますよ。明石はレーニンを指導者として一目置き、敬意を払っていたようですね。そう思うのは復命書の中に出てくるレーニンの名に「礼仁」という敬字を当てていることですね。ロシア革命は、それから十年ぐらいたって起こった（一九一七年）のですが、その頃、政府でレーニンの名を知っている人はいなかったそうです。明石は早くからレーニンを評価していましたから、おそらくそのときに会っていたのだと思いますよ。

西島　おもしろいエピソードはありませんか。

柳　スパイを使っていたときのエピソードがいくつかあります。

戦争になる前のことですが、あるとき明石の部屋でロシア軍の将校から情報を聞いていると、そこへ突然、ロシアの将官が極東に赴任するというので、あいさつに訪ねてきます。慌てて将校を便所に押し込んで、入り口の立ち話で帰ってもらったが、あの時はヒヤヒヤしたと語っています。

またあまり実績の良くないスパイがいて、クビにしようとすると「自分にはこれ以外にメシを食う道はないし、一生懸命やっている」という。仕方がない、それならやれということになったという話もあります。

小山　諜報というと、非情の世界なのでしょうが、明石の周りは妙に人間くさくて、おもしろいですね。

ジョン・グラフトン号事件

柳　日露開戦となると、シベリヤ鉄道で、何をどんなふうに送っているかという輸送の情報を、次に送信しています。一方では民衆の反乱を扇動し、スイスで調達した武器を革命党員に流したりしていて、これが発覚する事件も起きています。

ジョン・グラフトン号という七百トンぐらいの船に、革命用の武器を満載して、ロシアに向けて航海中、フィンランド湾で座礁してしまい、武器は没収されてしまいます。明治三十八年（一九〇五）九月のことで、日本海海戦は終わって、講和会議が大詰めに近づいていたころですから、あまり痛痒《つうよう》は感じなかったでしょうが。

小山　サボタージュもずいぶん扇動したんでしょう。

柳　ええ、明治三十八年に全ロシアで、二百八十六万人がストライキに参加しており、これは前年の百十五倍だそうです。公正な史書として評価の高い**谷寿夫**の『機密日露戦史』、これは陸軍大学で谷が日露戦史を講義したテキストですが、その中でもこのことは指摘されていますね。戦争中はフル回転しなきゃならないのにサボタージュをやられると、大いに困るわけです。

明治三十八年に、ペテルブルグで大きなストライキがあり、その一月九日に象徴的な事件が起きます。**ガポン**という神父さんが、ペテルブルグの冬宮に、民衆を率いて皇帝に請願をするための大行進をやるのです。これに発砲、死傷二千名の流血の惨事となりました。有名な「血の日曜日事件」です。

このガポンという人は、どうもホラ吹きだったらしく、後には革命党員に処刑されてしまいます。明石はガポンとも緊密な連絡を取っていたようです。次々と行われたストライキに、陰で明石が接触したといわれていますが、どれだけ糸を引いていたのかは、今ではもうわかりませんね。

小山　ロシア革命という、大きな歴史的事件とも関わっていることになるのですね。

柳　はい。その頃、明石のロンドンのホテルに、彼の仮名「アバズレス殿」という宛名を使って、マダム・ローランという婦人からの手紙が来て、「パリでお会いしたい」と言ってきます。明石は豪胆な人で役に立つかもしれないと会ってみると、ローラン夫人は「あなたは危険人物として注意されている。徒歩は尾行されるからやめたほうがいい。小旅館より大旅館がよい。武器購入は露探が大いに注意しているのを忘れるな。日本の暗号は解読されているから注意しろ」というようなことで、その他いちいちうなずくことが多かったそうです。このことも谷中将の戦史に克明に書いてあります。

明石の活動が戦勝の一因

西島　公使館付武官というのは、どういう立場の人ですか。

柳　枢要な大・公使館に付いている軍人のことで、正式には駐在武官。今でも自衛官の中から出ています。

西島　武官という職そのものが諜報活動をする職務だったのですね。

柳　表面上は軍事情視察になっているけれども、どこの国の駐在武官も同じことです。情報収集が、大きな任務だったんでしょうね。突き詰めてゆくと国家機密に及ぶということです。

小山　諜報活動のための特殊訓練を受けていたわけじゃないのでしょう。

柳　別にないでしょうね。ただ活動の細かいことは、記録がないからわかっていないんです。多分、出しては具合が悪いこともあったんでしょうね。

小山　明石の評価は日露戦勝後、高まったわけですね。

柳　陸軍部内で高く評価されたのですが、公表はできませんね。象徴的な話があります。陸軍将校が明石に、「閣下が日露戦争中にやられた働きは、たいへんなものでございますね」と言うと、明石は苦い顔をして、「俺の功績が日露戦争の正史のどこに書いてあるか」と言ったそうです。

正史には出てきませんが、谷中将の『機密日露戦史』は、「日露戦役戦勝の一原因もまた明石大佐ならざるか」と述べ、男爵受爵もこの功によると述べています。ただし、これは終戦までは公表されていません。

明治四十年（一九〇七）に少将、大正元年（一九一二）に中将、大正七年に台湾総督になり、大将になります。内地にいったん戻って来て、また台湾に向かう途中、大正八年に門司で、脳出血で倒れます。福岡で九州大学の教授が診ることになって移されたところが今の西鉄グランドホテルの場所、**松本健次郎**さんの別邸です。くしくも生家の真ん前で亡くなります。大正八年（一九一九）十月二十六日、五十六歳の若さでした。死の直前に男爵になっています。

「つやこく」は博多っ子のダンディズム

西島　ゆかりの方は福岡に……。

柳　令息が東京におられましたが、軍人ではありません。元二郎をよくご存じの方は、九州交響楽団の専務理事の**森部《もりべ》静武《しずたけ》**さん。あの方のお父さんが陸軍少将で、明石とは義兄弟にあたるそうです。父君の森部少将は、若かりし頃の森部さんに、「小説なんか読んではいかん」と厳しかったそうですが、明石大将は、「小説は読んでもいいよ。何でも勉強だから」と言われたそうで、とても印象に残っていると話されていました。

明石は書や、達磨《だるま》の絵をよく描いています。

ヨーロッパの教養も充分な人で、明治の人物には儒学と、西欧の教養をミックスさせた、ユニークな持ち味の人が多いんですね。

西島　ちょっと飛躍しますが、「ここはお国を何百里……」の歌を、私は日露戦争の頃のと思っていたのに、これは日清戦争のときの状況を描いて作った歌で、それが日露戦争のころはやりだしたということを聞きました。

乃木・ステッセルの会見のように、互いに相手の武勇をたたえ合う。日露戦争の頃まではジーンとくるものが残っていたんですね。

柳　武士が洋服を着てたのが明治だったのですね。日露の頃までは、武士の精神が強く残っていたわけです。大山巌も東郷平八郎もそうでしょう。

西洋の教養を身に付けながら、魂は侍だった。例えば、ロシア太平洋艦隊の旗艦ペトロパウロウクが、日本の敷設機雷に触れて爆沈して、**マカロフ**提督が戦死したとき、アメリカにいた金子堅太郎が「われわれは、彼の死を喜ばなければならないが、海軍史上に非常に大きな功績を残した提督の死に哀悼の意を表せざるを得ない」と言っています。

一説によれば、これが**ルーズベルト**大統領が武士道を学びたいと言いだしたきっかけだったという話があります。旗艦三笠《みかさ》の将兵は、帽子を取って哀悼の意を表し、東京と名古屋では多くの日本人が葬儀用の白提灯《ちょうちん》をささげて、マカロフを悼んで行進し、それが世界に報道されたそうです。武士道というのは一種のダンディズムだと思いますね。

小山　いい話ですね。つい七、八十年前の日本人がそうだった。何とも……ダンディズムの極致ですか。

柳　町人のダンディズムは「粋《いき》」ですが、サムライのダンディズムは「武士道」ということになりましょうか。

小山　福岡が生んだ明石元二郎にも博多のダンディズムが感じられますね。

おかしみの人

柳　明石は、有名な「ズンダレ」でしたが、パリの公使館付きの頃は、いささか身なりに気を使って、大きな鏡を買ったりしているのです。背広を着て外出しようとして、ふと見ると、リュウとしたやつが鏡に映っている。あれっと思ってよく見ると自分だった、という話を書いています。ここにも何か仁和加《にわか》のおかしみがありますね。

小山　聖人タイプじゃあないですな。世界的謀略を、組織もほとんどなく自分だけで……、日本人としては型破りですね。どうしてこんな型破りの人間が出てきたのでしょう。

柳　やはり筑前人は、明治政府から疎外されていたから、明石も陸軍で部隊を率いて戦争する華やかな立場に置かれなかったんですね。だから一人で行動せざるを得ないし、またそういう能力を自らつくり上げたんでしょう。

明石が書いた詩の中で自分のことを、「明石将軍容貌愚」なんて言ってますね。あまり人が警戒しない顔だというわけです。それはやっぱり身だしなみを構わないということもあるでしょう。一分の隙もないようにしているのではなく……。

西島　しかし、明石さんの写真を見ると目がいいんですね。私は人の顔を描いていて、目の優しい人だなーと思うと、すぐ信用してしまうところがあります。根は優しくて、何となく人懐っこい顔をしていたんでしょうね。

柳　博多の人は、だいたい人懐っこいところがありますね。

小山　こうやって明石元二郎という型破りの人間のお話を聞いていますと、身なりなんかにはちっとも構わないようで、その実、「金はいらんばい」的な博多のダンディズムを持っていて、行動は実にカッコイイ。

それでいて聖人タイプではなく失敗をとっさにごまかす仁和加の風があり、容貌が何となく人懐っこい。実におもしろいですね。今日は誠に興味深いお話をありがとうございました。

■**柳猛直氏**　124ページ参照

幕末期一の博多商人

釜屋惣右衛門

26

[お話]
武野　要子
福岡大学 教授

[聞き手]
西島伊三雄
博多町人文化連盟 理事長

小山　泰
九州総合信用株式会社 社長

対談：昭和五十八年（一九八三）六月

小山　博多商人といえば、前に先生にお話を伺いました〝博多三傑〟の**島井宗室**《しまいそうしつ》、**神屋宗湛**《かみやそうたん》、**大賀宗伯**《おおがそうはく》が、あまりにも有名ですが、それ以後博多には大商人は現れていないのでしょうか。今日は、幕末の博多商人について伺いたいのですが……。

武野　幕末にも大商人は出ています。中でも代表的な商人が、**釜屋惣右衛門**、通称〝釜惣《かまそう》〟です。

西島　何屋さんですか。

武野　釜屋という屋号が表すとおり、もともとは金物類の販売者です。六代目ごろから製蠟《せいろう》業を始めますが、釜惣としては、この蠟のほうが有名です。

博多でいちばん多い商売は代呂物《しろもの》問屋

武野　釜惣のお話の前に、幕末の博多の商売全般について、ちょっと触れておきましょう。櫛田神社に『**博多店運上帳**』という史料がありますが、これには幕末から明治初期の博多の商人の名前、職業名、運上（営業税）などが記してあって、これを見ると、当時の博多の商業と博多商人の経営の一端がつかめます。

当時の博多は十流《ながれ》、九十八町。お店は、大小取り交ぜると、二千二百八十店余り。運上銀の多いところは洲崎流、西町流、土居流、石堂流、洲崎町中、鰯町《いわしまち》上・下などです。特に鰯町は問屋街で、大手の問屋がひしめいていたようです。

二千軒あまりの店の中でいちばん多い業種は、代呂物問屋、いわゆる雑貨屋で百六十軒。二番目に多いのがかんきつ類販売で百二十八軒。三番目が櫨蠟《はぜろう》百二十六軒です。

小山　代呂物には、呉服なども含まれるのですか。

武野　いえ、別のようです、いわば荒物《あらもの》ですね。この時代の業種区分は、実におもしろい分け方をしています。四番目が志荷《しか》といって、触れ売りのことです。

西島　ああ、「〇〇いらんかねー」って触れ回って、おきゅうとや、あぶってかもや、ねぎなんか売っていたんでしょう。

武野　五番目が綿弓《わたゆみ》、綿打ち直しのことです。弓というのは綿打ちの生産道具なんですね。麹屋《こうじや》（現ハニーファイバー）が当時から綿弓屋で、弓をいちばんたくさん持っていたそうです。六番目が搗《つ》き米《ごめ》。七番が売薬、これは中世以来博多の伝統的なもので、亀屋などがそうですね。八番目が髪結《かみゆい》。

西島　なかなか博多織が出て来ませんねぇ。

武野　博多織は意外に少ないんですよ。二十番以内にも出てきません。九番目がからし油板場《いたば》。板場とは、蠟や油を製造する所のことです。

西島　からし油とは、菜種油のことでしょう。

菜の花のことを〝からし菜〟といいますから。

武野　十番目が鍛冶屋、十一番目が生魚問屋、十二番目が菓子屋。十三番目が相物《あいもの》問屋、これは本来干物《ひもの》魚類を扱う店ですが、後には生魚も売っていたようです。十四番目が麹屋、十五番目が小間物《こまもの》、十六番目が船問屋、十七番目が質物《しちもつ》、十八番目が在郷《ざいごう》問屋、十九番目が豆腐屋、二十番が酒造と続きます。

小山　在郷問屋というのは……。

武野　町の近辺の村々に商品を持っていく商人のことです。触れ売りの志荷商人の場合は、主に必需品ばかりを売りますが、在郷問屋の場合は、多少は奢侈《しゃし》的なものも売っていたようです。この二十位までで、約千軒になります。

西島　テレビドラマの時代劇なんか見ていると、よく材木問屋や米問屋が出てきますが、ここには出てこないですねえ。

武野　材木はむしろ領外から移入していたようです。米問屋も見当たりませんね、米搗きはあるんですが。

実力ナンバーワンは釜屋惣右衛門

小山　先ほど言われた釜屋惣右衛門は、博多の店の中で、三番目に多い百二十六軒もの蠟屋の一つだった、ということですか。

武野　ええ、釜屋という屋号で数軒を持っている、実力ナンバーワンの商人です。

西島　釜惣さんという蠟屋さんですか。あまり聞きませんが、史料は残っているのですか。

武野　旧家の中ではよく知られておりますよ。**瀬戸《せと》民也《たみや》**さんという方が末裔《まつえい》で現在、福岡市南区にお住まいですが、お宅に伺いますと、由緒書きや藩から頂いた感謝状がありま す。藩に何千両寄付したうんぬんという感謝状が、ものすごくいっぱいあるんですよ。

『**瀬戸家譜**』によると、釜屋惣右衛門は苗字は瀬戸、相模《さがみ》国鎌倉の出身で、代々将軍家の扶助で瀬戸明神の神職を務めていました。足利幕府の没落後、鎌倉が不穏になったため、どういうわけか筑前に下ってきて、当時近辺に勢力を持っていた豪族・高祖《たかす》城主原田氏に仕えました。博多町人には、原田の家臣出身の者が多いんですよ。原田の出だというと、どうも由緒正しい町家ということになるらしいのです。

原田氏が滅びると、博多の土居町に居を定め、釜屋の名どおり鋳鉄を始めます。初代が**新四郎義茂**、二代目が**甚四郎寛成**、三代が**甚右衛門寛好**。三代目のとき元禄年間に鋳鉄をやめ、販売のほうに転向します。

惣右衛門を名乗るのは、五代目好寛の代になってからです。好寛は、妻を〝御国中釜屋座鉄問屋拾人〟の一人、深見甚兵衛方から娶《めと》って、以後深見家との姻戚を利用して鉄問屋の経営を有利に進めていきます。

釜惣のもう一つの経営である櫨蠟板場の営業は、六代目惣右衛門寛続の代ごろから始まったようです。釜惣としては、鋳物販売よりもこちらのほうが有名です。

西島　「釜惣」は襲名するわけですか。

武野　ええ、それで代々「釜惣」で通っているのです。

小山　そうそくも販売のほうですか。

武野　販売もですが、作ってもいます。ろうそく生産の場を普通〝板場〟といって、釜惣は櫨蠟板場の経営者です。

西島　櫨を最初に植え付けたのは、神屋宗湛だという話がありますね。それは蠟になると知ってのことですか。

武野　そうだと思います。宗湛が中国から蠟の製法を伝習し、運上銀を納めるのを条件に、製品の販売独占権を得たという説がありま す。しかし博多の人は、宗湛を博多の偉人として尊敬するあまり、何でもかんでも宗湛に結び付けたがるという面もありますから、その点は、もう少し調べてみませんとね。

鋳鉄から営業拡大した櫨蠟《はぜろう》で成功

小山　釜惣は鋳鉄から、どうして蠟屋に転換していったのですか、何か全然関連性がないようですが……。

武野　私も初めその辺が疑問でしたが、鋳物屋さんに尋ねてみると、鋳物を作る工程で蠟を使っていたのだそうです。

西島　そういえば、彫刻のレリーフの型を作るのに、確か蠟型を使いますね。それと同じでしょう。

武野　一見、突飛な営業転換に見えたのですが、実は身近なところから転換して、営業拡大に成功していったわけです。

小山　釜惣はだいたい何年間ぐらい繁栄していたのですか。

武野　江戸時代中ごろから江戸末期までが最盛期ですね。明治になると少しずつ下り坂で、まあ百年間ぐらいでしょうか。

　蠟は江戸時代中ごろ、藩の専売品になっています。領内の蠟を藩が全部一人占めして販売し、藩の収入にしようというわけですから、当然藩の役人が管理することになります。しかし藩の役人は武士ですから、町人の助けを借りないことには営業できません。そういう手助けの役目のことを年番《ねんばん》といいます。年番は十二人、板場の経営者の中から選ばれます。その一人に釜惣は登用されました。

　領内には、博多の町から郡部までたくさんの板場がありますが、年番は各板場を取り仕切って、全部の蠟を藩のお蔵に集めます。そして値段をつけ、代金を払ってやります。集まった蠟を荷造りして、そのほとんどを船で上方《かみがた》に送り出します。そこまでが年番の仕事です。

西島　しかし、博多のことが書いてある本の中でも、「釜惣」というのはあんまり見たことがありませんねえ。

武野　書かれてませんね。その理由の一つは、史料の在りかが一般に知られていなかったということもあります。瀬戸本家の史料も割と最近見つけられたものです。

　釜惣の経営帳簿も瀬戸家にあったそうですが、だいぶん昔売却され、巡り巡って、昭和二十六年（一九五一）ごろ九州大学が購入したそうで、現在九大の経済学部の経済史の研究室にあります。私どもが大学に入ったとき、「これが幕末の豪商・釜惣の史料だ」と教わりましたが、私は何も知らなくて、「はあー」とポカンと見ていました。

西島　その史料はもう活字になって、私たちにも読めるようになっているのでしょうか。

武野　いえ、まだまだです。〈昭和六十二年（一九八七）発行の『福岡県史』「福岡藩町方（一）」に一部を活字化。続刊予定〉。なにぶん膨大な史料で、整理だけは昨年、学生たちと一緒にやりました。釜惣文書の中には、加賀の豪商で当時、国禁の海外貿易に出て巨利を得ていた**銭屋五兵衛**《ぜにやごへえ》と、鉄類の取引があったことを示す書簡などがあり、釜惣の経営が広域にわたっていたことがわかります。

　また、釜惣が博多織織元の**糸屋善左衛門**に、織機を担保に金百両を融通したりしています。釜惣文書の中には糸屋が織元として、どういう営業をしていたか詳しく説明したものなどもあります。釜惣は織元を経営する準備をしていたのかもしれませんね。

銭屋五兵衛の像

最高の町人「大賀並」に列せられる

武野　博多町人には、格式町人というのがあり、藩主からいろんなものを頂戴したり、感謝状を頂いたりしています。町人の旧家に行くと、そういう物や書状がたくさん残っています。その格式のいちばん上が「大賀」です。あの博多三傑の大賀ですね。全盛期を過ぎても、大賀はやはり福岡藩の町人としては、最高の格式町人です。

　お正月やお祝い事などがあると、町人も殿様のところにお祝いに伺うわけですが、その場合、武士と同じく町人も格式に応じて並ぶ順番が決まっているのです。最高位が「両大賀」で、それとほぼ同列が「大賀並」、その下が「大賀次」というふうに、大賀を基準にした格式名があるのです。釜惣は大賀並で、当時の町人としては実質最高の商人です。

西島　島井や神屋の家系はどうなっているのですか。

武野　島井家も神屋家もご子孫がちゃんと続いています。島井家は印刷をなさっていらっしゃいますね。三家とも江戸時代の中ごろになると、「由緒ある商家」という扱い方で、まあ飾りみたいな感じですね。大賀が格式町人の名前の基準になったりしているように、藩もむしろその由緒のところを利用して、町人を抑えるのに役立てたようですね。

西島　釜惣の画像は残っているのですか。

武野　あります。代々の画像は、ちょっとおもしろいものです。釜惣の当主である寛次が算盤《そろばん》をはじいているのです。およそ江戸時代初期の町人で、例えば神屋宗湛などは剃髪《ていはつ》して、まるでお坊さんのようにしていますね。ところがこの画像の釜惣は、普通に羽織を着て、算盤片手にお店にデンと腰を落ち着けて、いかにも商売いちずにやっているといった感じ。中期以降の本格的な商人の姿ですね。

　初期の町人の宗湛が豊臣秀吉と結び武士の力を借りて生き延びていったのとは対照的に、中期以降の商人は、自力で算盤勘定、計数を頼りに商いを営んでいこうという企業家としての姿勢が、この画像から読み取れるような気がします。

　しかし藩への献上はしょっちゅうしていたようで、その感謝状の数はものすごいものです。その結果、「大賀並」の格を得ることになったわけです。まだその献上額を全部計算していませんが、かなりの額に上ります。

　江戸中期、全国的な財政逼迫《ひっぱく》の中で、福岡藩は財政改革に取り組みますが、改革を日田の広瀬久兵衛《きゅうべえ》という大商人に委ねます。広瀬家は江戸後期に咸宜園《かんぎえん》という儒学塾を開いた広瀬淡窓《たんそう》で有名ですね。

　だいたい日田は豪商が多いのですが、大名貸しで財を築いたのですね。いわゆる日田銀《がね》です。大名貸しは貸し倒れが多いものですが、日田は天領で幕府の目が怖いから、期日に無理をしてもちゃんと利息を添えて返済したといいます。だから日田の豪商は大きくなったのですね。その中でもこの広瀬家はいちばんの金持ちで、久兵衛は財政改革に当たって、黒田藩に二万五千両もの大金を用立てています。そして大坂の銀主が一万両、釜惣が四千両を貸しています。藩内からお金を出した者は釜惣だけです。

絞りかすが「おばいけ」に化ける
高価な鯨油は移入品

西島　千両箱を四つ、ポーンと出せるというのはたいしたもんですね。

武野　それというのも、蠟は当時の福岡の代表的な生産物の筆頭ですから。蠟が市場性を持ってくるのがだいたい江戸中ごろからで、幕末がいちばん売れ行きのよいときです。一時は大坂に集まる蠟の約八割を、北九州で賄っていたといいます。大坂に集まるというのは、当時の日本の生産高の、という意味で、北九州がいかに蠟の生産では重きをなしていたか計り知れますね。

　福岡藩士の上野勝従《まさゆき》がのこした『存寄書《ぞんじよりしょ》』は、藩の財政建て直しに関して諸士に意見を求めたものですが、その中に藩の移出入品名とその量、金額が記してあります。移出品の第一位が白蠟四百万丸《まる》、二十万両。二位が鶏卵一万五千籠、八千八百二十三両。三位が焚《たき》石《いし》つまり石炭で千両。蠟が移出品の大部分を占めているでしょう。

　逆に移入品の一位は木綿で、百万五千反、二十万千五百両。木綿は当時の庶民の代表的な衣類ですね。それから畳表百四十万枚、三万二千六百両。藍染料が三万両、鯨油が六千四百丁で八千両などとなっています。

小山　移入品の鯨油とは明かり用ですか……。

武野　いいえ、田んぼのイナゴ退治に使う、大切なものだったそうです。イナゴが幼虫のときに田んぼに鯨油を流し込み、油膜を作って呼吸ができないようにして、退治したようです。鯨油は鯨の商品の中でも最も高価なもので、上等なお肉よりも値があるのだそうです。福岡藩が西海の捕鯨組主から鯨油を移入する際の問屋が、相物（鮮魚類）大問屋の石蔵屋だったそうです。

西島　鯨油の絞りかすが「おばいけ」ですね。あれを食べ始めたのが博多からだとか聞きましたが……。やっぱり高価なものだから、もうこれ以上絞り切れないほどまで絞っても、そのかすも惜しいから、どうにかして食べようと考え出したのでしょうかねえ。

武野　史料に「おばけ」って出てくるので、何かしらと頭をひねっていたら、「おばいけ」のことなのですね。不思議な名前ですよね。今挙げました移出品と移入品の額を比べてみると、移入額のほうが多いんです。つまり、その入超が福岡藩の財政困窮の原因となっているわけで、それで釜惣など町人から常に借金をしては感謝状を出していたのです。

釜惣最後の残照が博多最初の銀行第十七国立銀行へ

小山　幕末の博多商人は釜惣をもって代表されるというわけですね。

武野　ええ、それが明治になっても営業はしますが、大正期に入ると、近代化がうまくできずに没落していきます。その後、博多の経済界はドスーンといったん落ち込むんです。博多の産業は、櫨から石炭へが一つの線をなしていますが、その間に断絶があるのです。

　幕末にも、先ほど出ましたが、焚石と言って石炭もあったのですが、まだまだたいしたことはありません。明治も中期にならないと、石炭の有力商人はのし上がってきません。

小山　博多の経済は、櫨から石炭へ、しかし櫨資本がそのまま石炭へとつながらなかったわけですね。

武野　明治十年（一八七七）三月に、六人の連署によって国立銀行創立願が出され、同じ十一月に資本金十万五千円で、第十七国立銀行（現福岡銀行）が博多橋口町に誕生します。この六人の連署人の一人に、最後の残照と言っては何ですが、釜惣がいます。六人のうちもう一人が甘木の同じく櫨蠟の経営者の佐野弥平です。この佐野が初代頭取、瀬戸は取締役、筆頭株主はもちろん黒田の殿様ということになっています。

　六人のうちの二人までが櫨蠟経営者ということで、櫨蠟資本が、幕末から明治初めの福博経済界に占める地位がわかりますね。それが明治も末になり大正にかけて、パラフィンが登場すると、工業化に適さない蠟は没落してしまうのです。

西島　今日の博多のお話は、私どもがあまり知らない部分でしたね。しかしお話を聞きながら、「ああ、あれが……道理で……」と思い当たることが、いろいろありました。

　そう言えば、博多の商家には○○惣と、惣の名の付いたところが多いのですが、これも幕末の大商人・釜惣にあやかってのことでしょうか。

武野　結局、この辺りのことはあまりまだ考証されていないんですね。博多町人というと、すぐに博多三傑となって、その周辺や、その後を受けて実際に生きてきた博多の町人の生活そのものが隠れてしまっているんです。

　もっともっと掘り起こされるべき分野ですね。幕末町人のことがわからないと、いまとのつながりもはっきりしないと思います。

小山　今日は、幕末の、世にあまり知られていない豪商・釜惣を中心にお話を伺いましたが、商いの区分などに触れ、幕末の博多の庶民の生活がじかに感じられ、たいへん興味深いものでした。本当にありがとうございました。

■**武野要子氏**　36ページ参照

刺《さ》し子の足袋《たび》履き
先頭に立って

お話：瀬戸民也氏
聞き手：土居善胤

――ご子孫の瀬戸民也さんに、ご先祖の釜惣さんのお話をお聞きしたいと思いまして。まずお話の中に出てきた画像のことから。羽織を着て、算盤を置いている、生々しい画像というのも珍しいんでしょう。

瀬戸　そうでしょうね。母の教えてくれた言い伝えでは、店の主《あるじ》は、先頭に立って働かねばならない。だから、この画像では見えないが、足袋も刺し子だったんだよ、と言っていました。剣道着や柔道着に刺し子がしてあるでしょう、長持ちするためですね。

――ゴワゴワした足袋だったでしょうね。

瀬戸　ええ、じっと座ってなくて、従業員の先になって立ち働いていたんだと思いますよ。

――島井宗室家訓など有名ですが、釜惣さんのほうは……。

瀬戸　ございました。私の子どもの頃まで、ちゃんとあったのですが、紛失しましてね。一枚の紙に書いてありまして、私の記憶では、第一に火の用心、第二に大酒するな、第三が自分の下女（使用人）に手を出すな、第四に主人は使用人の先頭に立って働け、と書いてありましたね。

――それは釜惣さん初代の制定ですか。

瀬戸　そこのところはよくわかりません。何とも書いてありませんでしたから、代々のうちに、つくり出されたものだと思います。

――お宅は、旧藩時代の史料をたくさんお持ちだそうで……。

瀬戸　武野先生のお調べでは、二千点あるそうですが、内容はよくわかりません。先生にこれから調べていただくわけで……。家系図は、代々、惣領（長男）だけしか見せてもらえませんでした。他の者が見ると目がつぶれる、そういう言い伝えがあったそうです。

――それはどういうわけで。

瀬戸　よくある本家争いとか、そういったことを防ごうとした知恵だったんじゃないでしょうか。それから、子どもは惣領と女子だけは育てる。ほかの男子は生まれるとすぐに、養育料を添えて里子に出して、他家のものとする、こういうしきたりもあったそうです。

――厳しいですね。それも本家を守るため……。

瀬戸　そうらしいですね。

――大賀並というのは、たいへんな格式だったらしいですね。

瀬戸　どうも献上金の代わりということで、苗字帯刀もそういうことでしょう。代々藩の御用を仰せつかっていて、明治政府になって通貨の切り替えをしたとき、切り替え損なった札が、長持ちいっぱいあったと聞いています。

――例の贋札《がんさつ》事件で発行された札もあって、切り替えられなかったのではありませんか。

瀬戸　そうかもしれません。でも贋札に関わっていたら、厳しい処分を受けていますから、被害を受けたほうでしょうね。

――ご先祖観は……。

瀬戸　まあ、藩丸抱えの総合商社みたいなものだったと思うんです。藩の許可を得て物資の買い占め、お金を貸して物を作り一手販売、商社と同じですね。基本戦略は二百年後の今もたいして変わらないのではないかと思っています。家系図の中に、大坂で亡くなって、遺髪だけ持ってきた記録がありますが、これは藩に頼まれ、大坂で米を売るため、いわゆる米相場で行っていたのだと思います。

――藩にとっては、ずいぶん頼りになる商社だったのでしょうね。物産の取り扱いというと、海運のほうはどうだったのですか。壱岐や対馬の物産とか……。

瀬戸　船は持っていませんでした。北崎の津上家、大坂の鴻池と秋田の回船問屋、この三つが三大回船問屋だったそうで、これらを利用したのでしょうね。

――ご所は……。

瀬戸　住吉の妙円寺、住吉神社のそばですが、代々が夫婦単位の墓地になっています。

――貴重な古文書の解読が終わったら、またお話をお聞かせください。どうもありがとうございました。

博多のごりょんさん 27

［お話］**安武 ハナ** 伊勢屋 ゑり孝

［聞き手］**西島 伊三雄** 博多町人文化連盟 理事長

中 脩治郎 福岡相互銀行

対談：昭和五十八年（一九八三）九月

博多のごりょんさん

中　きょうは、博多の老舗の一つの半襟屋《はんえり》「ゑり孝」さんのごりょんさんに、〝博多のごりょんさん〟のお話を伺います。ゑり孝さんは新天町（現天神二丁目）の一角に店を構えておられますが、ずいぶん古くから続いておられるお店なんですね。

安武　私のところは、過去帳を見ますと、元禄八年（一六九五）の創業です。戦時中に過去帳だけはお寺さんに預かってもらっていましたので、助かりましたが、他の物は全部焼いてしまいました。先祖の伊勢屋孫兵衛《いせやまごべえ》が始めたので、屋号は「伊勢屋」。今も正式には「伊勢屋 ゑり孝」といいます。明治三年（一八七〇）になって、どういういきさつだったか知りませんが、今の姓の「安武」をもらって、それから代々安武《やすたけ》孫兵衛を継いでいたようです。

初めは旧電車通り（明治通り）の土居町の、今ちょうど福岡銀行のある辺りにあったらしいのですが、電車が通るにあたってここを立ち退き、新道《しんみち》（寿通り）に移ったとおじいちゃんが言ってありました。戦争で全部を焼かれてしまって、戦後間もなく広告を見て、新天町に移って参りました。

中　お嫁さんに来られたのは……。

安武　昭和七年（一九三二）、十九歳のときでした。私は福岡市立第一女学校を卒業しましたが、その頃はすぐに行儀見習いに、きちんとしたお家に預けられるのです。

私も卒業すると、今のベスト電器の所にあった井上内科医院に預けられました。内科の先生の故井上侃二《かんじ》さんが、ちょうどその頃、ご病気で養生してありましたので、先生に付いておりました。

お嫁の話は、フカヤの大大将《おおたいしょう》が三日にあげず見えて、いかんか、いかんかと勧められるものですから、根負けして今の家に嫁いで来たようなものです（笑）。

西島　フカヤの今の船木社長のおじいちゃんにあたる方ですね。

安武　だいたいフカヤさんとうちは縁続きになるのです。やったり、もらったりで、私の従姉もフカヤの大大将の弟さんの嫁に行き、川端でおもちゃ屋をしておりました。博多は、たぐり寄せていけば一つになるんですね。

「ごりょんさん、元気いしちゃーですな」

中　〝ごりょんさん〟というのは、商家の奥さんのことですね。なにか町家の情景が浮かぶいい響きがありますが、今は日常会話ではほとんど使われないですね、いつ頃まで……。

安武　もう今は博多にいらっしゃいませんが、ＲＫＢに松隈サキさんという女の方がおらっしゃって、その方がいっつも私に対して〝ごりょんさん〟と言ってありました。今でもたまに東京からお墓参りなんかに帰ってこられましたら、「ごりょんさん、元気いしちゃーですな（元気にしておられますか）」と言って寄られます。もうその方ぐらいですね。戦後は、もう日常では聞かれませんでしたね。戦前まだ寿通りにおります頃はよく聞いていたように思います。

中　「うちのかみさん」という言い方のときにも使いますか。

安武　ええ、「うちのごりょんが……」という言い方をします。大人の言葉ですから、子どもは使いませんし、商家の奥さんにしか使いませんね。

中　嫁入りなさって、若奥さんと大奥さんがおられると、どちらがごりょんさんなんですか。

安武　だいたいおばあちゃんのほうがごりょんさんなのですが、うちの場合は、おばあちゃんのほうが奥さんのようでした。お客さんと接するのは私のほうが多かったですからね。お客さんは、中洲の芸妓さんたちが多いものですから、私のほうがお客さんよりいくら若くても「ねえさん」て呼ばれるか「ごりょんさん」でしたねえ。

季節、季節に物語

中　博多のお正月は忙しかったのでしょう。

安武　やっぱり一年中でいちばん忙しいですね。それこそ、一時間ぐらいしか寝よらんやったですね、大みそかは。お店は大忙しで、お風呂を沸かしてちょっと横になったと思ったら、もう朝から雑煮の用意でしょ、たいへんでした。

西島　お雑煮は……。

安武　やっぱり焼きアゴでだしをとります。具は全部串に刺して出します。鍋を四つも五つも並べてたくさん用意します。店の者は昔は皆住み込みでしたから。おじいちゃんから順序正しく座敷に並んで、「おめでとうございます」と、店の者皆にお雑煮を出し、給仕が終わったら女中さんと二人で最後に雑煮をいただきます。店の者は雑煮を食べ、それぞれにお年玉をもらってから里帰りです。

西島　その後は年始のお客さんなどもたくさん見えられるのでしょう。

安武　昔は年始のお客さんにまでお雑煮をお出ししておりました。四日には京都から卸し屋さんが見えられ、そのときにも振る舞っておりました。

中　博多は「**しめ縄**」は焼きますか。

安武　ええ、十五日に外して焼きます。お鏡開きは、うちでは十日にします。お餅のカビをゴシゴシ落としてぜんざいを作り、店の者皆にも食べさせます。昔はお正月に限らず、何かにつけ、おごちそうを作ったりして、行事が多かったでしょう、町内でおこもりやら……。

西島　**おこもりは櫛田神社**ですか。

安武　ええ、うちはお櫛田さまです。おこもりは春と秋と何回かしていたようですね。ただござをひいて、ごちそう持って行って食べるだけのことですけどね、子どもにとってはとっても楽しみです。

西島　おこもりのいちばん盛大なのが「**放《ほう》生会《じょうや》の幕出し**」と考えていいでしょうね。

安武　そうですね。娘の頃は放生会に行くときは必ず〝**放生会ぎもん**〟といって新しい着物を毎年作ってもらっていました。それも縮《ちり》緬《めん》に決まっています。あの頃はまだ**紙《かみ》与《よ》呉服店**がありましたからねえ。着物や七輪や鍋具を抱えて車力引いて行きよりましたね。幕を張って、鍋具を炊いて、娘は新しい着物に着替えたり……。里の父はああいうことがものすごく好きでした。季節の行事や、折目折目はきちっとやかましくいう父でした。

中　幕出しは、町ごとですか。

安武　町内で行くところもあれば、お店などで勝手勝手にするところもあります。ごちそうは堺重《さかいじゅう》という組み立て式のお重箱に糸ごんにゃくなどの鍋具やら、大根のおなますなんかを詰めて……。松原には幽霊屋敷やなんかの出し物がたくさん並んでいて、参道にはこんなに大きなチャンポンを抱えて歩く人がいたり……。楽しかったですね。

　でもこのごろの放生会は全然知りません。あんまり子どもの頃いろんなことをしてきとうけん、バチのあたっとうとでしょう（笑）。本当に今は、放生会に限らず、ちっとも外に出まっせん。会合やら、何やらにも全く。女の集まりなんかにも入りきりません（入れません）。

焼きアゴでだしをとる博多雑煮

博多山笠を支える大黒流のごりょんさんたち。昭54年

中　〝放生会ぎもん〟というのは、ごりょんさんになられてからもですか。

安武　いえいえ、娘の頃だけです。嫁いでからは放生会にも行きまっせん、全然。もっとも嫁いできたのが昭和七年（一九三二）で次第に戦争で、幕出しそのものがぼちぼち（そろそろ）なくなるころです。だから考えようによっては、私たちはよい時代に育っとうと思いますよ。私から言わせれば、今の若い人はかわいそうですね。私たちはどんたくがあれば必ずみんな出るし、放生会では行きと帰りで着物を替えたり、秋にはマツタケ狩りとか、そういういろんな経験が今の人にはないでしょう。

西島　マツタケはどの辺りに。

安武　多々良《たたら》川の上流、今、土井団地があるでしょう。あの辺にはたくさんマツタケがありました。マツタケ狩りがまた縞《しま》の着物に決まっていました。山の中に入っていくのですから、縮緬のようなジョテジョテしたものは着られません。

西島　銘仙《めいせん》でしょうかね。仕事着の少しシャレたようなものなんでしょうね。

中　マツタケ狩りも町内の年中行事の一つですか。

安武　いえ、里の父が家族を連れて行きよりましたが、十月ごろになるとまあ、町内で季節柄一緒に連れて行ってあったようです。

「堪《こら》えちゃおらんです」

中　嫁がれる前の里の風習が、嫁に行ったら全く違うというような経験はありませんでしたか。

安武　うちはちょっとよそさまと事情が違っていましたからねえ……。うちのおばあちゃんが後添《のちぞ》えということもあって、嫁に家事を教えたりすることはあんまりなくて、いっつも身ぎれいにしている人でしたからね。それは寿通り辺りでは有名でしたよ。お内裏《だいり》様のごときれーにしちゃー（きれいにしておられた）と。九十三歳で亡くならっしゃあまできれいかったですね。それだけわがままを通さっしゃったですよ。これもこの人の持った徳だと思います。お茶とかお花、お琴などそういうことにはあらゆることをたしなんじゃったです。

でもうちは、博多の商家の中でもしつけや礼儀作法は厳しいほうじゃなかったでしょうか。主人が夜更《ふ》けて帰ってきても必ず「ただいま戻りました」とおじいちゃんにあいさつしよりました。おじいちゃんが、また先に寝らっしゃれんとです。時々二階からおじいちゃんがトントンと下りて来て、「まーだ帰ってきとらんとな」と言わっしゃーので「あ、もう帰れまっしょうや」と……。

西島　言い訳もしてやらないかんのですね。

安武　あんまり遅いと、主人と二人並べられて、おじいちゃんから朝方の五時ぐらいまで説教されよったです（笑）。

中　遊ぶのもごりょんさんの責任になるわけですね。

安武　でも、それがいいとか悪いとかいうのじゃなくて、その時にはそれで一生懸命だったように思います。今振り返って考えたら、それでどうこう思っていたふうでもなく……のんきにあったとでしょうね。年の若かったというか、そんなもんです。

うちは、下が店で二階におじいちゃんがおられるわけですが、天井が少しほがしてある（開けてある）のです。ふたをカポッとできるようになっていて、時々ひょっと上をみると、上からおじいちゃんがフタを開けて、見ござるんです。そこからは店が一目瞭然です。

中　お話を聞いていると、じっと堪えて生活してあったようですけれども、でも、何か堪えるという感じとはまた違うようにも聞き取れますが……。

安武　ええ、堪えちゃおらんです（笑）。嫁に行ったらもうこの家の者になったっちゃけん、もう帰られんのやから、文句を言われんというか、疑問にも思わんのでしょうね。

よき時代の博多の趣味人

中　ご商売は初めは半襟だけでやってこられたのですか。

安武　主人の実母がたいへん器用であったらしく、初めの頃は母が注文を受けて、自分でしよったらしいのです。それらが形見に少しのこっていますが、それはもう見事です。

中　半襟というのは全部刺しゅうですか。

安武　染めもあります。所々刺しゅうしたり、全部が刺しゅうというのももちろんあります。

西島　大正時代のあの竹久夢二の絵なんかの女の半襟は、ものすごく凝ったデザインですもんね。お客さんはやはり芸妓さんとか、粋筋の方が多いわけでしょうが、デザインはどなたが……。

安武　それは主人がします。

西島　ご主人の安武九馬《きゅうま》さんは、川柳でも有名でご存じの方も多いと思いますが、川柳はいつごろから……。

ゑり孝会長・安武九馬氏＝昭47年

安武　ええ、もう若い頃から大好きでした。今『番傘川柳』という同人雑誌の九州総局長をしておりまして、読売新聞には時事川柳を毎日、朝日新聞では日曜日に、選に当たっておるようです。毎日各地からたくさんの川柳をお寄せいただいています。中には特に熱心な方もいらして、沖縄から毎日、時には一日に何回も、書き送ってくださいます。

中　ご主人の川柳で、ごりょんさんのことを描いたものなんかはありませんか。

安武　さあ、私は主人のやることには昔から全く関知しまっせんので……（笑）。

中　博多の文化人として、ご主人はいろんな方とのお付き合いがあったのでしょうね。

安武　芸談会という集まりがありまして、その方面じゃいちばんだった、故西頭《にしとう》三太郎さんやあの『うわさ』を創刊なさった故寺田弘さん、博多人形名人の故小島与一《よいち》さん、東宝九州興業の社長さんの中村巌《がん》さんなんかが一緒でした。

西島　いい時代の博多の趣味の人たちですね。

安武　与一さんと三太郎さんと寺田さんとうちの主人とはうまが合って、羽織の裏に即興の絵や川柳を殴り書きで書いたりしていましたからね。

西島　その芸談会の流れが、博多を語る会になって、今の博多町人文化連盟につながっているわけですたいね。

うてあわん

安武　うちの主人なんかはものすごくわがままでしたから、もうわがままを言いござりようときは知らん顔しときます。のれんに腕押しですたい。絶対けんかにならん、私はうてあわんですもん。

中　うてあわん…相手にしないのですね。変に理屈を言いだすとけんかになるんですね。

安武　理屈言いよったら絶対負けますもんね。負けるとわかっているからもう黙っているほうがいい。「すんまっせん」と黙っています。だから五十年間いっぺんも口答えしたことないですね。

　年を取って今はもう友達みたいに話しますが、昔は主人は言葉遣いにはとりわけやかましかったんです。長幼の序を大切にしていましたから、子どもが私に対して友達みたいな言葉を使うと、ピシャーとたたかれよりました。何でたたかれよるか子どもも私もポカンとしていると、「親に向こうて何という言葉遣いか！」と、そういう人でした。子どもは、お父さんからたたかれたことしか覚えとらんと言うくらいです。

中　そういう時は、お母さんはやはりお子さんをかばうわけですか。

安武　いいえしません、知らん顔です。そうまでせんでも、と思うときもありましたが、そのときには知らん顔。そうしないときりませんからね。今の親はお母さんが一生懸命子どもを叱るでしょう。お父さんがたまにしかおらっしゃれんけん(おられないから)でしょうが、やっぱり男親がしっかりおごらな（怒らないと）いかんですね。

西島　博多の男は、博多祇園山笠となると、居ても立ってもおられないんですが、ご主人もやはり山笠《やま》のぼせでしたか。

安武　そうですね、嫁いだころは大黒流《ながれ》にかたり（参加し）よらっしゃったですね。山笠の十四、五日間はお店はほったらかしでみんな遊ばっしゃーですから。

中　その間ごりょんさんがお店を切り盛りして……。

安武　切り盛りしたというと非常にいいように聞こえますが、そうでもないですね、している当人にしてみれば。普通のこと。朝から晩まで主人がちっとも出もせず一緒におったら、かえって息の詰まりますもん（笑）。お互いに放っておいてもらうのもいいものです。

　昔は店が十時や十一時ごろ終わりよりましたが、博多の男はそれから橋を一つ越えて中洲の街をうろついてこな、寝られんとですたい。そうやってうろついて、午前二時ごろになると足音が聞こえてきます。今日の足音は、あー寺田さんやねーと思っていると、必ずうちに寄んなさる。くぐり戸を開けると、「まーだ起きとんなざるな。ならお茶一杯もろーうて行こう」と、毎晩です。その頃まだうちの主人は帰ってきとらんわけです（笑）。

商品にうずもれて

中　戦時中は繊維は統制されましたから、半襟のご商売はどうだったのですか。

安武　主人は海軍に行っておりましたが、病気して除隊になって帰ってきとりました。その間もずーと、売れるものからいろいろ売って商売は続けました。もんぺはいてリュックサック担いで、神戸や大阪やら京都やら仕入れに行きましたよ。あの頃の汽車は、必ず門司で船に乗り換えなければなりませんでしたから、たいへんでした。

あるとき、帰りがけに彫刻家の冨永朝堂《ちょうどう》さんとたまたま同じ列車に乗り合わせたことがありました。朝堂さんが「私がこれば持っちゃあけん、あなた先に乗りなさい」と言うてくださり、ご一緒して帰ってきました。

西島　冨永先生は彫刻してござるから、腕がものすごくたくましかったですからねえ。あまり大柄な方じゃありませんが、立派ないい体をしてありました。

中　商品の仕入れの交渉などは、ご主人が……。

安武　以前はずっと主人が仕入れよりましたが、戦争になってから後、たいてい私が行くようになりました。

西島　昔の商店街は店の二階がお宅になっていて住んでおられましたよね。

安武　ええ、住んでおりました。新天町に移るときも、主人が「俺たちのような小商売人は品物の中にうずまって寝らなつまらん」と言うものですから、一応住まれるように奥を造ってもらいましたが、ああいう造りになったら、もう住まれまっせん。結局新天町には住まずじまいです。

聞かれなくなった、がっしゃい言葉

西島　お盆やお彼岸に、子どもにおはぎやお中元なんかを持たせるという風習がありませんでしたか。

安武　ええ、お彼岸にはご近所や親戚の近しい所に子どもに小遣い銭をやって、おはぎを配りよりました。「おはぎは、真っすぐ持っていかなよ」と言って。

中　子どもの頃からよそに行ったときの礼儀作法などを覚えさせるための生活の知恵なんでしょうかねえ。

西島　そういう意味もあったでしょう。親同士持って行ったらテレくさいという、博多人独特のテレもあって、子どもにお使いさせたんじゃないかなあとも思います。

安武　十一月のおくんちには甘酒を配りよりました。

西島　甘酒をお重箱に入れよりませんでしたか。

安武　そうなんです。あれをこぼさないように持っていくのは難しくって……。子どもたちは「転ぶときは重箱ば置いてから転びないや（転びなさい）」と言われよりました（笑）。

西島　私たちが子どもの頃、「なになにしがっしゃい」という言葉をよく聞きましたが、あのがっしゃい言葉は福岡弁ですか。

安武　ええ、福岡の武士言葉ですね。博多の言葉じゃありません。うちの姉と妹が春吉のほうにおりましたので、やっぱりそのがっしゃい言葉を使っていました。昨日もうちの子どもが「おばちゃんのあのがっしゃい言葉は最近もう聞かれんねえ。あれは何とかしておいとかないかん」なんて言いよりました。

中　どういうふうな使い方をするのですか。

安武　「何しがっしゃーとね」、つまり、何してあるのですかという意味。「お食べないや」「お飲みないや」なんていう言い方もあります。お食べなさい、お飲みなさいの福岡弁です。武士の言葉で、町人は使いません。

西島　ごりょんさんの言葉は、歯切れのいいきれいな博多弁ですね。

安武　言葉はもう変えれて言われても変えられんとですよ。孫は、おばあちゃんの言いんしゃー（言われる）とわからんと時々言いますね。最近はもうどこの言葉も交ざって、その上子どもたちはテレビで東京の言葉を覚えるでしょう。

人間、勝手勝手

中　この日だけはごりょんさんの解放日、休息日というような日はないのですか。

安武　そうですねえ、昔は盆の十六日と言いよりましたが……。

西島　何かお楽しみというか、お芝居見にとか、旅行とかは……。

安武　何も……無芸大食です（笑）。何も習っていません。まあ、博多の者は、踊りや三味線は子どもの頃から自然に習ってはいますが。お芝居は、おばあちゃんがよう行きござっしゃったです。お芝居に行かれる朝、私はせっせとお弁当を作って差し上げます（笑）。

　旅行は、新天町が改装になるとき一カ月間店を閉めて、アメリカに行きました。それも息子がアメリカにいましたから、ちょうど店も開けられないというので行っただけです。

　この頃になってやっと、お店も私の公休日を週に一回頂くようになり、休みには主人とよく美術館に散歩がてらにまいります。いつも二人一緒ですから、美術館のお姉さん方にすっかり顔を覚えられて、「私たちも、そういう夫婦になれたらなあ」なんて言われました（笑）。主人は仏像が大好きで、仏像見にはいろんな所に付いて回りました。仏像は奈良がいいですね。古ければ古いほどいいと主人は言います。やっぱり江戸時代ぐらいになると、仏様の顔にも欲の色の出とうとでしょうね（笑）。私はいつも主人に付いて回っているだけです。

　主人が右に行けば黙って右に付いていきます。ああ、ここは左やなかったろうかと思っても、やっぱり右に行きます。正しいことなら、言わなくても後からわかってくるものです。男の人は外に出たら、七人の敵がおるというでしょう。男は勝った負けたとすぐに考えたがるものですから、家の中でも負けたという感じを持たせるのはかわいそうです。

中　優しさの年輪という感じですね。

安武　ある面では冷たいんでしょうかね、何もせず、黙って見ているというのは。何も達観してそうしているわけじゃないのです。

　嫁の家に行っても、私は何もしまっせん。お湯飲み一つ片付けません。人にはそれぞれの流れややり方があって、それを混ぜっ返すといけないでしょう。ああ、こうしたほうがよかろうにと思っても、そう思うのは私の勝手ですから、何も言いません。

　ちょっとお尋ねしますが、たとえば今ご夫婦でお茶やら飲んでいるとして、目の前の家内が何考えとーとやろーかとわかりますか。私は相手の気持ちを全然のみ込みきらんです。いまだに主人が何を考えとうとかわかりません。真実というのは自分だけでしょう。お茶の、もう一杯飲みたかろーやぐらいはわかりますが、後のことは何もわかりません。人間、勝手勝手やないですか、最後は。

西島　そうかもしれませんね。

控え目に、出しゃばらんこと

西島　博多のごりょんさんとして、どういうことが大切だと思われますか。

安武　博多のもんとして、これこれを身に付けないといけないなんてことじゃなく、やっぱりいつも控えめということを考えとったらいいんじゃないかなあ、と私は思います。それ以外には何もないんじゃないでしょうか。

　主人は、人の話は聞き上手になれ、そして出しゃばらんこと、と言っていました。今こうしておしゃべりしよりますが、年取りましたからしよりますけども（笑）。

西島　今お話を聞いていまして、やっぱり博多の人間やなあ、と何となくうれしうなりました。博多の者は、理屈をつけて話をしたりせんのですね。

　こうするのが博多の云々《うんぬん》、山笠はこうあるべきで、こういう仕組みになっていて……なんて言いまっせんもんね。博多のごりょんさんはどうあるべきかなんて愚問でした。

中　理屈は言われなくても、言葉の端々から、控えめで、それでいて商売はしっかり切り盛りする博多のごりょんさんの姿がほうふつとしてきました。今日はたいへん興味深いお話、ありがとうございました。

■安武ハナ氏

大正三年（一九一四）～平成十九年（二〇〇七）。川端「川伊」（かまぼこ屋）磯野伊三郎氏の次女として生まれる。福岡市立第一女学校卒業後、安武九馬氏に嫁ぎ、「伊勢屋　ゑり孝」のごりょんさん。なお、夫君、九馬氏は川柳作家として著名。

双方安泰の不思議なお家騒動

黒田騒動

28

［お話］
白石一郎　作家
［聞き手］
西島伊三雄　博多町人文化連盟 理事長
松本攻　福岡相互銀行

対談：昭和五十八年（一九八三）十月

司会　先生の小説は楽しみに拝見しています。お話しいただく黒田騒動は、筑前五十二万石の殿様と一番家老との確執ですね。三大お家騒動といわれるわりに地元の人もよく知らない。不思議なお家騒動ですね。

白石　そのとおりで、いわば珍騒動ですね。お家騒動というのは、普通決まったパターンがありましてね。例えば、幼君や主君の弟君をそれぞれ別に擁してしのぎを削るとか、悪家老が主君の側室と仲よくなり、結託して実は殿様の子じゃない自分の子を主君に押したてようとか。

　ところが黒田騒動は、主役が筑前五十二万石の二代藩主である**忠之**〈慶長七年（一六〇二）〜承応三年（一六五四）〉と、一番家老の**栗山大膳**《だいぜん》〈天正十九年（一五九一）〜承応元年（一六五二）〉の二人だけ。お家騒動に付きものの、女も子どもも出てこない。しかも主家を存続させる役目の一番家老が主君を、謀反のたくらみがあるとして、幕府に訴え出たという、珍しいケースなんですね。

　それからもう一つ、これだけの騒動を起こしながら、一人も死罪者が出ていない。張本人の栗山大膳も、奥州の南部盛岡に配流《はいる》されますが、終身百五十人扶持《ぶち》をもらって、面目を保ちながら一生を安泰に終えているのです。

　一方の忠之は、いったん筑前五十二万石を幕府に召し上げられましたが、父の**長政**の功により、特別に相許すということで、即日そっくり五十二万石を新たにもらっているので、これも無傷ですね。

　もう一人、忠之の腹心で奸臣《かんしん》とされた**倉八十太夫**、この人も高野山に追放されましたが、黒田藩から生涯の食い扶持をもらっており、後の島原の乱には馳《は》せつけて参陣しています。

　だから、誰も犠牲者はいない。大山鳴動して鼠《ねずみ》一匹という、まあおめでたい結末の騒動なんです。

　保守派と進歩派の争いという感じもしますが、登場者が限られていて、個人の確執なんです。極めて希有《けう》な例の一つでしょうね。

松本　大膳は戦前は忠臣、戦後はいろいろの見方が出ている。まあ資料も乏しいのでしょうね。

白石　黒田藩にとっては触れられたくないことでしたから、資料が伏せられてしまう。二百年来、栗山姓はご法度《はっと》でした。さらに明治維新の際に貴重な藩の資料を殆んど焼いてしまった。裁断した幕閣も、多分に政治的結着だったのでしょう、克明な資料が残されていません。
　でも森鷗外が『栗山大膳』を書き、明治初期に河竹黙阿弥が『筑紫巷談浪白縫《ちくしこうだんなみしらぬい》』を芝居にしていますから、ずっと庶民の関心事だったことがわかります。だが伊達騒動の「先代《せんだい》萩《はぎ》」ほどポピュラーではない。どうも女子どもの出番が少ないからでしょうね。

切っても切れない栗山家との縁

松本　黒田騒動の概略とは……。
白石　そうですね、黒田藩は初代が長政、二代目が忠之ですが、この忠之が一番家老の栗山大膳を煙たがって、二人の仲がうまくゆかなくなります。栗山家は大膳の父備後《びんご》のときから、黒田家にとっては切っても切れない家柄なんです。長政の父黒田如水が、裏切りに遭って土牢《どろう》に入れられていたとき、救い出した忠臣が備後で、忠之も栗山の家で生まれています。
　長政から忠之の後見を頼まれている大膳は、忠之がお気に入りの倉八十太夫《くらはちじゅうだゆう》を重用して政治に不熱心、我意を通し武将としての心構えが不足、あれもこれも気に入らず諫言《かんげん》をするが聞き入れられない。このままでは黒田藩は取りつぶされてしまうと危惧して、所領の筑前上座郡左右良《までら》城から天領の日田に向かい、幕府の代官竹中采女正《うねめのしょう》重次に、忠之に謀反の疑いありと直訴する。
　そこで幕府老中の評定《ひょうじょう》となって、忠之はまつりごと不充分のかどで藩領召し挙げ、ただし父長政の功に免じて新知として旧領をそのまま与える。大膳は主を訴えた罪により、奥州へ配流、倉八十太夫は高野山へ追放ということになるのです。
西島　どういう罪状で訴えたので。
白石　数十カ条あったそうで、中でも黒田藩の存亡にかかわるのは、忠之の謀反と、大船建造の件だったのでしょう。
　それも、将軍家光の弟で、陰謀を企てたとして切腹させられた駿河大納言《するがだいなごん》忠長にひそかに加担していたとかで、忠之には覚えのないことでした。
　もっとも、幕府禁令の大船建造や足軽隊を増やしたり、浪人を召し抱えたりしたことはあったようですね。
西島　じゃ、忠之は参った……。
白石　そうでしょうね。寛永九年(一六三二)十二月に、忠之が被告として江戸に呼び出され、藩中も大騒動です。ちょうど五カ月前に肥後の加藤家が取りつぶされているので、いざというときは城を枕にと、藩士一同悲壮な決心もしたようです。対決の前には、国元では国境を防備で固めたりしています。幕府軍と一戦の心構えだったのでしょう。
　翌年三月まで続いた対決は、結果として黒田藩安泰となった。それで、大膳は福島・加藤など外様《とざま》大名の取りつぶしを見ていて、転ばぬ先の杖にと、忠之の行状を訴え、忠之を懲《こ》らしめることで気ままな側近政治を打ち破ろうとした……と以来三百年ほどこう解釈されてきたのですね。

大忠臣か大逆臣か

松本　騒動の根は、もっと深いところにあったのではないですか。
白石　そうですね。どうも私は、いちばんの原因は、長政がわが子ながら忠之を嫌ったことにあると思うのです。父の如水も傑物でしたから、長政もあれだけになったのでしょうが、戦国の雄《ゆう》の長政の目から忠之の挙動を見ると、心もとなくて仕方がない。長政も夫人も、次男長興《ながおき》に譲ったほうが安心と考えていたようです。長興は、後に五万石をもらって分家し、秋月藩を開いた人です。それで二回

平30年の博多山笠・五番山笠大黒流。舁き山笠の人形は初代秋月藩主の黒田長興

も三回も廃嫡《はいちゃく》しようとするんです。大坂夏の陣の翌年の元和二年（一六一六）、長政は江戸から目付役を二人差し向けて、忠之に三つの条件を示すのです。第一は二千石の田地を与えるから百姓になる。第二が一万貫の銀子《ぎんす》を与えるから商人になる。第三が千石の寺領を与えるから僧侶になる。この三つのうち一つを選べというのです。

西島　ずいぶん厳しい親父ですね。

白石　おもしろいことに、その時、忠之の傅《も》り役が大膳なんです。当時忠之が十五歳、大膳は十二歳年上で二十七歳、充分一人前の年齢ですね。これは武将として絶対に承諾できないと、忠之に切腹願いを出させるんです。そのうえで、大組という六百石以上の上士の嫡子たち九十人を博多湾の小島に呼び集め、皆で長政に、「何とか若殿に反省の機を与えていただきたい。自分たちも若殿様のために努めますが、この願いが許可されないなら、全員切腹して若殿にお供いたします」と嘆願するのです。大組の嫡男が全員切腹してしまえば、黒田藩は成り立たない。長政は、「これは大膳の考えに違いない。仕方がない」と、廃嫡を取りやめるんですね。その六年後にも同じようなことがあったのですが、このときも大膳たちが阻止しているんですね。

西島　お家の存続にかける真剣さでもあったんでしょうね。

白石　こういうことも伝えられています。忠之が幼少の頃、川泳ぎをしているとき、長政は大膳に、いい機会だから忠之の足を引っ張って沈めろと言ったが、大膳は断ったという話です。まあ、よくよく信用していなかったんでしょうね。父子相克は、戦国時代には、どこにも例がある話です。例えば**武田信玄**は、父の信虎と不仲になって、信虎を駿河に追放してしまうでしょう。家を保つためには、嫡子相続が鉄則ですから、大膳は防波堤になって、忠之のために真剣に頑張るんですよ。

西島　ところがその大膳と忠之がけんかを始める。きっかけは何からですか。

白石　忠之も長政存命の間はおとなしくしていたのですが、長政が死んでからおかしくなる。頭のつっかえがなくなって側近を重用しだすのです。

西島　それで栗山大膳がうっとうしくなるんですね。

白石　大膳は個性が強い人物だし、また忠之に懸念していた長政の気持ちも知っていましたから、説教ばかりするんです。それがまた高飛車で、二十二歳の忠之に、侍は早起きしなければいけない、家来を打擲《ちょうちゃく》してはいけない、来客には楽しそうに最後まで振る舞え、こういったことを次から次に言うのです。

松本　若殿がだんだんうっとうしくなるのもわかりますね。

白石　それから大膳は、非常に学問があって、衒学《げんがく》癖といいますか、漢籍を引用して説教するわけです。

　例えば、「大学（修身・斉家《せいか》・治国・平天下等を説いた儒教の経書）によれば、こういうことを言うております。だから朝寝をしてはなりません」なんて、いつも上になんかがくっ付くんです。忠之は学問が嫌いでコンプレックスがありますから、たまらなかったでしょうね。

松本　今もよくあるパターンですね。

白石　そうなんですよ。戦前は、大膳忠臣説ばかりでしたが、戦後は逆臣説も出てきましてね。いずれにもいまだに決まっていない。

あの外様取りつぶし政策の時点で幕府に訴えて、黒田藩が取り潰されないという保証は何もない。たまたま結果として安泰だったから忠臣ということになっているが、つぶされていたら大逆臣ではないだろうかと。忠之は粗暴だったけれども、伝えられるほどに悪かったわけではないと思う。じゃあ、いったい何だったかというと、やはり個人的な確執がエスカレートしていったのではないか、私は、大膳という人は端的に言えば、乱世の梟《きょう》雄《ゆう》だったと思うんですよ。

経済官僚　倉八十太夫

松本　大膳のプロフィールを少し……。
白石　大膳の一面を伝える話がありましてね。南部盛岡に配流されたとき、代官の井上某が大膳を訪ねています。
その時、大膳の態度が横柄だったので、「それがしは、徳川家の直参《じきさん》、貴殿は配流の身、なんで横柄な態度をとるのか」と大膳にただすのです。すると大膳は、「貴殿はたかだかいって何千石だが、それがしは二万石で、数千人の武士を駆使する身分である。貴殿とは違う」と言うんですね。
井上某はすっかり感心して、大膳に「今この泰平の世に武士として心がけるべきことは何であろうか」と聞くわけです。その問答が、まず唐土《もろこし》であれば帝王になることを考えるべきだが、日本では帝《みかど》がおられるので、関白になることを考えろ。この心がけが大事だというんです。やっぱり普通じゃない、梟雄の面影を持っていますね。
西島　倉八十太夫は？
白石　彼は、わずか二百石の鉄砲頭の息子だったのですが、忠之に気に入られ、多少大膳への面《つら》あてもあって、みるみるうちに九千石の大身に重用されます。大膳は誇りも人一倍の人ですから、忠之が自分を遠ざけて、軽輩を重用するのが我慢ならなかったでしょう。
西島　たしか家宝の兜《かぶと》を掲げて忠之をいさめた……とか。
白石　そういう講談話的になっていますが、実録としておもしろい話があります。大膳の父備後が如水から拝領した合子《ごうす》の兜と唐皮《からかわ》威《おどし》の鎧《よろい》ですね。忠之が、黒田家伝来の家宝だから返せと言う。それで大膳が返上しますと、それを十太夫にやってしまう。大膳への面あてですね。そこで大膳は怒って、倉八の屋敷へ行き、この兜は汝《なんじ》ら風情の持つべきものではないと言って取り上げて、藩の蔵に納めるのです。
倉八は辟易《へきえき》して、自分の髷《まげ》を切ってしまう。陳謝の意を表したのです。倉八は大膳に逆らわないよう、せっせと努めていたのですね。十太夫も大膳に敵視される場に置かれたことが不運でしたね。大膳は十太夫を指弾して、おまえは大坂の米相場を調べて商人と利益を争い、運上《うんじょう》（税金）を増して苛政《かせい》を専《もっぱ》らにし、城下を衰微させたと、十太夫を強く非難しているんです。
今風に考えると、倉八十太夫は藩財政を考えて、当時としては適切な経済政策を実行した、優秀な官僚ではなかったか。むしろ大膳のほうがコチコチの守旧派で、藩の経済がわからなかったのではないかとも解釈できますね。
松本　戦国乱世から、泰平の時代へ、当然生じる対決だったのですね。
白石　それにもう一つ付け加えれば、二代目の主君が権力確立のためには大膳のような一門に近い力を持ちすぎる存在を排除していく時代だった。平凡な家老ならスムーズにいったものが、大膳が硬骨の男だけにギクシャクして、とうとう行き着くところまでいってしまった。時代の流れでやむを得なかったのかもしれませんね。
松本　お家騒動では、経済官僚や新しい流れのほうは全て悪役ですよね。
白石　能力があるからのし上がる。たいがいの家臣が生涯同じ扶持、同じ身分で終わってしまう。身分制度が社会存続の条件であるところへ、それを壊す存在が出る。上にも横にも下にも、目の上のタンコブになる。特に門閥との闘いになる。パターンは同じで、決まって悪役になるんですね。

司会　しかし、一般大衆が守旧派を支持していたのは不思議ですね。

白石　やはり情報不足で、新進官僚が奸臣、保守派が忠臣と伝えられ、忠義にワーッと拍手したんでしょうね。対岸の火事のように無責任な拍手もあったんでしょうね。

長政と後藤又兵衛　忠之と大膳

松本　長政は大膳を非常に信用していたんでしょうね。

白石　いや、それがおもしろい。長政は大膳について、「かの者は、使用する主人のいかんによりて、善悪の変化《へんげ》を成すべきものなり」と、つまり使う主君によっては、善悪いずれにも変わると言っているんですね。

　大膳の父、栗山備後が、黒田如水にぴったり付いてた創業の功臣で、一番家老ですね。播州《ばんしゅう》時代から母里《ぼり》太兵衛《たへえ》らと一緒でした。しかも非常に温厚で、長者の風のあった人で、その点は大膳と違っていました。

松本　長政は、兄弟同様に育った後藤又兵衛を追放するでしょう。忠之も、大膳を結果として追放する。因果がめぐるような、黒田の家風でもあったのでしょうか。

白石　家風というより、当時の意地を通し合った気風によるのでしょう。又兵衛に懲りた長政は、息子と大膳がそういう仲になるとは考えてもみなかったでしょう。忠之のことは大膳に任せておけば大丈夫と、そう思っていたと思います。

　こういう記録もあります。長政の弔いのとき、ひつぎの前を大膳、後ろを忠之が抱えて運んだというのですね。大膳の行動は彼なりに、長政の負託に応えたことなのかもしれません。

西島　後藤又兵衛が出てきましたね。

白石　又兵衛は、豪傑で他藩にも勇名が聞こえている名士です。又兵衛と長政の関係が、また屈折している。如水が兄弟同然に育てたでしょう。だから又兵衛のほうに家臣意識がないんですよ。しかも年長で、面倒を見てやってきた関係ですね。忠之と大膳の関係にちょっと似てますね。又兵衛には「なんだ、小わっぱ」という意識がいつもあるんですよ。

　長政のほうは、又兵衛が他藩に名を売りすぎる、他藩の大名と文通したりするといって嫌うんです。戦国時代の武士には皆それがあるんですね。

　関ケ原の戦いの前哨戦で、又兵衛が川を渡って討ち入り、名乗りを上げるわけですが、「黒田長政の家来、後藤又兵衛なり」と言うべきところを、「われは後藤又兵衛なり」とやったんですね。それがけしからんとかで、だんだんけんかになったのです。

　そういうことがエスカレートしてきて、あれだけの豪傑の又兵衛が、飯が食えんようになって、胃潰瘍になるんですね。いかに憂鬱《ゆううつ》だったか、ということですね。

　これは大膳も同じで、寛永九年（一六三二）の頃、自領の上座郡左右良城に五十日程隠退したとき、ノイローゼ気味になって、忠之から毒殺されると思い込む。

　このままでは一族滅亡だし、黒田藩も滅びてしまう、と悩み抜いて左右良城で家来を集め、汚名を一身にかぶって幕府に訴え、主家を救うと言うんです。五十人の家来を連れて、日田の代官に訴状を出すわけですね。

大膳のカケ

松本　たいへんな賭けですが、成算があったのでしょうかね。

白石　成算といいますか、一つだけ鍵があるんですね。それは関ケ原の戦いで家康が長政に与えた感状です。長政の功を謝して、子々孫々まで疎略にしないと書いてある。

　長政は死ぬときに、この感状を大膳と家老の小河内蔵允《おごうくらのじょう》に見せる、「よくよくの場合に使え。忠之には教えるな、これを盾に驕《おご》りが生じては困る」と申し残しているんです。大膳が、主家を訴えても大丈夫だと考えていたのはこの感状があったからだろうといわれています。

西島　その切り札は役立ったのですか。

白石　結局、感状は使わずに済んだわけです。大膳忠臣説はここから出ています。感状があったからやったんだということですね。

西島　神君、**家康公**は絶対ですから、その感状を出されたら裁いている幕閣が困るという……。

白石　ええ、それもあったでしょうが、私はこの場合、ちょっと黒田藩をつぶすことはできなかったと思うのですね。

家康が天下をとった関ケ原の戦いの最大の功労者は、長政ですよ。長政は、豊臣恩顧の大名、**加藤清正**や**福島正則**たちを、全部根回しして東軍に付けたのです。それで、家康は西軍の**石田三成**を破り天下を取れた。長政は本当に恩人なんです。

この騒動の半年ほど前に、寛永九年（一六三二）に肥後の加藤家が取りつぶされています。こちらは清正の子**広忠**の代ですね。その取りつぶしの理由がめちゃくちゃなんです。

広忠の息子の**光正**《みつまさ》（光広《みつひろ》とも）、ちょっと軽薄な人物で、**前田五郎八**という気の弱い小《こ》姓《しょう》を驚かせては楽しんでいた。ある時「駿河大納言忠長公から誘われて謀反する、老中**土井利勝**も加担、旗上げの折には、五郎八を一方の大将にする、覚悟しておけ」と言うのです。五郎八は、怖くなって訴え出る。冗談なんですが、それがもとで清正の名家が取りつぶされてしまうんです。

こんなことで取りつぶされるのですから、一番家老が主君の謀反を訴えれば、すぐにつぶされたでしょう。大膳の成算まではわかりませんが、そこら辺の危うさを考えると、単純に忠臣だったと言ってしまうこともできない気がします。

謀反の証拠がない

松本　黒田騒動の山場は評定所ですね。どんなふうだったのですか。

白石　まず大膳が訴え出た日田代官、つまり幕府の九州の総目付の竹中妥女正《うねめのしょう》は、有名な**竹中半兵衛**《はんべえ》の甥のようですが、ここらにも大膳の遠謀があったかもしれません。

長政が少年時代、信長の人質になっていた。その頃、父の如水が裏切ったと誤解されて信長が長政を殺せと命じました。それを秀吉の謀臣だった竹中半兵衛がひそかに助けるのです。竹中氏は黒田藩が恩にきているから、主家を悪くは扱わないという配慮があったかもしれませんね。

忠之が家臣たちに大膳の屋敷へ討ち入らせるという風評もありましたが、代官に訴えたとなると天下の公事《くじ》となるので、もう忠之は大膳に手を出せなくなります。そうして、大膳は家来たちを引き連れて筑前を退散する。その前には夫人や次男を他家に預けたりとか、なんとかゴタゴタしています。

いよいよ幕府の評定所で忠之、大膳の対決になるところですが、忠之が応じない。忠之は、老中の土井利勝や酒井忠勝に対して、君臣の対決というのは古今いまだ聞かざるところ、それを強要されるなら切腹させてくれというんですね。

老中たちも、さすが長政の息子と感心してしまう。なるほどということで結局、忠之の代理として**黒田美作**《みまさか》、それから小河内蔵允と対決することになるのですが、大膳の雄弁、能弁に二人ともやり込められてしまうんです。

しかし、謀反の申し立てをしていながら、肝心の謀反の証拠が全然ない。禁令の大船建造は、幕府から咎《とが》めを受けて、大膳自身が弁明にあたっています。足軽を幕府に無断で二百人採用したと、これぐらいでは謀反になりません。そこで、これはおかしいと老中たちも思うわけですね。大膳一人を呼び出して、真意を聞いたということになってるんですね。

大膳は「主人の性格では筑前一国がいずれ滅亡する。それなら、自分が悪者になって訴えて出れば、忠之所領のいくらかは安堵《あんど》してもらえるだろう。藩の取りつぶしはわが本意ではない」と言って、落涙したというんです。

老中たちも「さすがは長政の家臣よ」と感心して、大膳は切腹にもならず、百五十人扶持を生涯与えられたというわけです。

司会　対決に出た両家老も、元は大膳と昵懇《じっこん》だったのでしょう。山本周五郎さんの『樅《もみ》の木は残った』ではありませんが、両家老とも、大膳の真意はわかっていた、同腹だったということはありませんか。

白石　それも、考えられないことはありませんが、後半の大膳の行動にはちょっと付いていけなかったでしょう。だから訴状の件では、第一家老ともあろうものがと立腹したでしょうね。それに、大膳は騒動になってから所領にこもりっきりで、あまりほかの家老たちとの交流もなかったのではないでしょうか。どうも、私はこの騒動で、大膳のヨミがいったいどこら辺にあったのか、というのがよくわからないんですよ。

松本　大膳がだんだん捉えにくくなってしまう。ところで、いわゆる大膳派というのはなかったんですか。

白石　なかったようです。徒党を組んでやろうという気をまるで見せていない。あくまでも自分と忠之の勝負だという感じですね。

松本　君主と家臣というのはもう厳然たるもので、それを訴えたということに対して制裁がなくて、それで済んだというのは、たしかに不思議なことだったんでしょうね。

白石　そこで考えられるのは、大膳は各藩の家老に非常に信望があり、付き合いが深かったんですね。藩の一番家老で、天下の名士ですし、功業の名家としても知られている。

当時の上層社会のシンパをしっかりつかんでいたと思いますね。たとえば、**林羅山**は当時の文部大臣と東大総長にあたる人ですが、大膳の先生で、常に文通しています。

ここら辺の世論支持も大きな力ではなかったでしょうか。そうでないと、これは暴挙で、いくら個性の強い大膳でもどうかと思いますね。

松本　だのに、藩の中の有力者の支持がなかったということは、客観性がなかったということでしょうか。

白石　大膳という人の、忠義心というか、黒田家のためにという気持ちは切々とわかるんですよね。ただ、その表れが多分に独断的だったんでしょうね。「おまえ、もうええ加減にしとけ」というところがあったと思うんです。

堀川の開削工事を指揮した栗山大膳の名前は、地名として現在に残る。平成８年、中間市・大膳橋

西島　倉八十太夫は結局、脇役ですね。評定のときの大膳は何歳ですか。

白石　評定の場に十太夫は出頭できない。そのときの大膳は四十九歳、忠之三十七歳ですか。

松本　対決に、将軍家光の意向というようなことは……。

白石　いや、まだ家光は三代将軍になったばかりのころですから、裁いたのは老中の土井利勝と**酒井忠勝・井伊直孝**の三人ですね。忠勝がかなりの年齢ですが、利勝も直孝もまだ若い。

松本　老中たちが大膳の剛毅《ごうき》さに好意を持ったということは。

白石　ちょっと前までは戦国時代ですから、武士らしい朴訥《ぼくとつ》な人柄が尊重された。だから連中の心中に、大膳を初めから何とか救ってやろうという気持ちがあったでしょうね。

でも、土井利勝は非常に冷悧《れいり》な人ですから、政治的な判断のほうがはるかに大きく、外様大名全体に対する配慮があったからだという気がしますね。

松本　外様取りつぶしで、幕府の権威を示すのは福島、加藤で充分。幕府の評判も悪くなっているので、今度は大目にということもあったでしょう。

白石　大膳の人脈の強さと両方相まって

……。おそらく老中たちの家老たちも大膳の知り合いだったと思いますし。

松本　忠之という若殿がもう少し賢明だったらよかったのでしょうね。

白石　まあそうですが、しかし、当時の二代目としては、まあ並クラスでしょうね。彼が登用した倉八十太夫にしても一応の能吏だというところで、たいした切れ者ではない。だから、倉八十太夫も大膳から標的にされて気の毒な役割だと思うんです。

忠之に女を世話したとか、粗暴な振る舞いを勧めたとか、奇行を勧めたとか、そんな証拠は何もないですからね。

定説なしの大膳

西島　まあ、めでたし、めでたしで終わって、関係者一同ほっとしたでしょうね。

松本　この騒動は、領民や博多町民にどんな影響を与えましたか。

白石　ほとんど影響ないですね。殿様と家老だけのけんかで、平穏な結末でしたから。

西島　で、黒田騒動余聞といいますか、このことについてのエピソードは……。

白石　そうですね。さっき言いました家康の感状。あれは出さなくてもよかったのですが、それが行方不明になっていて、ずっと後になって出てくるんですよ。

大膳脱藩のとき、黒田家にはなくてはならぬものだからと、確かな誰かに預けて出ている。そこらのケジメはちゃんと付けているのですね。

それから、黒田騒動が明治維新にまで尾を引いたという説がありますね。幕府一辺倒の姿勢となって、東照宮を荒戸に造ったりしているでしょう。幕府に借りができて、討幕に踏み切れず、因循《いんじゅん》だったというんですね。

松本　おもしろい見方ですね。

白石　まあ大膳を見るのは、いろいろの角度があって、固定できない。傑出の人材に違いないが、五十二万石の第一家老としては、もしかしたらミスキャストだったかもしれない。主君が年長の尊敬できる器量人だったら、大膳は名家老を全うしたでしょうね。勉強家で、当時一流の教養人だし、気宇も秀でていて責任感も旺盛でしたから。コンビの悪さがお互いの不幸でしたね。あまり深読みしてはいけない。だから珍騒動で、まだ私には黒田騒動を小説にできないのですよ。

仙台藩の伊達騒動にしても、極め付きの悪主人だった**原田甲斐**を、山本周五郎さんが『樅の木は残った』で、主家を守った大忠臣にしてしまったでしょう。あれぐらいの大作家に書かれると評価がゴロッと変わる。騒動の主人公にも運、不運がありますね（笑）。

西島　ますますわからなくなる（笑）。

白石　そうなんです。どうもこの年になりますとね、善悪の判断というものが、なかなかつけられなくなってくる。自分の知らないウラがあるんじゃないかと考えたりしましてね。

だから、善悪を若いときのようにすっぱりと決められると、気が楽でしょうね。公憤といったことも同じことで、奥が見えてくる年齢というのもお互いにつらいですね。

司会　じゃ結局、深読みじゃありませんか。

白石　あっ、そういうことになりますね(笑)。

■白石一郎氏

昭和六年（一九三一）～平成十六年（二〇〇四）。韓国釜山生まれ。早稲田大学政治経済学卒。昭和三十二年『雑兵』第十回講談倶楽部賞、四十五年「孤島の騎士」、四十九年『火炎城』、五十年『一炊の夢』、五十一年『幻島記』、五十五年『サムライの海』、五十七年『島原大変』、それぞれ直木賞候補。主著『鷹の羽の島』『天翔ける女』『オランダの星』『銭の城』。五十八年（一九八三）秋第八回福岡市文化賞。六十二年（一九八七）『海狼伝』で直木賞受賞。

29 鎖国令に散った幻の博多商人 伊藤小左衛門

［お話］
武野 要子
福岡大学 教授
白水 康三
郷土史研究家
［聞き手］
松本 攻
福岡相互銀行

対談：昭和五十九年（一九八四）五月

謎に包まれたプロフィール

松本 先年、イスタンブールでバザールをのぞいてきましたが、十七世紀中ごろと思われる薩摩焼の立派なものが、多く見られたのには驚きました。島津藩が輸出していたんでしょうか。

武野 密輸かもしれませんね。島津藩は典型的な貿易立国です。博多も立地条件としては薩摩とよく似ているのですが、黒田氏以前は領主が次々に替わって、なかなか一人の領主に落ち着かなかったところが違う点ですね。

松本 九州で幕府の天領は、長崎と日田でしょう。博多をよく天領にしなかったものですね。

武野 一時、豊臣秀吉の時に天領になりかけましたが、長続きしませんでした。博多は日本でいちばん古い商業都市ですが、秀吉時代は、博多商人が地域の商人から天下の商人へと育った、一つの転換期といえると思います。

松本 先生には、これまでその秀吉時代の博多の豪商三傑と、幕末の豪商釜屋《かまや》惣《そう》右衛門《えもん》について伺いました。

今日は、その中間の〝悲劇の豪商〟として知られる伊藤小左衛門を中心に、鎖国前後の博多、長崎に及ぶお話を伺いたいと思います。

武野 伊藤小左衛門には小さなエピソードはいくつかあるんですが、実体を示す資料が少ないんです。少ない資料を膨らませて、いろいろと語られているというのが実情でしょう。主な資料というと、長崎奉行所の犯科帳や、外国人宣教師が日本のことについて書いた記録などです。

それらをつなぎ合わせて、かいつまんでお話ししますと、小左衛門は博多の生まれではなかったようで、出生についても諸説があります。糟屋郡青柳村（現古賀町）の出であるとか、木屋瀬《こやのせ》（現北九州市八幡西区）や、遠くは尾張名古屋説まであります。

二代目小左衛門が、鎖国令に反して、朝鮮への武器密輸事件を起こし、一家断絶、結局二代しか続いていません。本拠を博多浜口町に置き、長崎にも出店しています。一説によれば壱岐や木屋瀬にも出店していたんじゃないかと言われていますが、はっきりしません。

また経営内容も非常に漠然としています。当時の博多商人の営業は、海外貿易と貿易商人への貨幣の融通が主体でしたから、小左衛門も同様のことをやっていたでしょう。オランダ商館やポルトガル商人とも取引があったと思うのですが、不思議なことに、それらの外国人は、小左衛門に関してあまり多くを語っていません。

ただ、オランダ商館員が「小左衛門は毎年銀十貫を消費できる身分で、通詞や乙名《おとな》（長崎町役人のこと）の話では、銀七千貫以上の資産を持つ豪商である」（『オランダ商館の日記』）と言っています。そういう巷《ちまた》のうわさに上るような大商人であったことは確実ですね。

当時、だいたい銀千貫ぐらいを金持ちといったようですから、七千貫となると、たいへんな豪商です。うわさ話はこのほかにもいろいろあったようで、長崎の五島町の支店の天井は総ガラス張りで金魚を泳がせていたとか、外出には駕籠を使っていたので、小左衛門の顔を見知っている者はいなかったとか……。

生糸、拋銀《なげがね》、鉄で財を築いた

松本　その全盛期というと……。

武野　小左衛門の株が福博商人の中で浮上したのは、寛永期（一六二四～四四）以降、少なくとも正保四年（一六四七）の**長崎黒船来航事件**の後のことでしょう。というのも、寛永の**博多糸割符《いとわっぷ》**には小左衛門の名前は見当たりませんが、承応期（一六五二～五五）の糸割符では、最高の割付けを獲得しています。

博多糸割符は博多商人の勢力の分布を象徴しているといえるものです。糸割符というのは、生糸《きいと》貿易の権利のことです。博多は伝統的に貿易港でしたから、糸を売買する商人は非常にたくさんいました。そこへ鎖国令が敷かれて、寛永十二年（一六三五）に海外渡航が禁じられる。明《みん》船来航も長崎に限定されましたが、そうなると生糸貿易量が限られ、活気ある商人は密貿易に走りかねない。

それを先取り防止するかたちで、最初から糸の貿易の権利を分けて与えておこうというのが、博多糸割符なんです。だからその権利は、相当の力のある商人でないと取れないわけです。

松本　当時の博多商人の中で、小左衛門はどのくらいのランクなのでしょう。

武野　トップクラスですが、長崎代官にもなっている**末次平蔵《すえつぐへいぞう》**のほうが上です。三代目末次平蔵が小左衛門と、だいたい同時期に活躍していますが、末次がまずいちばんの博多商人、小左衛門がその次くらいと考えていいんじゃないでしょうか。小左衛門が朝鮮への武器密輸で磔《はりつけ》に処せられた後、末次も、御禁制の外国商への金融で処罰されて没落してしまいます。

松本　小左衛門は、海外貿易が主だったのですか。

武野　ええ。しかし内国貿易に力を注いでいました。海外貿易は二つに分かれます。一つは物品取引、もう一つは貿易商人に対する融資、これは拋銀で、博多三傑の島井家などが有名で、小左衛門も拋銀をやっていました。拋銀は投銀とも書きますが、一種の成功報酬で、利率は最高十三割にもなったといいます。危険承知の投資で、豪胆な連中でないとできなかったでしょうね。貿易の内容についてはつまびらかにはわかりませんが、生糸を購入していたことは確かです。生糸は当時最大の輸入品ですから。

松本　生糸は中国からですね。見返りに銀ですか。

武野　そうです。日本は当時、銀産国として知られていました。神屋家が石見銀山《いわみぎんざん》を発見し、銀の採掘に成功したのですね。石見に限らず、当時の日本は豊富に銀を産出して外国へ放出していました。途中からそれが海産物や銅に替わり、住友の別子《べっし》銅山などが出てくるわけです。

松本　住友、三井などが出てくるのは、その後ですか。

武野　小左衛門や末次平蔵らが十七世紀の

六〇～七〇年代に没落して、その後三井、住友、鴻池《こうのいけ》など、いわゆる問屋《といや》商人が出てくるのです。小左衛門や平蔵は、ちょうど商人の新旧交替の時期に、華々しく散っていったという感じです。

松本　内国貿易は、主に何を扱っていたのですか。

武野　鉄の売買です。出雲や安芸などの諸国と鉄の一手販売の契約を結んでいました。一手販売というのは、ヨーロッパでも見られ、商人が資本を急速に蓄積する契機になる商法です。黒田藩との間で鉄の流通を操作したのが小左衛門です。

松本　鉄はやはり武器でしょうか。

武野　ええ。小左衛門が闕所《けっしょ》※1になる理由が武器の密輪ですから、その辺なんとなくクサイですね。

でも武器のほかに藩内で使用する鍋、釜、農具類、芦屋釜などの原料としての鉄ですね。近辺には鉄も銅も銀も鉱産物はほとんどありませんから、当時は小左衛門が一手に引き受けて購入し、藩にあっせんしていたのではないでしょうか。

黒田藩の危機を救う

松本　初代小左衛門は、神屋家や島井家とは関係ないのですか。

武野　島井家、神屋家は、かなり性格が違いますが、何といっても最大の特徴は、秀吉との関係が強いという点です。大賀家や小左衛門は、秀吉との関係がありません。黒田藩の領内商人です。ですから黒田の時代になると、秀吉派の商人は、床の間の置物みたいになって実力を失ってしまいます。特に神屋家はそうです。

松本　日田資本の広瀬家とは交流はなかったのですか。

武野　日田銀《がね》が勃興してくるのが、寛文・延宝期（一六六一～八一）ごろ。ちょうど二代目小左衛門が密輪発覚で磔になったころですから、交流があったと考えてもおかしくはありません。当時の日田銀は、三井銀、長崎銀と並んで全国的な金融資本だったようですからね。

松本　小左衛門は領内商人として、黒田藩には近い関係を結んだのでしょうが、殿様は何代目ですか。

武野　伊藤家と黒田藩の関係は、二代目小左衛門と黒田三代藩主光之のとき、非常に親密になっています。当時、長崎警備を黒田と鍋島の二藩が、一年交替で命じられていましたが、ちょうど黒田の当番のとき、黒船騒動が起こります。これが藩と小左衛門を結び付けるきっかけなんですね。

正保四年（一六四七）にポルトガル船来航の際、長崎警備を命じられていた二代忠之を、大賀宗伯《そうはく》と小左衛門が助けるんです。その功に対し、藩から五十人扶持《ぶち》という破格の待遇をもらいます。大賀はその五十人扶持を最後まで持ち続けるわけです。

松本　藩を助けたと申しますと……。

武野　ポルトガル船が長崎に貿易を求めて来るというので、幕府から鍋島藩と黒田藩が長崎警備を命じられるのです。異国船の追い返しができない場合は焼き打ちしなければならない。そのため大量のわら束が必要となりました。鍋島藩は佐賀から簡単に集めましたが、黒田藩は長崎でなんとか調達しないといけない。そこで小左衛門は大賀家と相談して、古い農家を買い取って、わらを差し出したのです。

忠之は、わらが集まらなかったら自害しようと、陣羽織の中に火薬を忍ばせていたそうで、殿様の命を救ったことになるのです。忠之が、長崎警備になぜ懸命だったかというと、寛永九年（一六三二）に例の黒田騒動があったからですね。家老の栗山大膳《だいぜん》が幕府に忠之を謀反の疑いありと訴え出ますが、幕府の思惑もあって、忠之は紙一重のところで助かりますね。

それだけに長崎警備を見事に果たして、幕府の点数を稼ぐ必要があったのですね。忠之以下、藩一同が命を張ってのわら集めですから、小左衛門たちのサービスが身に染みてうれしかったのでしょうね。

松本　わらで焼き打ちとは……。

武野　わらを船に投げ込んで石火矢で焼いてしまおうということで、今考えるとおかしいような気がしますが、当時は本気で考えていたんですね。

松本　鎖国令が出るまでは、小左衛門も悠々と貿易をやっていたわけですね。

武野　そうです。最後の鎖国令が寛永十六年（一六三九）に出ますが、そうなると海外貿易をやるわけにはいかない。だから自然に密貿易ということになってしまったと思います。

　鎖国後も割と悠然と密貿易をやっていた感じですね。私の臆測ですが、藩も密貿易のことは、知っていたんではないかと思います。小左衛門は光之の信任も厚く、殿様の長崎奉行らの接待などに自分の屋敷を提供していたくらいですから、光之、長崎奉行、小左衛門の三人が同席する機会は、一度ならずあったに違いありません。

　長崎警備の重責を担っていた光之は、職務上やむを得ず、しぶしぶ小左衛門を取り調べたんではないかという気がします。後年光之は、小左衛門を処刑し、闕所にしたことを、わが治世の過ちの一つであったと、繰り返し言っていたと伝えられています。

松本　闕所は、全財産の没収ですね。

武野　ええ、財産、所領全てです。長崎の大きな屋敷も長崎奉行所の命令で競売にかけられています。

松本　福岡藩のほうでは……。

武野　それははっきり資料に残りませんが、やはり競売に付され藩に没収されたんだろうと思います。小左衛門は長崎で磔、息子の甚十郎、市三郎、それから連累のめぼしい連中四十名近くが死罪、五十人が追放になっていますから、厳しいものです。

松本　その哀れさから、万四郎神社（浜口町）が、出てくるのですね。

武野　そうです。万四郎神社は、三男で五歳の小四郎と、四男で三歳の万之助までも斬首されたのがかわいそうだと、幼子の霊を祀るために建てられたといわれています。

　幼い二人の処刑には諸説があって、よくわかりません。伊藤家処刑のときは通りの家々は表戸を下ろし、ひっそりとして伊藤家の不運を悼んだということですから、博多町人の伊藤家への哀切の情が、このお宮を建てさせたのかもしれませんね。

松本　事件の発端は、小左衛門の密輸船が対馬沖で難破して、積み荷が露呈して発覚したとか、そういうことですね。

武野　七回くらい密貿易が仕組まれて、小左衛門が関わったのは、犯科帳によるとそのうち二回だそうです。金元《かねもと》となって資金を出していたのでしょうね。

　長崎奉行河野権右衛門のとりなしで、小左衛門は「自分はあずかり知らない。手代どもが勝手にやった」と申し開きをしていますが、そんなことはないだろうと思いますよ。むしろ堂々とやっていたのではないでしょうか。

　犯科帳に載っている二回というのは、実は氷山の一角で、本当は継続的に密貿易をやっていたのだろうと思います。というのも、オランダ商館などの記録には、小左衛門の名前が全然出てこないんですね。じゃあ何をして稼いでいたかというと、それはもう密貿易しかないんじゃないかと……。

動乱期最後の博多商人

松本　小左衛門は小判も造っていたそうですね。伊藤小判と呼ばれていたとか……。

武野　そういう説がありますね。たしかに伊藤小判と称する写真を見たことがあります。しかし小左衛門が出したかどうかは、はっきりしません。

　小左衛門の資産の大きさを表現する材料として、伊藤小判が用いられているような気もします。ひょっとしたら試作品だったのかもしれませんね。

松本　小左衛門が処刑されたのは、鎖国後どれくらいになるのでしょう……。

武野　最後の鎖国令が寛永十六年（一六三九）

で、小左衛門の闕所が寛文七年（一六六七）、その間二十八年が経過しています。先ほど出ました末次平蔵も、これより少し遅れての延宝四年（一六七六）に闕所になり、一門が流罪となっています。

松本　末次平蔵と小左衛門は、どういう関わりを持っていたのでしょうか。

武野　財力は末次のほうが上です。末次は初代が博多商人の**末次興善**《こうぜん》、二代が次男の**平蔵政直**、三代が**平蔵茂朝**《しげとも》です。

　平蔵政直が長崎で、いわゆる末次船《すえつぐふね》での朱印船貿易で財をつくり、長崎代官にまでなりましたが、貿易権益を巡ってのオランダとの抗争や、代官としてのキリシタン弾圧まで、行動の幅が広く、最後は幽閉されて、寛永七年（一六三〇）に斬られたといわれています。

　平蔵茂朝は父の死後、家督と代官職を引き継ぎ、オランダ商人との確執も解き、大名貸などで財を増やしています。彼は豪胆な初代とは打って変わって、目先の利く、世渡りのうまい商人だったようです。

松本　平蔵茂朝も密輸の疑いで……。

武野　延宝四年（一六七六）のお正月に、平蔵が鎖国に逆らい、秘かに二重底の船を仕立て中国泉州へ、刀剣や日本の地図を積んで商売に行ったと、訴人があったのです。

　平蔵は捕らえられて入牢を命じられましたが、犯科帳にみる平蔵の罪状は、御禁制の抛銀をしたということになっています。平蔵の母長福院も抛銀の常習者だったらしく、女だてらに外国人に金を貸すなど不届き千万というきついお叱りを受けています。

　平蔵は博多を出て、長崎を本拠に活躍しましたが、兄の末次宗得は博多で商いを続けていて、小左衛門と一緒に貿易をやったりしています。平蔵は郷里博多の商人の援助を惜しまなかったですから、小左衛門も平蔵と経営上深い関係にあったのではないでしょうか。

松本　平蔵は、小左衛門がやられて、次は自分の番だとガードを固めていなかったのでしょうか。

武野　平蔵も密貿易をやっていますが、平蔵は長崎代官つまり幕臣ですから、闕所の理由は抛銀をやったことになっているんですね。その辺り小左衛門とは事情が違うような気がします。

　小左衛門は、割と悠々と密貿易をやっているようなのに対し、平蔵はちょっと幕府の目を気にしていたようですね。平蔵は、代官領の米の代金などを持って、江戸にもしょっちゅう往き来していますから、幕府の目を気にはしていたでしょう。でも、自分は幕臣だからまさか捕らえられるようなことはないだろうという油断があったかもしれませんね。

松本　末次船は、朱印船の代表的なもので、豪快な男たちだったのですね。

武野　平蔵政直は自分の末次船で、朱印船貿易家として貿易をしていた最大手の商人でした。しかも長崎代官。当時オランダなど外国の商館員、中国の商人らと込み入った貿易の交渉ができたのは、長崎代官だけなんですね。

　外国商人も代官を頼りにし、外国人受けもたいへん良かったようです。輸出入の権利を

伊藤小左衛門父子哀悼碑。妙楽寺、平14年

末次が三代にわたって握っていたようです。九州の大名や江戸の高官も、末次に貿易のあっせんを頼んだりしていましたから、あっせん料だけでも相当の額になるのではないでしょうか。

松本　あまりに大きくなりすぎて、目を付けられてやられたというふうにも考えられますね。長崎の平蔵が闕所になると、博多の兄の宗得のほうもやはりやられているわけですか。

武野　それが不思議なことにやられていないのです。何となく遠慮して、経営を縮小したりしているんですが。

松本　小左衛門のほうは、一族悲惨で対照的ですね。だから哀れを誘い、いろんな伝説を生んできたんでしょうかね。

武野　小左衛門の場合、本当の意味での実体がつかめないのが研究上痛いですね。

　平蔵は商品流通の歴史の中や、九州の藩政史の中にちょこちょことよく出てきて、資料が割と豊富なんです。ところが小左衛門のほうはボヤッとした面があって、それもまた非常に魅力的なんですが……。

松本　黒田藩が、全ての証拠書類を隠滅してしまったということは……。

武野　それは考えられますね。『博多津要録《はかたつようろく》』という博多のことを非常によく説明している郷土資料がありますが、その中にも、「伊藤小左衛門」という項目はあるのに、中味が全くない。その部分だけ資料がなかったか、編さんするときに意識的になくしたか、あるいは破って捨てたとも考えられます。

松本　しかし、当時の経済犯に対する処罰はきついですね。商人の新旧交替の時期に散ったあだ花みたいで、鎖国の犠牲者だともいえるでしょうね。

武野　そうですね。貿易都市博多の伝統を支える最後の商人、それがこの小左衛門だったと思います。ただ鎖国令という厳しい規制に出会ったばかりに、つぶされたわけで、それがまた歴史の厳しさですし、おもしろさでしょうか。

松本　鎖国が是か非かというと、先生はどうお考えになりますか。

武野　鎖国令が出されていなければ、商品流通はもう少し拡大して早く近代化できたかもしれませんが、その半面、植民地化の危機にもさらされたでしょう。その点、複雑ですね。

松本　お話を聞いていますと、小左衛門は商人としての大きさもさることながら、性格的に豪傑肌みたいなところが感じられますね。

武野　二代目小左衛門は、非常に抜け目のない商人であったとよくいわれていますが、当時の商人として避けられない一面だったと思います。非常に豪放な、目を常に外に向けている、反体制的な、いかにも博多商人らしい商人だったと私は考えています。私は以前から、小左衛門を〝最後の博多商人〟という言葉を使って表現してきましたが、今もその考えは変わりません。資料が少ないので〝幻の豪商〟の一人でしょうか。

　近松門左衛門の『博多小女郎波枕《こじょろうなみまくら》』のモデルになっているといわれていますからね。当時大坂以西、とりわけ九州では密貿易が多かったので、そのうわさが上方まで聞こえていたのでしょう。

松本　小左衛門の復権のために、彼に一言、言わせるとしたら彼は何を言うでしょうかね。

武野　自分に続く者がついに出てこなかった。目をしっかり海に向けて開き、中央政権の圧力なんて気にしない、博多商人らしい商人は自分で終わってしまったなあ……と、墓場でつぶやいているんじゃないでしょうか。

司会　今日はたいへん興味深いお話、ありがとうございました。

■武野要子氏　36ページ参照

［注］
※1　闕所《けっしょ》＝江戸時代の刑罰。死罪、遠島、追放などの付加刑として、地所や財産を没収すること。

博多町人のあわれ心が生んだ通説

［お話］　郷土史研究家　白水康三

――風雲児伊藤小左衛門の最期は哀れですね。とくに五歳の三男、小四郎、三歳の五男、万之肋が斬られたというのが……。でも、先生によると、どうも、そうではない……と。

白水　二人が哀れで、博多の人たちが、下呉服町の万四郎神社に祀ったとされているんですが、事実は二人とも他家の養子となって永らえているんですね。

――事件の発端も諸説あるようで……。

白水　通説の第一は博多の医師、**津田元貫**が明和二年（一七六五）に著した**「石城志《せきじょうし》」**によるものです。対馬の忠左衛門というものが、博多の小左衛門宅を訪ねるのですが、あいにく不在、長男甚十郎も病気と言って会わず、銀子一貫目の借用も断るのです。そこで立腹して、密輸を長崎奉行に訴え出るという筋書きです。

二番目は明治の郷土史家、**江島茂逸《もいつ》**という人が著した『伊藤小左衛門』によるもので、船が対馬で難破し、船底から朝鮮への密輸の武器が発見されて、対馬藩が日田の幕府代官に通報した……。

第三は大正時代に春山育次郎という人が新聞に連載した『博多物語』で、これは対馬難破を脚色したものですね。

――子息甚十郎が捕縛されたのは、ちょうど結婚式の場だったというのは……。

白水　それで、博多では、婚礼を十月十五日は避けるとされてきましたが、これも根拠のない話ですね。それぞれ俗説ですが、私の主張の根拠は**「黒田家譜」**と長崎奉行所の判決記録の**「犯科帳」**、この二つによっています。黒田家譜は、三代光之が**貝原益軒**に命じた藩史ですが、これは高弟の**竹田定直**に引き継がれて五代藩主宣政のとき延享二年（一七四五）に『黒田新続家譜』として完成しています。

――藩と奉行所の正式記録なんですね。

白水　そうです。長崎『犯科帳』は、近年、県立長崎図書館長の**森永種夫**氏のご尽力で出版され、私たちも読めるようになりました。この記録がいちばん信用できるでしょうね。家譜のほうは、事件後六十年ほどたっての記述なので、その点、ちょっと弱いんです。それに藩史ですから、藩に都合の悪いことは、書いてないということもあるでしょうね。

――通説との違いを要約していただくと……。

白水　まず、事件の発覚についてですが、これは小左衛門の船が難破したからではなく、柳川立花藩の長崎蔵屋敷に居た江口伊右衛門を、召使いの平左衛門が、長崎奉行に密輸の件で訴人したのがきっかけで、それから芋づる式に広がったんです。

二番目の違いは、家族の処刑は、小左衛門と長男甚十郎、次男市三郎だけで妻女や幼児たち、また水夫たちも、ほとんどが死刑を免れていること。

三番目は小左衛門の出生地が、伝えられている青柳ではなく、木屋瀬だということです。

――それで、事件のボスが小左衛門なんですね。

白水　資金の援助をしてますからね。もっとも事件は寛文二年（一六六二）以来五年間で七件で、未遂が三件ですが、小左衛門が関わったのは二件となっています。いちばんすごいのは、**小茂田《こもだ》勘左衛門**というのがいまして、この男は水夫たちに朝鮮行きを承諾させるために、不服なら海中へ斬り捨てるぞと脅すんですね。

この密貿易は全て小茂田が計画し、指図して事を運んでいたようです。彼は大阪奉行所で、朝鮮には十五回往復したと述べていますし、朝鮮政府から文引《ぶんいん》という貿易計画書をもらっています。

――藩主の光之も、さぞかし驚いたでしょうね。

白水　光之は小左衛門を信任し、頼りにしていましたから、困ったでしょう。

一例を挙げますと、事件が小左衛門に及ぶちょっと前に、光之は幕府の巡検使を迎えるために、小左衛門の屋敷で休憩していますからね。また長崎警備役として長崎に赴いたときは、水の浦の小左衛門の別邸に泊まることが通例で、長崎奉行の供応もここでしているようです。

――信頼が厚かったのですね。

白水　寛文七年（一六六七）六月二十四日、長崎に着き、奉行の河野権右衛門にあいさつの折、小左衛門密輸のことを知らされるんです。光之は、直ちに小左衛門を捕らえさせ、すぐに帰国して対策を立てています。経済的に貢献している小左衛門を捕らえるいたみはあったでしょうが、それ以上に藩は幕府からの嫌疑のほうが気掛かりだったでしょう。巡検使を小左衛門邸でもてなしたり、まだ二代忠之のときの黒田騒動の記憶は生々しかったでしょうからね。

――そういう状況では、十月婚礼はあり得ない。

白水　あり得ませんね。発覚からの日取りをくると、平左衛門の訴えで三月に関連者が捕縛され、その調べから小左衛門の線が浮かぶ。小左衛門は六月二十五日に捕らえられ、すぐ光之は帰国し、関連者を捕縛しています。だから十月十五日婚礼の日に捕吏が宴席に踏み込んだというのは、後世のドラマ仕立てですね。

――一族全部処刑というのは……。

白水　小左衛門は長崎で磔、市三郎は斬首、甚十郎は博多で斬首、でも妻女や、小四郎、万之助は斬られていません。この事件に対する幕府の指令がのこっていて、「妻、娘、奴婢は奴とする。嫁に行った娘や、養子となり同じ家に住んでいない者は無罪」とあります。

　これを裏付ける証拠がありましてね。伊藤家の屋敷跡で麹屋を営んでいた御手洗《みたらい》家に伝わっている位牌に、妻と小四郎、万之助が記されていて、戒名は菩提寺の妙楽寺にあるのと同じですが、妻は女中に、小四郎は河辺源兵衛の男子、万之助は河辺庄左衛門の男子となっていて、死没年月日も、それぞれ違っているんです。小左衛門は藩にいろいろ尽くしていますし、妻女や幼児も哀れで、助命されたんでしょうね。

――一方で、博多町民の小左衛門たちを悼む心が、万四郎神社になったと思えばいいのですね。

白水　そういうことで、だいたいが万四郎恵比須と白川稲荷は、伊藤家の屋敷神だったようですから、万四郎神社を祀ることは、不幸な伊藤小左衛門一家を祀る、何よりの菩提になっていたでしょうね。博多の人の哀れ心の表れなんでしょうね。

■白水康三氏
明治四十四年（一九一一）福岡市中浜口町に生まれる。山一企業株式会社の経営に従事する傍ら、福岡地方史研究会に入会し伊藤小左衛門を研究。同会誌に「伊藤小左衛門一族の受難についての一考察」「伊藤小左衛門の出自について」など発表。

再建された当時の万四郎神社。昭 33 年

「五足の靴」から「九州文学」まで 福岡と文学 30

［お話］
原田　種夫　作家

［聞き手］
西島　伊三雄　博多町人文化連盟 理事長
松本　攻　福岡相互銀行

対談：昭和五十九年（一九八四）九月

昭10年頃のブラジレイロ（中央の白い建物）

火野葦平の自宅・河伯洞で開かれた九州文学同人の新年宴会。左から星加輝光、原田種夫、火野の子供、火野、劉寒吉。昭23年撮影

原田種夫文学碑の除幕式。福岡市・中洲、昭59年

昭35年のブラジレイロ

あすの日はあすの悦び

司会　先生、お元気ですね。中洲河畔に、先生の文学碑が建てられて、おめでとうございました。

原田　中洲大橋のたもとなんですが、そこにブラジレイロという茶房がありました。山田牙城《がじょう》、矢野朗《あきら》たちの文学仲間と、詩や小説、映画を語ってあきませんでした。文学青年のたまり場で、一杯のコーヒーで何時間も文学論議を交わして平気でした。実に気持ちの良い茶房でした。那珂川の改修で川幅が広げられ、取り壊されてしまいましたが、中洲の川っぷちの遊歩道の所なんですよ。

松本　先生の『ぺんの悦び』の詞《ことば》がのせられているんです。実にいい詞ですね。

　あすの日にあすの悦びあり
　あす書くもの胸にみなぎる
　もの書きは幸いなるかな
　あすの日はあすの悦び

原田　皆さんのご厚意で立派な碑を建てていただきました。八十二歳ですから、ブラジレイロの頃を思いますと、往古茫々《おうこぼうぼう》の感じですね。

松本　今日は、長年『九州文学』を主宰してこられた先生に、博多と文学についてお話を伺います。万葉から大隈言道《ことみち》まで、博多は優れた歌人に恵まれているのですが、近代文学ということになりますと……。

原田　たくさんの先達があり、草の根のような文学運動も多いのですが、大ざっぱに挙げていくと、与謝野鉄幹《よさのてっかん》、北原白秋《はくしゅう》、吉井勇《いさむ》ら明星派の〝五足の靴〟の一行が九州南蛮旅行で来博したこと、次いで加藤介春《かいしゅん》の詩活動、久保猪之吉《いのきち》の主宰した文芸誌『エニグマ』となっていきますね。昭和に入って白秋の影響、そして『九州文学』『とらんしっと』『九州芸術』『文学会議』の四誌から『第二期・九州文学』への統合と続きます。

　大きな出来事は、火野葦平《あしへい》の芥川賞受賞がありました。私たち文学仲間はほとんど短詩型の文学、すなわち詩人でしたが、火野に刺激されて小説を書き始めました。戦後は、芥川賞を受けた松本清張、野呂邦暢《のろくにのぶ》、推理作家の石沢英太郎、夏樹静子、時代小説に新風を吹き込んだ白石一郎、そして昨年の芥川賞を受けた高樹のぶ子〈『光抱く友よ』昭和五十八年（一九八三）に芥川賞を受賞〉と挙げられますね。この座談会、失礼して皆さんの敬称を省かせていただきますよ。

五足の靴

西島　先生のまかれた文学の種子が大きく広がっているのですね。ところで五足の靴の人たちは、川丈《かわじょう》旅館に泊まられたのですね。

原田　与謝野鉄幹、北原白秋、木下杢太郎《きのしたもくたろう》、吉井勇、平野万里《ばんり》の五人で、鉄幹は明星の代表です。明星派の著名な五人が、九州南蛮旅行ということで、明治四十年（一九〇七）の七月から八月にかけて博多を振り出しに、柳川、佐賀、唐津、名護屋、佐世保、平戸、長崎、天草、島原、熊本、阿蘇、大牟田、そして柳川と巡遊したのです。これが後日、異国情緒の作品を生むことになります。

西島　交通不便な折、これだけの著名な人たちが来られた。博多の文学愛好家は驚喜したでしょうね。

原田　そのようです。鉄幹を除いて、みな若い。杢太郎は東京大学生、白秋、勇は早稲田大学の学生でした。

　西公園の吉原亭で福岡県文学会主催の歓迎会があり、午後十時に散会して伊崎浦から一艘の舟を借りて、博多港に上陸し、中洲の川丈旅館に泊まっています。吉井勇は後年、このことを追懐して

　旅籠屋の名を川丈といひしこと
　ふとおもい出てむかし恋しむ

と詠っています。次いで一行は白秋の案内で柳川へ行き、白秋の生家の酒造家北原家を基点として、九州を巡るのです。

西島　日本文学にとっても大きな収穫だったのですね。

原田　そうです。この旅行は白秋の処女詩集『邪宗門《じゃしゅうもん》』に実りました。杢太郎の〝はためき〟という詩も有名です。

　はためくは何ぞ
　あな、おぞ、渡海船、今し出づとて
　帆捲くなり　唐津の殿の
　いとわかきあえかの娘の
　髪に塗る伽羅を買うべく

これらの詩が、『明星』の十〜十二号を飾ったのです。絢爛《けんらん》たるものだったでしょう。

柳川では、吉井勇が白秋生家の酒名「潮」に題して

　筑紫の海　国いと若し　青き潮《うみ》
　こをろこをろと　鳴りわたるかな
　火のうしほ

　世をも人をも焼かむとす
　恋にさも似る君が家《や》の酒

などとも詠っています。

松本　目の前に情景が浮かぶような、文学高揚の時ですね。九州の文学を志す人たちが大きな大きな刺激を受けたのもわかりますね。

原田　まだ私は子どもの頃ですが、後年、白秋と介春を、わが師と仰ぎましたから、とても関心のある出来事ですね。

加藤介春の獄中哀歌

西島　加藤介春という方、あまり存じませんが……。

原田　残念ですが一般には忘れられていますね。でも次の久保猪之吉と共に、九州文壇の黎明期に種子をまかれた方々ですから、記録しておかねばなりませんね。

松本　介春は新聞記者でしょう。

原田　ええ、**九州日報**の編集長をしていました。福岡県田川郡赤池の人で、明治十八年（一八八五）に生まれています。嘉穂中学から早稲田大学英文科に進みましたが、在学中から詩活動に入り、同窓の**相馬御風**《そうまぎょふう》、**人見東明**《ひとみとうめい》、**三木露風**《みきろふう》、**野口雨情**《うじょう》らと、現下の詩壇に警鐘を、と早稲田詩社を起こします。四十二年（一九〇九）、東明、**山村暮鳥**《ぼちょう》らと自由詩社を結成し、月刊誌『自然と対象』を発行します。

　この詩誌は、言文一致の口語詩を主張したのが特徴です。博多とのつながりは、大学を卒業した明治四十三年（一九一〇）の春に、**坪内逍遙**《つぼうちしょうよう》の紹介で九州日報に入社、翌年弱冠二十七歳で編集長になって存分に腕を振るうんです。

松本　詩人を編集長にしたり、昔の新聞は、多分にロマンがあったんですね。

原田　明治四十五年（一九一二）から、探訪記者の小田部博美《こたべひろみ》とともに九大生と芸者や娘たちの間に繰り広げられていた恋物語を「九大生の恋」というテーマで連載するのですが、これが大評判となりました。ところがここで事件が起きましてね。

西島　名誉毀損とか……。

原田　この記事に、大阪の医師の息子吉田某の乱行が掲載されようとしたのです。吉田は驚いて記事差し止めを、あるおかみに頼み、おかみはこのシリーズの担当写真師にもみ消しを依頼、彼は三十円を介春に渡すが突っ返される。そこでおかみは介春の留守中に、介春の下宿に三十円の紙袋を投げ込む。介春は友人と遊びに出ていて、どういうわけかその間に警察の家宅捜査があって、三十円が発見され収賄で逮捕されてしまうんです。

西島　何やら、今の週刊誌を見ている感じですね。

原田　そうですね。介春はこのため未決監に七十日放り込まれるんです。事件そのものは介春に罪の意識がありませんから、どうということはないのですが、この経験が孤独で厭《えん》人《じん》癖の強い介春の暗い世界を定着させたといえるでしょう。そうした経緯で生まれたのが詩集『獄中哀歌』で、四十六判、二百八十六頁、定価八十銭となっています。

獄中哀歌十六編を見ますと、いずれも監房に入った介春の苦痛と煩悶《はんもん》を、リアリスティックな手法で表現し、すさまじい迫力を持っています。例えば〝夜の白樺〟を見ると、その一節に

月光に輝やく白樺の心は
草の葉にあやしき影をうつせり
かがやく心にそよ風のわたりきて
おぼれおつる白樺の甘き夢
夜は白し木かげの青き草の葉に
心の影をうつして眠る白樺
夜は白し木かげの青き草の葉は
何故か眠れず欠伸《あくび》をなす

松本　それにしても白秋の詩と違って、介春の詩は何か暗いですね。

原田　やはり獄中体験が響いているんでしょうね。翌年次の詩集『**梢を仰ぎて**』を出しますが、この詩集は地元を刺激し、後の『エニグマ』にも大きな影響を与えています。『**眼と眼**』を続いて出しますが、後年には福岡日日新聞（西日本新聞の前身）の家庭部長に転じ、次第に詩壇から離れていきます。

戦時下という世情もあったでしょうね。終戦後の昭和二十一年（一九四六）に六十二歳で亡くなります。

久保猪之吉と長塚節

松本　次が久保猪之吉博士ですね。この方は九州大学の先生でしょう。

原田　ええ。九大教授で耳鼻咽喉科の権威、あわせて歌人としても知られた方で、同好の先生たちや、歌人たちと文芸誌『エニグマ』を発行されました。この雑誌は、先生の顔の広さと介春の交友関係から、**相馬御風**、**若山牧水**、**前田夕暮**、片上伸《かたがみのぼる》、**川路柳江**《かわじりゅうこう》、**柳原**《やなぎわら》**燁子**《あきこ》という中央のそうそうたる方たちまで寄稿していますから、当時としては注目すべき存在でした。

松本　やはり文学の原型は、短詩型から始まるんですね。で、エニグマとは、どういう意味があるのですか。

原田　英語で「謎」という意味です。初号は大正二年（一九一三）二月に発行されています。表紙は古代のエジプト王妃像の石摺《いしずり》で、日本で初めて紹介されたものだそうです。

松本　その久保猪之吉と、**長塚節**《ながつかたかし》がつながるんですね。

原田　名作『土』を書いた長塚節が、喉頭結核を病んでいて、**夏目漱石**の添書をもらって、福岡まで久保猪之吉を訪ねてくるのです。

　猪之吉の奥さんが、松山の生まれの**より江**夫人です。

　漱石が松山中学に奉職していたとき、上野という家に止宿していましたが、当時**正岡子規**も松山で療養中で、ともに上野家でよく談議していたようで、この上野家の孫娘が当時十二歳ぐらいのより江で、折々は伯母と一緒に子規の俳句の席にも出ていたそうです。

　成人して久保夫人となり、福岡に来られたので、その縁もあって、漱石が節の治療を久保猪之吉に頼んだのですね。

西島　長塚節は漱石の門人ですか。

原田　門人とはいえませんが、節は子規の弟子なので、漱石は正岡子規の友人であり、節と関わりがあったのですね。

　漱石が朝日新聞に節を紹介して、明治四十三年（一九一〇）に連載されたのが、名作『土』で、これは日本文学で最初の、本格的な農村小説の傑作となったものです。

　より江夫人は、「鸚鵡姫」という題で

紅の珊瑚の足に歌結び
放ちやらばわが思うあまり

ほか九首の歌を載せています。

　『エニグマ』第一巻を、山田牙城と私が、久保邸で見せてもらったのは、六十余年も昔のことですが、今でも、冬の寒い日で庭のバラが見事だったのを覚えています。介春は、

夫人を「お菓子のように美しい人」と言いましたが、私たちには、その言葉とバラの花の美しさが一つになったように思えました。とても美しい気品のある方でした。

西島　長塚節はその後……。

原田　節は『土』を発表後、明治四十五年（一九一二）六月に久保博士の診察を受け八月まで入院しています。そのときに、『アララギ』に発表したのが

　白銀《しろがね》の鍼《はり》打つ如ききりぎりす
　幾夜はへなば涼しかるらむ

　退院後、人吉、日向、小林を経て青島に遊び、帰福して、東公園の平野屋旅館から大学病院に通っていましたが、大正四年（一九一五）一月に再入院し、二月八日博士にみとられながら亡くなりました。享年三十七、誠に夭折《ようせつ》が惜しまれますね。

長塚さんの葉書

松本　節の小説『土』や、秀歌は知っていても、福岡で亡くなったことは知らぬ人が多いですね。市内に歌碑はありますか。

原田　ええ、ゆかりの九大医学部構内や、太宰府観世音寺などにあります。観世音寺のは、

　手を当てて鐘はたふとき冷たさに
　爪叩き聴くそのかそけきを

松本　彼の晩年の光芒を輝かせた所が、博多だったのですね。

原田　節がより江夫人に送った葉書が、『エニグマ』第一巻十二月号に載せられています。

「先生はいつお帰りになりますか。此間エニグマで日本には一つのラファエルも、一つのレンブラントもないとのお小言も承知しましたが、日本人くらゐ自身の祖先を理解してゐない国民もないだらうと思ひます。近くは二百五十年前に出た俳人芭蕉の名句を味ひ得るものが幾人ありませう。まして万葉集などに成ると万葉学者と称する人々にちつとも理解がない様です。殊に美術上の作品に成ると何処にどういふものが有るかさへ無頓着で居ませう。それで批評が出来ませうか。血筋のつながつた祖先の芸術を理解することが出来なくてどうして外国の芸術がわかるのでせう。外国といふことをちつとも知らぬ私達にはちつともわかりません。

　今度は珍しく議論めいた事をいつて見ました。病人の囈語《げいご》（うわごと）ばかりでもありますまい」

と言っています。節のこの意見は、今日にも通用するものですね。

松本　『エニグマ』の充実ぶりが忍ばれますね。ところで、雑誌は残っているのですか。

原田　いいえ。散逸していたのですが、同人であり、博士の教え子である小倉の医師の曽田共助氏（故人）が、保存しておられました。十冊ぐらいしか残っていませんが、博多の文学の黎明期の証として貴重ですね。

　オーストリアのプラーグの詩人で、医者のサールスという人の手紙では、日本を代表する文学誌として紹介されたそうです。まあ、博士も歌の愉《たの》しみという面があり、博士の歌への情熱が冷めてくると、先生の魅力で持てていただけに、自然と消えてしまったのですね。

かずかずの文学の地下水

西島　博多の文学の流れは、次に原田先生の主宰されてきた『九州文学』になるのですか。

原田　『エニグマ』が大正四年（一九一五）一月号で終刊になってから、博多詩社から国藤武という人が『みなと』を出しています。創刊号の巻頭に久保猪之吉博士は

　大天地《おおあめつち》春の光にみちぬらし
　生あるものは　皆よみがえれ

と言った歌十首を寄せています。先般亡くなれた紙塑人形作家で、歌人としても著名だった鹿児島寿蔵《かごしまじゅぞう》や、柳沢健《やなぎさわけん》、武者小路実篤、中《なか》

島哀浪《しまあいろう》といった人たちがよい作品を寄せております。

　国藤武は『みなと』を大正五年（一九一六）二月から十月まで九冊発行して中絶、復刊は加藤七三《しちぞう》博士により十二冊刊行されました。『みなと』は、『エニグマ』から一歩文学作品としての趣を深めたものといえるようです。

西島　鹿児島寿蔵さんは、櫛田神社に造られた山笠の歌碑がありますね。歌の中の〝ゐさらひ（お尻のこと）〟が難しいので説明を付けようということになりましたが、寿蔵先生のご機嫌が悪かったんですね（笑）。

原田　あの歌は、

　荒縄を下げしゐさらひ露《あら》はなる
　山笠比《び》と乃瑞々《みずみず》しさよ

ですね。〝ゐさらひ〟がお尻とは、わからないということでしたね。

『みなと』を継承した形の博多詩社から出た『ハカタ』に、寿蔵は

　さめざめと雨にぬれたる清水の
　伽藍の色は泪ぐましも

といった感傷的な歌を載せています。『ハカタ』は碧草（鹿児島寿蔵）により大正八年（一九一九）『南方芸術』に改題、表紙のセザンヌの絵は『出家とその弟子』で有名な倉田百三から借りています。

　寿蔵の上京で『南方芸術』も十三号で終刊になりますが、介春、『エニグマ』に発した文学の地下水は尽きることなく流れていました。

　福岡文壇の黎明期にあたって、その文学運動の中心が医者と新聞記者であり、その築かれた基盤を引き継いで、私たちの世代が活動することになったのですね。

松本　そうした流れが、いつか『九州文学』にまとまるのですね。

原田　振り返れば、実に遠い日の出来事のように思いますね。詩友の山田牙城、星野胤弘《たねひろ》と私が、『瘋癲《ふうてん》病院』を出したのは昭和三年（一九二八）でした。題字は介春先生に書いてもらいました。この詩誌をもとに、昭和四年（一九二九）二月に全九州詩人協会の創立をはかりました。同年『九州詩集』を出版、参加メンバーは、白秋、介春ほか三十人の詩人たちでした。この頃、劉寒吉《りゅうかんきち》も北九州で盛んに活動しています。

　昭和八年（一九三三）に、私と山田は介春の名で全九州の詩人に呼び掛けて「九州詩壇」を発足させ、九年には山田や劉等と九州詩人祭を開催しました。

松本　五十年前、先生も三十代のお話ですね。

原田　劉、山田との友情は、五十年余にわたり続いています。このときの主宰は私たちの「九州詩社」と、「とらんしっと詩社」、「小劇場」ほかの五社でした。四十四人参集し、隔月刊の『九州芸術』発刊を決めました。

　九州詩壇は自然的に解消し、九州芸術の第一号は昭和九年（一九三四）十一月に発行、第一線の詩人二十六人が作品を寄せました。

芥川賞になった火野葦平の糞尿譚

原田　この四号から生涯の友人、火野葦平が参加しました。当時のペンネームは火野葦助で「追撃する筏」という詩を載せ、『とらんしっと』十七号からこの同人にもなって、葦助で詩篇「山上軍艦」を寄せています。

　このほか、九州で初めての文化雑誌『九州文化』が昭和九年に創刊され、林逸馬《いつま》や夢野《ゆめの》久作《きゅうさく》も詩やエッセイを載せていますが、これが内部分裂して旧制福岡高校の教授だった秋山六郎兵衛《ろくろうべえ》や矢野朗らが、『九州文壇』を始めましたが、すぐに消えました。

　火野は九州文化に「帝釈峡記」「修験道」を載せました。

松本　目まぐるしい変遷ですね。葦平さんの『糞尿譚《ふんにょうたん》』もこの頃ですか。

原田　昭和十二年（一九三七）の九月に、若松の玉井組の若大将だった火野に召集令状が来て、壮行会を若松でしたときのことでした。

　火野は別室で小説の終わりを書き続けてい

ましたが、やっと書き上げた小説『糞尿譚』の原稿を手に持って、「日本一臭い小説ができたけ、終わりのところを聞いちくれ」と言って、糞尿を全身に浴びて、彦太郎が黄金の鬼と化すところを朗読しました。

　みんなゲラゲラ笑って拍手大喝采でしたが、これが昭和十二年の十一月に矢野主宰の『**文学会議**』第四号に発表されました。出征の折、火野は壮行会の席にやっと間に合った出来たての詩集『山上軍艦』を持って、喜んで出征しました。

松本　『糞尿譚』が芥川賞になるんですね。授賞を**小林秀雄**が中国戦線で行って、話題になりましたね。

原田　火野の芥川賞受賞で、九州の文学地図が全く変わってしまうのです。火野の小説がそれだけ評価されるのなら俺たちも……と、いうわけですね。

西島　それから『麦と兵隊』も評判になりましたね。葦平さんの芥川賞受賞がなければ、先生は詩ばかり書いておられたかも……。

原田　そうかもしれません。それから劉寒吉も矢野朗も、**岩下俊作**《しゅんさく》も、私も、小説を書き始めました。それぞれ力作を発表して、何度も芥川賞の候補になったりしました。岩下の『**富島松五郎伝**』が「**無法松の一生**」で阪東妻三郎の主演で映画になったり……。ともかく短詩文学から小説への転回が起こって、火野の芥川賞受賞は、実に大きなエポックでしたね。

松本　なるほど、九州文学の地殻を変えた大きな出来事だったのですね。

西島　『九州文学』とは、どうつながるんですか。

「第二期・九州文学」

原田　前に挙げた『九州文化』を引き継いで、秋山六郎兵衛、林逸馬らにより、『九州文学』が出されていて福岡日日新聞の学芸部長だった**黒田静男**さんがバックアップしていました。その黒田さんが私たちに凪洲屋《なぎすや》に集まってくれという。矢野と劉、私が出席すると、『九州文学』『とらんしっと』『九州芸術』『文学会議』の四誌が合併し、強力な雑誌を作りたいということでした。劉と私は、どうも一つのポーズがある教授たちとは肌が合わないからやめようと決めました。その後、黒田氏から再三の話がありましたが、まとまりません。そこで『第二期・九州文学』ということにしてはどうかということでした。

松本　その頃は、何もかも合併統合という背景がありましたね。そういう時代でしたから……。

原田　そうでした。その結果、九州文化百年の大計のためにという説得を受けいれて誌名を『第二期・九州文学』とすることで合意しました。

　編集発行人は私、編集委員長は秋山とし、雑誌所有者は黒田、そして九州文学の看板を私の所に吊しました。編集委員は矢野、劉、原田、山田、秋山、林、ほかの九人でした。

松本　なるほど、そういういきさつがあったのですね。生みの悩みですね。

原田　紆余曲折を経て、第一号が出されたのが昭和十三年（一九三八）九月三日で、百二十頁の大冊でした。『九州文学』の看板を矢野朗に手伝ってもらって、私の家に掲げたのは七月十七日のことでした。

司会　そうして、先生が主宰して五十八年（一九八三）まで『九州文学』を育てられた。一つの大事業でしたね。この次は『九州文学』について、じっくりとお聞かせください。

■原田種夫氏

明治三十四年（一九〇一）～平成元年（一九八九）。福岡市春吉に出生。法政大学予科文科を中退。早くより文学を志し、昭和十三年（一九三八）第二期九州文学を創刊。以来五十八年（一九八三）末の休刊に至るまで、四十六年にわたり同誌を主宰。次いで『九州時代』を発行。昭和十四年（一九三九）、小説『風塵』で芥川賞候補、続いて『家系』『南蛮絵師』『竹槍騒動異聞』などで直木賞候補。『さすらいの歌』『西日本文壇史』『実説火野葦平』『記録九州文学』『あすの日はあすの悦び』ほか著書、詩集多数。蔵書、資料、原稿など『原田種夫文庫』が福岡市総合図書館に設置されている。

訓練風景か。福岡城内練兵場、昭 18 年

歩兵第二《に》十四《じゅうし》聯《れん》隊《たい》 31

昭 17 年の招魂祭。手を合わせる一般参拝者

福岡城外練兵場の朝香宮殿下。昭 15 年

昭 17 年の招魂祭で行われた銃剣術試合

［お話］
石田 順平
石田コンクリート株式会社社長

［聞き手］
西島 伊三雄
博多町人文化連盟 理事長

林 良廣
福岡相互銀行

対談：昭和五十九年（一九八四）十二月

にじゅうし・聯隊の起こり

林　戦争が終わって四十年も平和が続いたということは、明治以後の歴史にはありませんね。平和のありがたさが当たり前になっていますが、これからも平和を大切に守らなければなりませんね。

今日は福岡に設置されていた歩兵第二十四聯隊のことを、終戦まで在営しておられた石田さんにお尋ねいたします。

博多っ子となじみの深かった二十四聯隊のプロフィールを歴史の一コマとして、記録しておこうというわけです。兵隊さんの哀歓や博多っ子との触れ合いなど、いろいろお聞かせください。

西島　私は海軍でしたが、石田さんは二十四聯隊には長くおられたのですか。

石田　いいえ、私は入隊してすぐに本隊が満州に行ってしまったものですから、こちらにはあまりいなかったのです。

しかし、市民として聯隊に対して抱いていた感情がありますし、博多にいたわけではありませんが、二十四聯隊にはずっと属していましたので、聯隊のことはよくわかっているつもりです。

林　まず、二十四聯隊の起こりからお話しいただきたいのですが……。

石田　正式に軍旗が親授されたのは、明治十九年（一八八六）八月十七日です。それよりさかのぼってみますと、まず、明治七年（一八七四）四月に歩兵第十四聯隊が小倉城に新設されています。九年（一八七六）四月にこの十四聯隊の第三大隊を福岡城に移すことになり、これが「福岡分営」の起こりということになります。九年の秋月の乱、十年（一八七七）の西南の役、これにつながる福岡の乱の鎮圧に出動しています。乱後、小倉へ引き揚げておりましたが、その後の軍備拡張の空気の中で明治十七年（一八八四）七月一日に初めて「歩兵第二十四聯隊」と名付けられた第一大隊が小倉の第十四聯隊のもとに新設されました。そして十九年（一八八六）六月十四日、二十四聯隊の聯隊本部が正式に福岡城に設置され、八月十七日明治天皇から軍旗が親授され、同月三十日、全将兵第一装で整列の中、野崎少将が福岡に出向き、練兵場で初代聯隊長の竹田実行中佐に軍旗を渡し、授与式が行われたのです。

聯隊歌の一節にもその状況がうたわれていますよ。

仰げ畏《かしこ》し我軍旗
明治大帝御手づから
十九年の葉月中《はづきなか》
授け賜ひしものなるぞ
威武宣揚のみことのり
股肱《ここう》の臣の任重し

西島　後に残っていた軍旗は房《ふさ》だけになっていましたね。

石田　二十四聯隊は日露戦争で激しい戦線に巻き込まれたりしていますから、ずいぶん銃火も浴びましたからね。

林　だいたい砲弾で破れてしまうようです。周囲の房は金属製ですので、これだけは残るのですが……。

石田　房と菊の紋章が金属で後の部分は布地ですからね。戦線で弾丸や風雨にさらされるとそこだけ残るようになるのですね。

西島　聯隊は全部で何人くらいでしょう。

石田　戦時と平時とでは人数が違うのですが、だいたい三千五百人くらいだったと思います。聯隊は大隊、中隊、小隊と分かれていて、大隊が八百～千人。中隊が百五十人、小隊が四十人くらいでした。

西島　聯隊の中が大中小隊に分かれているということでしたが、聯隊全体はどういう組織になっていたのですか。

石田　いちばん大きいのが師団で、三個聯隊からなっています。その下に兵団というのがあって、以下聯隊、大隊、中隊、小隊というふうになっています。

林　二十四聯隊の呼び方は「にじゅうし」「にじゅうよん」どちらですか。

石田　にじゅうし聯隊が正しいのです。なぜかというと、軍旗を親授されるとき明治天皇が勅語でにじゅうし聯隊とおっしゃっている。それから「にじゅうし」が正しくなったわけです。（笑）

西島　二十四聯隊があったのは、現在の平和台競技場と野球場を全部合わせた範囲と、兵舎のあった城外練兵場、これが今の大濠公園でしたね。

石田　ええ。まず城内練兵場が今の舞鶴公園と城内橋という橋までです。その外側に護国神社も含めて、今の大濠高校も含む広大な城外練兵場がありました。

成人式は徴兵検査

西島　昔は数え年で二十歳になると徴兵検査がありましたが、昔の成人式ですね。検査はたしか西日本新聞社の裏の記念館で……。私は小学生の頃に疱瘡《ほうそう》（天然痘）をした証明の紙を、兵隊検査のとき持っていかなくちゃいけないといって、大事にとっておいた記憶があるのですが……。

林　入ってから結核になる人は結構多かったですね。徴兵検査のときは聴診器での検査でしたから、ちょっと重病の風邪をひいたりしていると疑われました。

石田　入隊してからの検査のほうが徹底していましたね。タンの検査や検便などはしょっちゅうでした。予防注射もよくありましたね。徴兵検査のときには、疑いのある人間は丙種にしてしまいます。感染を恐れたのでしょうね。

林　甲乙丙丁《こうおつへいてい》の順序でしたが、みんな合格。失格はなく、丙種でも合格でした。（笑）

石田　それでも聯隊に行く可能性のあるのは乙種まででしたね。終戦近くは丙種の人でも召集されたようですが……。

　甲種の中でも並外れて身長が高く、体重がある者が工兵とか砲兵に。工兵は土木工事、例えば水中に入っての架橋には背の高いほうがいいとか、重い大砲を引いていく砲兵は体の大きい力持ちがいいわけですね。

林　徴兵検査は夏ごろで、入隊は一月ごろでしたね。福岡の人が久留米の聯隊に配属ということはありませんでしたか。

石田　久留米は工兵や砲兵などの特科隊の人が行くので、歩兵は皆二十四聯隊でした。だから二十四聯隊というのは歩兵ばかりだったのです。

入隊初日は天国　次の日からは……

林　石田さんは何年入隊ですか。

石田　私は昭和十五年（一九四〇）の入隊です。

西島　昭和十五年というと、太平洋戦争が始まる直前ですね。火野葦平さんの小説『陸軍』の映画がありましたね。監督が木下恵介さんでした。博多の町を新兵が行進する。お母さんの田中絹代が見え隠れに後を追う。いい映画でしたが、石田さんもああいう感じで出征されたのですか。

石田　映画はちょっと前の時代を描いていますね。しかしだいたいの雰囲気は同じです。

西島　入隊なさったときの模様などを……。

石田　入隊のときには、町内の人がずっと行列して先頭にはブラスバンドがいて、その後ろに入隊する者が十人くらい並んで行進です。場内練兵場の所で祝詞やら励ましやらを受けて、いよいよ聯隊への受け渡しとなる。家族ともそこでお別れです。今まで着ていた平服を脱ぎ、支給された軍服に着替えます。

林　軍服の呼び方も独特でしたね。

石田　そうです。ズボンやらシャツやら言ったら叱られる。洋服は軍衣袴《ぐんいこ》、シャツは襦袢《じゅばん》。入隊はだいたい一月十日でしたから、いちばん寒いときですね。温かい服を脱いで、特別に入室を許可された家族に渡して最後の別れをするときには、さすがに寂しい気持ちがしましたね。

西島　入隊日には何があるのですか。

石田　最初の日だけは天国のようなものです（笑）。タイのお頭《かしら》付きなどのごちそうが出て、いろいろと優遇されるので、これはたいしたことないわい……と（笑）。ところが次の日からはおおごとです（笑）。

林　隊内の心得もいっぱいで……。

石田　それはもう心得ばかり、注意されてばかりです。部屋に入るときはこうせんといかん、靴はこういうふうに脱げ、便所ではこういうふうに……と、規則だらけです。

持ち物には全部名前を書かなくてはなりませんが、譲り渡して長く使わないといけないので名札を縫い付けます。

西島　「入隊前には針仕事を練習しときやい」とよく言われたそうですね。

石田　ええ、とにかく針仕事はいっぱいあって、面食らいましたね。

林　寝る場所は……。

石田　寝台に自分の名前が貼ってありました。わら布団が置いてあって、毛布と持ち物が全部、枕元の棚には二装と三装の軍服が置いてありました。二装は外出用、儀式用で、三装が常時着る物でした。三装は甲乙の二枚と作業服があり、一装は戦時用でしたので支給されませんでした。

西島　襟章はどうなっていました。

石田　新兵は二等兵ですから星一つです。歩兵ですから赤い布の上にラシャ地の黄色い星が一つ付いていました。

西島　一等兵になると星二つで、上等兵は星三つですね。

林　星も布の一部を糸で縫い付けてありますから端の方から外れてきて、ぐしゃっとつぶれたようになるんですね。私たちはそれをカボチャの花と言っていました。

石田　ほとんどの人がカボチャの花でしたね。

西島　次の日から起床は何時でしたか。

石田　夏は五時半、冬は六時だったと思います。起床ラッパが鳴ったら、飛び起きて点呼の準備です。その間、二十分くらいしかないのでたいへんです。規則ですので早く起きることもできません。

西島　その二十分で、顔を洗って服装をきちんとして……たいへんですね。

石田　そうです。毛布を畳んで所定の服装をして外に整列しなければなりません。だが、帽子や靴がよくなくなって、それを捜していて遅くなったりということも……。

西島　軍隊生活に慣れるまでにどれくらいかかりますか。

石田　それはもう、なかなか慣れませんネェ。一期は四カ月でしたが、終わり頃になってやっと慣れました。

林　一期の間は一人前に扱ってもらえないんですね。

石田　一期の終わりの検閲が終わるまでは初年兵、幼年兵といって、一人前とは思われな

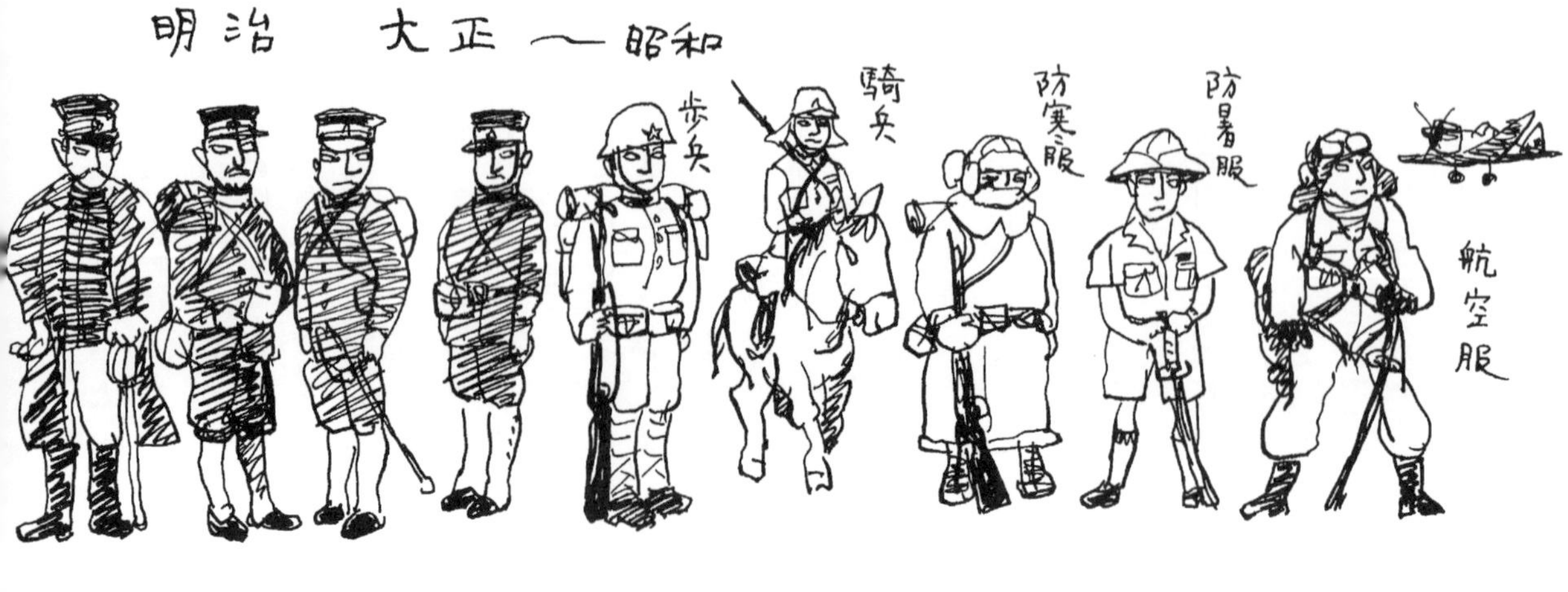

いんですね。実際に二年兵と比べると何をやらせても遅い。その間しごかれて仲間入りするまでがたいへんなんです。

西島　検閲にパスしてやっと部署が割り当てられるのですか。

石田　いえ、それはまだ先です。検閲の後に修業というのがあって、それを済ませてから自分に向いた部署を割り当てられるのです。ラッパ手とか衛生兵、また靴直しの上手な者は靴《か》工兵というあんばいです。成績のいい者は上等兵候補に挙げられます。そのうちに二年兵に混じって勤務に就くようになります。

西島　兵役は三年でしたね。

石田　いいえ、だいたいは二年でした。三年になったのは昭和十年（一九三五）か十一年（一九三六）頃の戦時体制になってからです。

西島　そうした生活の中で、中隊長と兵隊とは親子の関係のようになったそうですね。

石田　今でも私たちは中隊長を中心に、一年に一回の会合をやっています。

林　中隊は中隊長を中心とする家族的な面がずいぶんありましたからね。

西島　中隊と大隊はまた違うんですか。

石田　大隊というのは中隊を指揮するための機関的な面が強かったですから。中隊長はお父さんでも、大隊長とは直接のつながりはなかった。家族的な意味では中隊でした。

林　小隊というのはその中で、また分かれていましたからね。銀行でいうなら本部が聯隊、支店長が中隊長で、支店の各部門長が小隊長ということになりましょうか。

兵隊さんの一日

西島　兵隊さんの一日というのはどんなふうになっているのですか。

石田　一日のスケジュールは午前の部、午後の部と分けてきちんと決まっていました。その間に炊事や配膳もありますから、一日中結構忙しいものでした。

西島　食事はいくらでも食べられたのですか。

石田　古参兵が先に飯を山盛りに取るので、終わりのほうの初年兵は量が少なくなるんですが、我慢しなくてはなりません。これはつらかったですね。

　おかずも終わりのほうにはなかなか回らんこともあって、それを具合よく配らんとけちをつけられる。たいへんでした。

西島　ほかに雑用といいますと……。

石田　洗濯から針仕事。ボタンの付け方一つにしても細かく決まっていて、ボタン穴が四つあるボタンは、糸を平行に通して最後に糸を何回回す、とそのとおりにしなくてはなりませんでした。

林　銃の手入れはたいへんでしたね。銃身に菊の紋章が入っているので、さびでもさせようものなら処罰ものでしたね。

　飯上《めしあげ》、洗濯、訓練も初年兵は個人の訓練から団体での訓練、最後は諸隊での訓練といろいろありましたからね。

石田　小笹に実弾射撃場があったのですが、ボンボン当たるようになるには、日頃の訓練が大切なんです。まず銃を持つための基礎訓練をします。そうでないと銃は持ち上がりませんね。それを毎日毎日練り返して、だんだん上手になっていくのです。

　この射撃が終わると食事までの時間は間稽《まげい》古《こ》で、銃剣術です。電車通りから銃剣術をしているのがよく見えましたね。

　練兵場の真ん中に根上りエノキというのがあって、何かあるとすぐ罰に「あれを回ってこい」と言われてました。二～三百メートルだったと思うのですが、ヘトヘトになったところで走らされるのですからたいへんでした。やっと帰ってくると、「もう一回回ってこい」（笑）。あれには参りました。

西島　土曜、日曜はどんなふうに……。

石田　外出することが多かったですね。

林　ただ、何かで注意をうけた者は、外出禁止の罰則がありました。
林 外出の門限は何時でしたか。
石田 六時の夕食まででした。下士官は点呼までに帰ればよかったので、だいたい八時頃までよかったですね。階級によって違っていました。
西島 時間までに帰れない人もあったでしょう。
石田 それはありました。だが遅れるとやむを得ぬ場合以外は処罰として営倉に入れられます。私が週番のときに捜索に出たことがありますよ。
西島 電車が遅れたとかいろいろの理由を言ってもダメなんですか。
林 遅れたときには駅長の証明書がいるんですね。ただ汽車が遅れたというだけでは理由になりません。
西島 食事はどんな内容だったのですか。
石田 米と麦が半々のご飯とおかずと漬け物です。
林 割とごちそうでしたよ。平素でも三〇〇〇カロリー以上はありましたからね。演習になりますと、うんとカロリーを増やしていました。家の豊かな連中は食事がマズイマズイと言っていましたが、私は山形の三十二聯隊（在満州）でしたが、東北の田舎から来た人たち、当時の東北の農村の暮らしは厳しかったからですね。この人たちは毎日ごちそうだと喜んでいました。平常肉なんかあまり食べたことがない人が多かったんですね。肉やら魚やらこんなに食べられるのなら軍隊もいいじゃないかということに……。
軍隊の食事には生ものは一切ないですね。刺し身なんて絶対出ません。万が一の間違いを恐れたのでしょうね。
石田 生ものといえば、博多ではおきゅうとだけでしたね。
林 豚汁とか、肉とジャガイモを煮たようなものが多かったですね。
石田 そして皆に平等に配らねばなりませんでしたので、みそ汁のネギなども非常に大きく切ってありまして、一人前はネギ二つなどというふうでした。
冬はみそ汁に油を流したりしてカロリーを増していました。カロリーにはやかましかったからですね。
林 毎食、きちんとカロリー計算がしてありましたね。
西島 演習のときはどうでした？
石田 演習のときは弁当で、おかずは缶詰のようなものが多かったですね。
林 弁当箱も柳行李《やなぎごうり》の小型のようなんでしたね。
西島 風通しが良くて、腐りにくいんですね。兵隊さんの楽しみは酒保《しゅほ》……。いつも行けたのですか。
石田 夕食と夜の点呼の間ですね。自由時間が二時間くらいありました。
西島 病気したときにはゆっくり休めたんですか。
林 風邪ひきは咽頭炎、もうちょっとひどいのは急性気管支炎。それから練兵休というのは病気はしとっても見学くらいはしていないといけない。就床というのは兵舎で寝とるだけ。入室というのが医務室で寝とること。それよりひどいのは入院というふうに段階があるんです。
西島 軍隊といえば、よくたたかれましたねェ。毎日のようにたたかれて、たたかれんで寝た日はなんか気持ちの悪いような気がして……（笑）。これでいいのかなあ……と。
林 全員二列横隊に並ばせられて、前列は回れ右で向かい合って互いにたたき合わないといけなかったり（笑）。
石田 友達をたたかんといけなかったのでつらかったですね。
西島 物がなくなったときに、他人のを取ってきて補充する者があるんですね。自分の班の食器がなくなったら、隣の班のを盗ってくる、という具合で……。
林 それが軍隊は員数主義でしょう。員数があうならばそれでいいのです。今考えるとむちゃくちゃですが……。

軍旗祭には追い山を……

西島　私たちが子どもの頃は、どんたくのときに**招魂祭**があって、そのときだけは自由に営内に入ってよかったですね。中で売ってた玄米パンやだんごがとても安かったのを覚えています。

石田　煙草も安かったですね。「誉《ほまれ》」だったかな。

西島　一般市民が今日は入ってくる、という日には、機関銃部隊と歩兵部隊との柔道や剣道の対抗試合などをして見せよったですね。

石田　それから各中隊の前に人形やら何やらの飾り物を作ったりして。招魂祭というのは兵隊にとっても楽しみでしたね。

林　招魂祭ともう一つ。**軍旗祭**というのが聯隊にとっての二大祭でしたが、軍旗祭にはどのようなことを……。

石田　軍旗祭は、八月十七日に行っていましたが、そのときには追い山があり各中隊ごとに山笠を作って、聯隊本部の前を出発して平和台側の上《かみ》の橋を回り、通り筋の大工町、簀《す》ノ子《のこ》町を通り下《しも》の橋から聯隊本部までの時間を競っていました。

西島　山笠は何台くらいあったのですか。

石田　中隊の数だけ、十三本ありました。

西島　聯隊のは若い鍛えられた者ばっかりが走るんだから早かったでしょうね。

石田　中隊同士の競争ですからねェ。遅くなったら後で怒られるのが恐ろしくて必死で走りましたよ。

　私たちは満州に行きましてからも、八月十七日には現地で軍旗祭で追い山を行っていました。

捧げ銃で軍旗と訣別

林　二十四聯隊の特徴というと、どういうことになるのでしょうか。

石田　日清、日露の戦争でもわかるのですが、**突撃型の聯隊**ということでしょうね。日清戦争のときの旅順攻略、日露戦争のとき**蛤蟆塘**《はまたん》での死闘などで勇名は全国に鳴り響いています。旅順といえば日露戦争での激戦地ですが、その旅順要塞を十年前にほとんど独力で攻略した。これによって勇名を全国にとどろかすことになったのです。

林　しかし、被害も大きかったのでは……。

石田　旅順戦の戦傷者は八十四人、戦死者は六人と激戦をくぐり抜けたにしては、希有なことといえるでしょう。

西島　日露戦争では、どのように……。

石田　日露戦争が始まったのは明治三十七年（一九〇四）二月ですが、陸軍の先発部隊は八日には仁川に上陸、急行軍で京城に向かいました。この中に二十四聯隊も入っていました。日露戦争でまず思い浮かぶのは**牧沢第五中隊長**です。緒戦で大きな被害も出さず蛤膜塘を目指して進撃していた二十四聯隊の前にロシア軍の主力部隊が立ちはだかりました。このときの最前線が第五中隊だったのです。

　敵は野砲と多くの機関銃で猛烈な砲火を浴びせてきました。第五中隊に十字砲火が集中して、このままでは中隊が全滅するしかないと考えた中隊長牧沢大尉は「あの砲台へ突撃！」と叫んで、軍刀を抜いて飛び出しました。途端に敵側の銃弾は中隊長に集中。この戦いで第五中隊は戦死三十八人、負傷六十六人を出したのですが、二十四聯隊は攻撃をやめず、援軍の到着を得て敵を壊滅したのです。壮烈な戦死を遂げた牧沢中隊長の勇猛さは、以後二十四聯隊に語り伝えられるようになるのです。

林　英雄というと上海事変のときの「**肉弾三勇士**」もありましたね。たしか靖国神社にレリーフになっていますね。

石田　**廟行鎮**《びょうこうちん》**の戦い**のときで、敵陣は鉄条網とトーチカと重火器で完全武装していました。これを陥落させるためには、鉄条網を切断して突撃路を開くほかに方法はありません。しかし、何回決死隊を出しても鉄条網を爆破することはできないのです。鉄条網にたどり着き破壊筒に点火するその数秒の隙に狙い撃ちにされてしまうからです。あらかじめ点火した破壊筒を持って突撃すればいいのでしょうが、それは確実に死ぬことを意味します。誰もが口にすることをはばかった作戦でした。そこへ「自分たちが決行いたします」と名乗り出たのが後にいう肉弾三勇士で、二十四聯隊に就いていた久留米工兵隊の江下武二工兵一等兵、北川丞一等兵、作江伊之助一等兵の三人です。

西島　二十四聯隊は終戦をどこで迎えられたのですか。

石田　実は昭和十九年（一九四四）に二十四聯隊は二つに分かれているんです。本隊は満州に残っていましたが、その後台湾へ行きますので、終戦は台湾で迎えることとなったのです。軍旗と訣別ということで、悲運の聯隊長は二十六代の糸日谷大佐で、軍旗は林子辺小学校の校庭で全聯隊の将兵の整列する中「足曳《あしひき》」のラッパの吹奏に最後の「捧げ銃《つつ》」の礼を受け六十年の歴史を閉じたのです。それには少しエピソードがあるんですよ。

西島　ほう、どのような……。

石田　台湾でも軍旗祭をやろうということになって準備していたのです。ところが八月十五日に終戦となり、とうとうそれきりで軍旗ともお別れになってしまったのです。そのときに聯隊副官だった田中さんという方が軍旗の房の一部を切り取って、隠し通して内地に持って帰ったのです。今は軍旗は複製が護国神社にありますが、あの房の一部に本物を少し加えてあるのです。

風化の中で……

西島　今は軍隊の話をするとすぐに戦争と結び付けて考えますけど、あの当時は兵隊に行ききらん者はつまらん、ということでしたね。まあ、最初はつらいし刑務所に入れられたような感じもありましたけれど……。

石田　当時は納税と教育と兵役は国民の三大義務といわれていましたから、私たちは当たり前と受け止めていましたね。

　軍隊というとすぐ戦争とか軍国主義とか言いますが、昔は兵役を終えることが人間形成の上で一つのステップになっていたのですね。平和ないい時代ですが、時代の違っていた私たちのときは決められたこととして軍隊に抵抗なく入っていました。若いときに自分を捨てての二年間でしたが、それはそれなりに役に立ったと思いますよ。

西島　戦争を嫌う気持ちは、若い人より私たちのほうがよほどあると思いますが、それとは別に、やはり軍隊は卒業してきたんだなあ、という気持ちがありますね。

林　軍隊を除隊したら郷党の模範たれという考え方がありましたからね。帰ってきて初めて一人前で嫁さんをもらう資格ができる、みたいなところがありましたね。

石田　善しあしは別として、人間がつくられた場所でしたね。平和な四十年の間に、軍隊もすっかり風化してしまいましたが、冷静な評価の中で人間修養の面などは、見直されてもいいでしょうね。

林　どうも長時間、ありがとうございました。

■石田順平氏

大正四年（一九一五）博多浜小路生まれ。奈良屋小学校、福岡中学校、龍谷大学卒業。石田コンクリート社長。博多町人文化連盟常任理事。博多煎茶会会長。（号東永）。フクニチ『博多なぞ』選者。著書に『博多なぞなぞ』がある。

近代洋画界における「無冠の帝王」

児島善三郎

32

［お話］
谷口 治達
九州造形短期大学教授
［聞き手］
西島 伊三雄
博多町人文化連盟 理事長
四島 司
福岡相互銀行 社長

対談：昭和六十年（一九八五）三月

三者三様の魅力

四島 博多からは多くの芸術家が出ていますが、今日はその一人である油絵の児島善三郎さんについてお話しいただきたいと思います。

谷口 中洲から石堂川に至る〝古い博多の町〟からは多彩な芸術家が出ていますが、その中でも木彫の山崎《やまさき》朝雲《ちょううん》〈慶応三年（一八六七）〜昭和二十九年（一九五四）〉、日本画の冨田《とみた》渓仙《けいせん》〈明治十二年（一八七九）〜昭和十一年（一九三六）〉、油絵の児島善三郎〈明治二十六年（一八九三）〜昭和三十七年（一九六二）〉の三人は博多が生んだ三大芸術家といえるでしょう。これからは敬称略で話させてもらいましょう。この三人は三者三様で、それぞれの生まれも性格も違っていて、おもしろいですね。山崎朝雲は櫛田前町《くしだまえまち》の生まれ、冨田渓仙は麹屋《こうじや》町、児島善三郎は中島《なかしま》町です。性格はというと、朝雲はきちょうめんを絵に描いたような真面目な人で、渓仙は横山大観《たいかん》などの日本美術院に属し、ユニークで個性的、そして洒脱《しゃだつ》な日本画を描いた人です。

四島 そのほかには、どんな人が挙げられますか。

谷口 彫刻では朝雲門下より冨永朝堂《ちょうどう》、日本画なら今中素友《いまなかそゆう》、小早川清《きよし》、油絵では山田栄二《えいじ》や木下邦子《きのしたくにこ》といった人たち。児島善三郎が独立展を創設して後輩をどんどん支援するので、九州に独立展の人脈というものができてきますね。弟子筋にあたる人に、赤星孝《あかぼしたかし》、小原雄二《こはらゆうじ》、足達襄《あだちじょう》などがいます。独立展の中の福岡勢は今日でも主流派を占めています。

四島 児島善三郎さんの絵を見ていると、明るい色彩で気宇壮大、豪快、豪奢《ごうしゃ》な感じがしますね。

谷口 そこが博多というか、南国的なところですね。

学校を中退して油絵の道へ

西島 生まれたのは中島町で……。

谷口　お父さんが九州一の紙問屋児島本家の九代目です。裕福な商家の長男坊として、明治二十六年二月十三日に生まれています。

四島　絵が好きだということで、家業は継がないで弟に家督を譲ったんですね。今の児島洋紙店の社長さんは善三郎の甥御さんですね。

谷口　中学は修猷館ですが、三年生のときに油絵を描きだして熱中しています。家が紙問屋だから、絵描きさんも出入りし、影響を受けたのかもしれませんね。

四島　中学三年で油絵というと、当時としてはずいぶんハイカラだったのですね。

谷口　修猷館の二年下に**中村研一**〈明治二十八年（一八九五）〜昭和四十二年（一九六七）〉がいました。彼も後年、官展を代表する大家となります。善三郎は研一らを誘って修猷館時代に、パレット会という洋画の同好会をつくっています。善三郎はこの会のことを、ふざけて〝テレット会〟と言っていたそうです。絵を描きだしたらテレ〜ッとして、成績が下がったからというんですが……（笑）。

四島　同じ時期に中村研一がいたというのはおもしろいですね。生涯の友人になるのですね。

谷口　ええ、研一はかなりかわいがられていたようで時々、児島洋紙店の善三郎の部屋をのぞいたりしています。後に研一が言っていることなんですが、善三郎は部屋中に高価な骨董品などを並べ、その中に座って絵を描いていたそうです。蔵から気に入ったものを持ち出しては周辺に置いていたのでしょうね。

　中学を卒業後は長崎医学専門学校の薬学部に進みます。

西島　画家を志しているのに、医学というのは……。

谷口　やはり親の要望だったようです。善三郎自身も医者や薬剤師になる気は全くなくて、長崎は景色がいいから絵が描けるだろうというような気持ちだったようです。親としては薬学を学ばせて、絵の具とか顔料とかにも商売の手を広げようということだったのでしょう。ところが善三郎はどうしても画家への夢を断ち切れず、二十歳のときに中退し、実家の売り上げを失敬して上京してしまうんですね。これが大正二年（一九一三）のことです。

四島　当時は長男は跡取りということで、たいへんな存在でしたから、家業を継がないということになると、親子の葛藤がたいへんだったでしょうね。善三郎も家を飛び出すくらいのことをしなくては、志は貫けませんね。

谷口　おもしろいエピソードがあるんです。あるとき、父親が善三郎の画家志望を断念させようとして、易者に「画家になっても偉くなれないから、諦めるように言ってくれ」と頼みます。易者は承諾したのですが、善三郎の前に座るなり「これは偉い画家になる。もし家業を継がせると、家をつぶしてしまう」というのです。打ち合わせと違うと父親は慌てたでしょうし、善三郎はわが意を得たりというところだったでしょう。こういうこともあり、善三郎が家出した後はもう仕方がないということで……。

西島　結局は許したのですね。

谷口　東京に姉名義で送金までしていますから、不孝者とは思っていても、やはりかわいかったのでしょうね。やるからには東京美術学校に入れということだったようです。

四島　美校には合格したんですか。

谷口　入試のために**岡田三郎助**《さぶろうすけ》〈佐賀県出身、明治二年（一八六九）〜昭和十四年（一九三九）〉が指導する本郷洋画研究所に二カ月ほど通っていますが、失敗しています。試験場では、自分の前にいた男が下手に絵を描いているので、「これなら一番で合格」と思ったそうですが、結局はその男が合格して自分は落第、これ以後は学校がばからしくなって二度と受験していません。

西島　中村研一は美校に合格し、岡田三郎助に付いて有名になっていくでしょう。

谷口　善三郎はこれといった師にも付いていません。彼の師は常に自然で、自分の力以外には誰にも頼ろうとはしなくなります。

二科展に五点入選

四島　大正の初期といえば、画壇が大きく動いていた時代ではありませんか。後期印象派のセザンヌやゴッホ、ゴーギャンなどが喧伝《けんでん》され、印象主義やフォーヴィズムを信奉して、**高村光太郎**や**岸田劉生**《りゅうせい》らが結成した大正初期の美術家グループの**フュウザン会**、劉生や**木村荘八**《そうはち》、**中川一政**《かずまさ》などの草土社などの運動が起こり、文展に飽きたらない**有島生馬**《いくま》、**石井柏亭**《はくてい》などが大正三年（一九一四）には在野の団体として二科会を設立していますね。

谷口　ええ、この時期に善三郎もセザンヌに傾倒していたようです。ところが上京して二年目に喀血《かっけつ》して四年ばかり博多で療養生活をするのです。再び東京に出てくるのが大正九年（一九二〇）。二十七歳のときです。そのときには、父親とも話がついて、家督を正式に弟に譲りました。この頃、善三郎には内縁でしたが、「はる」という奥さんがいて、七歳になる子どもまでいたのです。父親は二人の結婚もさせねばならず、かなりの心労だったことでしょう。

四島　そうした中で二科展に入選、うれしかったでしょうね。

谷口　そうでしょうね。それも二科展に五点入選という壮挙をなしています。大正十年（一九二一）、二十八歳のときですね。当時は二科に入選したというだけで新聞に大きく掲載される時代だったので、かなりの大ヒットといえるでしょうね。

四島　そのときの福岡での評判はどんなふうだったのでしょう……。

谷口　当時は地方に美術館も展覧会もあまりありませんから、洋画に触れる機会がない。一般の理解は薄かったでしょうね。そこへ児島洋紙店の総領息子が、油絵とかで東京でどえらい展覧会に選ばれなさったということで、評判になり、本人の喜びはもちろんでしょうが、両親も鼻が高かったことと思います。

四島　**林武**〈明治二十九年（一八九六）～昭和五十年（一九七五）〉の入選もその頃ですか。

谷口　その次の年に二人そろって二科賞をもらっています。それ以来二人は生涯の友人となり、ライバルとなったのです。善三郎は昭和三十七年（一九六二）に六十九歳で亡くなりましたが、林は善三郎を追悼して「お互いに本当にライバルだった。僕が昨年パリにいたころ、彼は病床でパリ行きの計画をしていたそうだ。しかし、その彼の願いは空しかった。僕はこの最後までライバルであった児島くんに言いたい。『本当に僕の好きな画家であった』と」と言っています（昭和三十七年三月二十三日付、朝日新聞）。

　二科展入選の直後に、善三郎は代々木の初台にアトリエを造りだします。次に国分寺、荻窪と生涯に三軒のアトリエを造りますが、その最初ですね。土地が何百坪かあって、建坪が六十坪というたいそう大きなものでした。

四島　それから洋行するのですね。

谷口　アトリエを建ててすぐの大正十二年（一九二三）の九月一日に関東大震災が起こって、しばらくは物情騒然として絵を描くどころではない。それで翌々年の大正十四年（一九二五）に外遊を決意します。昭和三年（一九二八）まで三年間行っていますが、これもたいへんだったろうと思います。当時、大学出の初任給が五十円くらいだった時代に、三年間の留学費用が一万円かかったそうですから。

西島　実家が裕福でないと、とても行けませんね。

四島　パリで誰かに師事したということは……。

谷口　当時はモディリアーニ、スーチン、キスリング、シャガール、藤田嗣治などパリにいた国外の芸術家の活躍が目ざましく、この人たちを呼称した**エコール・ド・パリ**の新しい活気の時代でしたが、おもしろいことに彼は誰にも師事していません。もっぱら基礎的な勉強に力を入れたようで、イタリア・ルネッサンスのティツィアーノやティントレットなどの古典を学んで絵画の基礎のイロハから出直しているんですね。

四島　パリに行った絵描きさんは多いでしょうが、そういう姿勢の人は善三郎だけだったでしょうね。セザンヌが好きだったそうですが、タッチや色調を見ているとマチスの影響が大きいような気がしますね。

谷口　西欧の模倣ではなく、日本の油絵をと考えていた人ですが、マチスをはじめ天才たちの滋養分はどしどし吸収したでしょうね。

タッチを大事にする博多の絵描き

西島　善三郎の絵はタッチが大胆で堂々としていますね。絵を見ていていつも思うのですが、博多の絵描きというのは、油絵でも筆のタッチの巧《うま》い人が多いですね。ルオーのように塗り重ねていって深い感じを出すのではなくて、日本画のように一回のタッチを大事にする。一筆で決める、そのタッチが巧い。善三郎も中村研一もそうですし、仙厓《せんがい》から渓仙への日本画の流れでも、墨絵のようなタッチのはっきり出るものが多いですね。

谷口　墨絵のように一気呵成《かせい》に描くというのは善三郎の絵に関しても言えるようです。

四島　一気呵成に描くということは感情がそのまま出るということですね。

西島　そうしないと自分の感情が表現できないのでしょう。何回も何回も描き直し、何日間もかかっていたのではなんだかわからなくなってしまうのですね。嫌になってくるんじゃないかな。はっきりしたタッチというのも博多っ子特有の性格的なものがあるような気がします。やり損なったらやり損なったでいけ、というような……。その点では同じ福岡県でも筑後の画家はタイプが違いますね。久留米出身の**坂本繁二郎**《はんじろう》〈明治十五年（一八八二）～昭和四十四年（一九六九）〉にしても、**古賀春江**《はるえ》〈明治二十八年（一八九五）～昭和八年（一九三三）〉にしてもコッテリ塗り重ねた美しさがある。土地柄でしょうか。

谷口　善三郎の好きな言葉に「写実とは久遠の生命の把握」というのがあるのですが、久遠の生命を把握するには知性ではなくて、感情、感性でつかまなくてはならないというんですね。それを把握して大胆なタッチで描いたんでしょう。

西島　なるほど。感性ですね。それに善三郎のデッサン力。それで一筆でビューンと力強いタッチが生まれたのですね。

谷口　ヨーロッパで基礎づくりをいちばんに勉強した人ですからね。基礎のデッサン勉強には特に力を入れたようです。

西島　キャンバスの上に塗り重ねていくうちにできあがるというものではないのでしょうね。頭の中で仕上げて、仕上げて何回も仕上げたものをドーンとぶつけていくという描き方ではないでしょうか。

四島　じゃ、描くのもわりあいと早かったんでしょうかね。亡くなるときも、描きかけの絵が十数点あったそうですね。

日本的フォーヴィズムの巨匠

四島　ところで、善三郎の近代絵画における位置付けというのはどうなるのでしょう。

谷口　善三郎の絵画の根底には、西洋で起こった**フォーヴィズム**の影響があります。フォーヴィズムというのは、原色を使った荒々しい感情を表現していくという運動なんですが、善三郎はそれを取り入れて、それに日本風というか、文人風のものを加味していったのです。

西島　フォーヴィズムというと野獣派ですね。

谷口　マチス、マルケ、ヴラマンクなどが一九〇五年に初めてパリのサロン・ドートンヌの一室に彼らの奔放な作品を発表したときに、その人たちの絵があまりにどぎついので、それを見て美術の評論家たちが「野獣たち」と呼んだのです。今のアクションペインティングなどのはしりですが、赤いものを赤く描くのではなく、写実のうえに自分の感情を大きく反映させるような絵の運動です。そういう系譜の中に善三郎も入るのですね。彼は日本人の感情をフォーヴィズムに反映させようとしたのです。善三郎は、一方で日本美術では桃山から江戸時代初期の**俵屋宗達**《たわらやそうたつ》、**尾形光琳**《おがたこうりん》、**尾形乾山**《かんざん》など琳派《りんぱ》を好みましたので、そんな感覚をフォーヴの手法と一致させていったのです。強烈な感情表現と日本的な装飾性とを組み合わせた文人フォーヴを独立展を通して展開し、そのリーダーであったということになりますね。

四島　中でも特に影響を受けているのは乾山ではないでしょうか。

谷口　絵の中に○とか×とかを入れて風景を描いています。対象を極度に単純化すると○や×になったのですが、そんな簡潔な画法が乾山に通じているかもしれませんし、本人も乾山にことに惹かれたと言っています。宗達、光琳、乾山の流れと西洋のフォーヴを一致させようという考えは、ヨーロッパ留学の頃に固まっていたようです。

日本人の油絵を

西島　独立美術協会をつくったのも、そうした考えからですか。

谷口　ええ。協会設立当時の彼の抱負に「独立美術協会は、私と**林重義**《しげよし》、**里見勝蔵**《かつぞう》の合作である。二科の形式的な新しさばかりを尊重するやり方は、日本の美術をフランスの植民地化していくように思われたし、それでは日本固有の油絵をつくっていくことへの指導精神の欠如にもなる。そこで、もっと自分たちの足で、大地を歩こうではないかという私の意見から出発したものである」という部分があるのですが、〝独立〟と名付けたことに、二科からの独立と西洋美術からの独立の二重の意味があり、日本人の油絵ということに関する彼の意気込みがよく伝わってきますね。

四島　乾山を自分の中で消化させ、西欧追随の洋画から日本の洋画をつくろうとしたわけですね。彼の絵の堂々とした印象も、その気宇の広大さによるものでしょうね。

　ところで善三郎に共鳴した独立美術協会のメンバーにはどのような人が……。

谷口　前に挙げた林重義、里見勝蔵のほか、**林武**、**高畠達四郎**、**中山巍**《たかし》、**三岸好太郎**、**伊藤廉**《れん》など十三人です。

四島　錚々《そうそう》たる連中ですね。

谷口　たしかに、**藤島武二**、**岡田三郎助**、あるいは**梅原龍三郎**、**安井曾太郎**《そうたろう》の次を担う巨匠だったでしょう。もう十年の命があれば、画壇に確実に児島時代が出現していたでしょうね。

四島　惜しいですね。独創性ということから言えば、善三郎はその四人を凌駕《りょうが》しているのでは……。

谷口　そう言えるかもしれません。善三郎の大きさは、没後二十余年の今日でも、まだ十分に評価されていない面がありますね。

四島　現代は価値観が非常に多様化していて、全ての人に支持されるという画家はなかなか出にくいのですが、技術的に秀れた画家より、強烈な個性、独創性を持った画家のほうが、現代にマッチしていますね。そういう意味で児島さんは、これから、もっともっと評価の上がる人だと思います。

谷口　人のまねはしない、自分の世界を持っている人ですからね。大きな風景を一枚の絵の中にグッと凝縮する。躍動しながら装飾美のある作風……実にいいですね。

四島　その児島さんの絵に博多であまり接することができないのは残念ですね。福岡で大きな展覧会はやっていないのですか。

昭７年、代々木初台の児島邸に集まった独立展九州勢。前列右から児島善三郎、４人目故青柳暢夫、後列右から足達襄、４人目小原雄二、山田栄二、赤星孝

谷口　戦前に一回やっています。昭和三年（一九二八）に福岡県商品陳列所で滞欧作を八十点発表したという記録がありますので、かなり大規模だったのでしょう。戦後は、八幡で開催された現代九州巨匠展に十数点出していますが、本人主催の個展はありません。没後の回顧展としては、五十一年（一九七六）の秋、県立文化会館が開きましたが、全般に福岡には作品が少なく、常時は見られません。

西島　あらためて画集を見ていると、本物を見たいですね。

それから、偉い絵描きさんもよく本の挿絵を描いたりしているのですが、そのような作品は……。

谷口　描いていないでしょう。善三郎は戦争画も描いていませんね。

四島　反対におもしろいのは、彫刻をやっていることですね。

谷口　若いとき彫刻を二科展に出品して、陳列を拒否されたことがありますね。善三郎は画家であって彫刻家ではないのだから、彫刻は出すな、ということで……。それでもめて、結局は自分の絵の前に置くということで決着したのです。

あの頃はかなり量感に富んだ人物画を多く描いています。量感を具体的に把握するために彫刻をしたのでしょうね。

四島　画家で彫刻もしたというのは、あまりいないのですか。

谷口　彫刻家でデッサンを描いている人はいましたが、画家で彫刻というのは日本にはあまりなかったようですね。西洋ではルノワール、モディリアーニ、ピカソなどたくさんいますが……。善三郎は、立体の処理法ということに非常に関心を持っており、大久保泰氏への手紙の中でも、「日本の油絵は立体に対して決定的な解決をつけねばなりません」と言っています。

豪快さの裏の優しさ

四島　性格が非常に激しかったようですね。

谷口　林武が善三郎のことを「九州男児の豪快さと博多商人の強引さ」というふうに言っていますが、独立美術協会を設立した当時、昼間は必死になって絵を描いているが、夜になるとどぎつい柄の上着を着て、派手なネクタイを締めて遊びに出かけたそうです。その遊び方がまた激しい……。独立展の三岸好太郎が「生活を生産と消費に分けると善三郎はその両極を兼ね備えている」と……。

四島　自信家だったのでしょうね。

谷口　といって、威張り返っていたわけではありません。性格はたいへん真面目だったと思います。真面目だから遊ぶのも真面目に必死になって遊んでいたわけで、女性にふられたりするとシュンとなってしまうのです。また、画論を始めて興奮すると、涙をポロポロこぼすといった涙もろい面もあったようです。強い一面、ある優しさも秘めている。それが絵にも表れ、豪快さの一面、緻密な表現があることにもつながってくるのでしょうね。

西島　いろんなエピソードを持った人のようですね。

谷口　逸話の一つに、ケチだったということがあります。代々木、国分寺、荻窪と三軒もアトリエを建てたり、金遣いは荒いのですが、出費には渋いところがあり、飲みに行っても、なかなか自分では払わない。一緒に行った中に金持ちがいると、その人に払わせる。若い人たちと一緒のときは、割勘の分だけサッと払って、「おれはもうこれだけしかないよ」と（笑）。そういうことをしていながら周囲に人がいつも集まってくる。憎めないところがあったようです。

四島　プライドがとても高かったとか……。

谷口　ええ。日本の油絵を自分が……という自負があったからでしょうね。プライドといえば、自分の絵の価格をとても気にしていたそうです。まあ、そういうことが、戦後になって美術界でとやかく言われることになるのです。これだけの画家でありながら、変な言い方ですが、何の賞ももらっていない。芸術院会員にもなっていません。どうもこれは、戦後になって作品だけではなく、作者自身が問題とされる面が出てきたためでしょう。

無冠の帝王

西島　福岡でも何も受けていないのですか。

谷口　西日本新聞の前身である福岡日日新聞が、福日文化賞というのをある時期まで出身の人にもあげていて、福田平八郎や堅山南風《かたやまなんぷう》らがもらっていますが、善三郎はもらってはいませんね。文字どおり「無冠の帝王」ですね。

四島　ところで本人には「帝王」という意識はあったのでしょうか。

谷口　あったんじゃないでしょうか。善三郎が独立展の初回に出品した「**独立美術首途〈第二の誕生〉**」という絵は、いろいろと取り沙汰されるのですが……。三人の女性が描かれていて、横の二人が真ん中の一人にかしずいているような図なのです。真ん中が独立展で脇が二科展と帝展の象徴であるとか、中心が善三郎でほかが仲間の画家たちであるとか……。さらに戦後の独立展においても、とかく自分が中心であるという意識は強かったようです。

四島　善三郎の絵を見ていると花を描くときには非常に装飾的で華やかになりますね。ところが風景になると全然違う。華やかさがなくなってスケールの雄大さが出てくる。対照的ですね。

谷口　花は室内でいじりすぎてしまうのでは……。それに、花を描くときは、とかく健康の調子が悪いときでした。体調のいいときには、やはり積極的に外に出て風景を描き、それも力強く一気に描くためにその違いが出てくるのだと思います。

四島　風景のほうが、彼の本質を表しているのではないでしょうか。善三郎の特徴である日本的なフォーヴ、枯れたフォーヴという感じがよく伝わります。「**春遠からじ**」〈昭和二十五年（一九五〇）〉や「**アルプスへの道**」〈昭和二十六年（一九五一）〉、「**熱海夜景**」〈昭和三十二年（一九五七）〉など、日本的フォーヴィズムの一つの到達点といえそうですね。

西島　「熱海夜景」などかなり原色が使ってありますが、処理が巧いですね。

谷口　善三郎は色彩的に秀れた画家ですね。色のコントラストは強いのに、その激しさを感じさせない見事な調和を生み出しています。

善三郎は息子である児島徹郎さんに向かって「色彩感覚は天賦《てんぷ》のもので、後天的に身に付くものではない。絵描きにとって色感が良くないことは致命的だ」と言っています。

四島　善三郎は博多に帰ろうとは思ったことはなかったのでしょうか。

谷口　三番目の荻窪のアトリエを造っているときの昭和二十四〜五年ごろに博多に帰ろうかと考えたことはあったようですね。太宰府辺りなど土地を探し歩いています。なかなか気に入った場所がなくて、やっと気に入ったかと思うと、そこは史跡の国分寺跡でダメ（笑）。まあ、本気で帰ってくるつもりだったかどうかはわかりませんが……。

四島　帰っていたら、おもしろかったでしょうね。坂本繁二郎さんもいたし……。

谷口　さあ、しかし坂本さんのように地方に埋もれていられる画家ではなかったでしょうね。やはり中央で脚光を浴びていなければ気のすまない気性だったのでは……。

四島　そういう面では、傲慢《ごうまん》なほどの自信家であり、一面感動屋で涙もろい。まさに、孤高にそびえる無冠の帝王というのがぴったりですね。ともあれ児島善三郎さんはこれからますます評価されてくる大きな存在ですね。今日は貴重なお話をどうもありがとうございました。

■谷口治達氏

昭和七年（一九三二）〜平成二十五年（二〇一三）。広島に生まれる。東京大学国文科卒。西日本新聞編集委員、文化部長、論説委員など歴任。田川市立美術館長、九州造形短期大学学長。著書『坂本繁二郎の道』『彫心澄明—冨永朝堂聞書』『俳諧求道—小原青々子聞書』『西日本民俗博物誌』上・下、『青木繁・坂本繁二郎』ほか。

２度目の特選作「踊女」と冨永朝堂。昭８年

木彫家・山崎朝雲

博多が生んだ彫刻の巨匠

33 山崎朝雲《ちょううん》 冨永朝堂《ちょうどう》

［お話］
冨永　朝堂
彫刻家

［聞き手］
谷口　治達
九州造形短期大学 学長

西島　伊三雄
博多町人文化連盟 理事長

四島　司
福岡相互銀行 社長

対談：昭和六十年（一九八五）六月

太宰府のたたずまいに惹かれて……

四島　朝堂先生には、私の父の四島一二三《ひふみ》が九十歳のときに、胸像を作っていただきましたので、今日はお話を伺えて、たいへんうれしく思っております。彫刻というのは、人間の内面までも浮き彫りにしてしまうようなところがありますね。父も、「私よりも私に似ている」と言っていました。

冨永　あれは昭和四十五年（一九七〇）ごろでしたね。粘土で原型を作りましたが、見に来られたご本人が、「やっ、四島くん」と手で敬礼して、自分より四島に似ていると言われた。ユーモラスな方でしたな。
四島　お庭を拝見していますと、しっとりとして、なんだか、奈良にでも来たような気がしますね。都府楼《とふろう》の風趣に融《と》け込んだ、年代のあるたたずまいで、たいへんいいお住まいですね。
冨永　東京の爆撃が激しくなりましたので、疎開したのです。昭和十九年（一九四四）からですから、もう四十年を越しました。
谷口　来られたときは、一軒家だったのでしょう。
冨永　ええ、一軒家で、西鉄電車の都府楼前駅で降りて太宰府のほうへ歩いて来られると、誰にでもすぐにわかりました。
　ここは、聖福寺《しょうふくじ》の戒応老師に「観世音寺の近くにいい場所がある」ということで教えてもらいました。昔の庄屋さんの家というわらぶき屋だったんですが、僕はなるべく鄙《ひな》びたような家に住みたかったんです。ここから、宝満、耳納《みのう》まではるかに見渡せました。大刀《たち》洗《あらい》飛行場から敵機要撃に向かった飛行機が撃墜されて、煙が上がっているのが見えたこともありました。
　終戦後、いろいろな人から、そろそろ東京へ帰ってもいいんじゃないかと言われましたが……、結局はここにずっといることにしました。東京にも三十年いましたが、十八歳までは博多にいましたし、僕の人生では、やはり博多がいちばん長いですね。

亀山上皇像と山崎朝雲

西島　先生も博多っ子ですね。たしかお生まれは、博多の赤間《あかんま》町ですね。
冨永　ええ、明治三十年（一八九七）の八月八日に、下赤間《しもあかんま》町三番地で生まれました。日清戦争が終わって二年目、小学校に上がるころには、日露戦争が始まりました。赤間町は、職人ばかりの狭い通りで、私の家もたんすや長持ちなどの家具を作る指物《さしもの》師をしていました。
　西に少し行けば櫛田神社、東はすぐに聖福寺でした。私の師匠の山崎朝雲先生〈慶応三年（一八六七）～昭和二十九年（一九五四）〉は、櫛田前町《くしだまえまち》の生まれですから、すぐ近くということになります。
四島　じゃあ、先生は小さい頃から木の匂いには親しまれていたのですね。
冨永　ええ、そうです。私が小学校に上がるころに、東公園に亀山上皇像と日蓮上人像が造られました。日蓮上人像は、全国の信者さんから寄進が集まりまして、たいへん質のいいものができましたね。
谷口　ちょうど日露戦争だったということで、六百三十年前の元寇《げんこう》の国難に毅然《きぜん》として対処した二人の銅像を、ゆかりの博多にとなったのですね。
冨永　亀山上皇像は私の先生の山崎朝雲です。日蓮さんは、制作引き受けが東京美術学校校長の岡倉天心で、原型は竹内久一教授ですから、どちらも当代一流の錚々《そうそう》たる人たちでした。
　まあ、日蓮上人は亀山上皇のお供にというようなことだったようですが、いざとなってみると、「日蓮上人のほうが背が高い」「上皇さんのほうが低いのはけしからん」ということで、土台に盛り土をして高くすることになって、博多の人は一軒に一人の割で勤労奉

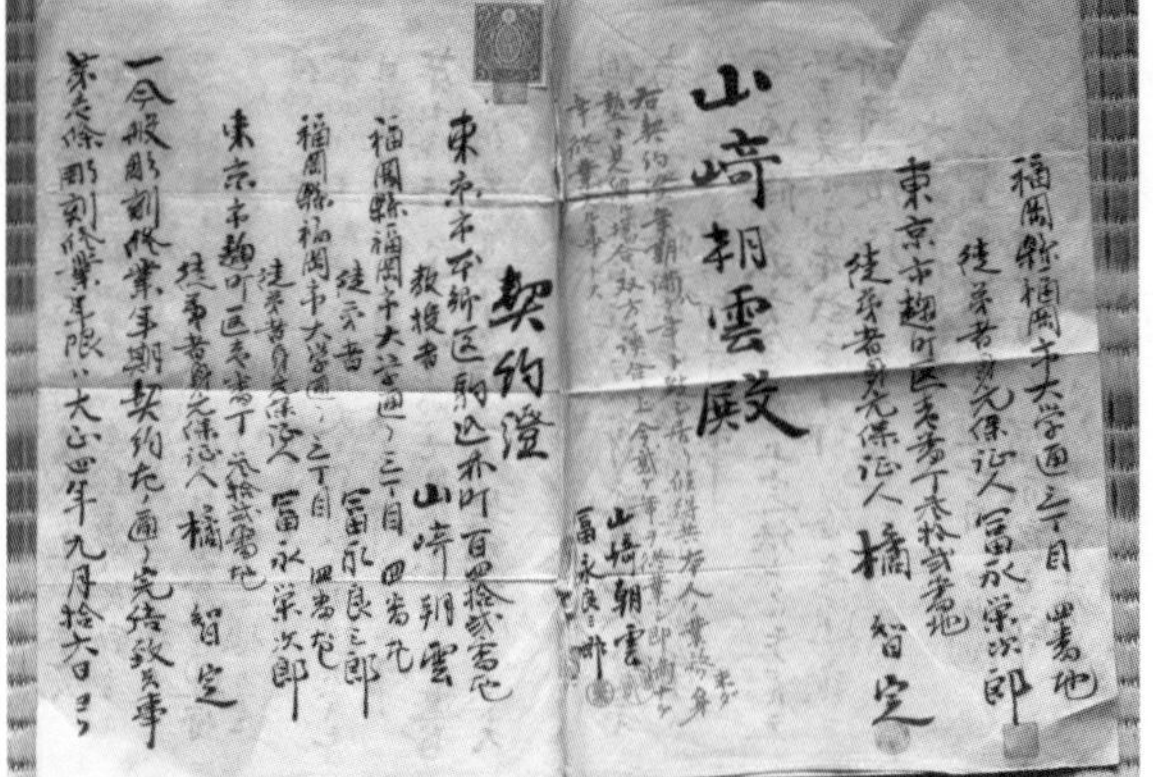
山崎朝雲殿
契約證

朝堂と朝雲が取りかわした徒弟契約書。大４年

仕に出ました。その盛土がひょうたん池を掘った土で、これをトロッコで運ぶんです。私はまだ学校に行っていませんでしたが、奉仕に出た母の後ろを押したことを覚えています。今思えば、あれが山崎朝雲先生との初めての出会いだったんですね。

西島　亀山上皇の鋳造は博多で……。

冨永　いえ、佐賀の谷口鉄工所です。原型は木彫で原寸大に造りますから、頭部と胴体というふうにバラバラでしたね。

西島　ほう、木彫ですか。

冨永　ええ、みんな木彫です。日蓮様もそうですが、昔のものはみんな原型は木彫でした。今では粘土原型が主流ですが、やはり堅いしっかりした感じは、出にくいように思います。

　粘土と木彫とでは、まず発想が全然違います。粘土は内に芯があって、それに肉付けしていくという過程ですが、木彫は木を外から彫っていく、内と外の違いです。また、粘土は何度でもやり直しが利きますが、木はそういうわけにはいきません。

谷口　鑿《のみ》の一刀一刀に懸ける真剣さが違うんですね。

冨永　木彫で造ったものは、朝雲先生の亀山上皇にしろ、**高村光雲**《こううん》先生〈嘉永五年（一八五二）〜昭和九年（一九三四）〉の西郷さん（東京・上野公園）にしろ、今見ても新しい。あの技法を現代に生かさなければ……、と思います。

四島　先生の木彫は、そういうお考えの上で継承しておられるのですね。山崎朝雲についてもう少し……。

冨永　先生も博多っ子で、生まれは櫛田前町。私の生まれた下赤間町から二百メートルぐらいですね。博多人形の元祖とされている**正木宗七**が先祖だと言っておられました。生家は、べっこう細工や三味線のバチを商うお店でした。

　小さいときから手先が器用で、仏師について彫刻を習い、木彫なら京都だと明治二十六年（一八九三）に上洛。仏像の修理や輸出品の彫刻などをしておられたそうです。

　たまたま明治二十八年（一八九五）の内国勧業博覧会に出品した「**養老孝子**《ようろうこうし》」を高村光雲先生に認められて光雲の弟子になられたのです。

谷口　高村光雲は、上野の西郷さんや、皇居前の楠正成公像の作者ですね。そして、詩人で彫刻家の**高村光太郎**《こうたろう》のお父さんですね。

冨永　朝雲先生は、光雲の影響で、それまでの伝統的な木彫に、洋風彫塑の写実技巧を導入した作風となり、「大葉子《おおばこ》」「龗《たかおがみ》」などの名作があります。

谷口　光雲に朝雲が弟子入りするとき、福岡出身で日露戦争講和に活躍された金子堅太郎子爵が仲立ちされたそうで、おもしろいですね。

博多の者《もん》は惚れやすの飽きやす!?

四島　ところで、朝雲に先生が入門されるようになったいきさつは……。

冨永　小学校の頃から私は絵が好きで、上田鉄耕という南画の先生の画塾に通っていました。将来は絵描きになろうと思っていたのですが、父の考えは違っていたようです。私が絵がうまいのを幸いに、私を蒔絵《まきえ》師《し》にしようと考えていたようです。

　この画塾では、日本画の冨田渓仙《とみたけいせん》〈明治十二年（一八七九）〜昭和十一年（一九三六）〉や今中素友《いまなかそゆう》〈明治十九年（一八八六）〜昭和三十四年（一九五九）〉、小早川清〈明治三十二年（一八九九）〜昭和二十三年（一九四八）〉など、数多くの人が学んでいます。

　文展（文部省美術展覧会）が始まったのもその頃で、文展の入賞作の絵葉書が文房具店の店先にぶら下げられていて、油絵や日本画のほかに彫刻もあって、高村光雲や光太郎などの名前もありました。それを見て、「ああ、彫刻ができたらいいな」と思い、手も器用ですし、彫刻のほうが自分には合っているのではないかと思いました。

　おやじに「彫刻家になりたい」と言うと、「そんな道楽商売はだめだ」と頭から反対され、半年ほど家業を手伝っていましたが、大正四年（一九一五）十八歳のとき、とうとう家の金を持って、京都へ飛び出しました。
　芸術に理解のある遠縁の者の世話になっていましたが、**東京美術学校**へ行こうと思い、東京へ出ました。
四島　頼る先があったのですか。
冨永　まず**橘**《たちばな》**智定**《ちじょう》さんを訪ねました。橘さんは筑前琵琶の創始者で、号は旭翁です。僕が物心ついたときにはもう福岡にはおられなかったのですが、下赤間町の僕の生家の向かいに住んでおられたのです。非常によくしてくださって、両親にもとりなしの手紙を書いて、説得してくださいました。
四島　ご両親は納得されたんですか。
冨永　出ていってしまったんだからもう仕方がないということで、学校に行くなら学資も出すと言ってきました。
　そこで東京美術学校に願書を出しましたが、試験前にふとしたことで、学校の事務局長と話し合う機会がありました。その人は、彫刻家になるなら、この学校に入るよりも、博多出身の山崎朝雲さんに入門するのがいちばんいいと言われたんです。
　そのことを橘さんに話すと、「朝雲なら義弟だからわけはない」と言われる。妹さんのご主人だったんですね。こりゃ、どうしようかなと思いました。学校に行けば学資もいる、朝雲先生のところなら金はいらない（笑）、ということで……。両親も上京して、先生にお願いに上がったのです。
　ところが先生は「博多の人間はいかん」と言われる。「博多の人間は惚れやすの飽きやすで辛抱が足りない。今までにも何人かいたが、一週間くらいで逃げ出した。博多の者は駄目だ……」。橘さんも「とにかく彫刻はうまくならなくてもいいから、年季明けまでは辛抱しろ」と言われて、契約書を二通作りました。
谷口　徒弟契約書ですね。
冨永　父と智定さんが実印を押した正式のもので、先生と私が一通ずつ持ちました。
西島　何年くらいの契約書なんですか。
冨永　八年です。先生が、証文の最後に朱で追記されて、八カ年で技術が未熟だった場合には、二カ年追加して十カ年にする。
四島　厳しいですね（笑）。
谷口　朝雲先生は博多っ子にしては珍しく厳しい方だったそうですね。
冨永　先生も奥さまも博多の方だったんですが、微笑はされるが、大声で笑われたことなど聞いたことがありませんでした。
四島　入門されて、すぐはどんなことを……。
冨永　お使いや雑用が多かったんですが、先生はいろいろなことに厳しくて、歩き方まで叱られたり、博多言葉を使うなと言われたりしました。
　今の人は、かえって威張って博多言葉を使ったりしますが、当時は博多言葉を使うと田舎者と思われたのですね。でも、そういう朝雲先生自身がよく博多言葉を使っていました……（笑）。
西島　朝雲の先生であった高村光雲のお宅に行かれたことなどは……。
冨永　光雲先生のお宅へはお使いによく行っていました。もう六十歳を越えていらっしゃいましたが、私たちにも優しかったですね。
　光雲先生の家の背中合わせに高村光太郎さんの家もあって、いつだったかアトリエに入ったことがあります。私たちはコウタロウではなく、ミツタロウさんと呼んでいました。西洋風の広いアトリエの二階で、智恵子夫人が機《はた》を織っていたのを覚えています。

手板を通して師匠を学ぶ

四島　最初に彫るものは……。
冨永　最初のうちは模刻ばかりで、朝雲先生の彫られた手板《ていた》を写して学ぶのです。手板というのは、十数センチ四方くらいの板で、一枚目には波状と幾何学模様が、二枚目はモミジ、それから千鳥、ウサギ、ニワトリ、羊、鹿と続きます。だんだん彫りも細かくなり、道具の数も増えてきます。忠実に模刻しますから、毛筋の数や形まで同じに彫らねばなりません。

　ひと通り彫り終わると基本が身に付くようになっていて、普通は一年三カ月から一年半かかるのですが、私はちょうど一年でできました。

西島　手板で、技法が先生から弟子へと代々伝わっていくのですね。

冨永　私が学んだ手板は、朝雲先生がその昔、光雲先生に師事しておられたときに彫ったもので、それを見て私が学び、私の手板で**豊福**《とよふく》**知徳**《とものり》くんや**小田部**《こたべ》**泰久**《やすひさ》くんが学んだのです。こうして技術とともに、木彫の心も代々受け継がれていくのです。

谷口　先生の彫られた手板の中に、**佐藤朝**《ちょう》**山**《ざん》〈明治二十一年（一八八八）～昭和三十八年（一九六三）〉の手になるものがあったのでしょう。豊福さんが喜んでおられたですね。

四島　佐藤朝山というと、三越デパートの天女像を造った人ですね。豪放な人だったそうですね。

冨永　朝雲先生の「朝」の字をもらって号にした弟子の一人です。

　福島の人で、十歳くらい年上で、僕が入門したときにはもう卒業していました。いろいろな意味で大きな影響を受けた人ですが、たいそうかわいがってもらいました。

　その朝山が、入門時に彫った手板の裏に、私が彫ったものがあったのですね。豊福くんはそれを写して、知らない間に朝山の若い日の手に触れたことになります。

西島　先生と聖福寺の楼門の**十六羅漢**を見に行ったことがありますが、あれは山崎朝雲の作ですね。

冨永　僕が入門した翌年の大正五年（一九一六）に先生が病気をされて、久しぶりに博多に帰られたときに、聖福寺の東瀛《とうえい》和尚から頼まれたものです。

　あれを造るときには、まず原寸大の粘土の像を造り、それを彫材に写して同じように造るのです。荒彫りは弟子の役目ですので、先生の刀法をいやが応でもたたき込まれます。

西島　粘土の原型を木彫に置き換えていかれたんですね。

冨永　ええ。初め粘土でこしらえて、石膏どりしたものから木材に写すのですが、そのときに**星取り機**を使います。垂直の支柱から腕木が伸び、その先端に長い針が付いていて、それで計って寸法どおりに写していくのです。顔だけでも何十もの点を計り、その点と点の間を彫っていくことになります。

四島　イタリアから入ったものですか。

冨永　そう、イタリアです。明治時代に伝えられたものを高村光雲先生が使い、山崎朝雲先生が使って、木彫に西洋彫刻の立体感を取り入れていったのです。

谷口　西洋の石彫の技術を木彫に応用したんですね。

冨永　ところが、弟子の朝山がその型を破っちゃった。木に直接彫ってこそ木彫であって、石膏から写すのは木彫ではなく、コピーだというのです。

　まあ、こうしたことが重なって、とうとう朝山は、号を返上して朝雲から離れ、「玄々《げんげん》」と称することになります。その天才と豪放さを**横山大観**から愛されましたが、やはり、朝雲先生あっての朝山だったと思います。

　僕は結局、朝雲先生と朝山との中間を取っています。同じ大きさの石膏を造るのではなく、実寸の三分の一か三分の二くらいの大きさの原型を造り、それを木材に写しているのです。原型を造れば、できあがった後で、少しポーズを変えればよかったなどと、悩まなくてもよくなりますからね。

　東京にいた頃は、先生の言われるとおりのやり方でやっていましたが、時代とともに考え方も変わってきました。先生のまねをしようとしても、とてもできるものではありません。もしまねをしても、影を追ったようなことになります。技術の中にも、まねのできない先生独特のものがあるのです。自分は自分なりの芸術を目指さなければいけません。その中に先生の技術を生かしていくというのが、本筋ではないでしょうか。

谷口　博多生まれの芸術家では山崎朝雲さんが、いちばんの出世頭でしょう。昭和二十七年（一九五二）に文化功労賞ももらっていますね。

冨永　そうですね。ほかに、冨田溪仙や**児島**《こじま》**善三郎**《ぜんざぶろう》〈明治二十六年（一八九三）～昭和三十七年（一九六二）〉さん、**中村研一**〈明治二十八年（一八九五）～昭和四十二年（一九六七）〉さんたちがいますね。

坂本繁二郎《はんじろう》、児島善三郎
二人の弟子たち

西島　中央の美術界での出世に背を向けて、福岡にずっと……ということでは、画家の**坂本繁二郎**〈明治十五年（一八八二）～昭和四十四年（一九六九）〉さんもそうですね。

冨永　坂本先生は八女の田園で、もっぱら自分の芸術を究めることに心を注がれた。その姿勢では、僕は坂本さんを最も尊敬しています。

　僕も昭和十九年（一九四四）の三月にこちらへ来たときには疎開のつもりで、また東京に帰るつもりでいました。

　五月に坂本さんが訪ねて来られて、ずっとここに居りなさいと言われる。「ここではメシが食えません」と言いますと、あなたの庭には孟宗竹《もうそうちく》があって筍《たけのこ》も採れるし、食べられる草もある、そういうものがあれば飢え死にする心配はないと……（笑）。そのうちに、私もこの太宰府の自然が気に入り、坂本さん同様、私も制作だけに没頭したいと思い、ここに永住する決心を固めたのです。

四島　朝堂先生がこちらに居られるということは、私たち博多っ子にとっては、とてもうれしいことですね。画家の児島善三郎さんともお知り合いだったのですか。

谷口　善三郎は先生より、歳はいくつくらい上ですか。

冨永　僕より四歳上でしたね。僕が東京の大森にアトリエを建てたのが昭和十年（一九三五）。そのすぐ後くらいに訪ねて来られました。建てたばかりの茶室の谷風庵の白いふすまに、「何か絵を描いてやろう」と言われる。僕は慌てて、「またこの次に」と言って断りました（笑）。

四島　今から思えば残念ですね。

冨永　そうなんです。全く残念で（笑）。同じ博多っ子同士ですから、善三郎さんの代々木のアトリエとも数回往き来しました。児島さんは善三郎が本名、僕は良三郎が本名で、二人合わせると善良三郎、お互い悪いことができないなと笑っていました。

　戦争が激しくなってから、「あんたが疎開するのなら僕もそうしよう。先に行っててくれ」と言われ、僕は正直に来たが、彼はやって来ない。

　後で太宰府に訪ねて来て、自分もここに住むと言うんです。隣が空き地だったんで、ここはどうかと言うと、そこでは狭い。やっと気に入った場所が国分寺跡。「ここから博多が見えるからここがいい。なんとかしてくれ」と言われましたが、「冗談じゃない、ここは国指定史跡ですよ」（笑）。

　宝満山のスケッチなどに私の家から通っていました。「原鶴の小野屋のおかみさんは美人だぞ。お前もおがみに行ってこい」などと言っていました。あの人は、本当にワンマンな人だったけど、気持ちはさっぱりした博多

朝堂の帝展初入選作「雪山の女」
大13年

の人でしたね。東京にずっといましたが、やはり博多が懐かしかったのでは……。

西島　ヨーロッパで活躍しておられる豊福知徳さんは、いつ頃先生のところに来られたのですか。

冨永　終戦直後の二十一年（一九四六）です。大学のときに学徒動員に遭い、特攻隊要員で出撃を待っているときに終戦を迎えたのです。

　久留米に帰ってきても大学には戻らず、どうしようかと迷っていたころ、手すさびにパイプなど彫っている腕を見て、「あんたは彫刻家になったらいい」と言われて、僕のところへ来ました。「彫刻家か、そんな仕事もあるもんだな」と思ったそうです。

　近くの戒壇院に下宿して、二年間毎日、僕のアトリエに通っていました。

西島　小田部泰久さんは。

冨永　豊福くんより半年か一年ばかり後だったでしょう。小田部くんは木彫よりも塑像《そぞう》のほうが自分には合っていると言って、現在はそちらで活躍しています。

　僕の教え方というのは、ここをこうしろああしろと、横に付いていて教えるのではなく、課題だけ与えると、僕は別の部屋で仕事をしています。二人は二人で自分たちの仕事をさせて、僕の仕事は手伝わせない。

　僕は仕事を中断するとき、制作中の作品には布をかぶせておくのですが、席に戻ってみると布のかぶせ方が違う。二人がこっそりのぞいているんですね。どんなふうにやっているのかなと、師匠の私の腕を盗んでいる……、こうして弟子は育つのです。

谷口　豊福さんも、朝堂先生の手板を見て彫ったんでしょう。

冨永　昔は厳しくて、弟子は先生のとおりにやれというものでした。それが僕にも多少うつっていますから、手板の模刻から始めました。

　手板を渡して、自由にやれと言うと、一生懸命彫っている。僕が口で言わなくとも納得する。刀の強さとか、木彫の精神を受け継いでいくし、独自の方法も体得していく。

　豊福くんの作品を見ても、よく木彫の特徴が出ている。あの線の厳しさは粘土では出ません。木彫のいちばんいいところは厳しさです。それは高村光雲先生から山崎朝雲先生、そして僕から豊福くんへとずっと伝わっています。

空間に形を与えて……

西島　先生が、ご自分の彫刻について思っていらっしゃることを……。

冨永　木彫の基本というのは、朝雲先生から教わったテクニック、技術ですが、先生の技術は習っても、人間は一人一人考え方が違います。違いが作品の中に、その人の個性とか人生観という形で込められなければいけません。それに向かって技術を生かしていくべきだと思います。考え方はいろいろでしょうが、僕はこれでいこうと思いました。

　朝雲先生のところを卒業してからは、先生のやり方を忠実に守って帝展などに出品していました。帝展では、卒業制作として出品した「**雪山の女**」が初入選。それからほぼ毎年出品し、昭和七年（一九三二）には「**五比賣**《いつひめの》**命**《みこと》」で特選、翌八年（一九三三）には「**踊女**」で二年連続特選をいただき、九年（一九三四）の「**女子円盤**」でも特選級の推薦の扱いになりました。

　しかし、その間にも制作上の悩みは高じていました。帝展は、技術の巧拙を重点的に評価しますが、別のやり方もあるのでは……と考えたからです。表面的な技術の巧拙にとらわれるのではなく、真の芸術とは何かと考えると、制作上の真剣な悩みとなっていきました。

　迷いを解決する策として、禅をやってみようと思いました。有名な品川の東海寺に参禅して、初めに出された公案が「隻手音声《せきしゅおんじょう》」、つまり、片手で音を聴くということでした。本堂で座禅を組み、考えるが、容易なことではわかりません。三年間、月に一、二回の割で座禅に通いました。それでもわからないので、茶禅一味と言いますから、お茶と禅とはどのような関わりがあるかと思って、今度はお茶をすることにしました。
　お点前《てまえ》を習うというよりは、茶の心を研究したいと思ったのです。お茶も禅も、昭和十七年（一九四二）ごろまで先生について習いました。古陶器にも以前から趣味がありましたし、お茶は現在でも楽しんでやっています。

西島　茶でも禅でも、精神的な面が抜け落ちて、パターンばかりになっているものが多いですものね。先生はそこを、とことん追い索《もと》められた……。

冨永　その帰結でしょうか、僕の作品の方向は、宇宙に題材を取ったり、空間、山、陸、海、そういうものに題材を求めて、それに人間の形を与える。形のないものを形としてどう表すのかということになりました。
　そうして造ったのが、福岡市美術館に収められている「**谷風**《こくふう》」です。谷風というのは、漢文の中にある春の風のことですが、大宇宙を翔《か》ける姿、とどまるところを知らない流動感を表したかったのです。
　その後も「**天の川**」〈昭和三十三年（一九五八）、日展〉、「**天の御柱**」〈昭和三十五年（一九六〇）、日展〉、「**爽風**」〈昭和四十年（一九六五）、日展〉など、空や山に題材を取って、それをいかに人の形として表すかということを追求しました。

四島　先生の木彫の三部作ですが、北九州市立美術館にありますね。あえて、もろい材の杉を使っておられる。先生の創造された木彫の自由の境がうかがえるような気がしますね。

冨永　あれは、昭和四十一年（一九六六）に四人像の「**昇**」、四十二年（一九六七）に造った三人像の「**生れる**」、四十三年（一九六八）に三人像「**歩く**」の三部作です。福岡市の戦災復興記念に、戦災で死に、復興で生まれ、発展へ歩き出すという意味でいいと言われ、ブロンズにして中島橋のたもとに立っています。

谷口　朝堂先生が偉大な朝雲の影響から抜け出て、冨永朝堂として生きるためには、たいへんなエネルギーが必要だった。お茶や禅をやるということが必要だったわけですね。結局、太宰府に来られて、自分の本当の彫刻を見つけられた、ということでしょうか。

心の赴くままに彫り上げられた朝堂作「天の御柱」昭35年

四島　先生の作品を一堂に集めた展示室というのが欲しいものですね。冨永朝堂ルームというのを、ぜひ博多に造らなくてはいけませんよ。

司会　ともあれ先生、いつまでもお元気で、いい作品を創り続けてください。今日はどうもありがとうございました。

朝雲夫妻（前列中央）と弟子一同。前列左端が朝堂。昭2年

激動の時代に生きた巨人

緒方竹虎

34

〔お話〕進藤　一馬　福岡市長
〔聞き手〕四島　司　福岡相互銀行 社長

対談：昭和六十年（一九八五）九月

温厚・果断の自然人

司会　緒方竹虎さん〈明治二十一年（一八八八）〜昭和三十一年（一九五六）〉は、大宰相の識見を持っておられた方だけに、追慕が年々深まるようです。

今日は、緒方さんの親友だった**中野正剛**《せいごう》さん〈明治十九年（一八八六）〜昭和十八年（一九四三）〉の秘書をしておられた進藤市長さんに、お感じになったままの緒方竹虎像をお話し願います。

四島　緒方さんの家系は有名な蘭学者だそうですね。

進藤　おじいさんの郁蔵さんが、**福沢諭吉**の先生だった**緒方洪庵**《おがたこうあん》と義兄弟だった有名な蘭学者でした。お父上の**道平**さんも明治初年（一八六八）に外国へ留学され、林学を学んで、帰国後は内務省に務められました。山形県に勤務のとき、緒方先生が生まれられたんですね。

先生が四歳のとき、父君が福岡県書記官となられ、退官後は銀行の頭取をされ福岡に永住なさいましたが、それで先生と福岡との結び付きができたのですね。

四島　先生の体の中には、開明的な蘭学者の血が流れているのですね。

進藤　そうですね。先生の視野の広さの一因かもしれませんね。

緒方先生は三十三年間を新聞人として、そして昭和十九年（一九四四）に政界に入られてからは、その清澄、闊達《かったつ》な人柄からいつも日本の在り方、将来を考えておられました。

新聞人としては、広い裾野を感じさせる論壇をはられ、政界や軍部にもどしどしものを言われ、政界に入られては終戦時から戦後の混乱処理、そして保守合同と実に大きな仕事をなさいました。

新聞人としても、政界人としても、常に一級の業をなさいましたが、それは、緒方先生の海を感じさせる大きな風格、西洋的教養と東洋思想が、混然と一体になった大きな人柄によるものでしょうね。性格的には外面温容、内面果断のお人柄でした。

四島　市長さんは、緒方さんにたびたび接しておられたのですね。

進藤　私が中野先生の家の「猶興居《ゆうこうきょ》」に書生として入ったのが昭和十二年（一九三七）で、緒方先生の所へお使いにもよく行くし、中野先生の会合や郷土の会合でもよくお目にかかっていました。朝日（新聞）の政治部長をされていた緒方先生に、政治の動きなどをよく聞きに行ったものです。緒方先生はお忙しい中に嫌な顔もされず、よく話をしてくださいました。そういうところに緒方先生の魅力があると思います。

緒方先生は、相手が偉い人であろうが下っ端であろうが一様に扱われるし、丁寧にあいさつもなさる。威張ったところがなくて、本当に自然人というか、天衣無縫で飾らないお人柄でした。会った人みんながあたたかい、やわらかい感じを受ける……、これが緒方先生の天性のものだったと思いますね。この風格で緒方先生は目上の人にも一目置かれていたようです。

二・二六で沈着な対応

四島　大正の元号制定。あの大スクープはまだ新聞記者駆け出し時代ですね。あれもそういうことから。

進藤　先生の二十五歳のときですね。明治天皇が崩御され、枢密院で新しい元号が決定されるというので、緒方先生は顧問官の**三浦梧**《ご》**楼**《ろう》さんの家で帰りを待っておられた。三浦梧楼という人は、明治維新に奇兵隊で活躍した元老ですね。

大勢の記者が目を付けていたでしょうが、緒方先生は三浦さんに信用されていたので、元号は「大正」、読み方はタイショウであると教えてくれたんです。

大スクープですね。後に緒方先生は三浦さんの遠縁にあたるコト夫人と、**玄洋社**の創始者である**頭山満**《とうやまみつる》先生（安政二年（一八五五）〜昭和十九年（一九四四））の媒酌で結婚していますから、ずいぶん信頼されていたんですね。

四島　東洋的な沈毅な風貌も感じますね。二・二六事件のときに反乱将校を相手に冷静に対応されたことなど……、あのときは反乱将校が朝日に来て、緒方を出せと言ったんですか。

進藤　いいえ、社の代表者をということでしたから、先生でなくてもよかったのです。しかし、緒方先生は、「僕が行こう」と、すぐ降りて行かれたんですね。

会ってみると、自分の息子ぐらいの若い者がいる。目は血走っているが、名刺を出すと顔をそらして、こちらをあまり見ることもできない。これは大丈夫だと、緒方先生のほうが相手の顔を見据えて話をされたようです。

四島　その士官は朝日を襲う前に、**高橋是清**《これきよ》蔵相を殺害していたのでしょう。殺気だっていたでしょうね。そのときピストルは……。

進藤　ええ、突き付けられていました。まあ、緒方先生は小野派一刀流の大目録を受けたほどの剣道の達人ですから、腹が据わっていたんですね。結局、蹶起《けっき》趣旨書を置いただけで何もせずに引き上げていった。緒方先生ならではの対応があったからでしょうね。

四島　中野正剛さんが切腹して自裁なさったのは、何年でしたかね。あのとき葬儀委員長を引き受けられたのも、たいへんな勇気がいったことですね。

進藤　あれは昭和十八年（一九四三）の十月でした。東条内閣を激しく批判して逮捕され、憲兵の看視付きで帰宅中に割腹自殺なさったのです。

　東条首相の目が非常に厳しい頃ですから、葬儀委員長を引き受けるというのはたいへんなことでした。しかし、緒方先生は中野先生とのつながりを大切になさったんですね。「中野のお父上も奥さんも息子さんも自分が葬儀委員長をしているのに、中野の葬儀委員長になるのが何がおかしい」と言って……。そういうときの強さは実に見事でした。

四島　なにか西郷隆盛あたりをほうふつとさせるものがありますね。大きな人だったんですね。

　緒方さんの人間面ですけれども、緒方さんは「ちゃっきり節」や「白頭山節」などもお上手だったそうですね。

進藤　うまかったですね。歌だけじゃなく、何をやっても筋が良く、すぐ覚えられる。中学に入る前から福岡の一到館という幾岡先生の道場で剣道を修業されて、その筋がいいというので、大阪の先生が養子にほしいと言うぐらいでした。

　「ちゃっきり節」は終戦後の追放時代に、静岡に行ったりしてのんびりしていた頃、覚えられたのでしょうね。

　調子がいいですもんね。全てにおいて調子外れということがないですよ。小学校のときも成績がよくて、二学年特進されたことがあります。優等生で何をやってもよくできる。だけど、天才という感じの人じゃないですね。

四島　学校も無欠席だったそうですね。真面目で努力の人で……。

進藤　小学校から修猷館まで無遅刻、無欠席、無早退（笑）。これはお兄さんの大象《だいぞう》さんも同じで、それで修猷館卒業のとき先生方がお金を出し合って、英語の辞典を贈ってくれたそうです。

四島　いい話ですね。

進藤　努力家ですが、そう努めているようには見えないですね。その緒方先生が、中野先生のことを非常な勉強家だと褒めておられます。それほど中野先生はよく勉強なさいました。二人は若い頃から切磋琢磨しながらやってこられたということです。

親友 中野正剛

四島　中野正剛さんとは無二の親友で、修猷館時代からですか。

進藤　そもそものつながりは、福岡師範学校付属小学校時代に一歳上のお兄さんの大象さんと中野先生が同級生だったことから始まるのですね。この頃から中野先生はお兄さんよりも、緒方先生と仲が良かったようです。

　中野先生が修猷館に入学後、足のけががもとで一年間休学したために緒方先生と同級生になるのですが、それでより親密になられたんですね。修猷館の同級生には、安川電機の創立者の**安川第五郎**さんもおられます。

　中野先生は修猷館を卒業後、早稲田大学から朝日新聞へと進まれますが、緒方先生は自分は商業で身を立てるということで、東京高等商業学校（現一橋大学）に進まれます。中野先生は政治家を目指しておられたようですが、緒方先生は政治資金でも何でも俺がつくってやるから任せとけ、というようなことを言っておられたそうです。

　ところが高商に入られて一年くらいたつと、校風が合わないのと大学昇格運動が起こり、校長排斥にまで騒ぎが大きくなり、明治四十一年（一九〇八）には学生は総退学ということになる。緒方先生も福岡に帰られて一年ばかり悩んでおられたようです。一方、中野先生は早稲田で中国やいろんな国の人と交際があり、緒方先生にもしきりと早稲田に来るように勧められた。それで、それじゃ行くかということになり、緒方先生が早稲田の二年に転入されます。

四島　高商時代は、ずっと中野さんと同居しておられたそうで、中野さんの勧めが大きかったのでしょうね。

進藤　中野先生という人は、自分と親しい人と仕事を一緒にしたいと願われる人なんです。このとき一緒に朝日に入社した人に、中国問題の大家であった**大西斎**《いつき》さんがいます。

四島　中野正剛さんはたいへんな名文家としても知られていますが……。

進藤　中野先生は朝日に入社するとすぐ、文筆で有名になります。『朝野の政治家』を書いて出版し、次いで『明治民権史論』を書くんですが、これがまた天下の名文として執筆者は誰だと騒がれました。

　ものを書く一方では、桂内閣のときに起こった憲政擁護運動に参加して、緒方先生も一緒に、**犬養毅**や三浦梧楼、**古島一雄**などいろいろな政治家を訪問して歩いたらしいですね。

　こういうふうに中野先生は社外では声望が高いのですが、内部では反感がずいぶん強かったようです。護憲運動の記事も、他の記者たちは中野と緒方にやらせておけということでろくに書かない。中野先生と緒方先生で書きまくって、一ページの政治面を埋めたこともあったそうです。

四島　中野さんは非常に負けず嫌いの激しい性格だったそうですが、そういう意味では親友同士といいながら、対照的な性格だったようですね。

　政治的にも立場を異にされていたのでしょう。中野さんが全体主義に傾倒していたのに対して、緒方さんは英米派でしょう。日独伊三国同盟の頃から政治的には一線を画されていたのでは……。

進藤　そうですね。緒方先生は英国式の紳士タイプで、考え方も英米派というか日本の三国同盟加盟にも反対の態度をとっておられました。まあ、緒方先生は議会主義者と言えるでしょうね。

　おだやかな紳士タイプということでも、中野先生とは非常に違っておられましたね。それで政治の話をすると二人の間も軋んでくる。自分たちはもう政治の話はするまいや、ということになって……。

四島　なにか乗馬の話だけされたとか……。

進藤　ええ、緒方先生や二人の友情は一生保ちたいということで、議論はお互いやめて乗馬の話だけにしようじゃないかと申し入れられた。それを中野先生も承知なさって。

　しかし、中野先生は亡くなるまで緒方先生を政界に引っ張り出し、共に中央にあって一緒に政治をしようという気持ちがずっとあったのですね。

四島　馬の話をしているときの緒方さんは、非常に機嫌が良かったと聞いています。中野さんは義足で乗馬をなさったのですか。

進藤　中野先生は足の手術がうまくいかず、片脚切断されて義足でしたが、緒方がやっているなら俺もと、自邸に馬場まで設けられる熱の入れようで、最後には障害飛び越えもできるようになられました。たいへんな負けず嫌いでしたね。

日華和平に奔走

四島　前大戦に突入する寸前に、緒方さんは中国との和平工作を頭山満さんとずいぶんされたそうですが……。

進藤　私もよくは知らないのですが、以前から乗馬の仲間だった**東久邇宮**《ひがしくにのみや》**稔彦**《なるひこ》**王**と、時局の打開策について話し合っておられて、こうなったら頭山満先生にでも重慶に行ってもらって、**蒋介石**総統と会ってもらうしかない、ということになった。

　頭山先生は、**孫文**先生の中国革命を親身になって応援し、蒋総統が北伐の失敗後、頭山先生を訪ねてみえたというつながりがありますから、東久邇宮もずいぶん期待をかけられていたようですね。緒方先生は、自分も頭山先生に付いて重慶に行こうと言われていたようですね。

　ところが日華和平のためには、中国大陸から日本軍の撤兵が不可欠ですが、東条首相が絶対反対で、この工作は行き詰まってしまったのです。

四島　そして次は、大戦も末期の昭和十九年（一九四四）、小磯（国昭）内閣に入閣されたとき**繆斌**《みょうひん》という人を通じて、和平工作を熱心にやられたようですね。

進藤　そうですね。だんだん戦局は悪くなってくるし、どうしても中国と和平を結ばねばならないということでされたのですね。繆斌は、南京政府の考試院副院長でしたが、ずっと上海にいました。蒋介石の重慶政府とも密接な連絡があるし、日本人の知人も多い。緒方先生は前年に上海で繆斌と会っているんですね。

　このまま戦争を続ければ、日本のみならず中国も駄目になる。沖縄がアメリカに取られれば、ソ連は満州に進出するだろう。ソ連の勢力が強くなってくると中国も困る。早く日中の和平を結ぶのが両国のためだということで、繆斌が日本人にいろいろと工作をしていたんです。

　小磯内閣になって、繆斌を日本に呼ぼうじゃないか……。小磯さんも、よかろうということで繆斌に重慶との接触を頼んだのです。

　そこで、その頃、戦時特別委員会という、総理と陸海軍大臣や五、六人の軍人を中心とした戦争問題について話し合う委員会に、繆斌工作が提案されたのです。ところが陸軍側は、**柴山兼四郎**中将が南京の**汪兆銘**《おうちょうめい》政府を通じて重慶と接触を図り、日華事変を解決させようじゃないかという方針。

四島　かみ合わないですね。

進藤　汪兆銘はすでに亡くなっており、陸軍は汪の側近だった**陳公博**や**周佛海**を通じて重慶工作を考えているんです。ところが、周佛海は蒋介石を裏切ったことがあるのであまり信用がないんですね。

　一方、繆斌からは「電信技師ほか必要な人間を三、四人連れて行くからその用意をしてくれ、そして七人分の飛行機の座席を取ってくれ」という申し入れだったのですが、陸軍が繆斌一人でいいという。結局一人で来日して、緒方さんや小磯さんと会うのです。繆斌は小磯さんがあまり熱心でなかったように言っていますが、小磯さんは杉山元陸相ともしっくりいってないし、杉山さん自身も陸軍から押さえ込まれているし、と無理からぬ面もあって話が進まないんですね。

四島　繆斌案はどんな内容でしたか。

進藤　南京政府の解消と、重慶側の承認する民間有力者による国民政府南京留守府政権をつくることでしたね。留守府政権と停戦、撤兵の交渉を開始するということで、妥当な案だったのです。

　しかし、それを取り上げる力は小磯内閣にはない。その上、外務大臣の**重光葵**《しげみつまもる》さんが、繆斌は蒋介石の信頼がどれくらいあるかわからんと言い出す。そこいら、ちょっとこの問題の弱いところなんですね。

四島　蒋総統の信任状でもあればよかったのですね。

進藤　重慶と直接に電信させればよかったのでしょうが、それもさせない。そうこうしているうちにドイツは負けるし、ポツダム宣言も話し合われるようになってくる。緒方先生は、東久邇宮も繆斌案の支持者だし、なんとかして小磯内閣で戦争終結をしたいと、一生懸命になられたのですが、結局行き詰まって、このことから小磯内閣は瓦解してしまいます。

　頭山満先生を使っての和平工作の頃にはまだ余裕があったんですよ。戦局も有利に展開していましたし……。ところが繆斌工作の頃になると、もうどうにもならなくなって。どんどん戦争には負けてくるし、陸軍は本土決戦、海軍は沖縄と意見が相違するし……。あれがもう少し早く本当に繆斌が蒋介石と連絡が取れて、日本がその気なら南京で話し合いをしよう、撤兵しようということにでもなっていれば、終戦の様相もずいぶん変わっていたでしょう。残念ですね。

四島　緒方さんが、新聞人から小磯・米内内閣に入閣して政治家になられたというのは、中野さんの影響が大きいのでしょうか。

進藤　そうとも言えないでしょう。緒方先生は、中野先生からどんなに言われても政治家にはならん、ということで、朝日新聞に三十八年間ですか、ずっとおられたのです。ところが昭和十九年（一九四四）に小磯・米内内閣ができたとき、小磯さんから入閣して助けてくれと頼まれる、海軍大臣になられた**米内《よない》光政**さんからも朝日には自分が談判するから是非、情報局総裁になれと言われる。

四島　小磯さんや米内さんと緒方さんは、以前からお知り合いだったのですか。

進藤　緒方先生は山形の生まれですが、生家が小磯さんの家の近くだったということで親しくされ、朝日の主筆時代には小磯さんともよく会われていました。

　小磯さんは首相になられる前は朝鮮総督で、政治の事情はあまりわかっていなかったんですね。それで、緒方先生もなんとか小磯さんを助けたいという気持ちがあったようです。

　米内さんとも非常に懇意でした。米内さんの自宅が麹町で、そのそばに緒方さんと生涯の友人だった福岡出身の実業家の**真藤慎太郎**さんがおられて、慎太郎さんは海軍と関係が深く、米内さんとも親しい。だから、おおかた慎太郎さんが米内さんに緒方先生を紹介したのでしょうね。以来二人は相許す仲で、ことごとく意見が一致するんです。ただ一つ繆斌工作に関してだけ、意見が反対だったんですね。

四島　情報局総裁で、緒方さんの抱負は活かせたのでしょうか。

進藤　陸海軍それぞれの情報局を政府の情報局に組み入れて、日本の情報を一つにできるなら引き受けようということだったのですが、実際は東条系の軍人がずっと陸軍の情報局にいて統合を承諾しない。

　結局内閣調査局のような形で、いろんな情報を集め、政府に提供するということになって、緒方先生が考えておられたように日本の情報を一本にして、政治の方向を変えていきながら、世界に対応していこうということは

自由党と民主党が合同して自由民主党結成される。祝賀会の鳩山一郎（右）と緒方竹虎。昭30年11月5日

できなかった。残念でしたね。

保守合同、次は？

四島　戦後は自由党と民主党の保守合同がいちばんの功績でしょうね。

進藤　緒方先生が吉田内閣に入られてのいちばんの問題が保守合同、これに一生懸命でしたからね。

　緒方先生の真価を見せたのは、例の造船疑獄の後、ワンマンの吉田茂首相の解散論に断固として反対されたことでしょうね。佐藤幹事長の逮捕を犬養法相の指揮権発動で免れたものの、野党から内閣不信任案が出される。そのとき吉田さんは強気で衆議院の解散をすると言われた。緒方先生は正論をとって内閣総辞職を主張。どうしても容《い》れられないならば、解散の書類に署名拒否という固い決意を示して、吉田さんと争われたのです。

　当時、吉田さんの人気はだんだん下がっているし、緒方さんの人気は上がるしで、百数十人の代議士が、緒方先生に後をよろしくということで連判状をとったりしたこともあります。

　そういうときでしたから、緒方先生に吉田内閣の副総理を早くやめないと、責任を一緒に取らなくてはならなくなるという人があったんですね。しかし緒方さんは、今までこうしてきていたのに、今さらこっそり裏口から逃げていくようなことは俺にはできん、とおっしゃって、そういうところは筋を通される正々堂々とした人でしたね。

四島　その緒方さんが、柱となって進められたから保守合同が実現したのですね。

進藤　保守合同ですが、緒方さんの自由党側では、昭和三十年（一九五五）四月に保守合同、翌年には緒方先生を総裁にという空気だったんですが、民主党は鳩山一郎総裁、緒方副総裁を強調して同調しようとしない。党首問題でもめたんですね。

　それでしばらくは党首問題は棚上げにして、新党の運営は代行委員制にするということになったのです。緒方さんは保守合同に懸命で、総裁問題はそれほど気にかけてはいらっしゃらなかったのではないでしょうか。一党一派だけでは政治はできないから保守合同するしかない。それが日本の正しい議会政治のあり方だと主張されていました。

四島　保守合同の大仕事をなさった翌年に総理を目前に亡くなられてますよね。惜しいことでしたね。

進藤　まあ、あのまま緒方先生が生きていらっしゃったとしても、鳩山さんがすぐ退かれたかどうかはわかりませんね。難しい兼ね合いですから……。でも日本の空気としては、次は緒方さんということでしたね。

　緒方さんは政治家になるのは嫌って、自分は一生新聞記者をやりたいとおっしゃっていましたし、小さな新聞を自分で出したい、何ものにも支配されない自分の思うとおりの新聞を出してみたいというのが理想だったようです。それが政界に入られたというのは、小磯さんとの因縁というか、人間の因縁がずっと付いて回っていますね。

寒に耐える白い梅

四島　中野正剛さんにしても、広《ひろ》田《た》弘《こう》毅《き》さんにしても、緒方さんにしても、最後が悲劇的ですね。死因は急性心臓衰弱だそうですが、以前から心臓は悪かったんですか。

進藤　自分でときどき結滞すると言っておられましたからね。

四島　不整脈みたいなものですね。

進藤　結滞は朝日時代からで慢性と思われていたようで、まさか、そんなに悪いとは思っておられなかったんでしょうね。

四島　東久邇宮内閣の終戦処理などで疲れておられたんでしょうね。

進藤　ええ、東久邇宮内閣はたった五十日間の内閣ですが、仕事はできてますね。あの混乱のときですから、宮様内閣でないと終戦処理はできなかったでしょうね。

　それから後の保守合同もたいへんなことでしたからね。合同の前年には、自由党総裁にもなられて……。政党の総裁はなるともう体力競争ですからね。ずっと遊説して回らないといけませんし……。

四島　亡くなられて、あれだけ皆から惜しまれた人もいないでしょうね。

進藤　ほかにありませんね。国民も戦後の戸惑いの中で、緒方さんに一つの新しい期待を持っていましたから、総理になられたら世の中がずいぶん良くなると思っていたものですよ。

その緒方さんが急に亡くなったものだから、知ると知らぬとを問わず国民はがっかりしました。政界のみならず、国にポッカリ穴があいた感じがしたんですね。

四島　当時の社会党の中央執行委員長の鈴木茂三郎さんの弔辞は、今読んでも泣かされる文章ですね。

進藤　〝寒に耐ゆる白い梅がまさに開かんとして一夜の風雪に地上に散った……〟というものですね。緒方さんは、新聞記者時代からいろんな人と付き合っておられましたし、特に鈴木さんには信用があって、緒方さんが出られたら右派も左派もない、社会党も自民党も一緒になってやろうというふうな気分が……ありましたね。それが緒方さんの大きさでした。

司会　心から日本のため国民のために尽くされた緒方先生の真摯《しんし》な生き方。貴重なお話をありがとうございました。

■進藤　一馬氏の略歴

明治三十七年（一九〇四）一月一日福岡市に生まれる。大正十五年（一九二六）、早稲田大学政経科卒業、中野正剛の秘書となる。昭和十九年（一九四四）、玄洋社社長、昭和三十三年衆議院議員初当選。以来四回当選。四十二年法務政務次官に就任。四十七年より六十一年まで福岡市長。福岡市美術館館長。福岡市博物館館長を経て、平成四年（一九九二）逝去。享年八十八。

緒方竹虎《おがたたけとら》 略歴

（修猷通信「緒方竹虎」より）

明治21年（1888）1月30日
～昭和31年（1956）1月28日
政治家

山形市に生まれる。幼児、官吏であった父道平の任地福岡に移る。修猷館から東京高等商業学校（現一橋大学）中退、早稲田大学専門部政経科卒業。明治44年（一九一一）大阪朝日新聞社入社、のち主筆、副社長に進む。

昭和11年（一九三六）の2・26事件の際、東京朝日新聞を襲撃した反乱軍将校と沈着に応接、大事を食い止めた。

昭和18年10月、東条首相の弾圧に抗して自殺した中野正剛（修猷館、早大、朝日新聞を通じての親友）の葬儀委員長を務めた。

昭和19年、小磯・米内内閣の国務大臣兼情報局総裁。繆斌《みょうひん》を通じて日中和平工作を図るが、陸軍や外務省の反対で失敗。

昭和20年、終戦直後の東久邇宮内閣の国務大臣、内閣書記官長、情報局総裁となり占領軍進駐、陸海軍解体に当たるが、翌年公職追放を受けた。

追放解除後自由党入党、昭和27年の総選挙で福岡県一区から立候補当選、第四、五次吉田内閣の国務大臣、官房長官、副総理。

昭和29年、衆院解散を主張する吉田首相を説得して内閣総辞職。自由党総裁。昭和30年の保守合同、自由民主党結成を推進、同党総裁代行委員となり、鳩山首相後継者と見られたが急性心臓衰弱で急死した。

剣道に秀で小野派一刀流の大目録を受け、修猷館剣道部に「心外無刀」の額を贈った。思想的には玄洋社の流れをくむアジア主義的なナショナリストと近代の開明的な民主主義者の両側面を持つとされる。

著書に『人間中野正剛』『一軍人の生涯―回想の米内光政』がある。

（西日本新聞社刊『福岡県百科辞典』より）

遺骨を乗せ福岡市中を行進する車列

政治家・緒方竹虎の告別式には多くの国民が焼香に訪れた。昭 31 年 2 月 4 日

35

栗野慎一郎

近代日本への歩みに大きく貢献した外交官

［お話］**柳　猛直**　フクニチ新聞社顧問
［聞き手］**森田孝雄**　福岡相互銀行

対談：昭和六十年（一九八五）十二月

歴史の礎となった筑前藩

森田　この博多シリーズの明石元二郎《あかしもとじろう》、川上音二郎、黒田長溥《ながひろ》、広田弘毅《こうき》の頃で、**栗野慎一郎**の名前が出てきます。折々の情景で、それぞれ主役の一人を演じている。けれども、あまり知られていない。気になる存在です。維新に乗り遅れてぱっとしない筑前藩で、彼は子爵になっています。

　子爵は五万石の殿様がなれた爵位ですね。伯爵は十万石。ずいぶん功績があったんでしょうね。

柳　筑前の人は近代日本の歩みに功績を立てた人が多いのですが、みんな裏方ばかりで、あまり歴史の表面に出てこないのです。

　維新で近代国家に生まれ変わった日本にとっていちばんの悩みは、幕府の安政条約以来締結されてきた不平等条約で、この改正に歴代内閣は苦慮してきました。

森田　不平等条約とは。

柳　治外法権、関税自主権喪失、一方的最恵国条款などです。治外法権とは外国人の犯罪は日本に司法権がない。関税は平均二％ぐらいでないに等しい。輸出すると高率の関税ですから不平等ですね。最恵国条款というのは、締結相手国に、最も恩恵的な地位を与えている国と同じ待遇をするというわけで、これがお互いの双務協約ならいいのですが、片務的で、まったく後進国扱いだったんですね。

森田　その条約改正に栗野が功績を。

柳　ええ。それから日露戦争のときの駐露公使として、戦後フランス大使として日仏条約の締結など。薩摩、長州閥のように政治や戦役の華々しい活動はないが、地味な分野でポイントを挙げた。それで子爵を与えられたのですね。

森田　とにかく、なじみが薄い人物なので、まず生い立ちから教えてください。

柳　生まれたのは嘉永四年（一八五一）十一月十七日です。昭和十二年（一九三七）一月十五日、数えの八十七歳で亡くなっていますから、長生きですね。西公園の近く、福岡教育大の付属小中学校のあるあたり、荒戸の谷町という所で生まれました。父親は小右衛門という人で、城代組の八石三人扶持《ふち》といいますから、足軽よりは少しましですが、下級武士ですね。代々、宝蔵院流の槍の師範をしていますが、鉄砲への献言をしたり、時代が見える人だったようです。

　慎一郎の幼名は昇、十五歳のとき、西新にあった**瀧田紫城**《たきたしじょう》の塾「折中堂」へ入り漢学、国学、蘭学を学びます。ところが慶応二年（一八六六）、父の小右衛門が急死してから非常に苦労するのですね。

森田　扶持が減るのですね。

柳　ええ。たいへんだったようです。このとき、亡父の友人の源光院の住職から、供養に法華経八巻の写経を勧められます。それが後年出てきて慎一郎がとても喜んだという話が伝えられています。苦労はしていましたが頭がいいので、慶応三年（一八六七）に藩の留学生として長崎に派遣され、英語を学びます。

森田　長崎は佐賀藩と黒田藩の輪番警備でしたから、身近な感じだったでしょうね。

長崎英兵殺害事件

柳　ところで、ここで、慎一郎の生涯の方向を決める出来事が起こるんです。

慎一郎十七歳のときでしたが、七夕の前日の夜祭に同藩の若い連中が、**金子才吉**という四十二歳の人と一緒に散歩に出るのです。その日は霧が深く、先が見えない。寄合町まで来ると二つの明かりがぼおっと見える。なにかと思うと外国人が二人、泥酔して道に寝ている。通行人がつまずかないように町役人か誰かが、二人の靴先にろうそくをともしていたのですね。通り過ぎると、後ろのほうでギャッという絶叫が聞こえたので、びっくりして引き返してみると二人が斬り殺され、そばに金子才吉が血刀を下げて立っている。そしてすーっと姿を消したんだそうです。藩屋敷に帰って事情を話すと、厳重な口止めを命じられます。金子は翌日ぼおっと藩邸に帰ってきました。

森田　ノイローゼだったので……。

柳　多分そうでしょう。一室に監禁していたのですが、警護の人の刀を盗んで切腹してしまいました。殺されたのはイギリスの軍艦、イカルス号の水兵で気の毒なことでした。これで大騒動となり、英国から犯人を出せと強硬な要求になります。坂本龍馬の海援隊の船が当日出港したのが怪しまれたりします。そのうち鳥羽伏見の戦いがあり、明治政府ができる。やかまし者として知られた英国のパークス公使が、今度は新政府に犯人を出せと強硬談判です。そこで、佐賀出身の外国官判事、**大隈八太郎**（後の**重信**）が、取り調べのため長崎に出向きますがわからない。諦めて帰京しようとしていたところへ、犯人は筑前の者という投書が投げ込まれる。

そこで、いっさいが明るみに出るのですが、パークスは一人であんなことはできない。共犯を出せと強硬です。仕方がないので当夜、金子と一緒にいた学生八人が牢へ入れられてしまう。栗野さんの思い出話に、取り調べの場にふすまをパッと開けて、背の高い大隈さんが黒紋付を着て出てきたのが、実に見事だったそうですね。

結局、京都送りとなり六角の牢につながれます。ここは同藩の志士、平野国臣が殺された所で、あまりいい気はしなかったでしょうね。お互い「自分たちもこれで最期だ。見苦しい死に方はするまい」と話し合っていたそうです。

翌明治二年（一八六九）の正月に、人相の悪い男が来て、牢から出ろと言う。いよいよ最期かと心を決めて出ると。筑前屋敷に連れて行かれて釈放になる。とたんに、人相の悪かった男が、急に優しい顔に見えてきたそうです（笑）。

森田　たいへんな災難でしたね。でも、それが慎一郎の一生に関わったとは……。

柳　後年、外交官になったのは、このときのパークスの横車などを見ていて、外交を強くしなければと感じたことが要因ともいわれていますからね。

その後、すぐ福岡へ帰って瀧田塾へ通っていますが、このとき、**頭山満**《とうやまみつる》が後年話したおもしろい話があります。瀧田先生の娘のおトキさんという活発な美人がいたそうですが、そのおトキさんが栗野に惚れて塾をのぞきにくる。男ばかりの塾におトキさんがあまり来るものだから、元気者の頭山満が縁側から蹴落としてしまう。先生に叱られると、「お嬢さんが男ばかりの塾に来られるから瀧田家のためにたしなめました」と言った。こんどは先生からおトキさんが叱られて、ふすまにつかまってガタガタ揺すりながら悔し泣きに泣いていたそうです。ともあれ、栗野は後年、アメリカでも女性に慕われている。写真を見てもりりしい男前ですね。

サミー、ジョー、トミー

森田　アメリカ留学はいつ頃のことで。

柳　明治八年（一八七五）ですから、四、五年先のことです。ただ明治四年（一八七一）に同藩の**金子堅太郎**、**團琢磨**《だんたくま》はアメリカに留学しています。慎一郎は、同藩でアメリカ帰りの**平賀**《ひらが》**義質**《よしただ》という人の推薦で外国留学生に推されたのですが、長崎事件の後だけに、当分謹慎ということで外されてしまうんです。

　金子らの渡航は、例の有名な岩倉使節団で、**木戸孝允**《たかよし》や**大久保利通**、**伊藤博文**など一行に便乗したもので、西郷さんを除いて、内閣がそのまま出かけたようなものです。新政府の威信を見せる、安政五カ国条約以来の不平等条約の改正交渉などが目的でした。維新後数年で政府要人がそろって外国へ先進文明の吸収に出かける。日本の夜明けを感じさせる気宇広大な渡航ですね。一行の中に藩主の後嗣**長知**《ながとも》、その随伴ということで、十九歳の金子、十四歳の團が加わっていました。失意の栗野は二十一歳でした。また後に津田塾を興した当時六歳の**津田梅子**や、大山巖《いわお》の夫人となり後年津田梅子を支援した**山川捨松**《すてまつ》などの女性がいたことはよく知られています。

森田　栗野は残念だったでしょうね。

柳　栗野の偉いのは、別にしょげもせず、東京で平賀に付いて懸命に勉強していることですね。そうして明治八年、数え年二十五歳のとき、長溥公の推薦、費用負担でアメリカ留学が決まるのです。そのときの申請書がおもしろいので載せてみましょう。

福岡県士族　栗野慎一郎

私家従にて英語修行可致候處年令当年二十三年六カ月海外へ留学為仕候はゝ先々假成御用にも相立可申候私の支給を以て當年より先ず三カ年の間米國へ差遣し申度此段許容相成度偏に御執成奉願候也

明治八年五月十三日　華族　黒田長溥

東京府知事　大久保一翁殿

これに対し「願之趣聞召候事」と承認されています。

森田　アメリカで金子、團の二人と一緒になるのですね。

柳　ええ。まず横浜からシティ・オブ・ペキン号でサンフランシスコに着き、大陸横断鉄道でボストンへ着きます。この長旅をして、当時ハーバード大学の学生だった金子、マサチューセッツ工科大学で鉱山学を学んでいた團の歓待を受けます。英語はずいぶん勉強していたのですが、なかなか通じなくて困ったと言っていますから、国言葉で話せる二人に会って心強かったでしょうね。

　ハーバード大学入学を希望しますが、学制が変わってラテン語の試験がある。ラテン語のいろはから始めて半年近くでマスターし、合格していますから、頭も良かったし、外交官に向いた語学の才能もあったんでしょうね。大学で法制や国際法などを勉強しています。

森田　黒田長溥公は、維新のかじ取りには失敗でしたが、この三人が出ただけでも人づくりには成功したんですね。スポンサーが殿様だから、学資は潤沢だったんでしょう。

柳　そのようですね。家庭教師にも付いたりして十分に勉強できたようです。この頃、飫《お》肥《び》藩（宮崎）からの留学生**小村寿太郎**と、南部藩（盛岡）の**菊池武夫**、この人は熊本出身の同名人とは別人です。この二人と親友になり、慎一郎はサミー、小村はジョー、菊池はトミーと呼び合っていたそうです。

森田　小村寿太郎は日露講和の全権ですね。栗野はたしか、開戦のときの駐露公使でしょう。歴史に関わる触れ合いですね。

柳　そうです。触れ合いといえば、金子の同級生に**セオドア・ルーズベルト**がいて親友になります。この人が後のアメリカ大統領で、日露講和のとき、ずいぶん日本の肩を持ってくれた。たいへんな恩人です。

森田　長溥の志は、彼らを通じて、日本のために大きく生きている。生きたお金、生きた人づくりだったのですね。

柳　そうですね。六年間勉強して明治十四年（一八八一）に帰国しますが、その間に**西郷隆盛**の西南の役がありますね。動乱の時期に勉強に打ち込めて、かえって良かったでしょう。帰ってみると一年前に帰国した小村寿太郎が、司法省に務めていて、栗野のために席を用意していましたが、断って外務省に入ります。外交官栗野慎一郎が誕生するのですね。

念願の外務省へ

森田　その頃の外交のいちばんのテーマは条約改正なんですね。

柳　ええ。幕府が西欧五カ国と結んだ安政条約以来各国と結んだ条約が、いわば植民地のような条約で、治外法権、関税特権、片務の最恵国待遇。この改正が国を挙げての要望でした。でも栗野が条約改正で登場するのは、まだ先のことで、韓国内乱に絡んで調査を命じられたりしています。明治十六年（一八八三）には博多の奥村伊右衛門の長女**英子**と結婚しています。十八年になって、条約改正係を命じられます。外務卿は**井上馨**《かおる》でした。その前年にパークスの後任として**ブランケット**が公使になりましたが、この人は日本に好意的で、話し合ってどうにか政府の条約草案ができました。またフランスの法律学者の**ボアソナード**（一八二五〜一九一〇）も政府顧問として、いろいろアドバイスをしてくれました。ドイツ人の**ルードルフ**という人もいました。

　ところがこのルードルフが草案についてプリンシプル（原則）が違っているといってクレームをつける。じゃ、直してくれ……で、できたものを見ると全然役に立たない。仕方がないので、外務卿の井上、外務大輔《がいむたいゆう》（次官）の**青木周蔵**、ルードルフ、同じく顧問のシーボルト、そして栗野の五人の協議となり、栗野がルードルフ案の不都合な点を指摘する。すると青木がルードルフの肩を持つ。青木は、夫人がドイツ人であったこともあって、親独的で二人の激論になるんですね。このとき栗野は体調が悪く、高熱を押して出ていたそうですが、上司の青木とけんかにまでなる激論をしたので、休養の後、外務省を退きます。

　井上に、**榎本武揚**《えのもとたけあき》逓信《ていしん》大臣が君をほしがっているので行けとあっせんされ、明治十九年（一八八六）に逓信省へ入ります。井上は条約改正を進めるために、これまでの漸進的な改正をやめて、二年以内に各国一斉に撤廃する。その代わり、外国人裁判官を日本の裁判所に入れるということにしよう。

森田　それが、またもめたのですね。

柳　外国人裁判官問題でたいへんな論議になる。法律顧問のボアソナードはこの法案は後進国にとって危険なものだと反対。法制に強い**井上毅**《こわし》に意見書を提出、それが民間にもれ民権家が立ち上がる。また農商務大臣の**谷**《たに》**干城**《たてき》、この人は西南の役で熊本城を守り抜いた人ですが、猛反対。首相の**伊藤博文**は仕方なく、外務卿の井上をクビにします。

森田　でも、それだけ、国を挙げての論議が条約改正への関心を高めた、いわば大きなたき台になったのですね。

柳　そうです。結局、のちに**陸奥宗光**《むつむねみつ》外相の下で改正が実現するのですが、歴史的に見て井上馨は大きな貢献をしたと評価していいでしょうね。その意を受けて栗野が尽力します。後に公使となって、各国と条約改正の交渉をして、成功するのですが、その下地はこのときに築かれているんですね。

森田　なるほど、すると、栗野にとって逓信は畑違いのポストでしたね。

柳　いいえ。逓信に明治二十四年（一八九一）までいますが、この五年間に郵便電信学校を創設して初代校長として技術者の養成に当たったり、郵便法や万国郵便電信規則の制定に活躍しています。

森田　その頃ですね。帝国憲法が発布されたのは。

柳　憲法発布は明治二十二年（一八八九）二月十一日で、当時の国民待望のもの。とにかくこれにより総意を聞く議会制となり立憲国家となったのです。

　そして二十四年、山縣内閣総辞職で松方内閣となり、榎本が外務大臣になります。条約改正に意欲を燃やす榎本は、栗野を外務省に呼び戻し、取調局長を命じます。

森田　栗野が離れていた間、条約改正はどうなっていましたか。来島恒喜《くるしまつねき》の大隈襲撃もその頃でしょう。

柳　たいへん揺れ動いていました。井上失脚の後は大隈重信が引き継いで、伊藤・黒田両内閣で外国裁判官の任用に期限を付ける、内地雑居を認めるなど修正をして、英国、米国、ロシア、ドイツの四国と調印しましたが、国権論者から猛反対を受け玄洋社の来島恒喜の馬車に爆弾を投げ付けられ片脚切断という大事件（明治二十二年十月）があり、内閣総辞職となり、この調印もご破算になります。来島はその場で自害、従容たる態度が国士の典型とされ、玄洋社に隠然たる勢力をもたらす一因になりました。

　その後、青木周蔵が第一次山縣内閣の外務大臣となり修正を加えて、だいたい成立の運びとみられたとき大津事件が起こり、内閣総辞職でダメになる。

森田　ニコライ皇太子が負傷した事件ですね。

柳　明治二十四年、来日中のロシア皇太子に護衛の警官津田三蔵が斬り付けた大事件で、国中を震撼させ、条約問題は吹っ飛んでしまいました。その後が松方内閣、その外相に榎本武揚、そして栗野の登場になるわけです。けれども、榎本は数カ月で辞職、その後を外務大臣ナンバーワンといわれる切れ者の陸奥宗光が外相になり、いよいよ条約改正が実現するのです。

条約改正に着手

森田　陸奥になって、どう変わったのですか。

柳　この人は、胸中に自分ならという経綸を温めていたのでしょうね。これまでの各国一斉をやめて、出先公使に各国政府と直接交渉させることに変えたのです。当時の電信はなかなかの経費で、各公使館の予算が窮屈ということもあり、条約改正は別に先方が急ぐことでもないので、どうしてもゆっくりになってしまうのです。

森田　アメリカが条約改正の第一号ですか。

柳　いいえ。英国が一番です。当時は何といっても英国が西欧第一等の国で、英国がＯＫすれば他の国も承諾せざるを得ない……といった読みもあったですね。条約改正に関わった駐独公使の青木周蔵に、駐英公使を兼務させ、顧問のシーボルトを付けて交渉。二十七年に青木とキンバレー外相との間に第一号の条約改正が調印されます。

　この余勢をかって、アメリカとの改正に当たるため、陸奥が栗野を抜擢して駐米公使を命じるのです。明治二十七年、栗野が四十四、五歳のときで、満を持しての登場という感じですね。これから目を見張る栗野の活動が始まるのです。

森田　アメリカ留学が実ってくるわけですね。

柳　そうです。前任の建野という人がらちが明かない。それで更迭になったのですが、アメリカの国務長官だったグレシャムという人とウマが合って、話がとんとん進んだようです。グレシャムは南北戦争の勇士だったそうですが、テーブルの上に足をのせて話をする、これは親しい人にしかできない。栗野を友人扱いしたのですね。大統領のクリーブランドも、栗野が気に入っていました。

　ハーバード大学出身ということ、率直な人柄で、条約改正にうってつけの人を派遣したことになりますね。

森田　十年後の日露講和のときの金子堅太郎さんも、ルーズベルト大統領とハーバードの学友で、うまくいった。同じような話ですね。

柳　そうです。栗野は要人だけでなく、アメリカの女性にも好かれたらしいですね。ミス・ジョーシー・ロウという人が栗野のファンで、地位のある階層の女性だったのでしょう。大統領に会って、「条約改正で、栗野を支援してほしい」と頼んでいます。ハーバード時代に親しくしていた女性らしく、彼女の机の上に、銀の額縁にはまった栗野の写真が大事に飾ってあったそうです。

森田　アメリカ人に好かれる人柄だったのでしょうね。

柳　こうして、明治二十七年十一月に栗野とグレシャム国務長官で日米条約改正が調印されました。非常に短期間で、栗野を抜擢した陸奥の慧眼《けいがん》はさすがですね。

森田　日清戦争（明治二十七年～二十八年）でも日本の優位が伝えられていた頃ですね。

柳　日清戦争といえばその戦勝で台湾と遼東半島の割譲を得ていましたが、中国に権益を持つフランス、ドイツ、ロシア三国の干渉で、遼東半島を還付することになります。これから、日露戦まで〝臥薪嘗胆〟となるのですが、列強干渉の動きを栗野は見事に察知して、外務省に報じています。駐独公使の青木のほうは、全然気が付かず、事が起こってびっくりした……と、伝えられています。

栗野は次いで明治二十九年（一八九六）の春にイタリア公使、スペイン公使も兼務でスペインとの条約改正を仕遂げます。三十年（一八九七）五月にフランス公使。駐在武官が明石元二郎で、二人は外交と諜報《ちょうほう》の両部門で活躍するのです。

森田　二人の年齢は。

柳　明石のほうが十三歳ぐらい下で、当時、少佐か中佐ですね。公使館にあまり出なくて家で猛勉強をしていたのですね。寝食を忘れてのすさまじさで、語学などすぐにマスターしていたそうです。

森田　川上音二郎のパリ公演もこの頃ですね。

柳　明治三十三年（一九〇〇）～三十四年の頃、パリで第五回万国博覧会が催されましたが音二郎は花のパリで歌舞伎を演じ大評判になるのですね。音二郎流の勝手自在な内容ですが、妻の**貞奴**の美しさと名演技も大評判です。栗野夫人の英子という人が博多の中石堂町生まれ、川上が対馬小路で非常に近い。そういうこともあって、栗野が川上に目をかけるのです。英子夫人と貞奴、そろっての着物姿がパリの街で評判になり、夜会服にアレンジされて奴服というのまで出たそうです。

森田　音二郎は勲章をもらって、箔《はく》が付きますね。

柳　これも栗野のあっせんです。アカデミー勲章、芸術の本場でもらった勲章ですから、音二郎はうれしかったでしょうね。

フランスとの条約改正も終え、栗野は三十三年に賜暇《しか》帰朝しますが、次いですぐに風雲急を告げるロシア公使を命じられます。

日露戦争と明石元二郎

森田　今度は、すぐに開戦する国へですね。

柳　明治三十四年（一九〇一）秋のことです。栗野は桂首相とハーバードの学友だった小村外相に説得され、日露協商のために承諾するのですが、赴任の途次、日英同盟の交渉が進んでおり、パリに着いた栗野は、もはや自分がロシアに行っても協商の実は挙げられぬ。自分の役目はないと辞任を決意するのですが、外遊中の伊藤博文の慰留を受け、ロシアの主都ペテルブルクへまいります。このときの駐在武官が明石元二郎で、彼の大活躍が始まります。

森田　日英同盟は、ロシアを仮想敵国としての同盟ですね。

柳　だから明治三十五年（一九〇二）の一月に調印され、それを知らせるのはつらかったでしょうね。特に外務大臣のラムスドルフと仲が良かった。栗野の優れているところは相手国の外相や担当者に、とても好かれていることですね。

森田　彼が紳士だったということですか。武士の心映えが通じたのでしょう。

柳　そうかもしれません。ともかく、隠し事のできない性分で、外交官としては不向きでないかと思うのですが、それが相手の心をつかんでしまうのですね。肝心の英国公使から何も言ってこないので、ラムスドルフが声をかけると困っていておかしかったと言っていたそうです。

開けっ広げといえば、日本の諜報もそうで、こんな話もあります。夜会の席で**ベゾブラーゾフ無任所相**が「私の名前が変わったようですね」と言う。不思議なことを言うと思ったが、彼の名が長いので略号にしていたのですが、それを最近変えていた。暗号をすっかり解読されていて、それでベゾブラーゾフが皮肉ったわけです。

森田　暗号が役を成していなかった。風雲急なのにおおらかなことですね。開戦前夜はどんなふうだったのですか。

柳　開戦は三十七年（一九〇四）の二月ですが五日の夕方、最後通告の電文が入ります。この日はニコライ二世招待の観劇会があって、栗野は解読できた半分くらいを読んだところで出かけます。

その日に限って皇帝が栗野をとらえて、しんみりした長話をされる。皇帝もこれで別離と思われたのでしょうね。音二郎のロシア公演でも、ニコライ二世は金時計を下賜したりしています。根は優しい皇帝だったのでしょう。このとき、そばで二人の話を聞いていたフランス公使が「セ・フィニ」といった。これでおしまいという意味で、ニコライ二世がとても嫌な顔をされたそうです。

翌日、国交断絶の通告をロシア側に渡し、その足で英国大使館へ行くと、イギリス大使が大声で泣きだしたというんですね。東海の小国もこれでおしまい、負けてしまうと気の毒がったんですね。

森田　栗野さんは無事に帰国されたんですね。

柳　日露両国ともに公使の退去には礼を尽くしたものでした。栗野さんはスウェーデン公使も兼ねていましたからストックホルムに三カ月いて、明治三十七年五月に帰国します。ストックホルムで、スウェーデン国王にばったり会ったそうですが、国王は、私の気持ちはわかるだろうと、強く握手されたということです。ロシアに締め付けられていて、激励の握手だったのでしょう。

葉山の筑前三人組

森田　帰国してからはどんなふうに……。

柳　帰国あいさつで参謀本部に**大山巌**元帥を訪ねた折、シベリア鉄道は単線だから輸送力は一日に五回か八回だと思うがどうだろうと聞かれる。即座に栗野は否定するのですね。あなた方は列車の往復を考えておられるが、ロシアはそんなことはしない。物資を送った貨車は燃やして燃料にしてしまう。たいへんな誤算ですよ。大山さんは、ハア、ハアと聞いていて、その話を児玉にしてくれと言われた。**児玉源太郎**参謀長はびっくりしたそうです。明石元二郎も同じ推測を送ってきたそうですね。

後年、小倉出身の**奥保鞏**《おくやすかた》元帥と隣り合わせたとき、寡黙の元帥が「あのときは参謀本部の計算がだいぶ狂いましたよ」と語ったそうです。

森田　戦後の生活は。

柳　帰朝後は、老母を慰め、一家だんらんの生活で、釣りや銃猟に熱中しています。初めての平安の日々だったでしょう。

しかし戦後、欧米諸国の公使館を大使館に昇格させることに決まり、三十九年（一九〇六）一月、特命全権大使としてフランス駐箚《ちゅうさつ》を命じられます。このときの功績はフランスとの友好関係を深めるため日仏協約を締結したことで、積年の功労により男爵を授けられバロン・クリノになるんです。

森田　帰国、そして晩年は……。

柳　明治四十五年（一九一二）に帰国、同年子爵を授けられ、昭和七年（一九三二）には枢密顧問官になっています。葉山に別荘を建てて金子堅太郎、團琢磨の三人の親友が続き、葉山の筑前三人組と呼ばれていました。團琢磨は昭和七年に狙撃され、栗野は昭和十三年（一九三八）十一月十五日、八十七歳で、金子は昭和十七年（一九四二）に亡くなっています。

青年客気のとき長溥公の学資でアメリカへ渡った三人が、晩年を葉山の海浜でともに過ごしています。明治人の大きな一生でしたね。

森田　なにか筑前人のロマンをつづった一生ですね。どうもありがとうございました。

■**柳猛直氏**　124ページ参照

軍の横暴を痛烈に批判しペンの自由を守った

菊竹六鼓　36

［お話］**木村　栄文**　RKB毎日放送エグゼクティブ・プロデューサー
［聞き手］**西島　伊三雄**　博多町人文化連盟 理事長
松本　攻　福岡相互銀行
対談：昭和六十一年（一九八六）二月

筆鋒鋭く五・一五事件を糾弾

司会　今日の主人公・菊竹六鼓〈明治十三年（一八八〇）〜昭和十二年（一九三七）〉は、五・一五事件のときに、毅然《きぜん》と軍部を攻撃した反骨のジャーナリストとして知られていますね。

西島　**五・一五事件**は、昭和七年（一九三二）五月十五日に海軍の若い軍人たちが首相官邸を襲い、**犬養毅**《いぬかいつよし》首相を殺害した事件ですね。

松本　あの事件が軍国化、そして戦争への雪崩の口火だったのだと感じます。政党政治は犬養さんの死で終焉《しゅうえん》した。政治の流れを変えた大きな事件でしたね。

木村　それも、井上準之助と團琢磨が暗殺された血盟団事件の直後です。事件の盟主、**井上日召**《にっしょう》や**橘孝三郎**の感化を受けた陸海軍の若い軍人たちが首相官邸を襲撃し、犬養首相を射殺します。彼らは政党政治をたおし、国家革新を意図したのです。

当時は東北の凶作で、女の子が身売りをするといった社会不安が深刻でしたし、若手将校の間には、政治の改革以外に方法はないと真剣に考えていたのですね。

また一部には、**北一輝**《いっき》〈国家主義者、明治十六年（一八八三）〜昭和十二年（一九三七）〉の『日本改造法案』が読まれていましたし、マスコミも現状改革の論陣を張るといった背景がありましたね。

松本　「話せばわかる」と従容と応対された犬養さんを、「問答無用」と射殺した……。立派な人だけに、その最期の見事さが国民の涙を誘ったのでしょうね。

木村　首相を殺害しましたが、彼らには具体的な政権構想はありません。当時はイタリーのファッショが台頭してきたときで、軍人に「日本も現状ではいけない」という焦燥《しょうそう》がありました。彼らは世論が極刑に反対したので死刑にもなっていません。軍部はこの事件を政治的に利用し政党政治の終焉を図ったのです。

西島　そのとき**福岡日日新聞**の菊竹六鼓が論説で、コテンパンに軍部、**荒木貞夫**陸相以下を批判するんですね。

松本　菊竹六鼓の気骨を感じますね。写真を見ても古武士のようで威厳がある。書いた人も書いた人、書かせた新聞も新聞、地元福岡の人だけにうれしいですね。

木村　信濃毎日新聞の主筆、**桐生悠々**《きりゅうゆうゆう》もコラムで軍部を批判していますが、当時の情勢を考えますと、福日の論調はたいへんな勇気です。世論はむしろ軍部の台頭を待望しているのですから、死を覚悟で出社した、ということもよくわかります。軍部追及の論説がこれまた情理を尽くし、完璧な批判、堂々たる論陣です。

西島　軍がアタマにくるはずですね。

木村　しかし、菊竹はこの事件で、突然に軍を批判したわけではない。彼の論説の流れを見ますと、前年すでに軍の動きがおかしい、と警告しています。

　満州支配を意図した関東軍が、昭和三年（一九二八）に張作霖《ちょうさくりん》を爆殺します。中国側の謀殺とした満州某重大事件《ぼうじゅうだいじけん》。この事件で田中《たなか》義一《ぎいち》首相が天皇からきつく叱責され、責めを負って翌年、内閣総辞職をします。これで中国との亀裂が拡大してやがて日中戦争へと入っていくのですが、この関東軍の暴走を黙認した陸軍首脳に対して、菊竹は反軍的な論陣を張っています。

義心あふれる青年論説委員

松本　ここで菊竹の人間像を……。

木村　菊竹は本名を淳《すなお》、号を六皷、ロッコともリッコとも読みます。明治十三年（一八八〇）に、今の福岡県浮羽郡吉井町で大地主だった菊竹辰次郎、チカ夫妻の次男として生まれています。父方は農家、母方は武家でしたが、自らは侍の子をもって任じています。

　幼年期は裕福な教養豊かな家庭で育ちますが、二十歳ばかり年上の長男博之が政治に手を染めてから、家運が急速に傾くのですね。家庭衰退の中で、母親を死なせたことを生涯悲しんでいます。『文藝春秋』で、山本夏彦さんも菊竹のあまりの親想いに驚嘆しておられましたね。

松本　親孝行だったのですね。足が悪かったそうですが、幼時からですか。

木村　二歳の時に、左脚を負傷して骨髄炎を起こします。後に何回も手術をするんですが、結局、生涯脚を引きずって歩くことになる。

　中学明善校に入学した頃には、家運が衰退し、苦労しながら東京専門学校（現早稲田大学）に進みます。明善のときの同級生に、後に、戦後すぐの福岡の名市長、三好弥六《みよしやろく》氏〈明治十三年（一八八〇）～昭和三十二年（一九五七）〉がいました。三好さんは「日本一こまか市長」を自称されたほどの小柄な方でしたが、二人はよくウマが合って、同じ弁論部で憂国慨世の演説を競ったそうです。

西島　六皷とは珍しい号ですね。

木村　いわれを問われると、菊竹は自分で「足の不自由さをもじったのだ」と笑ってたようです。ほかに雷さまの太鼓になぞらえたという説もありますね。

　自分の不自由をあえて号にしたところに、この人の諧謔《かいぎゃく》と屈折を感じますね。ハンディをバネにできる人とできない人がいますが、菊竹は兵役も免除された屈辱から、筆一本で身を立て、国家へ奉公しようという気持ちを青年の頃から持つのですね。

　東京専門学校では、英語政治科を選んで、政治家か新聞記者を志します。明治三十六年（一九〇三）に卒業して、尊敬していた徳富《とくとみ》蘇峰《そほう》〈文久三年（一八六三）～昭和三十二年（一九五七）〉の国民新聞を受けるのですが、足が不自由でダメ。長兄の友人であり、郷土出身の政治家である野田卯太郎（大塊）のひきで、福岡日日新聞に入社するのです。

松本　西日本新聞の前身ですね。

木村　山高帽をかぶって記事取りに歩いたという話を聞きますが、すぐに内勤の整理に回されます。

西島　記者が取材してきた記事を、重要度に合わせて紙面に組み込み、新聞を作り上げるのが整理ですね。

木村　ええ。最初から六皷は存在を重視されていたんでしょうね。

　彼は明治三十七年（一九〇四）二十四歳で論説記者になっているのですが、彼の論説で胸を打つのは、同年六月の「理想の死」ですね。この年、堅粕《かたかす》の踏切番の娘、十一歳の少女山崎お栄が、列車にひかれかかった通行人を助け、自分はれき死した事件を述べたものです。日露戦争の最中で、論説は、天下国家を論ずるものと決まっていた時代に、少女の死を悼んだ論説です。

「可憐なる一少女お栄を有したりしことは永遠にわが福岡県民の誇りなり。広瀬中佐を出《いだ》さざりしことは福岡県民の恥辱にはあらず。東郷大将を出さざりしことは福岡県民絶大の恨事にはあらず。しかれども一少女お栄を出《いだ》したりしことは福岡県民永遠の誇りなり、名誉なり……」と。

松本　心情の温かい人ですね。

木村　その菊竹も、当時の福日の内情には不満で怒っています。当時の風潮で編集長以下みんなよく遊ぶ。仕事はほっぽり出して、待合に行って飲んでばかりいるんですよ。菊竹一人が謹厳居士《こじ》。同僚の記者たちにだまされてあやしげな店に連れ込まれ、ほうほうの体で逃げ出したこともあったようです。

　しかし、才能とともに人物の重みを感じさせるものがあったんでしょうか。社長の**征矢《そや》野半弥《のはんや》**は、明治四十四年（一九一一）、六皷が三十一歳のときに編集長に抜てきします。征矢野の英断ですが、周りは年上の部下ばかりなんで菊竹はおかげで人一倍苦労します。

松本　軍にあれだけ強かった人も、人間関係には……。

木村　編集長になりたてのころに一時期、ノイローゼになっていますね。三十一歳の若さで、部下が自分より年上だから、命令がゆき届かない。古参記者にはいびられ、信頼していた上司からもうとまれる。

　そして、征矢野社長も菊竹を抜てきした後急死しています。

　このとき六皷を支えたのが**静子夫人**です。明治四十年（一九〇七）、二十七歳のときに恋愛結婚しています。夫人も家庭的には不幸で、身寄りがなく、看護婦さんでした。夫人は、産婆の免状も持っているので、菊竹がつらいのなら、自分が産婆をして養うから新聞社は辞めてもいい。それがはた目に恥ずかしいなら、能古島ででも開業しましょう、と言うんですね。六皷は後年、長男の貞吉さんに「お母さんは強かったぞ」と話しています。静子夫人は夫の恋愛問題もご存じだったようで、ずいぶん苦労されたようです。

「嵐も雨もさもあらばあれ」

西島　五・一五事件のころは、私が小学校一、二年生でしたから、覚えていませんね。ラジオもまだ普及していませんし、新聞以外に情報伝達の手段はないんですね。だから、論説が大きな影響力を持っていたんでしょう。

木村　それは今日とは大違いです。もっとも読者層も限られています。ブルーカラーへの影響力は乏しく、知識層が中心です。菊竹が入社した明治の頃が論説の最盛期ですね。初期の徳富蘇峰を尊敬していましたから、論説を書くことに生きがいを感じて、使命とも思っていたんでしょう。

松本　たしかに昔は、一面に社説がありましたね。

木村　ところが大正になると、一部の中央紙では、社説は床の間の飾りものという風潮が出て、好きなやつに書かせておけばいいという雰囲気になってきている。どこの新聞でも、論説の紙面に占める位置が相対的に低下していく時代に、菊竹一人、「オレは社会の木鐸《ぼくたく》[※1]で、日本の屈原《くつげん》だ。この筆によって国民を教え導きたい」なんてことを考えているのですからボルテージは高いですよ。

　私には、ある意味ではドン・キホーテのようにも思えます。それをよくぞ福日が支えた、とつくづく思いますね。五・一五で同じく軍部を批判した信濃毎日の桐生悠々が、寂しく孤独に死んでいったのに対して、福日は最後まで菊竹を温かく遇していますからね。福日は立派ですよ。

西島　五・一五のときには軍部からずいぶん威嚇されて。福日上空に陸軍機まで飛んで来たとか……。

木村　それは実際にはなかったようです。しかし、そんな話が信じられるほど軍部の反発は激しかったんですね。軍部や右翼の脅迫の電話や手紙が舞い込んで、いつもは穏やかな菊竹が、声を荒げて電話で応えているのを部下たちが見聞きしたといいます。オリンピックの日本代表だった納戸《のと》徳重さんもそれを見られたそうです。

西島　菊竹に対する保護は……。

木村　社は、輪転機のそばに屈強の職工を配置したといいますが、菊竹自身は死を辞さない考えだったのでしょう。「五十余年戦ひぬけるこの身なり、嵐も雨もさもあらばあれ」なんて詠んでます。

松本　編集長が所信を通したために被害を受けた人もいたんでしょう。

木村　師団側も福日本社を屈服させることが、容易でないことはわかっていますから、北島久留米支局長を見せしめに攻撃したのでしょう。それはひどいものだったそうです。司令部に呼び付けて将校が拳銃をいじりながら、記事の取り消しを要求する。菊竹は「福日の主張を貫け」と一歩も譲らない。北島支局長は菊竹を慕っていたのですが、進退極まってしまう。その憔悴《しょうすい》ぶりを見て、菊竹は本社への転勤を勧めますが、すでにその気力はなく、昭和十一年（一九三六）に福日を退社しています。亡くなられた北島ご夫妻からじかに聞いたのですが、つらい話でした。〝一将功なりて万骨枯る〟で、菊竹の名声の陰に犠牲になった人もいるんです。

五・一五　論説の周辺

松本　菊竹のすごさは、一年後にまた軍部批難の論説を書いている。

木村　ええ。事件後内務省通達で五・一五事件に関する記事は、一年間差し止めになるのですね。で、一年たった昭和八年（一九三三）五月十六日付の論説で、また「憲法かファッショか―五・一五事件一周年に際して」と糾弾のペンを執るわけです。あの執念は圧倒的ですね。社でもたぶん、迷惑顔だったのでは……（笑）。

松本　社長も偉かったんでしょうね。

木村　当時は社長空席で副社長は永江《ながえ》真郷《まさと》氏でした。後に社長になりますが、以前は三池銀行、そして戦後は福岡銀行の頭取もされた人ですね。しかし菊竹が決意を打ち明けると快諾したといいます。新聞の使命を心得た度量の大きな人だったのでしょう。

松本　書いた菊竹もですが、書かせた人も（笑）。なかなかのものですね。

木村　それと大切なことは、ライバルの九州日報は立憲民政党に近いのですが、福日は犬養総裁の立憲政友会を支援する政友会系の新聞だったことです。事実上の創業者の征矢野半弥社長が、新聞に政治的主張があるのは当然だとして、菊竹もその訓《おし》えを守ったのです。だから福日が政友会系だったのであの論説が生まれたのだ、という人もいますが、それは一面の事実にすぎません。不偏不党の有力紙がなぜ昭和軍閥に対して無力だったのか、なぜ一人福日が闘えたのか。殺される二年前の昭和五年（一九三〇）十一月、犬養は政友会九州大会に出席するため鹿児島へ行きましたが、六皷は車中同乗して話を聞いたりしています。

人格高潔、見識も人一倍秀れた老政治家、犬養への敬愛の念が強かった。それがポイントですね。こうした背景もあって、一貫した主張で軍批判を続けたのだと思います。

西島　元々軍部に批判的だったのですか。

木村　それがおもしろいことに軍部が弱いときには軍を支援しているんです。陸軍の師団削減などで軍部の立場が弱い時代がありますね。大正デモクラシーの最中に、軍人が軍服のまま電車に乗るのがはばかられたという時代です。そのとき菊竹は、論説で堂々と軍を鼓舞するわけです。軍装備の近代化、ことに航空戦力の充実を図れなどと主張しています。

国軍に対する信頼、天皇の軍隊に対する信頼は厚かったのですね。それだけに軍人が、天皇や政府に反逆して、満州で暴走を始めたから、軍部不信と憤りが起こるわけです。

司会　どうも菊竹は思想家というより、信念の人という感じがしますね。リベラリストというより、むしろ国家主義者……。

木村　思想家として観ると矛盾したところがあるんです。理屈に合わないことを言い出したりもするんですが、言われるとおり志の人、信念の人として捉えたほうが適当でしょう。この信念の背景に、福日の資本の強さがあったのだ、と思います。福日は政友会の前身の自由党の志士たちが、小さな民権新聞を買い取って、明治十三年（一八八〇）に創刊したものです。

　資本は、自由党、政友会と続く有志で固めていました。後に社屋建築も、近代設備も全

福岡日日新聞社編集局長時代の菊竹六皷。昭７年頃

部自己資金で、無借金でやってのけています。経営の基盤が言論の強さをしっかり支えているんですね。

松本　当時、福日におられた**篠原雷次郎**さんが、広告と記事を半々くらいにしたらと、進言されたそうですね。

木村　実際に、中央紙に比べて広告面の比率が低かったそうですね。見出しも小さく、黒っぽいベタ記事ばかりが目立つ。広告を増やすと親しみやすくなるし、収入も増えるしという意見だったのでしょう。でも菊竹に、「あ

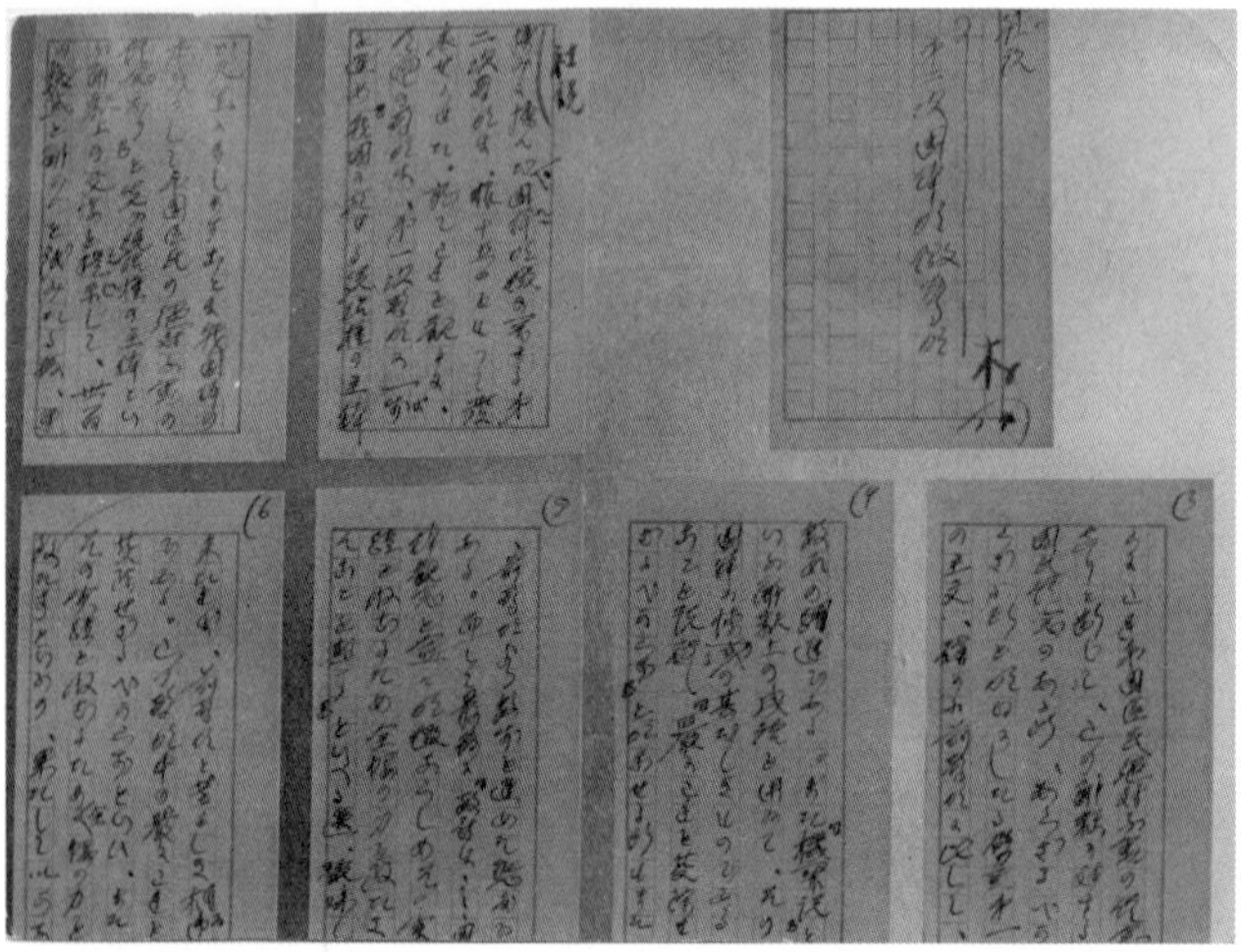

社説などの原稿

なたは衆を愚と思ってはならん」と諭されたそうです。つまりは、広告にあまり頼る必要がないほど経営も安定していた。読者も福日の地道な紙面作りを信頼していたということでしょうか。

西島　歴代の社長がよほどしっかりしていたのですね。

木村　明治二十四年（一八九一）に社長になった征矢野半弥、この人には社会主義者の**堺枯《さかいこ》川《せん》**（利彦）も心酔しています。偉かったんですね。さらに次の**庄野金十郎**社長が、主張を守るためには、誰にも頼らない経営でなくてはならないと、堅実経営に努めた。地元政友会の有志が資本家ですが、紙面には口を出さない。没後は、子息が相続して資本が移動しなかった。

　征矢野は経営姿勢だけではなく、福日の社風もつくり上げています。社長は編集局には立ち入らない。執筆に干渉しない。これは卓見でしょう。また、情報の**電通**、当時は最大手の情報通信社でしたが、その創始者の**光永《みつなが》星郎《ほしお》**さんとも懇意で、この電通に出資して情報面をしっかり押さえている。きちんと新聞経営の要点をつかんでいますね。

竹虎・正剛と六皷

松本　ところで、五・一五事件ではあれだけ強硬な論説を書いた六皷が、昭和十一年（一

九三六）の二・二六事件ではあまり勢いがありませんね。

木村　はい。病気と時代の変化。昭和七年（一九三二）とは政情がまるで違います。翌年には日中戦争が始まるでしょう。そうした追い詰められた状況だけに、さすがの菊竹も論調が弱いんですね。彼自身も論説の中で、「（批判を書かないことを）なんたる怠慢ぞや、と読者は思うことだろう」とわびています。意気地なさを告白するという形で、書けない状況を説明しているんですね。

司会　菊竹にすれば痛恨の極み……。

木村　そうだと思います。とにかく、五・一五と二・二六では事件のスケールが違いますから。二・二六では部隊出動というクーデター計画で、政権構想も一応ありますし、菊竹は治安維持法と新聞紙法でガンジガラメです。事件を書けないもどかしさは想像がつきますね。

西島　国民も軍部に煽《あお》られて、戦争のほうに気持ちが傾いていましたね。

松本　二・二六のときは、朝日新聞社に押しかけた反乱軍人に対し、当時、朝日の主筆だった**緒方竹虎**〈明治二十一年（一八八八）～昭和三十一年（一九五六）〉さんが、沈着に応対して社を守っているでしょう。五・一五では菊竹六皷です。どちらも福岡出身の新聞人ですね。お二人に何かつながりがありますか。

木村　親交の有無は知りませんが、書簡の往復はあったとご長男から聞きました。残念なことに手紙の類いは散逸してしまったそうです。

西島　だいたい博多の人間は「人から嫌われることはしやんな」みたいなところがあって、道理が多少曲がりよっても、「もう黙っときやい」（笑）。それなのに、菊竹六皷にしろ緒方竹虎にしろ、珍しいですね。

松本　玄洋社という国士風土もありますからね。その意味では、同じく福岡出身の**中野正剛**〈明治十九年（一八八六）～昭和十八年（一九四三）〉さんにも似ていますね。代表的な言論人で、二人につながりはなかったんでしょうか。

木村　出身校はともに早稲田、顔立ちやタイプも似ていますが、皮肉なことにお互い敵視し合っているんです。近親憎悪のようなもんでしょうかね。

西島　どちらも憂国の志士で。

木村　それをお互いに意識しているんでしょう。中野は中央紙から中央政界で活躍している。菊竹は地方紙に籠城している。中野にしてみれば、「田舎記者が」という気があるし、菊竹にしてみれば、中野は右に左にと揺れ動き、最後にはヒットラーやムッソリーニに傾倒していく。緒方が「牢騒心」と呼ぶ中野の言動が、菊竹は嫌いなわけですよ。

日本の屈原、その横顔……

木村　六皷の貧乏話もいろんな方から聞きました。昭和に入っても、家に柱時計がなかった。その頃の月給取りの家で、柱時計のない家はめったにない。代わりに懐中時計がぶら下がっていたそうです。

松本　頼ってくる人たちをとてもかわいがって、奥さんはよく質屋通いされたそうですね。

木村　元福日記者の**中原繁登**さんもたいへん菊竹にかわいがられた人でした。就職の世話はもとより、結婚のときには京都の有名な紺屋へ白絹を送らせて新郎の紋付きをあつらえ、式、披露の費用まで全部負担してやっています。

松本　「新聞記者の貧乏は誇りである」「新聞記者は裁判官よりも清潔でなければならない」と説く、金銭に淡泊な夫に仕えて、静子夫人はご苦労だったでしょうね。

　ところで、木村さんは菊竹をテレビ化して、大きな評価を受けられましたね。浩瀚《こうかん》な労作『六皷菊竹淳』も出しておられる。六皷は没後五十年にして知己を得たといえますね。あなたが六皷に惹かれたものは何ですか。

木村　まだ高校か大学の頃、**御手洗辰雄**《みたらいたつお》さんが書かれた『新聞太平記』の中に、菊竹のくだりがあって感動したんです。福岡にもこんな人がいたのかと。当時は存命だった父が、菊竹の長男、**菊竹貞吉**氏に引き合わせてくれたのがきっかけで、貞吉さんのご好意で、門外不出だった手記もお借りできました。

松本　肉親の方以外では、木村さんが初めて読まれたのですね。

木村　手記に、結婚後の隠れた恋が出てくる。あの古武士然とした男にこんな面もあるのかと親しみを覚えました。原鶴の六峰館であいびきしているんですが、相手の女性が来ないときがあってノートに綿々と書きつづっている。「来ないでもいい、君が幸せになってくれることを祈る……」と。中年男が書くにしては滑稽なくらい純情ですね。

松本　その頃、原鶴まではたいへんだったでしょうね。

木村　きっと、格好つけているんでしょう。福岡市内で会う度胸はないし、人目が怖い。当時の原鶴は、温泉宿が五、六軒の静かなところ。忍ぶ逢瀬《おうせ》には都合がよかったんでしょう。菊竹は一方では廃娼《はいしょう》を唱えながら、一方ではコッソリ恋人と逢《あ》っている。別れようと女性に言われると、私は命懸けなんだ、と哀訴しています。そのへんは矛盾に満ちて……、しかし人間味を感じますね。そういうところがなかったら立派すぎてたまりません。私だって調べるかいがない（笑）。

松本　眼光炯々《けいけい》として、まさに古武士のような風貌ですが、ロマンチストでもあるようですね。子どもさん、特にお嬢さんはとてもかわいがられたようですね。

木村　非常に温かい人ですね。二人の息子さんには厳しいが、娘さんたちには溺愛ともいえるかわいがり方です。君《きみ》さん、節《せつ》さん、文《ふみ》さんと三人いらっしゃるんですが……。君さんのところに来た手紙を読ませてもらったんですよ。実に懇切だし、優しいですね。それに、娘だからといって見下げる言葉はないんです。そういう意味では私どもより非常にリベラルですね。

　女性全体に対する恋愛感情の発露かなとも思うんですが、昭和十年（一九三五）の節さんに宛てた、「私は日本の屈原だ」という手紙などもまさに恋文ですね。屈原というのは、中国戦国時代の楚の人で、世を挙げて濁る中で、「われ独り澄む」と言って汨羅《べきら》の淵に身を投じた憂国の人ですが、菊竹も自分を日本の屈原に擬しています。狂おしいほどに国を憂えている自分を、誰一人わかってくれない。その嘆きを誰かに語りたい。わからなくてもよいからお前に書く……。菊竹の孤独と、女性に対する憧憬《しょうけい》を感じますね。

逝去の際まで〝超人〟

西島　反軍のほかに、菊竹さんが論陣を張られたのは。

木村　廃娼や禁酒です。救世軍を応援しています。それから暴力団との対決ですね。すごいなあと思うのは、戦前の官権の強い時代に、警察と花柳界の癒着を何回もたたいていることですね。花柳界は暴力と結び付き、警察と結び付く。本県の警察は花柳病に侵されつつある、と。花柳界攻撃は、即地元の警察攻撃なんですね。これは相当の勇気が要ったことと思います。それだけに半面、警察のほうも菊竹をたいへん畏敬していますね。

西島　いやあ、写真を見ても菊竹先生が横におられたら怖かったと思いますよ。

木村　とにかく一目会っただけで、どこかが違っていたようですね。右翼の連中が押し寄せる。青白いインテリが出てくるかと思うと、眼光炯々、威容辺りを払う人物が出てくる。

　右翼の連中より、当人のほうが国士的風采です。まして皇室には彼ら以上に敬意を持っていますから、もう因縁のつけようがない。反対に頭を下げてしまうということだったらしいですね。

松本　亡くなられたのは……。

木村　昭和十二年（一九三七）七月二十一日に喉頭結核で亡くなっています。くしくも、今年が五十回忌ですね。新聞人が声を失って死んでいった……なんとも暗示的です。享年五十七です。

松本　逝去ぶりも超人だったとか……。

木村　ええ。死の当日、朝から新聞社の人を呼び、後事を託し終わってから、〝死ぬ〟という……。そしてそのまま端然と亡くなるでしょう。高僧でもできない。

松本　参りますね。晩年は仏教に興味を持たれて、人にあいさつされるときは合掌されたと書いてありますね。

木村　鋭い論説を書く一方で、ほかの人に非常に気を使い、人情家で詩人。そして信仰者……。一見矛盾したように見えるこの内面が菊竹を苦しめ、また奮起させる原動力ともなっていたのでしょうね。

司会　誠に人間・菊竹六皷の姿が浮かぶようです。今日はどうもありがとうございました。

■木村栄文氏

昭和十年（一九三五）〜平成二十三年（二〇一一）。福岡市に生まれる。西南学院大学を卒業後、RKB毎日放送入社。昭和三十八年（一九六三）菊竹六皷を描いたテレビドラマ脚本「風に叛く樹」にて芸術祭奨励賞受賞。主な作品に「苦海浄土」（芸術祭大賞）、「鉛の霧」（放送文化基金大賞）、「鳳仙花」（芸術祭大賞）、「むかし男ありけり」（同優秀賞）、「ふりむけばアリラン峠」（民放連最優秀賞）など多数。著書に『記者ありき六皷菊竹淳の生涯』がある。

［注］

※1　木鐸《ぼくたく》＝古代中国で法令などを知らせるときに鳴らしていた木製の舌のある鉄の鈴。転じて世人を覚醒させ、教え導く人の意となった。

昭和七年（一九三二）五月十六日
福岡日日新聞

「首相兇手に斃《たお》る」（菊竹六皷・論説）

陸海軍人の不逞《ふてい》なる一団に襲われたる犬養首相は、国民が、この不祥なる事件の発生を知るや知らざるうちに、遽然《きょぜん》として逝去した。真に哀悼痛惜に堪えざるところである。

もし当代政治家中、識見高邁、時局の艱難《かんなん》を担当する実力のある士を求めば、おそらくは首相の右に出づるものはなかったであろう。過去五十年間政界に馳駆《ちく》して、民権の伸暢《しんちょう》に尽瘁《じんすい》し、いわゆる憲政の神様をもって称せられたる首相の政治的閲歴は、今さら喋々《ちょうちょう》するまでもない。しかも老巧首相のごとくにして清節一片の汚点を印することなく、近来政界の腐敗に対して、ファッショ運動等の説を聞くにいたるや、率先して政党自身また七分の責任を負わざるべからざるを公言し、政党自ら相戒めて、改革の実を挙げなければならぬ、と力説高唱し、その一端として来たるべき議会に、選挙法の改正を断行せざるべからず、と大いに意気ごみつつありたるに徴すれば、もし真に皇国のために、政治の改革振作を希望するものならば、まず首相のごとき政治家に、その全責任を負荷せしむるの当然であることを知るはずである。しかもその政治家を虐殺するにいたっては、かれらは、真に政治の改革を望むものにあらずして、自家の政治的野心を遂げんがためにする一妄動であると断ずるのほかはない。

乏しい報道が、なお明白に伝うるごとく、老首相は、事の危急を告げて他に避難せんことを勧告せるものに対し、かれらは将校であるといえば大いに談論してその誤解を解かなければならぬ、と自らすすんでかれらに面会している。のみならず、ひとたび致命の重傷を受けて病床に横たわりながらも、なお邦家のために、兇行者に会談せんことをねがったほどである。その七十八歳の老首相を捉え、ムザムザと虐殺をあえてせる行為実に憎むべきであると同時に、あくまでも堂々として、大政治家としての態度を失せず、死にいたるまで大いに邦家のために戦いて戦いぬける老首相の最期ほど尊敬すべく、また同情に値するものはない。

いかに現代政治の腐敗を痛論するものといえども、犬養首相の清節を疑ったものは一人もない。またいかに他人を誹謗するをもって能事とする人々も、犬養首相の識見と力量と、しかして時局匡救《きょうきゅう》の誠意とを疑ったものはない。その老首相を、政治の改革に藉口《しゃこう》して虐殺しさるにいたっては、かれらは、国家を混乱潰滅に導くほか、なんの目的なきものと断ぜざるをえない。

かつて原首相は、東京駅頭に斃《たお》れた。また浜口首相は、同じ東京駅頭に傷ついた。いずれも一国の首相であり、いずれも政策に対する誤解のために過まられたことは同じであるが、今回のごとく、首相官邸に多数押し入り、別に懐抱せられたる政治的目的の犠牲として、虐殺の厄に会える老首相ほど悼ましくも悲しきものはない。

昨日まで矍鑠《かくしゃく》として邦家の重きを担当せる老首相今や亡し、真に痛惜のいたりである。

（木村栄文著『六皷菊竹淳』より転載。ルビは編集者）

※菊竹の号、「六皷」は、通常「六鼓」とされていますが、論稿の署名が皷となっていますので、本篇はその表記によります。

博多の味

［お話］
帯谷　瑛之介　博多町人文化連盟 事務局長
［聞き手］
西島　伊三雄　博多町人文化連盟 理事長
宮地　勇　福岡相互銀行

対談：昭和六十一年（一九八六）三月

37

アレンジ精神旺盛な博多っ子

宮地　博多は食べ物のおいしい所だということでは有名ですね。今日は四季の移り変わりや一年間の行事と絡めて、博多の味ということでお話しください。

帯谷　博多の味というと二つの特徴があるんです。まず皆さん博多は料理がおいしいとおっしゃるんですが、これは料理もですが、何といっても材料がおいしい。**博多の味の特徴の一つ目は、材料がおいしいということですね。**

西島　もう十年ほど前になるんですが、京都大学の先生が調査に来られて「博多は住みいいですか」と聞かれるんですね。私は住みいいかどうかはわかりませんが、食べ物はおいしいですもんね、と答えました。すると食べ物が豊富にあって安く、かつ、うまいということになれば、人間が自然とおおらかになってくる、と言われるんですね。食べ物というのは、そんなふうに影響を与えるんですね。だから博多の者はおおまんでしょう。

宮地　料理もおおまんなものが多いですよね。材料の持ち味を生かすような……。

帯谷　昔から博多の板前は京都にやってても何にもならんと言われていました。なぜかというと、昔は京都へ来る魚は、若狭湾から来るにしても大阪湾から来るにしても、京都に着いたときにはすでに古くなっている。古い魚だから、おいしく食べさせるために料理、味付けが発達するんです。ところが博多は材料そのものがおいしい。だから料理に凝る必要がなかったんですね。**ひるもん**の魚のような食べ方がいちばんおいしいんです。

宮地　〝ひるもん〟というと……。

帯谷　昔、博多では箱崎や姪浜で取れた生きた小魚を昼前に町に売りに来ていたんです。この魚の煮付けを〝ひるもん〟というんですが、博多の**ごりょんさん**（博多の商家の奥さん）は、これを生《き》じょうゆでさっと煮て昼膳にのせたわけです。なにしろ新しいから、もったいなくてムニエルになんかできない。しょうゆでさっと煮るのがいちばんうまいんですが、それは料理とはいえませんよね。

宮地　非常に恵まれているんですね。

帯谷　海のものだけじゃなく、果実や野菜でも日本一のものがありますね。山海の新鮮な材料はどんどん入ってくるんですね。

西島　東京の人を柳橋の市場に案内すると、たいていびっくりしますね。こんなに豊富でいい材料がいっぱいなら、博多がおいしいのも当たり前だと納得されますよ。

よくスケッチをしに行くんですが、エビでもカニでも何でもあるんですね。だから私は柳橋連合市場は「全科参考書」だといっています。

帯谷　**博多の食べ物の二つ目の特徴はアレンジがとてもうまい**ということです。博多は港でしょう。遣唐使以来、堺が登場するまで五百年間、外国から来た料理はみんなまず博多に上陸していたんですね。それを博多の人は、中国料理であろうと琉球料理であろうと、何でも日本料理にアレンジしてしまうんです。

がめ煮などはその代表例ですね。古くは中国の野菜煮なんですけど、原型はナマズとかコイを唐揚げして、野菜を炒めたものと一緒に煮たんですね。だから相当ギトギトした料理だったんです。それを骨付きのかしわ（鶏肉）に変えて原型からネギやタマネギなどを除き、酒としょうゆとみりんだけで煮てあっさりさせるなんてことは、博多の人が作ったものだったんです。

宮地　オリジナルなものは……。

帯谷　オリジナルはあまりないですね。これは料理だけではなくて歌にもいえるんですが、博多で生まれた歌は……と聞かれると数えるほどしかないんですが、どの歌でも博多に入ってくるととても粋でいい歌になるんです。そういうアレンジの精神エネルギーが旺盛なんですね。

鶏の水炊き。昭47年

あぶってかもの塩焼き。昭37年

山笠総会後の直会は七輪にかけた水炊きを囲んで。平5年、櫛田神社

昭59年、年の瀬の柳橋連合市場

だいたい博多の味は関西系の薄味であっさりしたものが多いんです。中華料理の脂っこいものも非常にあっさりとしたものに、しかもエッセンスは残すというふうにアレンジが実にうまいんですね。じゃあ、そのアレンジは誰がやったのかというと、誰というわけではなくて、いつの間にか庶民の舌でそういう方向に行ってしまう。そういう舌を持っているんですね。がめ煮の原型の野菜煮もあちこちに残っているんですが、どうも癖が強くてがめ煮のように誰にでも食べられるものではありませんね。

宮地　博多のごりょんさんの功績でしょうか。ごりょんさんの始末の知恵ですね。

帯谷　がめ煮にしても残った野菜をうまく利用しています。正月四日に食べる**福入り雑炊**も、おせちの残りを全部雑炊にしてしまう、そういう始末は非常にうまいですね。博多の人は一方ではぜいたくですが、一方始末の知恵も発達しているんですね。

早春はフク**と**シロイオ

西島　博多の食べ物で珍しがられるのはあぶってかもと**オキュウト**と**コウトウネギ**……。あぶってかもなんておもしろい名前ですね。

帯谷　すずめ鯛のことで、「あぶってかもう」をそのまま名前にしているんですね。昔は〝かじ切り〟といわれていたんですね。あまりたくさんいて船のかじが取れなかったというんで、網を入れると網いっぱいかかってきて、魚屋では捨てていた魚です。干物にもならんし、仕方ないので塩漬けにでもしとこうということで、これが食べてみたら結構おいしい。下の魚だったので戦前までは魚屋では売っていなかったですね。

西島　八百屋か干物屋でしたね。

帯谷　それがどうして名物になったかというと、戦後になって東京、大阪からの客がもっと珍味を……と求めるのに、**篠原雷次郎**さん（元日米コカ・コーラ社長）が「やま弥」の女将をたき付けて出させてみたんです。ところが評判が良くてパーッと全国に広がったというわけです。春の終わりごろ、脂が乗って旬になるので、博多ではあぶってかもが出始めると夏が来るといいますね。

宮地　珍味といえば、冬の**フグ**。博多へ来るお客さんは、内心期待して来ているんではないでしょうか。

西島　しかし高いですからね。昔は家庭での簡単な酒のさかなだったものが、今じゃ料亭や営業用になってしまって、残念ですね。博多のフグは下関から？

帯谷　そうですね。でも玄海のフグもうまい。実はフグが下関というのは理由があるんです。別に下関でフグが取れるわけじゃないので……。取れるのは大分県の姫島沖と徳山沖がいいんです。そこで取れたのを生きたまま下関に持ってくるんですが、下関に着く頃には体内のものを全部消化していちばんいい状態になっているんです。この状態を職人は「血がまわる」と言いますが……。これがちょうど下関の夕方なんです。この時期は刺し身にした身が薄いピンク色で盛り付けた絵皿の絵が透けて見えるようなときです。そして身がくっつき合うときです。これを過ぎるとまずくなるんですね。

宮地　東京の人など、フグというと毒を心配して手を付けない人もいますが、いったいいつ頃から食べていたんですか。

帯谷　実はフグは明治までは禁制の魚だったんです。ところが**伊藤博文**が萩の出身でイワシが好きですから、帰郷のたびに下関でイワシを食べるのを楽しみにしていました。あるとき海が荒れてイワシが取れなかったときに、料理屋の女将が「お手打ち覚悟で出します」と言って出したのがフグだったんです。何の魚かわからずに食べてみたところが非常にうまい。三日間食べ続けて、「これはいったい何だ」。「実はご禁制のフグです」。すると「こんなうまいのを禁止するとはけしからん」というわけで許可になったんです。（笑）

西島　フグのいちばんおいしい季節は……。

帯谷　彼岸から彼岸までと言いますから十月

の終わり頃から菜種の花が咲く頃までですね。しかしいちばんうまいのは、雪がチラチラ降って寒がしまった頃です。

宮地　春のお彼岸にフグ供養をしますものね。ところで、フグ刺しには欠かせないコウトウネギ、あれは……。

帯谷　細ネギでいまでも下関から持ってきていますね。戦前に下関市安岡で朝鮮や満州向けの高等野菜として栽培されていたんですが、フグ料理の薬味として珍重され、水炊きにも合うもんですから、博多に多く入るようになったんです。

西島　朝倉郡にもネギがありますよね。

帯谷　あれは**博多万能ねぎ**。昭和五十三年（一九七八）に空輪で東京に出したんですが、何にでも合うというので一気に広まったんです。東京では「博多万能ねぎあります」という張り紙は高級野菜屋のステータスシンボルになっていまして、昭和六十一年（一九八六）度の「日本農業賞」を受けています。

宮地　フグの次は**白魚**ですね。室見河畔の料亭に白魚の旗が立ち並ぶのは、すっかり博多の早春の風物詩になりましたね。白魚供養もすっかり根付いて……。あれは西島先生のお力が大ですね。

帯谷　室見川の白魚やな漁は江戸時代から三百年の歴史があります。産卵のため室見川をさかのぼってくる白魚を、木や石を組んだり、流れの落差を利用して竹などで編んだ簗簀《やなす》を仕掛けて取るんですね。

　昔から白魚を売りに来ると、春が来たという感じがしました。昔はどんな小さい川でも、那珂川でも取れていたんですよ。僕らはあれを魚釣りの餌としてバケツ一杯買ってました。安い魚だったんです。漁師たちがちょっと一杯と、角打ちに行くときには、白魚を生きたまま升に持って行って、酢としょうゆをかけて食っていました。それほど大衆魚だったんですね。

宮地　シロウオとシラウオ、どっちなんですか。

帯谷　博多のはシロウオが本当ですね。シラウオはシラウオ科の魚で、ハゼ科のシロウオより大きく、体長十七〜十八センチです。味はシロウオのほうがおいしいですね。

昭30年の白魚とりの風景

西島　私たちは昔はシロウオとは言わずに、シロイオって言いよったですもんね。それを九州大学の**内田恵太郎**先生にシロウオって言わないかんと言われたときは参ったですね。今でも参ってます（笑）。

宮地　シロウオは博多だけですか。

帯谷　いえ、長崎辺りでも昔から食べています。しかし、長崎のは外海でもまれるせいか味が荒っぽいですね。

西島　今は生きたままをうずらの卵と二杯酢ですすり込む躍り食いが有名ですが、昔はなかったですね。卵とじとお吸い物とかき揚げくらいですか……。

　白魚供養を四月下旬に行うとシーズンも終わりで、それからはどんたくですね。

どんたく、山笠、放生会《ほうじょうや》
運がつくから運そばたい

宮地　どんたくの時は何か……。

西島　どんたく隊が家を一軒ずつ回ってきたときに出すおつまみがありますね。文字どおりおつまみで、全部手でつまめるようなものばかりです。かまぼこ、ギナン（銀杏）の甘煮、竹の子、それから必ず夏みかんの皮をむいて、とさかのようにしたものを出しますね。

帯谷　やはり疲れるから酸っぱいものが欲しくなりますね。五月になると、先程の**あぶってかも**、脂が乗って最高においしくなりますね。

宮地　それから夏になると**オキュウト**。オキュウトというのもおもしろい名前ですね。沖のウド

帯谷　いろんな説があるんですね。沖のウドというわけで沖独活、また沖から来た人が製法を教えてくれたから沖人、黒田藩の飢饉《ききん》のときに人を救ったからお救人《きゅうと》などいろいろあるんですが、はっきりしませんね。原料はエゴノリで、北陸でもイゴテン、エゴテンなどと呼んで食べています。

西島　私たちが小学生の頃は、朝、学校に行く前にオキュウトを売りに行きよったですね。「とわい、オキュウトわい」と掛け声をかけて……。ひょうげて「オキルトバイ（起きるとバイ）」と言ってたこともあります（笑）。

福岡県庁（天神）の前を通るオキウト（オキュウト）売り。昭56年

帯谷　あの声は戦前の育ちには懐かしいですね。食べ方も今ではマヨネーズやゴマ、酢じょうゆをかけて……といろいろありますが、磯の香りを消さないためには、削り節に生じょうゆ、これが最高で、博多の食べ方です。

宮地　博多の朝食には欠かせないものだったでしょうね。

帯谷　そうですね。みそ汁とオキュウト、箱崎のノリが一般的なメニューでしたね。残念なことに箱崎のノリは四十年（一九六五）ごろなくなってしまいましたが、これは最高のノリでしたね。

宮地　**（博多祇園）山笠**には……。

帯谷　山笠はごちそうはないんですね。というのも、男たちは山笠で家を出払っていますから、ごりょんさんは家事と商売で大忙しなわけです。そこで料理は自然と男でもできるものになってしまいます。かまぼこ、コンコン（漬物）、あさり汁くらいですね。

宮地　なるほど、ごりょんさんへの思いやりですね。お盆などは……？

西島　お盆は**アチャラ漬け**と**タラワタ**、焼酎ですね。

帯谷　アチャラというのはあちらという意味で外国のことだろうと思われます。凍《こおり》コンニャクにレンコン、ゴボウ、ユリ根、ショウガ、昆布、木クラゲなどを二杯酢でトンガラシと漬けてあるんです。焼酎には砂糖を入れて飲んでいましたね。タラワタは骨付きのタラの干物を煮たもので、義理にもごちそうではありません。

宮地　九月になると**放生会**《ほうじょうや》。放生会は**幕出し**でごちそうだったでしょう。

帯谷　幕出しは町内ぐるみのレクリエーションで鍋、釜、七輪から酒、食料、衣装一切を長持ちに入れて、男も女も新調の放生会ぎもんで箱崎浜に繰り出し、飲めや歌えの大騒ぎをしたんですね。ごちそうは、三段になった堺重《さかいじゅう》の中に放生会ガメ（カニ）、末広かまぼこ、オオスボ、がめ煮、糸こんにゃくなど。それに箱崎の浜で取れる魚を鍋ものにしたり、甘酒もありましたね。

宮地　秋はサバのおいしい時期ですが、**ゴマサバ**も博多の味の一つですね。

帯谷　サバは博多のサバが日本一だそうです。対馬から五島までのサバがいちばんおいしいんだそうで、ゴマサバは何といっても新鮮なサバでないと駄目ですから、東京に行った博多の人間がどうしてもゴマサバが食べた

くなって、作ったところが中毒を起こしたなんて話もよく聞きますね。

　そのほかに秋といえば、栗節句に栗ごはん、冬至に、いった黒豆をご飯に炊き込む黒豆飯《めし》を食べますね。

西島　年末は運そばですね。博多では年越しそばのことを運そばといいます。

帯谷　運そばは博多が発祥の地なんです。運そばを始めたのは宋の謝国明《しゃこくめい》という人で、この人は一説によれば宋人と博多の女性との間に生まれたということですが、博多湾の漁業権を全部持っているほどの大商人だったんです。この謝国明が山笠を始めた聖一国師《しょういちこくし》について日本に帰ってきて承天寺を建ててやったんですね。

　その謝国明が、ある年博多の町が不景気で天災地変が続いて、町民がお正月を迎える元気もないときに、大みそかに承天寺へ集まれという布令を出すのです。博多の人は何だかよくわからないけど、謝国明が言うんだからとにかく行ってみようと集まりました。そこでカユノモチを振る舞ったと書いてあるんですね。それがそば粉をかいたもの、いわゆるかきそばだったんです。

　そこで町民もそばを食べて、こんなことしておれんと元気を出して年を迎えたところが、その年が非常にいい年であったというので、あのそばから運がついた。運そばと言いだしたというんです。

ブリかアラか、はたまたタイか……雑煮論争

宮地　さていよいよ博多のお雑煮ですが……。
西島　これがなかなか問題がある（笑）。
帯谷　ブリを使う家と使わない家がある。この両説、それぞれに頑固で……（笑）。
西島　家によってはアラかタイというところもある。
帯谷　どうしてアラやタイなのかというと、博多の雑煮はダシがとても微妙なんですね。せっかくの微妙なダシに、青魚のブリを入れると味が濁るというわけです。
宮地　博多では焼きアゴをダシに使いますね。
帯谷　昆布と焼きアゴですね。焼きアゴは腹と頭を取って、ガーゼに包んで昆布と一緒に水に一晩ジワーッと漬けておくんです。そして朝、鍋にかけるんですが、沸騰すると昆布やアゴの苦みが出てしまうので、その前に外します。そしてシイタケの汁を加え、煮立つ直前に削り節を三回くらい振るだけです。これでたいへん微妙な味わいのダシが出ているわけです。ですから、その味を壊さないために魚は白身のほうがいいわけですね。
西島　私は自分の小さい頃のことしか知りませんから、雑煮といえばブリだと思っていました。
帯谷　ブリは出世魚でおめでたいですし、大ブリな年を取るということでもお正月の魚とされているんですね。それに、博多の雑煮のダシは微妙すぎて、薄味すぎるということで変わってきたのかもしれませんね。
　ついでにいうと、餅は丸餅を使い、焼かずに水餅をだし汁に昆布を敷いて煮るんですね。昆布を敷くのは、鍋の底に餅がくっつかないためです。
　独特の大ぶりのおわんに、カツオ菜、里芋、焼き豆腐と、ここまでが博多雑煮の古い形です。今ではかまぼこなども入ってにぎやかになっていますね。
　これにダシ汁と煮た餅を入れるわけです。餅と具を一緒に煮ると汁が濁るので別々に煮て、きれいな澄まし仕立てにするのです。
宮地　暮に、婚家へお嫁さんの両親がブリを持っていく習慣があるようですが……。
帯谷　嫁ごぶりがいいように……というわけでブリなんですね。お雑煮に使わない家ではナマスにしました。
宮地　家庭料理じゃないかもしれませんが、博多の〝水炊き〟も有名ですね。
帯谷　水炊きはもともと中華料理の鶏の水煮で、明治三十年代、林田平三郎さんが香港で習って博多で「水月」という店を開いたのが

始まりです。

始めは売れなかったようですが、移転に反対して残った柳町「新三浦」が始めたところ、九大医学部の教授や学生が愛用するようになりました。当時の学生の大半は一高、三高出ですから卒業して関東や関西に帰って「博多に水炊きというハイカラで安くて栄養満点の料理がある」と宣伝したため名物になりました。ですから明治の終わりから大正にかけて名物になった料理です。

これもアレンジされた料理で、スープから始まってぽん酢や薬味を生かし、さらに野菜からうどん、餅、雑炊まで広げて日本の味にしたのは博多人です。二系統ありまして、水月系はスープが澄んだコンソメ、新三浦系はポタージュで濁っています。本山荻舟《てきしゅう》の『飲食事典』には博多の人は家庭料理と称すると書いてあります。

ラーメン、からし明太子 アイデアで勝負の新名物

宮地　よその人は博多というとからし明太子と思っているようですが……。

帯谷　そもそもは明太《めんたい》魚子は韓国のものなんです。あそこは市の立つ日には臭いくらいに明太魚子の干したものが出回ります。冬になると子を持ちますから、それをトンガラシで漬け込んで売るんです。あちらの冬の風物詩のようなものですね。

戦前、釜山におられたふくや先代の川原俊夫さんがあの味が忘れられず、工夫して今の味を作られて評判になりました。それ以前にも似たものを作っていた店もありました。

宮地　いつ頃の話ですか。

帯谷　「ふくや」を始められたのは昭和二十七年（一九五二）ごろだそうですが、ワッと売れ始めたのは昭和四十年（一九六五）くらいですから、そう古い話じゃありませんね。今ではからし明太子といえば博多ということになりました。

西島　この前、函館でも売ってたんで買ってみたんですが、ぜんぜんおいしくないんですね。

帯谷　だいたい原料のタラは北海道からも来ているんです。北海道では、何も自分の所でとれる明太子が博多で有名になることはない、こっちでも……と思ったようですが、どうしても勝てない。博多のからし明太子で名が通ってしまうと盛り返すのはなかなか難しいですね。名物は必ずしもそこでとれるわけではないこともありますものね。

宮地　名物といえば東京辺りでは博多ラーメンがもてはやされていますね。

西島　博多ラーメンというと豚骨スープで白く濁って脂が浮いたものですよね。かなり癖が強いんですが、全国的に広まったのはインスタントラーメンで登場してからですね。最初は癖の強いあの味が受け入れられるか不安だったんですけど、一度食べなれてみるとあれでなくちゃいけないんですね。

帯谷　代表格は長浜ラーメンでしょうが、以前は真夜中にベンツが止まってたりしましたね。

西島　長浜という土地柄が良かったんですね。まず港に船の着いた人が食べる。市場に朝来た人が食べる。中洲で飲んできた人が食べる。仕事が終わったバーテンの人たちが来る。するとまた朝になって漁師さんたちが食べに来る……と二十四時間営業ですものね。

帯谷　替え玉といっておつゆが残っていると五十円で玉だけポーンと替えてくれる。あれも名物でしたね。

宮地　ラーメンといえば屋台ですね。中洲や天神には屋台がズラーッと並んで、博多に来られたお客さんにはたいへん珍しいらしく、喜ばれますね。

帯谷　屋台は本当に安くておいしかったんですね。屋台では器で勝負するわけにもいかないし、店のつくりで勝負するわけにもいかない。それで自然と味だけで勝負ということになって……。材料も沖物のいいのを使っていましたし、屋台のおやじからも包丁一本でこれから成長するんだというような気概が感じられていましたね。

近頃では、こういう職人気質が少し薄れたようで残念です。

しかし、博多の屋台は楽しいですね。ほかの土地では屋台というとわびしい雰囲気が漂うんですが、博多は陽気なんですね。ごはんが足りないというと、隣の屋台から一膳借りてこられるオープンさが魅力ですね。

宮地　ビルの中では腹いっぱいになっていても、外に出て屋台に座れば、また食べたり飲んだりできますものね。

帯谷　バラエティーがありますもんね。すしからラーメン、天ぷらからおでんからうどん……。

西島　サンフランシスコのフィッシャーマンズワーフのようなものを築港の所に造ったらいいでしょうね。常設して、いつでも新鮮な魚を安く食べられるようにするといいですね。

食通の天国……博多

帯谷　甘いもののことに移って、**まんじゅう**が博多で生まれたことはあまり知られていないですね。

承天寺を建てた聖一国師という人がいますが、この人が仁治二年（一二四一）に宋から博多へ帰ってきて、禅宗のお坊さんですから托鉢をして歩いていた。そのときにたいへん親切にしてもらった栗波吉左衛門にまんじゅうの製法を教えます。そして自ら「御饅頭処」と字を書いて与えます。これは現在でも残っていますね。

その後「虎屋」という屋号になります。これが日本におけるまんじゅうの始まりなんですね。ところが一般には**龍山禅師**についてきた**林浄因**《りんじょういん》が奈良に伝えたものが、京の饅頭屋町にも移り、さらに江戸に行って塩瀬になった。これが始まりと思われています。しかし私は、博多説を信じていますね。

ただし、虎屋系のまんじゅうは酒種のまんじゅう。塩瀬系は薬まんじゅうです。博多に今でも甘酒まんじゅうが多いのは、その名残なんですね。

宮地　甘党にはうれしい話ですね。博多のまんじゅうが気をはいているのは、そうした土壌もあるのでしょうね。ところで辛党のほうは……。

帯谷　江戸時代までは加賀の菊酒と博多の**練り酒**が二大銘酒だったんです。練り絹のごとしという意味なんですね。製法をみますと一度つくった酒に焼酎と甘酒を加えたとありますから、かなり度数は高かったのでしょう。日本の代表酒の一つです。桃の節句の白酒はこれから生まれた酒です。

宮地　うまい食べ物にいい酒。庶民の暮らしに溶け込んだごちそうの数々、博多は本当に食べ物の宝庫ですね。

帯谷　現在の**お茶**が初めて伝えられたのも博多です。**聖福寺**《しょうふくじ》を開いた**栄西**《ようさい》が持ってきて、境内に植えたのが始まりです。その種が何粒か京都へ流れて、宇治に根付いたんですね。お茶には深い霧ときれいな水、そして夏の日照りが必要なんですが、宇治はちょうど条件にぴったりだったのです。現在、八女茶は日本一の生産量を誇りますが、八女にもこういった条件がそろっていますね。

そのほか、**菜種**が伝えられたのも博多ですし、日本の食物史から博多を取り去るといくつもの料理が姿を消してしまうほど、大きな役割を持っているんですね。食い道楽には天国といえそうです。

宮地　貴重なお話をどうもありがとうございました。

■帯谷瑛之介氏　15ページ参照

38

お櫛田さんと博多町人

〔お話〕
福岡大学 教授
武野　要子

〔聞き手〕
博多町人文化連盟 理事長
西島　伊三雄

福岡相互銀行
森田　孝雄

対談：昭和六十一年（一九八六）七月

振袖まつりに集まった娘さんたち。大４年、櫛田神社

博多の町と平清盛

森田　今日は**櫛田《くしだ》神社**と博多町人ということで、櫛田神社に伝わる古文書の中に出てくる町人の様子から、昔の博多の町をのぞいてみようということなんですが、櫛田神社といえば博多総鎮守で、博多っ子にとっては、たいへんなじみの深い神社ですね。

西島　（**博多祇園**）**山笠**にしろ、**どんたく**にしろ、博多っ子は事さえあればお櫛田さんに集まりますもんね。**博多祝い歌**にも〝さても見事な櫛田のぎなん、枝も栄ゆりゃ葉も繁る〟とあるように、**櫛田神社の銀杏《ぎんなん》**は市内でも有数の巨木で、シンボルのようなものですし、社前の「**力石《ちからいし》**」など文化財も多く、博多の顔ですね。

　櫛田神社は**承天寺《じょうてんじ》**から分かれてできたと聞いたことがありますが……。

武野　櫛田神社の社史の中には西暦七〇〇年ごろできたと記してあるんですね。とにかく

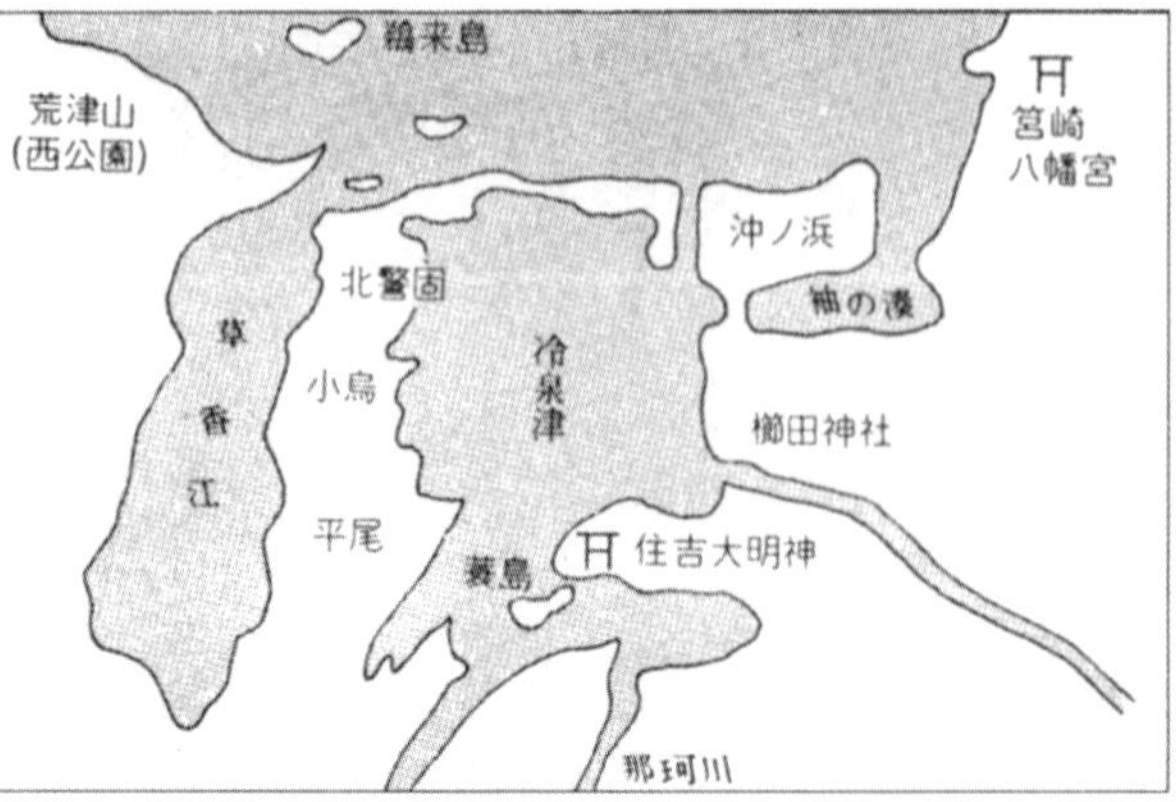

古い由緒のあるお宮さんですからその創建には諸説がありましてね。私は**平清盛**《たいらのきよもり》が大宰《だざい》大弐《たいに》のとき勧請《かんじょう》したのではないかと思っています。博多と清盛というと意外に思われるかもしれませんが、たいへん深い関わり合いを持っているんですよ。

西島　博多の者は戦国時代に焼け野原となっていた博多を復興した**豊臣秀吉**《とよとみひでよし》を博多の元祖のように思っていますもんね。

武野　そうですね。平清盛というと平家物語にも出てきますが、最後は熱病で死んで、おごる平家は久しからずと悪玉にされていまして一般的な人気がないんですね。しかし博多を考える上では、秀吉とともにとても大事な人です。

　平氏と九州との関わり合いは清盛の祖父にあたる**平正盛**《まさもり》の時代からその兆しが見えています。武士の棟梁として九州へ赴き、肥前藤津荘の平直澄《なおずみ》や源氏の源《みなもとの》義親《よしちか》を討伐したりしています。その子**平忠盛**《ただもり》の時代になると結び付きはもっと濃くなり、西国地方の受領《ずりょう》を務め、やがて九州の肥前神埼荘《かんざきのしょう》の荘司《しょうじ》となります。ここは白河法皇の荘園で、忠盛はその代官のようなものだったのですね。清盛は**後白河**《ごしらかわ》**天皇**の保元二年（一一五七）に大宰大弐に任じられています。この任官は九州の掌握と日宋貿易の足場を確保するためのものだったんですが、宋船の出入りの中心は博多ですから、ここに平家の貿易拠点をつくったんです。これが**袖**《そで》**の湊**《みなと》ですね（右図参照）。袖の湊は日本で最初の築港といわれているくらいで、これ抜きには日本の国際貿易は考えられません。

昭31年の櫛田神社の大銀杏と町なみ

森田　袖の湊というと、今のどの辺りですか。

武野　呉服町一帯と思われますね。袖の湊という名前もおもしろいんですが、これは実際に着物の袖の形をしていたんですね。それを包んで沖ノ浜があって貿易の中心地となっていました。その横の所には**妙楽寺**《みょうふくじ》があったようですね。妙楽寺が今の場所に移されたのは**黒田長政**のときですから、それまではこの袖の湊にあったんですね。

森田　妙楽寺というと博多三傑の一人で秀吉にかわいがられた豪商**神屋宗湛**《かみやそうたん》や、朝鮮との密貿易で打ち首になった悲劇の博多商人**伊藤小左衛門**《こざえもん》の墓のある所ですね。

西島　昔の袖の湊の辺りに、今でも**沖ノ浜神社**という小さい祠《ほこら》がありますよ。

武野　つまり清盛は日宋貿易の経済拠点として袖の湊を造り、博多の人々の心のよりどころとして櫛田神社を造った、と考えるのが理屈に合っていると思います。

西島　すると承天寺から分かれてきた……というのは？

武野　社伝にはたしかにそう書いてありますが、その点どんなものでしょうか……。

博多オールガイド「博多津要録《はかたつようろく》」

森田　その櫛田神社の古文書の中に、博多を知る上で重要なものがあるんですね。

武野　櫛田神社には**櫛田文庫**と**櫛田神社文書**《もんじょ》という二つがあるのです。櫛田文庫は日本の図書館の初めだったといわれていますが、内容は漢籍の類いが主です。櫛田神社文書のほうは博多町人とかなり関係ある資料がそろっていて、資料の宝庫です。総数千百二十六点で、戦国期から昭和期にまで及んでいます。

　戦国期のものは**大友氏**の博多支配を物語る文書や秀吉の博多復興に関する文書、この中で「**定**《さだめ》」は博多津に楽市楽座、廻船の自由などを保証した文書として有名ですね。江戸時代以降では博多の町政の記録である「**博多津要録**」、各戸の営業種目と運上銀（営業税）を記した「**博多店運上帳**《はかたみせうんじょうちょう》」など、近世博多研究の上で重要な資料です。他に延宝年間から明治の初め（一六八〇〜一八七四）にわたる「**山笠記録**」などもありますね。博多の資料は個人所蔵のものもたくさんあったと思われるのですが、保存状態が悪くあまりのこっていません。それでこの櫛田神社文書がたいへん重要となってくるのです。

いつ、どうして櫛田神社に集まったかは必ずしも明らかではないのですが、ただ櫛田神社はほとんど火災に遭ったことがないんだそうですね。それで本能的に大事なものは櫛田神社に持ってくる……というふうになったんじゃないだろうかという説があります。

櫛田神社文書の中でまず最初に挙げなくてはならないのは「**博多津要録**」で、これは福岡県文化財に指定されています。三十七年間も**博多年行司**《ねんぎょうじ》を務めた**原田安信**《やすのぶ》の撰になるものだといわれています。二十八巻あるのですが、惜しいことに第一巻は消失していますね。

森田　「年行司」というと……。

武野　博多の町役人のことですね。博多年行司は鎌倉時代の頃から置かれていたといわれています。人数は十二〜十六人でした。慶長五年（一六〇〇）に黒田長政が入国したとき、それまでの慣例どおり年行司は十二人と決め、一年に四人ずつの輪番勤務としました。次第に減っていって、元文三年（一七三八）からは半年ごとの交代となり、人数も二人になっています。

年行司は奉行が決めましたが、**町年寄**《まちどしより》の入札で奉行が決めたこともありました。年行司の仕事は年行司役所に出勤して、町奉行の申達を受けて博多津中に伝え、運上銀の取り立て、人足入目《にんそくいりめ》の算用など重要案件を審議、実行し、町年寄や**組頭**《くみがしら》を町奉行に推挙したりしていました。町奉行は町の行政司法を管轄する**藩士**ですが、寺社奉行を兼ね、二人で輪番。馬廻《まわ》り組以上三百石以上の上士で、福岡と博多の町人を支配していました。その下に年行司を頂点として、町年寄や組頭によって代表される町人社会があります。町年寄は、博多の各**流**《ながれ》から一人、輪番で月行事ともいわれていたと古文書に書いてあります。その下に一町内の十戸か二十戸ごとに組頭があって、この組織で諸般の運営と切銭《きりせん》を集めることなどしていたのですね。ほかに養育方というのを二〜三人置いたりしていました。町人社会のいちばん上の指導者が年行司で、博多の町と奉行所との間の交流を図る役割を果たしていたのです。たとえば山笠を指導していたのも年行司です。

森田　編者の原田安信はいつ頃の人ですか。

武野　はっきりと何年から何年というのはわからないのですが、江戸時代半ばの人です。福岡名島町劉家〈鉄屋〉の出、博多川端町の原田家の養子となり、年行司を三十七年間務めた人です。

「殿様、税金が安すぎますバイ」

森田　何年間分の内容が入っていたのでしょうか。

武野　巻之二が寛文六年（一六六六）からで、巻之二十八が宝暦四年（一七五四）ですから、百年くらいの記録ですね。内容としては博多の町の仕組み、町役人、町人の格式、問屋、**御用銀**《ごようぎん》、**運上銀**《うんじょうぎん》、**人馬人足継所**《つぎしょ》、町人の公役《くやく》・負担、**切銭**、博多織、櫛田神社の普請《ふしん》、**松囃子**《まつばやし》、**山笠**、そのほか博多に関するいろいろな記事です。文字どおり博多津の要録ですね。

西島　運上銀など独特の用語ですね。現代風にいいますと……。

武野　そうですね、運上銀は商人の規模に応じた運上、つまり営業税ですね。ご用銀は藩の行事などへの献上金。人足継所は幕府の目付や周辺の大名の家臣、また長崎奉行の出立、参勤交代など、折々に人足と馬を動員する、それをスムーズに果たす役目ですね。切銭は日ごと月ごとの負担金の集金、松囃子は一月十五日に行われていましたが、どんたくの前身です。

興味深い固有名詞も出てきますよ。伊藤小左衛門の名前も出てきます。ところが小左衛門のことは目次だけあって内容がないんです。伊藤小左衛門は朝鮮との密貿易で打ち首になっていますから、殿様に遠慮して後からそこのところだけ隠したのかもしれませんね。

森田　文書の記事でおもしろいのには、どのようなものがありますか。

武野　町人同士のけんかですとか、遊び好きの町人某が誤って妻を殺し、その仇討ちを妻の父親が遺言して自害した話だとか、生活的な細かい記事まで出てきます。いわゆるお役所的な編さん物じゃないようですね。博多の町人に溶け込んでいて紋切り型の資料じゃないのでおもしろいんです。

　鰯町だったでしょうか。税金が安すぎるからもう少し差し上げます、と申し出たなんて記録ものこっていますね。

西島　鰯町というと今はありませんが、川端から真っすぐ突っ切った浜のほうですね。

武野　資料によりますと海産物問屋が多かったようですね。問屋街だったのでものすごくもうかって、それで税金をもう少し差し上げます、と申し出たようです。殿様も素直にもらっています。「まあ、そう言わんでもいいじゃないか」なんてことは言っていませんね（笑）。

　既存の鉄かね問屋へ新人の参入願いもあります。これは七〜八軒の問屋の猛反対でダメ。姪の浜の町人が博多の酒屋営業権を譲り受けようとして、在郷はダメと反対される、新旧の対立、商戦の厳しさは昔からですね。

　上方町人からの厳しい督促に音を上げているのもありますね。代金支払を幕府の力を借りて御給判という請求が来る。これには参ったでしょうね。

森田　経済情勢がありありと見えるようですね。

武野　繰り返し倹約令を出しています。料理、家作《かさく》、衣服、刀、音信、祝言、出産祝、交際の節減、振舞、贈答と項目を挙げましてね。

西島　博多っ子も参ったでしょうね。

武野　忠義を励め、朋友間を正しくといったことも出てくる。

西島　殿様も勝手だな（笑）。

森田　いろんな資料が年行司のところに集まる仕組みになっていたのでしょうか。

武野　そうですね。年行司が町の取り締まりの総括でしょう。だからいろんな具体的な資料が膨大な量集まってきていて、原田安信が仕事上の必要からこれを編さんしたんだと思います。

西島　町人のほうから報告に来ていたものもあるでしょうね。

武野　そうですね。組頭が町年寄に情報を提供して、町年寄が年行司にこんなことがありましたよ……という調子で報告をすることはありましたでしょうね。

森田　司法権は持っていなかったのでしょうか。

武野　裁判記録的なものはないんですが、町年寄の上ですから親方格でしょう。そして年行司は町年寄の互選か入札で決めていましたので人望もある。上に立つ人ですから、もめ事があればそこに出かけて行って調停するということは当然考えられますね。

森田　そういう資料が櫛田神社に集められていたからのこったのでしょうね。

武野　最初から櫛田神社に収めてあったのではなく、年行司役所に集められていたんですね。ところが年行司役所には年行司の自宅を使っていた場合もあるらしく、個人の家ですと火事に遭ったり雨にぬれたりという恐れもあるので、櫛田神社にお預けしといたほうがいいんじゃないか……ということで預けたんじゃないかという考え方と、一時的に櫛田神社に年行司役所的なものを置いていたという説もあります。といっても、櫛田神社に役所があったわけではなくて、年行司が櫛田神社に寄り集まって……という具合に寄り合いの場所のようになっていたのではないでしょうか。

〝流〟で盛り上がる山笠

西島　山笠が出てくるのは、この博多津要録ですか。

武野　ええ、博多津要録や山笠記録帳、祇園山笠ならびに能定格渡帳《のうじょうかくわたりちょう》など櫛田神社文書の中にたくさん出てきます。山笠の経費は切銭によって賄われてていました。切銭は、日ごと、または月ごとに積み立てる町内会費のようなものですね。

西島　山笠は明治でいったん途切れていますが、それを除けばずっと続いているんでしょうか。

武野　続いていますね。江戸時代には殿様がご覧になったり、藩が奨励金を出している時代もありますね。

西島　昔の山笠の絵を見ると、台上がりしている人が軍配を持っているんですね。今は鉄砲といって赤い布の付いているものですが、あれが年行司だったかもしれませんね。山笠というと、これは各町内の流で保存されて現在へ伝えられたのですね。昔の流はいくつだったのでしょう。

武野　博多が大内支配の後、大友、龍造寺、島津の激戦地となって焼け野原となっていたのを秀吉が復興しますね。一小路というのを中心に、東西に流をつくっていったのです。有名な**太閤町割り**ですね。

　流は○○通り、○○筋のようなものですが、それぞれの連帯結束意識が強く、町の行事もこの流によって運営されました。一月十五日の松囃子、これは現在のどんたくですが、それと山笠の運営もこの流があって維持されたのですね。

　古くは東町、呉服町、西町、土居、須崎、石堂、魚町の七流で、享保元年（一七一六）には新町、厨子が加わって九流、幕末は、博多店運上帳によると、新町が岡と浜に分かれて十流でした。

西島　今は区画も変わるし、町名も変わって……。今は飾り山《やま》笠が十二、舁《か》き山笠が七流になっていますね。

揺り合わせて丸く収める町人気質

武野　ところで櫛田神社文書としては他に「**博多店運上帳**」があって、博多の店の名前と屋号、職種、運上銀の多寡と、いつ納めたかということが載っています。

森田　税金の台帳ですね。

武野　それがなぜ櫛田神社にあるかというと、藩が町に税金をどれだけ納めさせるか決めると、その振り分けは年行司がやるんです。おたくの流はこれくらい、おたくはこれくらい……というふうに決めるわけです。それで年行司の資料として櫛田神社にあるわけですね。

森田　その当時の博多の町にはどんな店が多かったんですか。

武野　衣食住に関わる商品の製造、販売業が多いようですね。具体的に申し上げますと代《し》呂物《ろもの》問屋（雑貨商）、かんきつ野菜商、売薬商、搗米《つままい》商、櫨蝋《はぜろう》板場、綿弓《わたゆみ》（木綿商）、生魚問屋、相物《あいもの》問屋（塩魚・干魚商）、船問屋などです。福岡藩の特産物である蝋、綿弓、魚類の製造、加工、販売業がさすがに多いですね。てぼ、そふけなども出てきます。てぼ、しょうけのことで笊《ざる》屋ですね。志荷《しか》というのもあります。これは農村の必需品を天びん棒で担って売り歩いた行商でしょう。

昭29年の西町流の追い山ならし。町の様子が写っている。

店ごと、名前ごとに銀三匁《もんめ》なんて克明に書いてある。当時の町並み、商人の生活が目に見えるようで、本当に興味のある資料ですね。中でも特に運上銀納入額が多いのは相物問屋や船問屋でした。

西島　当時、そんなふうに税金を振り分けて取り立てられたというのは、博多の町の組織がよっぽどしっかりしていたからでしょうね。

武野　年行司が流ごとに振り分けを決めて、それを各戸に分けるわけですが、驚いたことに誰もそれに対して文句を言っていないんですね。ものすごく自治的というか、不思議なくらい統制が取れていますね。一方で不満がないように振り分けた年行司の腕もすごい。町人から信頼されていないと、こういうふうにはできませんね。

森田　年行司の制度は博多だけなんでしょうか。

武野　そうですね。ほかの地方ではあまり聞かないですね。とにかくもめないというところに博多町人の伝統のようなものを感じますね。

森田　やはり博多独自の町人の争いをなくすためのシステムとして、年行司もあったんでしょうね。

西島　そういう町民同士の統制があったからこそ、いまだに山笠も続いていますし、どんたくも続いているんですね。どっちにしろ博多が豊かな町だったからこそ統制が取れたということが言えそうですね。

森田　博多店運上帳はいつの資料ですか。

武野　慶応末年から明治初めのものですが、それの基になる店運上帳も櫛田神社文書の中にありました。それは天保年間（一八三〇〜一八四四）のものでしたから、江戸時代からずっと運上帳を付けていたんでしょうね。

　町全体の負担を各流に振り分けることを「**揺り合わせ**」というんですが、この言葉には何かこう不平や文句もあってさまざまに揺れながらも、最終的にうまく振り分ける、そのところいかにも、もめ事のないように、うまい具合に平等にという姿勢が出ているように思いますね。いかにも博多的です。

焼け野原を大復興「楽市楽座令」

武野　時代的にはさかのぼりますが、もう一つ大事な古文書に、豊臣秀吉が天正十五年（一五八七）、九州出兵で博多に来たときに出した「**楽市楽座令**」があります。これは教科書にも載っているような大事なものですね。

西島　博多を楽市楽座にするという布令ですね。楽市楽座とは税金を取らないということですか。

武野　市と座を楽にする、中世的な座から商人を解放するという意味です。

　座というのは特権的同業者団体で、販売の独占権、課税免除などの特権を持っていました。たとえば奥の堂という地名がありますが、あれは奥の堂氏という豪族がいたので、そういうのだそうですが、その奥の堂氏が箱崎の油座を支配していました。博多における典型的な中世の座です。楽市楽座は市場税、商業税の免除および、座そのものの廃止を行うものですね。

西島　油を売る権利が独占されていたものを、もう誰でも売っていいというふうにしたんですね。

武野　秀吉はこのとき、朝鮮出兵をもくろんでいて、博多をその兵站《へいたん》基地にしたかったんですね。ところがその頃、博多は焼け野原でした。これは戦国時代に、海外貿易に地の利を占めた博多を狙って、肥前の**龍造寺**、薩摩の**島津**が進出してきて、博多を舞台に何度も戦争が起こされ、戦禍にさらされたためで、いちばんひどくやられたのが天正十四年（一五八六）、島津が大友軍を破って博多に入ったときです。**大友宗麟**《おおともそうりん》はたまらず秀吉に助けを求め、秀吉が薩摩攻めに乗り出して現在の出水《いずみ》で講和条約を結びました。ところが島津は撤退のときに町に火を放っていきましたから、博多は一面の焼け野原と化してしまいました。町民は戦禍を避けて皆逃げてしまっています。町民を呼び戻し、博多の町を復興するために秀吉は楽市楽座令を出し、地子銀《じしぎん》免除といって、家屋敷にかける税金も免除しています。商品流通を盛んにしませんと、朝鮮出兵のための兵糧《ひょうろう》も秀吉の思うように動きませんし、博多の復興は秀吉にとってもぜひ必要なことだったんですね。そしてこのとき、**島井宗室**《そうしつ》や神屋宗湛が天下の豪商として大活躍するのです。

　楽市楽座令は博多津に対して出されたので、年行司の手元に保管してあったんだと考えられますね。

森田　楽市楽座令では、ほかにどんなことをいっているんですか。

武野　けんか、口論をしたらいけないとか、秤《はかり》の統制、火の用心などを命じています。

森田　櫛田神社の古文書としては、ほかにどのようなものが……。

武野　年行司の誓詞があります。年行司になるときに藩に対して出されたものです。内容としては不埒《ふらち》なことを絶対にしないとか、キリシタンじゃないとか、殿様に対して誓いを立てているんです。つまり年行司はそれくらい責任のある地位にいたということですね。

　キリシタンでないという部分など非常に博多的です。博多はキリスト教の布教がたいへん難しい土地だったようです。日本で布教していた耶蘇《やそ》会士が、インド、ヨーロッパの会員に送った書簡集「耶蘇会通信」でも「博多はわが聖教を容《い》るるについて日本国中で最も頑固かつ頑迷なところである」と記録していますね。これは博多がキリスト教布教を頑として拒んだというよりは、無関心だったのでしょう。国際都市博多では南蛮の宣教師も珍しくなかったのでしょうし、博多町人の功利性や現実主義は教理への無関心となって表れたのでしょう。

町人と共に……お櫛田さん

西島　お櫛田さんには災害に備えての米蔵が建っていたそうですが、その話を聞かせてください。

武野　今でも石碑が立っていますが、**備荒貯**《びこうちょ》**蓄**《ちく》のための米蔵があったんですね。江戸時代の後期になって博多町人の側から自然と話が出てきて始まったのです。町人の主な人たちがお米を出しまして、それを借りに来る人たちに出してあげるというようなことをやっていたようです。

西島　災害に遭ったから造ったのではなくて、いつ災害があるかわからないからそれに備えて造った……というわけですか。

武野　博多町人の用心深さといいますか、自分たちのことは自分たちでという連帯意識のようなものがよく出ていると思います。お米を貸すのは、例えばお米の値段が高くて困ったときなどが多かったでしょうね。

　米蔵の場所はよくわからないのですが、今の**櫛田会館**のあたりではないかと思いますね。社殿の右手です。櫛田会館は大正十三年（一九二四）に備荒貯蓄のお金で建てられたんだそうです。

　また櫛田会館の前に**博多廉売**《れんばい》**の碑**というものが建っているんですが、これは第一次世界大戦の折に物価が急騰して町民の生活が圧迫されたとき、町民の有志がお金を出し合って輸送費などを出し、生産地と直接結んで櫛田神社の境内で日用品の廉価販売をした記念なんですね。公設市場といっていましたが、スーパーマーケットのはしりですね。やはり自助的な博多町人の性格がよく表れていると思います。

西島　櫛田会館は山笠の寄り合いなどよくする所ですね。とにかく昔から櫛田神社は博多っ子の集まり場所、緊急の場合の避難場所ですもんね。

森田　一つ不思議でならないのは、商売の神様を祀《まつ》ってあるわけでもないのに、どうして博多の町民が櫛田神社で寄り合いをしたり米蔵を建てたりするのかということですね。

西島　やはり昔ながらの心のよりどころというか……。

武野　そうですね。ですからやはり平清盛の思惑が当たっていると思いますね。今でも町民のほうが始終、出たり入ったり。私も資料整理のため三カ月ほど、あちらに通いましたが、いつでも誰かが来ているのですね。ちょっと一杯お茶を飲みに……という感じでいい雰囲気なんです。特に山笠の前などは、調査に行っても家のご主人はおられない。みんな、櫛田神社に集まっている（笑）。私が櫛田神社に初めてお参りしたときに思ったのですけど、櫛田神社は、何かこう町の真ん中にあるな……という感じがしたんですね。鎮守の社は高台にそびえている場合が多いですが、櫛田さんはそびえていない。いかにもその辺にある、町や人とのつながりがすこぶる濃い神社ですね。人間臭を強烈に感じました。

森田　博多の町と共に歩んできたお櫛田さんの姿がよくわかりました。今日はどうもありがとうございました。

■武野要子氏　37ページ参照

定　筑前国博多津

一、当津にをゐて諸問諸座一切不可有之事
※楽市楽座を定め、自由競争で都市の繁栄を図った
一、地子諸役御免許之事
※税金や労役の免除
一、日本国津々浦々にをゐて当津廻船自然損儀雖有之違乱妨不可有之事
※日本国中どこの港でも博多の船が遭難破損して避難してきた場合、乱暴などしてはならない。
一、喧嘩口論於仕者不及理非双方可成敗事
※喧嘩口論は理由の如何《いかん》を問わず双方を処罰する
一、誰々によらず付沙汰停止之事
※人に因縁をつけてはならない
一、出火付火其壱人可成敗事
※出火、つけ火は犯人一人だけを処罰し連座制はとらない
一、徳政之儀雖有之当津可令免許事
※徳政（すべての借金を棒引きにする法令を公布すること）が行われても博多だけは適用しない
一、於津内諸給人家迄持儀不可有之事
※博多に武家が家を持つことは許さない
一、押買狼藉停止之事
※押売りや押買いや乱暴、ろうぜきは禁止する

（※は小冊子編集者による註）

博多総鎮守　櫛田神社

福岡市博多区上川端町にある旧県社。祭神は大幡主命《おおはたぬしのみこと》（櫛田大神）、天照皇大神《あまてらすおおみかみ》、素盞嗚命《すさのおのみこと》（祇園大神）。

古来、博多の総鎮守として諸人の崇敬厚く、その歴史は、博多の一面の歴史でもある。境内にひときわそびえ立つイチョウは市内でも有数の巨木で、博多の古謡に歌われ、県指定天然記念物。江戸時代中期の博多津の年行司役所の公式記録『博多津要録』二十七冊、肥前鐘、蒙古《もうこ》碇石《いかりいし》、町内の力比べに使われた力石はいずれも県指定文化財である。室町時代末期、豊後（大分県）の大友氏が博多津に宛てた書状および、豊臣秀吉が博多を再興するにあたって発給した楽市・楽座関係史料は、博多を知る貴重な史料（市指定文化財）。また毎年七月一日から十五日早朝にかけて行われる博多全町挙げての祭事・博多祇園山笠は豪華絢爛《けんらん》、その勇壮さは全国にも比類がなく、重要無形民俗文化財となっている。境内の博多歴史館で社宝および山笠関係資料が展示され、飾り山も年中見ることができる。

（西日本新聞社『福岡県百科辞典』より）

住所／福岡市博多区上川端町一—四一

中村ハル

39 食を通して人を創る、中村学園の祖

［お話］**楠　喜久枝**
中村学園大学教授
［聞き手］**森田　孝雄**
福岡相互銀行

対談：昭和六十一年（一九八六）九月

明治人の意気に燃えて

森田　中村学園をおつくりになった中村ハル先生の自伝『努力の上に花が咲く』を読ませていただきました。先生のことは、小学五年生の道徳の教科書にも掲載されていますが、ご自身も言っておられるように、本当に〝いばらの道を切り開いて、努力に努力を重ねて歩いて〟こられたご生涯だったようですね。

学校をお始めになったのが六十四歳だったとか。全く驚きます。

楠　そうですね。現在の中村学園は先生が六十四歳のときに設立された中村割烹《かっぽう》女学院から発展いたしましたもので、学園ではハル先生を〝学園祖〟と申しております。

先生はその生涯の全てを女子教育に打ち込まれました。私も無我夢中で先生に付いてまいりまして三十年、今日あらためて中村ハル先生を語るとなると、「あんた、ちゃんと私ば見とったとな」という先生の声が聞こえるようです。

森田　若い頃からご苦労を重ねられ、己を律して社会のために尽くすという生き方、これは明治の人特有のものですね。私どもの創立者、四島一二三と相通じるところが多いように感じました。やっと先進国に伍《ご》した日本を一流国家にしていくんだという気概を、国民一人一人が持っていた時代だったのでしょう。

楠　ハル先生は明治十七年（一八八四）、早良郡西新町の農家に中村徳右衛門、サト夫妻の次女として生まれられました。四歳のとき股関節脱臼をされましてね。手当てが十分でなかったために一生、足が不自由になったと伺っています。七歳のときには、お母さまが他界される。それから先生が炊事をされたり、幼いときからずいぶん家族の面倒を見られたようです。

優秀な成績の先生を見込んで、将来はぜひ教師に……という西新町長伊勢田宗城氏のすすめで、西新尋常高等小学校に進学、首席で卒業しておられます。その後、県立師範学校に進まれ、明治三十五年（一九〇二）、十九歳で鞍手郡直方小学校の訓導として赴任、炭鉱の荒っぽい風土の中で教員生活をスタートされます。

その頃の先生は教師としての若い情熱に燃え、朝早くから夜遅くまで勉強なさる毎日だったようです。ところが二十五歳のとき先生のすぐ下の弟、関次郎さんが結核で倒れられ、このことが先生の一生に大きな影響を及ぼすのですね。

森田　その弟さんをたいへんかわいがっていらっしゃったそうですね。

楠　ええ。たいへん秀才だったそうでして東京高等商船学校に在学中の不幸でした。結核はまず転地療養ということで、先生は収入の大部分を関次郎さんの治療費につぎ込んでおられます。関次郎さんはその後十年ほど療養されて、いったんは快方に向かわれるのですが、大正十年（一九二一）に沖縄で他界なさいました。このとき先生は三十六歳。ひたすらに弟さんの回復を祈ってこられただけに、気持ちの張りを失ってしまわれたそうですが、思い直して結婚も諦め、一生を教育にささげる決心をなさいました。

　関次郎さんは先生が訪ねられますと、目に涙をためて治療費を押し頂き、後ろ姿に手を合わせて拝んでおられたそうです。死の直前に先生に送られた手紙の中で、「病床に就いて十数年の長い間、母代わりとして、姉さんに本当にお世話になりました。この大恩はたとえ死んでも忘れることはできません。不幸にして私は先立つことになりますが、霊魂不滅を信じています。私の霊魂は必ず残って姉さんの生涯を守り抜き、せめてものご恩報じをいたします」と書いておられます。

　このことはたいへん先生を勇気づけられたようで、中村学園の入学式、卒業式など折々の式辞には必ず「関次郎が私を守ってくれる」と話しておられました。

弟の死を転機に

森田　先生が料理を専攻しようと考えられたのは、いつ頃からでしょうか。

楠　教師になってから料理の勉強をしたいという願望を持っておられたようですが、弟さんの死を一つの転機として思い切って横浜に出て、優秀な家庭科の先生になろうと決心されたのでしょう。後々まで料理をしながら、「食うもん食わんやったら肺病になる。基礎体力は食べ物がいちばん……」と、よく言っておられましたね。

完成した当時の福岡高等栄養学校校舎。昭 29 年

　このとき、お姉さまのタミさんから四男の久雄さんを養子にもらわれています。この方が学園設立以来、陰に陽に先生を支えられた理事長の**中村久雄**氏です。

森田　横浜は、いちばんハイカラな街だったのでしょうね。洋食も中華料理も一級品の感じで……。でも、ずいぶん思い切ったことをなさいましたね。

楠　先生はいいと思ったらすぐ実行に移される。進んだ料理イコール横浜と、自然な気持ちだったのでしょう。昼間は小学校の教師で働きながら、毎日、夜の十時までコックとして東京や横浜の一流店を訪ねて、料理を学ばれました。帝国ホテルや雅叙園《がじょえん》などでプロの調理師に教えを請われるのですが、門外不出で教えてくれません。先生は懲りずに、自分の家庭科教育に懸ける情熱を訴えて、何度も通われたのですね。

森田　女性が大きな志でひたむきに頼まれる、これには先方も参ったでしょうね。自伝の中でもすしやカレーライスの作り方を教わった逸話が出てきますね。新宿中村屋のカレーライスの話には、**頭山満**《とうやまみつる》翁の名前も出てくるようですが……。

楠　ええ、当時中村屋のカレーライスはとても有名でしたが、見学を申し込むとキッパリと断られた。諦めきれずいろいろと考えられた末、中村屋のカレーがほかと違うのは、婿養子のビハリ・ボースがいるからだろうと思い当たったんですね。ビハリ・ボースはインドの独立運動の志士で、玄洋社の頭山満翁がかくまったという経緯がありますから、同郷の翁に紹介状を書いてもらおうと思い付かれた。このもくろみは見事に当たって、中村屋のカレーのこつを会得することができました。

　先生はこれらの料理を日本人の好みに合うように作り直し、中村式の調理法を生み出されました。家庭科の先生は、ただ料理を教えればいいというのではなく、本物に触れ、その技術を身に付けなければならないというところに着眼され、それを実行なさったところは、実に素晴らしいと思いました。

森田　横浜で**関東大震災**に遭われたんですね。

楠　ええ。その日、先生はいつもは二階の裁縫室でする勉強を、一階の自分の担任教室でやっておられました。地震と同時に外に飛び出されたのですが、その直後、校舎は崩れ落ち、火の海となったそうです。そのとき中にいた四、五人の先生は亡くなられて、自分だけが助かったのは、関次郎の加護があったからだとよく言われていましたね。

　震災後、先生は神戸に移られます。神戸時代は、先生の教員生活でいちばん華やかな時代だったのでしょう。その頃の話になるといつも顔がほころんでいました。

森田　横浜から神戸へ。生活感覚、味の感覚、ともに先端のハイカラな街ですね。たいへんな高給取りだったそうですね。

楠　「私は兵庫県でならした家庭科の先生だった。男先生など足元にも寄らん日本一の高給取りだった」と言っておられました。神戸でも先生は、給料のほとんどを料理研究に使われました。『学校を生活の場とした家事教育』という教師用参考書も出されて、注文が殺到したそうです。昭和四年（一九二九）には兵庫県視学委員も拝命、校長という話もあったくらいで、その活躍ぶりがしのばれます。

　こういう華やかな活動をしていらっしゃった先生が郷里福岡に帰って、**九州高等女学校**（現九州女子高校）に赴任なさるに当たっては事情がございました。

減俸承知で九州高女へ

森田　当時は不景気で、私学経営は軒並みたいへんだったでしょう。

楠　そうなんです。九州高女の創立者、**釜瀬新平**先生は中村先生の師範学校時代の恩師で、いずれ九州高女へという話はあったようです。けれども、釜瀬先生が急逝なさいましてね。不景気のどん底でただでさえ経営が思わしくないところに創立者の死で、学校の窮状はたいへんなものだったようです。後を継がれた**安河内健児**先生が、教員の強化に着手され、家庭科の主任として中村先生に白羽の矢が立ったわけです。

ボース。昭17年撮影

　先生としては気の進まない話だったでしょうが、恩師とのお約束ですから断ることもできず、昭和五年（一九三〇）、神戸での華やかな生活にピリオドを打ち、九州高等女学校に赴任なさいました。四十五歳のときのことです。

　神戸の学校と比べると校舎や設備はお粗末そのもの。がっかりしている先生に安河内先生は、釜瀬先生の仏前で、「現状では今のあなたの給料は出せませんが、ひとつ助けてください」と頼まれるのですね。神戸時代の月給百四十五円から一挙に八十円まで下げられたそうです。それでも先生は安河内校長の懸命になっておられる姿に共感して、九州高女のために専念なさったのです。

森田　今の人にはとてもできない話ですね。楠先生がハル先生にお会いになったのも九州高女ですね。

楠　ええ。私は昭和十七年（一九四二）、戦争が始まってすぐに九州高女に入学いたしました。

　私ども家族は韓国におりましたが、母が九州高女で教壇に立っていたこともあって、教育は姉妹四人とも九州高女にまいりました。十五歳年上の姉は、ハル先生が神戸から帰られて間もないモダンな先生のときに、下の姉二人はハル先生が九州高女に情熱を注いで、運動で全国制覇を目指していらっしゃるときに習っています。これは生徒獲得のために、「学校の名を挙げるには運動でもせにゃ」というわけで、なさったのです。

昭26年当時の中村ハル（中村割烹女学院長）

　これが実を結んでバレーボールの全国制覇など、スポーツの九州高女は着々と有名になりました。ですから上の姉は先生のことを「モダンなハル先生」と言い、下の姉たちは「怖いガマ先生」、口が大きかったんですね（笑）。

　三人の姉からさんざんうわさを聞いていたガマ先生に初めてお会いすると、「あんたが秋本さん（旧姓）の妹な」とおっしゃって、慈愛深いまなざしで私をご覧になりました。そのときは先生がすでに五十七歳ですから私にはおばあさんに思え、姉たちの言っていたような怖い先生には見えないなと思いました。後から考えれば、それがハル先生のいちばんいいお顔だったんですね（笑）。

　私は寄宿生で先生が舎監でした。学期末には先生に通知簿をお見せするのですが、「どうしてこげん悪いとな」と丸眼鏡の奥からニラまれる恐ろしいお顔、逆にいい成績だとみんなの前で恥ずかしいほど褒めちぎってくださいました。釈迦《しゃか》と夜叉《やしゃ》の両面をお持ちでしたね。

森田　昭和八年（一九三三）に教育功労賞、昭和十五年（一九四〇）に文部大臣賞を受けておられますね。

楠　先生の九州高女での精励ぶりに、安河内校長先生がせめてもの感謝の意をと、働き掛けてくださったようです。

　ハル先生といえば、盛大なバザーが忘れられません。先生が指導実演されたバザーはどれも大盛況で、多額の利益を生み、福岡の空襲で一時は丸焼けになってしまった校舎新築の大きな力となったそうです。

　こうして九州高女に尽くされた先生でしたが、昭和二十年（一九四五）に安河内先生が他界されてから、しっくりいかないこともあって、昭和二十三年（一九四八）に九州高女を退かれました。十七年間の奉職で、このとき先生は六十四歳でした。

六十四歳からの再出発

楠　今度は横浜時代からの料理研究の成果を生かして、ご自分で料理学校をつくろうと決心されます。これが**中村割烹女学院**で、唐人町の公会堂を借りての第一歩となったのです。

森田　生徒さんは何人くらいで。

楠　先生が料理学校をつくられたと聞いて、教え子が友人を連れてやって来る……、結局、入学希望者は四百五十人余りと大盛況でした。

　先生はどうしたら人が張り切るのか、よくご存じなんですね。学校に友人を連れてくると包丁がもらえる。何人世話したら包丁が何本という具合で。今でも学園は卒業のときに包丁を渡しますが、それはこのときの名残なんですね。もともとは、包丁を研ぐたび魂を研げという教えで、家の中にさびた包丁があるような家庭は駄目だ、が口癖でした。

森田　設立のときに当行がお手伝いしたようなことを聞いていますが。

楠　ええ、創立のときに五十万円をお借りになったそうです。このとき先生のお姉さま、**保坂タミ**さんがご主人には無断で担保を差し出された。太っ腹で、気持ちの大きいお姉さまですね。それから後は福岡相互銀行の四島一二三会長の**カツミ**夫人が先生の後輩ということもあって、心からご支援いただいたのだそうですね。

森田　会長は自助の人が好きでした。女手で大きな志を立てて頑張っておられる、私どもの記憶でも四島一二三にはハル先生が別格の方で、喜んでお手伝いさせていただいていたようです。

　楠先生は、割烹女学院創立当時から手伝っておられたんでしょう。

楠　私は大学で児童学を専攻していましたが、先生から毎日のように手紙が来るんですね。それこそ「ハハキトク」のような文面で、福岡に帰って自分の料理学校を手伝えとおっしゃるんです。根負けして福岡に帰りましたが、最初は生徒募集のビラ貼りから授業が始まれば材料の買い出しに……と、目の回るような忙しさでした。

料理学院も二年目には、入学希望者が七百五十人に上り、公会堂では手狭になりましたので、地行西町に新校舎を建てて移転することになりました。

　新しい学校をつくられてから先生は「これからは栄養の時代になる、栄養も考えられる人材を養成しないといけない」と言われて、**福岡高等栄養学校**をつくられました。

　先生が栄養のことを考えられた背景には、日系二世の素晴らしい体格がありました。体格には遺伝などの要素もあるが、やはり栄養。日本国民の体位の向上のために、料理を通じて国に貢献しようというのが先生の信念でした。また、この頃の栄養士はカロリーとかばかり言ってちっともおいしくない。ですから、基礎的な料理の技術を学んだ上でカロリーを考えられる、おいしいものを作れる腕の立つ栄養士の養成も目的の一つであったようです。

　栄養学校をつくられたときに経営も学校法人で行うようになり、ここに学校法人中村学園が誕生したのです。

森田　先生はその頃から私大の女子教育を、と考えられていたんでしょうか。

楠　そこまでは、まだお考えではなかったと思いますね。とにかく、まずは料理学校を成功させようとなさる、生徒が多数集まってくるが専門学校だから教養が足りない、そこで短期大学にして〝知徳体〟の総合的な教育を、と短期大学をつくられました。昭和三十二年（一九五七）のことですね。当時はほかに女子の総合的な養成機関はありませんでしたから、福岡県内の高等学校から多くの人が集まりました。

　ですから将来は大学を建ててというよりは、一つ一つが先生を駆り立てて広がっていったと言えるでしょう。私などは叱られながら一生懸命付いていっただけです。

森田　経営面でもたいへんだったことでしょう……。

楠　学園はドンドン発展するのですが、先生ご自身は無欲淡々で本当に質素な生活をされていました。しかし、学園のために出すべきお金はパッと出されましたね。寄付や寄贈を受けると、思うとおりのことができなくなると言って、寄付なども極力受けられず自力で借金をしょ（背負）って……、という状態がずっとのようでした。

　経営面では、現理事長の久雄氏が、当時は事務局長として先生を支え、先生は教育いちず、理想を追求して実践するという理想的な車の両輪だったと思います。

森田　先生の教育に対する火の玉のような情熱が、多くの人や支援者を惹《ひ》き寄せたのですね。

楠　ええ、師の鏡と申しますか、私がアメリカに二、三年行っていたときに頂いた手紙もあるんですよ。ご覧ください、小さい字でぎっしりと、便箋五、六枚も。綿々とした文章で最後のところに、「どうか身体を大切に、そして元気よく大いに修養を積まれて御帰国あらんことを祈って筆を止めます。さらば〱〱〱〱〱」、なんとも情熱的ですね。さらばが五回ですよ。この手紙を読むと、涙が出てきます。

森田　いいお話、いい手紙ですね。

楠　本当に先生は情の深い方でしたね。その表れでしょう。おもてなしにもこまやかな心遣いがありました。

　お茶をいただきたいな、と思う。すると先生はわかっていて、さっとお茶を出してくださる。先生をお訪ねすると、おなかはガボガボ、お菓子も五つくらい仏様に供えるように出してくださいました。

　お料理にも人間性ということをよくおっしゃって、「同じ材料を同じ方法で作っても、その人に真心と温かい愛情がなくては良い味も出なければ、カロリーも十分に保たれない」とおっしゃっていました。

　中村学園の入学式、卒業式には、先生が中心となって何百人分という料理が作られました。これが現在の中村学園事業部へと発展しているのですね。自分の手料理でもてなしたい……、もてなしの心ですね。

努力の上に花が咲く

森田　大学をつくられたのは昭和四十年（一九六五）ですね。そのとき、おいくつで。

楠　短大をつくられたのが七十二歳だったでしょう。それから「短大ではじっくりと研究ができんばい」とおっしゃって大学をつくられた。このときが八十一歳です。

　設立に当たって、私に向かって、「あんた児童出じゃろうが、文部省に顔の利くじゃろうけん、コネつけてきんしゃい」と、無理な注文です。ヤレヤレですが、私も恩師など駆け回って、いろんな先生方に会っていただきました。不思議なことにその方々が皆、この人のために何かをしてあげたい、となるんですね。

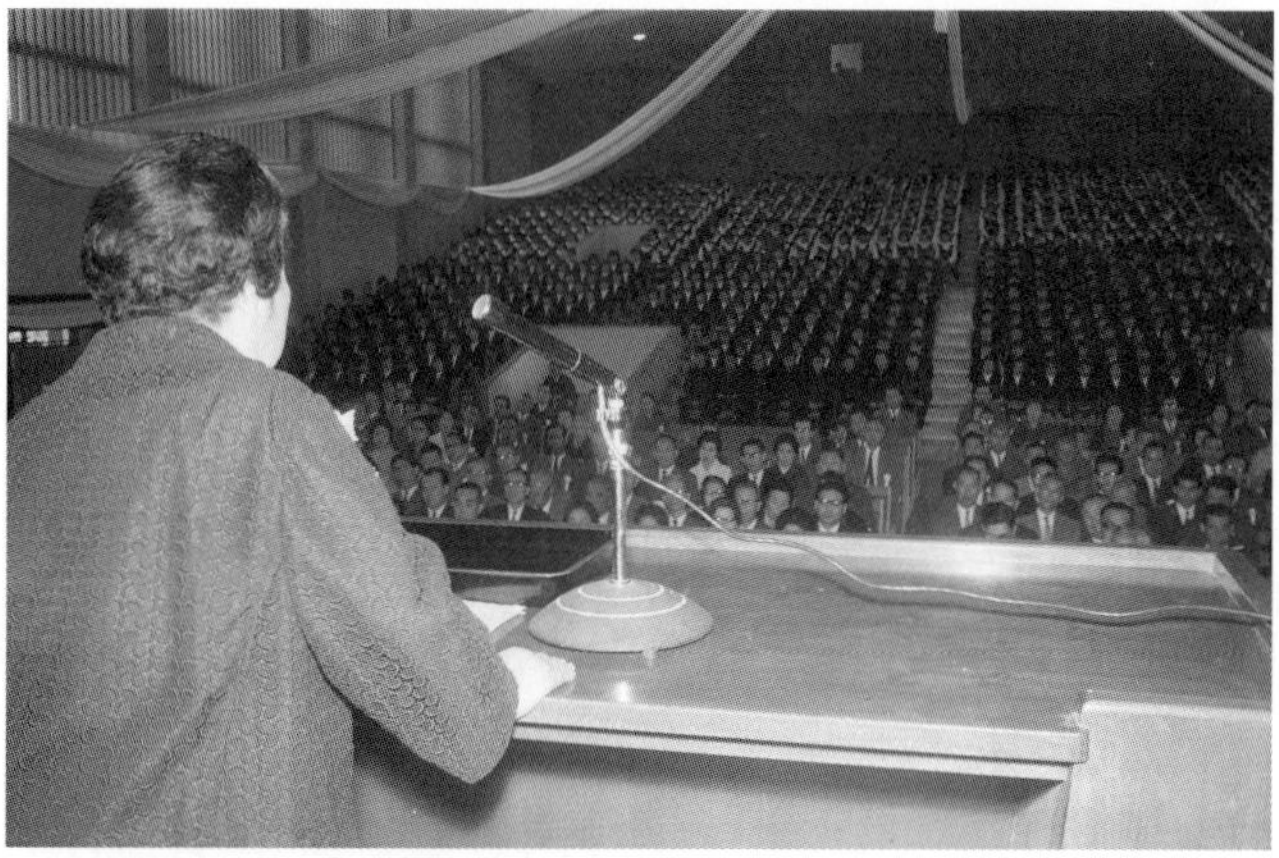

中村学園大学開学、新築校舎落成祝賀会。昭40年

森田　前会長の四島一二三も言っておりましたが、もうハルさんから頼まれると何でもしてあげたい……。

楠　不思議ですね。老若男女、皆ですからね。それは先生のお心が無だったからだと思うんですよ。全てを学校のために投げ打って、自分は粗末な部屋に住み、生活は質素にしておられる。この姿勢と熱意には、誰だって打たれますよ。先生の人柄にそういうものが染み込んでいたんですね。

　こうした先生の歩みでしたから、昭和三十八年（一九六三）に**藍綬褒章**、四十年に**勲三等瑞宝章**の叙勲をお受けになりました。このときには、天皇陛下から親しくお声を掛けていただいて、たいへん感激しておられました。

森田　その後、八十二歳であさひ幼稚園をつくられ、お亡くなりになったのは八十七歳ですね。先生はご満足だったのでしょうか。

楠　先生のやってこられたことは、とても常人にはできないことでしたね。幼稚園設立のときも血圧が高くなって、物が二重に見えるとおっしゃっていました。でも、自ら交渉にも駆け回られ、八十二、三歳までは、ご自分で教壇に立って教えていらっしゃいました。先生はまだまだなさりたいことがたくさんあったと思いますね。四年制大学の児童学科と食物学科で、人づくりと体力づくりの悲願をかなえられて、これからというときですからね。

ここにお葬式の弔歌があるのですが、先生を亡くした日は、まさにこういう気持ちでした。

天に祈り　地にひれふして
病癒《い》ゆるを　請い願いたる
われらの望み　いま絶え果てて
秋立つ空　とこしえに恨《うら》む
中村先生よ　なぜ逝きたまふ
われら　ただ　涙　流るる
ひたすらに　涙　流るる

森田　料理学校をつくられたのが六十四歳のときで、それから今日を築かれたのですからたいへんなものですね。

楠　晩年におっしゃっていたことですが、『中村さんちゃ、フのいい人じゃなあ』とよく言われるけど、口には言われん努力が実ったとは誰も言うちゃくれん」と。

また「天が将《まさ》にその人に大任を下さんとするや、先《ま》ずその人の心身をたしかめる」という、孟子の教えもよく口に出されていました。まさに天与の道と言いますか、教育のために生まれてこられたような方でしたね。写真を拝見しても、女教師の模範でしたね。

中村式、最新新調理法

森田　写真では、なにか明治のハイカラおばあさんの感じもありますね。

楠　ええ、ハイカラでしたよ。教師時代の先生はずっと髪を結って着物を着ていらっしゃいましたが、料理学校を建てられたときに、私たちが「先生、もうそんな髪はやらないから、パーマをおかけになったら」と言うと、「パーマちゃ、どげんしてかけるとな」。それから断髪されて、緩やかにパーマをかけられてモダンになり、お洋服も着られるようになりました。

森田　なかなかのおしゃれおばあさんで……。

楠　それはおしゃれでしたね。忙しくとも髪振り乱して……、ということはなかったですね。お化粧も襟からつけられるんですよ。いつも朝、美容師が来てきれいにセットして……。私どもは「あげな顔、化粧やらせんでもよかろうもん」とか言っていましたけど(笑)、男でも女でも、きれいな、ハンサムな人がお好きでした。

お料理というのは美しさを追求する心がなくてはなりませんよね。先生の作られた料理は美しかったですよ。味があって、先生そのものだったな、と今懐かしく思います。

森田　先生ご自身は何料理がお好きでしたか。

楠　どれも生き生きしてなさいましたが、すしはお得意でしたね。先生のすしは美術ずしなんて名前を付けて、最新新式ですよ。最新式でもよさそうなものですが、最新新式で(笑)。戦後の日本は生まれ変わらなくては……ということで、原稿なども「先生、新の字が多すぎるんじゃないですか」と言いたくなるほど、最新新式、中村式でした。

華やかなおすしで、先生は肝が太いですから当時作られたものが、そのままで現代も通用するのです。私なども先生から教わったものをいまだにやっていますよ。すごいなあ、先生の豪快さ、先生の美的センスは……なんて思いながら。

そのほか例のビハリ・ボース氏直伝のカレー、これは今度の学園祭で作ってみようと思っています。中華料理ならコイの丸揚げがお好きでしたね。何かのお祝いというと、すぐに生きているコイを買いにやらせて、自分でさっと作られました。

おもしろいのは、先生の料理をけなしでもしようものならたいへんでした。「誰が言うたな」とにらまれて(笑)。

でも、年を取ってこられると、色などがきつくなるんですね。お料理が原色に近くなってきて、おまんじゅうでも真っ赤に着色されるんです。「先生、もっとほんのり付けられたら」と言っても、「せからしか」(笑)。

自分の料理がいちばんいいという自信がなければ、とてもあそこまではできませんね。

森田　中村学園高校といえば、女性のしつけの厳しさは有名ですね。失われつつあるものが大切にされている。

楠　ありがたいことです。先生はこの高校を女性のための徳育を重視したものとしてつくられました。知育偏重の風潮に疑問を感じられたんですね。「清節・感恩・労作」を徳目として掲げ、清く、正しく、優しく、強い女性に育てようとなさいました。

　おかげさまで国公立から来られた先生方は、皆この学校には心があるとおっしゃっていただいていますが、私にはその心が薄れていってはいないかと、気にかかります。

　でも私が調理の実習を通してハル先生の話をしますと、先生と会ったこともないのに、居眠りしていた学生までピリッと起きて聞くんです。「ハル先生のことをもっともっと知りたい」と言うんですね。研究室でも歴代の助手が先生のお写真に熱い朝の一服を差し上げるようにしているんですが、心はきちんと伝わっているんだな、と思っています。中村学園は先生が実践を通して言ってこられた、教育学者ではなく、教育者としてやってこられた心を失ってはいけないな、と思っています。

　先生は入学式、卒業式の訓辞に必ず、「日の丸十二徳」の話をなさいましたが、日の丸の持つ美しさ、真紅の情熱、白の清潔などを、日本人の人間形成目標と考えられたのですね。真摯《しんし》な態度で努力を続ける人間を理想とされていました。

　今この時代に先生が生きていらっしゃったら、どうでしょう。「食の乱れは心の乱れ」と、いつも言われていた先生でしたから、インスタント食品の氾濫している世の中を見て、ガミガミ怒鳴り上げて、手作り料理の激しい運動を起こされるでしょうね。愛情と真心、心の通い合う手作りのお料理にいつまでも若々しい情熱を持たれた方でした。

森田　今日は心が震えるようなお話を伺いました。どうもありがとうございました。

■楠喜久枝氏

昭和四年（一九二九）福岡県生まれ。昭和二十六年（一九五一）日本女子大学家政学部児童学科卒業。中村料理学園助手、福岡高等栄養学校、中村学園栄養短期大学講師、助教授を経て、中村学園大学、同短期大学教授。中村学園理事。料理教育に尽くした功労により、フランス、西ドイツより授勲。著書に『調理学』『調理実習』など。

学校法人 中村学園

昭和二十八年（一九五三）に設立、学園祖は中村ハル。建学の精神は、

一、人間教育の根幹
日本人としての自覚をもち、「清節の風をたっとび、感恩の情にとみ、労作にいそしむ」人格の形成に努める。

二、教育実践の基底
「形は心の現れである」を信条とし、その実践に努める。

三、教育研究の業本
理論と実際の統合を図り、学問と生活の融合を重んじ教育と研究に努める。

復員兵でごったがえす国鉄博多駅前。昭 20 年

ふるさとの駅、博多の玄関 40
博多駅物語

［お話］
宮脇　宏彦
博多駅長

［聞き手］
西島　伊三雄
博多町人文化連盟 理事長

中　脩治郎
福岡相互銀行

対談：昭和六十一年（一九八六）十二月

建設中の新（当時）博多駅。手前は取り壊される旧博多駅。
昭和 38 年

「博多駅」か「福岡駅」か

中　今日は駅長さんに〝私たちの博多駅〟についてお話しいただきます。ところで、国鉄も民営化が決まって、宮脇駅長さんが、博多の駅長さんになられますね。いろいろとたいへんでしょう。

宮脇　国有鉄道になりまして私が四十六代で、まあ最後の駅長でしょう。駅長会が年一回ありますが、しっかりやれと大先輩から言われまして（笑）。

中　駅前広場が見違えるようになりましたね。筑紫口も西島先生の「博多の祭」の噴水ができたり、国際都市福岡の顔らしく、立派になりましたね。

福岡市の博多駅、この命名の由来から。

宮脇　福岡にあるのに、「博多駅」というのはおかしいという声は、何回も挙がっているんですね。最近では駅を現在地に移転〈昭和三十八年（一九六三）〉したときに、これを機会に、「福岡駅」に……との声がずいぶんあったと聞いています。大きな会社の支店長さんなどに多かったとのことですが、やはり地元の皆さんにとっては親しんだ「博多駅」の名前のほうがよかったようですね。

西島　明治二十二年（一八八九）ですか、市制が敷かれたとき武士の町の福岡市にするか、町人の町の博多市にするかで大もめにもめたんだそうですね。市議会の投票で同数となって、士族出身の議長が福岡に入れて、わずか一票差で福岡になった。

宮脇　ええ、そうです。ちょうど駅の開業も市制と同じ明治二十二年（一八八九）ですから、駅が博多駅になったことは、福岡、博多、どちらの人にも痛み分けのようなものでしたでしょう。

中　そうでしょうね。でも、やはり駅名は「博多駅」でよかったと思いますね。福岡駅では、味のある「博多」という言葉はなくなってしまったかもしれませんね。その意味で、博多駅の役割は大きかったと思いますよ。

宮脇　ほかの土地にも通称が駅名となっている所はあるのですが、博多駅中央街一番一号というふうに駅名がそのまま地名になっているのは、全国でもここだけで珍しいんですよ。

文明の息吹をのせて、博多駅開業

西島　ほう、それは知りませんでした。そこで、最初に博多に鉄道が引かれた頃のお話を。

宮脇　私も若いので古いことはあまり知りません（笑）。でも昭和四十九年（一九七四）、八十五周年のときの駅史をかじっていますから、それで……（笑）。

日本で初めて鉄道が開業したのはご存じのように新橋—横浜間で明治五年（一八七二）ですね。博多開業は十七年後の明治二十二年（一八八九）十二月十一日でした。九州鉄道会社といって民営だったんですね。開業区間は博多—千歳川間でした。

中　千歳川は筑後川の別名ですね。

宮脇　ええ。当初の予定では博多—久留米間で開業するはずだったんですが、筑後川の洪水で架橋が間に合わず、やむなく川の手前に仮停車場千歳川駅を造って開業したのだそうです。だから開業の日、祝賀式参列者は佐賀県側の岸で汽車を降り、仮橋を渡って久留米駅の祝賀会に参加したそうです。

西島　騒ぎ好きな博多っ子のことですから、開業日は博多でもさぞかし大騒ぎしたことでしょうね。

宮脇　粋筋《いきすじ》の踊りやどんたく隊が新しい祝い唄で、町に繰り出すなどの計画があったのですが、あいにく当日はどしゃ降り。何もかも中止となってしまいました。

ただ一番電車に三味線や太鼓を積み込んで、大騒ぎしたらしいことは、記録に残っていますね。

〝陸蒸気《おかじょうき》〟見物はたいへんな人出だったそうですね。駅前の馬繋所と人力車の「たて場」は、連日大繁忙だったそうです。駅前広場で、駅夫が発車五分前を知らせる鐘を鳴らすと、見物人が食堂からうどんを食べかけたまま飛び出してきたそうです（笑）。

中　当時の博多駅はどこにあったんですか。

宮脇　博多駅前一丁目の出来町公園に「**九州鉄道発祥の地**」という碑が立っていますが、当時の駅は承天寺《じょうてんじ》、東光寺、若八幡などの境内を買って敷地にしたそうです。駅の総面積は約二千平方メートルで、今の六分の一ですね。
　開業の工事については、ドイツからプロシア国有鉄道の機械技師である**ヘルマン・ルムシュッテル**氏を、招いて指揮をしてもらいました。
西島　駅のコンコースに肖像のレリーフがありますが、その方ですね。
宮脇　そうです。資材も多くはドイツから輸入したものですが、築港まで船で着いたものを呉服町経由で、博多駅まで線路を通してトロッコで運んだんだそうです。

明42年誕生の二代目博多駅。駅前に人力車がひしめく

昭和9年の国鉄博多駅プラットホーム

中　停車場の周辺は……。
宮脇　停車場から呉服町までの道路は、荷車二台がやっとすれ違えるくらいの狭さで、周り一面が畑。構内との境には板塀《べい》が張り巡らされていて、そば屋や土産物屋がボツボツ姿を見せ始めていました。これらの中で開業当初からの古い歴史をもっているのが、「二〇《にわ》加《か》せんぺい」の高木東雲堂で、前身は「三角屋」といっていたそうです。
　当時の汽車は一日三往復。ドイツ製の四十五型の機関車が六両編成の客車を引いて、一時間三十二分で走っていました。運賃は片道二十七銭で、これは当時の米五升分に当たったそうですから、決して安くはありませんね。
中　博多と筑後川（千歳川）間が一時間三十二分。それから近代産業がどしどし九州へ来るのですね。
宮脇　鉄道の開業とともに、新しい時代や産業の息吹が九州に流れ込んできました。九州の躍進ぶりは、創業以来の貨物収入が十年間で十数倍に跳ね上がったことでも想像がつきますね。
　この頃の新聞記事を見ると、鉄道についての当時の人々の反応がうかがわれておもしろいですよ。停車場に財布の落とし物があったから取りに来いとの通達があったとか〈明治二十二年（一八八九）、福岡日日新聞〉、踏切を渡ろうとした老人が馬と一緒にはねられた〈明治二十三年（一八九〇）、福岡日日新聞〉、これは初めての踏切事故ですね。
　太宰府や宮地嶽神社の祭礼には、臨時列車が出ています。明治二十三年二月十六日の福陵新報に、「博多より二日市まで下等にて二十二銭、二日市より太宰府まで人力車往復十四銭とすれば都合三十六銭。午前九時二十五分の列車に乗り込み、ゆるゆる太宰府に参詣し、午後九時五十分の列車にて帰宅することは安い安い。（但し梅ヶ枝餅代は此外）」などというユニークな記事もあって、汽車が民衆から歓迎されている様子がわかりますね。

新駅開業、仕事を休んで大騒ぎ

西島　その頃の呼び方、停車場《ていしゃば》はいいですね。人が止まり、動きだす感じ。ステションともいってたのでしょう。そこから鉄道が広がっていったんですね。
宮脇　ええ。最初の博多―千歳川間が明治二十二年（一八八九）。二十四年（一八九一）四月に博多―門司間、同七月門司―熊本間が開通、三十年（一八九七）に筑豊電鉄、三十四年（一九〇一）には豊州鉄道（豊前の鉄道）と合併して九州内の鉄道の一本化を計る。というスピードで、九州の大きな動脈となったのです。

中　明治三十七年（一九〇四）に日露戦争が始まると、軍事輸送で博多駅もにぎわったことでしょうね。

宮脇　朝に夕に出征兵士を見送る人の波で埋まったようです。明治三十七年二月十六日の福岡日日新聞に「……西より東より北より南より市民は停車場に向かい、正午頃に至れば駅付近線路の両側は人を築きて寸地を余さず、折柄修猷館の一団は拍手をもって一士官を迎え、勇壮に胴揚げをなし、音楽隊の奏曲は坐《おもむ》ろに人の血を湧かしめぬ……」とあって、当時の状況をよく表していますね。

西島　鉄道が国有化されたのは、いつですか。

宮脇　明治四十年（一九〇七）七月のことです。鉄道の国有化は日清戦争以後、私鉄の経営が困難になるたびに議論されていましたが、議会の反対もあって実現していなかったんですね。

　ところが、日清、日露の戦争を経て、鉄道の全国的統一が強く求められ、近代産業にとっても鉄道の乱立は不便でしたので、ついに政府は明治三十九年（一九〇六）、鉄道国有法案を可決します。九州鉄道は明治四十年七月一日、正式に国に買収されました。

中　民営から国有化、そして今回また民営化と。考えてみればおもしろい時代の流れですね。国有化されてからはどのように変わったのですか。

宮脇　目的の一つにおもしろいのは、官僚主義的な経営から利用者サービス第一主義への転換がありました。

中　当時は国営になると官僚主義的でなくなる、活性化すると思われていたんですね(笑)。

宮脇　そのようですね。国鉄になってから特急、回遊車の運転や団体旅行の制度、ビューローやホテルの開設などが次々考えられて、明治四十二年（一九〇九）に新博多駅が完成したんです。

西島　それが、昭和になるまで祇園町のあたりにあったあの博多駅ですね。趣のあるいい建物でしたね。

宮脇　落成したときには、西国一といわれるほどの立派さだったそうです。

　外は赤れんがと銅板の屋根、大理石を使ったルネサンス風の建物で、内部も三等待合室までマントルピースが置いてあって、採光や照明まで、ずいぶん気を使った建物でした。

　福岡に市内電車が通ったのが翌年の明治四十三年（一九一〇）ですが、電車から降りた人は、正面に立派な博多駅を見て、みんなびっくりしたそうです。この駅は、東京駅や今の歴史資料館になっている日本生命保険九州支店の設計者であった辰野金吾博士も、絶賛されたそうですね。

　『博多駅史』を見てみますと、落成祝賀の日は全市を挙げて国旗を掲げ、軒にちょうちんをともし、町内で幔幕《まんまく》を張り、仕事は休んで、曳き台を引いて大騒ぎだったそうです。

西島　博多っ子の浮かれ方が目に見えるようですね。

宮脇　この日のにぎわいは、櫛田神社の昇格祭と福岡連隊の招魂祭と並んで、博多の三にぎわいといわれたそうです。当時、福岡市の人口は八万人で、停車場の乗降客は四千人ですからたいへんなものです。

西島　前の駅は、威厳のようなものがあったし、人間の駅といった愛着もありましたね。

宮脇　そういえば、博多駅は貨物は少なくて、私たちのいう人間中心の〝旅客駅〟でした。それが戦争で様相がやはり変わっていますね。

　昭和二年（一九二七）には鹿児島本線が全通し、七年（一九三二）には日豊本線、九年（一九三四）に久大本線と、昭和に入って九州の主な鉄道が整いました。そして昭和十二年（一九三七）に日中戦争、十六年（一九四一）に太平洋戦争へと突入でしょう。旅客中心だった博多駅も軍事輸送へとすっかり様変わりしてしまいます。

戦時産業の燃料として、九州炭確保のために進められた**関門トンネル**が、昭和十七年（一九四二）に開通すると、本州と九州を結ぶ輸送力は大幅に増大しました。開通日には、博多駅正面と一番乗場の天井には、「祝関門鉄道旅客列車開通」の横断幕が下げられ、祝賀気分がいっそう盛り上がったようです。

東京が近くなった……特急列車次々と

中　戦争中とはいえ、まだ国民にも余裕があった頃ですね。

宮脇　昭和十八年（一九四三）ごろから兵員や資材の輸送要請が激しくなり、軍隊関係の輸送業務に忙殺されるようになります。日夜、臨時の軍用列車が出ますし、出征兵士の見送りもあって改札口が足りず、補助の改札口を設けたりしています。

　駅弁のレッテルにも、「私するな輸送力」「この一年、旅行はやめて増産と防空につとめよう」などが、印刷されている。駅弁もたいへんでしたね（笑）。

西島　女子の駅員さんも見掛けましたね。

宮脇　青年男子はほとんど軍隊に応召され、労働力がたいへん不足して、女子職員の採用も始まりました。博多駅でも女子職員が慣れない手つきで改札ばさみを持ったり、出札や小荷物の係も引き受けていたそうです。戦争末期には、十五、六歳の女性が車掌補として乗務したり、転轍機《てんてつき》転換作業訓練まで……と、たいへんな時代でした。

　一般職員も非常時体制で、俗にいう〝月月火水木金金〟の厳しい勤務内容でした。

中　終戦の年に福岡も大空襲を受けましたが、あのとき博多駅は……。

宮脇　昭和二十年（一九四五）六月十九日の空襲では、博多駅も例外でなく駅舎全体が被災しました。ホームの屋根も穴だらけで惨憺《さんたん》たる様子だったそうです。貨物線には火薬を積んだ貨物列車が停車していたので、急いで引き離して難を逃れたそうです。

西島　そうして戦後の博多駅になるのですね。

宮脇　終戦になると、どうやら罹災《りさい》を免れた駅本屋が進駐軍に接収されて司令官室になり、国鉄全体も進駐軍の統制下に置かれました。その頃の博多駅前はすっかり闇市になって、食糧難の時代、多くの人々でごった返ししました。

西島　食糧難といえば、当時の駅弁はサツマイモでしたね。弁当箱の倍もあるような容器に入れて売られていたのを覚えています。

宮脇　よく駅弁を出していたものですね。終戦後しばらくは、復員兵や罹災《りさい》者で汽車は超満員。乗客は機関車の上にも乗るという状態でした。やがて終戦のゴタゴタも収まってきた昭和二十四年（一九四九）六月一日、マッカーサー書簡により公共企業体の「**日本国有鉄道**」が誕生したのです。

　昭和二十四年（一九四九）には待望の特急「**へいわ**」〈後に改称して（**つばめ**）〉、二十五年（一九五〇）に「**はと**」、九州では二十八年（一九五三）に博多—京都間を十時間で結ぶ特急「**かもめ**」が運転を始め、ソフトサービスを目指しての「**かもめ嬢**」の募集が行われました。

西島　「かもめ嬢」は憧れの的でした。明るいニュースでしたね。

宮脇　たいへんな人気で、十五人の採用に六百人からの応募があったそうです。三人一組で乗務しましたが、たいへん好評で、当時のホットニュースですね。

　同じ頃に門司港—久留米間に初の快速列車が走り、通学、通勤の足に歓迎されました。

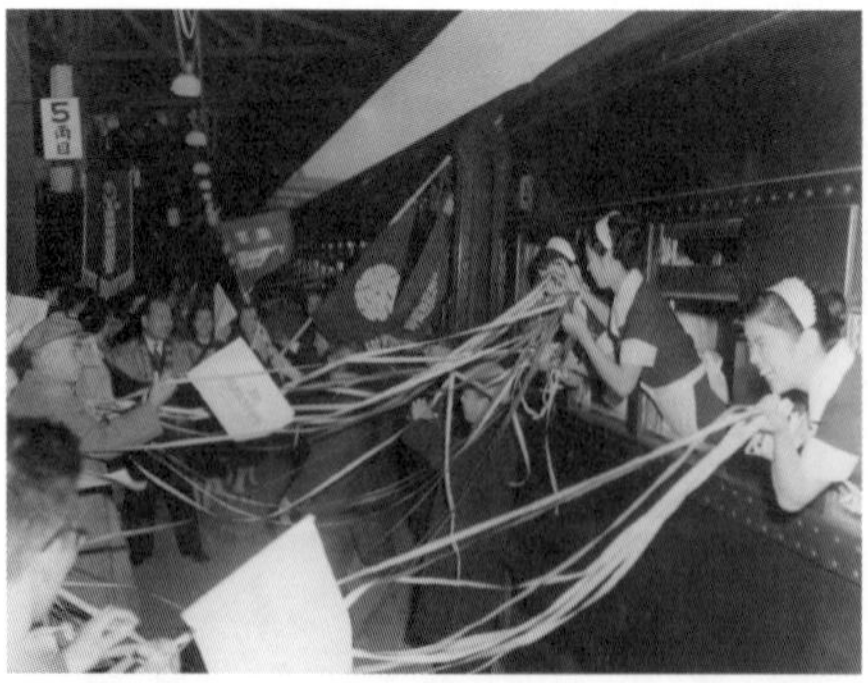

昭31年11月、新しい特急「あさかぜ」が博多駅から出発

特急「あさかぜ」

列車の前は長蛇の列で、「ドル箱列車」と呼ばれたそうです。

中　特急といえば、博多と東京を結ぶ寝台特急「**あさかぜ**」が通ったのはいつでしたかね。

宮脇　昭和三十一年（一九五六）十一月十九日のことで、博多の人の長い間の夢を実現したんですね。

西島　「あさかぜ」はよかった。博多を夕方に出て、寝台車で寝て翌朝東京に着く。便利な時間帯でしたし、寝台車で揺られていくというのも、「ああ……東京に来たなあ」という気分で、旅行気分を満喫できましたね。

　私の知人に今でも「あさかぜ」の愛好者がいましてね。時間がかかってもそちらのほうがいいと言うんですよ。

宮脇　「あさかぜ」は爆発的な人気で、増発に加えて「**はやぶさ**」「**みずほ**」「**富士**」「さくら」と、特急の新設が相次ぎました。また昭和三十六年（一九六一）には門司港—久留米間で初めて電化がされています。

一夜明ければホームは道に

中　博多駅が今の位置に移ったのも、その頃でしたね。

宮脇　昭和三十八年（一九六三）でした。博多駅の移転は、大正の初めから話は出ていたらしいんです。昭和に入ると、駅周辺の整備が進まなければ、福岡市の発展もあり得ないという世論が盛り上がりました。しかし戦争のために声は消されて、民生の安定しだした二十四年（一九四九）頃からまた問題がクローズアップされてきまして、結局、三十五年（一九六〇）に起工ということになったんですね。

　博多駅は純旅客駅として、東南に約六百メートル移転と決まりました。それまでの駅が五十年を経過して老朽化し、輸送力の増大に対応が不充分、駅前広場の混雑などがその理由だったようです。博多駅を純旅客駅とした結果、貨物はみんな吉塚駅に集中されることとなりました。

西島　移転先の土地が暴騰しましたよね。それまでは田んぼばかりの所だったですものね。

中　ものすごい暴騰でしたね。

　それにしても、五十数年も博多の玄関として親しまれてきた駅舎とのお別れ、駅関係者はもとより、市民も感慨ひとしおだったでしょうね。

宮脇　そうですね。「サヨナラ電車」が着くホームには、当時の井手駅長をはじめ市民の皆さんなど約三百人が集まって、親しんだ駅との別れを惜しんだそうです。

　十二月一日午前零《れい》時四十分、最後の電車となった長崎・佐世保行きの下り電車が着くと、ホームには「蛍の光」が流され、見送る人も一緒になっての大合唱で、旧駅最後のお務めが終わったのでした。

西島　新駅への移転工事は一晩でできたと聞きましたが……。

宮脇　その日の一番電車からは、新駅に着けるようにしとかなければなりませんので、のんびり感慨に浸っている間もなかったでしょう。作業員六百人がホームを外し、線路を外して、約三時間後には旧駅を挟んで、東西に幅十メートルの「新駅への道」が開かれました。これで市街地からバスも通えるようになったわけですね。

　無事に道路もできて一日早朝の普通列車から、新博多駅が活動を始めました。当日は盛大に開業式が行われ、新駅開業を見物に来た人は十万人を超え、「博多名物のどんたくや放生会に匹敵するにぎわい」だったそうです。新駅は総面積が旧駅の約二倍、建築面積は四・

五倍、駅前広場は九倍という大きなものでした。

新駅の特徴の一つに**民衆駅**であることがありますね。

中 民衆駅というのは……。

宮脇 民衆駅は駅舎やその付帯施設の建築費を民間で負担していただき、代わりに建物の一部を使用できるようにしたもので、民活の導入ということになりましょうか。

民衆駅の発想の背景には、百五十にも達する戦災駅の再建の経費は、とても国鉄だけでは賄いきれない、という財政的事情があったようです。

中 **博多ステーションビル**は、百貨店、ホテル、専門店街、大衆食堂などと、誠に民衆駅そのものですね。

宮脇 昭和三十九年（一九六四）に**駅前地下街**、四十年に**交通センタービル**が開業しました。これで、田んぼの中にポツンと建っていた感じの博多駅も、総合的な交通センター、ショッピングセンターになってきました。

中 今の駅前に当行の本店を建てたのが四十六年（一九七一）ですが、あの頃からの博多駅前の発展には目を見張るものがありますね。

それに、博多口と筑紫口、両方ともに発展して、もう駅の表裏という感覚もなくなってきましたね。

新幹線、地下鉄乗り入れ

宮脇 駅の表と裏がこれだけバランスよく発達した駅は、全国でも珍しいですね。筑紫口方面に、新幹線乗り場と、合同庁舎を持ってきたのがよかったんですね。

西島 何といっても**新幹線**の要素は大きかったでしょうね。

宮脇 新幹線は昭和五十年（一九七五）三月の開業ですから、十年以上になりますね。開業までには、障害も多かったのですが、昭和三十九年（一九六四）に東京—新大阪間で東海道新幹線が開業して十一年後、九州に「ひかり」号がやって来たわけです。

西島 文字どおり、九州に光を運んできたんですね。

宮脇 開業間近の四十九年（一九七四）十二月に行われた博多駅開業八十五周年の式典で、進藤一馬市長が「目の前に迫った山陽新幹線の博多乗り入れは、福岡空港および博多湾の整備とあいまって、ますます発展を続ける『福岡』の原動力として、西日本の拠点都市としての福岡市に新しい息吹を与え、国際都市づくりに大きく貢献するものと期待して

もうすぐ新幹線がやってくる。昭50年2月

一番列車「ひかり100号」の前で、山陽新幹線開通のテープにはさみを入れる進藤福岡市長、亀井福岡県知事、藤井松太郎国鉄総裁（左から）。昭50年3月10日

いる」とあいさつされています。この言葉に、新幹線に対する地元の期待が凝縮されているように思いますね。

西島　新幹線を迎えて、博多っ子のフィーバーぶりもたいへんでしたね。

宮脇　ええ、その一例に開通第一号の乗車券は十分間で売り切れ、その後の指定券も各車とも三—五分で売り切れという過熱ぶりでした。博多—東京間が六時間五十六分に短縮されたことで、ビジネスマンの出張が日帰りになったことも驚きだったようですね。

中　五十八年（一九八三）には、**市営地下鉄**も博多駅に乗り入れましたね。

宮脇　現在の博多駅が完成したのは地下鉄乗り入れがあってですね。

　地下鉄博多駅の工事は、新幹線工事に引き続き昭和五十三年（一九七八）十二月に着工し、五十八年三月に仮駅開業、六十年三月に本駅での営業が開始されたわけですが、工事が竣工した六十一年六月まで実に七年余の長い工期で、皆さんに大変ご迷惑をおかけしました。

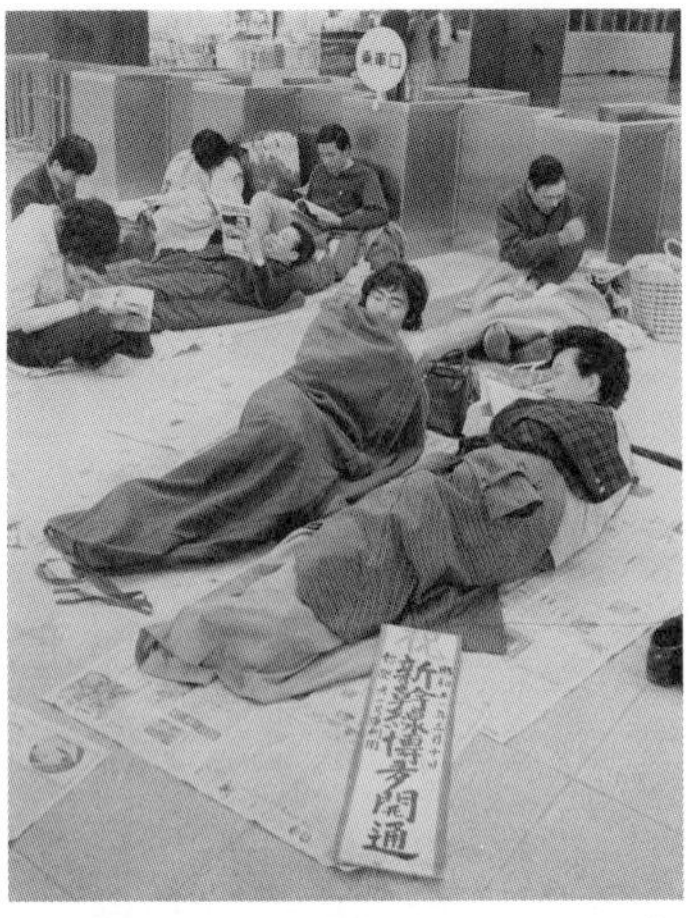

新幹線開業を待つ若者たち。昭50年3月9日22時

　これで福岡市の都市交通と国鉄高速大量交通が接続して、総合的な交通体系が完成しました。また、今日の博多駅を中心とした新都心への発展につながったのですね。

多機能をもつ駅へ……これからの博多駅

西島　新幹線で博多織や博多人形などの土産物もずいぶん伸びたでしょうね。今ではすっかり博多名物として定着していますが、〝からしめんたい〟も新幹線が開通してからあんなに広がったんですよね。

中　それに博多という地名が、全国で通用するようになったのも新幹線のおかげですね。

　しかし、お話を伺っていますと、駅というのはいつも時代の真ん中にあったといいますか、駅が時代を運んできたという感じがしますね。いよいよ来年六十二年（一九八七）四月からは国鉄の民営化が行われて、新生博多駅としてスタートするわけですが、今からの駅ということについて、駅長さんはどのようにお考えでしょうか。

宮脇　これからは駅もただの交通ターミナルとしての役割だけではなく、地域社会に密着した場にしていかなくてはいけないなと考えています。そういった意味で、先日、それまでは内部の行事だった鉄道記念日を外部にも開放して、ゲームなど地域の皆さんにも楽しんでいただいたのですが、なかなか好評でした。駅に集まっていただく機会は大切だなと感じています。

西島　私は駅が輸送機関だけとは思っていない。郷愁のような、人をつなぐ所と思ってるんです。だから博多駅というといろんな思い出が浮かんでくるんですね。小さい頃、少年倶楽部を買ってもらったのは駅の中の本屋さんだったし、兵隊に行くときもこの駅からでした。

　駅長さんも一つのロマンで、大きくなったら駅長さんになるんだ、というのは小さい頃の夢でした。ですから、国鉄は民営化されても機能的であると同時に、みんなに親しまれるふるさとのような所、ひとつのロマンを持ち続けていてほしいですね。

中　人を送ったり迎えられたり、そういう思い出が駅にはついていますものね。

宮脇　地域に溶け込むということで、おっしゃられたような駅の役割を果たしていきたいと思っています。四島頭取が中心となってつくられた博多駅周辺発展会や、商店連合会の皆さんたちと一緒になって駅周辺の発展に尽くしたいですね。

西島　汽車に乗るということ以外で、駅に行

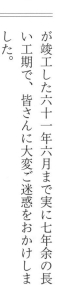

くのが楽しい感じにしてほしいですね。

宮脇　その通りだと思います。博多駅は博多口と筑紫口を結ぶ大きな通路で、一日の通行客だけでも三万人に上るんですよ。国鉄、地下鉄の乗降客数を加えると、毎日二十五万人から三十万人の方々が利用され、まさに福岡新都心の中心となって来た感があります。この方たちにも喜ばれ、役に立つ場所にしたいと思っています。

西島　外国旅行のパスポートも、県庁へ行かなくても、駅のどこかでもらえるよう出張所ができるといいですね。

宮脇　いろんな機能を取り入れて、駅を多目的に利用していただけるようにしていきたいと考えています。県や市役所の出張所、情報センターなどを設けて、諸手続を駅でできるようにするとか、カルチャーセンターをつくるとか、いろんなことを検討していきたいと考えています。

また在来線の活性化のために、車両もお客さまのニーズに合った居住性の高いものにしなくてはいけないと思いますね。車両の形は、実は明治の頃からほとんど変わっていないんですね。旅を楽しんでいただける、そして収入を上げられる車両をつくっていきたいと思います。

中　将来が非常に楽しみですね。福岡市の核として、市民に親しまれる駅の実現にどうぞ頑張ってください。今日はお忙しい中、どうもありがとうございました。

■宮脇宏彦氏

昭和九年（一九三四）岡山県生まれ。三十一年（一九五六）広島県誠之館高校卒。三十五年（一九六〇）に明治大学商学部卒。同年四月国鉄入社。営業事業関係を経て鹿児島鉄道管理局営業部長。九州総局地方交通線部長を経て六十一年（一九八六）二月博多駅長。六十二年四月ＪＲ発足とともに取締役熊本支店長に就任。前職、ＪＲ九州ハウステンボスホテル代表取締役社長、駅レンタカー九州代表取締役社長。

JR 博多駅とウオーターフロント地区を結ぶ大博通り。
2015 年 11 月、本社ヘリから

日本アカデミズムの巨匠
中村研一

41

［お話］
青木　秀
西日本新聞社社長
［聞き手］
西島　伊三雄
博多町人文化連盟 理事長
四島　司
福岡相互銀行 社長

対談：昭和六十一年（一九八六）十二月

寂しかった幼年時代

四島　今日は戦前、戦後を通じて、官展派の代表的な洋画家として活躍された**中村研一**さん〈明治二十八年（一八九五）～昭和四十二年（一九六七）〉についてお伺いします。

　中村研一さん、**児島善三郎**《こじまぜんざぶろう》〈明治二十六年（一八九三）～昭和三十七年（一九六二）〉さん、このお二人はともに博多出身ですね。

青木　ええ、研一は官展、善三郎は在野の独立展で、それぞれ立場は違いますが、二人は修猷館時代の友人で、そして熾烈《しれつ》なライバルでもあった。戦前、戦後の洋画界を代表する二人が博多出身というのは壮観ですね。

四島　青木社長と中村さんとはたいへんお親しかったそうですが、お知り合いは学生時代から……。

青木　東京の小金井が私の妻の里で、私もよく出入りしていました。東京空襲で家を焼かれた中村さんが、終戦の翌年に隣に千坪の土地を買って越してこられ、それからのお付き合いです。竹林に囲まれた閑静なお屋敷で、熊笹のしげった道を降りていくとすぐ中村邸。「おーい、お茶飲みに来い」というようなことで、ずいぶんかわいがっていただきました。

西島　西日本新聞の聞き書きシリーズに、芸術院会員で日展理事の**中村琢二**《たくじ》さんがありましたが、あの方は弟さんですね。

　研一さんは亡くなられるまで小金井に住んでいらっしゃったんですか。

青木　そうです。素晴らしいお屋敷でね。**大岡昇平**さんが戦後『武蔵野夫人』という小説を書いたでしょう。あの中に「ハケ」という土地が出てきますが、そのモデルになった場所なんですよ。大岡さんはよく中村邸に立ち寄っていましたし、奥さんの富子さんもきれいな人だったので、そこから小説の霊感を受けたのでは……。

四島　優雅な暮らしぶりだったようですね。実家も裕福だったのですか。

青木　研一の父親は住友のドル箱だった別子鉱山の所長から、後に住友本社の鉱山技師長にまでなった人で、裕福な家庭でした。研一は、明治二十八年五月十四日に、宗像郡の南郷村に生まれています。ここは研一の祖父母のいた土地で、父親の転勤に伴い、研一は四歳の頃から父母と離れて宗像で祖父母に育てられました。中学入学まで宗像ですからたいへん九州びいきで、九州に入ると汽車の揺れも少なくなる……と自慢していました。成長してからもちょくちょく帰っていましたし、子ども時代の思い出はみんなこの場所につながって、とても懐かしがっておられました。

父親は、東京物理学校数学科から帝国工科大学採鉱冶金学科選科を卒業、母親も学者の家系で、福岡のミッションスクールを卒業したインテリの家庭でした。鉱山技師だった父親は、研塚錬磨から一字ずつ取って研一、琢二、錬三、磨瑳四、という具合に、男の子の名前を付けています。

四島　なるほど、鉱山技師らしい（笑）。しかし、小さい頃から両親と離れて寂しかったでしょうね。

青木　幼年期を振り返った文章などを読みますと、やはり孤独感が伝わってきますね。祖父は研一をかわいがっていたようですが、祖母のしつけは厳しくて、新居浜（愛媛県）の自由な雰囲気にいる弟妹たちがうらやましかったようです。母親にも甘えきれず、後年も祖母に対する情愛のほうが深かったようですね。祖父母はたいへん崇仏心の深い人たちで、これも研一に大きな影響を与えています。

西島　絵は小さいときから好きだったのでしょうか。

青木　手先のことは上手だったようですが、中でも絵が飛び抜けて好きで、学術調査のために欧州に渡った父親から、ニュートンの水彩絵具やワットマン紙を送ってもらい、よく写生に出かけていたそうです。村と都会の中間のような、物静かで上品な子どもだったようです。学校は良くできて、ずっと一番。明治四十二年（一九〇九）に福岡県立中学修猷館に入学します。

修猷館時代の友人たち

四島　画家の児島善三郎さんと同じ頃では……。

青木　児島善三郎さんは研一の二学年上にいまして、彼を中心に「パレット会」という絵の同好会がありました。研一が入学すると、一年に飛び抜けて絵のうまいやつがいる、とさっそく善三郎に勧誘され、絵が好きですから、すぐに入会したようです。パレット会には児島善三郎と同期の**太田清蔵**《せいぞう》（東邦生命会長）、研一と同期の**中島正貴**《なかしままさき》（旧姓不破、後年草土社で活躍）、後に東筑中学から転校した弟の琢二などがいました。

四島　後年活躍するすごい連中がいたのですね。

青木　ええ、この会は程度が高かったでしょうね。日本中の中学でこれほど粒のそろったものはなかったと思いますよ。何しろ研一や善三郎ですから、美術の先生よりもはるかにうまい（笑）。

四島　研一さんと善三郎さんは家庭環境もよく似ていますね。一方は住友の鉱山技師長、一方は博多の旧家と、ともに裕福で。

青木　善三郎の家にもちょくちょく遊びに行っていたようです。研一は修猷館の寄宿舎に入っていたのですが、ここは非常に厳格で、自由に絵など描いていられる所ではなかった。一方、善三郎の家に行くと蔵に骨董品がごろごろしていて、長崎の壺など持ち出して二階の部屋で思う存分絵を描いている。ずいぶんうらやましかったと回想しています。後年、研一のアトリエのあった代々木初台《はつだい》に、善三郎もアトリエを建てて行き来しています。

絵のほかにも修猷館の友人に大物が多いですね。生涯の親友で後に社会党の代議士となった**三輪寿壮**《みわじゅそう》、また寄宿舎の同室には後のイタリア大使を務めた**日高信六郎**《ひだかしんろくろう》がいて、こちらも終生変わらない交際がありました。修猷館には夕星《ゆうずつ》会という硬骨の優等生の集まりがあって、研一も三輪寿壮とともに入っていました。弁論部にも入っていて、たいへん話術がうまかったのは、この頃の影響もあるのでしょう。

後に同じ選挙で社会党の三輪寿壮と自由党の**緒**《お》**方竹虎**《がたたけとら》とも出会っています。

後に同じ選挙で社会党の三輪寿壮と自由党の緒方竹虎の応援演説を同時にやって、しかも本人よりうまかったというのですからたいへんなものです。

四島　絵描きになると決めたのは……。

青木　中学三、四年の頃じゃないでしょうか。帝展で二等を取った新進画家**青山熊治**という人に絵を習っています。東京美術学校を受験したいのですが、父親が猛反対で、絵は一生の楽しみでいいじゃないかというわけです。一時は勉強する気力さえなくしていますが、親友の三輪寿壮の励ましで立ち直り、大正三年（一九一四）に優等の紫檀《したん》硯箱を受けて修猷館を卒業します。

それから、また父親に美校受験を頼むのですが、うんと言わない。三高（現京都大学）受験の名目で京都に出て、住友の顧問画家でもある**鹿子木孟郎**《かのこぎたけしろう》の内弟子になってしまうんです。鹿子木の口利きがあり、また心配した父親が研一の絵を人を介して**黒田清輝**《くろだせいき》に見せたところ「これなら本人の努力次第で一人前になれるかもしれない」という返事で、ようやく美校受験を承諾します。

「お辞儀をする画家になるな」

四島　善三郎も親の反対を押し切っている。どちらも似たところがありますね。京都滞在中に義太夫に凝ったとか。

青木　その頃の学生は娘義太夫にのぼせたんです。郷土の宗像でも盛んでしたし、父親も好きだったから素地があったんでしょうね。

ようやく美校受験を許されて、大正四年（一九一五）早々から**岡田三郎助**《さぶろうすけ》の主宰する本郷絵画研究所に入り、そして四月には東京美術学校に二番で入学します。

西島　二番とはすごいですね。絵も上手、頭も良かったんですね。

青木　自信満々だったようですね。実技の試験では自分の分を描き上げて、自信のなかった友人の分まで描いてやって、二人とも合格していますよ（笑）。

西島　教授連にも注目されたでしょう。

青木　当時の教授としては岡田三郎助、**藤島**《ふじしま》**武二**《たけじ》、**和田栄作**《えいさく》などそうそうたる人たちがいまして、学生たちには藤島武二が最も人気がありました。研一の才能を買っていた藤島は、研一が自分の教室に当然来るものと思っていましたところ、本郷研究所以来のつながりでしょうか、岡田三郎助教室に行ってしまいます。それで気まずくなってしまうんですね。後には良くなるのですが、研一が学校で浄瑠璃をうなっているところを見つかって、二週間の停学処分という厳しい処罰を受けたりしたのも、このことがあったからだと言われています。

研一の同期生には、**鈴木千久馬**《ちくま》（創元会）、**和田香苗**《かなえ》（光風会）、**山喜多二郎太**《やまきたじろうた》（光風会）などがいます。

四島　学生時代にはもうアトリエを建てていたとか……。恵まれていたんですね。

青木　そうなんです。大正五年（一九一六）に代々木初台に建てています。父親が株で大もうけをして、自分は書斎を建てるから、研一にはアトリエを建ててやろうということになって……。まだ美校の予科のときですからすごいですね。父親も美校受験をいったん許すと今度はぜひひとも立派な画家にと、毎月三百円からのお金を送金しています。当時六十円もあれば生活できた頃ですから、ずいぶん裕福な学生時代といえますね。大正九年（一九二〇）、優秀な成績で美校を卒業します。一緒に卒業した中に後に独立美術協会の発足に加わった**中山巍《たかし》**がいます。
　卒業の前年には第八回光風展で、「お茶の水風景」が初入選。卒業の年には神田流逸《りゅういつ》荘《そう》で生涯ただ一度の個展を開いています。

西島　あれだけの人が生涯一回だけとは、何か理由でも……。

青木　父親が反対だったんですね。唯一のこの個展は美校を卒業して、父親からこれからは自分でおやりなさいと言われ、じゃあ、個展でもやるか……と開いたそうですが、やってみると八百円の収入があった。父親はすっかり安心して「もう個展はするな。買ってもらいたいと、ついお辞儀をしたくなる」そういう画家にはなるな、というわけです。変わった父親で……（笑）。台所は自分が見てやる……。

西島　うれしいおやじですね（笑）。住友の鉱山技師長というと、当時はたいへんなものですね。

青木　それはすごいものだったと思いますよ。二千円もあれば邸宅が買えた時代に半期のボーナスが五千円とか一万円だったんですから。
　この年第二回帝展に「**葡萄の葉蔭**」が初入選、翌第三回帝展では印象画風の「**涼しきひま**」が特選を受賞。これは父親にとってよほどうれしいニュースだったんでしょうね。人に向かって「トンビがタカを生んだかもしれんよ。〝うれしさにしきりに目覚む夜長かな〟こんな句ができた」と手放しの喜びようだったそうです。翌第四回帝展では「晴れたる朝」「マドモアゼルF」の二点を無鑑査で出品。洋々たる帝展へのデビューですね。

優雅だったパリ留学

西島　パリにも留学していますよね。

青木　大正十二年（一九二三）から昭和三年（一九二八）までの六年間ですね。研一は学生時代からフランス留学を希望していましたから、フランス語の習得には力を入れていましたが、やはり本場では通じにくく、苦労したようですね。フランスでは義弟の知り合いのオカダという日本人画家に世話になり、ニース寄りのカッシスでフランス語や風俗、習慣に慣れた後、パリに行っています。

四島　パリに居たときの先生が変わっているでしょう。あまり聞かないような……。

青木　**モーリス・アッスラン**といって、好事家は非常に大事にしている画家ですが、アカデミー派のモノクロに近い色彩を基調とした素描的な表現を得意としていました。研一はたいへん親しく交際して多くの影響を受けています。それまでの印象派やフォーヴ風の画風を捨てて、アッスラン風の手堅い写実を追究することになります。

西島　当時は、**エコール・ド・パリ**の華やかな時代でしょう。**藤田嗣治《つぐはる》**が**サロン・ドートンヌ**で大活躍をしている時期ですよね。

青木　フォーヴィズムやキュービズムなどの動きも盛んだった頃に、あえて写実を追究しているところが興味深いですね。サロン・ドートンヌの会員にもなっている。すごいですね。

四島　パリの画学生というと、貧しい生活で苦労して……というイメージがありますが、中村研一の場合は……。

青木　優雅なものだったようですよ。パリのバロー街にアトリエを構えて、モンパルナスのグランド・ショミエール絵画研究所に通い、帰りにはカフェで一服する……、という日々を過ごしたようです。
　研一は美食家で、特にフランス料理には詳しかったんですが、その由来もこの滞仏時代にあるようですね。美術評論家の**柳亮《やなぎりょう》**さんも、研一に誘われてパリのあやしげなレストランの扉を押したものだそうです。戦後、私もごちそうになったのですが、小金井の彼の家の地下室の中にはいいブドウ酒がズラッと並んでいてね。料理の本も書いていますよ。古武士のような風貌のくせに料理好きで、原書のものすごく厚い食通の書を抱え込んで、これでいこうかと、お客にはよく手作りの料理をごちそうしたものです。

四島　日本人との付き合いは……。

青木　同時期に留学していた人に中山巍、児島善三郎、鈴木千久馬、**向井潤吉**《じゅんきち》らがいますし、グランド・ショミエール絵画研究所では**有島生馬**《いくま》とも知り合っています。**長谷川路可**《ろか》や**田中繁吉**《しげきち》とも親しかったようです。

　昭和三年（一九二八）、帰国に先だってパリから送った**「裸体」**が第九回帝展で特選。翌十回帝展で**「若き日」**が特選。第十一回帝展では**「弟妹集う」**が、帝展最高の帝国美術院賞を受賞。パリ帰りの新進画家として注目を浴びました。

　彼が帝国美術院賞を受けた昭和五年（一九三〇）には、児島善三郎や**高畠**《たかばたけ》**達**《たつ》**四郎**《しろう》などが**独立美術協会**をつくり、官展に対して二科や独立などの在野の勢力が増大してきます。この中で、昭和六年、研一は帝展の審査員、名実ともに官展を代表する洋画家となっていきます。

四島　修猷館時代からのつながりの児島善三郎は、独立美術協会をつくって反官展派、アトリエも同じ代々木初台にあることを考えると二人はおもしろい縁といえますね。画風も全然違いますし……。

青木　善三郎との関係は、**坂本繁二郎**《はんじろう》と**青木繁**《しげる》の間にあったような陰と陽との絡みですね。お互いにものすごく懐かしくなってみたり、すごく反発し憎しみ合ったり、そりゃあ激しかったですよ。

　いちばん激しかったのは、昭和二十五年（一

宗像市の合併 10 周年を記念して 2013 年に催された中村研一特別展。大作「弟妹集う」が九州初公開

九五〇）に二人が芸術院会員を争ったとき。私は文部省担当の記者でしたが、当時の社会教育局長から、芸術院会員候補者に、福岡から二人挙がっている、どちらがふさわしいかと相談されて、本当に困りましたね。若い頃からかわいがられたのは中村研一さん。絵描き児島善三郎さんの魅力は大きい。帝展以降文展から社団法人日展となるまでの貢献度からいえば、はるかに中村研一なんで、結局研一になったんですが、善三郎は悔しがりましたね。絶対反文部省で行くんだと言って、それ以後この話が来ても、受けなくなってしまいました。

戦争画と研一

西島　ところで私は、中村研一といえば、戦争画の傑作を思い出すのですが、終戦後、アメリカに接収されていましたね。

青木　ええ、それが返されて、一時話題になりました。

西島　私は「コタ・バル」が好きなんです。戦争画といえば鬼畜米英で、アメリカ人がやられて日本人が勝った勝ったという絵を想像するのですが、あの絵はそうじゃないんですね。

四島　描いているのは、全部戦争の中の庶民、兵隊なんですね。

青木　ええ、彼は死地につく人の潔さに感動して、真摯に戦争の事実を描こうとしたのです。どんなに請われても将官の似顔絵は描いていませんね。

彼はたいていのものは宙で描けたんですね。ところが戦争画になるとちょっとでも違っていてはいけないと、初めてモデルを使った。本物の兵隊を使って自分の庭でポーズを取ってもらう。だから迫真の画面になったのでしょうね。終わると夫婦で、「体を大事にしてお国のために頑張ってください」とたいへんなもてなし方だったそうです。

先ほど言われた「コタ・バル」は、中村研一の最高傑作の一つで、この時期が画家としていちばん充実していたときだったと言えますね。

四島　だいたい戦争画は隠すんですね。戦争協力者と思われますから。ところが中村研一は隠していない。

青木　兵士が国のために戦ったことを恥じていないように、自分も胸を張って立っているという気持ちだったのでしょう。「コタ・バル」は、当時画壇で非常に名誉とされていた朝日賞を取っています。東京の空襲で代々木初台のアトリエは焼失し、彼の作品も焼けてしまうんですね。研一と夫人は疎開していて難を逃れましたが、戦前の作品がほとんど焼失してしまい、断腸の思いだったでしょうね。

西島　私たちも残念ですね。絵を売らないということは、保存にならない面があったのですね。時代とはいえ、分散しておけば焼失せずに済んだのに残念ですね。

青木　ええ、画家としても戦争中に最高の時期を迎えた作家であるだけに、その時期の作品群がないのは悔やまれます。画集も真ん中がぽっかり抜けて、あるのは二十代の絵と、五十を過ぎてからのものばかりですので、彼の画業を画集だけで判断されるのは、かわいそうな気がしますね。

四島　戦前、戦後を通じて活躍の舞台は、ずっと官展ですね。

青木　戦後は日本の洋画の流れが大きく変化しました。それまでは洋画といえば文展、帝展といった官展が代表でしたが、戦後は二科会、独立展などの在野団体が勢いを得、抽象表現へ、新しい流れへと押し流されていきました。その中で日展は、頑として旧来のスタイルと技術を守って動かないんですね。戦後の揺れ動く時代でしょう。新しい思想と新しい芸術がもてはやされ、日展は次第に古くさいと顧みられなくなります。そのうえ、官展から社団法人日展となって、運営面でも難しい局面に立たされています。黒田清輝の後を継いだ岡田三郎助も、その後の藤島武二も、終戦前に亡くなっているでしょう。だから日展の中心人物としては、中村研一と辻永《つじひさし》が浮かび上がって代表に立たされるんですね。

西島　研一の作品は夫人を描いたものが多いですね。この時期の作品は戦前と作風が変わったように思いますが……。

青木　華やかな色彩が出てきましたね。戦前は黒っぽい、逆光の中に対象物を捉えて表現する作風でしたが、戦後は、むしろ明るい面を強調する装飾的な画面になります。有名な黒い輪郭線が出てきたのも戦後です。

　おもしろいのはね、彼の奥さんとある一人のモデル以外は描いていないんですね。なぜかというと、これなら絶対画商が欲しがらない（笑）。しかも、自分は十分作画する喜びは感じられる。発表しても買いに来ないから、いっさい絵を売らずに生活できると言っていましたね。

西島　うらやましいなぁ（笑）。しかし、おもしろい話ですね。

青木　夫人は富子さんといって、昭和四年（一九二九）に結婚されました。きれいな人で自分でも岡田三郎助ばりのいい絵を描かれますし、ご健在です。

　中村研一が奥さんと一人のモデルしか使わなかったということは、彼がモデルの変化というような表面的なことに関心がなかったことを表していますね。描く対象は何でもいいわけです。モデルの美しさではなく、人間の女の体を描きたかったのです。そこに存在する女の体、物体としての体に、存在としての肉体に決定的に関心のすべてを注いでいる。美しい、醜いということはあまり関係ないわけです。質実に、まともに、厳しい描写を正面から押していく、そこに中村研一の絵の特徴があったといえるでしょう。

「味」を拒否した画業

四島　西島先生は絵を見てどうですか。

西島　うまいですね。確実なデッサンとリアリティー、どこにもごまかしのない、逃げていない、そんな作家ですね。絵は見たときにどこかにちょっと手を加えたいというくらいのほうが、おもしろいような気がするんですが、加えようがない絵ですね。

青木　そのことで、こんな話があるんです。日本画家の**山口蓬春**《ほうしゅん》と一緒に九州に来て、「山口君、いいなぁ、日本画は……」、理由を聞くと、「君たちは、背景をこうぼかして、何かありげにしとけば、それでできあがりだもんな。油絵はつらいんだよ。その後ろはどうなっている、その後ろは、その後ろは……と最後の最後まで後ろを考えなくてはならない。フワッとぼかして何かありげ……なんてのは絶対だめなんだ」と。まさしく、そういう絵ですよね。

四島　たしかに研一の絵は後ろの後ろまで追究した絵ですよね。ただそれだけに、西島先生も言われたように、完璧でおもしろ味がないように思われるんですが……。

青木　こういうふうに言っていましたね。日本人は味に流れ過ぎる。どれだけ味がなくてその絵が存在するかが大事なんだ、と。一見識ですね。それでいて平凡ではなく、絵を一見すれば中村研一ということがすぐわかる。その点すごいですね。

　彼から見れば、今僕らが大事にしている人気作家がいるでしょう。それを一言。癖で見せる絵、情で見せる絵、好みで見せる絵、みんな本物じゃないんだ、と。淫《いん》することを拒絶した作家ですね。

四島　誇り高い作家ですね。

青木　ええ。日展を率いて、おそろしく大道を歩いていながら、価格の面じゃ過小評価された珍しい作家ですね。画商が嫌いで、画商は来てくれないほうがいいんだと言っていました。わずかに日動画廊の先代がアトリエに入れただけでしたね。画商受けが悪いので絵の価格が上がらないんです。ある意味じゃ非常に位置付けの難しい作家ですよ。

　人間は豪気でした。政界にいたら総理大臣になったかもしれないし、会社だったら社長か会長になった人ですよ。たまたま絵が好きで絵描きになったということでしょうね。美術評論家の**今泉篤男**さんは、中村研一に人気が湧かないのはあまりに何でも軽々とできてしまうから、絵に本当のおもしろさが出ないんだ。不器用な作家のほうがはるかに魅力が出せる、という言い方をされていますね。研一はこれを読んで非常に怒りましてね、エセ評論家が……と（笑）。日本の場合には、一芸にひたすらな姿が認められるでしょう。彼はあまりにも何でもできて、万能選手で、優雅でお金もあって……、だから疎まれるんですね。

四島　たしかに、アカデミックな絵の基本のような画風ですね。息は長いでしょうから、評価はこれから……。

青木　そう思いますね。「味」を全く拒否したということではね、お付き合いしていて苦労したのは、**田崎広助**《ひろすけ》さんと合わないのね。画風が全然違うでしょう。田崎さんが何回か足を運んだんだけど冷たい応対で……。どちらかというと田崎さんのほうが、その不器用さゆえに、今は人気が高いかもしれませんね。

四島　現在は完全型では満足しないんですね。どこか波長が違う、悪く言えば崩れている絵じゃないとおもしろくない。それを中村研一はずばり邪道だという。一面では豪快ですけれどもね……。

西島　おもしろいとは、どうかするとごまかしにつながるものですからね。

青木　何でもできたということで、人間としての幅の広さでは並ぶ者がいないけれども、そのために絵描きとしての評価が低いんだとしたら、人間としてどちらのほうがいいのかわかりませんね。

西島　弟子にはどんな人が……。

青木　弟子といえる人は少ないですね。というのも、研一は弟子を取らなかったんです。それでも研一を慕って、教えを仰ぐ形での押しかけ弟子のような入門ですね。残念ながら福岡にはいないんですが、**高光一也**《たかみつかずや》さんなどがそうです。

　中村研一を語るときにもう一つ忘れてはならないものに九谷焼の絵付けがあります。芸術院会員になった昭和二十五年（一九五〇）くらいから陶芸を始めて、いろいろ試みたようですが、最後は色彩の表現の自由を持った九谷焼に傾倒していますね。九谷の名匠**徳田八十吉**さんに絵付けを習って、職人画にはない自由闊達な九谷を多く残しています。

本人が絵付けをした九谷焼

四島　亡くなられたのは……。

青木　昭和四十二年（一九六七）八月です。七十二歳でした。がんから併発した黄疸《おうだん》で死去しています。この年の四月には、戦争画の「コタ・バル」などが返還されていますが、本人は意識朦朧《もうろう》として理解できたかどうかはわかりません。死亡当日に従四位勲二等瑞宝章を贈られています。

　先日、弟の琢二さんとお話ししていますと、兄さんを本当に尊敬しておられるんですね。研一がいなかったら自分は画家にはならなかっただろう、「世間でどう思われているかは知りませんが、私など逆立ちしても及ばない画家です。それはもう才能の質が違いますよ」と言いきられています。実にいいご兄弟ですね。

四島　真実の絵画、それを求め続けた一生ということができるでしょうね。今日は興味深いお話をどうもありがとうございました。

■青木秀氏

大正十一年（一九二二）～平成二十三年（二〇一一）。宮崎県生まれ。昭和二十一年（一九四六）東京産業大学（現一橋大学）卒業。二十二年西日本新聞社入社。文化部長を経て、四十五年編集局長。四十八年（一九七三）取締役。以後常務取締役、専務取締役、副社長、社長、会長を歴任。

博多町人気質《かたぎ》いろいろ

博多こぼれ話 42

［お話］
波多江　五兵衛
郷土史家
［聞き手］
西島　伊三雄
博多町人文化連盟 理事長
森田　孝雄
福岡相互銀行
対談：昭和六十二年（一九八七）六月

話も、墓も、「にわか（仁〇加）」風

森田　今日は、博多の町人気質ということで、いろいろと〝こぼれ話〟をお聞かせください。

波多江　そうですね。じゃ狂歌と博多にわかの話から始めましょうか。博多では「にわか」がはやりましたけど、江戸時代から盛んだった川柳ははやらなかった。川柳が博多に入ったのは、やっと大正（一九一二）になってからです。

森田　どうしてでしょう。

波多江　狂歌はあったんですよ。博多の人は角突き合わせて、怒りっぽい顔で文句を言うのが嫌いだったんですね。

昔、国体道路沿いに東中洲へまいりますと、水車橋という橋がありました。橋のたもとに油を搾る水車があり、その横に大きな居酒屋がありました。そこへ毎日のように飲みに来る大工の坂本卯平という人がいて、腕はいいんですが、年がら年中仕事もせず酒浸りになっていたんです。いつもどろんどろんになるので、別名「どろん軒」と言ったんですよ。この卯平がまた、飲むけれどもあんまり払わないわけですね。

今だったら、きっと「かけ飲みお断り」と書き出すんでしょうが、居酒屋の主人はそんな文句は書かない。何と書いたかというと、障子くらいの大きな紙に「貸しますと、金とりたてに困ります。現金ならば安く売ります」

すると卯平がおれに筆を貸せとその横に書いたのが、「借りますと、もろうたように思います。現金ならばよそで飲みます」とこうなんです（笑）。催促するほうもつっけんどんでなく狂歌でやりますし、答えるほうもまた狂歌で返す……。

森田　とてもおもしろい。

波多江　新しいところでは、皆さんご存じの岩田屋を始められた中牟田喜兵衛さんですが、この方が玄関に立っておられたら、あの西日本新聞広告社におられた田中諭吉さんが来なさった。

この方は頭がつるっぱげで、「頭のハゲは私の名刺代わり」と、かえって威張っている人でした。これが大阪の人でしたら、「もうかりまっか」となるんでしょうが、中牟田さんは、田中さんのハゲ頭を見て即席の博多にわかで、「あんた、そげん頭でうちに入らないでくれ」「どうしてですな」「あんたが入ってきたらうちの店はモウケがない」と、こう言ったそうです。

田中さんもまた当意即妙に「あたしが入り

ますと、光線（口銭）が入りますばい」と言ったらしいですね（笑）。それで中牟田さんが、これは負けたと、田中さんを会長室に連れて行った（笑）。

西島　田中諭吉さんらしい。まだ三十代の頃の話でしょうね。

波多江　その頃からもうピッカピカだったですからね。この田中諭吉という人は、たいへんなアイデアマンで、今では年中行事になっている太宰府天満宮の「曲水の宴」、あれも、梅の季節から菖蒲までの間をつなぐものが何かなかろうかと、言い出されたのがきっかけで、九州大学の加藤退介教授や大広の中島保英さん、岡部定一郎さんらと話し合って始められたんですね。

　田中さんが、「太宰府で曲水の宴をやろうと思とるたい。酒は何とかなるばってん、杯がないけん、波多江さん、あなた寄贈しんしゃい」と来られたので、よく覚えているんですよ。

西島　大昔、菅原道真公の頃、平安時代にはあったんでしょうね。

波多江　それを見事に再現して、今では太宰府さんの春の行事になってしまっていますね。

　博多のお墓もおもしろいんですよ。芥屋町《けや》（現奈良屋町）に**観音寺**という寺があった。そこには、博多のなぞなぞを作る人たちのお墓があるんですよ。

西島　「博多なぞなぞ」ですね。

波多江　ええ、変わっているのは、墓碑に何々家の墓とも南無阿弥陀仏とも書いてないんです。なぞなぞ作りの自分の雅号が二列に書いてある。

野霧軒一生《のむけんいっしょう》
野満軒空海《のまんけんくうかい》

　これが戒名としゃれている。最初の人は酒飲みです。もう一人はいけない口です。それ二つだけで、あとは何にも書いてない（笑）。

　家族の者が涙流してメソメソするより、戒名を読んで「まあ、うちのじいさんは」と、笑ってくれたほうがいいというんですね。

森田　博多にわかの原形みたいな感じもしますね。

波多江　ほかにも、表具屋さんで
朝寝坊尾衾《あさねぼうおきん》
とか、彫金師の羽田さんという人が
羽田羅漢《はたらかん》
とか……。明治末から大正の頃ですね。ほかにもいろんな傑作があります。

森田　こうして見ると、博多の人は結構裕福だったみたいですね。伸び伸びとしていて……。

西島　食べ物が豊富だったからでしょうね。海の物、山の物が豊富。それから多いといえばお寺の数も多いですね。

波多江　まあ、裕福というより、気持ちが裕福だったんですかね。

博多の町人気質

西島　町人気質について、もうすこし……。

波多江　実在の人物も含め、ちょっと変わった博多人気質についてお話ししましょう。結局、手前みそのようですが、博多人気質というのは、「わがとこながら、博多はいいとこばい」と誇りたいんですね（笑）。

西島　そういう陽気さですね。

波多江　博多の人間は上意下達というのが、いちばん嫌いなんです。明治三十一年（一八九八）に**曽我部道夫**という人が知事になったのですが、博多祇園山笠で舁《か》き山が電線を切るし、裸で走って野蛮だといって、山笠禁止令を出したんですよ。文明開化の世の中です。そして福岡市のほうに取り締まる責任を押し付けたんです。当時の市長は**奥山了**という人です。

　それで、博多の人たちがどうしたかというと櫛田神社に集まって、九州日報の主筆をやっていた**古島一雄**《こじまかずお》という人に頼み込んで、反対のキャンペーンを張ったんです。それは、「博多の自治制度を知らんのか。着飾った人間が上等で裸の人間が下等だという理由はない。鹿鳴館《ろくめいかん》の紳士淑女のスキャンダルはいいのか」という激しい調子でした。

そして、「県にしても市にしても、税金が完納できているのは誰のおかげと思うとるか！」です。

幸い、この古島一雄という人は、当時の内閣の西園寺公のところへフリーパスで行ける人だったんですよね。で、ついに県のほうも折れたんですが、なんとかメンツを立ててくれと言って、結局、山笠が法被を着るようになったのは、それ以後ということなんです。

西島　そうですか。昔は裸だったんですね。博多の場合、公共的な問題があったときも、県庁に座り込んだり、どなり込んだりしませんね。人から嫌われるようなことはするな、というのは昔からですね。そういう風習がありますね。

山笠でも、なにか文句を言いたそうな人に、好きなだけ文句を言わせます。三回目もまた言わせせます。次の会合でも言わせます。そうするとだんだん声が小さくなって、四回目ぐらいからはだんだんまとまって、最後は丸く収まるんですよね。あれもよくできてると思いますよ。

波多江　ちゃかすわけではないですけど、なにかネアカ口調でしゃれて、ひっくり返すんですよね。

このごろ、よく作家とか評論家とかが、ちょこっと来て、「博多の人間とは」とか書いているのを見ますとね、「陽気でお祭好きで……」と、何か軽薄人間の見本のように書いてるんですよね。あれはちょっと……。

西島　みんなで暮らしを楽しくしようと考えてやってることを……。

波多江　軽薄にパーッとちゃかされては困ります。

森田　本当におもしろい風土ができたものですね。

波多江　とにかく博多の人間は争いごとを嫌いますね。いくら自分の主張がどうのこうのいってもですね。

福岡の市長をされた**小西春雄**さん、この人は戦後の復興に尽力された名市長で、市民に親しまれた人でした。この人が福岡言葉でした。博多の連中は、「市長さん、そげな言葉使ったらあなた、博多から追い出しますばい」と言ったもんです（笑）。

その代わり、市長さんに陳情に行くときも、半分ちゃかしたような言葉で言うんですね。雨が降ると道がどろんこになって困る、なんとか舗装してほしい、と陳情に行ったんですよ。そのときでも、「あなた雨の日に博多の町を歩いてみなさい。まるきり、あの回転焼きの型のごとなっとりますばい」と言い換えましたもんね。「デコボコしてます」なんて誰も言いません（笑）。市長も笑って聞いとらっしゃった。

西島　平和台で西鉄ライオンズをちゃかしたり、応援するときの言葉もおもしろかったですね。

波多江　ピッチャーがボールばかり投げたりすると、「そのバット、地に埋めとけ！　おれがスコップ持って行って掘ってやろうか」と、こんな調子でしたね（笑）。

母と子も「にわか」で

西島　ごりょんさんもにわか風の話をさっしゃって……。

波多江　そうですよ。私の母の話で恐縮ですが、母が博多の「ごりょんさん」なんですよ。それで私たちが小さいとき、何か質問しても、ろくに答えてくれないんです。たったの一口なんですね。

八月十六日は閻魔《えんま》様の日で、**海元寺**という寺の閻魔様にみんながお参りして、お供え物の台に、次から次にこんにゃくを供えるんですよ。閻魔様にこんにゃくというのが、どうしてもわからなくて、小学校の頃に、母に聞いてみたんです。するとたった一言「あれは〝あく抜き〟たい」

西島　今でもこんにゃくを上げますね。

波多江　そのときはぜんぜんわかりませんでしたがね。どうもこんにゃくで人間の体のアクを全部外に出して、清浄な体で詣でています、ということらしい。〝あく抜き〟なんですね（笑）。

西島　海元寺はうちのお寺なんですよ。昔のこんにゃく屋さんに知恵者がいたんですかね（笑）。

波多江　母親がそうですから、私も子ども心ににわかなんかでしゃれて答えなきゃならんなと思ったことです。

　別に家で教えられたこともありませんしね。以前は暮れになりますと、雑煮の餅をつくために、餅つき屋さんが家庭を回っていったんですね。そのとき最後の一臼は「つきあげ餅」といいまして、小豆を入れるんですが、どういうわけか塩味なんです。ちょっとくらい砂糖が入っていたらさぞうまかろうに、どうしてつきあげ餅は塩味にするの、と母に聞いたんです。すると、母の答えは「亭主が甘ちゃんにならんごとたい」それっきりしか言わないんです（笑）。なんのことやら、こっちはいっこうにわかりませんでしたね。

西島　女遊びをする甘い男のことですね。

波多江　ええ。

森田　お母さまの答えが、もう博多にわかですね。

博多商人が江戸に出なかったのは

森田　博多の豪商といわれた島井宗室《そうしつ》や神屋《かみや》宗湛《そうたん》は天下人の豊臣秀吉と話し合える立場にいましたでしょう。それだけ力のあった博多の商人が江戸時代になると影を潜めてしまって江戸や大坂へ出ていませんね。例の伊藤小左衛門が密貿易で一族処刑になる。そういうことに懲りた一面はありませんか。

波多江　いやそういうことはないでしょう。私はこう思っているんですよ。

　慶長五年（一六〇〇）の関ケ原の戦いで徳川幕府が成立し、戦国時代は終わりますが、西軍大名の領地没収、減封で侍の失業者がワンサとでました。

森田　たいへんな失業時代だったでしょうね。

波多江　この人たちが、江戸へ出ればなんとか食えるだろうと出てくる。いわば食い詰め者がいっぱいで、活気もあったでしょうが、江戸の治安の悪いことはたいへんなものだったでしょう。

　また幕府の大名への賦役《ふえき》が多い。大名はこの費用を商人たちから借りる以外ない。いわゆる大名貸しで、江戸や大坂の豪商は軒並み狙われた。これは返してもらえるあてはないんですね。

　だから、明治時代になってからはもちろん違いますが、江戸時代の間は、博多の商人は江戸や大坂に支店を出さなかったんですよ。

森田　それは、やっぱり博多がよかったんですね。なにも江戸まで行かなくても、長崎に目を向けてればよかったでしょう。

波多江　それもありますが、黒田藩が町人の博多にあまり口を挟まなかった。博多の自治制度がとても素晴らしかったこともあるでしょうね。黒田長政公が筑前の大主として初めて入国したとき、そういうときはたいていどこでもみんな、藩主にコネを付けに行くのに、博多の商人は誰も行かないんですよ。神屋宗湛が焼酎一升を贈ったという言い伝えがあるだけで、あとは誰も行かなかったようです。

西島　やることはやるものですね。殿様もいい気分じゃなかったでしょう。

波多江　そうでしょうね。で、博多人気質ということですが、長政公が城下町をつくるときは、協力してみんなお金は出しているんです。しかし、博多の連中は「どげなもんつくるか、まあ見とりまっしょ」と、いう調子なんです。

　博多の町人気質ですが、博多の町人というのは、昔からデモとか座り込みとかいう無理強いは、絶対にしないんです。まあ、仲良うやっていこう、ということです。どんな暮らし方をしていたかというと、「みんなが笑って仕事ができるような暮らし。けんかはごめんだ」ということですね。

西島　なるほど、そうですね。でも殿様に言いたいことがあったとする。直接には言えないとなると……。

波多江　当時は殿様の行列に、これこれしかじかなんて、訴え状を持って走り込んだりすると、無礼者と厳罰で首を切られたりする時代です。幕府でも中興の英主八代将軍の**吉宗**の時に、民百姓の訴え事がわからないからと、誰でも身分に関係なく意見を投げ込んでもいいという**目安箱**を設置しました。この箱の鍵は将軍しか持たず、将軍が自分で開けて民の訴えを聞いて、大老や若年寄に指示しようとしたのですね。思いつきはいいし、初めは役立ったんですが、次第に投げ込みが少なくなって中止されてしまいました。

西島　将軍がしたとなると、各藩でもまねたことでしょうね。

波多江　ええ。江戸に見習って、福岡でも目安箱を設置することになったんですが、しかし、博多でもあまり入れ手がないんですね(笑)。で、なぜ入れ手がないかというと、「書いて入れるなんて、そげなまだるっこしく、仰々しいことはすかん。侍たちの悪いことは博多にわかで十分」。それで、福岡の目安箱も一年半でつまらんとやめたそうです。

森田　おもしろいですね。

博多町人の自治制度

森田　博多が町人の町というのは、それなりに自治制度が優れていたのでしょう。

波多江　〝太閤町割り〟から四百年ですけど、秀吉は町人衆の力をうまく利用していますね。

森田　秀吉が島津攻めを果たし、帰途に博多の「町割り」をしたのは、天正十五年（一五八七）ですね。神屋宗湛や島井宗室も協力したんでしょうね。

波多江　ええ。そのほか世話役として、**長束**《なつか》**正家**《まさいえ》とか**黒田如水**など五人の武将が選ばれていますが、実際に町割りの図面を引いたのは、**玄蘇**《げんそう》という坊さんだといわれています。

　この人は後の名を**西道**《せいどう》といって、聖福寺《しょうふくじ》の住職となった人です。

　当時川端町はありませんで、横町筋までしかなくて、そこからは浜で、海になっていました。記録にもそこでお神輿《みこし》を洗った、というようなのが残っています。

　玄蘇は、博多の町割りを「七条の袈裟《けさ》」の調子につくろうとしました。それで市小町筋の両側に西町筋、東町筋とつくり、西町筋の外側に土居町筋、そしてこの縦の筋に対して、横に横町筋、博多本通筋、三藁小路で七本つくったわけです。三藁小路というのが、今の祇園町筋にあたりますね。さらに細かく、「博多の七《なな》堂、七番、七小路、七厨子《ずし》、七流、七口、七観音」といわれるように、どこからでも位置をはっきりと確定できるように定めました。この町割りが素晴らしいのは、このとおりに町をつくると、夏は涼しく冬は暖かいんですね。

森田　秀吉は自治のほうも町人に任したのでしょう。

波多江　秀吉は朝鮮出兵を意図していましたから、博多を兵站《へいたん》基地にする考えだったのですね。博多に**楽市楽座**《らくいちらくざ》を認め、誰でもなんの制約も受けないで商いができるようにしていますが、博多の発展が必要だったのですね。

森田　それは画期的なことですね。博多の治安も町人に……。

波多江　ええ。それが黒田時代になっても引き継がれている。黒田になると宗室、宗湛でなくて、**大賀宗伯**《そうはく》が上席になりますが、博多の治安は町人に任せようじゃないか、ということで、今の市長と警察署長の役目を二つとも町人に任せてしまって、侍はいっさい口出ししていないんです。町人同士だからみんなで話して決める、これがいちばんよかばい、と。町割りについても、どうやって家を建てたらいいかと相談して、一つの区画に三分の二しか建てないということを決めました。あとの三分の一は、空地にしておきなさいというんです。

　いちばん怖いのは火事ですよ。それで、避難ができないと困る、ということで三分の二しか建てない。これだと、裏に出ればスーッとどこにでも避難できます。最後まで残っていますのが桶屋町の下駄屋さんのところで、あそこはこのとおり建っていますよ。

西島　境はちょっとした垣根ぐらいですね。

波多江　ええ。塀がなくて裏が丸見えなんです。そこに、畑をつくったり、それと大きな木を植えていました。これは火災を防ぐために植えたんです。博多が火災で丸焼けになったのが七回あるんです。それに懲りて火災を防ごうとしたんですね。そして、この家の建て方だと人間はうまく逃げられるんですよ。

　それから家の左端に「通り庭」がつくられました。さらに家と家の間にはちゃんと一尺五寸（約五十センチ）ずつ雨落ちのための空間を取って、三尺（約一メートル）の空間ができるようにしているんです。

西島　その境界が何もないから、なにかのときはさーっと走って退避できたんですね。

波多江　ええ。これも町人同士で決めたんでしょうね。お互いに家を守りましょう、と。上金屋町にこの通りの図面が保存されているところがありますよ。間口はそれぞれ違いますが、奥行きはみんなここで止められています。

西島　裏が筒抜けですから、ごりょんさん同士のコミュニケーションは良かったでしょうね。

波多江　そりゃ、もう裏同士で、ごりょんさん連中が非常に仲良くなるんですね。

　この自治制度でまた良かったのが、税金面です。所得税というのは当時はなく、全部間口割で、間口ごとに税金がかかっていたんです。ところが、やはり商売がうまくいくところとうまくいかないところがあって、税金が払えない家が出てくるんですよね。そうしたら町内の人が立て替えて払ってくれる。

　町内から立て替えてもらったらなんとかして払わないと町内を歩けない、だからみんな優先して払うでしょう。いちばんおかしいのは、払わないときの罰則です。町内全部の連帯責任になるんですが、たった一軒でも税金を払いきらなかったら、その町内は、盆のときに博多では家紋の入った角提灯を出しますけれども、これを出してはいかん、正月には門松を置いてはいかんと、これが罰則になっているのですよ。

森田　これはかえってきつかったでしょうね。

波多江　で、他の連中がどう言うかというと、「あそこの町内は、立て替えちゃりゃよかろうに、なんちゅう不人情な町やろうか」と、町内全部がやかましく言われるんですね。それで博多の町というのは、税金はだいたい完納していました。

西島　その払えなかった人に対して、町の制裁はなかったんですか。

波多江　なににもありません。ただ、どうしても苦しくて家を売らないといけなくなると、町衆が買ってくれるんです。また良くなって戻って来るときは、買い取ったときの値段で戻しますという取り決めになっていました。お互いに無理のないやり方でお互いに繁盛しようやないか、ということだったんですね。

森田　いい制度だったんですね。

波多江　このほか、いろんな自治制度がまだまだあります。町役場のほうも各町に税金の使い道はこうです、と全て細かく報告書を書いて配っていましたね。役所が冬寒かったので炭を一俵買いました、とか書いてあります。それから火事のときの一番懸け付けにはいくら、二番懸け付けにはいくらやったとか、事細かく書いてあります。また、橋が汚れて困ったので橋の掃除人にいくら払ったとか。

　おもしろいと思うのは、やはり当時いちばん怖かったのは火事だったんですが、夜、博多中を見回る「夜回り」が十六人くらいしかいなかったんですね。すると、この頃は家も増えたので、すまないけど夜回りの人数を増やしてほしいと陳情に行って、それの費用はみんなが出しますと、町のほうから税金の値上げを言っているんですよ。そういう町はあんまりないと思いますね。

西島　それから先ほどのお話の間口の広さによっての税金ですが、金持ちは多くて貧乏人は少なかったのでしょう。話し合って調整してたんでしょうね。

波多江　それは町役場から各「流《ながれ》」に今年はこれだけいるんだ、ということがいちど来るんですね。そこで、「あんたんところは商売繁盛してるし、もうちょっと引き受けん」というようなことで分けていたんでしょうね。

森田　おもしろいですね。町のために使われるほかに、黒田藩のほうに納める分も当然ありましたでしょう。

波多江　特別の物入りのときはあったでしょうが、普通のときはそれはどうも別だったらしいですよ。

森田　じゃあ、税金は自治でほとんど使われていたんですね。

西島　その代わり、殿様はあまり町のことはしなかったでしょうな（笑）。

森田　でも何か大きなことがあったときに、割り当てが来てたんでしょうね。幕府の用を引き受けるとか。

波多江　そうでしょうね。「今度こげなことできてるけど、あんたんとこいくら引き受ける」という調子で決めたんでしょうね。

　おもしろいのは、松囃子《まつばやし》の当番とか、山笠の当番とかにあたっている町に対して、たいへんだというので補助金が出ていることです。今の市役所みたいにですね。「松囃子笠《かさ》鉾《ぼこ》補助金」とか、「山笠なになにの補助金」いくらとか……。これは役所のほうもすぐに出したようですね。おそらく税金という感覚じゃなかったと思いますね。

西島　町内でいちばん偉い人というのは誰なんですか？

波多江　多いときは博多中で十二、三人の年行司と称する人がいました。あの人なら、町のいろんなことをするのに頭もいいしお金も持っている、いろんなことをしきる人だということですけどね。少ないときは七、八人ということもありました。

森田　一つの町から一人というわけでもないんですか。

波多江　そうでもないんですね。だから税金の方は各流に言ってきていて、そこからいろいろ割り当てしていたようですね。

侍くずれが博多の町人に多かった

波多江　博多商人というのは、とにかく上から命令されるのが大嫌いだったんです。秀吉が博多の町割りをしたとき、博多を朝鮮に渡るための基地にしたかったわけですよね。それが名護屋になったでしょう。入り江のある良港で、朝鮮にいちばん近いという利点もあったでしょうが、私は博多の商人がうまく立ち回ったんだと思います。永年の戦乱からやっと復興したというのに、兵站基地として戦いに巻き込まれるのはお断り……と。

　米でも、馬でもみんなそろえるから名護屋へ、ということにしてしまったんでしょうね。

森田　町人といっても島井宗室や神谷宗湛のような大物がいましたからね。

波多江　それに、その当時の目ぼしい商人はほとんど何々くずれという侍なんですよね。博多の旧家というのもほとんどそうです。山口の大内くずれ、糸島の原田くずれなど、名門の侍が商人になったのが多くて胆が据わっていました。

森田　ご家業四百年とか、先生のご先祖もそうですね。

波多江　はい（笑）。それで博多では、商人になることが恥ずかしいことではなかったんです。昔、普通は「あの人は商人に成り下がっている」という言い方をしたものですけどね。博多では、商人になることのほうが、ああこれから自由に動ける（笑）と、そういう感覚しかなかったんですね。

　長政があるとき、嫡子の忠之に腹を立てて坊主になるか商人になるかと言っているでしょう。当時は士農工商が確立する以前で、そう身分差を感じなかったのでしょうね。

森田　今日は博多町人気質を軸に、おもしろいお話を、どうもありがとうございました。

■波多江五兵衛氏　21ページ参照

金子堅太郎（右）と伊東巳代治。昭５年

43 明治の栄光を生き抜く 金子堅太郎

［お話］
柳　猛直
フクニチ新聞社顧問
［聞き手］
西島　伊三雄
博多町人文化連盟 理事長
野口　康見
福岡相互銀行
対談：昭和六十二年（一九八七）八月

野口　**金子堅太郎**さんというと、日露戦争の講和にたいへん活躍された人ということは知っているんですが、それ以外はあまり知らないんです。

柳　そうですね。ご存じない方が多いので、最初に金子さんのプロフィールを要約してみましょうか。

　福岡市鳥飼出身。家は足軽の身分でしたが、**黒田長溥**《ながひろ》公の援助でアメリカのハーバード大学に留学。帰国後、新政府に出仕します。金子さんには、三つの大きな功績があります。

　第一は、**伊藤博文**《ひろぶみ》を助けて大日本帝国憲法の草案をつくったこと。

　第二は、日露戦争のとき、ハーバード時代の学友だった**セオドア・ルーズベルト**大統領の支援を得て、外債を募集したこと、講和実現に尽くしたこと。

第三は、明治維新史の編さんです。それぞれの功で、男爵、子爵、伯爵と上っています。大臣も、第三次伊藤内閣の農商務相、第四次伊藤内閣の司法相、最後は枢密顧問官として、昭和十七年（一九四二）五月十六日に九十歳で亡くなりました。

地元にも修猷館の復興、九州大学の誘致、八幡製鉄所の設置など、たいへん尽くしているんですね。

とにかく福岡出身者で、日本の近代化に足跡を残した戦前第一の人物でしょうね。

おいたちからアメリカ留学まで

野口　明治の栄光を生き抜いた輝かしい生涯だったんですね。

柳　堅太郎が生まれたのは、嘉永六年（一八五三）二月の四日ですから、ペリーの来航の数カ月前です。おじいさんは**弥平**で、父**清蔵**、母**安子**の長男です。清蔵はちょうど**平野国臣《くにおみ》**と同年ですね。国臣が家に遊びに来ていたのを、金子さんは覚えているようですよ。

樋井川の上流に城西橋があって、そのもう少し川上のほうに鳥飼橋というのがあって、大きな栴檀《せんだん》の木があったので、「せんだん土橋」と言っていたそうです。そのそばに、足軽屋敷の金子家がありました。畑を作ったり梅を植えたりで、百坪くらいあったそうです。

鳥飼八幡宮の南手に当たる鳥飼三丁目の埴《はに》安《やす》神社の境内に、「金子堅太郎先生生誕地」という碑がありますが、生誕地は住宅になっているので、近くから移されたようですね。

最初は鳥飼村の**正木昌陽《まさきしょうよう》**塾で学んでいます。この人は藩学の修猷館を出た朱子学の漢学者でした。塾の仲間に四つ年下で**福本日南《にちなん》**がいました。九州日報の社長になった、有名な明治時代の新聞記者で、『元禄快挙録』など史論家として有名な人ですね。

九歳のときに、藩校の修猷館に入るのですが、門の出入りにも身分の区別があったそうです。身分の高い武士の子弟は表玄関から入れたが、軽輩は内玄関からだったそうです。教室は同じですけどね。

成績にも差別があって、軽輩の子はどんなに良くできても、上士階級より上にはならない仕組みです。金子さんは修猷館きっての秀才だったので、かなり不満があったようですな。

そうしているうちに、十六歳の時に父が亡くなったので家督を相続します。

野口　扶持《ふち》はどれくらいでしたか。

柳　足軽なので、分限帳《ぶげんちょう》にも載ってないんでよくわかりませんね。

藩でも、非常に秀才だということで、次には秋月の稽古館へ留学させ、次いで明治三年（一八七〇）には東京遊学を命じています。幕府の学校だった昌平黌《しょうへいこう》を新政府が継承した昌平学校で学びましたが間もなく廃校になってしまいます。

そのとき、たまたま東京に司法省の役人で**平賀義質《ひらがよしただ》**という人がいました。この人は、長崎の海軍伝習所で、**勝海舟《かつかいしゅう》**や**榎本武揚《えのもとたけあき》**などがいた時代に勉強した人です。慶応三年（一八六七）、黒田藩初の海外留学生に選ばれてボストンに留学し、帰って司法省に入り、判事をしていました。一緒に六人留学していますが、この中に日本の鉄道の父として知られている**本間英一郎**がいました。

それから、ヨーロッパへ留学した人で**松下《まつした》直美《なおよし》**という人がおります。第四代の福岡の市長になった人です。

金子さんはカバン持ちで、当時は「挾箱《はさみばこ》」で、この箱を持って司法省に毎日付いて行ったそうですよ。

その頃、平賀の所にやはり筑前藩の秀才で、五歳年下の少年が入ってきます。これが、**團《だん》琢磨《たくま》**です。夜になると焼き芋を食べながら一緒に英語を勉強したらしいですね。

その頃、黒田藩の贋札事件が発覚して、**黒田長知《ながとも》**さんは藩知事を解任され、失意の状態だったんです。それで長溥公が、「長知に外国を見せてやろう」と、一つには慰める意味もあったんでしょう。明治四年（一八七一）長知公の三十四歳のときです。一緒に留学生を出そうと、人選をさせ、金子と團が選ばれるわけです。

野口　彼らが同行したのがたいへんな、例の遣米使節でしょう。

柳　ええ。条約改正の準備交渉に渡米した**岩倉遣外使節団**です。廃藩置県をやったばかりのときに、右大臣**岩倉具視《ともみ》**を全権大使として**木戸孝允《たかよし》**、**大久保利通《としみち》**、**伊藤博文**、山口尚芳らが副使、新政府の要人がほとんど乗っていたんですね。政府が空っぽになるくらい……。

　後は西郷さんに任せて……。明治政府の基礎もそんなに固まってないときに、あの頃の人はどえらいことをするもんですね。

西島　本当にそうですね。

柳　それで、そのとき各藩の留学生が五十人くらい乗っていたらしいです。中には八歳の**津田梅子**、あの女子英学塾をつくられた人がいました。このアメリカ号は、日本開国のための〝ノアの箱舟〟だったという気もしますね。

　ずいぶん後で金子さんが、坂本龍馬に付いて活躍した**田中光顕《みつあき》**という政府の要人に、「私はアメリカ号にあなたと一緒に乗っていましたよ」と言うと、非常に懐かしがった、ということです。

西島　そのときは、金子さんはまだチンピラで、目には留まらなかったんですね。

柳　そうでしょうね。團さんは十四歳でまだ子どもでしょう。ところが向こうに着くと、團さんは勉強していたので、多少はしゃべれるので、扱いがころっと変わったらしいんです。

野口　アメリカでは、使節団と別れたのですね。

柳　ええ、ボストンで早速、英語の勉強です。アリスン姉妹というたいへん家柄のいい姉妹を、家庭教師に頼んで勉強するんですが、謝礼が、一時間一ドルだったそうです。この姉妹は学校の教師で、年収七百ドルだったそうで、一日五時間くらい教わっていたそうですから、随分高い謝礼を払って勉強していたことになりますね。それから、小学校に入って、小学生と一緒に勉強もしたそうで、偉いもんですね。

　それから金子はハーバード大学に入って、法律、憲法、国際法を専攻。團はマサチューセッツ工科大学に入って、鉱山学を学びます。

西島　小学校から、ハーバードやマサチューセッツですか（笑）。

柳　團さんは、どうして鉱山なんかにと、苦情を言われたらしいですが、それが後に三井三池炭鉱の経営に役立つことになるんですね。そして、金子さんと同じハーバードには、**セオドア・ルーズベルト**がいました。後年、日露講和会議の全権となった**小村寿太郎**も同じ頃、ハーバードで学んでいます。

野口　ポーツマス講和条約の主役たちが出会っているのですね。

柳　そうです。人の触れ合いが歴史をつくるのだと、つくづく思いますよ。

アレキサンダーベルの電話発明

柳　電話を発明したアレキサンダー・グラハム・ベルを訪ねた、おもしろいエピソードがあるんですよ。

西島　好奇心旺盛だったんですね。

柳　明治九年（一八七六）、金子さんが二十四歳の時、**伊沢修二**という人に誘われて、二人でベルの所に行きました。この人は金子さんの二つ年上の信州人で、芸大の前身である東京音楽学校の校長になった人です。「雲にそびゆる高千穂の……」という紀元節の歌の作曲でも知られています。

　東洋の日本人が来てくれたというので、ベルはとても喜んだようです。

野口　電気はもう実用になっていましたね。

柳　電信がすでに使われていました。

　ベルはろうあ者の教育にあたっていましたから、音声の研究から電気で音声を伝えられないかということを考えて、電話を発明したのだそうです。

　日本語といっても標準語ができたのはずいぶん後ですから、金子さんは、風呂場の腰掛けみたいな電話機に向かって、博多弁でしゃべったに違いない。

西島　そうでしょうなあ。おもしろいですなあ。

野口　博多弁と信州弁が、電話に入った初めての外国語だったのですね（笑）。

柳　電話は大発明ですが、当時は理解されなくて、ベルは助手のワトソンと食うや食わずだったようです。ボストン大学教授の給料は研究費に食われていたんでしょう。それで、金子さんは援助をしたらしいですね。

これが後年、日露戦のときの金子の外債募集に大きくはね帰ってくるのです。その頃、ベルは成功して著名な存在で、金子をずいぶん支援してくれたそうです。

西島　留学費も十分だったんですね。殿様が出してくれたんですか。

柳　ええ、長溥公が出したんですね。

野口　その点、黒田の殿様は、日本の近代国家づくりに大きな貢献をしているんですね。金子、團、栗野、そのほか有能な人たちを出して。育英資金が、こんなに役立っている例はほかにないんじゃないですか（笑）。

柳　博多の人も、ここら辺、もっと知ってあげないと、殿様が気の毒ですね（笑）。黒田奨学会というのがあって、今でも旧殿様で育英資金を出しているのは、黒田さんくらいだそうです。

憲法発布まで

柳　まあ、そうして、金子さん、團さんは、一緒に明治十一年（一八七八）に帰国します。その前年の西南戦争で**越智彦四郎**《おちひこしろう》らが西郷に呼応して福岡城を襲い、〝**福岡の変**〟を起こしています。すぐに鎮圧されてしまうんですが、筑前藩の人間はけしからんということで、金子さんが役所に入ろうと思ってもほとんど門前払いで、だめだったようですね。

しばらく大学予備門の先生などで細々としのいでいました。しかし、新政府も人材不足で、有能な人はいくらでも欲しいわけですから、明治十三年（一八八〇）に元老院出仕となり、権書記官から太政官大書記官へ進み、各国憲法の調査をやっています。十七年（一八八四）に制度調査局に移り、十八年（一八八五）には総理大臣伊藤博文の書記官になっています。

野口　この頃から伊藤博文との深い縁ができるのですね。

柳　伊藤博文に目をかけられたというのが大きいですね。金子さんの活躍の場は、ほとんどが、伊藤を助けてのことですから。

この頃は、もうすでに先輩の木戸孝允も大久保利通も亡くなっています。維新の生き残りで、明治政府を支える人物は博文しかいない。それで国の基本となる憲法を制定するために、博文は、明治十五年（一八八二）から十六年にかけてヨーロッパに行って、プロシア憲法を研究して来るんですね。十八年には初代の総理大臣として、自ら最高責任者となって、日本独自の憲法をつくろうとするのです。

そうなると秀才を集めねばならない、藩閥にこだわってはおられないということで、憲法起草委員に、三人の俊才を集めるのです。一人は**井上毅**《こわし》という熊本の人、この人は金子さんより十歳ぐらい年上で、イギリスに留学していた人です。権謀術数では右に出る者がないといわれるほど、頭のいい人だったそうですよ。それから金子堅太郎ですね。それから、金子さんより四歳年下で、**伊東巳代治**《みよじ》という人、この人は長崎の人です。後に枢密顧問官になって、内閣をいじめるので有名だった人です。鼻息が荒くて、博文が〝大天狗〟。井上、金子、伊東が〝小天狗〟と呼ばれていたそうですよ。

偉いと思うのは、憲法を決めるという国のいちばん大事なことをしている委員に、長州人が一人も入っていない、伊藤博文という人は、視界の広い人だったのですね。

西島　お手本はあったのですか。

柳　プロシア（ドイツ）の憲法を基にしたんですね。伊藤は**ビスマルク**に心酔していて、葉巻の吸い方もビスマルクをまねていたくらいです。

神奈川県の夏島に、伊藤の別荘があり、そこにこもって盛んに論争して草案を作ったんですね。

野口　四人とも、燃えていたのでしょうね。ところで三人の分担は。

柳　金子は主に貴族院令、衆議院選挙法、井上は憲法本文と皇室典範、伊藤は憲法や典範、付属法典の草案を担当したようですが、金子さんは法律専門家ですから、全てに関わって大きな支えだったと思いますよ。

　そして、明治二十二年（一八八九）に明治憲法発布。二十三年（一八九〇）に施行されたわけですね。

野口　平和憲法になって四十余年ですね。明治憲法は、変えてはならないという欽定《きんてい》憲法ということでしたが、六十年足らずの生命だったんですね。

柳　欽定憲法でしたが、まあ、長持ちした方でしょうね。

日露講和に活躍

西島　次が、日露講和の活躍なんですね。

柳　帝政ロシアはシベリアから南下政策を取り、日本の自立を危うくしていました。そこで日本中が「ロシアうつべし」といって大騒ぎしていました。しかし、伊藤博文は日本の国力ではロシアと戦うことはできないと、「日露協調主義」だったんですね。一方ではバックアップを求めて「日英同盟」を結び、また、アメリカにも仲介者として大きな期待をしていたわけです。

　それで、元気のいい軍人や外務省の連中が集まって、「伊藤を斬るべし」なんて言っていたそうですが、その中に福岡市地行東町出身の外務省政務局長の**山座円次郎**《やまざえんじろう》がいました。この人は金子さんよりも十三歳後輩で、やっぱり足軽の出身です。東京大学から外務省に入った人で、**夏目漱石**と同級生だったそうです。ポーツマス講和会議では随員として小村寿太郎全権を補佐、日本外交を支える逸材でしたが、大正三年（一九一四）中国公使のときに亡くなり、夭折《ようせつ》が惜しまれました。

西島　外務省の高官でも元気が良かったのですね。

柳　その頃、筑前人の会合で、金子が山座を呼び付けました。

「貴様、伊藤さんを斬ると言っているらしいが、伊藤さんから軟弱外交の話を聞いたのか」

「陸軍の軍人や外務省の役人がそういうことを言っています」

「伊藤さんはお前みたいな小役人に会うはずもないし、陸海軍の少将くらいのやつに、本心を話されるわけがない。貴様たちの放言がもとで、訳のわからんやつが出てきて、伊藤さんが暗殺でもされたらどうするんだ」と、ひどくしかられたそうですよ。

野口　そうして、いよいよ日露開戦になるのですね。

柳　伊藤の協調路線も実を結ばず、とうとう明治三十七年（一九〇四）二月四日、御前会議で開戦が決まるのです。その会議が終わって、伊藤が金子を呼び寄せるのです。伊藤がいつまでも黙っているので「閣下、何かお話が……」と聞いても、黙ってワインを飲んでいたそうですね。そして、二回くらい聞くとやっとしゃべり始めて、これは金子さんの回想録に書いてあるんですが、「えらいことになった。君すまんけど、アメリカに行ってくれんか」と言ったそうです。

「アメリカ大統領と米国民の同情を喚起して、ほどほどのとき停戦の仲介をしてもらいたい。アメリカにはロシア人もたくさんいて、緊密な関係にあるから、なかなか難しいだろうが君が行ってなんとか工作してくれんか」ということです。金子さんがルーズベルトと学友だということを、伊藤さんは知っていたんです。

　それで、金子さんは「自信がない」と言って断わったんですが、「自分は死ぬ覚悟をしている。ロシアが迫ってきたときは、自分も銃をとり戦うつもりだ。成算がないことはわかっているが、とにかく行ってくれ」と言われて、引き受けるのですね。

野口　悲壮な決意だったでしょうね。

柳　それから海軍大臣の山本権兵衛《ごんのひょうえ》の所に行って、「実はこういうことを言われたけどどうですか」と聞くと、「だいたい日本の軍艦の半分は沈める覚悟でいる。残る半分でロシアの艦隊を全滅させる。適当なときに米国の仲介を頼む……」です。

次に陸軍参謀本部次長の児玉源太郎《げんたろう》の所に行って聞くと「五分五分だ。しかし六分四分に持っていきたい。そのとき貴君の尽力でアメリカの仲介を頼む」という話。金子もそれで決心をしましたが、その翌日、家の前が騒がしいので何事かと思ったら、なんと皇后陛下が金子邸にお見えになったのですね。びっくりしてお迎えすると、「大変なことだけど、あなたが行ってくれないとどうにもならないことなので、ぜひお願いする」と言われたので、非常に感激したそうです。

西島　お使いじゃなくて、皇后ご本人がいらっしゃったのですか。

柳　ええ、でもこれは大変に異例なことだったらしいです。

そして二月八日、仁川の沖で戦争開始。金子さんは二十四日に出発、サンフランシスコまで二十日以上かかり、各地で日本の立場を講演しながら三月二十六日にワシントンに着くと、大男のルーズベルトが、小さい金子さんの肩をいきなり抱いて、「どうしてもっと早く来なかったんだ。君は僕が新聞に公表した大統領声明を見たか」と言う。「アメリカは中立で日本にもロシアにも加担しない」ということを言っているわけです。

これはアメリカの軍人が、「ロシアはけしからん、日本は追い詰められて戦争を始めたんだ」と言って回っていた……。日本びいきなんですね。で、ロシアの大使がねじこんできた。それで、大統領としては、絶対に中立を守ると言っているわけです。それを金子さんは新聞で見てがっかりしていました。ルーズベルトは「だから早く来てほしかった。君に僕の真意を述べようと思っていた。僕は全くの日本びいきだ。世界の平和のために日本に勝ってもらわなければならん」と言ったらしいですね。ロシアの止めどもない膨張をここでくい止めなければならない。ロシアは満州に進出したばかりでなく、東洋を制圧してしまうかもしれないと懸念していたのですね。

野口　アメリカも危機感を持っていたんですね。

柳　帝政ロシアは、西へはヨーロッパの列強国があってなかなか出ていけないので、アジアへどんどん侵出している。それを止めようという気が強かったのですね。

金子さんはルーズベルトの真意を聞いて非常に安心しました。もう一つ、役立ったことは世界各国に張っているアメリカの情報網で、いい情報がたくさん入ってくるんです。ロシア軍の士気、国内状況など。いつ革命が起こっても不思議ではないし、士気も低く、雑軍の集まりであることがわかったんです。

世界最強といわれていたロシアのコサック騎兵も、火器が進歩して機関銃が出てきた時代ですから、もう時代遅れです。

結論として、ルーズベルトが「日本は勝つ」と言ったので、金子さんは非常に喜んで日本に電信しました。

西島　戦争中ずっとアメリカにいて……。

柳　日本支援の世論を生みだすため、あちこち講演して回っていますね。ちょうど、この頃、旅順港外で戦艦ペトロパブロフスクが日本の機雷に触れて沈没し、名将マカロフ提督が戦死した事件がありました。金子さんは、講演で「日本は正義の戦いをしているんだ」と強く訴えましたが、「マカロフ提督が戦死されたのは、世界の海軍にとって大きな損失である」と提督を称えたのですね。アメリカ人は非常に感激して、「さすが武士道だ」と評判になったらしいですよ。その話の後で、ルーズベルトが「武士道の本はないか」と言ったので、新渡戸稲造《にとべいなぞう》の英文『武士道』という本を贈ったという話がありますけどね。

野口　五千円札の肖像になっている新渡戸さんですね。

柳　日本に大変共感を持ってくれて、中には鉄道の破壊に自分を使わないか、とアメリカの女の人が金子さんに言ってきたりしたそうです。

西島　金子さんの活躍が、着々と実ったのですね。

柳　そうですよ。そして、奉天大会戦で日本が勝つんですね。そのニュースが入ったときに、ルーズベルトが喜んで、金子さんの手を取って「勝った」と言ったんですが、その時に「WE」、われわれという言葉を使って〝Glorious rejoice we conquer!(われわれは勝った!)〟という言い方をしたそうですよ。

　これは、日露戦争後、陸軍大学で講義した**谷寿夫**という人の『機密日露戦史』、戦後出版されましたが、この中に原文で引用してあります。

野口　今、金子堅太郎のような人がアメリカに行ってくれないですかね。日米摩擦の解消に……。

柳　レーガンさんの同級生という人がいたらいいんですけどね(笑)。

野口　それから、小さい国が大きな国に立ち向かっていくというのが、アメリカ人好みだったんでしょうね。

柳　「ダビデとゴライアス」だったんですね。ミケランジェロの「ダビデの像」というのがありますね。ダビデは大きな怪物ゴライアスに立ち向かっていくんですが、日本がダビデで、ロシアがゴライアスに見えたことでしょう。

野口　講和のきっかけは、東郷平八郎さんの日本連合艦隊が、バルチック艦隊を全滅させたことですね。

柳　これはもう、世界戦史にも例のない大勝利で、これで、ルーズベルトが講和の仲介に乗り出すのです。

野口　開戦のとき、終結を考えていた。そのプログラムの通りで、明治の指導者たちは実にすごいですね。

柳　第二次大戦とは大きな違いでしたね。決死でやるが、引き際を考えていましたからね。

　外務大臣の小村寿太郎が全権大使、政務局長の山座円次郎などが随員になって、講和会議が開かれるアメリカのポーツマスに乗り込みます。ロシア側は大物のウィッテ伯爵です。金子さんは小村さんに引き止められて、会議の間アメリカに残りました。

野口　小村寿太郎という人は、身長が一メートル四十五センチくらいしかなかったそうですね。金子さんも小柄だったそうですね。ウィッテは大きかったんでしょう。講和会議もダビデとゴライアスみたいですね。

柳　もう日本には、戦争を続けられる余力がなかったのです。絶対に講和を成立させねばならなかったのです。

　ところがロシアも、革命前夜で国内情勢が不穏でした。これには福岡出身の**明《あか》石《し》元《もと》二《じ》郎《ろう》**大佐の活躍もあるのです。結果はご承知の通りで、樺太の南半の割譲、大連の権益という、今から見れば、夢幻ですが、当時とすれば一応の成果で幕が引けたのですね。

　ウィッテもまあまあ、日本も有利だと思ったわけです。

　金子さんはこの時五十五、六くらいですかね。男子の本懐を遂げた思いだったでしょうね。

西島　金子さんは、日本のためにたいへん尽力されたのですね。あまり、知らなくてすみませんでした(笑)。ただ「福岡のことは何もしてござれん」という話も聞きましたが……(笑)。

柳　そうでもないですよ。まず明治十八年(一八八五)に、長溥公に頼まれて修猷館を復興しています。彼にとって、日本に母校は**修猷館**しかないのです。特別の感慨があったでしょうね。

　それから、明治二十七、八年(一八九四、一八九五)の日清戦争の後、日本も自前で鉄をつくらなくては、ということで官営**八幡製鉄所**ができますね。これは候補地が企救郡の柳ケ浦と広島のどこか、それと八幡だったんですが、製鉄事業調査委員会の委員長だった金子さんが、八幡に持ってきたということになっています。中国湖北省の大冶《だいや》の鉄鉱石と筑豊の石炭という、地の利もあったのですが、地元にという金子さんの気持ちがあったんでしょうね。

西島　八幡製鉄は日本の心棒みたいなものでしたね。

柳　明治二十七、八年の日清戦争は勝ちましたが、割譲を受けた遼東半島をロシア・フランス・ドイツの三国干渉で、返還させられます。国力不足を痛感させられた日本は、国力充実は、まず鉄からということだったんですね。
　八幡製鉄所がなければ、日清戦争とは比較にならない大規模の消耗戦だった日露戦争を戦えなかったでしょう。八幡製鉄ができたのは、日本にも地元にとってもたいへん意義のあることでしたね。

九州大学の誘致

野口　九州大学の誘致にも、金子さんが関わっているのですか。

柳　明治三十六年（一九〇三）に、九大の基になった京都帝国大学福岡医科大学が創設されます。これはいろいろな人の尽力があったのですが、政府の要人だった金子さんの尽力がやはり大きかったということです。それから、同じ三十六年に**福岡県女子師範学校**を建てる時も、ずいぶん協力をしたそうです。そういう訳で、郷土の教育には非常に熱心な人です。
　それから、大正五年（一九一六）には『黒田如水伝』を書いています。その序文に、「自分は黒田家にどれだけお世話になったかわからない」と感謝しています。

西島　金子さんは、**中野正剛**《せいごう》とか**緒方竹虎**《おがたたけとら》、**広田弘毅**《こうき》という人たちと、つながりはないんですか。

柳　彼らは、はるかに後輩で、対等には付き合えなかったんじゃないですか。広田弘毅の先輩に当たる山座円次郎さんが、呼び付けられて怒鳴り上げられたぐらいですからね。たいへんな勲功があるし、それに伯爵でしょう。上は殿様の侯爵くらいで、福岡では最高の位まで行った人です。栗野慎一郎が子爵で、明石元二郎が男爵ですからね。

語られることのない人柄

野口　最後に、金子さんの人柄は……。

柳　金子さんは、威張ってばかりいて、家の中で自分を「おかみ」と呼ばせていた、とか、悪口を言う人もいますね。

野口　教育もキャリアも一流、功績も抜群で、そして伊藤博文に目をかけられたとなると、普通の人には歯が立たず、悪口を言われるぐらい偉かったということなんでしょうね（笑）。

柳　後年、修猷館に来て演説することが好きだったらしいですね。話によると「憲法は俺がつくった。日露戦争は俺が片付けた。修猷館は俺がつくった」と、自慢話ばっかりだったらしいですけどね。もう八十くらいで、母校の後輩に対してですから、うれしくてたまらないわけですよ（笑）。しかも、日露戦争時代に国を支えた連中はもう誰もいないわけですからね（笑）。

野口　自分が戦前の日本を築き上げたという意識でしょうね。

柳　その日本が、がたがたと崩れてしまう姿を見ないで、昭和十七年（一九四二）に亡くなったのは、彼にとっては幸いだったでしょうね。
　しかし金子さんのまとまった伝記はないのです。長生きしすぎて、亡くなったときが戦争中でしょう。とても伝記どころではない。戦後は価値観が変わってちょっと手を付けにくい。栗野、團、それから明石、それぞれに立派な伝記が出ておりますが、それが金子さんだけない。やはり残念なことですね。

野口　新たな、冷静な目で、『金子堅太郎伝』が生まれていいときですね。

柳　そうですね。だいたい、福岡の人は、金子さんの話はあんまりしないですものね。ここで生まれた人には二通りあるんですよね。一つは秀才型ですが、栗野慎一郎さんや金子さんはなかなか話題にも上りませんよね。一方、秀才型でない人、**頭山満**、それから中野正剛、それから広田弘毅、この人は秀才でないわけじゃありませんが……要するに、豪傑の東洋的風貌の人でないと、だめなんですよ。金子さんは、その点ちょっと損してますね。

野口　今日はどうもありがとうございました。

■柳猛直氏　124ページ参照

発掘調査が進む古代の迎賓館「鴻臚館」跡。平16年

新たに見つかった礎石群。昭63年

44

千二百年の眠りから覚めた 鴻臚館

［お話］
亀井　明徳　専修大学 教授
［聞き手］
西島　伊三雄　博多町人文化連盟 理事長
中　脩治郎　福岡相互銀行

対談：昭和六十二年（一九八七）十月

商客を〝安置供給〟

中　アジア太平洋博覧会（よかトピア）で、福岡市民の目がアジアに注がれているときに、鴻臚館跡が発見されて、何よりでしたね。

西島　西鉄ライオンズが活躍した球場に鴻臚館が発見された。福岡の新しい誇りができてうれしいですね。

亀井　鴻臚館は古代の大和朝廷の迎賓館、そして官営の貿易商館でした。九州の総監府だった大宰府に所属していて、中国の唐や宋、朝鮮の新羅からの使節や渡来人、そして十数回にわたった遣唐使や、遣新羅使を接待する客館でした。承和五年（八三八）の最後の遣唐使以降は、もっぱら大陸の商客を受け入れました。官営の貿易で、民間の交易は禁制、八百年後の長崎の出島と同じでしたね。

西島　空海《くうかい》や最澄《さいちょう》も、ここに泊まって唐へ行ったのですね。

亀井　そうです。秀才を集めて、唐の政治、宗教、文化の一切を吸収してくる大プロジェクトが、遣唐使でした。大掛かりで百人から五百人の人数が、二艘《そう》から四艘の船で出航しました。それまで北東の風を待って、何十日も鴻臚館で過ごしたのですね。帰りも、唐の制度や文物をいっぱいお土産に、鴻臚館に泊まったのでしょう。

西島　迎賓と交易、もう一つ情報収集の役目も大きかったでしょう。

亀井　日本は、新羅《しらぎ》に攻められている百済《くだら》を支援して、天智二年（六六三）に白村江《はくすきのえ》の戦いで唐・新羅連合軍に大敗しますね。その後は神経ピリピリだったでしょうし、世界国家だった唐の情報は、どんなことでも貴重で、鴻臚館は唯一のレーダー基地だったのです。

能登や敦賀から入京していた渤海使節《ぼっかいしせつ》も、渤海が十世紀の中頃に滅亡して来なくなる。もう大宰府鴻臚館しか、外国との接点はなかったのですね。

菅原道真公が遣唐使廃止を献言したのも、藤原氏の敬遠を察知してとか、いろいろ言われていますが、膨大な国費をかけて出向いても、今さら得るものなしという正確な情報を、鴻臚館ラインでつかんでいたからでしょうね。

中　鴻臚館は、記録にのこっているのですか。

亀井　平安初期の天長十年（八三三）に作成された『令義解《りょうのぎげ》』に載っていますが、これは平安京の鴻臚館です。主として渤海国の国使の応接機関で、外交の役目を担っていました。承和五年（八三八）の最後の遣唐使も、ここを出発地として、大宰府へ向かっています。鴻臚館の管轄は玄蕃寮《げんばりょう》で、蕃客《ばんかく》の接待が役目。蕃客とは新羅と唐の使節で、使節の辞見、饗宴、送迎が役目でした。大宰府鴻臚館の前身は筑紫館《つくしのむろつみ》で、記録に初めて出るのは、『日本書紀』。持統二年（六八八）に、新羅使節を筑紫館で応待したことが、「霜林らを筑紫館に饗《あ》える」と記されています。筑紫館で応対し、必要に応じて大宰府政庁や平城京に上らせています。

西島　民間交易はできなかったのですか。

亀井　はい。交易唐物使という役人が、先買権を行使し、残りを民間が買うわけで、典型的な国家管理貿易でした。唐商人は、一船百人ぐらいの大人数、それに取引も煩雑な仕組みだったようで、商人たちは三カ月から半年ぐらい、鴻臚館に滞在しているのです。その間の滞在費は全部役所持ちで、中国の商客を〝安置供給〟させたとあります。ただで泊め、ただで食事を給したということですね。

中　博多以外で接することは……。

亀井　原則としてはありませんでした。風の関係で能登半島に着いたが、大宰府へ行けと、回航を命じられた記録もあるんです。

西島　大陸と交渉の役所は、以前にもあったでしょう。

亀井　古くは邪馬台国のとき、一大率《いちだいそつ》というのがありますね。外交専門です。次がJR博多駅近くに設置されていた那津官家《なのつのみやけ》、これは軍事が主です。ここまでは古墳時代ですが、大化改新（六四五年）で律令制が設けられますね。ついで白村江の敗戦から、天智三年（六六四）筑紫に水城《みずき》が造られ、大宰府が設置されて筑紫館が設けられます。飛鳥時代後半ですね。ツクシノムロツミ、またはタチと読むのですが、これが大宰府鴻臚館の前身です。都は藤原京《ふじわらきょう》で、持統天皇の時代、**大伴旅人**《おおとものたびと》や**山上憶良**《やまのうえのおくら》もここへ泊まったでしょうね。

前身は筑紫館

西島　その頃も博多と言っていましたか。

亀井　〝金印〟到来の頃は**那津**《なのつ》ですね。奈良時代から博多、博太とも資料にあります。**博多大津**とも言ってましたね。

中　筑紫館が鴻臚館と言われるようになったのは……。

亀井　資料のうえでは、承和九年（八四二）の太政官符に初めて名前が出ます。

西島　なぜ、名が変わったのですか。

亀井　わかりませんが、興味を引かれるのは、筑紫館から鴻臚館へ名前が変わった頃、その機能も変わっていて、妙に符合しているんですね。鴻臚館時代になると、遣新羅使、遣唐使も廃止され、唐の国使も宝亀十年（七七九）が最後で来なくなった。代わって登場するのが、唐、宋、新羅の商人たちで、鴻臚館が貿易商人を接待する宿泊場と市場に変わるんですね。

中　いつまで存続したのですか。

亀井　だいたい寛治五年（一〇九一）頃になくなるので、持統二年（六八八）から数えて四百三年は、確実に存続したわけです。

中　ずいぶん長命でしたね。でも大宰府のほかにも置かれたのでしょう。

亀井　**難波鴻臚館**がいちばん古く、次いで大宰府、平安京の三つでした。

難波鴻臚館は、『日本書紀』の推古紀十六年（六〇八）に、「唐客のために高麗館の上に新館をつくる」とあり、大阪の四天王寺の周辺だろうと言われています。瀬戸内海の突き当たりですから、外客の終着地になっていたのです。大宰府鴻臚館が設置されると、急速に衰え、承和十一年（八四四）に廃止されています。でもほぼ二百三十六年は続いています。

平安京鴻臚館は、主に渤海の使節を接待しました。渤海は中国の北東部で旧満州地区のところにあった国ですが、十世紀に契丹《きったん》に滅ぼされてしまう。それで自然と天徳元年（九五七）頃に廃止されます。こちらは百六十三年は続いています。場所は朱雀《すざく》の七条で、京都駅の北の所あたりでしょう。

西島　**大宰府鴻臚館**がいちばん長命だった。いちばん重要だったんですね。

亀井　ええ。〝諸蕃通交の関門〟として四百三年以上続いた。それだけに今度の発掘で、鴻臚館の存在が実証された意義は大きいですね。

西島　それにしても、鴻臚という字は難しいですね。その本来の意味は。

亀井　難しいんですよね。だいたい、奈良、平安の官制は唐の模倣ですね。唐で来朝の蕃人（外国人のこと）を接待する役所が鴻臚寺で、鴻臚寺は六世紀の北斉《ほくせい》の頃からありました。鴻臚の意味は諸説ありましてね。鴻は洪、ひろくですね。臚は伝の意で伝える。大きな声で客人を案内し触れて回る、伝声引導ということでしょうね。また文字の意味は、鴻は大きな鳥のこと、臚はその鳥の腹の部分、つまり声を出すところです。

中　大宰府鴻臚館はどうしてなくなったのですか。

亀井　後半の役目は国家管理の貿易でしたね。貿易が拡大してくると、官僚機構で次第に融通が利かなくなり、商人はそれに対応して、博多の町をつくっていく。藤原氏の摂関政治が衰退し、大宰府政庁の弱体化ということもあったでしょう。大宰府の役人が私腹を肥やして商品を横流ししたり、書類を改竄《かいざん》したり、末期によくあることですが、鴻臚館の役目が終わったのですね。

西島　その後が、お寺さんですね。

亀井　**聖福寺**《しょうふくじ》、**承天寺**《じょうてんじ》、この二つの寺が主体となった私貿易で、キャップには宋人を雇っていました。

西島　九百年も眠っていた鴻臚館がアジア太平洋博覧会を控えたこの時期に、よくまた発見されたものですね。オープン戦に備え、平和台球場の外野の整備をして見つかったとか。

鴻臚館はここに

亀井　経緯はいろいろありますが、礎石が出てきて、ここが鴻臚館とわかったわけです。当時のごみ捨て場だった瓦留りから、出土品が続々出てきて……。大正時代からこの辺りだといわれており、私も論考していましたからうれしかったですね。

西島　福岡城、兵営、球場と、ずいぶん大工事でいじられたでしょうに、よくのこっていたものですね。

亀井　本当にそう思いますよ。だいたい鴻臚館は博多部にあるというのが、江戸時代からの通説でした。『続日本紀《しょくにほんぎ》』や平安時代の文献にも、博多がよく出てくる。博多部が福岡部よりも古いという思い込みがあるうえ、さらに決定打を与えたのが、江戸時代の学者たちが、鴻臚館は博多の官内町だと言ったのですね。黒田藩の著名な学者、**青柳種信**《あおやぎたねのぶ》※1と子息の**長野種正**、地理学者の**伊藤常足**《つねたり》が官内町説

九大医学部教授で考古学者の中山平次郎。昭5年頃

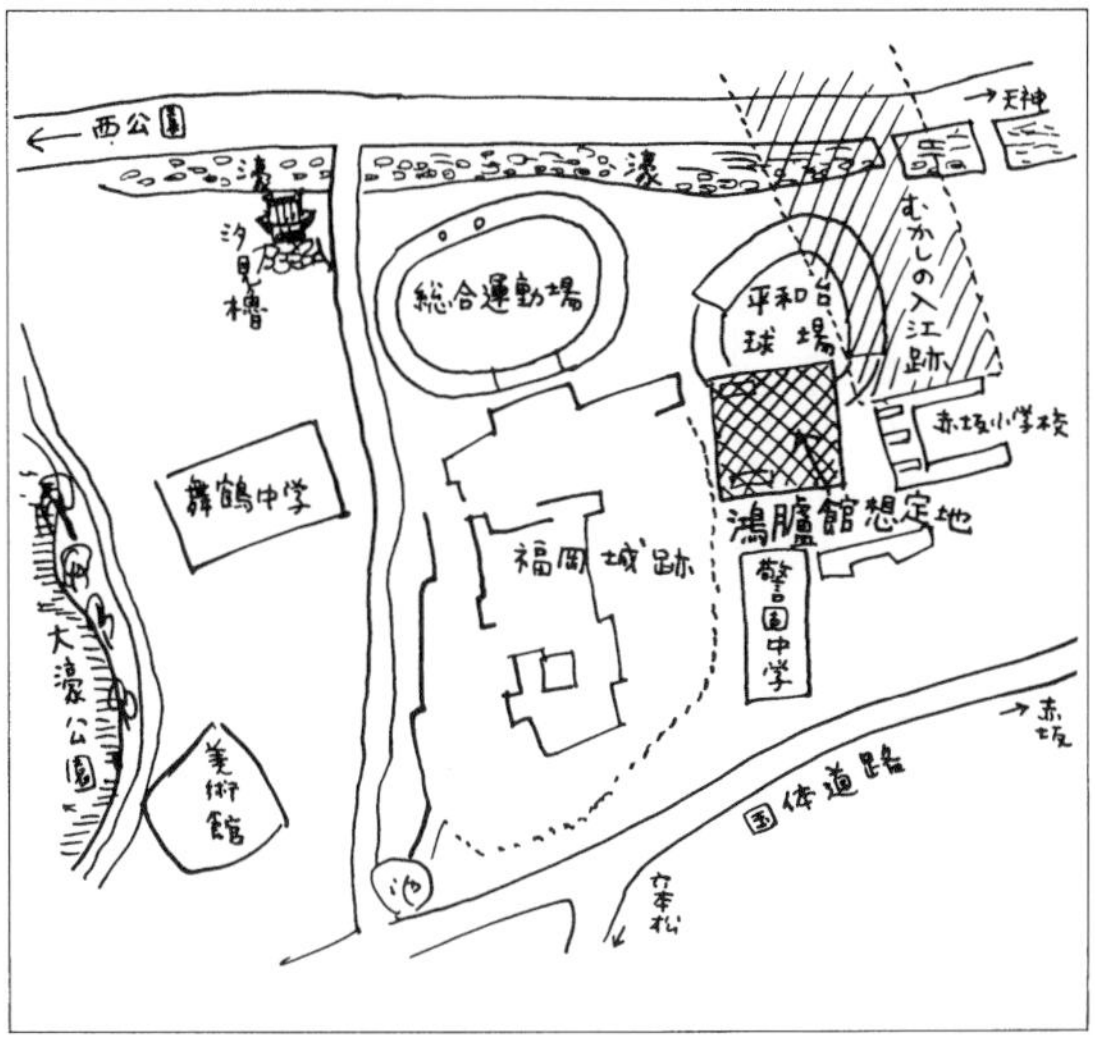

を主張、鴻臚館が博多官内町というのは、江戸時代から大正初期までの、定説だったのですね。

西島　戦後まで官内町はありましたね。

亀井　石堂橋付近で、今の蓮池の所ですね。その通説を、九州大学医学部教授だった**中山平次郎氏**が、誤っていると指摘。鴻臚館は福岡部の城内だとする論文「古代の博多」を、大正十五年（一九二六）から昭和二年（一九二七）にかけて、『考古学雑誌』に発表されました。これが学界に衝撃を与え、論争を巻き起こすんですよ。

西島　ご本業が医学博士なのに、専門外ですごいですね。

亀井　ええ。九州考古学の開祖のような方で、今度の発掘で鴻臚館の位置が先生の言われた通りだった。実に卓見でした。

西島　どうして、そう推理されたのですか。

亀井　万葉集の歌を根拠にされているんです。天平八年（七三六）「遣新羅使の一行が筑紫館に至りて、はるかに本郷《もとつくに》を望みて悽愴《いた》みて作る歌」とありますね。

志賀《しか》の海人《あま》の一日《ひとひ》もおちず焼く塩の
からき恋をも吾れはするかも

志賀の浦に漁《いざ》りする海人家人《いえびと》の
待ち恋ふらむに明かし釣る魚

かしふ江《え》に鶴《たず》鳴き渡る志賀の浦に
沖つ白波立ちし来らしも

今よりは秋づきぬらしあしひきの
山松かげにひぐらし鳴きぬ

それと、やはり鴻臚館で詠んだのでしょう、「海辺にて月を望みて作る歌二首」をあげておられます。

神さぶる荒津の崎に寄する波
間無くや妹《いも》に恋ひ渡りなむ

志賀の浦に漁りする海人明けくれば
浦廻《うらみ》漕ぐらし楫《かじ》の音聞こゆ

先の歌は新羅へ派遣される国使が、出発にあたり、はるかに故郷をしのんで詠った歌です。

これらの歌は筑紫館で詠んだに違いないと、中山先生は考えられた。そうだとすれば、官内町はおかしい。その第一は、前の歌に志賀島や、志賀海人がみえる。第二は、「神さぶる」の歌に荒津の潮の音が聞こえている。第三は、「今よりは」で、裏の松山に蝉の声が聞こえる。この三点で、官内町（蓮池）からは志賀島は見えない。潮の音も聞こえない。裏に松山もおかしい……、ということで、それに合う所と考えて、築城以前の福崎の地以外にはないと論考された。「筑紫館は博多湾を隔てて志賀島を望むべく、また西公園をみるべき海岸の山地にあったことになる。この条件を容るべき地点は、（旧）博多にあらずして、福岡城の位置より他には之を索《もと》むる能《あた》はず」と、述べてあります。

西島　素晴らしい推理ですね。

亀井　先生はとても勘のいい方ですね。でも、私はこう思うんですよ。先生は万葉から疑問点を挙げて推論されているんですが、実はこれは傍証で、先生は別にその基になるものを検証されていたと……。というのは、戦前はこの城内に二十四聯隊がありましたね。招魂祭で営内がオープンのときに中を調べ、奈良時代の瓦が埋まっていることを確かめて、ここに瓦ぶきの楼閣があった、それが鴻臚館だと確信されたのですね。武器庫と被服廠《しょう》と火薬庫の所で、平和台球場の正面側と南のテニスコートの所です。

中　おもしろいですね。先生が医学博士で、門外漢がと、学界でもめたりは……。

亀井　当時は九州大学には考古学教室がなく、考古学そのものが素人集団のようなもので、専門外だと異端視されることはなかったでしょう。むしろ、医学部のほうで変わりものと異端視されたんじゃないですか（笑）。

　さらに貞観十一年（八六九）に、新羅の海賊が博多を襲ったことがあるのですが、そのとき**博多警固所**の前身が鴻臚館に付属して設けられています。ここは今の警固町ではない。実は天神の警固神社は、今の城内にあったのを築城のため遷座しているんですね。鴻臚館時代の警固所は城内にありました。また十一世紀に、沿海州の女真《じょしん》族、**刀伊**《とい》が博多に来襲しているんですが、このときの記録からも、鴻臚館は福岡城方面の山地を背にした地だと、考えられるんですね。

中　万全の論証なんですね。

亀井　説得力があるので、中山説が学界の定説と認められたのですね。

鴻臚館は百メートル四方

亀井　九州考古学界の重鎮だった**鏡山猛**先生、あの方は学者では偉いが、召集された二十四聯隊では、最低の二等兵でした（笑）。弾薬庫の歩哨に立ったとき、銃を片手に鴻臚館の瓦を探されたんだそうです。軍律違反ですよ。それを知った上官の**筑紫豊**先生、記紀や万葉の研究家で有名な方でしたが、この方は大尉で偉い（笑）。鏡山先生が古瓦を掘り出し、被服廠に持ち込んで研究するのを、大目に見られたんだそうです。それが空襲で、めちゃくちゃになったと惜しんでおられました。鏡山先生も中山説を強く支持されていました。（鏡山、筑紫氏ともに故人）

西島　先達《せんだつ》の方の研究には、頭が下がりますね。

亀井　さらに戦後になって、中山説の正しさが出土品から例証されるんです。昭和二十三年（一九四八）、第三回国体が福岡県開催と決まり、そのとき平和台に総合運動場を造り、翌二十四年（一九四九）に平和台球場に改造されます。三十二年（一九五七）には球場の大改造工事がある。そのときに大量の陶片が出てきました。**高野孤鹿**氏、**大場憲郎**氏が三千点ほど集められ、高野さんのは**福岡市歴史資料館**、大場さんのは**九州歴史資料館**に保存されています。

　中山先生はこの陶片に注目され、昭和二十七年（一八五二）に来福された文化財保護委員の**小山冨士夫**氏に見せられると、それが中国の**越州窯陶磁**だということがわかった。その陶片がたくさん出たので、ここが新羅、唐、宋の使節や商人が来泊した鴻臚館に違いないとなって、中山先生ご健在のときだけに喜ばれたのでしょうね。

中　その場所に、今度は亀井先生が、鴻臚館の規模を推定されたのですね。

亀井　十五年前に出した**「鴻臚館の実像」**という論文で、私は福岡城の築城前の地形を考えて鴻臚館の規模を推定したのです。貝原益軒の**『筑前国続風土記』**《ちくぜんのくにぞくふどき》に、「城の西の方、むかしは福崎の汀《みぎわ》まで入海有て広き潮入の斥《がた》地なりしを此城に築かる時、是を以て平地とす」と、あります。城の西はすぐ海で、今の大濠公園はもっと南に入り込んで草ケ江と呼ばれてたんですね。また「城の北の方、町ある所、又乾《いぬい》（西北）の方、荒戸、諸士の屋敷など、昔は入海の潟也、この城を築きたまいし初め、ようやく海を埋め」とあって、北は潟だったんですね。

　南は「城の南は赤坂山より本丸の山とつづきて、要害のためあしかりければ山を掘り切て堀とし堀の南の山をならして平にす」と、あります。赤坂から桜坂と続く丘陵だったのを切断し、肥前堀をつくった。この堀を埋めたのが、今の国体道路です。こうして南は丘陵、北はすぐ海、東は内湾があり、西は草ケ江という限定した地形が浮かんでくるでしょう。

西島　今より狭かったんですね。

亀井　埋立以前ですからね。それから昭和三十八、三十九年（一九六三、一九六四）、高等裁判所建設に当たり、福岡県教育委員会が発掘調査をしましたが、このとき興味あることが二つみつかったんです。

一つは、福岡高等裁判所の予定地と平和台球場の間に幅百三十メートルの谷があったこと。築城で埋められたが、高裁の所は、昔は島だったんですね。

もう一つは、城の本丸で、天主台の所から古墳時代の箱式石棺が出てきた。これは天主台が元のままの地表だったことを、物語っているんですね。

この二つから、築城前は、南の赤坂山から本丸まで丘陵が続き、鴻臚館を建てるにふさわしい平地でないことがわかります。東側の高裁のところは島で駄目。残るのは、球場の南半分とテニスコートの所になるのです。ここは、東は谷、南は崖、北は少し先が荒津の海、西は万葉にある「山かげの蝉の声」の丘陵になります。こうして鴻臚館は、球場の南部からテニスコートへかけての東西百五十メートル、南北三百メートルの地形で、建物は方一町、百メートル四方だったろうと推定したんです。

西島　その場所に、ピッタリに遺跡が出てきたんですね。

亀井　いや、その一部が出てきただけです。今後の発掘が楽しみなんですよ。

中　建物の規模は記録にないのですか。

亀井　建物では「鴻臚北館」が出てきます。天安二年（八五八）に、僧円珍が唐の商人李延孝の船で帰国し、鴻臚北館門楼で歓迎宴が催され、唐人が円珍に詩を送っています。北館に門楼がある大きな建物ということですね。貞観三年（八六一）に、李延孝がまたここに泊まっています。鴻臚中島館の記録もあります。貞観十一年（八六九）に新羅の海賊船が来る。今後の警備に鴻臚中島館を設け大宰府の兵を派遣した。これはさっき申しましたね。

西島　建物は、朱塗りで……。

亀井　朱塗りに窓は緑、ギンギラギンだったでしょう。瓦も当時は一色には焼けないのでまだらですね。国威を見せるためにと、門も壮麗に、唐人が目を見張る色彩にしていたでしょう。

西島　目に浮かぶようですね。

北面していた鴻臚館

亀井　おもしろいのは、鴻臚館が北の海に向かっていたことです。官衙《かんが》や寺は〝天子南面す〟で、すべて南向きが原則です。法隆寺の南大門がいい例ですね。ところが鴻臚館だけは、渡来使が海から来るので北面していたと考えます。

西島　鴻臚館の所が史跡指定で、ビルも建たず、市有地だから球場になっていてよかったですね。

亀井　ここは鴻臚館だからでなく、史跡福岡城跡で指定になっているんです。あの周辺は球場のとき、国立病院のとき、高裁のときも、文化財関係者は建設に反対したのですが、それぞれの名分もあって、どうにもならなかった。今のように遺跡への関心が強くなかったこともありますね……。

西島　版築《はんちく》が大きな発見だったそうですが、ハンチクとは……。

亀井　掘っていくと地面の層が違っていた。これは土を固め、締め込むために砂と土を交互に重ねたサンドウィッチ方式で、古墳時代からあるやり方ですが、この版築が出てくると、上に建物があるということになって鴻臚館だと、沸いたわけなんですね。

西島　獣骨などいろいろ出てきて、食物のことも興味深いですね。鴻臚館の役人や客人はどんな日常を……。

亀井　日本人は江戸時代より前は、肉食を盛んにしていたので、不思議ではないんですよ。まして、唐人が客人ですからね。生活の記録は全然ないので分かりませんね。ただ長逗留《ながとうりゅう》の唐人や新羅人でしたから、自然、日中混血の子は多かったでしょう。でも、人種差別なんてない。だいたい国境があるようでないような時代ですから。会話は中国語が多かったでしょうが……。

中　中国や、朝鮮の文献には……。

亀井　それが全くないんですね。万葉集でも、鴻臚館を詠んでいるのはありません。大伴旅人も山上憶良も、何ものこしていないんですね。

中　鴻臚館の館長は、外務次官ぐらいの権限はあったのですか。

亀井　いいえ。大宰府の役人の組織表があるんです。五十一人の役人が載っていますが、鴻臚館担当はいない。大宰府の職制にある蕃客所が、鴻臚館を管轄していたんでしょうね。

中　せっかく、鴻臚館がはっきりしたのに、その日常がわからない。残念ですね。

亀井　だから、私たちは今後の発掘で、木簡《もくかん》が出てこないかと願っているんです。中国の地名や人名、何でもいい。文字の資料がほしい。千二百年の間を置いて、鴻臚館が現代の私たちに話し掛けてくれないかな……と。

「鴻臚北館」の南側から出土した東西約 20m の石垣。平 14 年

西島　出土品がずいぶんですね。

亀井　ええ、これはすごいんです。新聞にも紹介された越州窯の青磁の碗《わん》、あんな見事な出土品は珍しいでしょう。

西島　いまの青磁とは違うんでしょう。

亀井　青磁の最初の頃ですから、黄緑色の肌色ですが、実にいい色です。越州窯は東は日本、西は八世紀にエジプトやヨーロッパまで渡っている。

中　新の古銭の**大泉五十**も出ましたね。

亀井　あれは紀元九年の鋳造ですから、日本はまだ弥生時代ですね。それが九世紀に出現したわけです。中国人が持ってきたんでしょうね。古銭は、唐初の物が、わが国では千四百年の室町時代でも通用していましたからね。古銭は輸入品の一つの目玉だったんですよ。

西島　磚《せん》（塼・甎）というのは……。

亀井　今の煉瓦の古名です。別名、敷き瓦で床材や壁材に利用しました。これも、模様があればいいんですがね。それに木簡、そして奈良時代の唐三彩が出てくればいうことありませんね。

中　ご苦労が多いでしょうが、しかし大きなロマンがあるのですね。

亀井　千年前の世界を再現するのですからね。陶片など、掘り出して洗って手に取ったときの色の鮮明なこと。眠りから覚め呼吸を始めた感じで、実にいいんです。しかし、後で見るとそれほどでもない。不思議なんですがね。

中　会話が終わったからじゃないですか。ガラスがまたすごいんだそうですね。

亀井　瑠璃杯《るりはい》と瑠璃碗《るりわん》ですね。この断片はイスラムでないかと言われ、これまで出土がなかっただけに評判になっているんです。この酒杯にはどんな酒が満たされたのでしょうか……。

中　陸のシルクロードと対比される海の道を通ってきたんでしょうね。
亀井　ペルシャやイスラム、エジプトから、インド、マラッカ、広州、明州〈今の寧波（ニンポー）〉、新羅を経て、はるか博多の鴻臚館へ。国際線はここまでで、博多から京都までは国内線。鴻臚館は、世界に向かって大きく手を広げた文明情報の国際交流センターだったんですね。
西島　鴻臚館と周辺の人たちとの生活ギャップは、大きかったでしょう。
亀井　その頃の人は須恵器や土師器《はじ》で質素な生活をしていて、豪華な鴻臚館の饗宴とは大違いですね。誠に国際交流の別世界だったんですね。
中　鴻臚館跡は、保存の要請が強く、桑原市長さんもセントラルパーク構想を打ち出され、対応の早さ、見事ですね。
亀井　博物館の計画もあるし、アジア太平洋博覧会を目前に、鴻臚館が永い眠りからよみがえったというのは、意義深いですね。歴史の重味を感じましたし、若い少年少女に大きな夢を与えたことでしょう。とにかく福岡の誇りとして、大事に管理しなければなりませんね。とにかく壊滅したと思っていた鴻臚館が、あまり傷を負わないでのこっていた。これが発掘のいちばん大きな成果で、今後の発掘調査が楽しみですね。
中　どうも、いいお話を、ありがとうございました。

■亀井明徳氏
東京都出身。昭和四十四年（一九六九）九州大学文学部大学院修了。九州歴史資料館学芸第二課参事補佐を経て、六十三年（一九八八）より専修大学文化部教授。文学博士。専門は歴史考古学、東洋陶磁史。著書に『日本貿易陶磁史の研究』『西都大宰府』。第十六回小山冨士夫記念賞受賞。

［注］
※1　青柳種信〈明和三年（一七六六）～天保六年（一八三五）〉＝福岡藩士で考古学、国学に長じた。本居宣長に師事。著書に『筑前国続風土記拾遺《ちくぜんのくにぞくふどきしゅうい》』『筑前国続風土記付録』『筑紫官家考』『防人日記』ほかがある。

「鴻臚館」関係年表

	9	新の王莽が大泉五十を鋳造(鴻臚館跡出土)
	56	奴国王が後漢の光武帝から漢委奴国王の金印をもらう
	239	卑弥呼が使を魏に派遣、皇帝から親魏倭王の金印と紫綬をもらう（このころ伊都国に一大率を置き対外交渉にあたらせる）
宣化1	536	那津に筑紫官家をつくる
推古8	600	倭国の使者、隋に至る(隋書)
9	601	来目皇子が新羅征討のため筑紫に来る
15	607	遣隋使小野妹子が隋へ。翌年、隋使裴世清を伴い筑紫に帰着。再び隋へ。高向玄理ら同行して留学する
17	609	筑紫大宰の官名が初めて正史にみえる
29	621	新羅使が筑紫に来る
舒明2	630	遣唐使が那津に泊まる(最初の派遣)
白雉4	653	遣唐使二隻で出発、一隻遭難
5	654	遣唐使二隻で新羅を経て唐に向かう
斉明5	659	遣唐使二隻で出発、一隻遭難
7	661	百済救援のため斉明天皇那の大津に、朝倉宮にて死去
天智2	663	日本軍が白村江で唐・新羅軍に大敗
3	664	対馬、壱岐、筑紫に防人と烽を置き、筑紫に水城を築く(大宰府を設置)
4	665	唐使の帰国に遣唐使が同行 大野、椽の二城を築く
8	669	遣唐使を派遣
天武1	672	新羅使が白村江の戦後初めて筑紫にくる
持統2	688	新羅使を筑紫館でもてなす
大宝1	701	遣唐使粟田真人ら出発する
霊亀2	716	遣唐使多治比県守ら四船にて出発。玄昉、吉備真備、阿部仲麻呂随行
神亀4	727	渤海使が出羽に漂着し入京
天平5	733	遣唐使多治比広成ら四船にて出発
8	736	遣新羅使が筑紫館で歌を詠む(万葉)
18	746	石上乙麿を遣唐使任命(中止)。観世音寺竣工
天平勝宝4	752	遣唐使藤原清河、大伴古麿、吉備真備ら四船に分乗出発
6	754	大伴古麿、唐僧鑑真を伴って帰国
宝亀7	776	遣唐使佐伯今毛人ら便風を得ず延期。翌年、佐伯が病気を訴え副使小野石根が入唐
延暦23	804	遣唐使四船で出発。最澄、空海が同行
承和3	836	遣唐使藤原常嗣ら逆風にあい肥前漂着
5	838	藤原常嗣ら出発。円仁・円載が同行 この時の記事に鴻臚館の名がみえる
14	847	円仁ら新羅船で帰国、鴻臚館に入る
天安2	858	入唐僧円珍が帰国。鴻臚館で作った詩に鴻臚北館門楼の表現がみえる
貞観11	869	新羅海賊が博多湾に侵入 鴻臚中島館を置き防備を固める
寛平6	894	遣唐大使菅原道真の奏により遣唐使を中止する
延長1	923	筥崎八幡宮創建
承平1	931	大宰府に命じて新羅に備える。警固所の名前が正史に出る。このころ博多大津に唐商が群集
寛和2	986	宋商人大宰府にくる
寛弘2	1005	大宰府に命じて宋商の居留を許す
寛仁3	1019	刀伊の賊船が怡土、志摩を侵す
寛治3	1091	鴻臚館で大宋商客が滞在したという史料がある。以後、鴻臚館の記録はない
応保1	1161	清盛対宋貿易のため袖の湊を築く。博多の街はこれを中心に発達する

45 西南学院の創立者 C.K.ドージャー

［お話］
ロイス・リネンコール・ホエリー
宣教師・元西南学院大学講師
木村 栄文
RKB毎日放送
エグゼクティブ・プロデューサー
［聞き手］
西島 伊三雄
博多町人文化連盟理事長
中 脩治郎
福岡相互銀行

対談：昭和六十二年（一九八七）十一月

二十七歳で福岡へ

中　博多の地に私学の雄・西南学院が生まれて七十年ですね。この学院をつくられたC・K・ドージャー、この方は非常に人物のはっきりした、理想に燃えた方だったのですね。

木村　お話しいただくホエリー先生はもう日本で四十年近く宣教と教育に尽くしていらっしゃいますし、『エドウィン・ドージャー（C・K・ドージャーの息子）伝』も書かれた方です。

中　じゃあホエリー先生、ドージャー先生が日本に来られることになった経緯からお願いします。

ホエリー　英語にことわざがあります。「EAST IS EAST. WEST IS WEST. AND NEVER THE TWAIN（＝TWOの古語）SHALL MEET. 東は東。西は西。その二つは会うことはできない」

現代ではそういうことはありませんが、ドージャー先生の頃は、東と西はとても離れていて、その区別がはっきりとしていました。

木村　明治三十九年（一九〇六）に、そのドージャーさんが二十七歳の時、福岡に来たわけです。ちょうど日露戦争の翌年ですよね。ホエリー先生、あの頃、アメリカ南部のジョージアから日本の九州という島に来るのは、よほどの気構えが必要だったんでしょうね。

ホエリー　その時代には、アメリカの人たちは日本のことをほとんど知りませんでした。しかし、日露戦争で、日本は一躍世界の人々に有名になりました。ドージャー先生は、「日本についてなされることは全東洋についてなされること。急がねば……」と、南部バプテスト教会に熱心に日本布教を申請されとうとう実現なさったんです。

中　アメリカを出られる時は、日本語はご存じなかったのでしょう。

ホエリー　全然知らなかったでしょう。私も全然知りませんでしたもの（笑）。福岡では家庭教師を頼んで、勉強されました。

木村　日本の生活環境や食べ物に慣れるのには苦労があったでしょうね。

ホエリー　それに、ミセス・ドージャーは、自分の子どもをアメリカ人として育てたいでしょうし、慣れない食べ物とか、生活習慣、家のつくりの違いとか、たいへんだったでしょう。

木村　テレビで、「荒野に呼ばわる者―C・K・ドージャーの生涯」を制作したとき〈昭和六十一年（一九八六）RKBテレビ放送〉、井上精三さんに伺った話なんですけど、お宅に招かれたらジャガイモばっかりだった、と。宣教師の乏しい給料をやりくりするんですから、モード夫人の写真を見ると、結婚前のふくよかな感じが、頬もそげ落ちたようになっています。

ホエリー　彼女は体の弱い人でした。大正九年（一九二〇）頃、アメリカに帰った時に手術をしています。日記を読むと、よくこんなふうに書いてあります。「今日はとても疲れました」「今日はとてもきつい。でもお客さまが見えるので、食事を作らねばなりません」。ドージャー先生もきちんと日記や家計簿を付けていました。仕事が多いので、夜は疲れて眠れなかったそうです。モードも疲れているということを、しきりに書いておられますね。でも、モード夫人はドージャー先生より長生きをなさいました。

木村　九十歳まで生きられたんですよね。

しりけつドージャー

木村　私たちのような地元の人間は、博多というと、非常に開放的であかるいというイメージを持っているでしょう。

　ところでこれは、江戸時代の初めの話ですが、博多はとても布教が難しかった所だというんです。「西南学院七十年史」に引用してあるんですが、イエズス会の伝道に当たった会員が、「この市は、わが聖教を容るるに付、日本国中の最も頑固なりし所にして、かつて神父ガスパル・ビレラも来たりしが、キリシタンとなりし者、はなはだ少数なりき」と本国に手紙を書いている（笑）。それから約三百年たって、このドージャーさんが来たころ、果たして、〝耶蘇〟の教えを、地元で素直に受け入れたんでしょうか。

西島　鎖国時代、ずっとキリシタン禁制だったですもんね。布教が難しいというのは、博多の人間が、じっと座って話を聞くような面倒なことが嫌いだったのもあるんじゃないですか。でも、教えはともかく、博多のもんは一度誰かが口を切って友達になれば、今度は、よその土地以上に友達になるという面がありますものね。すぐドージャーさんと仲良しになったんじゃないですか。

木村　子どもたちが「しりきれドージャー」とか「しりけつドージャー」とか、はやし言葉を言いながら、ドージャーの後ろに付いて回ったんだそうです。

モード夫人。昭 36 年に西日本文化賞受賞

中　「C・K・ドージャー」がなまったわけですね（笑）。

木村　子どもたちに好かれていたんですね。鹿児島寿蔵さんの短歌がありますね。「明治末期この市にはなき自動車《くるま》にて宣教師ドージャー氏来り笑みにき」。この「笑みにき」のところですが、村上寅次先生がおっしゃるように、やわらかいもの、磊落《らいらく》なものを持った人だということでしょう。ドージャーという人の頑固な面をたくさん聞かされてきたんですけど、豪放な、明るい、如才ない面があったということなんですね。たとえば当時の天長節、天皇誕生日の式典にもドージャーはちゃんと出ているんですよ。おそらく芸

酒の席にも付き合っています。

者さんもいたと思うんですけれど。酔っ払った軍人から絡まれても、うまくやっているんですよ。意外に世間通の、屈託のない人柄だったと思いますね。

西島　日露戦争の時、ルーズベルト大統領が非常に親日的だったので、アメリカ人に親近感があったのかもしれませんね。

木村　それもありましょうし、あの方の人間的魅力だったんでしょうね。あのこわい写真の顔からはうかがい知れないおもしろ味があったんだと思います。

　有名な〝ドロボーの話〟があります。三人の宣教師がいまして、ドージャーと、J・H・ロウ、この人は、後に西南女学院を創立した人。それからボールデン、この人は後に西南学院の院長になった人。この三人がある集会で同時に居合わせたんです。するとドージャー先生が大きな声で「皆さん用心してください。ここにはドロボーがいます」と。実は種あかしをすると、ドージャーの〝ド〟とロウの〝ロ〟とボールデンの〝ボ〟を一緒にして、〝ドロボー〟がいると（笑）。ドージャー一流のギャグですよ。

百五名でスタート

中　福岡で中学校をつくられるまでは。

ホエリー　最初、明治三十九年（一九〇六）に長崎にいらっしゃって、佐世保長崎で布教して福岡へ。明治四十四年（一九一一）にG・W・ボールデンさんと大手門で夜学で神学を教えました。中学校が正式に始まったのは大正五年（一九一六）だったと思います。その十年の間、何回も本国に手紙を書いて「（学校をつくるための）予算をください」と頼んでいます。

木村　手記でも訴えていますね。「ここ二、三日ほどお金がほしいと思ったことはありません」。給料が乏しいだけでなく、学校経営の資金繰りが付かず、たとえば学校を建てるのにいい土地が見つかったのに惜しい、と繰り返していますね。

西島　ドージャーさんが学校をつくられた目的は。

ホエリー　大きな目的は伝道でした。でも、その時代、福岡には官立の中学校は修猷館が一つあるだけで、多くの人は中学校の教育を受けることができませんでした。ですから、教育と伝道の二つの目的があったと思います。

西島　博多の一般の人々との触れ合いみたいなものは、具体的な例で何かありませんでしたか。

木村　先生は市民の方と親しくしようと、そうとう努力されたに違いないんですけど見つかりませんでした。モード夫人が、福岡の女子教育のために女性を集めて、英語学校や料理学校を開いている。これも当然宣教と教育のためですよ。

ホエリー　まだ、そのとき教会の数も少なかったです。自宅を使って宣教していましたね。

中　ドージャー先生が学校を創立された時の先生方は。

木村　中学を創立した時に、キリスト教信者で教師を固めようと思っていたでしょうけど、現実に教師の数が足りないわけで、異教徒の先生も入ってるんですね。敬虔《けいけん》なクリスチャンで漢文を教えていた波多野培根も当時の教師の一人です。なかなかユニークな方だったようで、西南の〝あらくれ坊主〟どもを、儒学者たちを交えた教授陣がうまく指導していたんでしょうね。

西島　ドージャーさんは何を教えていらっしゃったんでしょうか。

ホエリー　英語を教えたり、聖書を教えたりしましたが、ほかの科目は日本の先生が教えたと思います。文部省に認められていたので、数学とか化学とか普通の科目も教えていたと思いますね。

西島　中学校ができて、最初の生徒さんは何名くらいでしたか。

ホエリー　百五名で始まりました。ドージャー先生の手紙にも、「百名もの学生がこういう学校に入学するということはないと、皆さんが言っていましたけど、百五名の学生が入学しました」と喜んでいます。

西島　当時としてはよく集まったのでしょうね。何かと修猷館と対比されるでしょう。珍しさもあったでしょうね。

ホエリー　キリスト教は「愛、許し、平和」ですね。だから「チャンスのないほかの子どもたちを助けたい」ということがあったわけです。ですからほかの学校を落ちた子どもも受け入れました。が、みんな立派な紳士になりましたでしょう（笑）。

木村　そう言われますと、非常に……（笑）。

ホエリー　その学生は、ほかの学校には入れなかったので、感謝の気持ちでいっぱいで、一生懸命勉強したと思います（笑）。アメリカには特に「LATE　BLOOMERS」という言葉があります。「遅れてつくられた人間」。アメリカでは一度チャンスを失っても何回も年を取ってからでも入学することができます。十二歳で落ちた子どもも、十五歳では喜んで勉強するという考え方が、「LATE　BLOOMERS」です。

木村　あの頃、子どもたちの入学の記念写真を見ると、筒袖に袴《はかま》でかしこまって写っています。ドージャーさんが喜んでいる手紙がありますけど、予想以上に子どもたちが集まったんですね。これから後も入ってくる可能性があると、バプテストの本部の方に書いていますよ。やっぱり、落ちこぼれも結構救ってくれたんじゃないですか（笑）。

ホエリー　このとき南部バプテストに出した手紙は「非常に素晴らしいスタートを切った」という内容です。百十九名の受験生がいたということで、「もし入学年齢を十五歳に限定しなかったら、受験生は二百名から三百名にはなっていたと思います」と書いてあります。さらに「入学させてくれと言ってくる人が毎日後を絶たない」と言っています。「十五歳を越えた男子を、一日三十名から四十名断りました」というくだりがありますね。

木村　それから「私は毎朝、チャペルでこの百五名の学生を前にして、神の声を伝えています。そのほかにも正規の授業として、聖書講読を週に一回ずつ各クラスで教えています。聖教者として、これほど恵まれた状態はないと思います。来年以降は、これが三百、四百名の学生を相手にキリストの教えを伝えることになるのです」と書いてますね。喜びを手紙で表現しているんですよ。彼の魅力の一つはこうした熱っぽさですね。そして、次に高等学部ができるわけです。

西南よ基督に忠実なれ

中　「西南よ基督《キリスト》に忠実なれ」がのこされた言葉ですね。最初から「西南」だったんでしょうか。

ホエリー　福岡は日本の西南でしたので、そうだと思います。アメリカでも、有名な学校に「ノースウエスト」とか「サウスウエスタン」とかありましたので、アメリカ式に西南としたんでしょう。

ホエリー　東北学院や関西学院が、同じミッション系で先にあったんです。それで西南学院が、日本の西南部分のミッション系の学校を分担しようということだったんですよ。

中　創立の資金は、全部アメリカから送ってもらったんですか。

ホエリー　全部アメリカからだと思います。戦後大学を建てた時も、全部アメリカからの資金で建てています。昭和四十五年（一九七〇）に、バプテスト連盟から自立したいということで、補助は少なくなっていきました。

木村　今の西南のゆったりしたおおらかなところ、これが、ドージャー先生が持っていた強い信仰の在り方から生まれた、というのがおもしろいですよ。

中　「詰め襟で帽子もきちっとかぶって学校に来なさい」というのが官学でしたが、西南には「おまえら、私学の学生らしく、スーツでも着てこい！」と言うような先生がいましたね（笑）。九州でスポーツは何でもいちばんだったんです。やはり、建学の精神として、ずっと流れているものがあると思うんです。おそらく、ドージャー先生の頃から受け継がれているんでしょうけどね。

西島　当時、私立の学校をつくるということはたいへんなことだったと思うんですが、そのことに、博多の人はどんな反応を示したんですか。

木村　たとえば、新聞はベタ記事で、もっとも、当時たいていはベタ記事なんですが、開学の記事がちょっと載っているというぐらいですよね。特別大きく取り上げた様子はない。ただ、当時の福岡県知事が「素晴らしいことだ」と言っている。どうも、息子さんがクリスチャンみたいですね（笑）。

日曜日問題で辞任

木村　井上精三さんや伊藤八郎さん、篠原雷次郎さんは西南の高等学部の方々ですね。

西島　皆さん、どなたも博多の文化を語るとき忘れられない人たちですね。

木村　篠原さんたちが裏の松林で煙草を吸っていたところをドージャーさんに見つけられて逃げる。室見まで追ってきて、やっと逃げ切ったそうです。あの気迫には参ったと言っておられましたね。

中　西南学院ができたのは大正五年（一九一六）ですが、どういう人たちがドージャー先生を助けたのですか。

ホエリー　まず斉藤惣一、そして初代院長の條猪之彦先生でしょう。院長は日本人にと先生が言われたのですね。

木村　若い先生では、戦後に福岡県知事をされた杉本勝次先生などがいますね。

中　條院長が病気になられ、ドージャーさんがやむなく、大正六年（一九一七）に二代目院長になられたのですね。院長はいつまでされたのですか。

木村　昭和四年（一九二九）までですね。

中　お辞めになったのは学生たちの排斥運動、日曜日問題が発端でしたね。

木村　ええ。野球部の学生に、日曜日は対外試合をしてはならんと言い渡したのですね。安息日にスポーツをしてはいけない。この教えを日本の、ノンクリスチャンの学生にわからせるのは無理だったでしょうね。

中　しかもスポーツに強い学校ときていますからね。

木村　ドージャーさんは、あの時まで学内で親近感が保たれていたと思うんですよ。話せばわかるところがこじれてしまったんでしょうね。

あの内村鑑三の息子で、一高の名ピッチャーだった内村祐之という人も、日曜日は投げなかったそうですけど。

中　学校の規模が大きくなったということもあったでしょうね。

木村　一つはそれだと思います。もう一つは、ドージャーさんの学校の経営方針に、教師間で対立があったんだと思います。その対立が、この〝日曜日問題〟という形で尾を引いたんでしょう。それから、ボールデン（次の院長）という人も被害者だったと思いますね。リベラルな教育者だったんですが、ドージャーさんの後を継いでつらい立場に立たされまし

1921年、旧制中学の本館・講堂として建てられた西南学院大学博物館。W・M・ヴォーリズが設計。2015年に福岡県有形文化財指定

た。

ホエリー　でも、日曜日問題については、アメリカのキリスト教の学校でも同じような問題がありました。C・K・ドージャー先生が行ったマーサー大学は、今でも日曜日の対外試合はだめです。

　ドージャー先生はキリスト教の信仰の強い土地から日本へ来ましたので、信仰のために小さな掟を守れないということにがっかりされました。彼は理想的な学校をつくろうとしてきましたが、やはり、地上には理想的なものはないですね（笑）。

中　それこそ、日本人の理解不足もありますね。たまたま先週ニューヨークへ行ったんですが、同僚が朝食の時にビールを頼んだら断られた。「日曜（安息日）の朝、酒を飲むとは何事だ」ということですね。教会へ行って帰ってきた人でないと出さないというんです。

ホエリー　ニューヨークでですか？　素晴らしい！（笑）。

木村　何の傷もないような人よりも、欠点を持っていたであろうドージャーのような人、彼は自分がたくさんの過ちを犯した、と認めているんですが、そういう人間のほうが、日本人に限らず人間の心に残る、ということなんでしょうね。

　やはり、ドージャーという人物を調べておもしろいのは、信仰の厳しさと、慈父の寛容さとの両面ですね。柔軟に対人関係を処理できる人なのに、信仰を譲らないで孤立する。「頑迷固陋《ころう》」で済まされない、彼の面目でしょうね。

　たとえば現代の有名な科学者の中に、敬虔《けいけん》なクリスチャンや仏教徒がたくさんいますね。宇宙飛行士のジム・アーウィンがアポロ15号で月を探査した時に、神の存在を直感し、信仰の道に入ってバプテストの牧師になりました。ああいう宇宙科学の先端にいる人の、胸の奥底に生まれた回心の衝動ってもの。ああいう回心に、信仰を持たない私は畏れと魅力を覚えます。ドージャーさんをつき動かしたものが、ホエリー先生をも動かしているのですから。番組でドージャーの足跡を追いながら、その核心の周辺をグルグル回った気がしますね。信仰を持てば核心を描写できるか、っていうと、こりゃわかりませんけど。

南部魂で伝道

木村　ホエリー先生、ドージャーさんのバックボーンには、アメリカ南部の気質が加わっていると思うんですが、南部魂を福岡に持ち込んだみたいな。その辺りの人間像をもっと知りたいんですが。

ホエリー　もう二百年くらい前のことですが、南部は北のほうよりずっと立派でした。南部のほうに来て大きなプランテーションを造られた方というのは、イギリスのスコットランドのいちばん上流の方です。もちろん、その大きなプランテーションの仕事には奴隷を使いました。アメリカの北のほうに来たのは、ヨーロッパから進出した工場の労働者や、新教の信者でヨーロッパから逃げてきた人たちでした。そして、南部のほうがお金持ちでした。けれども、南北戦争で負けたので逆になりました。

　〝アメリカの南部〟という言い方では、イメージが低いように思えますが、それは逆です。『風と共に去りぬ』という本を読むとわかるでしょう。ドージャー先生はその負けた土地で、いちばん貧しい時に育てられました。お母さんは熱心なクリスチャンで、平和主義で、クエーカー教徒でした。そして彼を普通の学校には通わせないで、家で自分で教育しました。お父さんは、裁判官であるおじいさんの影響で、厳しい方でした。そういう家庭に育てられて、もちろんプライドは高かったと思います。

　今ワシントン州にいらっしゃるチャールズさん、C・K・ドージャーのお孫さんですけど、彼にインタビューしました時、「お父さん（エドウィン、C・K・ドージャーの息子）とおじいさんはよく似ていましたが、一人は日本人で一人はアメリカ人でした」と言っていました。

木村　有田ヒデヨさんという方がおっしゃっていましたが、百道の海岸でドージャーから浸礼《しんれい》（バプテスマ）を受けたというんです。冬ですよ。雪が降っていたそうです。あれは、完全に水に入ってしまうんですよね。

「風邪をひくので嫌だ」と言うと、ドージャーさんが「大丈夫です、風邪などひかない」って。波にさらわれそうになった。それから上がって、雪の降る中を院長の家まで肌じゅばんで走ったそうです。モード夫人がお風呂を沸かして待っていて、温まって、紅茶か何かを頂いたと。

西島　それが浸礼ですか。

木村　らしい（笑）。ちょっと水を掛けるなんてものではなくて、水に浸かってしまうんです。つまりバプテストでは、信仰の確信があって初めて信者と認めるわけでしょう。クリスチャンは、幼少時に洗礼を受けることもありますが、そのときは信者である自覚がないともいえるわけです。バプテストの特徴は、確信があって初めて信者になるのであって、幼児洗礼は意味を持たないんですね。やはり、そういう信仰の在り方というのは力強いでしょう。

モード夫人と愛嬢ヘレンさん

中　ドージャー先生もたいへんでしたが、戦中戦後の先生方もたいへんでしたね。

木村　ドージャーさんは個人的に苦しまれたんですけど。時代とぶつかって苦労されたのは戦争に遭遇された方々でしょう。天皇かイエスかという時代ですからね。そして、その次の時代の息子さんのエドウィン先生は、一九六〇年、七〇年代の学生運動に遭遇。だから、ドージャー先生は、時期としてはいい時代に生きられたという気もしますね。

ホエリー　戦時下の西南では、むしろ残っておられた**水町義夫**先生や、**河野貞幹**先生方が、学校を守らなければならないので、たいへんだったと思います。

西島　何か、エピソードはありませんか。

ホエリー　第一次世界大戦の時、博多で時々パレードがあったんですが、ドージャー先生が馬に乗って兵隊たちと行進されたそうです。やはり、自動車のあまりない時代に育ったので、馬車とか馬に乗って旅をしたことがあるのでしょう。とても上手に乗ったという記録があります。それから、西新に引っ越してからは交通が不便でしたから、先生はよく自転車で博多まで通ってきたらしいですよ。

木村　先生は、博多弁が結構上手だったと聞きましたが。

ホエリー　ええ、とってもお上手だったそうです。そして、とても冗談がお好きで、おもしろい方だったと思いますね。

木村　奥さまのモードさんが、また、たいそう賢夫人だそうですね。ドージャーさんの説教がいい時は、学生たちが「今日は奥さまが下書きを書いたのだろう」とうわさしたということです。夫人に対するみんなの敬意があったんです。

中　木村さんの作られたテレビ番組で、ドージャーさんのお嬢さんのヘレンさん、今はもうおばあちゃんですが、笑顔が実にいいですね。

木村　実にいいですね。そして、「時代が変わっても信仰は変わりません。聖書のやわらかい都合のいいところだけを、取り上げるのはおかしい。神とイエスは常に不変です」とおっしゃる。あの人の考え方というのは、現代の私たちの生き方に対するアンチテーゼを含んでいますから、生き方としてはつらいところがあるでしょうが、魅力はありますよね。

中　彼女のお話を聞いていると、信仰とはそういうものなんだなあと思いますね。

ホエリー　きっと彼女はお母さんよりもお父さんによく似ていただろうと思います。

木村　村上寅次前学長が、番組でヘレンさんがお話しになっているのをご覧になって、画面を指して「ドージャーが生きている」とおっしゃいましたよ。だけど、あそこまで妥協せずに厳しく生きていくのは、現実の生活では、本当にたいへんだと思いますね。

勇気の人だった

西島　ところで、宣教師の方というのは全然お酒をお飲みにならないんですか。

ホエリー　……記録はあります（爆笑）。

私が日本に来るまでの四十年近くアメリカは禁酒令の時代でした。ドージャー先生はその前で、クリスマスプレゼントにアメリカからワインを送ってきたという記録があります（笑）。大正十年（一九二一）頃、モード夫人は博多でお酒を売らない運動をしたりしています。困りますか（笑）。

西島　学校と宣教で、ご生活はつつましかったんでしょう。

ホエリー　はい。つつましいご生活でした。お金をつくりたいと思っていらっしゃったならば、宣教師にはならなかったでしょう（笑）。先生はたいへん忙しかったので、あまり遊ぶということもしなかったと思います（笑）。

西島　先生がC・K・ドージャーさんにいちばん惹かれているのは、どんなところでしょうか。

ホエリー　その時代を考えると、ドージャー先生はそんなに厳しい方ではないと思います。でもやはり、先生の信仰は素晴らしいと思います。信仰よりもさらに素晴らしいのは、その勇気です。東洋の日本まで伝道に来られた、その勇気と信仰の強さは素晴らしい。そういう方はどうしても、時々問題を起こしたりするでしょうけど、パイオニアの時代には、そういう方が必要だったのではないでしょうか。弱い人間では学校はつくれないでしょう。

西島　ドージャーさんは、西南学院を辞められてからどうされたんですか。

ホエリー　北九州の西南女学院内に移られましたが、昭和八年（一九三三）五月三十一日狭心症で、尊い五十四年の一生を終えられたのです。

2016年に完成した西南学院大の地上7階建ての新図書館

木村　遠い異国へ来て、伝道と若い人たちの教育に尽くした、果敢な生涯でしたね。日本人にはちょっとまねができない。

中　今日は、人間の生き方についていろいろ考えさせていただき、本当にどうもありがとうございました。

■**ロイス・リネンコール・ホエリー氏**

一九四六年米国ジョージア州マーサー大学卒業。四八（昭和二十三）年南部バプテスト神学校卒業。宣教師として来日。四九年Charles Lloyd Whaley（前西南学院院長）と結婚。五一年西南女学院短大の教授、理事、東京バプテスト神学校教授を経て八七年三月まで西南学院大学講師。八八（昭和六十三）年四月夫君とともに帰国。神学関係著書多数。九三（平成五）年一月逝去。

■**木村栄文氏**　285ページ参照

博覧会本館

東亜勧業博覧会の規模を伝える福岡日日新聞の色刷り鳥瞰図。昭２年

祝東亞勸業博覧會開會

豊けき春光に萬花と競ふ
東亞勸業大博覧會
壯觀美觀東洋一を誇る規模の雄大
緑濃き舞鶴城西に浮く白堊の大水晶宮
愈廿五日から一齊に開館

各地産業の一大縮圖
本館に蒐つたお國自慢
東亞博中第一の見物
大博覧會の精髄

先づお膝下の
九州各縣

福岡日日新聞による特集記事

武家屋敷のたたずまいを残していた昭 13 年ごろの赤坂門

市民の憩いの場
大濠公園 46

大 15 年の公園建設当時はブルドーザーやダンプもなくほとんど人力だけだった

〔お話〕**江頭　光**
博多歴史研究家

〔聞き手〕**西島　伊三雄**
博多町人文化連盟 理事長

野口　康見
福岡相互銀行

対談：昭和六十三年（一九八八）八月

万葉時代は草香江の入り江

司会　いよいよ大濠公園が池水浄化でよみがえりますね。あのあたりは、万葉集に詠まれているそうですね。

江頭　ええ、大濠公園はその昔は「草香江の入り江」と言われていたらしいですね。千百年ほど前に編まれた万葉集に「草香江《くさがえ》之《の》入《いり》江《え》二《に》求食《あさる》　蘆鶴《あしたづ》乃《の》痛《あな》多豆多頭思《たづたづし》　友無二《ともなしに》指天《して》（巻第四・五七五）という歌があります。

草香江で友だちのいない鶴が餌をあさっていて、非常に「たづたづし」、寂しそうだ、ということです。これは大宰帥《だざいのそち》だった**大伴旅《おおとものたび》人《と》**が、任期が終わって都に戻った後、**観世音寺**の別当だった**満誓《まんせい》**が送った歌への返歌です。下僚である満誓を友とよんでいるわけで、その点がおもしろい。**山上憶良《やまのうえのおくら》**も送っていますが、それに対する返歌はありません。

西島　草香江の入り江、今の大濠が出てくるんですね。

江頭　ええ、でも学者の間では、今の東大阪市に草香江という地名があるので、そこを詠んだという説があるんですが、私は、大濠の草香江の入江だと考えています。

野口　大濠のあたり、東側の平和台の所は今**鴻臚館《こうろかん》**で沸き立っていますが、千年前は外国使節の船が入ってくる入り江だったわけですね。

江頭　はい。その頃は草香江の入り江がずっと迫っていたんですね。荒津（西公園）沖に着いた大船からはしけなどは行き交ったことでしょう。大きな入り江で、広さは今の大濠の二倍以上あったんです。

黒田長政の築城がルーツ

江頭　それから八百年ぐらいたって、慶長五年（一六〇〇）、関ケ原の戦いの恩賞で**黒田長政**が筑前五十二万石の大守になりますね。長政は大掛かりな城をつくるし、福岡のまちづくりもしたんですが、このとき幕府に入り江の**浚渫《しゅんせつ》**願いを出して入り口を埋め立てました。地行の一番丁から五番丁もこのときの埋め立てで生まれました。黒門川を残して埋め立てて、博多湾と大濠が環流するようにし、元の電車通りのお堀を通って、肥前堀で薬院新川に流れるようにしたわけです。

野口　すると、水はきれいだったんですね。

江頭　水もきれいだったし、舞鶴公園側の土手の松並木も見事でした。おもしろいことに、「杉土手」と呼ばせている。攻めてきた敵は、杉土手を目標にやって来ますが、松があるのでそのまま行き過ぎてしまうわけです。三百年以上たった松がずいぶんありましたが、戦時中に次々と伐採されました。輸送船を造るためで、今から考えると、非常に残念ですね。これが、草香江の入り江に工事をした最初です。長政は、南当仁にあった父の**如水《じょすい》**の茶室へ行くのに船で渡り、家中の侍たちも、船を浮かべてよく月見をしたらしいですね。

野口　のどかな風景ですね。

江頭　漁は禁止されていて、コイ、フナ、ナマズ、ドジョウ、そして鳥では、鶴、シギ、シラサギ、そしてトキがいました。これは記録にもありますし、小さいとき、あそこで朱鷺の羽根を拾ったという古老の話を聞いたことがあります。明治四年（一八七一）に福岡県が誕生するわけですが、その前の七月に福岡藩知事として着任した**有栖《ありす》川宮熾仁親王《がわのみやたるひとしんのう》**が大濠で魚釣りを楽しまれ、フナを五匹、宮様に差し上げたという記録があります。大濠のフナは大きくて、当時珍重されたんでしょうね。

西島　その頃、大濠と言っていたのですか。

江頭　いや、多分「おほり」と呼んでいたんでしょう。明治六年（一八七三）の太政官布告で、それまで**荒津山**と呼んでいたのを、**西公園**とすることになりました。その時に大濠は、**西公園付属大濠**として出てきますね。文献に「大濠」が登場したのは、これが最初だと思います。しかし、長い年月でドブドロが溜まって、明治の末頃は水深五十センチくらい、アシが茂って、臭くて、夏はやぶ蚊が多くて困ったそうです。明治四十三年（一九一〇）に電車が走るんですが、夏は日が暮れるとやぶ蚊がワンサと入ってくるので、車内灯を消して走ったそうです。あのあたりは大正の頃まで、あまり人家もありませんでした。赤司広楽園や金魚屋さんも、大正になって移ってきたものです。

杭州の西湖がモデル

野口　大濠公園が今の形になったのはいつからですか。

江頭　公園として大濠を整備しようということになったのは大正十五年（一九二六）で、一月に福岡県が着工しています。このきっかけがおもしろいんですね。最初のプロジェクトは箱崎の「千代の松原」保存だったんです。赤松と黒松二万本の天下の美林だったんですが、これが大正末にばたばたと枯れだしたんです。

西島　当時もマツクイムシかなにかですか。

江頭　でしょうね。県は東京大学駒場農場の林学の権威、本多静六博士を招いて見てもらったんですが、残念ながらもうだめです。そのときに博士を西公園へ案内します。西公園は、明治二十二年（一八八九）に、桜、桃、梅などを植え、愛勝会という育成団体も生まれて、非常によく整備された自慢の公園でした。ところが、本多博士は、西公園から見た大濠のほうに、心を動かされたんです。手を入れれば、こちらのほうが水の公園として素晴らしいというわけです。

福岡だから東洋風がいいと、愛弟子の永見健一という東京大学の講師に、中国の杭州の西湖をモデルにして、デザインをさせるんです。この人は、後に九州大学の教授になります。西湖を下敷きにしているんですが、最近は福岡の人も姉妹都市のアメリカのオークランドへよく行くので、あそこのメリット湖にそっくりだとも言われてますね。

そのとき、おもしろいエピソードがありますね。永見さんが、一生懸命デザインした自信案を何度も持っていくんですが、ダメ。それではと、十日くらい前に書いた同じ青写真をもう一度持って行ったら、博士が「うん、これで良かろう」と言ったという。そういうこともあるんですね（笑）。

ただ、公園設置は今のように緑や、公園が重視されない時代で、冷淡視されていました。そこで、県の方は、物産博覧会実施の動きを何よりのチャンスとして、この大濠を会場にと勧めて公園実現を図った訳です。

西島　デザインが素晴らしいですね。あの中の島も……。

江頭　中国の西湖を模して真ん中に、柳島、松島、菖蒲島をつくり、その間に観月橋、松月橋、茶村橋、皐月《さつき》橋という橋を架けています。この茶村橋という名は、この工事に非常に力を尽くした柴田善三郎県知事の俳句の雅号の「茶村」から取ったものだそうです。それから途中に浮御堂《うきみどう》がありますね。あれは昭和十九年（一九四四）、戦争が厳しくなって、東公園の動物園も猛獣が射殺され閉鎖されました。あそこのオットセイの池にあったのを持ってきたものなんです。

公園実現に役立った博覧会

野口　それにしても、当時としては実に大きな構想を立てたものですね。

江頭　スケールが大きいですね。約四十万平方メートルを水深二メートルに掘り下げて、その掘った土で周囲を二十三万平方メートル埋め立てました。ここが東亜勧業博覧会〈昭和二年（一九二七）〉の会場になるのです。博覧会が終わってそのうちの九万九千平方メートルを宅地分譲しています。これが今の高級住宅地の大濠地区です。今みたいな大型建築機材はいっさいありませんから、トロッコと人力で、トロッコが百五十台、作業員が延べ三十五万人という大工事でした。

西島　何年かかったんですか。

江頭　えーと、四年ちょっとかかって、完成したのは昭和五年の春三月でした。

西島　工費はいくらくらいかかったのですか。

江頭　四十五万四千円でした。宅地分譲で造成費をカバーする計画でしたが、これがうまくいきました。実際に七十二万円戻ってきたんです。

野口　たいしたものですね。

江頭　このとき、後に国の天然記念物に指定される**ツクシオオカヤツリ**が発見されるという副産物もありました。

西島　ちょっと花火のような形の植物ですよね。

江頭　あれは博多では「やぶれがさ」と呼んでますね。そして、三十九万八千平方メートルが大濠で、全国屈指の水の公園ができたのです。

西島　その実現に博覧会が役立ったのですね。大濠の工事の途中で博覧会があったんでしたね……。

江頭　初めは大正十六年の三月二十五日から五月二十三日までの六十日間の予定でした。大正十五年（一九二六）の暮れに大正天皇が亡くなられたので、昭和二年になったのですね。東亜ということで、朝鮮、台湾、満州、それから当時の南洋委任統治地が参加しています。このとき目標に掲げられたのは「本邦産業貿易の伸長」でした。この博覧会は、第一回目の明治四十三年（一九一〇）の九州・沖縄連合共進会から数えて、福岡市で行われた九回目の博覧会です。福岡市が主催したのは、大正四年（一九一五）に九州・沖縄勧業共進会というのをやっていますので、これが二回目ですね。

西島　**築港博覧会**は、その後になるんですか。

江頭　そのきっかけも、昭和二年の東亜勧業博のとき、会期中に開催された**全国港湾協会**の総会です。この協会は内務省の諮問機関で、重要港湾指定に大きく関わっていました。重要港湾（二種）は半額を国庫が補助して造るもので、長崎、鹿児島などはすでに指定されていましたが、福岡はまだでした。それで、時実市長が博覧会に事寄せて、全国から関係者千五百人を招き、市政や港の状況を視察してもらって、認可をよろしく、ということだったようです。昭和三年（一九二八）に認可が下り、着工は昭和六年（一九三一）、工費の五百三十万円のうち国庫から二百三十一万円を補助。昭和十一年（一九三六）に、長浜と昔の中央埠頭《ふとう》が完成して、それを記念して博多築港記念大博覧会が開かれます。このときがなかったら、今の長浜ラーメンは存在しないわけです（笑）。

旧市内電車の城南線と市内バスが誕生

江頭　東亜博の時の市長は**時実秋穂**《ときざねあきほ》という人で、岡山県の人です。県知事の柴田善三郎の後を追って、愛媛県から朝鮮総督府、京畿道（朝鮮）の知事などをやってきた人で、柴田知事の強力な推薦で、市長になったんです。その頃福岡市議会は、政友会と憲政会の激しい政争時代だったんですが、時実さんは、そういう争いに足を取られずに、博覧会と築港という二大目標で、政争のゴタゴタをそらしながら、市政をどしどし進めた名市長でした。顎ひげを三角に生やした、痩せ形の市長さんで、任期が終わると、岡山に帰っています。福岡市の発展に大きく貢献された忘れられない方ですね。

野口　博覧会の予算はいくらでしたか。

江頭　この東亜勧業博覧会の予算は九十五万円で、その二年前に開いた熊本博覧会の二倍以上の予算をつぎ込んでいます。

西島　今だとどれくらいでしょうね。

江頭　平成元年（一九八九）のアジア太平洋博覧会（よかトピア）の施設予算は百五十一億円だそうです。

西島　ずいぶんにぎやかだったでしょうね。

江頭　博多駅前には大歓迎門、駅前から天神、会場まで街路照明灯やボンボリがつき、市内は花電車でにぎわったそうです。七千坪の会場の中に、直営館が五十一棟あって、本館、機械館、電気館といったものもできています。それから自営特設館が百四十二棟あって、これは商品を展示して、その場で契約できる商品見本市としての博覧会でした。鏡とガラスで造った二十メートルくらいの水晶塔、初めてのウォーターシュート、それから、中の島の松島に、帝国海軍がドイツ製の探照灯をつけて、これも人気を呼びました。

入場料は大人三十銭、子ども十五銭で、夜は大人十五銭、子ども十銭でした。出品が三十八万四千五百七十三点、入場者数は、福岡市の人口が十五万八千五百九十四人の時、百六十万三千四百七十二人でした。期間二カ月で、たいへんな入場客でした。総経費は百二万でしたが、雨が続いて十五万三千円の赤字が出ています。数字から見れば失敗なんですが、大きな成果を残しました。

まず、今はなくなりましたが、五十年間市民の足だった電車の城南線ですね。渡辺通一丁目から西新までの電車です。突貫工事で、博覧会の二日目の三月二十六日に初めて走りました。それと、四月一日から出現した福岡市内バスですね。昭和五十年（一九七五）にチンチン電車が廃止されるまで、福岡市の交通はこの体系で続いたのですから、たいへんな成果だったと思いますね。

西島　市民には非常な恩恵でしたね。

江頭　城南線といえば博覧会開催中に、**西南耕地組合**が薬院、六本松、鳥飼のあたりの三百九十七万平方メートルの区画整理を完工していますね。道が田んぼのあぜ道だったり、川に橋がなかったりだったのを整備して、コンクリートや木造を合わせて橋を四十七も架けたそうです。時実さんの前の**久世庸夫**《くぜつねお》市長が自ら組合長になって推進しました。

だからこのあたりは縦・横に道が連なって、わりと整然としています。旧城南線の道路が幅十八〜二十一メートルに整備されたのもこのときです。特に桜坂の辺りは、岩盤が堅くて、ものすごい難工事でした。当時のつるはしでは無理で、最新鋭の削岩機などを持ってきて苦労したそうです。そうして、電車が走ったんです。その頃はまだ、渡辺通りなどは畑が残っていました。福岡が、西に伸びていく、という方向が、このあたりから見られるわけです。

昭 50 年の六本松交差点。左は九大教養部、右は城南線電車

練兵場と気象台　簡易保険局

西島　大濠公園というと、隣の二十四聯隊が浮かびますね。城内練兵場と城外練兵場がありました。大濠公園東側の道路を越えて松の生えている土手の東側が城内練兵場で、あの土手から西側が城外練兵場で、いつも兵隊が訓練をしていました。私たちが小学生の時、城外練兵場の塹壕《ざんごう》でよく鬼ごっこをしたのを覚えています。

江頭　博多芸者の大御所（前博多券番理事長）の中野ともえさんのお話では昭和二年（一九二七）頃、博多に券番が四つあって、東亜博の時演芸舞台で踊ったそうです。練兵場を通り抜けると近いので、通してもらったんですが、兵隊さんが手を振って喜んだそうです。そのうちに禁止されたそうですが……（笑）。

西島　大濠へ行くとき私たちは電車で、「上の橋」で降りていましたね。上の橋が今の裁判所のある所で、下の橋が**潮見櫓**《しおみやぐら》のある所だったと思います。でも私たちの子どもの頃、大濠は遠かったですね。遠足に行くような感じでしたね。

江頭　昭和二十年代の中頃まで、博多の人はあまり福岡には行かなかったですよ。下駄や草履履きで、博多部中心に暮らしていました。私のところに電話がかかってきて、「もしもし、江頭さん、今日福岡へ行くけん、新聞社に寄るばい」って言うくらいでした。(笑)。

西島　そういえば大濠の南の気象台も懐かしい。子どもの頃、しゃもじ形の風速計が珍しくて、風で動くのをずっと下から見ていたんです。

江頭　あれは昭和六年（一九三一）に博覧会の跡地にできました。その頃飛行機が発達してきたので、上空の気象を観察する必要に迫られて、文部省が設置したんです。当時は管轄が文部省でした。

　名島の福岡飛行場に、昭和五年八月から気象台分室ができ、昭和六年の三月には大濠に移り開庁しています。福岡県の福岡測候所も隣接してでき、この二つが昭和十四年（一九三九）十一月に国営になって一本化し、福岡管区気象台になったわけです。

野口　簡易保険局も、博覧会の跡地にできたのでしょう。

江頭　昭和九年（一九三四）三月でしたね。

西島　戦後はアメリカが接収して、陸軍病院にしましたね。

江頭　この簡易保険局は、当時九州・沖縄はじめ、台湾、南洋群島、関東州（遼東半島）まで管内に持っていました。局員が千百人いて、西日本一の大官庁でした。福岡との誘致合戦で、当初は九州逓信局のあった熊本が有力と言われていたんです。この時の逓信次官が福岡出身の中野正剛さんで、各地から出願書類が回されると先生が大きな字で「福岡」と書かれたということです。だから、あれは中野さんが残してくれたと言えるわけです。

大濠の周辺

西島　気象台の横の県営プールにも、よく泳ぎに行きましたね。安かったですよ。一銭か二銭ぐらいでした。多分、今の日本庭園ができているあたりだったと思います。美術館の付近は広っぱでしたね。

江頭　プールは昭和二年（一九二七）十月に完成。プール開きには県内中学十八校が参加するという盛大さだったらしいですよ。

西島　大濠に民家ができたのは、いまアメリカ領事館のある西側のほうが先だったんですね。福岡相互銀行の創立者の四島一二三さんも戦前はここに住んでおられたそうですね。

江頭　そうそう、そして一二三会長が終戦直後、公園の空き地で野菜作りをしていたということですね。亡くなられたハニーおたふく綿社長の原田憲明さんが子どもの頃「あのおじいさんはこんな所で、骨折ってナスやカボチャなんか作っているが、盗られるかもしれないのに、どうしてあんなに熱心なのだろう」というと、父親の原田平五郎さんが「あの姿が尊いんだ。人から盗られるかもしれないけれども、夫婦で来て黙々と畑仕事をしている姿を、おまえは覚えておけ」と教えられたそうです。

野口　大濠公園というと、花火を思い出すんですが、いつ頃から始まったのでしょうか。

江頭　あれは戦後で、昭和二十五年（一九五〇）から西日本新聞の主催ですね。

西島　それからあの潮見櫓はあそこに元からあったんじゃないですね。

江頭　黒田別邸（中央区舞鶴一）にあったのを戦後に移したんです。

野口　美術館とか日本庭園とかいろいろありますが、案外人に知られていないというところはありませんか。

西島　平和台の競技場の、出口の所の右側に、大きな藤棚と牡丹園がありますね。あれは前の進藤市長さんの時、植えられたのですが、案外知られていませんね。

江頭　舞鶴公園の梅園が見事ですね。ここの桜がまたすごいでしょう、それからショウブ、藤、牡丹ですね。

西島　そばの護国神社はいつできたんでしたかね。

江頭　あれは昭和十八年（一九四三）に、靖国神社的なものを、全県に配置するということでできたんです。

野口　あそこは、福岡の平地ではいちばん立派な森でしょうね。四十年たってますが、昔の練兵場のままの木も残っているんですね。

江頭　県内各地から献木も盛んに行われたよ

うです。それにあの神社は護国神社形式の中でも、特に設計が素晴らしいですね。

西島　お盆の時の灯籠祭りはすごいですね。あまり知られていないですが。

野口　われわれの年代にとっては、大濠公園がデートの場所でしたね。ボートもあって。

江頭　昭和六、七年（一九三一、二）くらいまで、園遊会もよく行われていました。野外パーティーですね。イタリア使節団が来た時も、大濠で園遊会が行われました〈昭和十三年〉。団長はバウリッチ侯爵でしたが、接待の芸者さんが四百人だったそうです。

野口　（西島）先生は、代々のアメリカ領事とご親密ですね。あの人たちは大濠公園をどう思っているんでしょうか。

西島　領事館は公園のそばですね。代々の領事さんがみな素晴らしいと言っています。特に博多に溶け込んだひげのリチャードソンさんは、絶賛していました。文化センターのリン・ハートさんも毎朝ジョギングしていましたね。

江頭　ジョギングする人は多いですよね。ちょうど一周すると二キロだから。

みんなできれいな大濠に

西島　あの浄化ですが、何回も何回も懸案になって、今度やっと博覧会だから、ということで始まりましたけど、あれは一度水を干すんですかね。

江頭　水が三十万トンだそうですが、あれを排水して、ヘドロを干し、凝固剤をまいて固めてしまう。池の中に大きな穴を掘って、その中にヘドロを埋めてしまう。その上に厚く砂をかけ、雨水、地下水、海水を三分の一ずつ注水して、水のきれいな大濠にするのだそうです。来年、六十四年の春、大濠がよみがえるるんですね。

西島　魚も十万匹ですか、筑後川に移したり、大変でしたね。ボラなんかは。

江頭　海水が入らないので、フナなどの淡水魚だけだったそうです。雷魚なんか、わりと大きいのもいたんですね。

西島　水がきれいになると魚も喜びますね。

江頭　ヘドロは深い所は一メートル、平均三十センチぐらいたまって水がどんよりしていましたから魚も喜びますよ。

西島　なぜ、そんなに汚くなったのですか。

江頭　江戸時代は水路が続いていて環流していたんです。貝原益軒《かいばらえきけん》の『筑前國続風土記《ちくぜんのくにぞくふどき》』では海の魚が泳いでいると記しています。明治から何度も水路を埋めたてて、水がよどんでしまったからですね。藻のような植物性プランクトンが発生し、次々沈殿してヘドロになったんだそうです。今度の大工事まで、六十年間しゅんせつしていません。毎年少しずつしていくといいのでしょうね。

野口　総予算は昭和六十二年（一九八七）の調査から六十三年の竣工にかけて約十二億円だそうです。水清き大濠を見られるとはうれしいですね。ところで、大濠公園は県の管轄なんですが、ご存じでしたか。

西島　はい。そして利用するのはほとんど福岡市民。ややこしいですね（笑）。県と市が協調するほうがいいんじゃないでしょうか。

江頭　池水が浄化されるのは結構ですが、将来も美しく、ということが大切ですね。今、地元の人が、もう少し大濠を盛んにしようと、「おおほりまつり」というのをやっています。毎年秋分の日に、「黒田二十五騎」に扮《ふん》したり、「荒津の舞」などとにぎやかですね。

西島　亀井さん（光・県知事）の時「大濠公園を美しくする会」の運動が起こり、私も県の観光課に頼まれて手拭いのデザインをしたりしました。地元の人たちが、力を合わせて大濠公園をきれいにするということはうれしいですね。

江頭　それと同時に大濠を訪ねる市民一人一人が、きれいにしようと心掛けることでしょうね。

司会　どうもそこら辺が結論のようで、ありがとうございました。

■江頭光氏　29ページ参照

中世の博多商人 47

［お話］亀井 明徳　専修大学文学部 教授
［聞き手］井上 雄介　福岡相互銀行
対談：昭和六十三年（一九八八）十月

アジアと結ぶ博多

司会　博多は商人の町ですが、どうも、秀吉から家康の頃に活躍した島井宗室《そうしつ》、神屋宗《かみやそう》湛《たん》、大賀宗伯《おおがそうはく》の三傑以前は、よく知られていませんね。

亀井　今日のテーマは、その知られていない時代の中世の博多商人ですね（笑）。

　中世というと、平安時代の終わりから鎌倉時代の頃、中国では南宋からその次の元の時代にあたります。西暦では、十一世紀頃から十四世紀頃で、韓国は高麗《こうらい》の時代です。

井上　平清盛《たいらのきよもり》〈永久六年（一一一八）～治承五年（一一八一）〉とか、蒙古《もうこ》（元）のジンギス・カン（一一六二～一二二七）の頃ですね。その頃の博多は、福岡の歴史の中でも輝いている時代のようですね。

亀井　全く同感です。博多の町が輝かしい時代はいつだったか、特定は難しいのですが、古くは、まず金印の時代、弥生時代ですね。それから二番目は鴻臚館《こうろかん》の時代、これが平安時代の終わりぐらいまで。

　それから約三百年を経て、豊臣秀吉が島津攻めに来て博多復興の町割りをした時代、つまり博多の豪商たちが活躍した時代ということになると思います。

　その鴻臚館と秀吉の間に入っている中世という時代に最近、光があたってきてました。出土品から見ても、なかなかの時代だったことが推測されてます。国際商業都市として輝かしい時代だったと思いますね。

井上　逆に、秀吉の後は徳川時代の鎖国政策でぱっとしなくなって。最近、また東南アジアの時代で、博多商人が復活しつつあるような感じがしますけども。

亀井　アジアと結ぼうという今の博多の方向性は、過去から照らしてみると、非常に正しいと思うんですよ。

博多商人の登場

亀井　それで、最初に中世の博多商人がどのように登場してくるかを簡単に話しましょう。奈良時代から平安時代にかけて、鴻臚館の時代〈持統二年（六八八）～寛治五年（一〇九一）〉があり、主として中国との交易をしていました。そのシステムは、ひと口で言えば国家管理の「官貿易」でした。原則として国が先に買い付けて、その残り物を商人が売買するのです。

井上　それは意外ですね。

亀井　国、つまり出先の大宰府《だざいふ》政庁が最初に買い付けて、大和朝廷の用にあてますが、それをさらに官市場、つまり国営市場で売ってもうけている。それに当然、入国税や関税も中国商人から取っていました。

　システムがとても複雑で、しかも鴻臚館は出先機関で、都は平安京ですから、連絡の日数がかかってたいへんだったのです。その間、中国の商人たちは、長い場合は六カ月間も、ずっと待たされていたわけで、しかも鴻臚館から出ることは禁止されていました。

　彼らは早く取引を済ませて帰国して次に備えたい。そこで、次第に民間人が中国の商人と直接に取引するようになったのです。

　どうも国のほうにはうまくごまかしてやっていたんですね。国の権力が強い時代でしたら、すぐ断罪されるでしょうが、平安時代の末期になると、貴族の荘園が増大し、天慶二年（九三九）から四年（九四一）にかけて**平将門**《まさかど》の乱や**藤原純友**《ふじわらのすみとも》の乱などが起こって、大和朝廷の力が地方までは及ばない状態になりつつありました。

　その不正ということから、博多の町の話に入るんですが、どうも、それを最初にやったのは大宰府の役人ということのようです。

井上　それはなかなか……。

亀井　つまり、商品リストと現物とをチェックするわけですが、隠しリストを黙認するんですね。

井上　なるほど、ウラ帳簿ですね（笑）。

亀井　だから、役人に賄賂を贈って、うまく計らってもらったり、またその役人が、検査担当の別の役人に賄賂を贈って見逃してもらったり……それを推察できる史料もありますよ。

井上　その頃から。やれやれですね（笑）。

亀井　皮肉な話もたくさんのこっています。例えば、平安末期に学者として有名な**大江匡房**《おおえのまさふさ》〈長久二年（一〇四一）～天永二年（一一一一）〉が、大宰府の長官になっています。清廉潔白という評判でしたが、任期を終えて京に戻るとき、船二隻を仕立てて引っ越し荷物を運ばせた。

　このとき、「正義の方法で手に入れた荷物」を積んだ船と「非道で得た物」を積んだ船とに分けたと『今昔物語』に書かれています。ところが、正義の物を積んだほうが沈没して、難波の港に着いたのは非道の船のほうだった（笑）。

井上　大宰府に赴任した役人は、莫大《ばくだい》な財産をためて都に戻ったようですね。

亀井　こうして官貿易のシステムが崩れてきて、中国商人も次第に鴻臚館の外に居住するようになる。そうしてだいたい西暦一〇〇〇年代の中頃に、東の博多部に市の中心が移っています。

井上　鴻臚館の役目が終わる頃ですね。

亀井　そうですね。博多が商業都市として勃興し始めたのですね。大宰府政庁の力が弱くなっていて、取り締まることはもうできなかったのでしょうね。

井上　大本の平安朝の力も弱っていて……。

次々と交易の遺物の出土

亀井　そうした交易の変遷は、出土品の陶磁器からも推測できるのです。

　（福岡市営）地下鉄〈昭和五十年（一九七五）着手〉をつくるときに、建設地を福岡市が発掘調査しました。西新から貫線を通って、博多駅までですね。私ども考古学者から見れば、従来全く調査ができなかった所で、福岡市を東西に掘ってくれたありがたい発掘でした。そしていくつかの遺跡が発見されたのです。

　鴻臚館の前の電車通りの堀橋から、福岡城の外堀の石垣が出てきました。天神と博多駅前からは何も出なかったが、川端から呉服町、祇園町までは、中世の遺物が点々と出てきました。

井上　地下鉄も博多学に思わぬ貢献を……。

亀井　大博通りの拡張工事で行った発掘調査でも、大量の中国の陶磁器が出てきました。地下鉄祇園町駅の西側の出口で井戸が見つかったのです。

　中世に造られていたごく簡単な構造で、深さが一メートルくらいのこっていました。その中から中国の青磁の完形品が三百五十個も一度に出てきたので驚きました。ちょっと火災に遭ったのか、焼けて溶けたような跡がありましたが、割れていない完形品です。これはたぶん、軒を並べていた焼き物問屋が、何らかの災害に遭って、焼き物が井戸の中に投げ込まれたのではないかと思います。

それから冷泉公園寄りの発掘では白磁の破片が山盛りになって出てきました。こんなことはめったにないんです。あたかも焼き物屋の棚がひっくり返ったようだ、と報告されています。

そうした例が祇園町、呉服町、冷泉町、川端辺りに集中しています。これがだいたい鴻臚館が終わろうという一一〇〇年くらい、平安時代から鎌倉時代に入る頃です。

井上　日宋貿易の活況の証しですね。

亀井　その証しがすごい。例えば大消費地の平安京、あそこの遺跡発掘で、小さな「パンコンテナ」という箱、それで二十箱くらい中国陶磁が出れば、多いなという感じなんです。それが、博多では同じ規模の遺跡の発掘で二百箱は出るというくらい大量なんです。

これは博多が、日本における中国の品物、当時は唐物《からもの》と呼んでいましたが、その第一基地になっていた証拠ですね。そして、ここから全国にさばかれていたんでしょうね。

井上　中国の船が直接に瀬戸内海を**難波**《なにわ》まで行くことはなかったのですか。

亀井　少なかったと思います。それで、平清盛は兵庫県の**大輪田**《おおわだ》の**泊**《とまり》をつくっているんです。当時の難波は港としてあまり良くなかったのでしょう。だから、ほとんどの船が博多止まりだったんだと思います。

井上　それだけ博多が、日宋貿易の受け皿としてできあがっていた、ということですね。

亀井　そうです。当時の中国船は、密貿易以外は全部、上海の南にある寧波《ニンポウ》、昔の明州から、ちゃんと関税も支払って出航しているんです。

宋（九六〇～一一二七）は北方民族の打ち立てた**金**に揚子江から北を奪われ、江南に移って**南宋**（一一二七～一二七九）として細々とやっているわけですよ。それで、貿易振興に活路を求めたようです。国家財政が逼迫《ひっぱく》していて、日宋貿易は何よりの財源だったんですね。

中国船は寧波の港を出て、東シナ海を一気に突っ走って博多に入りました。日本側は、検疫をきちんとやっていたようです。記録によく出てくる場所は、**能古島**の沖とか、**志賀島**の前の海で、たぶんその中間くらいに停船させて、厳しく検疫したようですね。

奈良時代に**天然痘**が入ってきて、博多から都へ広がって、朝廷の有力者が次々と死にました。博多でシャットアウトしろと厳命されていたんでしょうね。それから税関のような所を通って、博多で交易をしていたんでしょうね。

中国留学生のスポンサー謝国明

井上　その頃、活躍した博多の商人はどういう人たちだったのでしょう。

亀井　どうも私は、商業の主導権を握っていたのは中国の商人だと思います。当時は宋人ですが、彼らだけが独占的に貿易をしていたのではなくて、宋人と日本人が混在して交易をして町を形成していた、ということです。

後の中華街とか唐人街とかいうのは、中国人だけが集中して住んでいる町のことですが、そうではなく、当時は日本人と交ざって住んでいて、主導権は中国人が握っていたのではないかと思います。

承徳元年（一〇九七）に、大宰府の長官が亡くなったんですね。その時の葬儀の記録に「博多にはべりける唐人ども、あまた詣で来て弔ひける」とあります。

それから、その少し後の時代に、大宰府の役人が率いる軍兵が箱崎の町を襲って、宋人の**王昇**の後家以下千六百余家の資財を奪うという事件が起きています。つまり王昇という商人の後家さんが箱崎に住んでいて、おそらく貿易をやっていたのでしょう。

それ以下「千六百余」がすべて中国人かどうかはわかりませんが、これはたぶん貿易上の争いか何かが起こったんだと思います。ですから、この当時、箱崎周辺にも相当たくさんの中国商人がいたということでしょう。

井上　その中で有名な人は？

亀井　それは**謝国明**《しゃこくめい》ですね。博多の**承天寺**《じょうてんじ》をつくった有名な人です。彼は豪商で、承天寺の建築費から、維持費まで、さらにお坊さんを呼んだり、中国に留学させたり、一切の費用を負担したといいます。つまり大スポンサーでしょうね。

彼は、大宰府の長官はじめ有力者と密接な関係を結び、**宗像宮**《むなかたぐう》とも姻戚関係を結んでいたようです。

宋と貿易をしていたのは荘園の有力者で、宗像宮もしていたようです。当時、博多湾沿いで荘園を持っていたのは寺社が多いんですよ。**筥崎宮**《はこざきぐう》も、**大宰府天満宮**も、当時は安楽寺といったんですが、それから**宇佐八幡宮**、九州の寺社で日宋貿易をしていた大手はこの三つでした。

でも地元は弱いんですよ。京都からやって来る大手の寺社に負けてしまう。**石清水八幡宮**《いわしみず》と**仁和寺**《にんなじ》ですね。石清水八幡宮は、筥崎宮と提携して貿易拠点を持っていました。地場の有力な寺社が京都の寺社と結んでいたわけです。仁和寺は西の今津の辺りに貿易港をつくっています。

お宮やお寺がそれぞれ荘園を経営していて、それがみな博多湾に面していたんです。

井上　昔もいろいろと系列があったわけですね（笑）。そういえば、言葉は……。日本語を使っていたんでしょうか。

亀井　そこが問題だと思います。当然、中国の人は日本語ができません。中国商人にとっては言葉と信用取引が重要問題でした。荷物を渡して、決済は次に来たときということを平気でやっています。そうなると、信用できる人を確保しておく必要があるわけですね。

で、どうするかというと、やはりいちばん信用できるのは「奥さん」です。それで、中国の商人はまず例外なく日本人の現地妻をめとっています。言葉も覚えて通訳の役目も果たしますし、生まれた子どもは両国語を話せて頼みになる、という考えだったでしょうね。

それから、中国商人は日本名まで持っていました。例えば、有名な人で、筥崎八幡宮に所属して「寄人《よりうど》」と呼ばれる一群の人がいました。その一人が**張英**《ちょうえい》で、この人の日本名は「鳥飼二郎」でした。たぶん、福岡市の鳥飼のあたりに住んでいたのでしょうね。

井上　謝国明も日本名を付けていましたか。

亀井　「謝太郎」といってますね。おもしろいのは、彼が亡くなった後、その後家さん、たぶん日本人だと思いますが、その人が宗像宮とけんかをしているんです。この人は後家尼と書かれていますから、頭を丸めていますね。それから遺児とありますので、子どもはいたようです。

博多湾の**小呂島**《おろのしま》を謝国明の所有地だと主張、宗像宮は、あれは元々こちらの土地だ、ということで、裁判にまでなっています。鎌倉幕府の頃で、鎌倉まで行って訴えている。結末がはっきりしないのですが、たぶん宗像宮の勝ちではないでしょうか。

井上　謝国明はいつ頃の人ですか。

亀井　彼が亡くなったのが建長四年（一二五二）といいますから、もう北条氏の時代に入っていますね。

井上　謝国明を祀《まつ》った遺跡や遺物は。

亀井　承天寺に大きな楠の木があって、謝国明が植えたといいますね。ＪＲ博多駅から御《み》笠《かさ》橋へ向かって左手の小さな公園に「謝国明の墓」と記してありますね。

彼は、困っている人たちを境内に集めて、うどんを食べさせたということです。博多のうどんはそんな古い時代からのものなんですね。うどんも元々中国ですからね。

いいところを吸収した博多文化

井上　博多はいろいろルーツが多いでしょう。

亀井　お茶やまんじゅうもそうですね。それにしても、中国の商人は日本の風俗習慣の中に、深く入りこんでいますね。

そのいい例に篠栗の若杉山のふもとの佐谷《さたに》

で発見された経塚があります。当時、末法思想で、お経を筆写して、銅の筒に入れ、地面に埋めるという風習があって、それを経塚というんです。

　その経塚が佐谷でたくさん発見されたんですが、その中に宋人馮栄《ひょうえい》と彫り付けたものがありました。写経して地中に埋める風習は日本にしかありません。そこにまで彼らは登場しているわけで、宗教面でも日本に溶け込んでいるんですね。

井上　世界中にチャイナタウンがあって、中国の人たちは、世界各国に土着している、そこがすごいですね。

亀井　その当時の中国でも、中国商人が海外に出て行って戻ってこないのを、困った問題だと言っているんです。南宋の時代から海外に進出しているわけで、博多に来る人などは一部ですから、中国商人は東南アジアの各国にたくさんいたということです。

　ところが鎌倉時代の終わり頃になると、それまで盛んに出てきた中国の商人の名前、馮栄とか謝国明とかいう名が、資料からすーっと消えてしまうんです。

　うまく説明できないのですが、混血が進んで「鳥飼二郎」のように日本名を使って日本人社会に溶け込んでしまったのか、あるいは何らかの理由で、日本に住み着けなくなったんでしょうね。

博多に来た人を歓迎する「博多千年門」平 30 年

毎年多くの灯明が並ぶ謝国明遺徳顕彰慰霊祭。平 30 年 8 月 21 日、承天寺分境内

謝国明が創建した承天寺（博多区）

井上　それは**元寇**〈文永の役・文永十一年（一二七四）、弘安の役・弘安四年（一二八一）〉が原因になっているのではありませんか？

亀井　元寇の時代も民間商人の交易は変わらず、したたかに行われているんですよ。その後、急速に中国人の名前がすーっと消えてしまっている。

井上　元寇の後で、中国人たちが中国名では住みづらいということも（笑）。

亀井　どうでしょうか。当たっているかもしれませんよ（笑）。

　現在、アジア全体を見てみますと、中国の人が大きな力を持っていますね。代表的なのはシンガポールです。誤解を招くといけないんですが、華僑社会という言い方がありますね。華僑がいろんな意味で、実質的な力を持っている社会です。日本の場合は、そういう社会ではないんですよ。

　鎌倉時代、一三〇〇年ごろまでは中国の商人が博多でたいへんな力を持っていた。ところが、その後は振るわない。同じアジアの中で、一方では大きな力を持ち、一方では同じ経緯の後に、違った道をたどっている。誠に不思議に感じますね。

井上　そこに日本の特長や強みがあるのかもしれませんね。日本の文化は、いつも一時的には外からの影響を受けて変わるんですが、いつの間にかそれをのみ込んで、日本風にしてしまうというところがあります。

亀井　何世代かのうちに完全に吸収、同化、合併したという感じですね（笑）。

井上　近くは明治維新のとき、文明開化で欧米一色でしたが、いつの間にか、日本は日本ということになっていますからね。

　東京と地方にしても、福岡とか札幌とかいう場所は、東京の出先機関を大事にするんですね。でも、何でも迎合して中央スタイルかというと、そうではない。根っこの部分は博多で変わらないんですね。いつの間にかいいところだけ取って、博多文化をつくってしまう。昔からそういう気質なんでしょうね。

景徳鎮《けいとくちん》と伊万里《いまり》

亀井　そうでしょうね。私は中国の焼き物が専門なんですが、焼き物の染付《そめつけ》は、元来は中国から輸入されていたんですね。日本で作ろうとしてもなかなか成功しない、それがある時点で技術的に成功して、有田で作り始めると、たちまち中国を追い越して、ＩＭＡＲＩ（伊万里）が世界の商品になるわけですね。

井上　それじゃ、最近も全く同じことをしているわけですね（笑）。戦後の「安かろう悪かろう」だったのが、いつの間にか先進技術を取り込んで、アメリカを追い越してしまった。これも伝統なんでしょうか。東南アジアのＮＩＥＳ（新興工業）諸国が、日本と同じことをしているわけですね。

亀井　そうでしょうね。焼き物では圧倒的に中国が優勢だったんですが、慶長五年（一六〇〇）くらいに逆転しましたね。

井上　追い抜くまでに、どれくらい時間がかかったんでしょうね。

亀井　それはもう中国の歴史の長さを考えると、とてつもない時間ですよ。中国の焼き物の起源が紀元前二〇〇〇年くらいかな。そうすると三千六百年ぐらいかかっている。

井上　そうすると追い抜いてからせいぜい四百年ですか。でも、宋や元のあの心を引き込まれる青磁の色、どうしてもかなわない色があるようですね。

亀井　中国の焼き物には、色合いと形が最高度に達したいくつかの完成期があって、一例が宋の時代の青磁ですね。それは今の中国はもちろん、世界中がかかってもまねができませんね。

　焼き物は人間がいくら工夫を尽くしても、後は火に任せる以外にない。考えられないような優品が時にできる……。珍重される窯変《ようへん》の天目茶わんなんかもそうですね。

井上　そうしたいちばんの優品を、スポンサーの王朝が取り上げていたんでしょうね。

亀井　ええ、官窯といって、宮廷で使う物だけを作っている工房があって、そこでいい物を作らせていたんです。

　ただ、その技術が、どうしたわけか、たぶん清の時代に消えたのですね。それをもう一度取り戻そうと、江西省北東部のかつて官窯で栄えた景徳鎮などがやり始めています。

井上　ところで、韓国の焼き物はどうだったんでしょうか。

亀井　韓国の焼き物は、高麗青磁ですが、日本からはあまり出土していません。中国が安くていい焼き物を作って、市場で高麗青磁に勝っていたのでしょう。

　割合は、中国九十五パーセント、高麗青磁五パーセントくらいです。しかし近世になると李朝の焼き物が名品として、お茶の世界で尊重されましたね。

清盛がつくった袖《そで》の湊《みなと》

井上　ところで、謝国明など中国商人に対抗する日本側の商人は……。

亀井　宋金という人がいます。一四〇〇年代の人で、博多の豪商の草分けですね。しかし、この人にしても、せいぜい五、六百年前の人なのに、あまり事績がはっきりしていない。中央の文献に博多の名はちょくちょく出てきますが、人の名前は出てきませんね。

井上　政治家とか武将でないと歴史にのこらない。商人はなかなか登場してこないのですね。島井宗室や神屋宗湛の登場まで豪商が記録されていないのです。

亀井　江戸時代直前、**信長**、**秀吉**の時代ですね。彼らにしても、信長や秀吉という最高権力者に関わったから、歴史にのこったのでしょうね。

井上　ところで中国商人たちは、誰が保護をしたのですか。今と違って、領事館があったわけではないでしょうし。

亀井　彼らは中国の南の福建とか広東の人が多いんですよ。当時の中国は宋ですが、国の援助はおそらくゼロで、全く独自にやっていたようです。

井上　中国からの物で、日本で珍重された物は。

亀井　実用的な面では薬ですね。当時は「香薬」ですが、これがいちばん必要とされたでしょう。今の漢方薬ですね。『**徒然草**《つれづれぐさ》』を書いた**吉田兼好**《けんこう》。ちょっとつむじの曲がった人ですが、あの人が日宋貿易について嘆いているんです。要するに、中国から来る物はみんな「奢侈品《しゃしひん》」（ぜいたく品）だ。だから、薬を除いて中国との交易はするべきではない、と。

井上　美術品はどうですか。

亀井　仏像や絵画、そして経典が入っていますね。ごく一部の人たちでしょうが、仏典の解釈書なども求めています。その交渉で、日本のお坊さんは中国語のできない人が多くて、筆談で済ましているようですね。

井上　当時の日本では、博多がいちばんの国際港ですね。ほかはどうだったんでしょうか。

亀井　貿易で繁栄していたのは、この博多と**坊津**《ぼうのつ》（鹿児島）です。それから**平戸**（長崎）がそろそろ出てきていますね。東へ行くと、**赤間の関**で、これは山口の下関です。それから広島では福山の所に**草戸**という町があって、その港で**鞆の浦**《とも》がありました。それから**難波**《なにわ》、この辺りでしょうか。貿易で栄えていたのは。

井上　ところで、鎌倉時代の博多の海岸線はどこら辺でしょうか。

亀井　それは難しい問題です。だいたいで言いますと、今の昭和通りと長浜通りとの中間というところでしょうね。七、八百年の間に今はすっかり埋め立てられています。

少し前に、日本通運が呉服町の角にビルを建てましたね。あそこの下から、三メートルぐらいの碇石《いかりいし》が出てきたのです。鎌倉時代の頃は、あそこが海岸のギリギリのラインだった可能性があるんですね。

天神のフタタの所からも碇石が出たんですが、あれもちょうど五十メートル道路（昭和通り）の所ですね。

井上　平清盛との関わり合いはのこっていないんでしょうか。

亀井　これが、質問されると困ってしまう（笑）。平清盛が**袖の湊**をつくったということになっていて、ちゃんと歴史にのこっているんですが、さて袖の湊はどこかというとわからない。従来からの説では、漠然と呉服町の周辺ではないかといわれているのですが、どうもはっきりしない。

清盛が生きていたのが十二世紀ですね。その頃は呉服町の交差点の辺りは陸になっているから、港はつくれない。それに博多で「袖」を連想させるような地名もないんですよね。

でも、だいぶん地形の復元をして、博多の町に走っていた水路の場所もわかってきました。東西に水路が走っているんですよ。玉屋のあたりから東へ行って、丸善のあたりから南に下がり、また東へ伸びて行くという、かなり幅広い水路です。船も入れたんじゃないかと思います。**櫛田神社**の辺りで抜けているのか……。袖の湊と、何らかの関係があるのか。ですから、旧博多の那珂川、石堂川（御笠川）に挟まれたどこかに、袖の湊があったということでしょうね。

井上　清盛と博多の関わりは、袖の湊しか出てこないわけですね。

亀井　そうです。清盛が佐賀県の**神埼**《かんざき》**の荘**《しょう》に中国の船を引き入れた、という話はあるんです。つまり、博多湾ではなく、有明海から中国の船を回すという手も考えたようですね。

井上　西公園の下の**唐人町**はどうなんでしょうか。

亀井　あれは中国商人がまとまって住んでいた場所だと思いますね。近世になって、たぶん、江戸時代か、それに近い時代だと思いますね。

国際色豊かだった博多

井上　中国商人の博多での活躍を記した中世の民間の書物や資料は……。

亀井　少ないんですね。近世の神屋宗湛の資料でも、少ないんですよ。建物にしても、十六世紀に秀吉が入ってくる前に、大友、大内、島津の戦いで、ほとんど焼き払われているんです。所蔵していた中世の記録もほとんど消失した。だから中世の寺宝も少ないんですよ。博多のお寺は由緒が古くても建物は江戸時代頃からのものでしょう。

井上　対外貿易の博多は経済力があるので、非常に魅力的なマーケットだったと思うんです。それで、大内、大友、島津と侵入してきたのでしょうが、どうして、この土地に強い豪族が出てこなかったのか、そのあたりが非常に不思議な気がします。最初官営でスタートしたので、いわば一種の**天領**のような感じで、武力が育たなかったのでしょうか（笑）。

亀井　いや、むしろ商人が経済力を握っていたということが大きいのだと思いますね。だから、その結集した富を武力で奪おうということに……。

井上　なるほど、同じ商人の町の堺も同様ですね。

亀井　ええ、一種の自由都市で。堺のほうは細川という擁護者がいましたが、博多は特別に強力な擁護者がいませんでしたからね。

井上　出土や伝来の陶磁器で、出色の物は……。

亀井　そうですね。**玉屋コレクション**に入っている経筒が重要文化財になっています。**出光美術館**にもいいものがありますね。

井上　**沖ノ島**は〝海の正倉院〟といわれていますね。あそこの宝物は博多の商人とは関係ないんですか？

亀井　あまりないでしょうね。沖ノ島は国家祭祀《さいし》といいますか、遣唐使などの公的な船が、安全を祈っていろいろ祈願するところでしたから。

井上　遣唐使は**菅原道真**公〈承和十二年（八四五）～延喜三年（九〇三）〉の献言で中止されましたね。その後は行っていないんですか。

亀井　ええ、ありません。

井上　足利幕府が始めた**勘合船貿易**《かんごうせんぼうえき》がありましたね。

亀井　下って、明朝時代（一三六八～一六四四）に、私貿易を抑えるために明朝と足利幕府が公認した貿易船の交易です。この時代には国書を持参して、皇帝の謁見《えっけん》を受けることはもうなくなっていますね。宋の時代もそうで、明の時代にやっと一度国交が回復していますけど……。

井上　福岡は今も外国人が増えていますが、鴻臚館から足利時代までの博多は、もっと国際色豊かだったでしょう。

亀井　中国人が多かったと思いますね。商いをする人の声はうるさいことの代名詞になっていますが、鎌倉時代には、その叫び声がこの町にあふれていたでしょうね。

井上　博多弁の中にのこっているのかな、と思うことがよくありますけどね。よく、「すみません」のことを、「スイマシェン」と言いますよね。あれなんか大陸のなまりでは……（笑）。

亀井　サ行の発音が全部「シャシュショ」ですからね。でも、そこら辺のことは、よくわからない（笑）。

司会　今日はいいお話をありがとうございました。

■**亀井明徳氏**　349ページ参照

［注］
※太宰府＝近世までは大宰府でしたので、その表記によりました。

純粋に国を憂いた

中野正剛

48

［お話］
進藤一馬　福岡市博物館 館長
［聞き手］
四島 司　福岡シティ銀行 頭取
対談：平成元年（一九八九）八月

昭 13 年の中野正剛（中央）。右端に進藤一馬秘書。イタリア使節団歓迎の園遊会で

雄姿堂々

四島　先ほど、中野正剛〈明治十九年（一八八六）～昭和十八年（一九四三）〉さんの銅像を見てまいりましたが、立派なものですね。青空を背景に雄姿堂々という感じで。

進藤　はい。動きがあって、中野先生の演説のポーズがよく捉えられていますね。

四島　進藤先生は、長年中野さんの身近にいらっしゃいましたね。中野さんが、東条独裁に反抗して自決されたのは、昭和十八年（一九四三）ですね。

　中野さんは国士といいますか、本当に国を憂える方という感じがいたします。

進藤　はい。中野先生くらい、年がら年中、国のことばかり考えていた人はいないでしょうね。政治が全てといっていい。強いて趣味と言えば、後に始められた乗馬などで、隻脚でしたから「片脚で馬場馬術がやれるのは、世界でもあまりおらんぞ」と言ってお得意でした。

四島　柔道も……。

進藤　ああ、これも若いときですね。講道館で無敵といわれた鹿児島出身の徳三宝という人がいましたが、早稲田の学生時代に試合をしてこの人に勝ってますよ。

四島　すごいですね。足が悪くても……。

進藤　中学一年の時に炎症を起こして、ちょっと足を引きずるくらいで柔道はできました。

四島　成績は良かったそうですね。

進藤　修猷館卒業の時は、三番の成績です。優秀な人はだいたい官立の学校に行くんですが、早稲田が好きで…。

　そして、親友の**緒方竹虎**《おがたたけとら》さんを早稲田に誘うんです。緒方さんは東京高等商業に入っていた、今の一橋大ですね。校長排斥の学校騒動があって、福岡に帰っておられた。中野先生が「商人の学校に君は向かない。早稲田に来い」と強引に誘うんです。そうして、小石川で一緒に自炊生活を始めるんですね。

反東条を通して……

四島　西郷隆盛を尊敬されていましたよね。
進藤　そうです。それから、**大塩平八郎**[※1]や**中江藤樹**[※2]。**王陽明**[※3]の影響が強い人たちですね。陽明学派は、知るということは実行することによって初めて知ったといえるので、口先で知っているだけでは駄目だ、行動で表さなければならないという学派で、このことは先生もよく言っておられましたよ。
四島　その考えで、選挙も非推薦で戦われ、反東条を通されたのですね。
進藤　ええ。昭和十七年（一九四二）四月の選挙は翼賛会選挙でした。翼賛会推薦でない者は国賊のように言って、警察が圧迫したのですからひどいものです。しかしこの時、先生は非推薦で最高点で当選しています。
四島　すごいですね。
進藤　東方会は四十六名の候補者を立てて、七名当選でした。非推薦で当選したのは、**鳩山一郎**さん、**三木武吉**さんらがいました。中野先生は**東方会**（後の東方同志会）を率いて、東条独裁内閣を批判される。
四島　あの時代に、よく……。
進藤　堂々とね。また、中野先生の時局演説は名演説だというので、どこでも超満員でしょう。そこでも徹底した東条批判です。経済政策も、統制統制で、民意の調達ではなく、上から抑えてばかり。国民がこの時局に奮起して協力するような体制に持っていかなければいけない。役人が統制会社のいい地位にいて、民間人は一生懸命働いているのに、日常の商業を営利主義だというのでは、国民は納得しない……と。
　昭和十七年の暮れには東方会の公開演説も禁止されてしまいました。
四島　あとはペンだけですね。
進藤　そして、あの昭和十八年（一九四三）の元旦の朝日新聞の「戦時宰相論」ですね。「難局日本の名宰相は絶対に強くなければならぬ。強からんがためには、誠忠に、謹慎に、廉潔に、而《しこう》して気宇広大でなければならぬ」と結んだ論説が東条首相の逆鱗《げきりん》に触れて、発売禁止になって、筆を折ることになる。
　それからは、演説もできない、書くこともできない。さらに東条内閣は施策や軍への反対を封じるために、戦時刑事特別法を成立させて、言論・出版の禁止と、追い打ちをかけました。
四島　むちゃですね。
進藤　そして、六月の議会に、翼賛会だけで食糧緊急対策と企業整備の法案を衆議院に出すんです。
　三日間の議会でそんな大きな問題を審議できるわけがない、もっとじっくり検討すべきだと、代議士会で先生と鳩山一郎、三木武吉の三人が反対するわけです。
　中野先生は「政党が翼賛会だけで、東条におべっかを使う者だけが用いられ、茶坊主たちが東条を誤らせている。東条首相は、自分では善意でも不逞《ふてい》の臣になることがあるんだ。茶坊主体制が国を誤る」と代議士会で演説された。
四島　激しいですね。ところで中野さんは、昭和十七年（一九四二）暮れのガダルカナル撤退のあたりから、日本は負けるかもしれない、と感じておられたようですね。
進藤　そうです。**中村良三**海軍大将や、経済企院の**日下藤吾**《くさかとうご》さんたちと、東方会で戦況や国内の生産力の問題を研究していました。
　日本の生産力では戦争にならない、ガダルカナルで日本の船はやられてしまって、これじゃ戦争はできない、どうすればいいか。それで、東条内閣打倒が一致した結論だったんですね。

東条打倒で重臣工作

四島　重臣（天皇の側近にあった重職者）たちに工作されたのもその頃ですね。

進藤　そうです。重臣たちが全員で東条の政策をやり玉に挙げて、辞職を迫る。もう、それ以外に方法がない、と重臣工作を始められた。総理経験者の**岡田啓介**や**若槻礼次郎**《わかつきれいじろう》、**広田弘毅**《ひろたこうき》、**平沼騏一郎**《ひらぬまきいちろう》というような人たち。

　みんな賛成なんですよ。じゃあ東条に招待されているから、そのお返しということで華族会館に招こう。懇談したいから総理一人で来てもらいたいということに。その席で辞職を迫ろう……。

四島　それがうまくいかなかった……。

進藤　そうなんです。自分一人では充分な説明ができないからと、東条は賀屋大蔵大臣とか鈴木企画院総裁とか、四、五人連れてくるんですね。

　重臣のほうは、岡田さんが引導を渡すつもりだったのが、東条のほうから「戦争は自分が責任を持ってやっている、勝算は立っている。任せてくれ」と言い切られて、うやむやに。

　重臣からいつまでたっても連絡がこない。華族会館に聞いてみると「もう早く終わりまして、皆さんお帰りになりました」と（笑）。

四島　先生は……。

進藤　がっかりされたですよ。「あの人たちは重臣じゃなくて軽臣だ。玩具の兵隊のように、ネジを巻いている間は動いているが、ネジが緩むと止まってしまって何にもならん」と憤慨しておられました。

自決

四島　そういうこともあって、東条さんが逮捕させたんでしょうね。警視庁と憲兵隊に勾留され、厳しい取り調べを受けて、自決されたのですね。

進藤　警視庁は十月二十一日に、東方同志会を一斉検挙し、中野先生を勾留したものの、国政変乱を立証できない。二十五日には国会が開かれる。議会開会中は院の許諾なしには議員は逮捕できないので、先生の登院を拘束できない。警視庁は前の晩に帰すと言ったんですよ。

　東条はそこで憲兵隊に手を回すのです。その晩は警視庁に留められ、あくる二十六日、憲兵隊に連れて行かれた。いろいろ尋問されて、家に帰られたのは午後の二時くらいですかね。

　それから風呂に入って、髪を染めたり、家族と食事しながら雑談などして、久しぶりに帰ったので、紋付を着たいと出させました。そして「今晩自分は早く寝るけれども、新聞を見るから、電気がついていても心配するな」と言って、みんなを早く寝させたんです。

　寝室の机には、馬に乗っている楠木正成の銅像が置いてありました。**ムッソリーニ**と**ヒットラー**からもらった額も掛けてあったんですが、自害の前の日に「何だか見下ろされているようだから」と言って、取り外された。それから大西郷全集を持ってきておられる、少し読まれたんでしょうね。

　日本刀は、家宅捜索の時に全部出したんですが、末子の**泰雄君**が出征するので軍刀に、という理由で一本だけ置いてあった。寝刃《ねたば》を合わせるのに砥石《といし》がないので、時計の裏でしてみたがうまくいかぬ。それで形だけ腹を切り、頸動脈を突いて見事な自害でした。

　知らせで駆け付けられた玄洋社の**頭山満**先生が、古武士のような見事な最期と言われました。名刺の裏側に「断十二時」と書かれていましたから。二十七日が命日ということです。

四島　やはり、憲兵に連れて行かれた時に覚悟されたんでしょうね。

進藤　その辺はよくわからないんです。わりあい平然と帰ってこられて、家の人が東条との勝負はどうでした、と聞くと「もちろん俺の勝ちさ、今度は大きなことをやるんだ」と言っておられたそうなんですね。

　憲兵がどういうことを聞いたのかわからないんです。が、中野先生が「こんなことをやっていたら、戦争は負ける」と言っておられたこと。**東久邇宮**《ひがしくにのみや》に「殿下、しっかりしてください。日本は負けるかもしれない、宮殿下に**大塔宮**《だいとうのみや》※4になっていただかなければならない」

と言ったとかいうことについてのようです。そういうこと以外に流言蜚語《りゅうげんひご》となるようなことはないんですよ。

満天下を沸かせた「朝野の政治家」

四島　実に惜しい方でしたね。中野さんを支援された**安川第五郎**さんや、緒方竹虎さんは、修猷館の同期ですか。

進藤　いえ、中野先生のほうが安川さんより一年上です。また中野先生は緒方さんのお兄さんの**大象**さんと同期です。それが、先生が足の手術で中学で一年下がって、緒方さんが小学校を早く上がったりしていて、一年違いになったんですね（笑）。

　緒方さんを朝日新聞に誘った先生は、今度は政治を一緒にやろうとされた。「緒方が朝日新聞を辞めきらんからつまらん」と言っていましたね。

四島　中野さんは自分が総理になるつもりだったんでしょう。

進藤　だから、緒方さんに頼むところが大きかったんでしょうね。

四島　朝日新聞時代の中野さんは…。

進藤　朝日に入って二年、わずか二十五歳の時、**耕堂**というペンネームで、「朝野の政治家」を連載、**桂太郎**、**西園寺公望**《さいおんじきんもち》から始め、**犬養**《いぬかい》**木堂**《もくどう》ら、八人の政治家の長所や欠点をえぐり出して書かれた。それが非常に評判になって、主筆の**池辺三山**《いけべさんざん》が書いたんじゃないか。「三山未《いま》だ老いず」なんて言われたんですが、弱冠二十五歳の中野先生とわかって満天下を驚かせ、一躍「朝日に中野あり」と認められたんです。

　ついで「明治民権史論」や「与うる書」を連載された。桂内閣を攻撃し、何もかも独りでされるものだから、社内で孤立してしまう。最後は、中野先生と緒方さんと二人で、桂内閣攻撃の新聞記事を一ページ作ったそうです。

四島　まだ二十代でしょう。たいへんなものですね。

進藤　大正二年（一九一三）に、**多美子**夫人と結婚されてすぐ、京城特派員で行かれるんです。その頃、同じ福岡出身で、日露戦争のとき諜報《ちょうほう》で大活躍された**明石元二郎**《あかしもとじろう》さんが、憲兵隊司令官でした。

四島　ここでも、中野さんは**寺内正毅**《てらうちまさたけ》さんの朝鮮の政策には批判的で…。

進藤　「総督政治論」を十六回も連載して、「寺内さん個人は善政をしくつもりで一生懸命やっているけれども、善意の悪政だ」と攻撃しています。

四島　それから、ヨーロッパへ。

進藤　留学されたのは数え年の三十歳のときで、**安川敬一郎**さんが援助しました。新橋からたつとき、**杉浦重剛**《すぎうらじゅうごう》とか**三浦観樹**《みうらかんじゅ》とか、偉い人が見送りに来ているんです。そのときの旅行記、『亡国の山河』に「自分は十年前に郷党の期待を担って、修猷の先生方に上京を送られた。今日三十歳にして、当代の錚々《そうそう》たる人たちに送られてヨーロッパに向かう。自分の訪欧は、帝国の進展にかかわる」と、なかなかの名文で書いてありますね。

四島　そして、帰国して政治家に。

進藤　一年ぐらい滞在し、ヨーロッパからアメリカを回って帰国後、朝日を退社され、東亜問題研究のため、「東方時論」によって論陣を張られる。この研究会が政治結社の東方会になるのです。

　翌年、衆議院議員に立候補しますが、落選。**松永安左エ門**さんが当選でした。それから大正七年（一九一八）十二月に、第一次世界大戦の講和使節団の記者団として随行し、パリに行く。**牧野伸顕**《まきののぶあき》さんが全権委員で、元老の西園寺公望さんが首席全権でした。

　西園寺さんの到着は、会議の大勢がようやく決した後という悠長さで、それも世話役のお花さんを連れ、畳まで持って行っている。フランスの**クレマンソー**やアメリカの**ウィルソン**という巨人の中で、日本全権は弱体で「闘犬中の小羊」だと痛憤しています。

　よそはもう真剣勝負で出て来ているのに、というわけです。そして中国の**顧維鈞**《こいきん》という人が根回しをして、アメリカと一緒になって日本を攻撃するんですが、日本はそのとき一言も反論できないくらいだったんです。

　中野先生は「ヨーロッパ大戦で勝った国がみんな中国に拠点を持って進出している。日本は中国と仲良く貿易をしなければいかん」という意見でした。

　そこで、このままじっとしてはおれないと、会議の途中で帰ってくるんですよ。

　四月、神戸に上陸すると早々に、大阪で演説会です。講和会議の実情を訴えて、「こんなことでは日本は駄目だ。第二の維新、新人よ出《いで》よ」と訴えられる。その頃から本当に人を魅了するような演説になるんですね。腹の底からの憂国の熱情が伝わるのです。

四島　次の選挙は当選されますね。

進藤　第二回目の大正九年（一九二〇）選挙で、松永さんを破って大勝するんです。これで政治家中野正剛が確立され、松永さんは経済界に去り〝電力の鬼〟になられるんです。

四島　何を伺っても、普通の人よりも十年か二十年くらい先を走っているんですね。

進藤　中野先生は、いろいろなことの先が自分で見えるんでしょうね。他の人と一緒に行くのがまだるっこしいというか、とにかく自分だけが先に行ってしまうんですよ。

　戦後に戦犯裁判の弁護団長をされた**清瀬一郎**さんは「料理でいえば最初のスープだけで立って行ってしまうようなもんだ。もう少し最後までおれ」（笑）と、よく言っておられました。

柴田文城先生

四島　中野さんに影響を与えた人たちといいますと。

進藤　第一は、師範附属小学校の高等科で教えていただいた**柴田文城**先生です。頭山満先生の縁戚で、学校へ白馬で通っていました。

　中野先生の組は非常に悪かったそうで、柴田先生はある日、中野先生を呼んで「君は元気があっていい。将来偉くなると思う。でも、今のようなことではつまらんぞ」と戒められた。

　そして、クラスに非常にいじめられる子がいたので「弱い者は助けなければならない。君があの子を守ってやれ」と言われたそうです。それから人間が変わったようになって、強い者には立ち向かうが、弱い者は助ける、というふうによくなったんです。

　柴田先生は、緒方さんも、その上級の**真藤**《しんどう》**慎太郎**《しんたろう》さんも教えたんです。この三人が自分の教え子だったことが、柴田先生の自慢でした。

四島　その先生から漢詩の素養を受けられたとか。

進藤　そうです。中国の唐の詩人**王之渙**《おうしかん》の「鸛鵲楼《かんじゃくろう》に上《のぼ》る」という有名な詩の一節、「千里の目を窮《きわ》めんと欲して、さらに上る一層の楼」。自決のとき、子息の達彦、泰雄さんにのこした書で、小学生のときに柴田先生と一緒に宝満山に登って、先生に教えられた詩です。

　茂った松に遮られて途中は展望ができないが、登っていくにつれて、景色が開け、松原と海が見えて、立派な景色になる。努力して登ることによって、景色がさらに広がっていく、という意味の詩です。

四島　多美子夫人は**三宅雪嶺**《みやけせつれい》のお嬢さんですね。三宅さんは、言論界の頂点のたいへんな方ですね。

進藤　三宅さんは頭山さんたちと『日本及日本人』という雑誌をやっておられたんですが、**古島一雄**《こじまかずお》さんと頭山先生が間に立って縁を結ばれた。

　三宅さんのお嬢さんですから、夫人は、帝大でなきゃ学校じゃないように思っていたでしょう。それが早稲田出で、来るなり菓子をパクパク食べて、遠慮なしの人だったので、内心ハラハラだったそうですが（笑）。

四島　中野先生と進藤先生とのご縁は、どういうきっかけだったんですか。

進藤　玄洋社の社長をしていた私の父の**喜平太**が先生を応援していて、**猶興会**《ゆうこうかい》という後援会の会長をやっていました。大正十三年（一九二四）に**宮川一貫**さんと争って二十五票差で勝ったときなど、オヤジは投票所の市役所の前に椅子を出して座っていたんです。投票に来る人の顔を見ながら、これはあっち、あれはこっち、と教えていた（笑）。

四島 喜平太先生が入り口に座っておられる。それは効いたでしょうね。

進藤 そういうことがご縁で、先生の家から早稲田に通ったんです。それ以来ですから二十四年くらい先生に付いていましたね。

たいへんなお母さん思い

四島 私生活はどうでしたか。

進藤 質素でしたよ。青年をかわいがって、講演料や原稿料で「猶興居」をつくられ、多い時は六人から八人くらい学生の面倒を見ていました。

長谷川峻君、この人は、戦後は大臣を歴任されましたが、全然縁のない東北から、先生の書生にと飛び込んできたのです。前の人吉の市長をやっていた永田正義さんもそうでした。

四島 豪傑酒を好みましたか。

進藤 いいえ、普段は一滴も飲まれませんでした。飲んでもほんの少しでした。頭山満さんも酒は飲めなかったですし。ただ食べることは好きでしたね。

四島 中野先生のご両親は…。

進藤 お父さんは、黒田藩のお船方だったそうです。よく新聞を読んでおられたが、先生はあまりお父さんと話す時間もなかったようです。

たいへんな母親思いで、学生時代にお母さんから手紙が来ると、「病気は心配ないと書いているが大丈夫だろうか」と緒方さんに言われる。緒方さんは、「そう書いてあるから大丈夫、医者に任せておけばいい」と言うんですが、心配で心配でたまらない。「やっぱり悪いんじゃなかろうか」と、何回も寝ている緒方さんを起こしたそうです。それだけ親孝行の中野先生が、お母さんをのこして命を絶つということは、なかなかできにくかったと思いますね。

四島 長男の克明さんが亡くなった時の文集を読んで、ホロッとさせられました。「シッカリシロ・チチ」という電報でしたね。克明さんは信州前穂高で遭難されたんですね。

進藤 長男が亡くなり、次男が亡くなり、奥さんが亡くなり……。その前に片脚を手術して切断されている。本当に家庭的には不幸ですよ。

四島 脚はいつ切断されたんですか。

進藤 大正十五年（一九二六）でしたね。ある医学部の先生が、自宅で患者を診て問題になったのを、先生が間に入って、何とか片付けられた。そのとき知り合いになった外科の先生が「曲がった脚は、手術すれば、一週間もしたら治りますよ」と言われたんですね。東京の病院を借りてその先生が手術をしたんです。処置がまずかったのか、だんだん血管が枯れていったんです。それで翌月、慶応病院で左脚切断の手術を受けられたんです。

四島 ところで、太平洋戦争をどう考えておられたんですか。

進藤 始まった時、緒方さんへの電話が心配声だったという話もあります。でも、やはり日本がABCD包囲網で抑えられて、何かやらざるを得ないということはあったでしょう。

四島 三国同盟には賛成だったそうですが。

進藤 そうそう。それが戦後に批判されているんですね。当時はABCD包囲網に対抗……してということだったんでしょうが……。だからそのために、ムッソリーニに会ったり、ヒットラーに会ったりしたんですね。

四島 でも、自決の前には二人の額を外されたとか。

進藤 どういうお考えだったのでしょうかね。ムッソリーニやヒットラーに感心して帰国したんですが、やはり日本人の本来に返ってみると、諸外国の変動というのは頼りにならん、という気がしたんじゃないでしょうかね。

四島 ちょうど同時代だと思いますが、菊竹《きくたけ》六皷《ろっこ》さんとのお付き合いは。

進藤 政党が違うこともありますが、行き来はありませんでした。でも、内心は筆を折らないことに感心していたんじゃないですか。だけど、お互いに「フーン」と言って鼻であしらう感じだったんじゃないかと思います。
二人を会わせたらおもしろいと思いますね(笑)。鼻っ柱の強い所も、どちらも似ているしね。

猶興会

四島 先ほどの猶興会、銅像と一緒の碑に、猶興の文がありましたね。

進藤 「豪傑之士雖無文王猶興」。豪傑の士は文王無しといえどもなお興る、という孟子《もうし》の言葉ですね。中野先生が非常に好きな言葉でした。だから、後援会も「猶興会」、自分の塾も「猶興居」と名付けました。

四島 意味はどういうことですか。

進藤 文王は中国古代の周の聖王ですが、豪傑は文王の引きがなければ偉くならないようなものじゃない、豪傑は自分で興る、それが真の豪傑だという意味ですね。

四島 中野さんのいわば英雄待望、新人待望だったのですね。

進藤 中野先生は常々、「人間は精神の高揚したときに死ぬのがいちばんの幸せだ」と言っておられました。西郷さんの城山での最期は、精神が最も高揚していたときでしょう。だから自決のときも、精神的にはいちばん充足高揚していて、「今度は大きなことをやるぞ」と言って帰ってこられたということは、何か自分の生命を絶つことが警鐘乱打になると考えられたんじゃないでしょうか。

四島 葬儀委員長は緒方竹虎さんがされたのですね。

進藤 東条の代理人から「花輪をあげたいが、受け取ってもらえるか」と電話があったそうです。緒方さんが「あらかじめ受けるか受けぬか聞くのはおかしいじゃないか」と言われて、立消えとなった。
最近、東条の赤松貞雄秘書が総理官邸の会議の内容を出していますね。中野をなんとかして罪にしようと、一生懸命やっているんです。

四島 もし、中野先生が自決されずに戦後まで生きておられたら、どうなっていたでしょう。

進藤 うーん、もう少し我慢しておられれば、先生の時代は来たと思います。

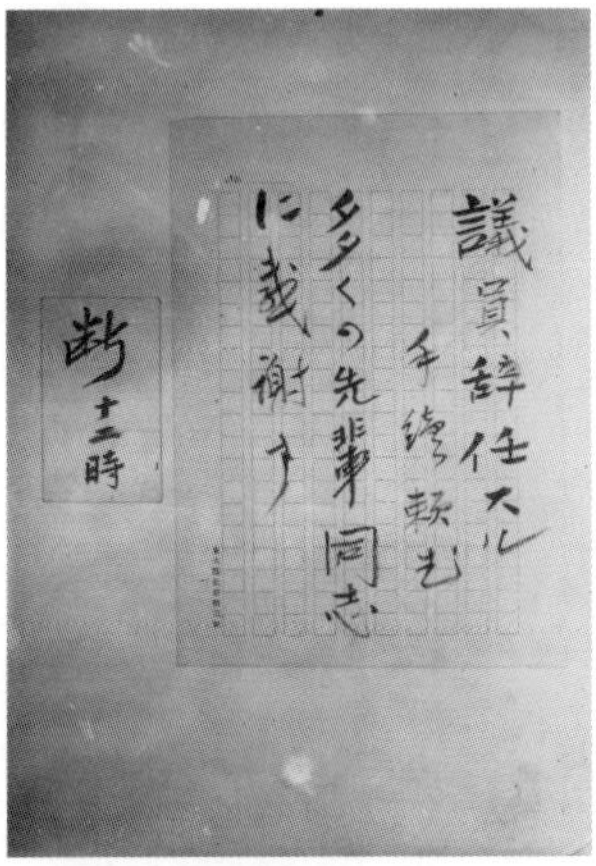
中野正剛の遺書

馬車に乗る中野（前列左）と頭山満（同右）
昭15年

翼賛選挙の時、東方会から四十六人立候補しましたね。だから、中野派の代議士候補は四十人以上いたということです。先生が演説の応援に行けば、第一党になったと思いますね。
東方会にいた人たちが、戦後は社会党や共産党から国会にでましたよ。特に稲富稜人《いなとみたかと》さんのように農民運動をやってる人たちが社会党で出ていて、優秀な人が多かったですよ。

たいへんな雄弁

四島 私は、ちょっとあそこで自決されたというのが理解しにくいんですが。

進藤 理由は本当にわかりませんね。徳富蘇《とくとみそ》峰《ほう》さんも、墓碑文に「人、その何故たるを知る者無し」と書かれたように、実際わからないんですね。有名な馬術名人の遊佐幸平《ゆさこうへい》さんは「中野先生のように潔癖な人は、議員の身分を無視しての拘留に黙っておれなくて、自決されたんじゃないか」と言っています。一面には、これだけやってもできなかったので、諦めもあったんじゃないかとも言いますが、戦争拡大を止められなかったことへの反省もあったかもしれませんね。

四島　たいへんな雄弁家だったそうですね。

進藤　中野先生は海外事情にも明るく、漢学や歴史の素養が深くありましたからね。国を憂い、腹の底からの憤激が言葉になってほとばしる。本当に肺腑《はいふ》をえぐり、心を揺さぶる雄弁でした。私は、危局にあった日本が、先生の雄弁を必要としたのだと思います。

　戦局が悪くなればなるほど、悲愴感《ひそうかん》があふれてますます弁舌がさえてくる。昭和十七年（一九四二）十一月に早稲田大学で学徒出陣を前にした学生たちに行われた「天下一人をもって興る」という演説は、四時間にもわたる大演説でした。

　「天下ことごとく間違っている。眠っているなら目を覚まそうではないか。真剣に立ち上がれば、天下はその人に率いられる」という、先生の信念を吐露したものでした。

四島　お伺いしていますと、中野さんの決断は、やはり陽明学の考え方からですね。

先駆けて民活

四島　実に憂国の人ですが、政治家の中野さんは。

進藤　逓信政務次官の時、省の若手を集めて、電話民営案を練られた。当時は役所仕事で、電話を申し込んでもいつつくかわからない。それで、機器は民間の電機会社が作れ、オペレーターは逓信省が受け持つ。そして少しでも早く多く電話の架設を進めようということなんです。

　この案を閣議に出すと、井上大蔵大臣によって来年に繰り延べになった。中野先生は、もうやらんというのと同じことだからと、逓信政務次官をあっさり辞めてしまった。そういうところは本当に潔いんですね。

四島　まさに民活論ですね。

進藤　福岡に簡易保険局をつくられたのも中野先生です。逓信関係は、熊本に安達謙蔵《あだちけんぞう》さんがいるので、みんな熊本にいってしまう。それを、簡易保険局だけはこっちだと福岡に持ってこられました。これは一例ですが、先生という人は、国政ばかりでなく、地方の民業はどうしたら発展するかということに熱心で、次官時代に逓信省関係だけでもいろいろ施策されました。

四島　それでは、最後に進藤先生が中野先生に最も惹かれるところを。

進藤　一言で言えば直情径行、天才的一面とまた子どものような単純さがあった。純粋な熱血九州男児ということで、こういう人は珍しいんじゃないですかね。これくらい真剣に国を憂える人がもう少しいたら、日本はもっと良くなりますよ。

四島　よいお話をいろいろとありがとうございました。

■進藤一馬氏　270ページ参照

［注］

※1　大塩平八郎〈寛政五年（一七九三）～天保八年（一八三七）〉＝号は中斎。江戸後期の陽明学者。天保の饑饉《ききん》に窮民救済を町奉行に上書きしたが、聞き入れられず蔵書を売って救済に努め、ついに門弟と共に救民の兵を挙げ失敗して自殺。

※2　中江藤樹〈慶長十三年（一六〇八）～慶安元年（一六四八）〉＝近江（滋賀県）の人。江戸初期の儒者で、わが国陽明学派の祖といわれる。身分差を超えた人間の内面平等性を強調し、近江聖人といわれた。

※3　王陽明（一四七二―一五二九）＝中国、明時代の儒学者。浙江省の人。初め朱子の物事の道理を研究して知識を明らかにする致知の学を唱えたが、後に知行合一の説を唱え、陽明学派の祖といわれた。

※4　大塔宮〈延慶元年（一三〇八）～建武二年（一三三五）〉＝大塔宮護良《もりよし》親王。北条執権を倒して建武の中興をなしとげた後醍醐天皇の第一皇子。

百貨店・玉屋。昭 25 年

中野正剛が熱弁を振るった九州劇場。
昭 13 年

福岡と博多をつなぐ

東中洲物語 49

［お話］
篠原 雷次郎
北九州コカコーラボトリング社長
長尾 トリ
郷土風俗保持研究家
［聞き手］
西島 伊三雄
博多町人文化連盟 理事長
松本 攻
福岡シティ銀行 会長

対談 平成元年（一九八九）九月

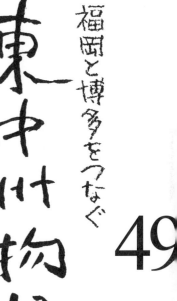

発展の夜明け

西島　篠原さんは今年おいくつで……。

篠原　明治三十六年（一九〇三）二月十一日生まれ。

西島　八十六！　長尾さんは……。

長尾　おなごには年を聞くもんじゃないとですばってんナ(笑)。あんまり違いまっせんと。明治四十二年（一九〇九）（生まれ）です。

西島　へえ！

松本　いやいや、お二人ともお顔色もいいし、お元気で。

西島　篠原さんのことで私が覚えとうのは〝ねば屋〟ですね。

長尾　今の博多織の松居さん、あの隣り角でしたね。洋品雑貨、それに真綿〝ねば〟を売ってあった。

西島　寒いとき、真綿をおばちゃんたちが、肩や背中にかけて……。結構ぬくかったんですね……。あれが〝ねば〟でしたね。

松本　ああ、ありましたな。

篠原　ねばは、生糸にならん玉繭から作った。父が、黒田藩筆頭家老の**黒田播磨**《はりま》の命を受けて、上州（群馬県）で養蚕《ようさん》の研究をしてきて、生糸工場を始めたので、真綿にも手を出したとです。

西島　どんたくのときは、ねば屋の前は人だらけじゃった。

篠原　以前は、最後に中洲に集まってきて、うちのところが中心で。**帯谷瑛之介**さんがいい句を作っとったい。

〝どんたくはねば屋の前で渦を巻き〟

西島　ところで昔の中洲の話ですが……。

篠原　そもそも中洲は、那珂川の川尻にできたデルタ。川の中の洲で博多のもんな、〝なかず〟と言うていた。

博多の動脈は、東の御笠川の石堂橋から始まる**六町筋**です。慶長年間に**黒田長政**が福岡城を造り、福岡の町づくりをしたとき、福岡部にも六町筋をつくって博多古来の六町筋につないで、今の**中島町**をつくった。

小早川が架けた多々良川の橋を持ってきて、那珂川に**西中島橋**、博多川に**東中島橋**を架けてつないだ。中島町の北側を**浜新地**といった。この浜新地に、天保（一八三〇～一八四四）の頃に大歓楽郷をつくって景気づけた。

西島　今と同じですね。

篠原　幕末には大名はみな財政火の車で、黒田藩も同じこと。それで、藩はここに芝居小屋や茶屋をつくる。相撲興行もする。富くじもやる。景気振興策で、大にぎわいじゃった。

天保五年（一八三四）には**海老蔵**《えびぞう》、この人は後の七代目**団十郎**で、こうした大物を招《よ》んでいるのだから、たいした力の入れ方じゃった。これが中洲発展の夜明けで、中洲開発は黒田藩の財政再建から始まっとる。

西島　なかなか歴史がありますな（笑）。

桜田屋と作人橋

西島　一般に博多は商人の町、福岡は武士の町で、那珂川を挟んで分かれとったといいますね。中洲が華やかになって、福岡の人も博多の人も中洲で一緒に飲むようになったと言っていいわけですか。

篠原　そうたい。中島町から南の今の中洲がなしてそうなったかというと、そもそもは**桜田屋**のおかげといえる。

松本　桜田屋といいますと……。

篠原　幕末の頃、大名はみな借金だらけ。岩田屋に勤めていた**長野伝**さんの先祖が桜田屋、黒田支藩の直方領の造り酒屋で、黒田藩にたくさん金を用立てていた。

西島　長野伝さんは、装飾やディスプレーの会社、ケンラン社をつくられた人です。

篠原　そうです。何度貸金の催促をしても返してもらえない。どっちも困ってね。最後の殿様、十一代の**長溥**《ながひろ》さんが「おい桜田屋、何かもうかることを考えてこい」と言われる始末。それで桜田屋が考えついたのが藩の口入れ稼業で、今でいうと〝職安〟。城の普請《ふしん》や大きな仕事を一手に引き受けようとした。すると殿様が、ことが大きいので相棒を連れてこいということになって、博多三豪商の一人、島井宗室《そうしつ》の末裔《まつえい》を説いて、パートナーにして大いに活躍した。

その後、桜田屋は川端へ移ってくる。そして、博多川に板橋の作人橋《さくじんばし》を造り、あぶれた労働者を草っ原の中洲へ渡らせて、芋やら大根やら作らせた。「自分たちの食う野菜くらい作ってこい」。それで作人橋という名がのこっているんです。

どんたくの時は、七福神の衣装を着せてアルバイトもさせる。それでまた、川柳ができましてね。

〝桜田屋七福神に宿を貸し〟

長尾　昔は、福岡の武士や仲間《ちゅうげん》が、色町の柳町まで遊びに来るのもたいへんで、〝門越え橋越え、門越え橋越え、も一つ門越え黒田さんのご仲間〟という歌がありました。まず、お城の門を越しましょ、そしてお堀の橋を渡りましょ、そして、今の電通（対談当時）の所の桝形門《ますがたもん》で調べられる。やっとそこを通って、それから柳橋の門を入らな柳橋に行かれんやったということです。それくらいやかましかったと。

西島　なかなか厳しいですな（笑）。

長尾　それが明治維新になって、初代の山中立木《たてき》市長が、桝形門が福岡と博多を隔てている、壊してしまえと言って取りのけられた。それで往き来がフリーになりましたやな。ですけん、中島町は今の中洲よりも早くから開けていました。

あそこは福岡医学校〈明治十年（一八七七）開設〉もあったですね。それから幕末に、中洲の松居の所に精錬所ができとります。阿部源蔵市長の頃、建てられた記念碑がありますね。今の吉塚うなぎの所には火力発電所がありました。商工会議所のようなものもできた。市の施設のようなものが全部中洲にあったんです。原っぱだから、あそこへ持って行け、ということで……。

篠原　福岡の文化は中洲から起こっている。そのもともとはというと……。

古い話ですが、江戸時代に黒田藩と鍋島藩は長崎の警備（長崎警衛）を交替で命じられていた。長崎にはオランダ商館などがあって、学問と文化の最先端がいくらもあった。それを、藩の若い優秀な藩士が勉強してきました。精錬所も生み出した。よそよりも早く写真館、古川写真館もできた。それから那珂川の川べりに長野という時計屋がありましたが、これも長崎留学生の一人です。長崎のグラバー邸のグラバー、あの人に何か感謝されることがあって、そのお礼に懐中時計をもらった。それがきっかけで、時計屋を始めた。

長尾　九大病院のもとになった福岡病院も、初めは中洲ですもんな。

芸者さん全盛のころ

西島　私は大正十二年（一九二三）生まれですが、この年の一月に大火事があったそうですね。

篠原　私は福岡商業学校を出て、住友に入っていた。そうしたら家が丸焼け。それで中洲に帰ってきた。何しろ、電車道を挟んで五十二軒も焼けたですもんね。

長尾　友楽館の近くあたりから火の出たらしいのですが、食い止めたとは、今はＮＴＴのしゃれたお店のビルに変わっているけど、電話局の鉄筋。北側は寿座の所で食い止めとう。

西側が那珂川まで全部焼けて、券番の通りの料理屋やら置屋は残った。

松本　その火事で、中洲の顔が変わったんですね。

篠原　そうですね。原田種夫《たねお》さんや火野葦平《あしへい》さんらが若いときねばっていた喫茶店のブラジレイロやら、しゃれたカフェやらできてきて、中洲の顔がハイカラになった。菓子の生田の裏通りは川べりの博栄館（大がかりな料理と風呂）まで、町全部が縄のれんの飲み屋で、大繁盛でした。堂々とした本格的な九州劇場も建った。ここで、博多で初めての活動写真を持ってきたが、さっぱり映らない。肝心の発電所の出力が足らんじゃったんじゃそうな（笑）。それから、今の松島ビルの所に、芝居劇場の南座もできた。
長尾　ありました。昭和の初め頃、南座の入場料はたしか十銭ぐらいだった。夕方になると年寄りがみんな上を見て待ちよっちゃんね。時計を見よんなさる。何を待ちよるとねと聞くと、南座は八時になると五銭でよか、ということで、それが楽しみでした。
松本　戦前から戦後の石炭景気にかけて、中洲を彩ったのは芸者衆ですね。
長尾　中洲に中洲券番、略して中券、そして東中洲券番、略して東券がありました。
篠原　中洲券番だけで、芸者衆が五百人以上おったそうですね。戦前は接待とか会合というと、芸妓さんが主で、券番と料理屋さんとはツーカーでしたが、戦後のバーやクラブになると、もう私らとは縁がなくなりました……。それで、もう昔のようにごりょんさんの、仲居さんの、おかみさんの……というのがないごとなりまして……。
長尾　券番通りで旅館の大きいのでは、玉川、これは一級旅館、そして後は全部料理屋と置屋とが並んで、中ほどに中洲券番があったんです。
西島　その頃の岩田屋は……。
長尾　昭和七年（一九三二）に私が結婚した時は、まだ麹屋番だったですな。
西島　福岡部のいちばん盛んな通りは、今のマツヤレディスから電通と福岡市立歴史資料館になっている所まで。福岡橋口町でいろいろにぎやかだった通りですね。
長尾　そして那珂川を渡ると中洲で中島町に入り込むんです。博多川を越えると、博多の橋口町。十七銀行に突き当たって、その横から左へ入っていくと赤線でした。
　その頃の中洲は、芸者さん全盛でしたな。そして、当時のいちばんこういうハイカラな方たちが（西島氏を指して）、カフェーとかビヤホールに行かっしゃると（笑）。白いエプロンの、髪を丸くハイカラに結ったお姉さんがサービスするけん。みんな行かっしゃった。
西島　今の城山ホテルの所（西大橋の東側付近）に、高い福助足袋の広告塔があって、その続きに木の繁ったアサヒビール園が……。
長尾　あれが博多のビアガーデンの始め。そのちょっと奥に水野旅館。寿座の前ちょっと先に千里十里《ちりとり》があったっちゃん。あそこは今も変わってない。そのちょっと先を左へ曲がると松島屋。これが宮様やら泊まられる旅館。そして、橋口町にある栄屋に陛下が泊まられた。栄屋、松島屋、玉川、この三つが高級旅館でした。
西島　吉塚うなぎの並びの所に、大きな料亭がありましたね。
篠原　玉屋のすぐ裏の福村、あれは大きかった。

玉屋が博多で初めてのデパート

篠原　中洲は西のほうから東急ホテルの前の天神橋、それを越して那珂川に西大橋、そして玉屋と川端の間の博多川に東大橋。そこを電車が通り、電車道を挟んで北側の浜のほうを〝浜側〟、陸のほうを〝陸側《おかがわ》〟といった。
長尾　浜側と陸側は博多言葉を聞きなすとわかります。浜言葉は元気があって荒い、陸言葉は優しい。
篠原　学校は、浜側の校区は大名小学校、陸側は呉服小学校で、今のエレデ博多寿屋（呉服町交差点東側）の所。現在は冷泉小学校です。氏神様も、陸側が住吉神社、浜側が水鏡天満宮。
長尾　私のうちは中洲でも住吉です。〝筑紫郡住吉村字中洲〟って言いました。小学校は呉服小学校でしたが、学校が移転して冷泉小学校に変わり、その一回生でした。
西島　南新地に〝噴泉浴場〟というのがあったでしょう。あれは、電気が余ったのを使って沸かしていたとか……。
篠原　その経営者が、亡くなられた独立美術の山田英二さんのお父さんです。中洲に縁のある芸術家というと、児島善三郎さんも。独立美術協会の重鎮だったが、児島洋紙店の長男でした。
　中洲繁盛記でもう一つ、玉屋デパートを忘

れちゃならん。あそこが中洲に大きな灯をともした。博多で最初のデパートで五階建て、エレベーター付きです。大正十四年（一九二五）の十月四日に開店している。**田中丸善蔵**さんは、佐賀の牛津の人です。資本金が百万円。開店して四日間、四券番が交代で本格的な余興を出して競演したとです。

松本　あそこも呉服屋さんから始まっているんですね。

篠原　そうですね。だから、初めは玉屋呉服店、福岡玉屋になったのは昭和十六年（一九四一）からです。おもしろいのは、店の中が全部ござ敷きで、下足番が下駄を預かり、靴の人にはカバーを付けさせた。店員は約二百人、初日の昼までに客が一万三千人入ったそうです。

長尾　玉屋のできたときはようござんしたな。ちょうど、今の高校生くらいの年ですから、食堂なんてものは、女が一人で入るなんてことは絶対にできん時代でしょう。あそこの上の食堂へは、よく、友達と誘い合って行ってました。今から洋食を出されて食べきらんかったらおかしかって言うて、けっこう行きよった。

西島　良家の子女が行ってた（笑）。長尾さんが娘さんの頃、中洲に少しは田たんぼなどありました？

長尾　水上公園の所は豆畑でしたな。子どもの時、豆笛をピーッと吹きますな、それで採りに行くと立札が立っていて「豆の葉取ることでけん」と書いてありました（笑）。

川丈《かわじょう》と〝五足の靴〟

松本　川丈旅館さんは、だいぶ古いんでしょうね。いつ頃から……。

長尾　明治二十五年（一八九二）に中洲へ来まして、二十六年（一八九三）に旅館を始め、三十七年（一九〇四）に劇場を始めました。その後、私が生まれております。

篠原　それじゃあ、これから私があなたの所の宣伝をするから……（笑）。川丈は旅館業と温泉、それから寄席、ここから有名なタレントが育っている。たしか、築地小劇場の新劇で活躍した**薄田研二**《すすきだけんじ》〈明治三十一年（一八九八）～昭和四十七年（一九七二）〉もそうじゃったですな。それから広告代理業、氷屋までしてござる。それから、戦前、八幡製鉄の労働運動家で『溶鉱炉の火は消えたり』の著作で知られる**浅原健三**〈明治三十年（一八九七）～昭和四十二年（一九六七）〉が逃げてきて、あなたのとこに泊まってる。覚えちゃなかろう？

長尾　知っとりますよ。それから〝五足の靴〟の記念碑が旅館の前にあります。

篠原　あれが当時の偉い文士五人、**与謝野鉄幹**《よさのてっかん》や**北原白秋**《はくしゅう》、**吉井勇**《いさむ》、**木下杢太郎**《もくたろう》、**平野万**《まん》**里**《り》が明治四十年（一九〇七）の七月に来遊した記念碑ですね。吉井勇の歌碑は

〝旅籠屋《はたごや》の名を川丈といひしことふとおもい出てむかし恋しむ〟

ですね。与謝野鉄幹が三十七歳ですが、後は二十歳代の学生ばかりじゃった。それを原田種夫さんらが西公園の吉原亭で歓迎会をして、伊崎浦から船で博多に入り、川丈に泊まったんです。そして後日、吉井勇がこの歌を作った。歌碑の字は誰が書いたと？

川丈旅館の玄関わきにある「五足の靴」文学碑。昭 58 年

長尾　ご本人の吉井さんの筆跡ですよ。九州文学の人たちや、文学を愛する人たちから、一口百円ずつお金を集めて石を買って、工費一切はうちが引き受けて造りました。たしか、昭和三十七年（一九六二）だったと思います。

松本　博多に来ると、まずお宅へ、という感じだったわけですか？

長尾　高級旅館はあったのですが、私の所は、早く来ても遅く来ても、食べても食べなくても値段は同じ。朝風呂からしまい風呂まで何

べん入っても構わない。劇場はタダ。相部屋しない。これが評判を取ったわけでございます。
篠原　アイデア経営だ（笑）。緒方煤鳥《ばいちょう》という六尺豊かな名物アドマンが付いていたし……。
長尾　祖父は丈七、通称〝初代丈七〟です。川端におった丈七さん、というので屋号が川丈になったんです。それで、息子が虎吉というんですが、それが父で二代目丈七を名乗りまして、これはハイカラ好きで、ビジネスホテルも二軒造りました。その頃そういうものはなかったのです。

大勢の人出でにぎわう東中洲電停近くの映画館街。昭 26 年

西島　ほう……。何年頃のことですか？
長尾　昭和の初めでございます。今の電通の裏のほうに西日本新聞社、当時の福岡日日新聞が天神町に引っ越すので、それを引き受け、その次に、西中洲の病院も引き受けて、ビジネスホテルにしました。ハイカラにベッドでしたが、着物の人のために畳が一枚敷いてありました。部屋にバス・トイレはなかったですな。
　うちが温泉といわれたのは、浜崎の鉱泉を運んで石炭で沸かしていたからです。カルシウム温泉もありました。櫛田神社の横のお寺の冷泉が、非常に皮膚病に効きました。その流れが、うちの家の真下を通っていたので、くみ上げました。普通の湯が一銭、温泉は二銭でした。
篠原　川丈は広告代理店も……。
長尾　はい、うちと三軒の代理業者が一緒になって、それを戦後、西日本新聞社に譲りました。
西島　戦争で九州劇場も寿座も全部焼けてしまって。戦後いちばんに川丈が復活してストリップショーを始められた。額縁の中にこう、裸の女がじっとしているのが初めてでしたな。

　おたくは博多にわかは？

長尾　**生田徳兵衛**さんは、博多にわかの名人でしたな。

西島　女優の**生田悦子**さんのおじいさんですね。

長尾　このくらい芸のできる人はいませんでしたよ。でも初めの頃は「あら、徳兵衛が来たよ。何をさしようか、何もしきらんが」て言うてた（笑）。初めての舞台が博多節の発表会の時の、生の黒田武士にならっしゃったと。

篠原　それはお宅でやったと？

長尾　はい、正調博多節を作りましたのが、二代目長尾丈七でございます。昔の博多節は品のなか。ばってん、博多節は残さないかんと、大正八年（一九一九）、新聞社が歌詞を募集し、九年（一九二〇）に四券番総出で発表会をしました。曲付けは父が清元《きよもと》の太夫《たゆう》でしたので、他の二、三人の方と話し合って作りました。

松本　ほう、それは知りませんでした。

飢人地蔵《うえにんじぞう》さん

西島　川丈さんの近くに飢人地蔵さんがありますね。

篠原　享保十七年（一七三二）の大飢饉で、博多で六千人が死んどります。二月から六月まで雨続き、それに低温、うんか[※1]大発生で米ができず、全国的な大飢饉《ききん》で、これはもう悲惨でした。黒田藩全体では、九万六千人が死んだといいます。米の減収が四十二万石。黒田藩が五十二万三千石ですから、それはもうたいへんなことです。

　櫛田神社に、博多商人が備蓄米の米倉を作ったのも、この飢饉があったからでしょう。今はその記念碑が立っています。

長尾　その時、家老に偉い人がいて、いちばんに大阪に駆け付けて、米の買い付けをしたそうです。それだけお救い米ができたわけです。荒戸の藩の米倉から一合ずつお救い米を出していて、〝荒戸の浜までつんなんご、つんなんご……〟という歌になったんです。荒戸の浜まで手をつないで行こうと、子どもたちが歌ったんですね。それから、もう一カ所でもお救い米をやっております。この供養に建てられたのが飢人地蔵さんで、今も八月二十三日と二十四日にお祭りしています。

西島　大きなちょうちんを、ずうっと並べよったですね。

長尾　あれは川っぷちに、美しうございましたばってんね。自動車が通るごとなってやめましたな。私たちが子どものときは、毎朝おにぎりを上げに行きよりました。それを食べて飢えをしのいでいた人たちもいたわけですね。お地蔵様のお慈悲であの人たちは食べござっちゃけんと……。それが大正の初め頃まででずっと続いておりました。

戦後の発展

松本　終戦直後の中洲は、だいたい今と同じですか？

長尾　空襲のあった明くる朝、春吉橋の所に立って見て、ポカーンとしておりました。一面に焼けてしまって、なーんもなかっとです。どこ行くなと言って腰掛けて見よりましたですたい。ただ、鉄筋の部分だけは残っとりました。それで、一部を修繕してもろうて、昭和二十一年（一九四六）には建ち上がりました。毎日、仮住まいの雑餉隈《ざっしょのくま》（から満員電車に揺られて来ながら、いったい、また中洲に建ちきるんっちゃろうかと思いよりましたな。

西島　そうだ、思い出した。**新富町**が戦後早くからあったっちゃ。

篠原　そして**人形小路**に**多聞通り**ね。

長尾　あそこが縄のれん復活のいちばん初めでございます。

松本　当時の懐かしいお店というと？

西島　今でもあるおでん屋の文楽があった。

長尾　松竹の隣すぐの双葉寿司も。そして、松竹座が焼け跡にすぐ建ちましたろ。中洲市場もバタバタできました。うちがいちばんに建って、玉屋は焼け残りましたけんですな。

西島　中洲で焼け残ったのは……。

昭38年の飲食街・人形小路

長尾　南新地の一部と中島から先ですね。戦後はまずここからにぎやかになりました。それから戦後、進駐軍が入ってきて、商売も変わってきました。朝鮮戦争の後、赤線禁止になって、南新地は小料理屋、飲み屋という今の格好に変わっていくわけです。

西島　私も中洲で飲み始めて、四十年になりますけんね。だから、だいたい知っとりますが、人形小路の玉喜なんかは、篠原さんたちが大先輩で、新富町の多聞通りにあったこずえやら、ずいぶん開拓してござる。戦後の中洲で忘れてならないのは、**川原俊夫**さん。あの人が終戦後引き揚げてきて、中洲市場で明《めん》太子《たいこ》のふくやを始めんしゃった。

松本　東中洲から博多を代表する名産が出た。明太子は今では業者百七十社、年商一千億の堂々たる産業ですね。これは戦後の東中洲の大ホームランですよ。

西島　そして、あの中洲市場の中に育った子どもたちが、ちょうど今三十四、五から四十くらいになっとうとです。みんな兄弟みたいなもので、山舁《か》きのときもよう協力しござるですね。

篠原　ここで今の中洲の現況を見てみましょうか。ちょっと市役所で調べたんですが、中洲が現在一丁目から五丁目までに区画整理していて、面積が十万坪。人口は平成元年（一九八九）一月末現在で、所帯数が二百三十五世帯、構成員が四百三十三人。ところが昼間人口は約一万五千人、夜間人口がその三倍から四倍で四万から五万ということです。

営業の店の数が、

- 深夜営業の届け出……千三百五十五軒
- キャバレー………………二十七軒
- 料理店（含カフェ）………七百五十四軒
- ナイトクラブ………………四軒
- パチンコ屋…………………五軒
- マージャン屋………………八軒
- ゲームセンター……………十五軒
- 特殊浴場……………………七十軒
- ストリップ…………………六軒
- アダルトショップ…………四軒
- その他………………………四軒

合計で二千二百五十二軒のこういう業種の店が営業しています。

西島　そして、派出所は一つ。

篠原　派出所が二つも三つもいるごとならんように願いたいですね。そしてお寺もお宮もない。飢人地蔵、**国広稲荷**だけ。戦前はなかった商売が多いですね。

長尾　舞台が変われば世も変わる、お芝居の文句のとおりでございます。

人情でつながる町に

西島　中洲で、昔からのお店は……。

長尾　店は残っていても住居はよそというようになりましたね。時代ですね。

松本　この前、長尾さんの所をお訪ねして、ご令息の社長さんにお会いしたんですが、みんなあそこに住んでおられる。「こんな、お金になる所にお住まいになってもったいないですね」と話しましたらね、「いや、母がここを動こうとせん」と言われるんです。さっきおっしゃいましたよね、住んでいる人口がわずか五百人足らずって。

長尾　私も口では、時代も変わったから移ってもよかばい、と言いますが、よそには三日とおりきるまい（笑）。だから私は言いますと、よその人は年とったら養護施設やら入れられますでしょうが、私ははいずり回っても、ここからよそへは行かんばいって……（笑）。

松本　最後に大先輩から結びに、中洲へのエールをお願いします。

篠原　そうですね。中洲っ子は以前のように人情でつながってほしいですな。それに、旅の人にも親しまれ、愛される中洲であってほしい。

長尾　今、人情が薄いばってんね……。でも、（博多祇園）山笠が残っとる以上、中洲は絶対につぶれません。福岡と博多の人たちの心のつながりは中洲でございます。

篠原　山笠で見せる心意気を大事にせないかん。〝博多の心〟がないと、博多はつまらん、中洲はつまらんということになりますよ。次の世代への〝博多教育〟が大事になる……。

松本　昔のうるおいだけはなくさないようにしてほしいですね。

長尾　そして、昔のように、昼も楽しい、晩も来られる、というふうになしてほしいです。

西島　私たちは、夜の中洲しか思いよらんですもんな（笑）。

篠原　では、悪童は今から人形小路に行こうか……（笑）。

■篠原雷次郎氏

明治三十六年（一九〇三）〜平成六年（一九九四）。昭和五年（一九三〇）九州帝国大学法文学部法科卒。西日本新聞入社。大阪初代支局長。十年後、恩師の説得により産業界に転じ、繊維、証券、精密螺子《らし》、測定器などの事業創業に参画。昭和十九年（一九四四）帰郷、精版印刷（後に凸版と合併）、北九州コカコーラボトリング設立に参画。副社長を経て社長。顧問、相談役歴任後退任。昭和三年（一九二八）九大ヨット部創立。市民スポーツ賞、日本ヨット協会賞、文部大臣賞ほか受賞。福岡県ヨット連盟会長を十八年務めた。

■長尾トリ氏

明治四十二年（一九〇九）〜平成十一年（一九九九）。川丈旅館、長尾丈七氏の長女として東中洲に生まれる。冷泉小学校より、福岡県立高等女学校を卒業。夫勝也氏とともに、川丈旅館を経営。郷土風俗の保持研究でも知られ、『ごりょんさんの古箪笥』『ごりょんさんの台所』『ごりょんさんの博多料理』の著がある。

［注］

※1　うんか＝ウンカ科の昆虫の総称。体長約五ミリメートルと小さいが、繁殖力が強く、稲などの茎や葉から液を吸って枯死させる害虫。名前は雲霞《うんか》のように群がることから。

魏志倭人伝の謎を解く鍵 50

展望、吉野ヶ里

［お話］**高島　忠平**
佐賀県教育委員会文化課参事

［聞き手］**野口　康見**
福岡シティ銀行常務取締役

対談：平成元年（一九八九）十月

昭和十三年（一九三八）から注目されていた…

野口　吉野ヶ里には日本中の関心が集まっていますね。発掘調査を手掛けておられる先生が「邪馬台国《やまたいこく》が見えてきた」と…。

高島　一度そう言ってしまったものですから、あちこちで使われて往生しています（笑）。

野口　吉野ヶ里は急に出現したような感じですが……。

高島　いや、吉野ヶ里の遺跡は、昭和十年（一九三五）ごろから学会で知られていました。今、遺跡調査の現地責任者をやっている**七田忠昭**さんのお父さんの**七田忠志**《しちだただし》さんという考古学者が、この遺跡の最初の発見者で、昭和十三年（一九三八）に学会で報告されました。**三友国五郎**《みともくにごろう》さんという、福岡の考古学の草分けの方も、ほぼ同じごろ学会に報告されて、それからこの吉野ヶ里遺跡が学会で広く知られるようになりました。そのころも**邪馬台国論争**がありましたが、七田さんが「邪馬台国を考えるうえで、この地域は学術的に重要な地位を与えられるべきだ」ということをまとめられたんです。そうした予見が、昭和六十一年（一九八六）から始めた今回の発掘調査で立証されたのです。

野口　ここは佐賀県の工業団地の計画でしたね。

高島　ええ。その事前調査として始められました。この遺跡は、戦後もいろいろ調査されて、中国の漢代の遺物や副葬品が入っている甕棺《かめかん》が多数発見されていました。だから、吉野ヶ里が**佐賀平野の弥生時代の拠点**であることは、今回の調査以前に位置付けられていたのです。

平13年4月、開園したばかりの吉野ケ里歴史公園

工業団地決定に先立つ確認調査でも、大規模な壕を巡らした「**環壕集落**《かんごうしゅうらく》」の存在が、ほぼつかめていました。ただ、その段階では、なかなか保存という話はできなくて、工業団地と文化財の共存ということで、遺跡の一部を工業団地の保存緑地の中に残すことになりました。そして、残りの地域約三十ヘクタールを調査しようということになったのです。

野口　そして大発見になったのですね。

高島　ええ。調査の結果、大規模な環壕集落と二千余りの**甕棺群**からなる墓地、さらに人工的な盛り土をした弥生時代最大の**墳丘墓**《ふんきゅうぼ》が発見されて、ご承知の通りのフィーバーとなり、学術的な重要性から、保存することになったのです。

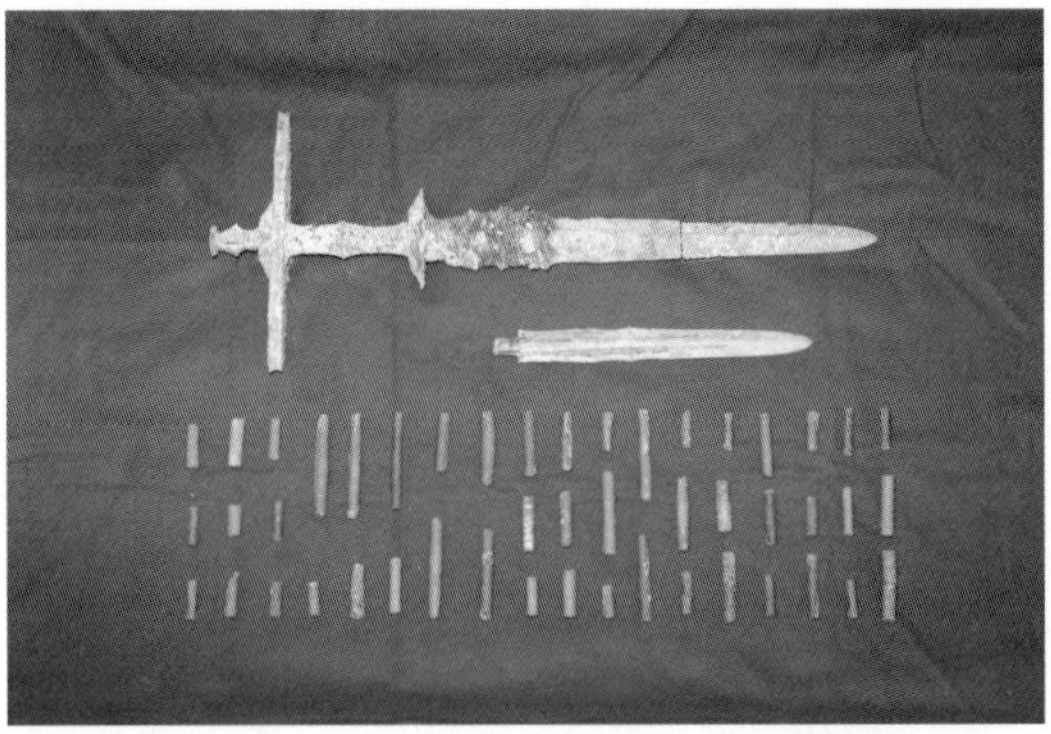

吉野ヶ里遺跡から出土した銅剣と管玉。平成元年

わが国最大規模の環濠と墳丘。平成元年

野口　保存と決められたのは香月知事の英断ですね。

高島　その通りです。当初は工業団地が六十六ヘクタール予定されていましたが、その約三分の一の二十二ヘクタールを一応保存しようということになりました。これが、今までの経過です。

魏志倭人伝のナゾを解く鍵

野口　お話を伺う前に、吉野ヶ里の主要な年代を整理してください。

高島　吉野ヶ里遺跡は紀元前三～紀元三世紀の約六百年間。**魏志倭人伝**の時代は紀元二、三世紀で、**卑弥呼**《ひみこ》が中国の**魏**《ぎ》に遣使し、「親魏倭王」の金印、銅鏡をもらったのは紀元二三九年。弥生時代は紀元前三世紀から紀元三世紀まで、ついで**古墳時代**は四世紀から七世紀ごろまでですね。吉野ヶ里と魏志倭人伝の邪馬台国時代より四百～五百年後に古代国家が成立するのです。

吉野ヶ里遺跡の今回の発見の意義を一言で言えば、日本の歴史の中で最大の謎とされている邪馬台国の謎を解く鍵をこの遺跡が提供している点だと思います。だから、吉野ヶ里から邪馬台国が見えると言っているんです。

日本は七～八世紀に律令制度による古代国家が打ち立てられましたが、国家の成立過程を考えるには、国の成立のあけぼのの時代である紀元二世紀から三世紀の魏志倭人伝の時代がどういう状況だったかということが、非常に重要な問題です。ですから、魏志倭人伝の時代は、邪馬台国がどこかというロマンだけでなく、国家の成立の道筋を明らかにしていくうえで最も重要なテーマですね。

野口　その解明の鍵は……。

高島　その鍵が二つ想定されています。一つは日本で最大の壕を巡らした環壕集落が出てきたことです。それも壕が二重に巡らされていて、幅が約六～七メートル、断面形がV字型で深さが三・五メートルくらい。外壕は延々二・五キロメートル以上も続いて、吉野ヶ里の丘陵を巡っていて、その壕に囲まれた集落の大きさは約三十ヘクタール以上あります。その内側にもう一つ内壕があって、内壕は丘陵の頂上の中心部を巡っている。南北約百十メートル、東西が百メートルくらいのほぼ長方形で集落の中心となっています。この内壕と外壕との間にたくさんの住居が営まれている大規模な環壕集落が出てきたということです。

野口　すごい規模ですね。もちろん日本一の規模でしょう。

高島　そうです。考古学的に見ると、魏志倭人伝の中の三十数国のクニの中で、邪馬台国が最大のクニですが、その勢力の裏付けになるのがこうした大集落で、これは今まで近畿地方でしか発見されていませんでした。考古学の邪馬台国論争では、この大集落と近畿地方を中心に出土する**三角縁神獣鏡**《さんかくぶちしんじゅうきょう》と、この二つから近畿説が優位に立っていました。この一つが吉野ヶ里の発見で崩れたわけです。

野口　それが吉野ヶ里発見の大きな意義ですね。それで、もう一つの鏡のほうは……。

高島　三角縁神獣鏡は、京都大学の小林先生が鏡の分析を通じて、魏志倭人伝の中で卑弥呼が魏の皇帝から下賜《かし》される鏡であろうと推定され、そうした鏡が近畿を中心に分布しているという理由で、近畿邪馬台国説を示唆された。その鏡は円形の青銅鏡で、縁が断面三角形、裏側の紋様に獣と神様を半肉彫りに描いている特殊な鏡です。

　ただ、この三角縁神獣鏡が魏の中心の洛陽近郊で一面も出てきていない、最近はこれが日本で作られたのではないかとも考えられているわけです。私は、むしろ北部九州で出てくる後漢の系統の鏡が、卑弥呼がもらった鏡ではないかと考えています。

高さ十メートルの物見櫓《ものみやぐら》

野口　それにしても大きなスケールで……。立派に復元された物見櫓も目を引きますね。

高島　**楼観**《ろうかん》ですね。内壕に囲まれた所に、壕が一部半円形に張り出していて、その内側に六本の柱からなる物見櫓の跡が出てきました。建物の平面的な規模や、柱穴の深さ、また、鳥取県で出てきた同時代の物見櫓風の絵などから、十メートルほどの高さだったろうと推定しています。この物見櫓の発見は吉野ヶ里が初めてです。

野口　魏志倭人伝に記されている施設が次々と出てきたのですね。

高島　ええ。そして**城柵**《じょうさく》です。壕を掘った土を外側へ盛り上げて土塁にして、その土塁の上に木の柵を立てて城柵にしています。城柵の跡は、全国で百カ所くらい発見されていますが、楼観とセットで発見されたのは吉野ヶ里が初めてです。また、内側の壕（城柵）に囲まれた一隅が同じように柵で囲まれています。ここにも竪穴住居の跡や掘立柱の跡があります。どうもここは特別な場所だったらしい。その集落のリーダーか祭りをつかさどる身分の人がいた場所ではないか、あるいは宮室ではないかと考えられるわけです。これらが卑弥呼のいる所として魏志倭人伝に記されている「宮室、楼観、城柵を厳しく設けて、つねに人がいて武器を持って守っている…」という部分の記述と一致するわけです。だから吉野ヶ里が魏志倭人伝の世界、邪馬台国かということで、大きく報道されたわけです。

野口　待望の卑弥呼も現れそうで……（笑）。

高島　魏志倭人伝が卑弥呼のいる所として描いた場所は、当時の三十数カ所のクニの族長というか王の所在としてクニの中核的な集落であり、この吉野ヶ里のような構造をとっていたのではないかと思いますね。そのため気の早い人は、ここが邪馬台国だと言っていますし、そう理解されている方もたくさんいらっしゃいます。現に、県の議会で、ある議員さんが「ここは邪馬台国ではないのか、吉野ヶ里遺跡を邪馬台国だと考えるが、知事の所見は如何《いかが》」と質問が出たくらいで（笑）。邪馬台国論争が議会で取り上げられたのは、論争が始まって以来、初めてのことでしょう。

野口　さらに大規模の倉庫群が出てきましたね。

高島　城柵の外側に**高床**《たかゆか》**の倉庫群**の跡が出てきました。二十ばかりありますが、弥生時代のものとしては極めて巨大な倉庫です。静岡県の**登呂**《とろ》**遺跡**の倉庫が復元されていますが、吉野ヶ里はその四倍以上の容積があり、そのような倉庫が二十も集まっているのですから、たいへんな量の物資を集めた場所なんですね。おそらく当時のクニの範囲から物資が集められたのではないか。多分、環壕外の人たちの物資まで集められたのではないでしょうか。

野口　吉野ヶ里は当時のクニの中心部だったのですね。で、そのクニの範囲は……。

高島　考古学的には現在の〝郡〟を一つないし二つくらい合わせたものをクニと捉えています。郡というのは、奈良時代の律令国家が七～八世紀に制定した行政区画で、奈良時代にも郡ごとにやはり租税を集めています。これが**正税**で、それを納める倉が**正倉**、東大寺の**正倉院**がそうですね。この正倉や郡の役所の跡が発見されていて、時代はさかのぼりますが、その規模に吉野ヶ里の二十余りの高床倉庫が匹敵するわけです。

野口　そうすると、倉庫群はクニの租税倉庫なのですか。

高島　その推定にピッタリくる魏志倭人伝の記述もあり、「国ごとに市が開設され、産物を交易している。それを管理する役職がある」と書かれています。また「**租賦《そふ》を収む、邸閣《ていかく》あり**」（租賦＝租税、邸閣＝倉庫）とあります。中国では邸閣という言葉は公的な倉庫、軍事的な物資を集めた倉庫という意味でも使っています。だから、吉野ヶ里の高床倉庫が租税倉庫である可能性が強いのです。このように宮室、楼観、城柵、そしてこの邸閣と、魏志倭人伝に出てくる施設が、ことごとく吉野ヶ里で出てきました。当時の政治、社会、経済なども含めて、集落の在り方を明らかにできる資料です。だから、この遺跡から魏志倭人伝の世界を展望できるといっているのです。

最古、最大の墳丘墓

野口　墳丘墓の場所は佐賀平野の真ん中で、クニの中心にはいちばんの場所ですね。そしてまた、墳丘墓の場所がスケールが大きいですね。

高島　この墳丘墓は、紀元一世紀の初めに造られた日本最古で最大の古墳で、この集落が最も栄えた三世紀から二百年くらいさかのぼります。墳丘墓は、長方形の四隅を切り落とした長い八角形で、南北四十メートル、東西三十メートルくらい。高さは現在二・五メートルですが、戦後の開拓で削られているようですから、だいたい四・五メートルはあったようです。盛土は、粘土と砂質の土を交互に一層、一層突き固めていく版築《はんちく》という工法で、中国の技術を取り入れて造ったのでしょうね。その墳丘墓の中から、九州の弥生時代に特有の甕棺が八つ発見されました。その中の五つから銅剣や玉が出てきています。戦後の開発の時に、銅剣、銅鉾《どうほこ》、鏡、玉が発見されたといわれていますが、ここに埋められている甕棺には、族長的な身分を表す副葬品が納められているということです。

平成元年、吉野ヶ里遺跡墳丘墓の発掘調査が行われた

野口　副葬品のブルーのガラス管が目を引きましたね。

高島　このガラスの管玉《くだたま》は、これまで出土した同種のものの中で、最もいい色です。ライトブルーとも、トルコブルーともいっています。素材は純度の高いガラスで、元素が微妙に配合されています。中国からの輸入品で、日本か韓国で作られたのではないかと専門家は言っています。管玉には長短があり、組み合わせて出土した状況から、山形の頭飾りを作っていたと思われます。

野口　甕棺も二通りあるようですが…。

高島　墳丘墓の甕棺は、周囲の甕棺より一回り大きく、内側と外側に黒色の塗料が塗ってあったり、内部に水銀朱が一面に塗ってあり、また、副葬品が納められています。それに比べると、ほかに二千数百基の甕棺が発見されていますが、これは丘陵の尾根筋に二列にきちんと埋められて、全長は八百メートルほどありますが、副葬品はありません。この二つの甕棺には大きな身分差があるのだと思います。中には**貝輪**《かいわ》を付けた人骨もありますが、これを付けた人はおそらく、祭や呪術《じゅじゅつ》を行う呪術師かシャーマン（巫女《みこ》）でしょうね。

野口　貝輪は何の貝ですか。

高島　奄美諸島で採れる**ゴホウラ貝**です。当時、南海の島と南九州に交易があったのでしょうね。この種の貝輪は北部九州の各地で発見されています。

野口　その頃の朝鮮半島とのつながりはどうなっているのですか。

高島　その時代、紀元前一世紀の初め頃というのは、中国が朝鮮半島に植民地をつくった時代ですね。現在のピョンヤンに**楽浪郡**《らくろうぐん》、後にソウルに**帯方郡**《たいほうぐん》を置いて、朝鮮半島を支配しています。そのため、旧勢力の人たちが押し出されたり、国々の抗争が激化します。北部九州はその影響をもろに受けたわけです。その証拠として、北部九州の古墳で発掘される**銅剣**や**銅鉾**、**銅戈**《どうか》ですが、これは朝鮮半島に特有の**青銅器文化**です。これらの青銅器が一斉に北部九州へ渡ってきています。また今回の調査で、製作の技術も渡ってきていることがわかりましたから、当然、これらをつくった人たちも渡ってきたことになります。つまり、北部九州は朝鮮半島の青銅器文化圏に組み入れられるわけです。

クニの形成

野口　甕棺の人骨を見ますと、弥生時代も激しい闘争の時代なのですね。これまで私たちが弥生時代に抱いていたイメージは、のどかな農村社会でしたが……。

高島　実際は激しい闘争の時代です。甕棺の中には首なしの人骨や、肩や腕に傷があったり、腹部に十数本の矢を打ち込まれているようなものもあります。これは、この紀元前一世紀の前半、北部九州一帯で部族の間の抗争が激しかったことを示しています。この抗争の中で、部族の結束、組織力の強化が求められたのでしょう。私はこの過程を部族社会の確立と捉えています。

野口　社会の確立といった面では、稲作の影響が大きいでしょう。吉野ヶ里ではもう稲作をしていますよね。

高島　この時代は日本で稲作が始まって二〜三百年たっています。自然の産物を採取する段階から、生産経済に入り、社会的な成熟が進んで、富める者と貧しい者の差も広がり、身分の差も出てきている。社会的にいろいろな複雑な様相が生まれてきている時代ですね。こうした中で、それを取りまとめていく族長の権威の確立が要求されてきます。族長は内部の首長であることはもちろんですが、戦争や対外的な交渉など、他の部族やクニに対して代表者であり、権威者でもあるわけです。

野口　族長の身分の確立が、クニの形成に必要になったのですね。

高島　そう見てくると、この墳丘墓がよく理解されてきます。真ん中に埋められた人がおそらくそのクニの始祖に当たる人で、後から放射状に埋められた人が歴代の族長でしょう。

　壕を巡らした大規模の環壕集落が、墳丘墓を取り込んで形成されている。これが非常に需要です。

吉野ヶ里人の生活

野口　それで、吉野ヶ里の人々は、どういう生活をしていたのでしょうか。

高島　そうですね。吉野ヶ里のムラの人口を我々は千人くらいだと見ています。これまでの発掘調査から見て、この一帯に一万五千個くらいの甕棺があるだろうといわれています。これは、約三百年ほどの間に築かれたものですが、当時の平均寿命は短くて一世代が約二十年、三百年は十五世代になりますから、一世代約千人になるわけです。

野口　千人ということこの時代としてはかなり大きな集落なのでしょうね。

高島　大きいですね。文化人類学の先生によると、千人というのは、一つの階級的な社会としてのクニをつくれる数だそうです。吉野ヶ里が、多分いちばん大きいムラだったと思われますが、それに類似するムラが四つか五つあって一つのクニを形成したのだと思います。魏志倭人伝には**「山島に依《よ》りて国邑《こくゆう》を成す」**とありますが、吉野ヶ里は当時のクニの首都のような集落だったといえるでしょう。

　おそらく男女は住み分けていて、子どもは女性が育てている。水田と畑で、唐津市の**菜《な》畑《ばたけ》遺跡**に見られるように、米、大麦からソバ、粟、ウリなどを作り、家畜（ブタや犬）を飼っている。**稲作**と**畑作**と**家畜**、この三つを合わせて「**複合農業**」と呼びますが、そうした経営形態だったでしょうね。※1

野口　この時期、当然、狩猟もしていたでしょう。

高島　動物性タンパク質が必要ですからやっていたでしょうね。しかし、やはり大事なのは植物性の食べ物を確保するということでした。農業以前の狩猟社会では、植物食料の採取はどうも女の仕事で、大切な役割だったようです。狩猟社会で植物性食物を確保するのは、たいへんなことですよ。稲作になれば、必要な食料が目の前で生産できる。そのうえ、稲は他の穀物の三倍くらいの人口を養える生産性の高い食物です。

　だから、これは私の個人的な感想ですが、稲作を本当に取り入れたいと思ったのは、女ではないかと思います。それを、労働集約的に進めていったり、水田を大きく広げていこうとなると、やはり男のリーダーシップが必要になってくる。その過程で逆に男の地位が高まってきたのだと思います。吉野ヶ里時代は、海産物なども獲っていますが、重点はもう農業と家畜で、縄文時代と比べると安定した生活だったでしょうね。

「九州・邪馬台国」説

野口　それはともかくとして、先生が主張されている「九州邪馬台国」説の背景をもう少し……。

高島　弥生時代にクニが生まれ、魏志倭人伝に書かれているように、卑弥呼が三十数国を連合としてまとめるわけですね。そのようにクニが形成されていく様子を、吉野ヶ里が遺跡のうえで具体的に示しているのではないかと思います。

　また文化的にも、墳丘墓から出てきた有柄《ゆうへい》銅剣《どうけん》、十字の柄《え》を持った銅剣、ガラスの管玉などは、中国とか朝鮮半島、あるいはメソポタミアなどの大きな文化圏の中で捉えることができます。当時の人たちはそういう国際的な関係の中で生活をしていたのでしょうね。

　こうした大きいクニの形成は、豊かな生産力を持った地域だと考えられます。邪馬台国の勢力を考える場合、その舞台は農業が始まって五〜六百年たった時代ですから、やはり稲作を中心とした農業の生産力というものを勢力のバックに考えるべきです。

　これまで、弥生時代の九州におけるメインステージは福岡市周辺や糸島平野、唐津平野とか玄界灘周辺を考えていたのですが、範囲を広げて、むしろ福岡県から佐賀県にわたる広大な筑紫平野を考えるべきではないかと思いますね。そうなると、広大な平野を抱えた筑紫平野が弥生時代のメインステージとして浮かび上がってきます。

野口　九州邪馬台国説の大きな背景ですね。

高島　考古学の資料の積み上げで、魏志倭人伝の世界を再現できる日が来ると思っています。今のところ、魏志倭人伝に出てきているクニの中で、所在地が明らかなのは、対馬・

壱岐を除いて、**末盧国**《まつらこく》、**伊都国**《いとこく》、**奴国**《なこく》ですね。後はよくわからない。少なくとも分かっている三つの国を遺跡や出土品から考古学的に追っていきます。副葬品を有する特定、かつ少数の甕棺群と、副葬品を有しない圧倒的に多数の甕棺群とでおりなす地域です。

さらに魏志倭人伝の時代を飛び越えて、古墳時代になりますと、豪族の墓である**前方後円墳**《ぜんぽうこうえんふん》が登場します。その前方後円墳を造る地域が、後世の地域に継承されていくわけです。

奈良時代になると、国司《こくし》は中央から派遣されますが、郡の長官（郡司《ぐんじ》）はその地の豪族が任命されています。その豪族が創る私の寺、つまり氏寺が建てられる地域でもあり、単位でもあります。その豪族が支配する地域は、弥生時代から古墳時代を通じてほぼ継承されているのですね。

クニをそういう見方で見て、北部九州に当てはめていくと、少なくとも四十くらいクニがある。そうなると、魏志倭人伝に登場する三十国というのは、九州だけでまかなえる。

まして、一つの郡をクニとして捉えられるのであれば、これを近畿まで広げると、魏志倭人伝の世界が拡散してしまう。それで私は、魏志倭人伝に描かれた世界は、北部九州であると考えています。

邪馬台国は筑紫平野か

高島　そのうえに、私はまだ有力な証拠があると考えています。吉野ヶ里遺跡の楼観、邸閣といった、当時としては大規模な建物の存在ですね。楼観は、城の天守閣的な性格のもので、中核的な集落のステータスシンボルだったろうと思います。

この時代に、これだけの巨大な建物を造る技術は、まだ近畿にはなかったのです。従来は柱の直径くらいの穴を掘って柱を建てていたのですが、北部九州では、紀元二世紀くらいから、柱より一回りか二回り大きい四角の穴を掘って、それに柱を埋め込んで立てるやり方をとっています。柱が下に沈まないように下に礎盤《そばん》を敷いたり、また柱が動かないように横木や根がらみを設けるわけです。そのためには、大きな四角な穴を掘らなければなりません。こうした穴が近畿で出てくるのは五世紀からで、四世紀にさかのぼる可能性はあっても、弥生時代にはありません。

この四角の柱を立てるための穴は、久留米でも福岡でも出ています。そうしたことから見ても、魏志倭人伝の世界は北部九州だと捉えた方がいいと思います。

野口　北九州のどこであるかが今後の問題ですね。

高島　先ほども言いましたように、有明海北岸の福岡県から佐賀県にかけての筑紫平野ではないかと思います。

年代がちょっと下って五世紀から六世紀にかけて、九州北半部の肥と豊と筑紫の豪族を集め、いわゆる九州豪族連合をつくって、大和の豪族連合と戦って敗れる**磐井**《いわい》がいますね。彼の本拠地が八女市周辺で、現に磐井が生前に造ったといわれる墓が八女市に残っていて、岩戸山古墳と呼ばれています。

三世紀の魏志倭人伝に出てくる邪馬台国の勢力が、後代に引き継がれるのにふさわしい地域はということになると、やはり磐井の本拠地の近く、久留米から八女の辺りではないか。これは、私の吉野ヶ里遺跡の発見を通じての、邪馬台国に対しての思い入れでもあるんです。

邪馬台国はドコ？　陳寿に聞きたい

野口　邪馬台国というと、どうしてもロマンとしてどこにあるのかということが知りたい。吉野ヶ里がその大きな切り口で、魏志倭人伝と一致する内容が多いということだと思いますが、「水行十日、陸行一月」の表現など、一致しないようなところも……。

高島　そうですね、文献的な解釈は専門ではないのですが、その行程や距離の解釈はいろいろありましてね。例えば末盧国から伊都国が五百里、伊都国から奴国が百里というように国と国が何里、「水行十日、陸行一月、邪馬台国に至る……」という記述、それから「帯方郡から邪馬台国まで一万二千余里」ともありますね。[※2]

私は正直言って、これだけでは邪馬台国はわからないと考えています。邪馬台国時代のクニを考古学的に捉えて、どういうものであったかを考えた方がいいのではないかと思います。例えば、邪馬台国は「七万余戸」の戸数があると書いてありますが、これはちょっと今の考古学的な知見では考えられないですね。末盧国が四千余戸となっていますが、唐津の平野を発掘してみても、それほどの集落があったとは考えにくい。これはどうも魏志倭人伝の誇張ではないか。それから、「かささぎはいない」とか書いてあるのに、この辺にいるとか…(笑)。

もっとも、かささぎの骨は今まで出てきたことはないので、後の時代に渡ってきたという考え方もできます。卑弥呼の墓がその径《けい》は百余歩とあっても、どんな墓かはわからない。そのように、魏志倭人伝は考古学の知見と一致しない部分がかなりあります。魏志倭人伝をまとめた**陳寿**は、どういう情報を集めて書いたのか聞いてみたいですね。

倭人伝は、末盧国までの記述では周りの風景などをちゃんと描いているんです。「末盧国では草木繁茂して前を歩く人が見えない」、また「山裾《やますそ》まで海が迫っていて、そこに家がある」という部分は、考古学的な知見と全く一致しています。ですから、末盧国までは少なくとも、倭人伝の記録を取った人が来たのは確実ですね。

野口　それから先は伝聞でしょうか。

高島　わかりませんが、そうではないかと……。伊都国から先になると、あまりその地域の情景に触れていないのです。どうも北部九州、それも末盧国に近い範囲で、その情景を捉えているようなところがあると思います。

最終的には、卑弥呼が魏帝からもらったとされる**親魏倭王**の金印が出てくれば邪馬台国は決まりでしょう(笑)。しかし、近畿でそれが出てきても決まりとはいかないだろう、という近畿説を取っている人からの声もあります。それが近畿に移動したのだとも解釈できるからです。九州で出てくれば、九州で間違いないだろう……と冗談で話したんですけどね(笑)。

野口　早く邪馬台国の真の姿に接したいものですね。吉野ヶ里をもとに、弥生へのロマンのお話を、本当に今日はありがとうございました。

■**高島忠平氏**
昭和十四年(一九三九)飯塚市生まれ。昭和三十九年(一九六四)熊本大学法文学部史学科卒。四十九年(一九七四)三月まで奈良国立文化財研究所勤務〈四十七年(一九七二)〜四十九年滋賀大学非常勤講師併任〉。四十九年四月佐賀県庁勤務。県立博物館副館長、文化課参事などを経て、教育委員会教育次長。平城宮跡発掘をはじめ、安永田遺跡、菜畑遺跡、二塚山遺跡など佐賀県内の重要遺跡の発掘を手掛け、吉野ヶ里遺跡発掘の指揮を執る。邪馬台国九州説派、日本考古学協会会員。著書『古代史発掘』『日本城郭大系』など、共著多数。

［注］
※1　日本の稲作の最も古い遺跡は、福岡市の板付遺跡、唐津市の菜畑遺跡。
※2　この時の一里が現在の何キロメートルに当たるかは不明。対馬と壱岐の間が約九十キロメートルあるが、倭人伝では千五百里と記している。

維新前夜に惜しくも散った勤皇の巨星

加藤司書

51

［お話］
吉永正春　地方史研究家
加藤昌弘　節信院住職
［聞き手］
井上雄介　福岡シティ銀行 副頭取

対談　平成二年（一九九〇）五月

西郷さんと並ぶ人材

井上　ＮＨＫの大河ドラマで司馬遼太郎さんの「翔《と》ぶが如《ごと》く」が評判ですね。

筑前福岡藩は明治維新に乗り遅れて、立場が悪かったのですが、それは維新の直前に藩が、加藤司書ら勤皇派を弾圧したからで、司書の処刑〈慶応元年（一八六五）〉が惜しまれますね。翌々、慶応三年（一八六七）末には、王政復古宣言なんですね。

吉永　司書は第一次長州征討〈元治元年（一八六四）〉のとき、福岡藩を代表して薩摩の**西郷吉之助**（**隆盛**）らと長州に寛大なあっせんをして、征長軍を解兵させるでしょう。

軽輩出身の志士が多い中で、彼は大藩の家老職ですから、あとちょっと存命なら、西郷、**木戸孝允《たかよし》**らとともに新政府の参議に推されていたでしょう。

井上　その巨星、加藤司書を、今の人はほとんど知らないですね。

吉永　どうも、彼の作った今様《いまよう》※1が戦時中に全国的に歌われて、勤皇の神様にされてしまった。「皇御国《すめらみくに》の武士《もののふ》は　いかなる事をか勤むべき　ただ身にもてる真心を　君と親とに尽くすまで」。時代が変わって、その反動が大きかったのではないでしょうか。

井上　戦後も四十五年、司書も冷静に見直される時ですね。

吉永　加藤司書は、文政十三年（一八三〇）の庚寅《かのえとら》年の三月五日、この年は十二月に改元になっているので天保元年に生まれています。明治維新の三十七年前、ペリー来航の二十三年前で、近くの萩や久留米では百姓一揆が起こり、物情騒然を感じさせる頃ですね。

如水を救った司書の先祖

吉永　今の平和台球場の入り口に観音橋があって、その前の四ツ角に「若竹」という酒屋がありましたが、その場所が司書の生まれた所です。城門前のその一帯は上《かみ》の橋堀端《はしほりばた》といわれ、藩の重役たちの屋敷でした。

幼名三太郎、十一歳の時、姉に迎えた養子の義兄**徳蔵**が実家に復籍したので、加藤家十一代当主として二千八百石の家督を継ぎ、又**左衛門徳成《のりしげ》**と称し、中老職となりました。司書は号です。

先祖の加藤重徳という人が、黒田藩始祖の黒田孝高《よしたか》（如水《じょすい》）を土牢から救出した功で、代々中老職に列せられた由緒ある家柄です。摂津国伊丹（伊丹市周辺）の豪族で、十五代将軍足利義昭に仕えていましたが、織田信長により義昭が追放されたので、摂津を領した信長の武将荒木村重に身を寄せていました。

一方、如水（当時の小寺官兵衛孝高）は、村重が信長に離反して毛利の傘下に入ろうとしたので説得に行って反対に捕らえられ、城内の土牢に閉じ込められてしまいました。そこは後ろが沼地で、竹やぶが茂って日も射さない場所で、一年近くも幽閉された孝高は、身体を壊して、足が立たなくなってしまいました。

村重の有岡城は、天正七年（一五七九）、織田軍の滝川一益に攻められて落城。この時、孝高に同情していた加藤重徳は、孝高家臣の栗山善助とともに、歩行困難の孝高を燃えさかる城から救出しました。

井上　それで黒田家から大事にされたんですね。

吉永　ええ。次男の一成《かずなり》は如水に請われて幼時から如水に仕えて、長政の家老となり、甘木市の三奈木で一万六千石の所領をもらう。これが、三奈木加藤の始まりで、後に黒田の姓を与えられ、黒田三左衛門一成と名乗ります。

長男の吉成はすぐに仕えていません。最初、宇喜多秀家、そして宇土《うと》の小西行長に仕えますが、慶長五年（一六〇〇）の関ケ原の戦いで敗れたために浪々の身になります。

次男の一茂が、主人の長政に父と兄を呼びたいと願い出て、吉成が黒田に仕えるようになります。司書はこの吉成の嫡流です。父の徳裕は正妻に子どもがなく、側室の尾形友花《ゆうか》との間に二男と二女、司書はその長男です。

井上　司書と運命的な出会いを持つ藩主黒田長溥《ながひろ》のほうは……。

吉永　黒田藩の最後の殿様十一代長溥は島津家の出で、英主島津斉彬《なりあきら》の曾祖父にあたる重《しげ》豪《ひで》の六十六歳の時の子です。また、長溥の姉の茂姫は徳川十一代将軍家斉《いえなり》の正室でした。

長溥は江戸島津藩邸で育ち、重豪の孫・斉彬とともに重豪にかわいがられ、斉彬と仲も良かったそうで後年、斉彬の家督相続に力を尽くしています。

長溥は文政五年（一八二二）黒田斉清の養子となり、天保五年（一八三四）、二十四歳で藩主になります。当時、司書はまだ四歳の頃です。

井上　司書が頭角を表したのは……。

平26年、博多区・節信院で行われた加藤司書の追悼会

征長軍の解兵に尽力

吉永　最初は二十四歳の時、嘉永六年（一八五三）七月、ロシア海軍のプチャーチン中将が長崎にロシア艦隊を率いて来た時のことです。前月の六月三日には、ペリーが黒船四隻を率いて浦賀へ来航し、幕府に開国を迫っています。東と西で大事件ですね。
プチャーチンも開国を迫り、幕府からは外国奉行の川路左衛門尉聖謨《かわじさえもんのじょうとしあきら》が応対しています。川路は幕府きっての人材で、プチャーチンもその人物をたたえています。
井上　司書がどう絡むのですか。
吉永　長崎警護は筑前黒田藩と肥前鍋島藩が交替で、この年は福岡藩の番でした。
司書は幕府代表で折衝にあたる川路を助け

て、藩兵五百余人を指揮して長崎を警固し、同艦隊を無事国外に立ち去らせました。異国との紛争回避に努力した功績は多大でした。

　それから、次に挙げられるのは長州征討の解兵です。文久三年（一八六三）八月十八日、会津・薩摩の会盟による政変で、それまで宮廷守護にあたっていた長州が解任され、尊皇攘夷派の七人の公卿とともに京を追放されますね。

　翌元治元年（一八六四）六月には**新選組**が池田屋を襲い、長州の**吉田稔麿**《よしだとしまろ》、肥後の**宮部**《みやべ》**鼎蔵**《ていぞう》ら勤皇の志士を斬殺した**池田屋事件**が起こる。同年七月、長州藩は息巻いて京都に上り、会津・薩摩と戦い、**禁門の変**、いわゆる**蛤**《はまぐり》**御門**《ごもん》**の戦い**で敗れます。

　その報復として、幕府は前尾張藩主**徳川**《とくがわ》**慶勝**《よしかつ》を総督として、三十六藩を動員して長州を討とうとしたわけです。広島に各藩の藩兵が参集、司書も藩を代表し、薩摩の西郷吉之助も来ています。この時、長州藩の**毛利****敬親**《たかちか》**・元徳**《もとのり》親子を切腹させて長州藩召し上げという強行論まで出ていました。

　長溥は、外国艦隊の脅威がある時に国内で戦っている場合ではない、国防に専念すべきだという考えで、穏便に解決したいと、司書に建白書を持たせ、徳川総督に提出しました。

　司書と西郷が参謀会議を停戦へとリードして、元治元年の暮れ、長州藩の三家老の切腹と恭順を条件に解兵が実現しました。長州征討の取りやめです。

　解兵が決定した日、司書が広島の宿舎で詠んだ歌が「皇御国の武士は」の今様です。一身を賭《と》して国のために大事を成したという感懐でしょうね。

太宰府が勤皇のメッカ

井上　まさに得意の絶頂ですね。

吉永　そうです。ところが、それにおまけが付きました。山口に逃れていた七卿の処遇です。**三条実美**《さねとみ》、**四条隆謌**《たかうた》、**三条西季知**《すえとも》、**壬生**《みぶ》**基修**《もとなが》、**東久世通禧**《みちよし》、**錦小路頼徳**《よりのり》、**澤宣嘉**《のぶよし》の七卿ですが錦小路頼徳が亡くなり、澤宣嘉は生野で**平野国臣**《ひらのくにおみ》とともに兵を挙げているので五卿になっていました。

　尊皇攘夷派のシンボルの五卿を反幕の策源地長州に置いていては、何が起こるかわからないということで、福岡藩が預かることになり、五卿は元治二年（一八六五）の二月に太宰府の延寿王院に着くわけです。

井上　今の宮司さんのお住まいですね。

吉永　そうです。三条公の部屋がのこっていますね。以後三年間、禁が解けるまで五卿は太宰府にいました。そこへ薩摩の西郷吉之助や土佐の**中岡慎太郎**、長州の**高杉晋作**らの志士が集まってくる。

　幕府も目付小林甚六郎に五卿の動静を見張らせて、場合によっては江戸に連れて行くと無言の威圧を与えていました。

　最初は、五卿を五藩に分けるという案もあったのですが、司書らが反対して一緒に太宰府に預かり、筑前、薩摩、筑後、肥前、肥後の五藩の藩兵が五卿を守りました。

　司書はたびたび五卿を見舞い、薩摩と長州と手を結ばせようと、西郷と高杉に画策したといわれています。

井上　司書はその時いくつですか。

吉永　数えの三十五です。元治二年四月に改元されて慶応元年となり、その年の十月二十五日に司書は切腹ですから、王政復古のわずか二年前ですね。

井上　五卿を太宰府に移した頃までは、殿様とはうまくいっていたのですか。

吉永　そうですね。長溥という人は開明的な殿様でしたが、黒田藩が徳川家に厚遇されたこと、また姉が十一代将軍家斉の正室だったこともあって、どちらかというと佐幕派、当時の言葉で言えば、公武合体派の殿様です。

藩論が勤皇から佐幕へ

吉永　長溥という殿様は〝**蘭癖**《らんぺき》**大名**〟と呼ばれるくらい、オランダから進んだ学問や技術を取り入れています。中洲に精錬所を設けて大砲を鋳造したり、ガラスまで作ったり。写真術や医学も長崎で学ばせている。養父の斉清は、シーボルトから医学の手ほどきを受け、長溥も一緒に見たりしています。

井上　殿様がいちばん教養があったわけですね。教養は過激派を受け入れない……（笑）。司書が勤皇の旗を立てるようになる契機は何からですか。

吉永　外国船が来航した頃からでしょう。幕府が勅許を待たずに開港し、それに憤激する志士たちを弾圧して、安政の大獄になる。志士たちが激高し、それが討幕運動のきっかけになるのですが、時代がたぎり、志士たちがエキサイトしてくるにつれて、天皇を中心にという思想が強まってきました。

さらに、長州征討解兵の時に西郷吉之助らと接触して、幅広い視野ができたのではないか……。尊皇思想が芽生えて、倒幕となり、筑前勤皇派の首領として仰がれるようになったのです。

だが、司書が征長軍の解兵で得意の頂点にいたのもつかの間で、佐幕派の家老たちが連名で司書の弾劾状を長溥に建白します。司書のやり方では藩を損なう、司書を重用されるなら、一同そろって総辞任しますと申し出るんです。

井上　司書は首席家老でしたか。

吉永　いいえ、首席は三奈木の黒田播磨《はりま》ですが、他にも立花、犬音、浦上、野村、久野らの家老もいます。司書は元治元年（一八六四）の解兵の功労で財政の元締になり、郡町浦方の事務総宰にもなり、中老ですが実際に藩政の実務をつかさどる家老になるわけですね。ところが、わずか三カ月で藩論が佐幕になって、罷免されて蟄居《ちっきょ》。そして切腹です。

外国侵攻に備えた犬鳴御別館

井上　弾劾されただけで切腹ですか。

吉永　いや、過激派の行きすぎとか、長溥を犬鳴《いぬなき》御別館に幽閉するという風評もあったのですね。

井上　犬鳴御別館といいますと。

吉永　これも当時の外国侵攻の脅威の所産なんです。福岡城は海に近いので、万一の場合は藩主を犬鳴の別館に移し、最後の防衛線にしようという考えでした。元治元年の六月に着工して、翌年の二月にほぼ完成しています。西公園の下に造った砲台のお台場も同じような危機感からでしょうね。

久山町から若宮町へ通じる犬鳴の頂上付近に〝司書橋〟のバス停があります。別館跡は、ここから西へ一キロばかり入ったところです。

井上　当時は、ずいぶん不便な所でしたでしょう。

吉永　なにしろ犬も鳴きながら通るという深山幽谷の地でしたから。別館跡は、東西二十五間（約五十メートル）、南北四十間、約千坪くらいの広さで、大手と搦手《からめて》に石垣が残っています。その下に約二メートルほどの山道があり、粕屋のほうに通じています。

御別館の番所で、巡視に来た司書が藩士たちとあぐらをかいて話したという言い伝えがあり、観音滝で身を清めて涼をとったともいわれています。

井上　長州征討とか騒がしいたいへんな時に、どうしてそんな別館を……。

吉永　藩全体の国防的見地からでしょうが、この工事が司書の命取りにもなった。財政を浪費したということ、藩公を山中に移すということから反逆の疑いをかけられ、佐幕派の都合のいい攻撃材料になってしまうのです。

言い伝えでは、犬鳴に来ていた大工が、柳町の遊女に通っていて、殿様を迎える館だと漏らしてしまう。その遊女の情夫が目明かしだったというんですね（笑）。それで、別館の秘密が漏れて、司書が藩主を幽閉して世子の長知を立て、藩政を牛耳るという話になってしまったんです。

乙丑《いっちゅう》の獄《ごく》

井上　過激派のほうは。

吉永　豪商原宗右衛門を襲い、金銀相場を乱した張本人だと首を黒門にさらしています。佐幕派の重臣たちを襲撃しようと物騒なことを言い出す連中があり、これが佐幕派に漏れてしまう。

井上　それは、司書の配下で……。

吉永　司書は過激な行動に走らぬよう若い武士たちを戒めています。しかし、この頃、司書が長溥の気持ちを逆なでするような建白書を、勤皇派の家老、黒田播磨と連名で差し出しています。人心一和を名分に、長溥に佐幕的立場を改めてほしいという内容です。

井上　それでは殿様も腹を立てるしかないですね（笑）。

吉永　ええ、長溥は非常に立腹し、勤皇派の弾圧を決意します。過激派が藩をつぶしてしまうと思ったのでしょう。

　司書らの勤皇派が弾圧されたのは慶応元年（一八六五）、ちょうど乙丑《きのとうし》の年にあたっていたので、乙丑の獄というんですが、明治維新のわずか二年前ですね。十月二十五日、司書と大組の斉藤五六郎が天福寺で切腹。建部武彦、衣非茂記が安国寺。尾崎惣左衛門、万代十兵衛、森安平が正香寺で切腹。二日前の二十三日には、桝木屋《ますこや》獄で月形洗蔵、梅津幸一、鷹取養巴、森勤作、江上栄之進、伊藤清兵衛、安田喜八郎、今中祐十郎、今中作兵衛、中村哲蔵、瀬口三兵衛、佐座謙三郎、大神壱岐、伊丹信一郎、筑紫衛《まもる》の十五人が斬首されています。筑紫衛は脱獄し、那珂川で水死したのを、あらためて斬首するという凄惨《せいさん》さでした。

姫島に流された野村望東尼《のむらぼうとうに》などまで含めると、百数十名もの人が断罪されています。福岡藩はこの時、維新で通用する人材を総なめに失ったのです。

　しかし福岡藩はその後、明治政府の中後期に活躍する優れた人材を多数輩出していきます。明治憲法制定と日露戦争講和に功績のあった金子堅太郎や、同じく日露講和に活躍した山座円次郎《やまざえんじろう》、日露戦争の勝利を諜報《ちょうほう》活動でもたらした明石元二郎《あかしもとじろう》、明治政府最大の課題であった不平等条約改正に貢献した栗野慎一郎、三井の大番頭として日本経済のリーダーであった團琢磨《だんたくま》もそうですね。新政府に通用する人材は亡くしましたが、次の日本を支える人材をきちんと送り出しているんですね。

　長溥は、これらの有為な青年を私費で留学させて、新しい学問を勉強させている。そういう意味で、長溥は乙丑の獄の償いをしていることになります。また司書の遺児にも長溥は後に不明をわびて、毎年銀二十枚を与えています。

加藤司書の歌碑の除幕式。昭40年、福岡市西公園

井上　ところで、筑前勤皇の志士というと、平野国臣が浮かびますが、司書は、一緒に行動していたのですか。

吉永　司書は一藩の家老、国臣は足軽出身で、身分差もあり、なかなか接触の機会がなかったようです。国臣が脱藩していたこともあるでしょうね。

井上　歴史のうねりの中で、どちらが大きな役目を果たしたのでしょうか。

吉永　やはり大きな行動からいうと、広島での征長軍解兵に功のあった司書でしょうか。

井上　勤皇の歌人、野村望東尼とは。

吉永　望東尼の孫、野村助作の妻の父は、勤皇派の建部武彦で、その妹の安子は司書夫人ですから、望東尼とは同志の仲だったようです。司書や建部の自刃後に詠んだ歌があります。「もみじはも散らぬさきこそ惜しみつれ心のこさで共に砕けむ」

　維新を振り返ると、司書のような高禄で家老職にあった者が直接勤皇に活動するという例は、他藩にはあまりありませんね。

井上　どうも、司書を筆頭にした筑前勤皇派は、巨木は立ち並んでいるが、森にはなっていなかった感じですね。長州のように奔騰するエネルギーがなかったのは、片方に狂気と一歩離れたスタンスの博多があったということも影響しているんじゃないですか。

吉永　そう思います。昔から大陸文化を取り入れて開明的な都市ですからね。時代の流れは読み取るが、狂気までは走らない。一つの制御を博多が果たしていたのかもしれませんね。

薩摩は狂気のエネルギーが明治十年（一八七七）まで続くでしょう。変動を起こすエネルギーは、どうも僻陬《へきすう》の地の生み出すものかもしれませんね。

切腹

井上　司書の切腹は急転直下ですね。

吉永　そうです。今の赤坂門の角にある「一色」の辺りに二千石の中老職隅田清左衛門邸があった。ここに慶応元年（一八六五）十月二十三日に突然預けられ、座敷牢に入れられます。

六畳の部屋の中にもう一つ木を組み合わせて囲いを作る二重室のような部屋の牢です。二十四日、二十五日と三日間そこにいました。

司書が「ご当家にご厄介になるとは夢にも思っていなかった。君命に従うのみ。ただ、気になるのは子どもたちのこと。玄関に手をついておかえりなさいませと迎えるのだが、今ごろはさぞ、帰りが遅いと待っているだろう」。

二日目には「おまえたちは〝よなべ〟という言葉を知っているか。昼間仕事をし残したのを夜やるから、本当は〝よのべ〟と言うのが正しい」と言ったと隅田の家臣が書きのこしています。

三日目は髪をあたってもらい、夕食に酒とごちそうが出たので、処刑を悟ったのでしょう。それを全部たいらげ、酒も許された三杯を飲み干しました。

井上　豪胆なものですね。

吉永　さて、十月二十五日夜の十時ごろ、またものものしい迎えのかごの列が来ます。その前に隅田邸の書院で、上使の河村五太夫が上意を読んで切腹を申し渡します。この時、切腹の場所を告げるのを失念したので、司書はすぐにそれに反問します。河村はわびて、天福寺であることをあらためて告げます。

司書が切腹した天福寺。昭31年、博多区冷泉町（その後城南区に移転）

当初は聖福寺の塔頭《たっちゅう》で、加藤家の菩提寺である節信院でということでしたが、聖福寺山門の後鳥羽上皇の勅額に畏れ多いという理由で、天福寺に変更になりました。夜の十時すぎに赤坂門をたって春吉を通り、左折して瓦町を過ぎ、深夜十二時近く小山町の天福寺に着く。何もかもが終わったのが、未明三時ごろだったということです。

司書は介錯人《かいしゃくにん》に、自分がよろしいと言ってから首を打ってくれ、と言って、辞世の「君がため　尽くす真心今日よりは　なおいやまさる武士の一念」を朗吟して、よろしいと言って首を前に差し伸ばしました。介錯人が慌てて打ち損ない、介添人が打ち落としたといいます。司書の体は、あおむけに倒れると同時に体の中から「ウーン」という気息が発せられたというからすごいですね。亡きがらは、家臣たちが節信院へ運び、そこへ葬りました。

五十年後、大正四年（一九一五）の墓地改葬で発掘された時、かめの中から、血が付いて茶色に変色した袷《あわせ》に肉片も少し付着して出てきたそうです。折からの軍国思想に乗って非常に話題になり、司書の作った今様、「皇御国の」がよく歌われるようになって、軍人のお参りが多くなりました。

司書夫人**安子**は、司書と同じ日に切腹した建部武彦の妹です。二男二女が生まれています。夫人は七カ月後に後を追って亡くなりました。夫と兄を同時に失った心痛から病気になり、ついに絶食して果てたのです。

司書の長男の**堅武**《かたむ》は、明治十年（一八七七）の西南の役で西郷軍に付いて福岡で挙兵しましたが、捕らえられ、首を打たれています。後にお話を伺う菩提寺の節信院住職の**加藤昌弘**さんは司書の次男、**大四郎**の孫にあたる人です。

井上　で、司書を弾劾した佐幕派の領袖《りょうしゅう》たちはどうなったのですか。

吉永　時代の風向きが変わり、慶応四年（明治元年（一八六八））の二月に、佐幕派の家老**浦上信濃**、**野村東馬**、**久野将監**は閉門謹慎、四月に切腹を申し渡されます。彼らの最期も立派なものだったそうです。

井上　殿様の長溥もどうしようもない。誠につらい心境だったでしょうね。

りりしい男ぶり

井上　司書のプロフィールをもう少し。

吉永　司書はりりしい男ぶりだったらしく、肩幅の広いがっちりした体格で文武に秀で、沈着で胆力あり、力が強かったそうです。碁盤を片手で持ち上げ燭台の火を消したという話も残っています。若侍が碁盤で火を消せるかと議論しているのを黙って聞いていて、家で練習して彼らの前で火を消してみせた。周到な人だったんでしょう。

それから、投網《とあみ》の話があります。船釣りの時、家老が自慢げに投網を打つんですね。司書は、庭を海に見立てて、縁側から投網を打つ練習をして、パッと広げて打てるようになった。次に釣りに行った時、知らん顔で投網を打って見せて、見事に魚を捕まえた。この人は負けず嫌いですね（笑）。

また、よく心を配る温厚な人で、目下の者によく慕われたということです。「**槇乃戸**」という八幡黒崎出身の力士を非常に引き立てていました。自刃の時に着けていた袴腰板《はかまこしいた》を形見にもらい、子孫が大切に伝えて、現在八幡市民センターに展示されています。

実は、家内の曾祖母が、娘時代に加藤家へ行儀見習いに上がっており、自刃当時の見聞したことを、祖母にあたる娘に、「殿は立派なご最期でした」と目を潤ませながら語っていたそうです。

井上　五卿が助命願いをしたのでは。

吉永　三条実美の意を受けて、土佐脱藩の士**方楠左衛門**が、太宰府から馬を飛ばして駆け付け「切腹待たれよ。助命の使いでござる」と門をたたいたが、門は開けられず「司書殿、すでに腹を召された」と非情な返答で救出できなかったという話ですね。

井上　後の**土方久元**伯爵ですね。

吉永　そうです。三条も蟄居の身ですから、助命嘆願だったでしょうね。

井上　五卿のその後は。

吉永　二年後に維新を迎えると、藩はまったく打って変わった態度です。司書在職中は見舞もしていましたが、藩論が佐幕になってからは冷淡な扱いだったんです。五卿が復官して帰京の時は一変し、五卿にお祝いを贈っている。三条公には三百両寄進しています。

井上　話は変わりますが、黒田の殿様は、武人派は長政・忠之の二代くらいで、後はだいたい学者タイプの殿様でしょう。勤皇、佐幕の選択にも影響したのかもしれませんね。

それに、長州にしても薩摩にしても、関ケ原で負けたほうでしょう。土佐の勤皇派は長《ちょう》曾我部《そかべ》の残党。一度やられた側が、馬鹿力を出している。逆に、勝ったほうの福岡藩は力が出ない（笑）。司書が作った今様は、ほかにも残っていますか。

吉永　司書の酔筆にこんなのもあります。「無二膏《むにこう》や万能膏の奇特より親孝行は何につけても」。親孝行が何よりもいちばんの良薬ということですね。

井上　司書にまつわる行事は。

吉永　前福岡市長の**進藤一馬**先生が、節信院の司書会の会長で、毎年十月二十五日の司書の命日には、節信院で法要を行っておられます。司書を偲ぶ人たちが多数集まられますね。

井上　先生が司書に惹かれるところは。

吉永　人間としての最期の態度ですね。

武士としての人生の処し方に魅力を感じますね。もちろん、潔くするといっても、投げ出して死んでしまえばいいということではありません。

しかし、命を投げ出す覚悟であたれば、どんなことでもできるのではないですか。だから、司書の立派さに惹かれるのでしょうね。

井上　今日は興味深いお話を、ありがとうございました。

■吉永正春氏略歴　165ページ参照

〔注〕

※1　今様＝当世風の意で、俗謡、その頃のはやり歌。

司書公のこと

ひ孫の節信院住職　加藤昌弘師に聞く

—司書公のご子孫ですね。

加藤　はい。司書には長女のまき、長男の堅武と次男の大四郎、末娘ちかの四人の子どもがいました。堅武は、明治十年（一八七七）の西南役の時、西郷さんに呼応して決起して、鎮圧され刑死しています。いわゆる福岡の変で父子二代、節に殉じました。

堅武の夫人チセは、母里太兵衛の子孫でした。のこされた娘が二人、ちさとゐぬで、ちさに大村藩士族の子息、万四郎を養子に迎え、この人が銀行の頭取などをしていました。こちらが本家筋で、今は子孫が横浜に在住しています。

—ご住職のほうは……。

加藤　私のほうは次男大四郎の子孫です。大四郎も福岡の変に加わりましたが、若年のため赦《ゆる》されました。若死しましたので、その子ども、当時六歳の輔道《ほどう》が加藤家の菩提寺、節信院の親寺聖福寺に預けられました。輔道が私の父で、成長して節信院を守り、私が引き継いでいます。

—玄洋社の頭山《とうやま》さんはよくお参りに……。

加藤　頭山満さんは、羽織袴のまま、墓前の石に正座して黙禱《もくとう》しておられました。福岡の変の前に検束されて決起に加われず、それで生命が助かった方で、国を愛する至誠の方でしたから、司書公を敬慕される気持ちが深かったでしょうね。

—司書公の写真像は……。

加藤　ありません。それで司書の風貌ですが、娘時代に十七歳の時まで司書に仕えていた原田トミという人が大正時代まで存命で、〝うちの住職〟（輔道）とそっくりだったと証言しています。戦前、平野国臣の甥の田中雪窓という彫刻家が作った、司書の銅像が西公園にありましたが、戦時中に金属回収で撤去されました……。

—ご子孫として司書公評を。

加藤　至誠一筋の人でした。今生きていれば、すべてが金ずくめの世の中を痛憤するでしょうね。大義のために筋を譲らず、従《しょう》容《よう》として死んでいった。戒名が見性院殿悟道宗心居士で、すべてを尽くしているような気がします。

渡り鳥から都市部のさえずりまで
福岡の野鳥

52

日本鳥類保護連盟会員・城野茂門氏。平３年

［お話］**城野　茂門**
野鳥研究家
［聞き手］**野口　康見**
福岡シティ銀行常務取締役

対談：平成二年（一九九〇）七月

和白干潟の平７年。アイランドシティ造成前

司会　今日は博多の野鳥の話をお聞きしたいんです。羽のある鳥を博多に限定するのは無理な話でしょうか……。

城野　「博多鳥ごよみ」ですね。夏から始めましょうか。初夏は「目には青葉山ほととぎす初がつお」の句で、まず**ホトトギス**。最初に声を聞くのは五月二十日過ぎごろです。渡りの途中、夜空を飛びながら鳴く声を、聖福寺や舞鶴公園辺りで聞くことができます。

　街路樹に「**スズメねぐら**」が見られるのも夏です。毎年決まった場所、例えば警固の四つ角のプラタナスの街路樹には、二千羽ぐらいが集まってきます。

　博多のスズメといえば、戦前、櫛田神社の大銀杏を大群がねぐらにしていました。七月十五日の博多祇園山笠の早暁、四時五十九分の一番山笠の大太鼓と、沸き起こる大歓声に驚いて、数千のスズメの大群が一斉に空へ舞い上がる。とても壮観で、今でも語り草になっています。博多出身の紙塑《しそ》人形作家で人間国宝の故鹿児島寿蔵先生は、アララギ派の歌人でしたが、この情景を、

　夏空のしらしらあけの銀杏より
　万羽の雀たちし忘れず

と歌っています。

野口　スズメが歌に詠まれているのは、初めて知りました。

城野　そして、人と共存といえばツバメですね。今年は都心の天神にも二つ、西鉄福岡駅のコンコースと、イムズに抜けるガード下の所に巣を作っていました。十五年前には、岩田屋周辺だけで十七個もあったんです。

　ツバメは普通はひなを四、五羽産むのですが、天神の巣のひなは三羽くらいです。餌が

少ない関係でしょう。都会は夜も明るいですから、その照明に集まってくる虫を捕ってひなにやるために、夜の十時くらいまで餌を捕っています。天神のツバメは働き者ですよ。

　ツバメは春、フィリピンから渡ってくるケースが多いんです。そして、お盆を過ぎる頃に街から移動し、若鳥はまだ未熟なので、伊万里の辺りの集合地で渡りの飛行訓練をする。そこには二万羽ものツバメが集まります。

野口　実は、焼鳥屋の軒先にツバメが巣を作っていて（笑）、そこでひなを立派に育てている。店の旦那さんも大事にかわいがっているんです。

城野　鳥は多少嗅覚が弱いんですが、少し人間臭くなっている（笑）。第一、ツバメは巣を裏口に作らないで、必ず人が出入りする玄関口に作ります。これはヘビやネコやカラスやフクロウなど、いろいろな天敵から守ってもらうため、わざと玄関口に作るんです。

　福岡駅のコンコースのツバメの巣。ふんで肩を汚されたと苦情が駅長さんに来るので十五、六年前、巣を駅員が落としたことがありました。それなら、作り始めのときに落としてくれ、ツバメはほかの所に移る。それよりも、下に受け棚を付けたらどうか、とお願いしました。このごろはきちんとしてある（笑）。駅長の申し送りになっているんじゃないでしょうか（笑）。

　それからフクロウ科の**アオバズク**で、夜ホーホー、ホーホーと続けて鳴きます。

白魚のヤナの上で羽を休めるユリカモメの群れ。平２年２月、室見川

秋から冬へ

野口　秋になると渡り鳥が入れ替わりますね。

城野　秋が深まってくると、ホトトギス、ツバメ、アオバズクなどの夏鳥が南の方に帰る。入れ替わりに、北から冬鳥が渡ってきます。中でもいちばん目につくのは**ツグミ**。それから、毎年十月六、七日ごろ、大濠公園にカモが来ます。**ホシハジロ**という種類のカモです。私は「大濠のカモ番」と言われていて、マスコミからまだかまだかと連日電話がかかってきます。

　都心の川に入ってくる鳥では、福岡の市鳥に選定されている**ユリカモメ**がいます。別名〝みやこどり〟で、在原業平《ありわらのなりひら》が詠んだ、「名にしおはば　いざ言問はむ　都鳥《みやこどり》　わが思う人は　ありやなしやと」の都鳥はユリカモメのことです。東京都が都の鳥に指定していますが、福岡でも多く見られます。

　博多湾は、カモには格好の冬越しの場所です。東には和白干潟があり、西には今津湾がある。両翼の干潟が、カモの越冬の食料基地です。

野口　冬になると、よく鳥が庭に来ますね。

城野　寒さが厳しくなり、正月を過ぎる頃から、山の鳥がどんどん街に来ます。**ツグミ**、**ヒヨドリ**、**レンジャク**。レンジャクは頭に飾り毛があって、福岡市の木であるクロガネモチの赤い実などを啄《ついば》みに来ます。**メジロ**が天神の街路樹に来るのも冬の終わり頃です。こんな場所の、ほこりだらけの木の実を餌にしなければならないのかと、哀れになってきます。

　春になると、巣作りのシーズンで、ツバメやスズメは人家の近くに巣を作ります。

都市化御三家

野口　**カラス**もこの頃では都市の鳥ですね。

城野　「都市化御三家」の筆頭はカラスです。ひじょうに知恵のあるたくましい鳥で、ＫＢＣ（九州朝日放送）の鉄塔やあちこちの広告塔の看板の内側の鉄骨に巣を作っています。

　それから**ヒヨドリ**。今は一年中どこにでもいる鳥になっていますが、実は九州では冬の鳥なんです。この頃は、移動をしない博多生まれのヒヨドリが世代を重ねて市内で繁殖しています。
もう一つは**キジバト**。一般にはヤマバトと呼ばれます。この鳥が岩田屋の前の街路樹に巣を作ったりしています。
それに次ぐのが**ゴイサギ**です。グレー色のずんぐりしたサギで、東中洲の川縁のネオンの明かりに魚が集まってくるんですが、それを待ち受けて、いわゆる〝いさり火漁〟をしている。これも鳥の都市化現象でしょう。
最近はひじょうにサギが多い。那珂川や都心部の水辺で見られるのは、シラサギの中でもいちばん小型な**コサギ**です。
さて、秋には、大陸から渡ってくる**ハクセキレイ**、博多でいうイシタタキが見られます。
野口　しっぽが長くて、ひょこひょこと川辺の石をたたいているような動きをする白いスマートな鳥ですね。
城野　これも、人間のつくった構築物にねぐらを作ります。東中洲の明治生命ビルの屋上の広告塔に千五百羽くらいのねぐらがあり、渡辺通りの西日本新聞社からちょっと南の星野ビルの前のホルトノキに五百羽くらい、早良区のももちパレスの前のイチョウの木にも二、三百羽います。
ねぐらに帰ってくるそのハクセキレイを待ち構えている**チョウゲンボウ**というタカがいる。すると、ハクセキレイ数百羽が舞い上がって、チョウゲンボウの周りを飛び回って脅しをかけます。前後左右から急降下をしたり、下から追い上げたりするんです。タカがついに手も足も出せず、立ち去ってしまう。つまり、強い者に対して集団デモンストレーション、動物行動学の言葉でいうモビングをするんですよ。
それから、百年橋の桁に**イワツバメ**が集団で巣を作っています。今、三十くらい巣がありますが、あれほど交通量が多くて振動も激しい橋の下なんですが、いちばん安全だと思っているんでしょう。コロニーと呼ばれる集団で巣を作る習性を持つ鳥です。
このイワツバメは、JR二日市駅を中心に五百羽くらいいる越冬ツバメが昔から有名で、それが、次第に下流の方に下ってきて、百年橋でもここ一、二年は二十羽くらいが越冬しています。温暖化で、冬でも餌の虫がいるからですが、どうも、何千キロもつらい旅をするよりも、ちょっと寒さを我慢すればいいというずぼらなツバメがいて……（笑）。
野口　都市化の一つですね。
城野　人間と利害が相反して問題になっているのが**ドバト**。ハト公害ですね。最近はベランダに金網を張ったりしていますが、人間のほうが網の中に入らない限り防ぎようがありません。餌をやらない、巣を作らせない、この二つをしっかりやれば、自然淘汰されるんです。でも、巣を作らせないというのはまず不可能で、都市高速道路の裏側だけでも、何百万個も巣を作れるだけのスペースがあります（笑）。
野口　街の鳥、山の鳥のすみ分けは……。
城野　昔はきちんとすみ分けをしていたんです。ところが最近では、鳥たちの方が都市化して、適応力を見せていますね。

浅瀬でエサをついばんでいたツクシガモ。
東区の和白干潟、平成29年

名前を十言えたら初級ライセンス

野口　博多が鳥たちに恵まれた環境なんですね。
城野　博多の立地をわれわれはクロスロードと呼んでいます。朝鮮半島から海峡を渡ってくる鳥、日本海を南下してくる鳥、日本列島を北から南下してくる鳥、そのコースがちょうど博多辺りで重なるため、鳥の層が濃くなるのです。それに、今津、和白の両干潟があります。人間はウォーターフロントといいますが、鳥にとっても同様で、ひじょうにすみやすいわけです。

だいたい鳥類図鑑に載っている鳥の種類が五百五十種で、福岡県内でだいたい三百二十種、福岡市の中で二百九十種記録されています。日本にいる鳥の半分以上が福岡市内で観察記録されている。百万人以上の大都市でこれだけ鳥が観察されているというのは、あまり日本では例がないと思います。

野口　普通、私たちは鳥の名前をどれくらい知っていたらいいでしょうか。

城野　初級が十種類です（笑）。それくらいはと皆さんは言われる。まず、カモとおっしゃいますが、カモは総称でカモという鳥はいません。カラスも同じで、**ハシブトガラス**、**ハシボソガラス**、**ミヤマガラス**の三種類。ワシという鳥もいない。**オジロワシ**、**イヌワシ**、いろんなワシがいます。

野口　それは難しい（笑）。

城野　正しい鳥の名前を十種類以上言えたら、初級のライセンスがもらえます。スズメ、ツバメは問題ないとして、**トビ**、メジロ、ウグイス…その辺りで、詰まってしまうんです。でも、最初の十種類を確実に覚えれば、十五、二十は簡単にいけますよ。

ところで、博多の鳥の数え歌というのがあります。「一つヒヨドリ、二つフクロウ、三つミミズク、四つヨタカ、五つイシタタキ、六つムクドリ、七つ渚のハマチドリ、八つヤマドリ、九つコウノトリ、十トッチャン尻やけトンビ」

この中には俗名が相当あります。ミミズクは**アオバズク**です。**ヨタカ**は夜行性でハトくらいの大きさ、タカの種類ではない。夜になるとふわふわとあやしい感じで飛ぶので、江戸時代の街娼の俗名にされています。五月下旬ごろ来る渡り鳥です。複雑な渋い色をしていて、鳴き声はまな板できゅうりを連続して刻むような声です。

イシタタキはセキレイ。ハマチドリは千鳥を総称したものです。**ヤマドリ**は、キジによく似た尾っぽの長い鳥で、**コウノトリ**は絶滅しています。兵庫県が県鳥に指定していますが、「幻の県鳥」ですね（笑）。

野口　数え歌で身近な鳥を歌い込めるくらい、博多にはいろんな鳥がいたのですね。

城野　それは万葉時代からです。大友旅人が草ヶ江の辺りを詠んだ歌があります。

「草香江之　入江二求食　蘆鶴乃痛多豆多頭思　友無二指天（くさがえのいりえにあさる　あしたづの　あなたづたづし　ともなしにして）〈巻第四・五七五〉」

草ヶ江の辺りの入り江の名残が、大濠公園のあの一帯の水辺ですが、そこに**鶴**が来ていたということです。

志賀中学の校庭にも万葉歌碑があります。詠み人はわかりません。かしふ江とは香椎のことです。

「かしふ江に　たづ鳴き渡る志賀の浦に沖つ白波　立ちしくらしも」

香椎の水辺に鶴が鳴きながら舞い渡っていると、それに呼応するように沖の白波が幾重にも立っている、というような形容です。

野口　鶴といえば、舞鶴城も……。

城野　はい。福岡城のことを舞鶴城といいますね。城の築かれた辺りから展望すると、志賀島がツルの頭で、海の中道が細首で、手前の湾内に翼を広げている形に見えるからだといわれています。

話題となったイワミセキレイとメジロガモ

野口　珍しいお客さんも……。が、新しい発見は。

城野　南公園の近所にお住まいの主婦の安西美智代さんは熱心なウォッチャーで、南公園で**イワミセキレイ**を発見されました。昭和四十七年（一九七二）のことです。この鳥は、日本では迷鳥[※1]として過去にも報告例の少ない鳥です。それの巣を発見し、ひなまで確認されたのです。

博多は鳥のクロスロードですから、記録でもいろんな珍しい鳥が来ています。昭和六年（一九三一）の十二月十八日、今津村（今の今津）に、ペリカンが一羽飛んできています。ペリカンは日本の鳥名では**ガランチョウ**（伽藍鳥）といい、捕獲されて市の動物園で三カ月くらい生きていたそうです。昭和四十六年（一九七一）の朝日新聞に、箱崎の埋め立て地に飛来した一羽のペリカンの投稿写真があります。徳川時代に飛んできて捕まった絵図も残っており、フィリピン辺りから台風に巻き込まれて来た迷鳥なのでしょう。

野口　先生の発見は。

城野　平成元年（一九八九）の冬、私が自転車で平和台の野球場の前の堀を通り掛かると、妙なカモが目の前にいる。メジロガモかもしれないと、とりあえず新聞社に写真を撮ってもらいました。

野口　たいへんな発見でしたね。

城野　それが全国に広まって、ワッと人が集まった。翌日から千ミリの望遠レンズがずらっと並んでいる。ウォッチャーというのは鳥の観察が好きな人ですが、もう一つバーダーという言葉があって、「鳥人」という意味でしょうか、これは完全に鳥マニア（笑）なんです。そういう連中が全国からライトバンに機材を積んでわんさとやって来た（笑）。大騒ぎになったのですが、**メジロガモ**は、昭和三十四年（一九五九）に、千葉県の宮内庁の御料地で一羽記録されているだけだからなんです。

そのうちに、あれは混血種だという異説が出てきました。こんなとき、鳥の世界でも、たいてい声の大きいほうが勝ちのようで…（笑）。だから、私はハカタメジロガモという名前を自分で付けました（笑）。

野口　日本野鳥の会などは……。

城野　写真を送っているんですが、それだけでは決めようがありません。今でこそ野鳥会の会員が増えて、珍鳥を写真で発表していますが、昔は、新種を発見すると鉄砲で撃ち落として、それを鳥類学者に送って、同定してもらったんです。学者のお墨付きをもらわないと、学会に発表できなかったんです。

野口　鳥類学者といえば、黒田の殿様が有名でしたね。

城野　ええ。**黒田長礼**《ながみち》さんは鳥類学者で、日本鳥学会の会頭でした。昭和五十三年（一九七八）に八十九歳で亡くなられています。

東京大学の理学部の動物学専攻で、若い頃宮内庁の主猟官を務められ、外国のお客さま

4年連続で大濠公園に飛来した珍鳥メジロガモ。平5年11月

を接待するためカモ猟のご猟場の取り仕切りや、タカ狩りのためのタカの飼育なども研究監督しておられました。

羽田飛行場ができる前は、そこに黒田家のひじょうに広いカモ場がありました。長礼さんのご長男の長久さんも、現在鳥学会の会頭や日本野鳥の会の会長をされています。

本当の仏法僧は

城野　在野の研究家では、**安部幸六**さんという方がいます。中央区の桜坂に住んでおられました。福岡師範学校を出てしばらく農学校の先生をされ、大正八年（一九一九）に狩猟法ができて、狩猟関係の役人になられました。これは県保安課の技手という仕事です。昭和三十六年（一九六一）に八十歳で亡くなられましたが、この方が、福岡のアマチュアの大先達です。

安部さんのいちばんの功績は、ブッポウソウという鳴き声を夜の英彦山で聞いて、この鳴き声はフクロウの仲間の**コノハズク**だと、民間で最初に指摘されたことです。

ちょっとややこしいんですが、鳥類図鑑に載っている**仏法僧**という鳥がブッポウソウと鳴く、というのが従来からの常識でした。

両方ともだいたい同じ環境にいるのですが、昼行性の仏法僧は姿もきれいだし、ひじょうに神秘的な鳥です。しかし、ギャーギャー

という、似ても似つかぬ汚い声で鳴く鳥でした（笑）。

安部幸六さんはこの発見を東京の黒田さんに知らせました。黒田さんもその頃、浅草の傘屋さんが飼っているコノハズクが、毎晩ブッポウソウと鳴くということを聞いて、鳥カゴを借りてきて自分の耳で確かめて学会に発表しました。これが飼鳥での確認です。

野外での確認は、山梨県の県庁職員の**中村幸雄**さんという方が、闇の中でブッポウソウと鳴いている鳥目がけて鉄砲を撃ってみると、落ちてきたのはコノハズクでした。だから、手に取って野外で初めて確認したのは、この中村さんなんです。思わずその時に、天皇陛下万歳！　と叫んだ、というのが鳥仲間の神話として語られています。以上が全部昭和十年（一九三五）。最初の疑問を投げ掛けたのは安部さんで、声を自分の耳で確認したのは黒田さん、手に取って確認したのは中村さんということになります。

それから、チョットコイと鳴く**コジュケイ**という鳥がいますが、あれは中国の南部から輸入した帰化鳥で、大正十三年（一九二四）、安部さんが狩猟官のときに農林省からもらい受けて、県下に放鳥したのがルーツです。大正七、八年（一九一八、九）ごろに三菱財閥の岩崎家で飼っていたコジュケイが、青山一帯で大繁殖したので、この鳥は狩猟鳥にいいのではと、各地に種鳥を分けたんです。

庭によく来るお客さま

野口　子どもの頃、よく**メジロ**を獲っていましたね。

城野　メジロは保護鳥で、今飼うには許可が要りますが、私の子ども時分は、メジロを獲って飼うということは、子どもの遊びの通過儀礼のようなものでした。籠を自分で作り、声を競わせ、いいメジロを持っているというのが、一つの勲章でした。

野口　今、一般の家にもよく鳥が来ますが、どんな鳥がいるんでしょう。

城野　庭の鳥というと、初冬から春にかけて連日、私の家に電話があります。「今うちの庭に鳥が来ていますが、何という鳥でしょうか」と。電話ではわかるはずがない（笑）。それで、まず「物差し鳥」を決めて大きさを聞きます。スズメに比べてとか、ハトに比べてとか、そうすると、だいたい見当が付くわけです。次が色と体の特徴です。鳴き声は口写しでは伝わりにくいので、まず大きさと特徴ですね。

よく登場するのは**ジョウビタキ**です。「胸の所が柿色でひじょうにきれいで、肩の所に白い紋があり、ヒョコヒョコ頭を動かしていませんか」と聞いてみて、「そうです」という答えなら、十中八、九ジョウビタキのオスですね。ただ、決めてしまってはいけないので、「お子さんの図鑑などで確かめてください」と言います。

それから中型の鳥では、**ツグミ**とか**ヒヨドリ**、地面に降りる**アオジ**などですね。メジロ、**ウグイス**はこの頃は普通に入ってきます。餌台を作ってやるとなおさらです。**モズ**、**キジバト**、**シジュウカラ**、この辺りが庭に入ってくる常連で、季節的に木の実があると、**キレンジャク**、**ヒレンジャク**という二種類のレンジャクが集団でドカッと入ってきます。

庭にコケを植え込んだら、鳥がむちゃくちゃにしたという電話もあります。これはシバカキという別名を持つ**シロハラ**という鳥で、その名の通り枯落葉を足でかき分けて、その中にいる虫を捕って食べるんです。

よく苦情がくるのが**ゴイサギ**です。夜陰に乗じて、池に飼っている育ち盛りの十四、五センチの鯉を捕って食べてしまうんです。そんなふうに、鳥情報のアドバイスも忙しいのですが、おかげで市内の鳥情報が居ながらにして手に入る。私は自分で「電話探鳥」と名付けています。愛鳥週間の前にはこれらの情報をストックしておいて、毎年マスコミに教えてあげています（笑）。

野口　マスコミも大助かりですね。

城野　最近はテレビ会社から、鳥の絵を撮りたい、どこへ行ったらいいかと、よく聞かれます。映像時代ですね。問題なのは、巣で親鳥がひなに餌をやっているような決定的な瞬間の写真を撮って、一発当ててやろうという人が多くなったことです。

野口　そうすると親鳥が帰ってこない。

城野　ですから、うかつに言えません。私がいちばん気になる写真は、鳥の巣のひなの写真です。親鳥は人間が居て怖いけれども、ひなかわいさに戻ってきます。それを、フラッシュで撮るんですから、いい写真が撮れて当たり前です。しかし、親鳥は、ショックで給餌をしなくなる場合が多い。危険だと思ったら卵を捨ててしまったり、別の所に巣を作って卵を産み直すんです。だから、羽毛の一枚一枚までよく撮れていても、愛情からは遠い。愛鳥家の写真とはいいませんね。そういう写真の相談だけは絶対に断ります。

木化け石化けがマナー

野口　バードウォッチングで身近な道具としては……。

城野　まず、八倍から十倍程度の双眼鏡ですね。オペラグラスのような小型のもありますが、やはり、本格的な見え味のいい物のほうがいい。子どもの運動会などにも使えますし。倍率が大きくなると重くなり、視角も狭くなる。だから、八倍から十倍くらいが持ちやすいし、使いやすいですね。

野口　カメラですが、望遠レンズは……。

城野　一般には手持ちがきく三百ミリですね。これで、結構いい写真が撮れますよ。それ以上になるとぶれるので三脚がいります。

鳥を見る基本は「木化け、石化け」です。山に行くと木に化けろ、石に化けろというんです。鳥が木か石かと思うくらいじっと待っていると、鳥の方から近づいてきます。

野口　服装で注意することは……。

城野　あまりキラキラしたものや、音がする持ち物は避けた方がいいですね。それから、鳥が決まって水を飲みに来たり、水浴びに来る水場があります。そこを一度見つけると、もう動かなくていい。次から次にいろんな鳥が来るので楽しいですよ。ここは、仲間にも教えません。写真を撮る人には、フラッシュをたきますから、特に教えられませんね。

ウォッチングの心得は、「追うよりも待て。鳥との距離は鳥に決めさせろ」。これに尽きます。いくら目のいい人でも、鳥のほうが先に人間を見つけている。バードウォッチングなんていっていますが、つねに鳥からウォッチングされているんです（笑）。

最近は、イメージ時代で、野鳥が都市の自然度の物差しになっています。海を持ち、山を持っている**福岡市の市鳥**は、水辺の**ユリカモメ**と山野の**ホオジロ**です。ユリカモメは、冬になってくると、どんどん市街地の川などに入ってきます。大濠公園でカモにパンくずを投げると、空中でユリカモメに取られてしまいます。

映画で見ましたが、北欧の町で女の子がパンくずを持った手を上げると、カモメがさっと取っていく。福岡のユリカモメは、手からはまだ取りません。

野口　サンフランシスコのゴルフ場で、ゴルフバッグにハンバーガーを入れておいたんです。**カモメ**がバッグを開けてそれを取る。驚きましたね。

城野　外国にはトウゾクカモメと名が付いたカモメがいて、ほかの鳥が餌をくわえて運んでいるのを襲って、吐き出させて取るんです。

メジロの鳴き声は長兵衛、忠兵衛、長忠兵衛

野口　ホオジロはどんな鳥ですか。

城野　スズメよりちょっと大型で、一般的に野山の開けた所にいます。その名の通りほっぺたが白くて、鳴き声が「一筆啓上つかまつり候」といい、「おせん泣かすな馬肥やせ、今度の便りに金十両」と続きます。これを「聞きなし」といいます。鳥の鳴き声に言葉を当てはめて覚えるという、日本人の生活の知恵ですね。テープレコーダーも何もなかった時代に、鳥の声を伝える方法だったのです。

ウグイスのホーホケキョウは「法法華経」

だし、メジロは「長兵衛忠兵衛長忠兵衛」で、人の名ですね。それから**ヒバリ**が「日一分日一分、月二朱月二朱、利取る利取る」。分と朱は昔のお金の単位で、利子を取るということです。

センダイムシクイというウグイスの仲間の鳥が、以前コマーシャルにもなった「焼酎一杯グイーッ」。それから**ホトトギス**の「てっぺんかけたか」。糸島の方では「みよちゃんかかさん」。**ツバメ**はめったに鳴きませんが、「土食うて虫食うて口渋い」。繁殖に入る前に雄が雌を励ますために鳴く声です。

私は宗像の生まれですが、**フクロウ**の声は、「トロッコトウトウ鼻くそ食わそ」といいました。それを佐賀の方では「こうぞうかりくそ食うか」など、なぶり言葉の聞きなしもあります。

それから、やはり鳥となじむ方法の一つは、まず名前を覚えることです。せっかく庭に来る訪問者なんですから、せめて、スズメと違う鳥、じゃなくて名前を覚えてほしいですね。

野口　そもそも、先生と鳥との結び付きは。

城野　少年のとき、やぶの中で鼻先に出てきたウグイスとの出会いですね。その真っ黒な瞳を間近に見た感動が、鳥に魅入られるようになった始まりです。

そして、間に戦争があり、帰って県庁に入って税務課配属でしたが、どうも私の性格には合わない。それで日曜日に山歩きをして鳥を探す。そのうちに誰かが、カメラを担いで鳥を探している変な税金屋がいると言い始めたことから、県庁の記者クラブから情報を取りに来るようになって、「野鳥番」になってしまいました。

それから、図書館があって勉強ができるので、希望して県の文化会館に変えてもらいました。ちょうどオリンピックの前の年です。今は年金生活者ですから、年中日曜日でいつでも探鳥できます。

野口　先生がご本『暮らしの中の野鳥記』を出されたのは、鳥に魅せられて何年目ですか。

城野　十年目くらいですね。

野口　文章もさらさらとたいへん名文で。評価も高かったでしょう。

城野　いえいえ。でも、何か書いてくれとよく言われます。二年間毎日新聞に連載した「**暮らしの鳥ごよみ**」[※2]は、週一回写真入りで、ずいぶんたくさんの人が読んでくださって、お手紙もたくさんいただきました。

野口　先生のお好きな鳥を一つ（笑）。

城野　みんなと言いたいところですが、実は**ヒヨドリ**なんです。巣から落ちたひなを持ち込まれて、苦労して家内と二人で育てたんです。ところが、ある夜、お客さんがたくさん来て騒いだのを怖がって、飛び出しましてね。夜が明けると公園の木の枝にいるのが見える。家内が呼んだら近寄って来たんですが、そこを野良猫が狙っていて飛び付きました。そのまま絡み合って地面に落ち、夢中で猫を追っ払って取り戻したんですが、右側の肩の骨が砕けて、少ししか飛べません。一生面倒を見てやらないといかんと思って、その十字架を背負って暮らしています。

このごろの心境は、いくら鳥好きでも常軌を逸したマニアになってはいけない。鳥だけをピックアップするんじゃなくて、鳥も人間も一緒に包み込まれた自然を大事にしようじゃないかということです。このごろは、鳥を通して地球を考えるという、たいへん大きなテーマに取り組んでいます。

司会　ひじょうに興味深いお話を、本当にありがとうございました。

■城野茂門氏

大正九年（一九二〇）～平成八年（一九九六）。宗像郡福間町に生まれる。県立宗像中学を三年で中退、英国領シンガポールに渡航、商業に従事。帰国後兵役。ビルマに従軍。復員後福岡県税務課に勤務。福岡県文化会館（現県立美術館）普及課長。退職後野鳥の観察を通して、自然保護思想啓蒙を志す。著書『暮らしの中の野鳥記』ほか。

［注］

※1　迷鳥＝本来の分布域以外の地域に迷い出た鳥

※2　「暮らしの鳥ごよみ」＝平成三年（一九九一）海鳥社刊。

博多の禅寺 53

［お話］
廣渡 正利
福岡県地方史研究連絡協議会 会長
［聞き手］
西島 伊三雄
博多町人文化連盟 理事長
木村 順治
福岡シティ銀行 専務取締役

対談：平成三年（一九九一）二月

承天寺

福岡城の本丸表御門を移築した崇福寺の山門。平 25 年

後鳥羽上皇の勅額「扶桑最初禅窟」（日本初の禅寺の意）がかかっている聖福寺

博多はお寺が多い

木村　博多には立派なお寺がたくさんありますね。今日は聖福寺、崇福寺、承天寺の三《さん》禅窟《ぜんくつ》のお話を。

西島　たしか京都に次いで多いとか……。お寺がお城の防衛のために配置されているという話も聞いていますし、お坊さんがまんじゅうとかお茶とかの元祖だという話も多い。不思議なのは、藩主黒田家の墓が崇福寺と東長寺の二つの寺に分かれていることで、その理由を何度聞いてもよくわからない（笑）。

廣渡　この禅宗の三つのお寺は由緒が古くて、黒田長政が関ケ原の戦いの功で慶長五年（一六〇〇）に筑前五十二万石の城主になる前からあったんですね。
　崇福寺は、太宰府にあったのを長政が菩提寺として博多に移したのです。初めに呼び方を整理しておくと、聖福寺はショウフクジ、崇福寺はソウフクジ、承天寺はジョウテンジですね。
西島　お寺の古さからいいますと……。
廣渡　聖福寺が源頼朝の頃で、いちばん古くて建久六年（一一九五）、次が太宰府に建てられた崇福寺で仁治元年（一二四〇）、承天寺が仁治三年（一二四二）と前後五十年に建てられています。
　中国との関連でいえば、南宋（一一二七～一二七九）の頃ですね。
　お寺には開山と開基とがあって、開山はお寺を創立したお坊さん、開基がお寺を建てた人ということです。お寺は元々は天皇や公家の建立によることが多く、時代が下ってだんだん地方の豪族たちが建てるようになり、さらに時代が下ると、一般の人たちがお金を出し合って建てるようになってきます。その頃は、中国から帰って来た人が、いちばん偉く見られていて、お寺は学問と文化の中心でした。知識階級のお坊さんを養成する所で、お葬式をするというのは、ずっと後になってからですね。
西島　栄西《ようさい》禅師がお茶の元祖だとか、聖一国《しょういちこく》師《し》が饅頭の元祖だとか……。
廣渡　いずれも中国から来たもので、この方たちにぴったりなじむのですね。

日本最初の禅寺　聖福寺

木村　じゃあ、まず聖福寺から……。
廣渡　栄西禅師〈永治元年（一一四一）～健保三年（一二一五）〉が開山で、多分博多の人たちがお金を出し合って建てたんじゃないかと思います。
　明庵栄西《みょうあんようさい》は、岡山の生まれで比叡山で天台宗を学び、仁安三年（一一六八）と文治三年（一一八七）の二回宋に渡り、臨済禅を学びました。二回目は四十七歳の時で天竺《てんじく》（インド）へ行くのが目標でしたが、交通不能で果たせなくて、在宋四年で建久二年（一一九一）に帰国され、聖福寺を建立されたのです。鎌倉五山の寿福寺や、京都五山の建仁寺も建立されています。
　聖福寺は別説では、源頼朝の申状《もうしじょう》というのがあって、頼朝が大檀越《だいだんおつ》で建立したという言い伝えもあります。
　聖福寺が出てくるいちばん古い資料は『元《げん》亨釈書《こうしゃくしょ》』で、東福寺の虎関師錬《こかんしれん》というお坊さんが、お寺のいろいろな歴史を書かれたものです。
西島　聖福寺の山門に後鳥羽上皇〈治承四年（一一八〇）～延応元年（一二三九）〉の「扶桑最初禅窟」の勅額が掛かっていますね。
廣渡　上皇のご宸筆《しんぴつ》で、扶桑は日本のことですから、日本最初の禅宗のお寺ということです。
木村　たいへんなお墨付きですね。
廣渡　聖福寺の初期は、栄西が京都に建立した禅宗の建仁寺派です。鎌倉幕府の外交上の役所のように扱われていて、来日した使節は、だいたい聖福寺に泊まっています。室町時代も同様でした。
西島　塔頭《たっちゅう》が多いですね。
廣渡　塔頭は一応修行を終えたという人たちが住んだお寺で、本寺の聖福寺の寺務を助けていました。幻住庵《げんじゅあん》・虚白院《きょはくいん》、円覚寺、順心庵、節信院、広福庵などで、終戦後は独立した宗教法人になっていますね。
西島　今でも聖福寺は結構広いですが、昔は広大なものだったんですね。
廣渡　そうです。境内を妙楽寺に分けたりしましたからね。禅宗のお寺は七堂伽藍《がらん》といって、広壮な規模なんです。だいたいどのお寺も同じ造りになっています。山門、仏殿、和尚さんがおられる方丈《ほうじょう》。そのほかに今の厨房の、庫裏《くり》、そしてお坊さんたちがいる僧堂。浴室、東司《とうす》、これはトイレです。
　聖福寺は禅寺の伽藍様式が残っているので、昭和四十四年（一九六九）に国の史跡に指定されています。
木村　どうして福岡には禅宗のお寺が多いん

ですか。
廣渡　最初に中国から伝来した所だからでしょう。栄西は十数年もここにいたので、博多だけでなくて、香椎の**報恩寺**、筑後の**千光寺**など、栄西を開祖とするお寺があちこち残っています。
西島　聖福寺の山門に、**山崎朝雲**の**十六羅漢**の木像がありますが、公開は年一回だけでもったいないですね。
廣渡　名作ですからね。姪浜の**興徳寺**にも、**大応国師**（南浦紹明《なんぽしょうめい》）自賛の頂相《ちんそう》（肖像画）があるんです。鎌倉時代の貴重な作例ですが、これも年一回の開山忌の日しか公開されません。
西島　どのお寺さんも、内陣や庭園を、もっと気軽に見せていただけるといいのにですね……。
廣渡　京都だと見学者が多いから拝観料で説明する人を置けるんですが、あまり観光にはしない方がいいような気もするし……。どのお寺も寺僧は二、三人しかいませんから、とても手が回らないんですね。
西島　それから、どこでも殿様の墓所が歴史散歩の大きなポイントですよね。しかし、ここは黒田さんの墓に参ろうと思っても参れない。何とかしてもらったら、と思いますね。
廣渡　その通りで、ちょっと博多の人は黒田さんに関心が薄いですね。

その背景に黒田さんのフが悪かった（不運だった）こともありますね。幕末に藩の対応が悪くて明治維新に乗り遅れたのがよくなかった。**加藤司書**たち勤皇の人たちを島流しにしておけばいいのを、切腹させている。その上、明治になっての偽札事件で、新政府にとっちめられてさんざんでした。
　四百年前に長政が入国して、那珂川から東の福岡を家臣団の街にしましたが、その頃はまだ整ってなくて、博多のほうが城下町みたいだったでしょう。それに、黒田三百年より博多の街の歴史の方がうんと長い。そういうことからなんでしょうが、藩政はまずまずだったのですから、博多の人はもっと黒田さんを大切にしていいですね。

多くの名僧を生んだ崇福寺

西島　崇福寺は黒田さんの菩提所ですね。
廣渡　黒田藩主十三人のうち十一人が祭られています。
木村　誰が開基ですか。
廣渡　崇福寺は、聖一国師などと一緒に中国に渡った**湛慧**《たんえ》という天台宗の偉いお坊さんが、仁治元年（一二四〇）に太宰府の横岳に建てられました。
　翌二年（一二四一）、**聖一国師**が帰国して禅宗のお寺に変えられ、その後、国師の甥の大応国師が住持になられた。
　この方が開基です。大応国師は、中国から帰って鎌倉の**建長寺**《けんちょうじ》におられましたが、北条氏の懇請で博多に来られたのです。文永六年（一二九六）に姪浜の**興徳寺**、文永九年（一二九九）に太宰府の崇福寺に移られて三十三年間おられました。この方は純粋の祖師禅を唱えられ、多くの高僧を育てられました。
　大応国師の弟子には京都**大徳寺**の**大灯国師**《だいとうこくし》、**妙心寺**の開山の**関山慧玄**《かんざんえげん》など名僧が出て、大応派ともいわれています。大徳寺も**五山**《ごさん》※1の中に入ったことがあるんですが、いろんな関係で**十刹**《じっさつ》※2になって、崇福寺と同じ寺格です。
木村　その五山の下に十刹が……。
廣渡　そうです。崇福寺と承天寺が十刹に入ったのはちょっと後の応永年間で、その頃は十刹というのが五、六十くらいできていました。だから三つとも同じ格なんです。
木村　福寺はいつから博多へ。
廣渡　国時代の末期に、島津氏が九州統合を目指して北上し、天正十四年（一五八六）、太宰府岩屋城にこもる大友氏の名将**高橋紹運**《たかはしじょううん》を囲んだとき、戦火で焼かれてしまいました。その後、黒田長政が筑前城主として入国してから、菩提寺にと博多へ移したのです。その時の住持江月和尚《こうげつおしょう》が、崇福寺中興の開山とされています。
木村　なるほど。だから、崇福寺は藩から優遇されたのですね。

廣渡　崇福寺の寺領は三百石で、徒弟の教育や寺の普請まで藩からお金が出ていました。聖福寺は二百石、承天寺は百石です。百石で十人くらいのお弟子さんが食べていけるくらいですね。

木村　崇福寺がいちばん高かったのですか。

廣渡　いや、ほかにも。**少林寺**もそうですし、荒戸山の**東照宮**（現光雲神社）の松源院という徳川家康を祭っていたお寺も三百石でした。

木村　崇福寺は、黒田長政公ら藩主の菩提寺ですが、**頭山満**《とうやまみつる》、**来島恒喜**《くるしまつねき》ら、玄洋社の人たちの墓もありますね。

廣渡　**島井宗室**、**高場乱**《たかばおさむ》、**江藤正澄**らの墓もあります。ただ、黒田家の墓所は中囲いの中にあって、一般の人は入れませんね。

西島　二代藩主**忠之**、三代**光之**の墓は、東長寺にあると聞いていますが。

廣渡　ええ、二人の墓は同じ御供所町の真言宗の**東長寺**にあります。東長寺は**空海**の開基と伝えられています。忠之の手習いの師匠が真言宗の高僧で、忠之が信者になり、死後は東長寺にと言って二百石の寺領を付けました。

　忠之が、菩提所は崇福寺だから、子孫が菩提を弔ってくれるか気掛かりだといったので、息子の光之が、じゃあ私もと、二代目と三代目が東長寺になったんです。光之も百石加えたので、東長寺も三百石になりました。

木村　そうすると、四代目の**綱政**から崇福寺に戻ったのですね。

西島　中央区の親不孝通りにある少林寺に、黒田の奥方の墓があると聞いていますが……。だいたい藩主夫妻のお墓は隣り合ってあるはずでしょう。

廣渡　長政の奥方で、信仰が別々だったからです。夫人は徳川家康の姪で浄土宗でした。この寺にも忠之が百石寄進、後に徳川将軍の霊をまつって二百石を加え、寺領三百石になっています。

木村　崇福寺は入り口に有名なお地蔵さんがありますね。

廣渡　**旭地蔵**さんですね。禅宗とは関係ありませんが、縁日の四の日はたいへんなにぎわいですね。

山笠と縁が深い承天寺

西島　次は承天寺さんですね。呉服町の筋の所は、昔は門前町で、お参りで栄えていたといいますね。

廣渡　聖福寺と承天寺は地続きだったんですよ。今は広い道が通って離れていますが……。

西島　承天寺を建てたという**謝国明**《しゃこくめい》の墓が出《で》来町《きまち》にありますね。大きな楠の木の根元で。子どもの頃は大楠様といって、あそこでよく遊びましたが……。

廣渡　明治二十二年（一八八九）に鉄道が通ったので分断されましたが、以前はあそこまで承天寺の境内だったんです。あそこにある謝国明の碑は、約六百年後の天保三年（一八三二）に建てられています。

木村　聖一国師や謝国明の姿が、もう少しはっきり見えてもいいと思うんですが……。

廣渡　七百年ぐらい前の鎌倉時代の頃は、中国から博多にやって来て貿易する人がたくさんいたんですね。謝国明もその中の一人だと思います。承天寺の開山は聖一国師ですが、国師に帰依《きえ》していた謝国明が中心になって、承天寺を建てたのでしょう。当時は主に私貿易で、お互いに博多と中国の浙江《せっこう》省の寧波《にんぽう》辺りを自由に往来していました。

木村　その頃から博多はたいへんな国際都市だったんですね（笑）。

廣渡　中国は南宋の時代ですね。栄西禅師も聖一国師も、元々は天台宗のお坊さんです。国師は、諱《いみな》が弁円、字《あざな》を円爾《えんに》といい、おくり名されて聖一国師となった方です。嘉禎元年（一二三五）、平戸を発って明州に渡り、在宋六年。杭州の径山萬寿寺《きんざんまんじゅじ》で名僧**無準師範**《むじゅんしはん》（仏鑑禅師）から法を受けて仁治元年（一二四〇）に帰国して崇福寺により、ついで仁治三年（一二四二）に承天寺を建立されました。

　国師が広められた禅宗は、中国の純粋な禅

ではなく、禅宗と天台宗を兼ね備えたものでした。

西島　すると、聖一国師は七百五十年ぐらい昔の人ですね。それじゃ博多祇園山笠もたいがい古かとですね（笑）。

廣渡　博多祇園山笠の起源は、聖一国師ということになってますからね。

あの方は天台宗も学ばれていて、病気がはやったときに平癒の祈祷《きとう》をされたんじゃないでしょうか。閼伽棚《あかだな》に乗り、これを担がせて、博多の街を祈りながら水をまいて回られた…それが山笠の起こりだといいますね。

天文九年（一五四〇）に、筑前の守護**大内義隆**が、承天寺に天皇の病気平癒の祈祷をさせています。また、延宝年間（一六七三〜一六八一）に博多に流行病がはやったので、承天寺で祈祷をしてお守り札を配ったり、そういういろんなことを結び付けて、聖一国師が山笠の起源となったのでしょう。

このように、承天寺との縁が深いから、山笠は承天寺と東長寺に舁き入れているんです。もっとも、回らないこともあったようで、その都度、お寺に謝っています（笑）。

以前は、六月に承天寺で大般若の眞読会が行われていました。昔は山笠は六月でしたから、その時のお札を山笠に付ける、ということもあったんじゃないかと思います。

西島　正月の十一日に承天寺のお坊さんが**筥《はこ》崎宮《ざきぐう》**に参って、お経をあげる儀式もありますね。

廣渡　あれは、聖一国師が中国からお帰りになるとき、嵐で難破しそうになったとき、筥崎宮に祈って、八幡様に助けていただいたということで、お礼参りなんですね。

西島　それが七百年も続いている。

廣渡　そうでしょうね。明治初年（一八六八）の神仏分離のときは、遠慮して鳥居の前から拝んだというような話も残っていますよ。もう一つは、筥崎さんが**東光院**を聖一国師に寄進されたからという説。東光院は天台宗でしたが、鎌倉時代に禅宗になって承天寺の末寺になるんです。謝国明が筥崎さんの社領から百町歩くらい分けてもらって、承天寺に寄進したからという説もあります。

木村　承天寺は禅宗の何派ですか。

廣渡　聖一国師が開山の**東福寺派**になっています。

聖一国師と謝国明

廣渡　聖一国師の事蹟でいちばん有名なのは、中国で学んだ径山の万寿寺が焼けた時に、謝国明に勧めて再建のために建材の檜を博多から送ったことです。それに対する感謝状が残っていて、それを「**板渡《いたわた》しの墨跡《ぼくせき》**」（国宝）といいます。今は東京国立博物館にありますがかなりの量の材木だったことが書かれています。そのほかに、聖一国師がやり取りした手紙などもあります。

木村　仏教史の上で、聖一国師の大きな業績はありますか。

廣渡　向こうからたくさん仏典や漢籍を持って帰られたことでしょうね。それが東福寺に残っています。仏鑑禅師墨跡の『**勅賜承天禅寺**』という額字も残っています。たいへんな名筆で、現在は本山の東福寺に所蔵されています。

木村　聖一国師は、中央でも有名な方だったんですか。

廣渡　そうです。最初に僧界で最高称号の国師号をもらわれた方ですからね。栄西禅師は僧正で、本来僧正は仏僧の位の最高なのです。僧正以上の方という気持ちで贈られたのでしょうね。

西島　ひじりのいちばんの国の師ですね。何歳まで生きておられたのですか。

廣渡　七十九歳です。

西島　当時ではたいへんな長命ですね。国師に帰依していた謝国明は……。

廣渡　没年ははっきりしませんが、宗像神社《むなかたじんじゃ》の建長五年（一二五三）の文書に、謝国明の未亡人が小呂島《おろのしま》の所有を**宗像神社**と争ったとあります。だから、謝国明は建長五年には亡くなっていたということになります。

木村　子孫はどうなったんでしょうね。

廣渡　混血の子孫がたくさん生まれているはずですが、わからないでしょうね。元寇の**文永の役**が一二七四年、**弘安の役**が一二八一年で、承天寺の開基後、三〜四十年ぐらいのことですから、この人たちは前の大戦の時と同じような迫害を受けたんじゃないかと思いますよ。
木村　元寇の影響がこんな面にも出ているんですね。
廣渡　謝国明は、**櫛田神社**《くしだじんじゃ》の横に大きな屋敷を持っていました。聖一国師は中国に渡る前、二年間くらいそこにいて、謝国明から中国語などいろいろと習って行かれたんでしょう。渡航費や滞在費を出したという言い伝えもあります。また、国師のお弟子さんたちも承天寺にいて中国へ渡っています。
　謝国明がどういう人だったかは、承天寺に伝えられている絵姿と木像で想像する以外ないですね。もっとも、これも元禄（十七世紀後半）頃に作られたものですが。
西島　聖一国師のはないのですか。
廣渡　立派なものはありません。あの方は目が悪くて、片方しか見えなかったようですね。
　承天寺に残っている伝説では、謝国明は情け深くて鍼灸の術を博多の人に施したり、飢えた人たちにおかゆや蕎麦やうどんとかを配ったというようなことが残っていますね。
西島　仏殿が立派に再建されましたね。
廣渡　仏殿がシロアリの害で崩れていたのを、和尚さんの発願で仏殿山門復興委員会ができて、広く一般から浄財を集めて再建されました。
木村　正面の山門に菊の紋が彫ってありますね。
廣渡　「承天寺」の山号は天皇の下賜によるものです。だからあの門は勅使門で菊の紋になっているのです。

名僧たちと文化財

西島　明治の新派俳優、オッペケペ節の**川上音二郎**のお墓がありますね。
廣渡　博多織を始めた**満田弥三右衛門**《みつたやざえもん》の墓もあります。
木村　この三つのお寺で、特筆すべきお坊さんは。
廣渡　何と言ってもいちばんは聖福寺の仙厓《せんがい》さん。禅宗の教えを、一般の人が誰でもわかるように絵に描いて教えられた。庶民を教化した非常に偉い方ですね。崇福寺は**曇栄**《どんえい》さん。**亀井南冥**《なんめい》の弟で、立派な詩を残しています。承天寺では**龍門**和尚で、この人は仙厓さんと同じ時代の人です。三人とも名筆家で、博多の三筆と称されています。
木村　三つのお寺の寺宝は。
廣渡　聖福寺は**大鑑禅師像**といって、これも禅家六祖のうちの**慧能**《えのう》という人の頂相図《ちんそうず》があり、国の重要文化財です。高麗渡来の朝鮮鐘と、芦屋鋳金の鐘も知られています。もう一つ**無隠元晦**《むいんげんかい》という方が和尚になられていますが、その人のお師匠さんの、中峰明本《ちゅうほうみょうほん》という中国の方と兄弟弟子の高峰原妙《こうほうげんみょう》、断崖了《だんがいりょう》義《ぎ》の三人の和尚さんの頂相があります。これも重要文化財です。
　承天寺は**釈迦三尊像**。これは鎌倉時代の仏像です。このほかに達磨《だるま》大師から大鑑禅師までの、祖師を絹本に画いた**禅家六祖像**というのもあり、二つとも重要文化財です。
　古文書がたくさん残っているのは聖福寺ですね。転派したときの資料なども全部残っています。
　太宰府にあった崇福寺は、島津が岩屋城を攻めたときに焼けてしまいましたから、中世の古い文書は残っていません。その後、黒田氏が博多に移した崇福寺中興の開山・**江月**《こうげつ》**和尚**は、堺の天王寺屋という非常に大きな商家の出です。江月和尚の先代が書き残したのが、茶道具などの名品記録で知られている「**天王**《てんのう》**寺**《じゃ》**屋会記**」です。和尚はその血を受けて茶道具の鑑定などを引き継いでいます。その鑑定書の写しなどが崇福寺にあって、東大から写真集が出ています。私たちがよく目にする如水や長政の肖像画もあります。そのほかにも文化財がたくさんありますから、拝観できるといいですね。

承天寺には徳川幕府の住持職の任命状が代々全部残っています。古文書学的にも貴重なもので、黒田の殿様の添状が付いています。五山、十刹は室町幕府がつくった制度ですが、徳川幕府も寺院統制の政策として、残していました。承天寺は五山派だったので、その任命状が残っているんです。

しかし、聖福寺と崇福寺は親寺の妙心寺、大徳寺が五山から落ちた関係で、任命状はありません。聖福寺も寛永年間までは建仁寺派で五山派の十刹に入っていたのですが、その後、五山には入っていない妙心寺派に変わったので外れました。

木村　三禅窟には、それぞれお坊さん教育の僧堂があったのでしょう。

廣渡　寺格からいって当然僧堂があり、禅僧を教育していました。でも、今は承天寺にはありません。崇福寺も、はっきりした座禅堂はなくて、廊下で座禅を組んだりしていましたが、最近、座禅堂が再建されたと聞いております。これだけの寺格の寺だけにもったいないですね。

博多のお寺

木村　五山、十刹と寺格が正式に認められたのは、いつ頃からですか。

廣渡　それは、室町時代からで幕府が五山とか十刹とか決めました。博多のお寺でいちばん最初に十刹に入ったのは聖福寺で、第三位で入っています。天皇の勅願で建てられたとか、藤原氏が建てたとかいうことで選ばれたのでしょう。五山は京都と鎌倉だけです。

木村　当時は、禅宗がいちばん羽振りが良かったんですね。

廣渡　鎌倉から室町時代まで幕府は寺格を付けて寺院を統制し、またそれだけ後押しをしたんですね。住持になるには幕府の辞令がいるわけで、それが**公帖**《こうじょう》です。公帖をもらうにはお金を納めなければなりません。これは一つの財源で、幕府は、財政難になってくると公帖をたくさん出すわけです。座り公帖といって、実際にはそのお寺に赴任しない。大宰府の役人に任命された人が、任地に行かないで京都にいたまま、という遙任《ようにん》と同じですね。

木村　禅宗は武士に支持されましたね。商人の町博多には、ほかの宗派の大きなお寺があってもいいように思いますが。

廣渡　いや、たくさんありますよ。浄土宗の善導寺、真宗の**萬行寺**《まんぎょうじ》など、寺格の高いものもあります。ただ、禅宗は日本的な宗教ができたいちばん最初のもので、しかも古いですからね。

西島　萬行寺さんは新しいんですか。

廣渡　三百年ぐらい後ですね。真宗西本願寺派の寺で、弘治三年（一五五七）性空《しょうくう》の開基ですが、藩から禄はもらっていません。真宗は檀家が百軒ぐらいないとお寺にしないから変動があっても強いわけですよ。

ところが、天台宗や真言宗はご祈祷が主で、民衆にお経などで結び付いていません。それで、だんだんお寺を維持できなくなって、**東光院**のように廃寺になってしまったんです。東光院は、敷地建物と什物の重要文化財が市の管理になっています。

西島　それで、仏像が福岡市美術館に収蔵されているんですね。

廣渡　平安時代の立派なものですね。ご本尊は病気を治すという薬師信仰の薬師如来です。

西島　妙楽寺には**神屋宗湛**《かみやそうたん》**の墓**がありますね。

廣渡　**伊藤小左衛門**の墓もありますね。博多の息《おき》の浜の方にいた人たちで、元々妙楽寺自体が、博多の人たちが建てたお寺だからだと思います。

西島　その隣が**円覚寺**ですが、鎌倉の円覚寺とつながりが？

廣渡　いえ、ありません。あれは天台宗のお寺で、聖一国師が博多に来られたとき、最初に泊まられたお寺です。その後、宋から**蘭渓**《らんけい》**道隆**《どうりゅう》（大覚禅師）が来てしばらくおられたので、禅宗になったんです。

木村　博多のお寺は歴史が深いのですね。では先生、三つのお寺の特色を一言でまとめていただくと……。

廣渡　聖福寺は日本でいちばん古い禅宗のお寺。鎌倉時代に渡来した名僧の客館で、日中文化交流の拠点です。崇福寺は名僧大応国師が三十二年在住された鎌倉時代屈指の僧堂で、のちに黒田氏の菩提寺。承天寺は宋人謝国明が建てた寺で、中国との文化交流の事蹟が多いことで知られています。

木村　今日は興味深いお話をありがとうございました。

■廣渡正利氏

昭和十年（一九三五）福岡師範学校卒。二十二年（一九四七）福岡県庁学芸課。二十三年（一九四八）教育委員会発足により教育庁。四十二年（一九六七）福岡県文化会館。四十九年（一九七四）退職。宗教文化懇談会などの設立に参画、福岡県地方史研究連絡協議会会長。

［注］

※1　五山＝禅門臨済宗で最高の寺格を持つ寺をいい、十刹の上に位置する。鎌倉五山は建長寺、円覚寺、寿福寺、浄智寺、浄明寺。京都五山は足利義満により確定され、南禅寺（五山の上）、天龍寺、相国寺、建仁寺、東福寺、万寿寺をいう。

※2　十刹＝五山に次ぎ、諸寺の上に位する。当初十寺であったが、次第にあいまいになり、単なる寺格の名称となった。

聖福寺　しょうふくじ

福岡市博多区御供所町六丁目一。臨済宗妙心寺派。山号は安国山。建久六年（一一九五）千光国師栄西の開基。元久二年（一二〇五）に伽藍《がらん》完工。山門の掲額「扶桑最初禅窟」は後鳥羽上皇（法王）の宸筆《しんぴつ》。室町時代には臨済宗十刹の第三位に列した。歴代住持のうち、遣明正使として活躍した頤賢硯鼎《いけんせきてい》、天正・文禄年間朝鮮修交に尽くした景轍玄蘇《けいてつげんそ》、文化・文政年間書画をもって衆生を済度した仙厓義梵《せんがいぎぼん》は著名。寛永十五年（一六三八）建仁寺派から妙心寺派に転派。建物は本堂、庫裏、鐘堂、客殿、宝蔵、経蔵、書院、座禅堂、開山堂、仏殿、三門が備わり、塔頭寺院には、広福庵、順心庵、節心院、瑞応庵、虚白院、護聖院、幻住庵、円覚寺などがあり、広大な境内全域が国の史跡指定である。寺宝に重要文化財の絹本着色の大鑑禅師像（南宋）、高峰断崖中峰三和尚像（南宋）、銅鐘（高麗）などがある。

承天寺　じょうてんじ

福岡市博多区博多駅前一丁目二九番九号。臨済宗東福寺派。山号は万松山。仁治三年（一二四二）宋人謝国明の創建。捨地檀越《だんおつ》は少弐資頼《しょうにすけより》。開山は聖一国師。鎌倉時代には国師の高弟が次々に住持となり、一流相承制をとり、室町時代には天下十刹《じっさつ》に列した。塔頭は天与庵・宝聚庵・祥勝院・乳峰寺。建物は仏殿、方丈、書院、庫裏、開山堂（常楽院）、鐘楼、山門など。寺宝は木造釈迦三尊像（鎌倉時代・重要文化財）、絹本着色禅家六祖像（鎌倉・重文）、銅鐘（室町・重文）などのほか、室町時代以降の将軍公帖《くちょう》などを所蔵。墓地には博多織始祖満田弥三右衛門、明治期の新派俳優川上音二郎の墓がある。仏殿は蟻害により昭和二十八年（一九五三）に解体、平成元年（一九八九）に再建された。

崇福寺　そうふくじ

福岡市博多区千代四丁目七番七九。臨済宗大徳寺派。山号は横岳山。仁治元年（一二四〇）随乗坊湛慧《たんえ》が太宰府横岳に創建。仁治二年（一二四一）聖一国師の開堂。開山は大応国師。天正十四年（一五八六）兵火にかかり焼失。慶長五年（一六〇〇）黒田長政（福岡藩初代藩主）が現在地に移転。大徳寺の江月和尚を請して伽藍《がらん》を造営。寺領三百石を寄進して黒田家の菩提所とした。建物は本堂、庫裏、仏殿、客殿、開山堂、山門、唐門、鐘楼、経蔵、納骨堂などがあり、塔頭は瑞雲庵、心宗庵、正伝庵。寺宝に黒田如水、長政の肖像など。寺後に如水、長政、綱政、継高など藩主の墓、寺側の墓地には島井宗室、高場乱、頭山満、来島恒喜、江藤正澄などの墓がある。寺内の旭地蔵は有名で参詣人が多い。

福岡県百科辞典より（抜すい）

福岡の俳人たちのこころ

俳句、静雲、菁々子

54

昭40年代の（右から）高浜年尾、河野静雲、小原菁々子

［お話］
小原 菁々子
『ホトトギス』同人
俳誌『冬野』主宰
谷口 治達
九州造形短期大学教授
［聞き手］
西島 伊三雄
博多町人文化連盟 理事長
松本 攻
福岡シティ銀行 会長

対談：平成三年（一九九一）六月

「少年世界」へ投句

松本 俳句が盛んですね。先生は句誌『冬野』を主宰されて、九州俳諧の重鎮でいらっしゃる。まず「菁々子《せいせいし》」のいわれから教えてください。

小原 先生の河野静雲《こうのせいうん》師からいただきました。

先生は中学修猷館を中退して仏門に入られましたが、菁莪《せいが》という言葉を愛しておられました。その大事な「菁」の字を私の俳号にくださったのです。修猷館の講堂の名も「菁莪堂」でしたね。

谷口 中国の古典の『詩経』からの引用でしたね。

小原 「菁菁タル莪ハ彼ノ中阿ニアリ。既ニ君子ヲ見レバ楽シミカツ儀アリ」（青々としたヨモギが大きな丘に茂っている。すでに立派な人物となって、楽しみ礼を守っている）から引かれた詞で、先生の菁莪（英才を育成することを楽しむこと）ともつながり、とてもいい名を頂きました。

松本 静雲師の先生への思い入れがうかがえますが、俳人には「子」の付く人が多いですね。

小原 いや、これは高浜虚子《きょし》先生が最初です。先生のご本名は清で、正岡子規先生が虚子と命名されたのです。それから虚子門下のホトトギス派の山口誓子《せいし》、水原秋桜子《しゅうおうし》といった人たちが付け始めたのです。

松本 静雲さんも虚子門下ですね。虚子が初めて福岡に来られたのは、

小原 大正六年（一九一七）十月に吉岡禅寺《ぜんじ》洞《どう》と清原枴童《かいどう》がお招きしたのが最初です。その折の句が

天の川の下に天智天皇と臣虚子と

でした。太宰府へ吟行されてこの句を得られ

たのです。

松本　先生の俳句はおいくつの時からですか。

小原　『少年世界』という雑誌があって、俳句欄に入選すると二、三十銭の賞金をもらえました。小学四、五年の時で、それが楽しみでせっせと投句して。文芸の目覚めでした（笑）。

西島　先生のお生まれは。

小原　博多の**廿家町**《にじゅうやちょう》です。太閤町割り以来の古い町ですが、**市小路**《いちしょうじ》と共に、今では**呉服町**です。

西島　ご家業は紺屋《こうや》どんでしたね。

小原　古い紺屋で藍玉の卸問屋もしていました。庭に藍がめがいくつも置いてあって、遊んでいて転げ落ち、全身真っ青になったこともありますよ。

　当時の人の普段着は木綿の着物で、藍が主な染料でしたが、次第に化学染料の時代になって先細りでした。

十九歳で独立

谷口　高等小学校を出ると、求人広告で足袋卸問屋に入られたんですね。

小原　大正十二年（一九二三）、十五歳で西町の吉田米治商店に住み込みました。「小店員入用」というビラでしたが、小僧でした。宗太郎がその日から幸吉で（笑）。

西島　大きなお店でした……。

小原　福助足袋の大きな卸問屋でした。店員見習いから別荘の雑巾かけまで一生懸命。今のマツヤレディス、当時は天神の呉服屋松屋を開拓して褒められたりもしました。でも、小僧が本を読んで……と奥さんの機嫌が悪い。安国寺の**高階瓏仙**《ろうせん》禅師が、「是心棒（辛棒）也」と賛をして如意棒の絵を描かれ、腹が立った時はこれを見なさいと励ましてくださった。

松本　いいお話ですね。

小原　そうして、十九歳の時独立しました。月賦で赤い自転車を買って、まず糸物の行商です。タオル、足袋、綿まで扱いを広げ、おたふくわたの**原田平五郎**さんにはかわいがってもらいました。

　独立してどうやら順調に行きだすと、ついお酒です。それに、博多で商売すると、「ちょっと一杯」でしょう。

　ある時、ろうそく屋の大将に誘われてカフェーでぐでんぐでんになり、おふくろにきつくしかられました。酒をやめようと思いましたが、商売していて酒飲まないでは通用しません。何かいい考えは……。そこで近くのルーテル教会を思い出したのです。

西島　教会とどうつながるので……。

小原　キリスト教の信者になると禁酒ですな。みんな、偉いですなと言ってくれる（笑）。それで、早速入信しました（笑）。十九歳の時です。

松本　入信もいろんな動機が（笑）。

小原　牧師の**山内六郎**先生が立派な方で、次第に本信心になりましてね（笑）。昭和九年（一九三四）に、二十六歳で家内の**シカ**と結婚しましたが、家内も入信。司式も山内先生にしていただきました。後年、福岡の金融界で活躍された**鶴喜代二**さんも信者仲間でした。

西島　キリストのご利益をたくさん頂かれましたな（笑）。

あなた俳句をつくらんな

谷口　馬出《まいだし》の称名寺で静雲師に巡り合われたのは……。

小原　古い話で昭和二年（一九二七）五月、二十歳の時でした。

谷口　静雲先生も当時ご苦労中で……。

小原　先生は時宗《じしゅう》の総本山・藤沢の遊行寺《ゆぎょうじ》で修業して宮城県専念寺の住職でしたが、大正十二年（一九二三）に養父智眼師の急病で帰福されていました。

　いろいろ内部事情があって、老師が亡くなられた後も称名寺を継ぐことができず、寺内に庵住まいしておられました。生活も大変で、**ツネ夫人**が裁縫塾をして家計を支えておられました。

　私がうかがった時、先生は仏間で朝のお勤

めをしておられました。先生が「あなた俳句をつくらんな」とおっしゃる。名声は承知していましたから、直接のお勧めだし、『少年世界』の下地はあるし（笑）、それではと弟子になったのです（笑）。

松本　絹糸売りに行って俳句入門。大正らしい風景ですね。その頃の句は。

小原　『木犀』に載った私の第一作が、

雀の子昼寝の縁に落ちにけり
羽蟻とぶ稲荷鳥居に詣でけり

の二つでした。活字になるのはいいもんやなと思いましたな（笑）。

西島　雀の句。一茶に負けませんな（笑）。

松本　その頃の博多の俳壇は。

小原　明治末から大正にかけて、末永感来という日本画家がおられました。玄洋社の領《りょう》袖《しゅう》だった末永節《みさお》さんの弟さんで、俳句も作り絵も描かれる。この方に俳句の手ほどきを受けました。感来さんの句は

木犀や父の画像の恐ろしき

を覚えています。

次に影響を受けたのは、俳誌『木犀』を創刊された清原枴童さんです。

九州大学の久保猪之吉博士も夫人のより江さんと共に、優れた詩や俳句を作られました。猪之吉博士は漱石の紹介で長塚節《たかし》の主治医だったことでも知られています。

赤坂門の電車通りにあった博士の瀟洒《しょうしゃ》なお宅は、文学サロンの観がありました。

静雲師と禅寺洞

松本　静雲さんの俳風は。

小原　客観写生に徹し、日常の中に自分を深く見据えられた作風で、仏門俳句を確立されました。私がお訪ねして間もなく、『ホトトギス』※1の巻頭を静雲先生の句が飾りました。

お十夜や一人欠けたる世話ばん婆

など5句。さらに昭和四年（一九二九）の巻頭に

盆布施のきばってありしちとばかり

昭和九年（一九三四）の巻頭

引導の偈《げ》を案じつゝ股火鉢《またひばち》

など、今詠んでも新鮮で愉快でしょう。お説教臭の全くない奔放な句ですね。

西島　仙厓《せんがい》さんの感じですね。

小原　僧門俳人・静雲の名は全国に知れ渡って、初代の中村吉右衛門さん、武原はんさん、浪曲の寿々木米若さんのような、異色のお客さんが馬出の静雲居をよく訪ねて見えました。

松本　静雲さんが教えられたことは。

小原　俳句は生き方の記録だから、自然の移ろいを通じて折々に句にしなさい。季題を通して客観して……と、口酸っぱく聞かされましたね。

松本　そこで先生の口にされる“俳諧求道《はいかいぐどう》”がわかりましたよ。

谷口　静雲さんと対照的だったのが吉岡禅寺洞ですね。

小原　禅寺洞は「俳句は男子一生の事業なり」と宣言。昭和二年（一九二七）に九州俳壇で初めて『ホトトギス』同人になりました。静雲師の静に対し、現代俳句、無季俳句を打ち出された禅寺洞の『天の川』の刺戟は対照的で強烈でした。その頃の句に、

火になりて松鞠みゆる焚火かな

谷口　誌名『天の川』は、虚子の太宰府吟行の句から取られたのですね。

小原　しかし、次第に客観写生に飽き足らなくなって、虚子から離れていくのです。

松本　お二人の影響力は……。

谷口　静雲の方が門下も多く影響力も大き

かった。しかし、文学的には禅寺洞が評価されていました。まあ両々ですね。

小原　禅寺洞は根っから文学青年で、血気盛ん。枴童さんと二人で俳諧修業といって東京の虚子先生を訪ねて長期滞在したりしています。虚子先生はそういう異才の俳人をまた愛されたのですね。

だから、**村上鬼城**《きじょう》、**原石鼎**《はらせきてい》、**飯田蛇笏**《いいだだこつ》、**長谷川零余子**《れいよし》、ついで「4S」の**水原秋桜子**、**山口誓子**、**阿波野青畝**《あわのせいほ》、**高野素十**《すじゅう》、そして**山口青邨**《せいそん》、**日野草城**《そうじょう》、**川端茅舎**《かぼうしゃ》、**松本たかし**、**中村草田男**《くさたお》、**富安風生**《ふうせい》。九州からは静雲、禅寺洞、**杉田久女**《さじょ》、**竹下しづの女**、**中村汀女**《ていじょ》ら、英才異才が群雲のように『ホトトギス』から輩出したのです。

松本　壮観ですね。女流の杉田久女は小倉の人で教師夫人でしたね。

小原　杉田久女は、

足袋《たび》つぐやノラともならず教師妻

で知られました。イプセンの『人形の家』が評判で、女主人公ノラの生き方が新しいとされた頃ですね。

谷口　あまりにもいちずで激しく、ついには虚子に破門される。悲劇ですが、久女のことは**田辺聖子**さんの小説『花衣ぬぐやまつわる』に詳しいですね。

在りし日の俳人・吉岡禅寺洞

中央区・今泉公園にある禅寺洞の句碑。平 22 年

小原　その頃、禅寺洞さんの『天の川』に投句した私の句が上位に取り上げられましてね。

昼雲の立ち変わりつゝ蜘蛛の留守

選評の**横山白虹**《はっこう》氏に「ドイツの芸術写真を見るようだ」と誉められました。

静雲先生が、そろそろ自分の方か禅寺洞か、方向をはっきりさせた方がいい。そうでないと、いい加減な句になってしまうと言われました。静雲先生は、一つの生き方をとことん追求される行き方。禅寺洞さんは、今日より明日、明日より明後日と激しく変化するタイプ。結局、私は静雲先生を生涯の師と決めました。

句会いろいろ

西島　博多で俳句が盛んなのは、博多にわかや博多なぞなど、情景を縮めて表現する土壌があるからじゃないですか。

小原　それに、伝来の博多の祭りや行事など、生活の風景に潤いがあるからだと思いますよ。

俳句には「わび」「さび」のほかに「軽み」があります。深さを軽みで包むのですね。

谷口　静雲さんや先生の句に、そのおもしろみが。人生の裏が句になってますね。

西島　句会も盛んだったでしょう。

小原　今でも楽しく思い出すのは、初代の**亀井味楽**さんや画家の**永倉江村人**《こうそんじん》や書家の**大坪柊軒**《しゅうけん》といった人たちとの雅友会ですね。百道浜に三本組みの竹で明かりを吊るす。漁師の地引網を手伝ってバケツいっぱいの魚をもらい、それを酒のサカナにして、句作と俳句談議に夜の更けるのも忘れて過ごしました。

西島　俳句ご熱心で、ご商売の方は。

小原　どうにか目鼻がついて小原宗太郎商店を興し、戦後は福岡衣料株式会社を経営していました。

その頃、お宅は社長が四島一二三さん。いちばん電車で出社する剛直の人でしたね。女房役が速水梓さん。古武士のような風貌の紳士でしたな。私の義弟が鉄工所をしていて、一二三さんにとても親しくしていただきました。

松本　石井鉄工所の石井宗太郎社長さんでは。

小原　そうです。

松本　一二三がお世話になった方でした。故人からずいぶんお話を聞かされましたよ。

福岡空襲

谷口　昭和二十年（一九四五）六月十九日の福岡大空襲の時は……。

小原　三十六歳で佐世保海兵団に動員され、その頃は西戸崎の博多航空隊に配属されていました。

松本　博多湾を挟んでちょうど対岸で。

小原　ええ。夜空にB29から焼夷《しょうい》弾が火のすだれになって落ちてゆきます。博多が丸焼けになる。切歯して見ていました。翌日、特別休暇が出て飛んで帰りましたよ。幸い家人は無事でしたが、家は丸焼けです。

奈良屋小学校の焼け跡へ行ってみると、知り合いの奥村利蔵さんや森部半助さんが後片づけをしています。ちょうど、罹災証明の発行日だったので、私も水平服を脱いで手伝いました。

校庭に焼け死んだ人たちの遺体が並べてあり、プールには火を避けた人が溺れて浮いている。知った人たちばかりで、実に悲惨でした。今の日産ビル博多駅から天神まで、ずっと見通せたのを覚えています。間に岩田屋と西日本新聞、玉屋、呉服町の今の日産ビルが点々と残っているだけでした。

　　警友の屍顔に涙梅雨の蠅

『ホトトギス』六百号記念を福岡で

谷口　虚子との触れ合いのことを……。

小原　初めてお目にかかったのは昭和三年（一九二八）、二十歳の時ですが、『ホトトギス』に入選したのは二十二歳の時でした。母の還暦で親孝行をしたお伊勢参りの句でした。

　　大前のしろがねの雪跪《ひざまず》く

谷口　虚子を迎えて湧いたのは、『ホトトギス』六百号記念の九州俳句大会でしたね。

小原　静雲先生の終戦の句は

　　あとや先百寿も露の命かな

でしたが、翌二十一年（一九四六）、先生はザラ紙で『冬野』を復刊されました。この時、思い切って景気づけに『ホトトギス』六百号記念を九州でやろうや、とおっしゃる。それ

句誌「冬野」の合本が完成。小原菁々子、平2年

弟子たちが建てた句碑と小原菁々子。平6年、福岡市中央区・水鏡天満宮

ならと、私たちも燃えまして上京して虚子先生にお願いする。そうして、念願の大会が実現したのです。

松本　終戦直後に福岡で大会とは。先生は推進役でたいへんだったでしょう。

小原　何もない時でしょう。第一、バスを動かすにも燃料を工面しないと動かない。汽車の切符、宿舎の手配、何もかもがたいへんでした。

西島　虚子はどんなふうでした。

小原　羽織袴でりんしたお風姿でした。

ちょうど、雑誌『世界』に桑原武夫氏の「第二芸術―現代俳句について」が発表されて大騒ぎでしたが、先生は「文学の中で俳句は十八番二十番と思っていたら、第二芸術とは出世した」と笑っておられました。どうも、桑原武夫氏の空振りのような気がして、さすがと思ったものです。

福岡へ来られた虚子先生の句は

よそほへる筑紫野を見に杖曳《ひ》かん

先生は箱崎原田の私の家までお立ち寄りになり、老父に

自らの老好ましや菊に立つ

の句をいただき、感激いたしました。

花鳥山仏心寺

西島　その大会の時、静雲先生は。

小原　とてもご機嫌でした。私が事前に虚子先生に書いていただいた條幅《じょうふく》七十枚を、虚子先生が何に使うかと尋ねられる。

静雲先生はとっさに、私の花鳥山仏心寺を建てる費用をつくらせていただきますとおっしゃった。それで、太宰府に花鳥山仏心寺ができることになったのです。

松本　先生が奔走なさったんでしょうね。

小原　『冬野』系の俳人、弟子たち、多くの人たちの浄財でできたことです。場所も太宰府の観世音寺の近く、ちょうど、彫刻の冨永朝堂先生の隣で、願ってもない所でした。

昭和二十四年（一九四九）に完成し、虚子先生揮毫《きごう》の「花鳥山」の扁額《へんがく》を掲げ、時宗の管長を迎えて落慶式を済ませた時は、それはそれはうれしかったですね。先生も馬出の寓居から移られ、隣に建てられた虚子堂は静雲門下の俳諧道場となりました。

松本　静雲さんは、仏心寺で、満ち足りた晩年を過ごされたのですね。

小原　それから二十五年お過ごしになりました。昭和四十九年（一九七四）に前立腺を患われて病状が進み、呼吸も脈拍も止まりました。医師が臨終と告げましたが、驚いたことに三十分後に息を吹き返されたのです。先生の生命力にみんなびっくりしましたが、翌日の一月二十四日、生命の灯が消えてご入寂《にゅうじゃく》なさいました。

私たち枕頭《ちんとう》にいる者たちに「もう二十、数を数えると往生するやなあ」と言われ、私たちも和して数回唱えているうちにがくっと頭を垂れて入寂されました。享年八十七でした。

松本　名僧の大往生ですね。ご辞世は……。

小原　辞世は残されませんでしたが、前日、枕元の屑かごに書き崩しがあるのに気が付いて、大事になおしておりました。先生の病中吟で、それを辞世代わりに発表しました。

スーツーとめぐみの味や林檎汁
尚生きるよろこび胸に林檎汁
寒に堪え老妻が手摺りの林檎汁

松本　奥さまに感謝されて……。俳諧人生を終えられたのですね。

西島　仏心寺は今も……。

小原　それがいろいろ事情があったのでしょう。私たちの知らぬ間に第三者名義となって失われました。

西島　それは悲しいですね。

句誌『冬野』

谷口　先生が守っておられる『冬野』のお話を。

小原　昭和十四年（一九三九）に戦時統制令が出て、福岡県内のホトトギス派の句誌、『雷鳥』『無花果』『木犀』『やまたろう』『貝柱』の五誌を冬野に統合し、静雲先生が主宰することに決まりました。

　禅寺洞の『天の川』は廃刊されました。当時は何もかも統合でしたな。私の商売の繊維商売も成り立たなくなり、お得意さんたちと話し合って、服装雑貨小売商業組合をつくり、私は事務長になっていました。

松本　厳しい時代でしたね。『冬野』のいわれは。

小原　静雲先生が、冬の野に根を張り春を待つ木々の心、春を待つ五誌の気持ちを込められたのです。しかし、昭和十九年（一九四四）に福岡が焼け野原となってから、とうとう休刊になりました。

谷口　その前に『閻魔《えんま》』の発行がありましたね。

小原　『冬野』発行の時、静雲先生のホトトギス入選句をまとめて句集『閻魔』を刊行されました。この中で先生は、虚子の「選句もまた創作である」の言葉を引いて感謝しておられます。

松本　ずいぶん先生が力をつくされたのでしょう。

谷口　菁々子先生が、編集、発行を全部なさいましたね。そして、終戦の年十二月から『冬野』が復刊される。これから菁々子先生が『冬野』をになってのご活躍ですね。

西島　『冬野』は何号に……。

小原　『木犀』から通巻して、もうすぐ八百号です。よく続いておりますな。

海の句と「春一番」

谷口　海の句もお得意ですね。

小原　私は戦後早々、まだ米軍が落とした機雷が浮いていた頃から、商売で毎月対馬に渡っていました。その頃の句、

　　泡一つより生まれ来し鮑海女《あわびあま》

　これが『ホトトギス』の巻頭第二位に載り、虚子先生にたいへん誉めていただきました。海の句は少ないから、菁々子さん、どしどし作りなさいとおっしゃる。それからしばらくは、海ばっかし見ていましたな（笑）。

　　帆立貝明日帆を何処《いずこ》に止むるや

がまた巻頭第２位に入りました。

当時の『ホトトギス』には、山口誓子以下、雲のように偉才が集まっていた時で、地方の私たちが巻頭句を占めるとは……。言葉にならないうれしさでした。

松本　壮挙だったんですね。

小原　虚子先生は、私が漁師のふうをしているものと思い込まれていたのか、背広姿の私をけげんな目で見ておられましたよ（笑）。

谷口　戦後は俳句一筋で。先年は中国までご指導に。

小原　ええ。昭和二十七年（一九五二）に商売をやめてからは俳句一筋で。俳句には漢字の俳句、漢俳があってもいいと思いましてね。でも、忘れられないのは西日本新聞で『西日本歳時記』を連載したことですね。

　昭和三十九年（一九六四）六月から四十二年（一九六七）五月まで丸三年の連載で、博多祇園山笠、小倉祇園山笠、唐津おくんち、ほかいろいろとお祭りや行事を取り上げ、全国的に注目されました。

　これまでは、東京と京都の歳時が俳句歳時記でしたが、この連載で地方歳時として一分野を築くことができました。

谷口　あれがきっかけになって、『全国地方歳時記』が発刊されましたものね。「春一番」も、先生が発掘された。これは特筆に値することですね。

松本　春一番を先生が…。

小原　商売で、しょっちゅう壱岐へ行っていました。定宿にしていた平田旅館のおかみさんが「春一番が吹きましたもんな」と言いなさる。

　二月末から三月初めの寒い日に、雨を伴っ

て吹いてくる南の風。それを壱岐の人たちが「春一番」と言い伝えているのです。春一番から日本列島が春風駘蕩《たいとう》。いい季語ばいと、ぞくぞくしましたよ。

松本　「春が来た」を、これほど爽やかに伝える気象用語はありません。先生、実に日本にいいことをなさいましたね（笑）。

私の俳句のこころ

松本　先生の俳句の心について……。

小原　「自然と語り合うやさしい俳句」を勧めています。頭の中だけで俳句を作ってはいけません。生活の中から。奥さんたちなら台所からでいい。何か呼び掛けてくるものを五・七・五にまとめればいい。

野辺を歩けば、その一歩ごとに眼にしみるタンポポを、野草を、五・七・五に。「自然と語り合う」、これが私の俳句作法です。

松本　近代俳句については。

小原　根底は自然と語り合う優しさで、表現が違うだけだと思っています。

松本　山頭火ブームですが。

小原　誰も彼もが**種田山頭火**《たねださんとうか》のまねをするのは感心しませんね。

西島　でも、山頭火の句は、現代の私たちにピーンと通じますが……。

小原　だから怖いんです。山頭火の句は書でいえば草書です。草書は楷書をきちんとマスターした人が、次の飛躍を図って到達する境地です。楷書をまず稽古して、それから先、自分の行き詰まったときに他の光を求める。その光が輝くんです。これがいわゆる山頭火の破調になる原因なんです。

その原因を知らずに、最初から山頭火をまねて草書を手掛けると、俳句のつもりでも自由詩形になって、とりとめもないものになってしまいますよ。

俳句の楷書とは五・七・五の定型と季題を守ることです。山頭火はこの二つをきちんと消化したから、あの奔放自在な句境に達したのですよ。

したいこと、たくさん

谷口　先生は、俳句指導で刑務所にも行っておられますね。静雲先生と二代続きですね。雨でも風でも、バスに乗って遠くまで行かれる。その傍ら、刑務所に千本桜を植えていらっしゃる。

松本　いいお話ですね。

小原　たまたま罪を犯しているが、この人たちも本来の性は善なることを信じています。

谷口　俳句仲間の前市長**進藤一馬**先生も協力されていますね。

小原　桜仲間でもあるのです。

松本　先生はおいくつですか。

小原　八十四歳です。

松本　とてもそのお年には見えません。お若い秘訣《ひけつ》がわかりましたよ。先生はいいと思ったらすぐ始められる。俳句、キリスト教、禁酒、虚子詣で、旅。好奇心がいっぱいの万年青年で、人に喜ばれることをたくさんなさっている。奥様の内助も素晴らしいのでしょうね。

谷口　今もしたいことをいっぱい抱えていらっしゃる。この後、すぐ俳句会でしょう。

小原　じゃあ、今日、新聞社の句会に出すホカホカの句を披露しましょう。

綾杉の千古の緑天霧《あまぎ》らふ

季題は「緑」で、この「天霧らふ」は梅雨で風景が白く煙って見えることです。綾杉は香椎宮の綾杉で、私が行った時、雨で白くけむる空に神杉の緑がこずえをのぞかせていました。もう一句は

飛梅の実梅《みうめ》拾ふは巫女《みこ》の役

これは季題の「みうめ」をいかしました。

俳人それぞれ

松本　では、終りにこれまで先生が触れ合ってこられた俳壇巨星の寸評を。

小原　子規は古俳諧を土台にして花鳥諷詠を現代に生み出した俳諧人。虚子は、明治精神を持った文芸ルネッサンスの人で、花鳥諷詠の中に情趣を取り入れ、単に五・七・五の写生だけではいけないとしました。
　吉岡禅寺洞は俳諧を先駆けた人。静雲先生は善的な気持ちでどっしりと俳句を絞り出す人で、仏教を、社会を、人間性を、家庭を自分のものにして一句に結晶された。
　情報だけの俳句は私は好きではありません。自然を見るにしても、やはり、堂々と意向をかみしめ、自分をかみしめた作風でないといけないと思っています。
谷口　そして菁々子。今『ホトトギス』は虚子のお孫さんの**稲畑汀子**《いなはたていこ》先生の主宰ですが、汀子先生にも慕われておられますからね。
松本　いいお話をありがとうございました。

■河野静雲《こうのせいうん》**氏**
〈明治二十年（一八八七）～昭和四十九年（一九七四）〉。本名定運。福岡市官内町に生まれ、六歳で時宗称名寺住職河野智眼の養子。明治三十八年（一九〇五）、仏門修行中『ホトトギス』へ投句を始める。宮城県専念寺住職より、大正十二年（一九二三）帰福。称名寺に寄寓《きぐう》。俳誌『木犀』創刊に関わり昭和五年（一九三〇）継承。『ホトトギス』同人。昭和十六年『冬野』主宰。昭和二十四年太宰府観世音寺に花鳥山仏心寺創建。句集「閻魔」「閻魔以後」。西日本文化賞受賞。

■小原菁々子氏
〈明治四十一年（一九〇八）～平成十二年（二〇〇〇）〉。本名宗太郎。福岡市廿家町に出生。奈良屋尋常小学校、男子高等小学校。大正十二年（一九二三）足袋問屋吉田米治商店勤務。昭和二年（一九二七）十九歳、糸物卸業自営。同年ルーテル教会で受洗。河野静雲師に入門。『ホトトギス』投句。三年（一九二八）俳名を菁々子。九年シカ夫人と結婚。二十四年『ホトトギス』同人。三十九年より四十二年まで西日本新聞に西日本歳時記連載。四十九年『冬野』主宰。福岡市文化賞、福岡県文化功労賞、西日本文化賞受賞。昭和六十一年勲五等瑞宝章受章。

［注］
※1　『ホトトギス』＝俳句雑誌。明治三十年（一八九七）、正岡子規主宰、柳原極堂編集のもとに、松山市で発行。翌年、東京に移し、高浜虚子が主宰、編集にあたる。花鳥諷詠の客観写生を説き、俳壇を代表する多くの英才を育て、ホトトギス派の一大山系を現出し、俳壇の興隆に資した。

【十句】

紀州の旅　故河野静雲

巖《いわを》万古《ばんこ》御瀧《おんたき》万古神杉《かみすぎ》に
雲よりの那智の御瀧《おんたき》神杉に
瀞《とろ》八丁奇巖にすがり姫つゝじ
聖絵《ひじりえ》の熊野中辺路《なかへじ》ほととぎす
年古《ふ》りし秀衡桜《ひでひらざくら》ほととぎす

隠《かく》**れ耶蘇**《やそ》　小原菁々子

蕎麦《そば》播いて一渓一戸隠れ耶蘇
侘《わ》び住みといふ隠れ耶蘇烏賊《いか》干して
遠航の烏賊船戻り島聖夜
聖書説き世俗に媚《こ》びず炉の神父
海鼠《なまこ》突きに行く年守《も》りて隠れ耶蘇

新聞記事でみた福岡・北九州の女性

55

［お話］武野　要子
福岡大学商学部 教授
［聞き手］井上　雄介
福岡シティ銀行 専務取締役

対談：平成四年（一九九二）一月

明治の女性が求婚広告

司会　ユニークなテーマですが、新たにご研究の分野ですか。

武野　私は今、福岡県の女性史編纂委員会の会長を仰せつかっているんです。女性史の資料といっても、まとまってあるわけではなく、特に近代の女性たちを調べるとなると、どうしても新聞に頼らざるを得ません。

　一般に知られている有名な人では、伊藤野枝と柳原白蓮の二人ですね。新聞を持って来ましたので、それに従ってお話ししていこうと思います。

井上　新聞には、その時代ごとの女性に対する見方が自然に出ていますね。女性の地位なども、かなり今とは違っているでしょうね。

武野　ええ。ただ、私が感じたのは、その当時から新聞記者が女性の動きによく注目して、女性の地位に関心が深かったということです。これは、明治時代から見られることですね。

井上　古い記事は何年頃ですか。

武野　最初の記事は明治二十八年（一八九五）九月二十二日です。他人の女房といい仲になった男が、その夫に買い受け証文を差し出して、ようやく所帯を持てたと、**福岡日日新聞の記事**です。

井上　福岡日日新聞というと、西日本新聞の前身ですね。

武野　そうです。この場合、証文という形を取らないと、結婚できなかったということでしょうね。これは、金銭の授受があった、女房をお金で買ったということですね。新聞に載るということは、その頃でもやはり珍しい事例で、大騒ぎになったのでしょう。

　それから、次の記事はおもしろいですよ。これは明治四十二年（一九〇九）七月十八日の記事で「求婚、地方資産家の女　年二十二躰健　良縁求む」と結婚相手を募集しています。そういう自由があったということで、新聞がそういう目的に使われているのもおもしろいですね。

井上　当時、新聞を取っている人というのは、相当な資産家でしょう。

武野　今みたいに、どの家にも新聞があるということはないですから、知識人でしょうね。記事は匿名で、女性の名前は新聞社にあると書かれています。

井上　それは実を結びましたか。

武野　それはわかりませんが、女性にも男性を求める自由があったということです。

「女髪摘み」から カネボウの「女工さん」まで

武野　それから、これは明治四十三年（一九一〇）二月十六日の記事で、「女髪摘み」が全国で福岡がいちばん多いというものです。これは髪結いさんではなく、理髪師さんのことだと思います。女性の名前で営業している店が五十軒もあるということで自立する女性が多かったということでしょうね。髪摘みですから、お客さんは男性です。女性がしてくれるというので繁盛したんでしょうね。

井上　記事がいい。「総じて丁寧で手荒くないところが特長とでもいうべきである」とあります（笑）。

武野　一つの福博の風俗ですね。次が明治四十三年の一月二十八日です。福岡市商品陳列館の「**女店員さん**」を紹介しています。

　親切だし優しくていいといっていますが、労働時間が午前七時半から午後十時半の十五時間なんでたいへんです。一日のほとんどを立ちずくめで勤めていたということですね。

明43年1月28日の福岡日日新聞

井上　物産館みたいなものですかね。かなりモダンな女性でしょうね。

武野　日給二十銭と書いてあります。「月六円の給料になり。休日は月三日で、この三日を休まず出勤した者には、六円の他に六十銭増し」だそうです。

　福岡という土地は、新しもの好きというか、よそがやらないことを率先してやるところがあるように思いますね。「都合十五名で、一階に七名、二階に五名、三階に三名」とあります。

井上　三階建てというと、今のデパートのような感じでしょうね。

武野　そうですね。それから次が、明治四十三年一月二十七日のカネボウの「**紡績女工**」の記事で、女郎屋に売られるところだった女性を、他の女工が救ってきて見習いにしたということです。ということは、当時の女工さんは、身を売る女性と親元の暮らしが同じレベルだったんでしょうね。

井上　明治四十三年だと、紡績花盛りの頃で……。

武野　その半面で「女工哀史」というくらい悲惨な労働条件だったんでしょうね。

　それから、これは**人身売買**です。大正二年（一九一三）の福岡日日新聞で、瀬藤寿市・お滝夫婦が女性を買い取って上海に売っていたことが露見して、船小屋温泉で警察に捕らえられたという内容です。

　この時期、上海や香港あたりに、日本の女性が石炭船に積み込まれて売られていった。島原の子守歌などにも出てきますね。石炭と共に女性も輸出していた。つまり、石炭船というのはそうした二重の意味を持っていたということです。これなどは、作家の森崎和江さんがノンフィクションで書いていらっしゃいます。

井上　山崎朋子さんの「サンダカン八番娼館」などの時期もこのあたりになるんですか。

武野　だいたい同じ時期ですね。

—新しい女—　伊藤野枝《のえ》

武野　そして、今度は「新しい女」が出てきました。

　「新しい女」というのは当時の言葉で、有名な**平塚らいてう**が関わりました。明治四十四年（一九一一）に「元始、女性は太陽であった」の宣言で知られる雑誌『青鞜《せいとう》』の創刊号を出すわけです。大正デモクラシーの影響で、新しい女の動きが出てきたのだと思います。

　話は飛びますが、らいてうは**夏目漱石**と知り合いだったらしいですね。漱石の小説に新しい女が何人も出てきますが、モデルがらいてうや**伊藤野枝**だったのではないかと思います。伊藤野枝は糸島郡の今宿村の生まれです。

井上　福岡の人なんですか。

武野　そうです。彼女は、明治四十二年（一九〇九）に上京して上野高等女学校に編入し、そこで英語教師で詩人の辻潤《つじじゅん》※1と知り合います。

大正元年（一九一二）卒業後に帰郷し、親から勝手に決められた人と結婚しますが、すぐに家を出て再び上京し、辻潤と事実上の結婚をするんです。辻潤が「野枝さんはルーズで、計算というものができない、節約ということもできない、ご飯も炊けない。しかし、私は野枝さんが大好きだ」と彼女にべったりのことを語っています。

大正二年（一九一三）に青鞜社に入り、二年後には雑誌『青鞜』の編集・発行を平塚らいてうから引き継ぐんです。そして、ゴールドマンを読んで非常に感動して、無政府主義者に転向していきます。大正五年（一九一六）に、同じ無政府主義者の大杉栄《さかえ》と同居し、行動を共にします。

彼女には辻潤との間に一人、大杉栄との間に四人、計五人の子どもをもうけています。

井上　五人も子どもさんを。

武野　野枝は、子どもをあやしながら原稿を書き、金たらいでご飯を炊いていたそうです。何やら怪しげな食事をごちそうになったということを、平塚らいてうが自叙伝に書いています。

井上　子どもの名前も変わっていますね。長女が魔子さんでしょう。

武野　そして、エマ（のち幸子）、エマ（のち笑子）、ルイズ（のち留美子）、ネストル（のち栄）と続くんです。

これは大正四年（一九一五）九月の記事ですが、与謝野晶子《よさのあきこ》を伊藤野枝が褒めています。晶子は「君死にたまふことなかれ」や「山の動く日来る」であまりに有名ですが、『青鞜』にも頼まれて原稿を書いています。だから、野枝は晶子を知っていたわけですね。

晶子も十一人の子だくさんで、子供を育てながら仕事をしていることに伊藤野枝が感心している。それが新聞記事に出てきています。

井上　大杉栄と伊藤野枝は関東大震災のとき、甘粕正彦《あまかすまさひこ》大尉に虐殺されますね。

武野　大正十二年（一九二三）の九月一日の関東大震災で、物情騒然のときですね。大杉が十六日に伊藤と弟を訪ね、甥の橘宗一を連れて帰る途中で、甘粕大尉らに拘引されて殺されました。この虐殺事件は二十六日付の新聞に載っています。

井上　「大杉との子を連れて、野枝の叔父が福岡に帰る」とありますね。

武野　子どもは野枝の実家などが引き取って育てたようです。この事件は陸軍省が発表して、何日かにわたってこの事件の余波についての記事が載っていますね。

大12年9月28日の福岡日日新聞。伊藤野枝の横顔について報じている

井上　記事は甘粕大尉をたたいている論調ですか。

武野　いいえ、記事は事実そのものを率直に述べています。ただ、驚くのは、野枝の性格をはっきりと打ち出し、むしろ彼女のいい面を書いていて、擁護するような論調なんですね。ちょうど関東大震災の後で、野枝が叔父に出した「白米四、五俵を送ってください」というような、優しい最後の手紙が記事にされていることです。

この頃はまだ、思想的に自由な雰囲気が新聞にあったということでしょうね。大杉栄と野枝の葬式は、野枝の故郷の今宿で丁重に行われています。

大正十二年（一九二三）に女性の職業特集

武野　大正六年（一九一七）七月三十一日の

記事は、**女の郵便配達**の採用を計画しています。この後にも「九州の郵便局に起こった新問題」として女性の採用を検討している記事が出てきます。重たい小包の配達が問題だとされています。

井上　まだ自転車もあまり普及していないですよね。担いでいくわけですね。

武野　「二十歳前後の女性なら耐え得るだろう」と、体力が必要だったんですね。

井上　市役所はどうだったんですか。

武野　ありますが二人ですね。大正六年十二月十日に福岡市の「女事務員さん」の人数が載っています。これがおもしろい。為替貯金支局が八十四人、百三十銀行が二人、福岡銀行が十一人、福岡郵便局が九十二人、博多駅が八人、日本生命支店が一人、徴兵保険が一人、十七銀行が八人、そして福岡市役所が二人、計二百九人が福岡市の女事務員さんの数ということです。

井上　きちんと事務を執るということで、女学校出のインテリ女性だったんでしょうね。

武野　そうだと思います。この記事の書き方がおもしろいですね。「女子の職業範囲、著しく拡張せられ、男子の領分に侵入し来たりたるは、世界各国共通の事実なり……」（笑）。

　そして、次は「我が国最初の福岡県立女子専門学校の入学試験」です。八十人の定員に対して三百三十六人の応募者があって、四倍強の高倍率だった。家政科よりも文化科への応募者が多かったことと、他県や朝鮮や台湾からの応募者も多かったとありますね。朝鮮や台湾といっても当時のことですからこれは多分、日本人の子女が多かったのだと思いますけど。

井上　これは**福岡女子大学**のことですね。文化科といいますと。

武野　裁縫以外の広い意味でのカルチャーでしょうね。文学とか哲学とか……。伝統的に日本女性というと裁縫でしょう。文化科に志望者が多かったというのは驚きですね。家事に締め付けられてきた女性が、次第に目覚めてきたということでしょう。

井上　「裁縫家事を研究する家政科も、もはや手先の仕事から機械学に行き詰まっている際とて、かくのごとき結果をきたしたものであろう…」と。機械学とはミシンのことでしょうね（笑）。

武野　女性も、裁縫だけではいけない時代になってきたということですね。

武野　大正十二年（一九二三）になると、もう女性の職業について特集しているんです。十月二十七日から十一月七日までのロングランシリーズで、女性の職場進出がこの頃から目立ち始めたようです。

　最初が**電話交換手**で、近くで火事が起きても仕事に徹したと書いている。

井上　試験は難しかったんでしょうね。

武野　女学校出が多かったようで、インテリの職場でしたね。今みたいにどこの家にも電話があるということではなかったですしね。

　次は福岡のたばこの**専売支局の「女工さん」**です。数が男性を上回ったと書いてあります。煙草工場で女工員の方が男工員より多かったというのは初めて知りました。女性の方が手先が器用だったんでしょうね。まだ機械化されていない時ですから。

井上　「さつき」とか「あやめ」とか「はぎ」、「なでしこ」とたばこの名前が書いてありますね。

武野　次が**「看護婦さん」**。九大病院に三百人とあります。労働時間は朝五時から夕方六時までとかなり長時間で……。

　次が**鐘紡《かねぼう》の博多工場の「女工さん」**。これは、圧倒的に女性の方が上回っています。男性二百三十人に対して女性七百九十人です。

　それから、次が大正十二年十一月、**博多駅の出札**に女性が従事していたという記事です。

井上　昔の方が進んでいたみたいですね（笑）。

武野　改札ではなく券を売る方です。どこからどこまでという計算が非常に難しかったようで、インテリでないとできない仕事だったのでしょう。「買い手に時間がないので急いでくれと言われて困っている」というようなことも書いてあります。

その次は**タイピスト**で、十分間に九百字という、非常に敏捷性と正確さを問われる仕事だと書かれています。

井上　写真が着物にたすき掛けですね。タイピストが必要だったのはどんなところだったんでしょうか。

武野　やはり銀行が多いですよ。

それから女教師です。その頃、奈良屋小学校で芸妓さんの卵の半玉たちが教育を受けていました。昼間は授業で、夜はそそくさとお座敷へ。博多の花柳界をテーマにして「昼は学校、夜はお座敷」という記事です。

井上　「赤穂義士と同じく四十七人」と見出しにありますね（笑）。芸妓さん全盛の時代ですね。男の先生だったら目移りして困ったでしょうね（笑）。

武野　生徒はお座敷を前にきれいに化粧していますから、いくら半玉とはいえ、ちゃらちゃらしていたでしょう。

それから次が「**女髪結い**」。これがいわゆる美容師で、福岡市内に多くて、三百六十人いたということです。

井上　じゃあ、三百六十人の遊んでいる旦那さんがいた……（笑）。

武野　そういうことになりますね。髪結いさんというのも女性の特権的な仕事ですね。娘さんには島田を結ったり、「好みに応じて結い上げる」とあります。素人と芸者さんの髪も違います。結い分けていたんですね。

井上　立派なエキスパートだった（笑）。

武野　それから大正十一年（一九二二）になると、九州帝国大学工学部に女性聴講生を受け入れるかどうかが問題になっている記事。「男女共学は未決定」という見出しで、大正十一年の新聞です。東京帝大や東北帝大は女性聴講生を入れているのに、なぜ九大はだめなのかということです。

学長さんが、九大は医学部と工学部だから、専門的な教育を受けた女性となるといないではないか、教育程度がある一定のレベルに達した人でないとだめだ、と言っています。九大の女性聴講生は、文科系ができてからですね。

玄界島の女子消防隊

井上　男性顔負けの記事もありますね。

武野　ありますよ。この大正十二年（一九二三）二月二十五日の記事は、わが国二番目の**女子消防隊**が玄界島で組織されたというものです。玄界島では、男性は漁に出るので、家を守るのは女性で、団長、副団長いずれも女性の消防隊が組織されたということです。

それから次ですが、門司水上署に**女性の通訳**が登場したという記事です。

井上　近代的になってきて……（笑）。

武野　いよいよ女性が仕事の最前線に出てきたということです。初めての女性の通訳だったと思いますね。

井上　「竹下マツ子女史（三十二歳）」と書かれていますね。

武野　独身ともなんともわからないんですが、小倉の人です。

井上　英語の通訳でしょうね。貿易港で女性のお客さんも多いのでという配慮からなんでしょうか。

武野　いや、むしろこの人の学力をかって採用したみたいですよ。

―筑紫の女王―　柳原白蓮《やなぎわらびゃくれん》

武野　それからいよいよ**柳原白蓮**さんの記事です。柳原白蓮は皇室とも縁の深い柳原前光伯爵の次女として生まれ、明治四十四年（一九一一）に炭鉱主の**伊藤伝右衛門**と結婚します。再婚ですが、その美貌と歌で〝筑紫の女〟と呼ばれたことはあまりにも有名です。

彼女は、歌集を出すときに出版社の**宮崎龍介**と知り合って、伝右衛門の元を逃げ出して宮崎と一緒になります。その後は、宮崎とともに無産者運動に入って、八十一歳で亡くなりました。

この大正十年（一九二一）十一月三日の記事は「私の内縁の妻で同棲する、という宮崎」という見出しです。白蓮は伊藤家を離れて、実家の柳原家に匿《かくま》われました。そして龍介のところに走り、正式に結婚しています。そのいざこざがあったときの記事がこれです。
井上　記事はどんな論調ですか。
武野　そうですね。「事情すこぶる複雑」とあります（笑）。
司会　最近は、伝右衛門さんの方に軍配が上がっているようじゃないですか。一言も釈明もせず、一族郎党にも何も言うなという態度が立派だった。
武野　伊藤伝右衛門は筑豊の川筋気質で、裸一貫から一代で財を築き上げた人ですから、それなりの姿勢で、白蓮に対しても、いつまでも後を追わなかった点は見事です。太宰府天満宮の鳥居も彼が寄付していますね。
井上　あまりに立場が離れすぎていた二人が一緒になったのが、悲劇だったんでしょうね。
武野　昭和に入ると、女性の職場進出も本格化してきて、おもしろいのが女学校卒業生に、求人側が何を望むかというアンケート結果の記事です。まず算盤に強くなって算数の力を付けてほしい。日本の文字をもっと覚えてほしい。それから、意識をはっきりさせてほしいと言っています。
井上　意見をはっきり言ってほしいということですかね。多分、何を聞いても黙っていたんでしょうね（笑）。
武野　商売の知識が不足しているので、その準備も必要だと……。これが求人側の意見なんです。

井上　女学校側のほうは……。
武野　女学校側は精神修養をモットーとしているというんですね。学校側の理想像と求人側の理想像との間には、ギャップがあるということです。それで、「社会に巣立つ若い女性に暗い影」という見出しで、なかなか女性に就職口がないということが昭和七年（一九三二）一月二十三日の記事になっています。
井上　昭和七年頃だから、大恐慌の影響で大変な不況だったんでしょうね。
武野　女学校卒業者は上級の学校への進学一割で二割が就職、残りはお嫁さん候補ということです。二割の就職組みがなかなか職に就けなかった。不況のあおりを食ったということですね。
井上　記事にも「不況の影響は、こうして希望に燃える可憐な乙女たちにまで、暗澹たる影を投げている」と書いてありますね。

バスガールからゴルフガール

武野　昭和七年十一月十一日の門司新報に、**バスガール**が出てきます。この当時はみんな〇〇ガールと付けるんですね。
その翌日の記事が**デパートガール**。お給料も結構良く、高等女学校卒業生もいたということです。しかも、結婚率が高かったそうですね。門司がいちばん華やかだった時期でしょうね。

岩田屋デパート（昭和十一年開業）に勤めていた女性の話を聞いたことがありますが、試験が非常に難しかったそうです。その方は女学校は出ていませんが、大変な美人なんです。美人ということも大きな条件だったと思いますね。
またしつけが非常に厳しかったそうです。その方のお話でしたが、デパートガールは見られる商売だということで。お客さんが、自分の息子のお嫁さんを探しに来るということが多かったそうです。そういう意味で、結婚の条件としては良かったようですね。
井上　まだ洋装はしていないのですか。
武野　着物で、途中から洋装になったそうです。新聞に載っている門司の写真も、着物姿にたすき掛けですね。
その次がおもしろい。やはり昭和七年に**ゴルフガール**の記事です。といっても、門司ゴルフ倶楽部のオープンより二年前のことですから、ベビーゴルフですね。門司は貿易港だし、近くに八幡製鉄や石炭もあり、ハイカラだったんですね。和服を着て、帯を締めて、クラブを振っている。さすがに数は少なくて二人なんです。キャディーの役割もして、全然ゴルフを知らない人にはコーチもしています。
井上　キャディーさんの草分けで、楽しいですね。「朝まずゴルフ場の掃除からローンの修理……素人にはパットの持ち方からルールに至るまで要領よくコーチしながらスコアもつける。ご常連のおなじみ客にはお相手をうけたまわる……」と。

武野　「給料は日給が六、七十銭くらいであるが、むろん未婚者ばかり」とか、チップなどは断じて許されないということも書いてあります。

井上　「スポーツ精神に則《のっと》って訓練しているそうで、エロサービスやチップ等は断じて許されない……」と（笑）。

武野　神聖な職場だったのでしょう（笑）。

井上　昔の新聞記者は、伸び伸びと書いていておもしろいですね。

この頃、ゴルフをしようとする人は、大変なお金持ちでしょうね。

武野　ほんの一握りの人、あるいは外国人でしょうね。ということは、外国語も若干話せないといけないでしょうし、やはりインテリでないと……。

井上　当時の門司はずいぶんハイカラだったんでしょうね。

女学生の希望は恋愛結婚

武野　次に昭和七年（一九三二）の十一月二十三日の門司新報に女学生の意識調査が載っています。おもしろいのが、希望しているのは圧倒的に恋愛結婚なんですね。子どもも十年間は生みませんといっています。

この辺の結婚観は、現在の女性と通じるところがあるみたいでおもしろいですね。

井上　十年も子どもをつくらないなんて、当時としては考えられませんね。

武野　もっともこれは、女学生の意識調査だから、現在でいう大学、インテリ女性ですね。そして恋愛至上主義……で。

井上　スポーツレディーはあまり出てこないですね。

武野　ええ、日本女性はスポーツ面での進出はあまり早くなかったんですね。

井上　ただ、学校では結構やっていたでしょう。私の母も女学校でバレーボールの選手で結構頑張ったという話はよく聞きましたから。専門化するのは別でしょうけど、やっていたと思いますけどね。

最後に、先生が一連の新聞記事を見てお感じになられることは何ですか。

武野　私たちの想像以上に女性がはつらつとして、意気軒高たるものがあって、元気がいいということです。また、新聞記者も女性によく注目しているということですね。

女性史の編さんとなると、虐げられた女性が立ち上がってくるということでないといけないようになっているんですが（笑）。しかし、実際は生き生きしているんです。人身売買のような暗い話もありますが、明るい話も多いんですよ。

井上　博多や北九州の女性は昔からはつらつとしてたんですね（笑）。

武野　私は、女性史とは必ずしも女性が虐げられた歴史ではなく、女性の置かれた実態をそのまま把握していけばいいと思っています。

井上　明治から昭和にかけて、新聞がこれだけ女性を記事に扱っているとは思いませんでした。

で、博多のごりょんさんをテーマにした記事は出てきませんか。

武野　ごりょんさんが支えている家の実態のような記事はあまり出てきません。記事に見る女性はだいたい十七、八歳からせいぜい三十歳くらいまでですね。結婚後の女性もほとんど出てこないですね。

ごりょんさんの調査もしなければならないので、ごりょんさんの代表、長尾トリさんのお話を聞きに行くつもりです。ごりょんさんの実態は、民俗学の分野ですね。

司会　切り口が違ったおもしろいお話を、本当にありがとうございました。

■**武野要子氏**　37ページ参照

［注］
※1　辻潤〈明治十七年（一八八四）～昭和十九年（一九四四）〉大正―昭和期の詩人・翻訳家・評論家。伝統的審美感に反抗するダダイストとして知られた。

解放の父 松本治一郎 56

［お話］松本　英一　参議院議員
［聞き手］西島　伊三雄　博多町人文化連盟 理事長
松　本　攻　福岡シティ銀行 会長

対談：平成四年（一九九二）四月

昭26年8月ごろ

出現は天の配剤

松本攻　今年平成四年（一九九二）は部落解放を掲げた全国水平社の創立七十周年にあたるそうですね。松本治一郎さんはずっと委員長をされましたが、氏の出現は天の配剤のように思われてなりません。

戦前のあの時代に、差別の不当を掲げて部落解放のため、絶対の権力であった国や軍に敢然と立ち向かわれた。あの力はなんだったのだろうか。知の人、信念の人は当然として、たいへんな仁者でもあったのですね。伝記を読んでいて、胸が熱くなりました。

松本　父のことをそのようにお褒めいただいて恐縮です。おっしゃるとおり、父は子どものときから、不当と差別に我慢ができず、身を張って抵抗しました。

部落の子が差別されると、相手が上級生でも大勢でも立ち向かっていく。謝るまでやめない。体も大きかったし力もあった。

松本攻　子ども世界にも、治一郎少年のほうに、どうも正義があるというか、筋道が通っているのがわかる。大勢を頼みに部落の子を差別し、いじめていた子どもたちも、今度は相手が違う。だんだん、たじたじとなって、一目も二目も置くようになる。

このパターンは、治一郎さんが大きくなって、国家権力を相手とされたときも同様ですね。「真に正しい者は強い」とよく言われていたとか。本当にそう思われますね。

松本　小さいときから、この一筋という生き方だったようですね。治一郎の父も兄弟も、不当を泣き寝入りするような者はいなかった。そして、危機に対処する治一郎を支援しています。

松本攻　見識も、信念も。そして生計をきちんと立てられていて。治一郎さんのお父さんは村会議員、長兄の治七氏は収入役もされ、松本家が、部落の人たちの支えだったのでしょう。先生のお父上は治七氏ですよね。百二歳まで矍鑠《かくしゃく》としておられ、手形も筆文字で書かれていた。端正なお姿が目に焼き付いていますよ。先生が治一郎さんの秘書をされていて、養子になられたのでしたね。いつ頃から秘書に……。

松本　治一郎は全国水平社の委員長で多忙でしたが、若い人と話すのが好きでしたから、いつも二十人ぐらいの書生がいました。私が秘書に専念したのは戦後、参議院の副議長になってからです。開院式に天皇をお迎えしたときのカニの横ばい拒否、あれから身辺警護もあって、ずっと治一郎の左側に付き添っていました。

西島　左側というと。

松本　治一郎は、不意の防御を兼ねてステッキ代わりに竹の杖を愛用していました。だから隙になる左側を。

西島　なるほど……。ところでカニの横ばい拒否はたいへん話題になりましたね。

松本　議会の開院式で衆参両院の議長副議長が天皇陛下を国会議事堂の玄関にお迎えし、控えの間で〝謁見《えっけん》〟がある。一般で言えばごあいさつで、そのとき天皇に後ろを見せては不敬ということで、横ばいをして、正面から前に進んであいさつする。終わって同様の手順で引き下がっていたんです。

　松岡衆院議長、松平参院議長、田中衆院副議長が慣例通りにして、治一郎の番になった。ところが治一郎は陛下の前へ真っすぐ歩いて、普通にごあいさつをし、後ろを向いて引き返しました。人間天皇をお迎えするのに横ばいができるかと……。これがカニの横ばい拒否と大きく報道されたのですね。

西島　以後は横ばいは廃止されて……。

松本　元華族の松平参院議長の胸の内も、本心は横ばい反対だったようで(笑)。ところが、不敬だと脅迫が続く。私も体を張った気持ちで、おやじさんの左側に付いていました。

松本攻　じゃ、いつも治一郎さんのそばに。

松本　ええ、しかし、ひと頃は治一郎の命令で盟友、**鈴木茂三郎**先生のボディーガードをしていました。

松本攻　それは……。

松本　自分より鈴木先生の安全を気にしていたのです。治一郎はそういう男でした。

西島　いろいろと役目があって書生さんもたいへんでしたね。

松本　治一郎は書生には厳しかったですね。朝食も朝七時すぎると絶対食べさせないんです。それでも治一郎に惚れ込んだ人が次々と押しかけてきて……。東京のマッサージの名人までぜひにといって書生になりました。私を含めていろんな人間がいましたな。若い連中ばかりでしょう。戦後早々だからみんな素《す》寒貧《かんぴん》で、元気づけの酒代がない。それで事務所の敷物を質入れする。おやじが来るとなると大急ぎで受け出して……。(笑)

黒田三百年祭の寄付割当に反対、徳川公爵辞爵勧告

西島　養子になられたのは。

松本　私が解放同盟から勧められて参議院全国区に出るという話があった。たしか昭和三十六年（一九六一）の八月でした。

　おやじさんがとぼけて、「全国区の候補者に松本英一とあるが誰かいな」「私です」「なんやお前な。いま出るがいいとな、出んがいいとな」。後援会長は**安部辰五郎**さんで、準備はできていたんですが、おやじの目から見ると早すぎると見えたらしい。

　「そんならやめまっしょう」とあっさり断念しましたが、そこらへんの思い切りを気に入ってくれたのでしょう。養子にということで親子になったのです。私も若い盛りで、中洲でも元気者で通っていましたが、英一はクラブでほうけとるから困ると、よく叱られましたな(笑)。

松本攻　治一郎さんの名が知られたのは、黒田長政公三百年祭の寄付反対からですね。

松本　恩顧を受けた者が自費でするのなら美談にもなろうが、各町村に割り当てるのはおかしい。まして差別の遠因をつくった黒田藩祖の長政の祭事に部落が拠金する要はない。絶対反対ということで。

松本攻　筋が通っていて、知事さんも市長さ

んも参ったでしょうね。また「筑前糾革団」というネーミングがすごい。頭の切れる人だったんですね。

松本　「吾人、先祖ノ虐待者、旧福岡藩主黒田家ガ催ス三百年祭ニ、（略）積恨ヲ持テル被虐抑者ノ子孫タル吾人同胞ガ、大正聖代ノ今日壱厘ダモ負担スルノ義務ナキヲ自覚セヨ」のビラをまき、演説会をし、知事に抗議して、「寄付は任意である」という通達を約束させるのです。まあ、それで五万円の募金予定が一万五百七十円しか集まらなかった。

松本攻　治一郎さんが黒田三百年祭の寄付割当に反対のときは、まだ三十歳ぐらいだったのでしょう。次いで徳川公爵爵位返上勧告ですね。

松本　水平社全国大会で治一郎の提案が決議されたんですね。三百万部落民の先祖は、徳川家康のために、人間の権利も自由も無視され、社会の底辺に押し込められた。この責任を負って**徳川家達**《いえさと》公爵は爵位を返上すべきだ……と。

松本攻　徳川さんも困ったでしょうね。

松本　爵位は天皇の大御心で頂いたもの。天皇の大御心には反せないという論旨で逃げられましたね（笑）。戦前ですからね。

　ところが、九州水平社の**佐藤三太郎**が東京・芝の中華店で昼食中、ピストル、短刀所持で捕まって、「徳川公爵暗殺計画」がつくり上げられる。

　治一郎もピストルを渡した容疑で**松本源太郎**と一緒に逮捕されますが、松本が獄死するんです。解剖すると胃や腸に何もない。かっけ患者の松本に五、六日も食事を与えていない。十分に病舎で看護したというが、実際の入院は死の前日とわかった。

　盛大な水平社葬で弔いましたが、治一郎の家に住み着いていた**浜嘉蔵**《かぞう》が、仇討ちだと、徳川邸に忍び込み、マッチで放火する。本人はボヤぐらいだろうと思っていたら、翌朝銭湯の話で全焼と知る。それで大連へ逃げましたが、捕まって懲役十五年です。

西島　治一郎さんのほうは。

松本　懲役四カ月です。

松本攻　治一郎さんには、官憲も別格扱いだったそうで。

松本　「拷問するならしゃんとやれ。殺すまでやったほうがよか。そげんせんと、いつか娑婆《しゃば》に出てお返しするばい」と平然と言う相手で、まあ監獄でもコワモテだったのですね。

浴びるほど飲んでいた酒を、ぷっつりやめて

西島　出所されてから生活を一新されたとか。

松本　浴びるほど飲んでいた酒をぷっつりやめました。一日三箱の煙草もやめる。漬物も調味料なしで食べる。そしてノーネクタイです。部落解放に生命を張る以上、いつ警察に拘留されるかもしれない。そのとき怖いのは欲望に負けること。だからこの敵を前もって退治したのでしょう。ノーネクタイは、警官ともみ合うとき、ネクタイで首を締められると参ってしまうからだと言っていました。そして太いステッキを常用し始めました。

松本攻　ずいぶん女性にもてたそうですが……、生涯独身も決意されている。

松本　若いとき、心を許した人もいたようです。身売りされる寸前の娘さんを助けたり、女性には優しかった。女性議員にもよくもてましたな。生涯結婚しないと誓ったのは、後顧の憂いをなくそうとしたからでしょう。

松本攻　身を張っての決意の程がうかがえますね。三百万部落民解放のために自分を投げ出されたのですね。そして次は福岡第二十四連隊の差別反対運動で、軍を相手に糾弾される。

松本　軍は**連隊爆破事件**を捏造《ねつぞう》して治一郎らが拘束されます。しかし証拠になったダイナマイトや手紙の疑惑が法廷で露呈されてしまう。それでも保釈になるまで三年あまり収監されていました。

松本攻　当時の絶対権力の軍に対しての抵抗。捨て身だったでしょうが、普通の人にはとてもできることではないですね。「不可侵、

不可被侵」を信条とされたのはいつ頃からですか。

松本　三十五、六歳からでしょう。治一郎が手がけた建設業も、請負は福岡県内だけ、他県へは出ていません。

西島　それも不可侵不可被侵で（笑）。よく人の面倒も見られたのでしょう。

松本　人の気持ちがよくわかっていましたね。三千円借りに来たら五百円よけいに渡す。五千円なら千円付ける。それで役立つ金になるのだと言っていました。その代わり、四回も五回も来る人間は突き返せでした。

よく人を見ていて、あの人ならと信用した人には「証文はいらんから持っていき……」でした。金を借りるときは、すぐに返せるはずがない、ゆっくりでいいでしたね。

西島　年譜を見ますと、将棋の王将で有名な坂田三吉さんの介添え役をされていますね。お好きだったので。

松本　碁も将棋も好きで、よくしていました。しかし、どんな優勢な局面のときでも、人が来ると御免と崩して会っていました。

西島　銭湯がお好きだったそうで。

松本　議員になって東京の魚藍坂《ぎょらんざか》に住んでいたとき、朝四時半始発の電車に乗って芝から神田へ入湯に行っていました。私が二十二、三歳の頃でよく一緒しましたよ。おやじさんはとびきり熱いお湯が好き、私は好かん、弱りましたな（笑）。

松本攻　福岡では毎朝、東公園に。

松本　木の多い所が好きでしたな。おやじさんに用があれば毎朝、東公園に行けばいいといわれていました。菜園作りも好きでしたね。

松本攻　浮浪者の人たちにも、ここで差し入れをされたとか。

松本　おにぎりを、毎朝配らせていました。少し麦を入れていましたが、あの頃は失業の人たちが多くて喜ばれましたね。それから福岡刑務所の受刑者全員に、元日、三段重ねの温かい雑煮弁当を差し入れていました。刑務所暮らしのつらさがよくわかっていたからですね。この〝おやじ弁当〟は死ぬまで続けましたよ。

松本攻　いいお話ですね。そして若い人をとてもかわいがられたとか。

松本　水平社でも事務局の若手連中をよく引き立てましたね。若手の提案を、まるで自分が考えたことのように、手を添え支援していましたね。

西島　写真がとても童顔ですね。目が優しいし、あごのやぎ鬚に味があって、世界に通用するいいマスクですね。

松本　写真家の土門拳さんが気に入ったマスクらしく、よく写していましたね。

松本攻　人間解放の父ということで、外国でも歓迎されましたね。

松本　中国で周恩来さんに歓迎されたときはうれしかったようです。その喜びを、百人一首を引用してあいさつしました。「瀬をはやみ　岩にせかるる滝川の　われてもすえに会はむとぞ思う」。通訳さんが、さぞ困ったでしょうね（笑）。アジア諸国からヨーロッパまで出掛けましたが、日本人民の代表としてずいぶん歓迎されましたね。

松永安左エ門さんと広田弘毅さん

西島　電力の鬼といわれた松永安左エ門さんとは、たいへんな親交だったそうで……。

松本　立場が反対ですし、年も一回りも上の方でしたが、お互いに私欲が薄く公益優先でしたから共感し合っていたんでしょうね。松永さんが書かれた福沢諭吉の「公平ノ論は不平ノ人より出ズ」の色紙をもらって大事にしていましたね。

中野正剛さんと松永さんが選挙を争ったとき、立会演説会場でいつも同じ連中二、三十

電力の鬼と呼ばれた松永安左エ門。昭 36 年

人が松永さんをやじっている。目に余るのでおやじが追い出したこともあったようです。
松永さんに、建築業なら見積もりを出せと言われて、名島発電所の仕事をしたりしました。私たちは、松永のじいさんと呼んで親しんでいました。治一郎が動脈硬化で入院して面会謝絶のとき、松永のじいさんが見舞いにきて、「面会謝絶でもなんでもいい、俺に会わせろ、俺に会って往生するのなら極楽往生だ」と……。松永さんはそのとき九十一歳でしたか。それでおやじが一時元気を取り戻しましたからね。

西島　**広田弘毅**さんとは。

松本　うちは建築だから砂屋で、向こうは石屋でしょう。広田さんのお父さんとは懇意でしたし、立場は違っても認め合うものがありました。議会で華族制改正を質問するとき、「松本さん、現実には無理だよ」「無理なら無理で答弁を」というような話があったそうです。

西島　広田さんの墓所の敷石を、治一郎さんが贈っておられるそうですね。

松本　軍部の暴圧を抑えようとした広田さんの苦衷を知っていて、鎮魂のつもりだったのでしょう。
中野正剛さんとの仲は、晩年は良くなっていました。頭山満さんとは、立場も年齢も隔たっていて、接触はなかったですね。

戦後の民選初代、二代の福岡市長になった三好弥六さんとの交友も忘れられませんね。おやじの裁判は三好弁護士に一切を任せましたし、衆議院初出馬のときも部落出身でない三好さんが選挙事務局長になってくれた。弱い者の味方になるスタンスが二人を結び付けたのですね。

松本攻　治一郎さんは八十歳で亡くなられましたが、老人の感じは全然ないですね。

松本　服装も、おやじなりにおしゃれでしたし、いつも勉強していました。ちょっと余裕があると、二日市の大丸別荘で一人で読書にふけっていました。

松本攻　終生、解放のために、その使命を追い続けて、心はいつも青年でおられたのですね。

略伝 ●——松本治一郎の歩み

平成四年（一九九二）は部落解放のために全国水平社が創立されて七十周年にあたる。部落の人たちは、数百年にわたって、いわれのない差別を受け続けてきた。「エタ・非人の称廃され候条、自今身分職業とも、平民同様たるべき事」と四民平等をうたった明治維新後も新平民の蔑称の下、不当な差別は続いた。
全国三百万の部落の人たちにとって、全国水平社は結束と団結で不当な国家権力に抗し、自由と平等を求めた強固な連帯であった。その水平社と戦後の部落解放同盟の委員長として、権力の弾圧に抗し不屈の戦いを続けたのが、松本治一郎であった。彼の八十年の歩みは、日本民族の良心として、部落大衆解放の父として、一身をなげうった尊い生涯であった。

幼少の頃

松本治一郎（幼名次一郎）は、明治二十年

（一八八七）、包装用の竹の皮や桐材を扱い、村会議員を務めた父次吉と母チエの三男三女の末っ子として、福岡県那珂郡金平村（現福岡市）に生まれた。

住吉高等小学校時代の治一郎は、成績は中ぐらいだったが、体が大きく腕っぷしが強く、負けん気の強いわんぱく大将だった。同じ地区の子が差別されると、相手が謝るまで向かっていった。

担任の岡沢麟太郎先生に、「じいっちゃん」とかわいがられ、修猷館の国漢の先生に転じられてからもよく訪ね、終生の師として敬慕した。

小学四年生の頃のこと。部落出身の娘が柳橋遊郭を逃げ出し、警官がその捜査に来て、おやじいるかとずかずかと家に入り込んだ。治一郎少年がその無礼をとがめると「何を言うか。文句があるなら警察へ来い」という。少年は包丁を手に、何もしない者をなぜ引っ張るかと抗議。その真剣さに警官が驚いて立ち去ったという。「怒りが本物なら、相手が権力者でも怖くない。相手は必ず逃げる」の確信を得て、これが生涯の支えになった。

京都の干城中学から錦城中学に転じたが、差別を受けた相手を殴って一週間で退学している。

二十歳の徴兵検査に、治一郎だけ長髪だった。下士官に叱られたが検査官が収め、日露戦後の兵員超過のため国民兵に編入だった。

兄の友人を頼って、少年時代に夢みた大陸へ渡ったが、日露戦争に勝った日本人の支配意識に幻滅。新聞探訪記者から郵便局の臨時雇い、土木工事人夫、飲食店下働き、易者と転々。最後は街頭医者となり、「大日本帝国一等軍医監」の幟《のぼり》を立てて繁昌したという。しかし無免許のため苦情が出て、日本領事館から「諭旨退清《ゆしたいしん》」の処分を受けて明治四十三年（一九一〇）に帰国した。

次兄鶴吉が起こした土建業を手伝い、翌明治四十四年（一九一一）独立して二十五歳で土建業松本組を起こした。祭礼には背広に真っ白なカッターシャツ、金縁眼鏡とモダンだった。この頃、心を許した女性との生活もあったが、入籍できなかったらしい。

興味本位の記事に抗議

大正五年（一九一六）六月に「博多毎日事件」が起こった。興味本位の探訪記事を主とした新聞だったが、大正五年六月十七日号に、「浮世のぞき眼鏡─人間の死体を元素に還す火葬場の隠亡」の見出しで、「某地区は専属の火葬場を持っている、人間の亡者様はエタの亡者様と一所のかまどで焼かれることをおきらいとみえる」という記事が載った。

これに約三百人の人たちが激高し、新聞社へ抗議したが、社長が逃げていない。ガラスを割り、活字台をひっくり返し、机、椅子を投げる騒ぎとなって印刷工一人が負傷した。

折から九州劇場で市政刷新市民大会が催されていたので、警察は二つの行動が重なれば不穏な事態になると考え、騒擾罪《そうじょうざい》を適用して六百人を取り調べ半数以上が拘留された。治一郎は「けんかは一人でするもの」との信念で、警察に抗議したが追い払われ、組織の必要を痛感した。それで青年団に入り熱心に活動することになる。

三隅社長の謝罪状は受け取ったが、四十七人有罪で、首謀者三人は懲役一年となった。このときの弁護士が後年、戦後初の地方選挙で市長に当選、一期二期と福岡市の人情市長として知られた三好弥六氏で、治一郎と終生の友情を結んだ。なお、一カ月後の刷新会判決は別の裁判長だったが全員無罪で、あまりにも対照的だった。

地主の差別を糾弾

青年団長の治一郎は、青年たちからいつしかオヤジと親しまれていた。大正九年（一九二〇）、一人の青年が「オヤジ、許せぬことが……」と飛び込んできた。

周辺農村へ出稼ぎしている部落の人たちが、食事は土間に座らされ、女中が別の茶わんによそった飯を自分の茶わんに落としてくれる。みそ汁も長柄ひしゃくで高い所からつぐ。不浄だと差別して人間扱いでない。

治一郎は、いちばん忙しい田植え時を待って友人二人とこの村へ出かけた。公会堂で部落の農民三百人から詳しい話を聞いて、地区いちばんの大地主を訪ねて抗議した。いちばん手強い相手に立ち向かう治一郎流だが、ちょうど朝食の最中で、部落の人たちは土間で食事をさせられていた。地主に抗議すると、昔からのしきたりだと素っ気ない。

そのとき、猫が地主の膝に乗った。治一郎は「猫が田植えをするか。トカゲや虫を食う不浄の獣を座敷に上げ、人間を土間に。どういう了見か」と問い詰めた。地主は一言もなく、地主仲間と話し合って今日から差別をやめると謝り、悪風は改善された。

黒田侯三百年祭寄付割当に反対

大正十年（一九二一）七月、「明春**黒田長政**公没後三百年祭を行う。所要五万円を旧筑前領市町村で」という知事通達があった。

安河内知事と**久世**福岡市長が話し合って旧藩領の郡市長会で賛成を求め、予算を十万円とし、うち五万円を旧黒田領三市九郡の住民から県税に準じて徴収と決めたものだった。

治一郎は「長政は先祖を社会の最底辺に縛り付けた人物である。恩を受けた連中がお祭りをするのはいいが、被害者の部落民にまでなぜ割り当てをするか」と郡長に抗議した。知事からの通達でと郡長はオロオロだった。

治一郎は「筑前糾革団」を組織し、知事を追及して「寄付は任意」の通達を約束させた。三百年祭は豪勢に行われたが、寄付金は目標にはるかに及ばず一万五百七十円であった。

水平社創立

大正十年（一九二一）、奈良の**阪本清一郎**は**西光万吉**らと話し合い、差別撤廃のため読書会をつくり、**駒井喜作**、**平野重吉**、**松田喜一**、**朝田善之助**らが加わり、輪が広がって水平社の創立が図られた。

大正十一年（一九二二）三月三日、京都の岡崎公会堂に二千人が参加して全国水平社を創立した。

「全国に散在する吾が特殊部落民よ団結せよ。長い間虐められてきた兄弟よ。（略）吾等の中より人間を尊敬することによって、自ら解放せんとする者の集団運動を起せるは、寧ろ必然である。（略）人の世に熱あれ、人間に光あれ。」と結んだ大会宣言は、西光万吉がガス配管の受け持ち先の島原遊郭の角屋の物干し台で書き上げたものだという。

黒地の中央にイバラの冠を配した荊冠旗《けいかんき》も作られ、水平社は逐次全国に結成されていった。このとき九州と中央は遠く、治一郎はまだ参加していない。

九州水平社は西本願寺布教師の**花山清**、**田中松月**と**柴田啓蔵**が話し合い、治一郎をリーダーとして、大正十二年（一九二三）四月二十六日、旧博多座で創立に決まった。

その前月、警察より延期を要望されたが拒否。その頃、工事請負のトラブルで死傷者が出て社員十六人が逮捕されていた。裁判所が、治一郎が身元引受人になれば釈放するというので出頭すると、そのまま拘留されてしまった。

五月一日、治一郎拘留のまま、九州水平社は設立され、委員長に治一郎を選任し、「門戸を解放し人材登用」「人間尊厳の小学教育」などが議決された。父親（次吉）の死で保釈、次いで無罪となったが、このときから治一郎は欲望を断つ生活一新を図った。酒、煙草、食事の調味料をやめ、生涯独身を誓い、ノーネクタイに太いステッキと、権力との戦い、拘留への決意を秘めた決定であった。

徳川公爵爵位返上勧告

大正十三年（一九二四）三月三日、京都で行われた第三回水平社大会に治一郎は初参加した。全九州水平社が祖先の人間の権利と自由を剝奪した徳川家の責任を追及して爵位返上を提議。治一郎、**南梅吉**、**花山清**（九州）、**松本源太郎**（九州）の四人が実行委員に選任された。

三月、四月と徳川家へ勧告訪問をしているうち、九州から駆け付けた**佐藤三太郎**が、芝の中華料理店で昼食中に逮捕される。佐藤は十二連発のピストルと短刀を持っていて、徳川公爵暗殺計画の被告とされる。治一郎と松本源太郎が佐藤にピストルを渡したとして、予備殺人容疑で逮捕された。

治一郎拘留のまま、水平社代表はやっと**徳川家達**公爵に面談したが、「徳川家は明治維新で廃滅したが、明治天皇から新たに爵位を頂いたもの。爵位返上は大御心に反することでとうていできない」と、天皇をかさに着て拒否。当時の世情では、これ以上の追及は不可能だった。

ところが治一郎と一緒に検束された松本源太郎はかっけ症の病弱のため、病状が悪化して獄死した。死因に疑問があるため**布施辰治**弁護士が慶応大学の川上博士に解剖を頼んだところ、強度の心臓肥大とともに、胃と腸が空っぽで五、六日食事が与えられていない。病舎収容も死の前日であった。布施は「病死に非ず。遺棄致死である」と発表､痛憤の中､福岡の大光寺で盛大に水平社葬が行われた。

県庁に勤め、治一郎宅に住み着いていた**浜嘉蔵**が松本の仇討ちをすると、徳川邸応接間に忍び込みマッチで放火した。大陸へ逃れたが、大連で捕まり、懲役十五年を宣《せん》せられた。

徳川公暗殺陰謀事件は布施辰治、**三輪寿《じゅ》壮《そう》**、三好弥六が弁護士となったが、治一郎、佐藤三太郎両人は懲役四カ月を宣せられた。

大正十四年（一九二五）五月、水平社第四回総会で、治一郎は第二代委員長に選任され、全国水平運動のリーダーとなった。

福岡第二十四連隊事件

大正十五年（一九二六）一月、歩兵第二十四連隊（福岡市）機関銃隊第四隊の**井元麟之《りんし》**に部落出身の初年兵が差別を受けたと泣きついたのが、この事件の発端だった。井元は部落の青年二百人が営門前で革命歌と解放歌を歌って入営を送ったことで注目された人物だった。

井元らはひそかに外部の水平社と連絡を取りながら、厩舎を同志の打ち合わせ場所として、機関銃隊の隊長に日常の差別を抗議し、差別撤廃の講演会開催を要求した。

ところが返答はなしのつぶてなので、水平社側は同年五月に大博劇場で催された第五回全国水平社大会で「軍隊内のこの差別を見よ」のビラを配り､軍に差別撤廃を強く要望した。

青年隊が荊冠旗を掲げて軍に抗議したり、報告講演会など抵抗の炎は燃え盛る一方だったが、久留米の太田憲兵隊長が仲介に立ち、同和教育の連隊講演会を福岡市記念館で催し、将校は連隊長宅で学習することで同意した。

ところが、「福岡連隊の差別事件、大勝利解決す」のビラに「ここにおいて頑迷《がんめい》固陋《ころう》、階級差別によって固められた彼ら連隊当局の石頭連中も、遂に我らの正義力の前に屈服した」とあったことから軍がクレームをつけ、交渉は振り出しに戻った。

水平社九州連合会は、さっそく糾弾演説会を開き、在郷軍人会、青年団、処女会、青年訓練所からの脱退、福岡連隊への入隊拒否、十一月に佐賀で行われる陸軍大演習で全将兵への宿舎提供拒否を打ち出した。

十一月十二日に警察は糾弾を抑えるため水平社幹部宅の一斉手入れを行い、治一郎宅の物置から新聞包みのダイナマイトのようなものを押収し、治一郎、**藤岡正右衛門**ら十数人を「爆発物取締罰則違反」で拘留した。

三カ月後の報道解禁で新聞は「千余の水平社同人を集め、福岡連隊の爆破を企つ。陸軍の大演習を機として将兵の不在を襲う計画」などと、福岡第二十四連隊爆破事件として大々的に報じた。

ところが公判が進むにつれ意外な事実が出てきて、爆破計画が官憲の捏造でないかと思われるに至った。治一郎は「わが家はオープンなので、誰でも出入りできる。誰かが故意にダイナマイトを置いたのに違いない」と主張。さらに治一郎宅から押収した手紙に疑念が持たれた。熊本市の清住某から治一郎の秘書に宛てた手紙で「岩尾君、さきほどお頼みのマイトは、なにほどでも注文通り手に入ります。数を知らせてほしい。しかしながら相手は無知なものですから金を出してくれねばダメです……」とあった。

　ところが、この手紙が押収された前日に、警部がこの手紙を持って熊本県特高課を訪ね、清住の筆跡鑑定の依頼をしていることが、予審調書につづられていた警部の復命書でわかった。つまり、誰かが家宅捜索の前日十一日午前に、このレターを持ち出して特高に渡し、十二日の手入れまでの間に、こっそり返していたことになる。

　公判で治一郎は「十一日に熊本へ持っていかれた手紙が十二日にひょっこり私の家から出てくる。これはどうしたことか。検事さんは家宅捜索のとき泥棒を先頭に立てて手引きしたのでは……」と検事を追及。軍隊爆破の陰謀は大きく揺らぎだした。陰謀に参加したとされる二十二日に治一郎は中洲の改築工事場にいたし、二十三日は福岡警察署長の指揮で、組頭として消防組の点検と演習に参加し、夜は慰労宴に出ていて、アリバイもはっきりした。

　しかし、治一郎の懲役三年六カ月をはじめ、被告全員に懲役刑の判決となり、二審も同様。大審院は棄却して刑が決定した。昭和四年（一九二九）五月一日、福岡刑務所に入所する治一郎らを送る荊冠旗を掲げた同志の列は十キロの沿道をうずめたという。こうして昭和六年（一九三一）十二月の仮出所まで二年半の懲役に処せられている。

　この間、昭和二年（一九二七）十一月、名古屋で行われた陸軍大演習で、**北原泰作**二等兵が馬上閲兵の天皇に隊列から走り出て差別撤廃を直訴。訴願令違反で一年の懲役刑を受けている。

　昭和八年（一九三三）、**高松事件**が起こった。高松市で婦女誘拐罪に問われた青年に高松地方裁判所で検事が「結婚は互いに身元を調べ、身分、職業、その他を明かし合って双方納得の上行うべきであるのに、特殊部落民でありながら、身分を隠し、甘言詐謀を用いて女を誘惑した」と発言。裁判長は検事の発言を黙認した。

　治一郎は、今までの弾圧は闘いに対してだったが、何もしなくても部落民というだけで罪になる。これはえらいことだと思った。司法大臣に厳しく抗議し、全国部落民代表者会議は福岡から東京までの差別裁判取消要求請願行進を決定した。司法大臣に遺憾を認めさせ、このようなことを起こさぬよう司法次官通達を出させ、関係判事検事の配転をみて解決した。

国会へ

　昭和三年（一九二八）に獄中から立候補し落選したが、十一年（一九三六）に再び衆議院に立候補。弁護士三好弥六が選挙事務長になって三位当選。内閣は広田内閣で、治一郎は華族制度廃止について議会で質問し信念を吐露している。

　昭和十二年（一九三七）に日本は中国との泥沼戦争に入り、十六年（一九四一）には太平洋戦争に突入。言論、出版、結社などの臨時取締法により、水平社は思想結社と見なされ解散のやむなきに至った。

　昭和二十年（一九四五）終戦、民主国家に生まれ変わったが戦時中、翼賛推薦議員であったことで公職追放に遭い、第一回総選挙には出馬できなかった。

　二十一年（一九四六）二月、京都で全国部落代表者会議が開かれ、中央委員長に治一郎が就任。部落産業の全面振興、華族制度など封建的身分制度撤廃、強力民主戦線、民主主義日本の建設を採決した。

　公職解除により二十二年（一九四七）四月、参議院全国区に立候補し、四十二万票を獲得して全国第四位、初代参議院副議長に選出される。翌年一月、第二回国会開会式で天皇へのあいさつに慣例のカニの横ばいを拒否し、日常の礼で行ったので話題となった（対談参照）。

二十四年（一九四九）一月、第三回総選挙の開票日に、治一郎、田中松月、井元麟之ら十人が戦時中、大和報国運動本部の役員であったとして再度公職追放を受ける。追放解除運動が全国で起こり、国会でも質問された。二十五年（一九五〇）十月、追放解除訴願委員会の発表した解除者は一万九十一人だったが、吉田首相を経て、総司令部に出された解除者は治一郎を除く一万九十人であった。これは治一郎追放を吉田首相がマッカーサーに要望したためであった。

衆院選で当選を決め、松本治一郎（中央）と握手する楢崎弥之助（同右）。昭 35 年

二十六年（一九五一）八月、追放解除。二十八年（一九五三）四月、参議院全国区に当選。参議院本会議で「吉田クンに本会議で会うのは五年ぶりですね」と一矢を報い、民生安定、再軍備の憲法無視、現外交では日本は世界の孤児になると三点を質問、吉田首相は苦虫をかみつぶしたような顔で素っ気なく二分間の答弁だった。

四十年（一九六五）七月、第五回参院選に出馬。最後のお礼奉公と言ったが、五十四万八千八票で当選した。

四十年八月、佐藤内閣へ、四年の審議を行った「同和対策審議会の答申」が提出され、同和対策に大きな光明と前進を見た。

落日

四十一年（一九六六）三月、脳卒中で倒れ、福岡市浜の町病院に入院。生涯の知巳、松永安左エ門の見舞いを受け、一時快方に向かったが、十一月二十二日未明逝去。部落解放、人間解放に一身をささげた八十年の生涯であった。

葬儀委員長の鈴木茂三郎（元社会党委員長）は弔辞で「あなたは阿弥陀様のような面差しで、被圧迫階級を見られた。そして不動明王のような鋭い目で圧迫階級をねめつけられた……」と述べ、喪主の松本英一は「虐げられた人々の完全解放を見届けることができなかった心残りはあったにしても、父の歩いてきた道が、全国の数え切れない人々の心に生き続け、子どもに孫に、語り継がれていく限り、父は一粒の麦、地の塩たり得たことをひそかに喜ぶでしょう」と治一郎を偲んだ。

■松本英一氏

大正十年（一九二一）～平成六年（一九九四）。昭和十年（一九三五）福岡市馬出小学校卒業。十二年（一九三七）春、選抜野球甲子園出場選手。十四年（一九三九）福岡県立福岡工業学校建築科卒業。十八年（一九四三）明治大学政経学部卒業。二十年（一九四五）日本社会党結党に父治一郎とともに参加。二十二年（一九四七）初代参議院副議長松本治一郎秘書。四十三年（一九六八）～平成六年（一九九四）参議院議員。

松本治一郎の葬儀。昭 41 年 11 月、福岡市

昭26年

57 画伯 中村琢二

鳥のように軽く天空を舞った画伯

［お話］
青木　秀　西日本新聞社社長
［聞き手］
西島　伊三雄　博多町人文化連盟 理事長
四島　司　福岡シティ銀行 頭取

対談：平成四年（一九九二）十二月

光る砂・筑前　輝く泥・筑後

西島　福岡は優れた洋画家が出ていますね。

青木　今日のテーマの中村琢二さんですが、お兄さんに中村研一さん、研一さんの親友にライバルの児島善三郎さんがいますね。敬称は略させていただいて、三人とも児島が始めた中学修猷館のパレット会で絵を描き始めたのがおもしろいですね。

四島　筑後には青木繁、坂本繁二郎、古賀春江、田崎廣助という人たちも。

西島　そうした人たち以外にも、優れた画家が大勢で、大きな山系ですね。

青木　そう、壮観ですよ。おもしろいのは旧黒田藩の筑前と、旧有馬藩の筑後の絵の違いですね。中村兄弟も児島も、どっちかというと色彩が淡い。絵が淡泊なんです。光安浩行も、鞍手出身の山喜多次郎太も同様で……。

西島　そういえば、坂本さんも淡泊のようでいて、よく塗り込んであるし、青木繁も田崎さんも色が強い。

青木　筑後の伊東静尾もそうですね。以前に福岡県立美術館で「イメージの風土学：〝川〟の筑後と〝海〟の筑前」展が催されたとき、詩人の丸山豊さんがそれを見事に言い表されていた。光る砂・筑前、輝く泥・筑後。

西島　うまい（笑）。福岡は白砂青松、筑後は筑紫次郎の筑後川、そして有明海の潟。

四島　日本の洋画を支えた両極の人たちが、筑前と筑後の芸術家なんですね。で、今日は、淡々とした最も筑前らしい風致の画家、中村琢二さんがテーマですね。

青木　画家には、説明がいくらでも付けられる画家と、説明不要の画家がありますね。琢二の絵は見るだけでいい。自分に話しかけてくれる絵だということが、誰にでもわかる。

西島　実に明るい、気持ちがゆったりする。線にしても、色にしても無雑作にポトンと筆を落としているようだけど、しかしデッサンの確かさと、配色の妙。これはすごいですよ。

青木　素直な絵だと思われている。ご本人も、先生に付かず、外遊もせず、自分で好きな絵を描いてきただけと言っているが、どうして、どうして。

四島　琢二さんの絵に惹かれるにつれ、ご本人のお人柄にも魅せられますね。周囲の人がみんな琢二が好きになって、彼の画業を育てている。

青木　両親、そしていちばんに兄さんの研一、**安井曾太郎、有馬生馬**らの巨匠たち、そして温かい家族の人たちも。

ターシャン絵描きにならんかね

西島　琢二さんは美校にも行かず、専門的な教育はなに一つ受けていない。素人画家からのスタートでしょう。

青木　そこがおもしろいですね。兄さんの研一は、東京美術学校を出てパリに留学、帰朝してすぐに帝国美術院展覧会特選、帝国美術院賞をもらう。年齢は二歳しか違わないが、すでに大家の観がありますね。その兄の研一に「ターシャン、あんたも絵描きにならんかね」と勧められて、描き始めるのです。

西島　ずいぶんオクテですね（笑）。でもいい兄さんで。持つべきは〝賢兄〟だ（笑）。

青木　しかし〝愚弟〟ではない……（笑）。その研一が、その前にパリから「いずれラジオの世界がくる。ターシャン、ラジオ屋をしろ」と勧めたりもしてもいる（笑）。

西島　無責任ですね（笑）。お父さんが住友の偉い人で、生活の心配はなにもなかったそうで……。

青木　お父さんの啓二郎さんは住友のドル箱だった別子銅山の四阪島精錬所の初代所長を務め、後に住友本社の技師長になった人。だから二人とも生活の心配は全然しなくていい。好きなように絵が描けたのですね。琢二が東京大学在学中にお父さんが亡くなりますが、父が存命だったら、住友へ入れられて、課長ぐらいにはなったろうと言っていますね（笑）。

西島　絵の持つ悠々たる姿勢がわかりますね。お父さんが亡くなられたので、絵描きになれた……（笑）。

中村琢二「赤いブラウス」

四島　絵描きになるまでのステップも実に自在ですね。

青木　お父さんが最初、佐渡金山勤務だったので、佐渡で生まれています。お父さんが住友に変わったので愛媛県新居浜の小学校へ。そしておじいさんの宗像へ預けられ、東筑中学から中学修猷館へ転校します。

西島　修猷館時代にさっきのパレット会へ。

青木　河野、池上という絵に熱心な先生の指導で、児島善三郎が研一たちとパレット会を始め、琢二も入会するのです。研一は子どものときから、水彩絵の具を買ってもらって描いていたそうで、琢二の絵もお兄ちゃんの影響だったのですね。

四島　それにしても、後年、日本画壇を背負う善三郎、研一、琢二がそろって修猷館から。壮観ですね。その頃**マチス**に惹かれたと…。

青木　ちょうど、丸善書店が福岡に支店を出して、マネやモネの画集、そして**武者小路実篤**らが出した雑誌『白樺』に、**ゴッホ**やマチスの写真版の絵が載ったのだそうです。カルチャーショックだったでしょうね。

四島　そして終生、マチスの絵を指向している。触れ合いの不思議さですね。

青木　研一は反対する父親を説得して東京美術学校へ入るのですが、琢二の道はもたもたで。

　初めは父の勧めで三高理科を受けるが、幾何は百点だったが代数零点で失敗。お母さんが占い師に見てもらったら、仙台の二高へ行くと病気になる。金沢の四高へ行くと悪い女がつく。熊本の第五高等学校がいいということで（笑）、五高に入るのですが、これも製図ができず神経疲労で退学。その頃ブームの温室を造ってもらって花屋にでもなろうかと……。

西島　なかなか絵にはたどり着かない（笑）。

青木　そうそう（笑）。そして岡山の六高文科英法科へ入ってやっと落ち着くんです。同級に新日本製鉄の会長になる**永野重雄**さんもいたそうで、やっと楽しい学生生活になったのですね。

そして、折よく東大に経済学部ができて無試験だったので東大へ入れた。**美濃部達吉**さんの憲法講義も二、三回聞いただけ。**桑木厳《げん》翼《よく》**さんの哲学講座もチンプンカンプン。テキストを買って、ナニガナンデアル、ヨッテナニナニ……と自分でもわからんことを書いたらテストが優だったそうで。のどかないい時代でしたね。ほとんど学校へ行かず、チェロを弾いたり、作ってみようと思ったりしたそうで。

そして二年のときに、広島の伯母さんの隣家のおとなしい娘さん、**美代夫人**と結婚している。新居は、パリへ行った研一のアトリエです。

まあそれでも卒業できて（笑）、父親はとても喜んだそうですが、琢二が二十八歳のとき肺炎で亡くなる。琢二も肺尖カタルなので、療養を考えて、鎌倉の名越《なごえ》に移ります。

後に、昭和八年（一九三三）にアトリエを構えた家を建てますが、ずっと鎌倉生活になるんですね。そして、帰国して大活躍の兄研一に勧められて画家を志すのです。

〝賢兄・賢弟〟

青木　当時の画壇は官展の帝展と、在野の二科展の二つでした。研一は帝展で活躍していましたので、琢二は形式にとらわれない自由な表現を求めて二科会に入ったのですね。「兄研一が頼んでくれていて」と、言っていますが、以来一回も落選知らずで毎回入選だったそうです。もっとも最初の入選は十二号の小品「材木座風景」で、喜んで見に行くと、奥の上のほうにちょこんと掛けてあったそうです（笑）。最初は一点入選。それが六年目に二点入選したときは、小躍りして喜んだそうです。

西島　情景が見えるよう。その気持ち、わかりますよ。

四島　ゆっくりでしたが、琢二さんは、絵描きになるべき人。絵描き以外の人ではなかったのですね。

青木　そうです。でも決して回り道ではなかったと思いますよ。学生時代、夏目漱石を耽読して、特に「草枕」なんか暗記するぐらい読みふけっている。「坊っちゃん」は軽やかだが、その後の作品は屈折した人間心理がベースですね。

「草枕」が私の歩みを決めたと後年話していますが、漱石の人生観でマチスの絵に惹かれた。そうすると、あの琢二の絵になるんですね。明るい絵だけど、世捨て人の境地で、心情は俳諧の世界ですよ。漱石の句に「海棠《かいどう》が化けて出てくる月夜かな」がありますね。なんか見えてきますね。

四島　それはおもしろい。成り行き任せのようでも、芯は強い人なんですな……。

青木　そうですよ。このごろ思うと、琢二は世間でいわれている風流自然の人生を送っただけの人ではない。秘めたもの、譲らないものを持ち続けた意志の強い人なんだな……と。そう思えてならない。

西島　研一、琢二の兄弟仲の良さ、兄思い、弟思いで本当にうらやましいですね。

青木　私は研一のすぐそばに住んでいて、よく出入りしていました。琢二と初めて会ったのは昭和二十二、三年（一九四七、八）ごろでしたでしょう。研一のそばで、いつもにこにこしていましたね。

生涯、兄研一を立てていて、その兄思いは見ていて美しくうらやましいものでした。

研一は優しい面が多いんだが、一見傲岸《ごうがん》でそのスタイルを押し通した人。戦後のGHQの要人に肖像画を頼まれても、ジェネラル以上でないと引き受けない見識と誇りがあった。その点、琢二は洒脱《しゃだつ》でしょう。

色彩にしても、研一はコバルトや朱が好きで焼き物なら色鍋島や有田、琢二は黄と緑が好きだから九谷焼の緑となる。子どもの時からグリーンが好きで、英和辞典一つにしても研一は青表紙、琢二はグリーンだった（笑）。そしてえび茶が大嫌いなんです。しかし琢二の心中には、兄貴に負けまいとする自分があったのですね。これ、たいへんなドラマですよ。それを見事に切り抜けたから、あれほど気持ちの安定した人物ができ、人を惹き付ける絵が生まれたのですね。

西島　内に秘めた兄さんへの対抗心もなかなかだったのですね。

青木　兄研一は、昭和二十五年（一九五〇）に芸術院会員になりますが、そのとき「俺はこれでメシが食える。琢二は貧乏しているから助けてくれ」と、自分の絵を一手に買ってくれている日動画廊の社長に頼んでいる。それで日動の長谷川さんが琢二のアトリエに来て、十四、五点ぽんぽん選んで、びっくりするぐらいのお金を置いていったそうです。

そのような兄さんですから研一を心から尊敬し敬愛していましたが、でも、琢二には琢二なりの意地はあった。

研一への涼しい目は持っていました。修猷館時代に研一が弁論部で天草四郎の講演をした。それを聞いていて、兄貴は演説がうまい。それにしてもおセンチ極まる演説だったと、言っていますからね。

誰が見てもわかる絵

四島　琢二さんの絵は肖像画と風景画で、静物は少ないですね。

青木　静物は適当に組み合わせられるでしょう。それが面倒だとあの人は言っているが、本来あるがままがいちばんいいという考えなのでしょうね。花も生きているから、描いている間に変わるので面倒だ。そして色が派手だから苦手だと。風景や人間の顔は変わらないし変えられないですからね。

西島　というと、このごろの抽象の反対の極点にいる人ですね。

四島　抽象も、形象を止揚《しよう》して行き着けば、また琢二世界なのかもしれない。

西島　琢二さんほどの一流の絵描きさんが、ヨーロッパに一度も行っていないのがわからないし、おかしい。

青木　外国というと、戦争末期に北京へ写生に行っただけですものね。

四島　みんなが好きだというミレーの絵もあまり好かないと……。

青木　「マチスの画集だけあればいい」と言っていたが、内にたのむものがなければそんな言葉は吐けませんよ。

西島　人物も、モデルが奥さん、息子さん、お嫁さん、お孫さんと、身内の人が多いですね。

青木　さながら家族の成長記録になっている。幼い頃の長男の良太さんの絵があるが、もう今は東大農業工学科の教授ですからね。

西島　家族がモデルというの、実はむつかしいのですよ。第一、なかなか言うことを聞いてくれない。もっとも、琢二さんのように、気持ちよい絵に描いてもらえば別なのかな（笑）。

四島　風景画もわりあい決まった場所で……。

青木　気に入った所で、描き続けるんですね。海では房州の太海、伊勢の大王崎、山ではアルプス連峰が一望できる信州の高遠《たかとお》、箱根からの富士、内牧からの阿蘇、そして子どもの頃、父母と祖父母の間を往き来した折の思い出の尾道と……。

西島　タッチが明快だし、色彩が澄んでいる。見たままの情景だが、琢二さんの気持ちの中で濾過《ろか》されていて、いいですね。

青木　そうなんです。琢二の絵は、誰が見てもわかる絵でしょう。これは奥さん、これは良太さん、これはお嫁さん。風景にしても、これは尾道、これは阿蘇、これは伊豆……とすぐわかる。これはとわかる絵。琢二にとってこれは大切なことなんですね。

四島　苦労したプロセスを見せませんね。そしてその成果がちゃんと決まった線と色。ぜんぜん塗り直しがない。

青木　そして、「絵の良しあしは、自分の好みでいいのだ。私にとって良い絵は私の好きな絵だ」と、さりげなく言っている。

西島　風景もありのままの現地主義でしょう。その場の感動をそのまま絵に映しているわけで……。

青木　「このごろはスケッチや写真で描く人が多いが、どうしてかね」と、不思議がっていました。塚二にはとても理解できないことなんですね。

四島　自分が感動したものだけを描いている。理論や技術は二の次、そう言ってますね。

西島　なにかで読みましたが、信州の高遠は絵になる風景だから自然と絵を描く人が多い。塚二が野外にイーゼルを立てて、アルプスを描いていると、通りかかった人が、「県展には通ったかね」と声をかけたと（笑）。この話、いかにも塚二さんらしくていい（笑）。

師・安井曾太郎

四島　安井曾太郎に師事されて……。最高の先生ですね。

青木　在野の二科時代から安井に師事し、後に安井とともに一水会に移りました。

　日展の雄だった兄貴が牛耳っていた光風会には入らないし研一も入れない。えこひいきと思われて、弟につらい思いをさせたくない。塚二も、兄貴の下には付きたくない。だから研一は在野の大家、安井曾太郎に弟のことを頼んだのです。

青木　また安井曾太郎が実にいい師だったのですね。絵を見てもらおうと先生の前に並べる。先生はじっと見ながら、十分も二十分もなにも言われない。塚二は、悪ければ悪いと言ってくれればいいのにと、イライラしていたそうです。ところが、ある日、そうしたところへ**速水御舟**《はやみぎょしゅう》が亡くなったという電話が入った。

　先生はすぐに出かけなければならない。君、ここはいい、ここはこうではと、実にポイントを突いた率直な指摘だったそうです。

　安井が、じっと眺めていたのは、どのように褒めようかと、考えていたのですね。長所を伸ばそうという師、当代一流の大家が、弟子の絵を十分も二十分も黙って見ている、これとてもできませんね。

西島　配色をとても褒められたとか。

青木　配色に特異の才能がある。それを大切に伸ばしていけばいいと言われたそうです。たしかに塚二の絵の色には引き込まれますが、安井曾太郎のお墨付きなんですね。

四島　マチスに憧れ、安井曾太郎に師事して……。塚二の絵の魅力がなんとなくわかってくる……。マチスと似ているといわれても全然気にしなかったそうですね。

青木　むしろ誇りに思ったぐらいでしょう。しかし、先生の安井曾太郎そっくりだと言われると、そうはいかない。それを聞くと、パッと筆を変えている。

西島　根性もんですね。

青木　そうですね。筆をこれまでの柔らかい筆から硬い豚毛のものに変え、タッチもさっぱりさせました。

　塚二は安井さんの絵に似ているが、はるかにマチスの絵のほうに近い。安井さんは、名人の中の名人と言った超克の芸みたいなものがある。大家という感じ、それを塚二は避けたのかもしれませんね。

四島　絵以外の友人にも恵まれて……。

青木　友人が小林秀雄、川端康成、吉野秀雄と立派な人たちで、やはり塚二さんの風が呼び寄せたのですよ。

宗像ユリックスで初の「兄弟展」

西島　研一さんの絵を一口で言うと。

青木　研一は、人に買ってもらおうという姿勢がなかった。自分の好きな絵を描いている。それは兄弟同じですね。だから画商にも頭を下げない。出入りしていたのは気の合う日動画廊の長谷川さんだけで、他に渡さないんだから画商には徹底的に嫌われた。その点も、珍しいですね。

　研一が亡くなったとき、**今泉篤男**さんが西日本新聞に追悼記を載せましたが、それが良かった。研一を帝展最後の画家と言い、彼の画業は戦前に終わっている。戦前だったらこの画家の死によって、官展の一つの系列は断絶したに違いない。戦後の彼の絵がダメということではない。商品としてもてはやされることに毅然《きぜん》と背を向けて独り超然と生きてきた……と。

　父親の残した遺産で、食べるために迎合した絵を描かなくてもよかったのですが、根底に、兄弟に通じる根っ子の太さがあるからなんでしょうね。

西島　琢二さんは、研一さんに感謝しておられたでしょうね。

青木　それは、もう。研一がいなかったら、あのような生涯は送れなかったでしょうね。琢二芸術を支えた大きなパトロンが、優れた画家の兄であった。それを乗り越える刺激を課してくれて……。幸福な人生でしたね。

四島　兄弟展が、宗像ユリックスで行われましたね。

青木　平成二年（一九九〇）の春、ふるさとで。初めての兄弟展でした。

　生前、私が勧めると、研一さんが、「俺たちは話し合ってそれはしないことにしているんだ。なぜって、考えてもごらん。私の絵の前に琢二の絵があったら、ボクの絵が薄汚れて見える。琢二の絵の前にボクの絵があったら、琢二の絵が弱々しく見える。どっちみち、ろくな取り合わせにならん。両方とも、弱点が目立つばかりだよ」と。

西島　なるほど、そういえばそうで…。

青木　お二人が亡くなられて、夫人方にお話ししたら、とても喜ばれて、ぜひ実現してくださいと言われる。「なぜ断っているのかわからなかった。二人とも一徹居士だから、やらんと言ったらやらんで、残念でしたよ」とのお話。そして、「兄弟がきっとあの世で喜んでくれますよ」とおっしゃった。

四島　初の兄弟展でしたが、欠点が目立つのでなく、かえってお互いの特長が目立ちましたよ。

西島　研一さんの初期の小品もあり、戦前からの活躍がよくわかりましたね。兄弟展に首を振られなかったのは、青木さんがあまり身近におられたから、研一さん流儀のはにかみだったのでは。

青木　兄弟展で、人前にひけらかすことに、二人のはにかみがあったのね。本当は二人ともしたかったんだろうと思う。夫人たちも来られ、宗像ユリックス始まっての充実した展覧会で大成功。研一さんの墓参りもされたし、とてもよかった（笑）。

四島　研一さんが臨終のとき、琢二さんを大声で呼ばれたと……。

青木　昭和四十二年（一九六七）八月二十八日。研一さんが息を引き取るとき「ターシャン」と大きな声で呼んだそうです。琢二さんは悲しくて窓枠につかまって泣いていた。抱きかかえてやるのだったが、悲しさで胸が詰まってできなかったと。

四島　いいご兄弟だったのですね。

襟を正させられる遺言

西島　琢二さんが亡くなられたのは何歳で。

青木　昭和六十三年（一九八八）一月三十一日、九十歳でした。その最期がまたすごい。連絡を受けて私が駆け付けますと、これが絶筆ですと、夫人から六号の絵を見せられました。それが尾道風景なんです。尾道は子どもの頃、よく往き来した思い出の場所ですね。宗像の祖父母の所から父母のいる新居浜へ行くとき、尾道から船ですね。帰りは尾道から汽車で惜別の感じだったでしょう。だから尾道には特別の思い入れがあるんですね。

　そして、そのまだ乾いていない絵にサインがされている。普通は一週間ぐらいたって、乾いてからサインするんです。サインを入れて、絵の完結と同時に、わが画業もこれで終わったと、静かに思われたんじゃないでしょうか。

四島　作品の完結であるとともに芸術家としての完結、人生の完結でもあったのですね。

青木　ちょうど画家の菊畑茂久馬《きくはたもくま》さんが西日本新聞に画家の絶筆シリーズを掲載していま

したが、予定終了でほっとしたところに、琢二さんの訃報でしょう。私は琢二の絶筆の絵に感動してぜひ入れてくれと頼んだ。菊畑さんは「もう、気持ちの区切りも済んだし、次の仕事の設定にかかっている。勘弁してくださいよ」と言ったが、ぜひ頼むと、無理に頼み込んだ。ところが菊畑さんが実にいい文章を書いてくれた。彼もシリーズがいい完結になってよかったと喜んでくれましたね。

四島　読みましたよ。琢二さんの絶筆で、とてもいい完結でしたね。

青木　絶筆で話が終わったようですが、このお話は、琢二さんの遺言で締めくくりたいですね。

西島　遺言とは。

青木　これがすごいんですよ。四つあって、第一は自分の死に顔を絶対孫に見せるな。第二は葬式は出すな。第三は霊柩車を使うな。第四、香典はいっさいもらうな。

　この遺言に、彼が秘めていたものすべてがうかがえますね。森鷗外が自分の死に対処していたこととそっくりですね。

　ひょうひょうとして、自然体だけで生涯を終えただけの人ではありませんね。自然体だけで逝った人なら、あとは成り行きで遺言をのこす必要がない。風のように去って後は勝手にでしょう。

西島　その遺言は完全に行われましたか。

青木　完全でした。夫人と東大教授の長男の良太さんが、遺言どおりに実施された。見事でした。

四島　葬式するなの遺言ぐらい守られない遺言はないそうで（笑）。周囲がそれでは済まさない……。

青木　一カ月遅れて、上野の精養軒で偲ぶ会が催されました。普段の写真に一輪の献花はしましたが、ワイワイガヤガヤ、実に楽しい会でした。

平７年に開催の中村琢二絵画展。西日本新聞会館

四島　孫に死に顔を見せるな。グッとくる言葉ですね。

鳥のように、重く、軽い

西島　お話を伺っていて、琢二さんは、自分は絵描きではないというふうな、ただ好きで描いているというふうな感じ。素人画家のような感じですが、それでいて絵が誰もまねができない世界でしょう。いいですね。

青木　私もそう思っていたんだけど、このごろちょっと考えが変わりました。琢二さんは、あんなふうにごく自然な話をしているけど、本当は内にとても強靱《きょうじん》なものを持っている。内向的な強靱さでそれは人にはわからない。

四島　ただ、ひょうひょうとしているだけでは重味がないですね。一茶にしても、良寛にしても、やはり違う。

青木　そう。琢二はひょうひょうの後ろに強い感受性と、ひそかに疎外感と闘ってきたしたたかさがあるんだ。今ごろになって、やっとそう確信できるようになったんです。

四島　平凡の極致が非凡だなんて、口では簡単ですけれどね。

青木　本当は、本当の非凡さが、あの自然体を生み出しているんですよ。仙厓だってそうで、非凡の淡々ひょうひょうの裏には重いものが厳としてあるんですね。

宗像ユリックスのシャッターに描かれた中村琢二の作品「瀬戸内」の大絵画。平20年

私が好きなジャン・コクトーの言葉に、「羽のように軽いのは駄目だ。鳥のように重くて軽いのが本当に軽い。羽は重味がないからひらひらするだけ。本当の芸術の軽さは鳥の軽さだ」と。これ、琢二さんを言い尽くしている言葉だと思うんですよ。

四島　芯の重さを見せない苦労をしている。決して感じさせない。だから、すごい遺言ができる。絵もだが、琢二さん自体が、芸術なんですね。

青木　いやぁ、琢二さんの最期は重かった。

西島　たしかに……。重い、重い……(笑)。

青木　それからピアノの上に古いチェロが置いてあった。昔、宮沢賢治の「セロ弾きのゴーシュ」に感動して、チェロ弾きで生きていこうかと思ったそうで、木を彫ってチェロを作っている。未完のままですけれど……。

四島　そういう話、いいなあ。感動が琢二さんの人生のベースなんですね。まったく……。

青木　琢二さん、本当のあなたは……。今日の座談会に苦笑しているでしょうね、きっと(笑)。

四島　気持ちが広くて、博多にわかが好きだったそうだし。

青木　ちょっと距離を置いてものを見る、そのシニカルなおもしろさ、鋭さ。

四島　それが軽みになって……。琢二という人は奥が深い。

西島　一筋縄ではつかまれん人だということがわかった(笑)。

青木　だから琢二さんは、鳥のように軽く天空を舞った人なんですよ。生きるとは……。あんなふうに生きていければいい……と、思いますね。

■**青木秀氏**　326ページ参照

連載6477回！〃国民まんが〃になった

『サザエさん物語り』

58

［お話］
高松千代子 長谷川町子さんの友人
柳　猛直 郷土史研究家
［聞き手］
西島伊三雄 博多町人文化連盟 理事長
今田賢勇 福岡シティ銀行 常務取締役

対談：平成五年（一九九三）三月

明るくおはよう「サザエさん」

司会　長谷川町子さんが亡くなられて、気付いたのですが、「サザエさん」が新聞から消えてもう二十年というので驚きました。つい、この間まで続いていた感じで。

柳　「サザエさん」の磯野一家が親戚のような感じでしたものね。だから町子さんのご逝去は悲しかったですね。

今田　国民栄誉賞は女性では美空ひばりさんに次いで二人目、漫画家では初めてでしたね。これはもう当然ですが、できれば生前に差し上げてサザエさんがはにかんでいる漫画を見たかったですね。

司会　サザエさんが、磯野一家を連れて、引き潮に乗って、母の海に帰られた。そんな気がしましたね。

今日は町子さんと幼友達で親友でいらっしゃる高松千代子さんと、「サザエさん」がスタートのとき夕刊フクニチにいらっしゃった柳猛直さん、そして童画でおなじみの西島伊三雄さんにおいでいただいて、なによりのお話になりますね。

高松　私は、長谷川さんとは小学校から女学校まで同級でした。あんなに有名になられてからも、とてもお親しくしていただきましたから、亡くなられたときはもう悲しかったですね。町子さんの遺言で野辺の送りも、お身内だけでひっそりと。世間への発表も納骨を済まされてからだったですね。

柳　死、この厳粛な事実にどう対応するか。町子さんは世俗の関わりから離れて静かに一人で逝ってしまわれた。町子さんもお姉さんや妹さんもご立派だなあと思いました。

今田　「サザエさん」が、どうしてあんなに受けたのでしょうか。

柳　日本の漫画では、主婦が主人公になったのは初めてですよね。どうしても奇妙キテレツなものが多かったでしょう。

それがごく普通の家庭の陽気なお母さんが主人公で、これは漫画史上初めてですね。テーマも日常生活から生まれたとんちんかんなおもしろさ。普通の家庭で女性、子どもの眼から見つめた身近なぬくもりが受けたのでしょうね。

西島　サザエさんのモデルはあるのですか。

高松　私はお姉さんの毬子《まりこ》さんではないかと思っています。楽天家で親切でとても気持ちのいい方ですよ。お母さまはフネ、妹の洋子さんはワカメ、町子さんはサザエさんとワカメの両方でしょう。皆さんが、町子さんの明るい家庭の理想像だったのですね。

西島　サザエさん一家の名前がいいし、また顔もいい(笑)。何年たっても飽きがこない(笑)。ヒラメキの天才だし、とにかくすごい。もうあんな人出てきませんね。そういえば町子さんもひばりさんも、偉いのはみな女性だな(笑)。

柳　毎朝あの漫画を見て笑って出勤したでしょう。日本の朝を明るくしました（笑）。いやぁ、福岡出身の女性はエライですよ(笑)。

今田　子ども時代の町子さんは……。

高松　お父さま（**勇吉氏**）が三菱炭鉱の技師をなさっていましたから、町子さんは大正九年（一九二〇）に佐賀の多久市でお生まれです。お父さまが独立なさって、ワイヤーロープの事業をされてから博多にお住まいで、おうちは今の渡辺通三丁目辺りの四十川でした。お手伝いさんも二人ぐらいいて裕福にお暮らしでした。お父さまは、チョビヒゲを生やしてハンサムできりっとした方。とても子煩悩でしたが、「サザエさん」に出てくるお父さんとは全然違ったキチンとした方でしたよ（笑）。

西島　四十川なら春吉小学校ですね。その頃から絵がお上手でしたか。

高松　それはもうずば抜けていました。なんでも、二、三歳の頃から絵を描かせると上機嫌だったそうです。生まれつきの素質だったのでしょう。一年生のとき、花嫁さんの絵を描いてもらいましたが、カンザシから、手の指の一本一本まで、きれいにきちんと描いてありましたね。

今田　ご姉妹も絵がお上手でしたか。

高松　お姉さんの毬子さんも絵がお上手で、**藤島武二**先生に洋画を習われたり、**菊池寛**先生の小説の挿絵を描いたりされました。妹の洋子さんは文学がお好きで菊池先生にかわいがられ、先生の口利きで文藝春秋社にしばらく勤めておられました。

西島　ほおっ、芸術一家ですね……。

高松　皆さんの才能を、お母さまがうまく引き出されましたのですね。行動的な方でしたから、**田河水泡**や藤島武二といった錚々《そうそう》たる先生方とのご縁もお母さまがしゃあしゃあと（笑）。気さくで便りになる方でしたよ。

義ヲ見テセザルハ勇ナキナリ

今田　町子さんとはどのような出会いでしたか。

高松　私は旧姓が古川でしたから、五十音順でいつも町子さんと同じ机でした。戦前の小学校は一つの机に二人がけでした。

　私、町子さんには子ども心にずいぶん気を使ったのですよ（笑）。というのは、長谷川さんは、ちょっとそそっかしくておてんばさん。すこしわがままでちゃめっ気たっぷりでしたから（笑）。

　時間中も先生のお話はあまり聞かないで、教科書を立てて、そのかげで先生の似顔を描いたりされる。だからいつも注目されていて「コラッ、長谷川、何シトルカ」と白墨を投げ付けられる。そして廊下に立たされるんです（笑）。そのうっぷん晴らしに、先生のクセを漫画で描いて、私にほかの子に回せといわれるんです。困って、もじもじしていると、膝をつねられる（笑）。仕方ないから、決心してそっと回していました（笑）。

平29年に早良区・西新地区の5商店街の愛称が「サザエさん商店街通り」に

西島　悪い、悪い（笑）。それじゃクラスの人気ものでしたな。ずいぶんおてんばさんで。

高松　教室のお掃除当番も、いつも長谷川さんと組み合わせになるんです。机を隅に寄せて、床の雑巾がけをするのですが、長谷川さんは掃除なんか全然しない（笑）。

　私の雑巾がけを横目に見ながら広くなったところで、男の子たちとチャンチャンバラバラをしている（笑）。私が「長谷川さんも手伝ってよ」と言っても、「そんなものいいじゃない……」と（笑）。

今田　「いじわるばあさん」の素質がその頃からあった……（笑）。

高松　でも、私たちが男の子に泣かされたりすると「義ヲ見テセザルハ勇ナキナリ」と言って、男の子を校舎の屋上に連れ出してやっつけてくださるのですよ（笑）。

柳　「義ヲ見テセザルハ勇ナキナリ」。論語が出てきましたね。いや実におもしろい。でも、私が知っている二十代の町子さんは、とてもしとやかな方だった。どうもイメージがつながらない。それだけに愉快ですね（笑）。
西島　成績も良かったのですか。
高松　はい。でもいちばんよくできたのは図画と作文でした。感想文なんか早かったですね。私たちが頭を抱えているうちに、西洋紙の真ん中に感想を書き、周囲にその状況の絵をさらさらで、光ってました。
操行点はまあまあで（笑）、級長はされなかったですね（笑）。
柳　先生も、きっと立派ないい先生だったんだ（笑）。
高松　担任は**松本善一**先生で、一年生から六年生まで受け持っていただきました。たいへん教育熱心な立派な先生でした。亡くなられましたが、私たちは同級会のたびにお墓参りを忘れていません。「サザエさん」が**夕刊フクニチ**に連載されだしたときは、とても喜んでおられたそうです。
西島　町子さんのおうちは、自由な伸び伸びした家庭だったのでしょう。
高松　はい。でも、しつけはとても厳しかったですよ。お父さまは薬隠れの佐賀だし、お母さまの実家は薩摩の士族でしたからね。でもかわいいイタズラがすぎると、懲らしめに鶏小屋へ入れられる（笑）。優しいお手伝いさんがいつも助け出してくれたそうです。

西島　いい味方がいたんですね（笑）。
高松　町子さんはその頃流行のアイスまんじゅうが食べたくてたまらない。しかし、お母さまが不衛生だと言ってどうしても買ってくださらない。それでお母さまが留守のとき、お手伝いさんからお小遣いをもらって、食べながらニコニコ帰っていると、後ろから誰かに肩をつかまれた。振り返って見るとオニより怖いお母さまで、後は語るもナミダだったそうです（笑）。
今田　たいへんきちんとしたおうちだったのですね（笑）。服装なども違ったセンスで。
高松　お母さまがお若いし、センスが良かったから、きちんとした洋服でした。オルガンもありました。
柳　県立高女もご一緒で……。
高松　当時は高女の試験がなかなかむつかしくて。今の福岡中央高校ですが、戦前は今の新天町にございました。松本先生は受験する子を自宅に呼んで特訓されました。十一人受けて七人通ったので、先生は大喜びでした。
長谷川さんの家は厳しくて夜は外出禁止です。それでお母さまが勉強を見られました。
今田　名門校で厳しい校風でしたでしょう。町子さんのおてんばぶりは。
高松　首をすくめておられたのか、おとなしいお嬢さんで、あまりイタズラがありませんでしたよ（笑）。

西島　じゃ、お母さんが望まれた、いいお嬢さまだった……。
高松　そうでしたよ。でも悲しいことに、二年のとき、お父さまが病気で亡くなられましてね。それでお母さまが、東京で国会議員をされていた叔父さまを頼って上京されるのです。昭和九年（一九三四）のことです。そして山脇高等女学校（現山脇学園高校）二年に編入されました。
そのときは、博多弁がおかしいと笑われて、少女時代ですから初めはつらかったそうです。

田河水泡の、お弟子さんに

西島　そこで田河水泡さんに入門されるんですね。戦前に少年時代を過ごした私たちは、少年クラブに連載されていた水泡さんの「のらくろ」がもう待ち遠しくてならなかった。
絵が好きでしたから水泡さんは神様でしたよ。博多で図案の先生に弟子入りした私から見ると、町子さんは日本一の大先生のお弟子さんになられて。いやぁ、うらやましいですね。
高松　それも、よしと思ったらすぐ行動されるお母さまのおかげですよ。
『うちあけ話』によると町子さんがあめをしゃぶりながら寝ころがって、「田河水泡の弟子になりたいな……」と言ったら、お母さまが「それはいい。早速頼みに行きなさい」と、お姉さんを介添えに飛び込み訪問させたのだそうです。

町子さんが描いた『博多どんたく』や『お花見』の絵を見ながら、先生が「いいよ」と言ってくださったそうで、これで長谷川さんの漫画家人生が始まるんですね。

西島　いいお話だなあ。お母さんも、お姉さんも、町子さんも。そして水泡先生も、みんな偉いなあ（笑）。

高松　女学生の制服姿でかわいかったでしょう。先生が「うちには女の子の弟子がいるよ。珍しいでしょう」と言って雑誌の編集者に紹介してくださった。

それで、女学校三年生、十五歳のとき、少女倶楽部《くらぶ》に**「狸のお面」**でデビューされたのです。それから**「ひーふーみよちゃん」**、**「仲よし手帖」**と、新聞や雑誌に漫画が載りだしたのです。

柳　順調なデビューですね。住み込みのお弟子さんでしたか。

高松　最初は通いでしたが、そのうちに住み込みで。先生夫妻はお優しかったが、早く起きて拭き掃除もしなけりゃならない。寒い日などつらくて、家に帰りたかったそうです。一年近くその生活だったんですね。

そのうちしだいに戦争が激しくなり、昭和十九年（一九四四）ごろから雑誌に割り当ての紙もなくなる。漫画どころではないので疎開されたのです。

夕刊フクニチで「サザエさん」誕生

高松　初めは疎開先に信州を考えられたらしいんですが、知人の勧めで、お父さまが建てておられた福岡の**百道**の家に帰ってこられるんです。終戦の前年、昭和十九年の春でした。

柳　それから数カ月して**西日本新聞社**に入社されるんですね。翌年まで一年ちょっと。配属は編集局絵画課で月給は七十五円だったそうです。

報道写真の修正や、産業戦士ルポルタージュの挿絵を描いたりでした。当時はブラブラしているとすぐ軍需工場に徴用されるので、それを避けることもあったのでしょう。

西島　柳さんも同じ部でしたか。

柳　いいえ、私は内勤の通信部でした。絵画課はのちに日本を代表する抽象画家として国画会の重鎮になられた**宇治山哲平**さんが課長。漫画で活躍された**原真人**《はらまひと》さんもおられ、気さくな空気だったのでよく遊びに行っていました。

その頃、女子も働かねば徴用される。それで新聞社に大勢女性が入って召集された男の仕事をカバーしていました。下はモンペでしたが、上は花柄のブラウスでしたね。女専卒の高学歴で社内を闊歩《かっぽ》している美人記者が多かったのですが、町子さんはしとやかな方で近寄りがたい気品がありました。

でも、どうも絵画課では居心地が悪かったようでしたね。

西島　純粋芸術の宇治山さんからみると、のらくろ漫画の田河水泡の弟子なんか…と、どうもそんな空気だったんじゃないんですか。

柳　宇治山さんはルポルタージュの絵なんか全然関心がなかったでしょう。小娘のような町子さんを相手にする気もなかった。まあ、無視してたんでしょうね。それが、中央で仕事をしてきた町子さんには我慢がならない。純粋芸術と漫画の立場の違い。まあ、そんなところでうまくいかなかったのでしょうね。

『うちあけ話』を読むと、家庭では食料菜園の働き手だったらしいが、そんなことは知りませんでしたね……。

高松　朝早く起きて、街に落ちている馬糞を肥料として拾ったりとありますね。馬車がトラック代わりの時代で、今ではとても考えられませんね。

今田　戦時色のルポルタージュも、町子さんの絵ならほっとするところがあったでしょうね。

柳　出征する人たちが、町子さんに日の丸の旗に虎を描いてもらっていましたね。

今田　「虎は千里を駆けて帰る」から……。

柳　そうです。張り子のトラが得意で、よく頼まれてましたよ。町子さんの虎の日の丸が、どこかに残っているのでは……。

今田　そして昭和二十年（一九四五）八月十

五日に終戦ですね。町子さんは……。

柳　終戦になるとすぐに新聞社を辞めています。徴用の心配はなくなったが、勤めもおもしろくなかったのでしょう。

翌二十一年（一九四六）に**夕刊フクニチ**が西日本新聞から独立して、連続漫画を載せることになった。しかし有名な漫画家はみな東京ですし、戦後の混乱で連絡もつかない。仕方がないから、報道部で器用な人が描いたのですが、まあザマがない（笑）。

整理部長の**牟田口宗一郎**さんが、そうだ長谷川クンに頼もうということでスタートしたのが『サザエさん』で、四月二十二日から連載が始まりました。

高松　その頃の西新三丁目のおうちは西南高校の向かい側で、今は駐車場になっています。ちょっと歩けば、すぐ砂浜と松林でしたよ。

柳　その百道浜を、入院していた妹さんが元気になったので、二人でよく散歩していたんですね。それで漫画の主人公が海に縁のある名前ばかりになった。百道浜はサザエさんのふるさとなんですね。

今田　評判は。

柳　当時の新聞は大きさは現在と同じですが、たった一枚の二ページです。その中の四コマ漫画ですから目立ちました。

なんといっても描いた人が漫画家の金の卵の町子さんですものね。『サザエさん』のキャラクターが平和日本を象徴する、カラッとした女性だったのも受けたんです。夕刊フクニチは発行部数七万、堂々たる新聞でしたよ。

西日本新聞社絵画課勤務時代の長谷川町子。昭19年

今田　当行の創業者の**四島一二三**もその頃七十いくつで、百道ですぐ近くに住んでいましたから、お会いしていたかもしれませんね。

西島　一番電車で三十三年通ったり、四時に帰ってお百姓さんをしたり、独特な格言をつくったり。ユーモラスなおじいちゃんだったから、町子さんと触れ合ってたら、きっとおもしろい展開になったでしょうね。

私より二歳お姉さんですね。同じ絵描きとして当時の町子さんに会いたかったですね。

全国区のサザエさんに

柳　連載が始まって半年くらいたって、新聞に、お姉さんの毬子さんと町子さんを捜している「尋ね人」広告が載ったんですね。東京の雑誌社が挿絵や漫画を頼みたいと広告したのです。戦後の混乱ぶりもうかがわれますね。

高松　それで仕事が来るようになると、お母さまがこれからは東京だと、家を売って上京されるんです。思い切りの見事さは、男以上でした。それでフクニチの漫画は、サザエさんの結婚でめでたしめでたしで、終わりでしたね。

柳　ところが、サザエさんの評判があまりに良くて、読者から復活の要望が強い。それでまたお願いして、サザエさんの再登場になるんです。

夕刊フクニチと北海道と名古屋の新聞で、三紙掲載でしたね。このときからご主人の**マスオ**と長男の**タラちゃん**が登場しています。

そうこうしているうちに、昭和二十四年（一九四九）に**朝日新聞**が夕刊を出すことになってサザエさんに目を付けたのです。どうも朝日に移るらしいということで、私は東京支社の編集部長をしていましたが、本社から町子さんを引き留めろという命令です。

西島　それは大役でしたね。

柳　当時はたいへんなインフレですから、町子さんが原稿料アップの話をされたが偉い人がつっけんどんに断ってたんですね。町子さんは「九州男子かなにか知らないがあんな言い方ないわよ」と憤慨していました。もっとも、偉い人も「なんとかせにゃいくめーや」と言っていました。九州の新聞人は言葉がつっけんどんだから始末が悪い（笑）。

その頃の漫画の原画に、総選挙で落選した候補者が出てくる。その吹き出しが「いようMクン、また落ちたんだね」になっていた。Mクンはうんと言わなかったMさんです（笑）。Mさんが、「なんやこれ……」で笑いましたよ（笑）。

その頃銀座で、お母さんと一緒の町子さんにぱったり会ったのです。「辞めないでください」と頼んだのですが、お母さんが「もう決まったことだから、ハッキリお断りしたら……」でどうにもなりませんでしたね。フクニチはその頃は発行が十万部を超えていて意気盛んでした。だから、ぜひ続けてほしかったんですよ。町子さんの実力からすれば、全国区への登場は当然だったでしょうが、地方回りの役者が一躍して歌舞伎座のひのき舞台に立つようなものでしょう。

朝日も大英断だったでしょうが、見事でしたね。昭和二十四年十二月から夕刊に掲載されて、評判がいいので、「ブロンディ」の後を追って昭和二十六年（一九五一）から朝刊に載るようになったんですね。まあフクニチが日本全国へサザエさんを送り出す役目は果たしたので、もって瞑《めい》すべしですかな（笑）。

今田　「サザエさん」の魅力について……。20年の間にはサザエさんもずいぶん変わったでしょうね。

柳　フクニチの昭和二十年代は、スタイルもひょろりとして、顔も少しとがっていました。テーマもデモクラシーに関する話題が多かったですね。三十年代になってから、戦後は終わった……ということで、表情も丸味を帯びてきましたよ。

西島　ストーリーが身近でどの家にもありそうな話だったので親近感がありましたね。それにしても四コマの完結がシャキッとしていた。毎日なのにマンネリがなかった、すごいなあ。

高松　「漫画はおもしろくなくては駄目なのよ」と、いつも言っておられましたからね。

だから毎日のアイデアを考え出すのがたいへんだったでしょうね。アイデアを考えて、胃が痛むと言っておられ、本当に胃潰瘍で手術もされました。

今田　それにしても、お母さん、お姉さん、妹さんと女性だけの家庭でしょう。それなのにお父さんの磯野波平、ご主人のマスオ、弟のカツオまで、よく男の世界を観察されている。不思議ですね。

高松　お姉さんは朝日の記者さんと結婚されましたが、新婚生活一週間で召集されてインパールで戦死されています。妹さんは戦後読売の記者と結婚されたが、ご病気で亡くなられ、お子さんはお嬢さん二人。本当に女家庭なんですね。

でもお友達や担当記者の家庭など、よく見ておられたんだと思いますよ。

西島　高松さんのお宅も観察対象で。

高松　うちは男の子ですからね。まあ女世帯は、それだけ生活への観察が行き届いていたんですよ。オイルショックのとき、トイレットペーパーなんか、騒ぎになる前に「サザエさん」に登場していましたからね。

柳　昭和二十年代から四十年代まで、女性の目で見た世相が実に生き生きと描かれていますね。

西島　「サザエさん」だけかと思うと、「エプロンおばさん」から「いじわるばあさん」もあって。

柳　あれ、シニカルでおもしろかったな。サンデー毎日でしたね。昭和四十一年（一九六六）からでしたか。町子さんは「サザエさん」でたまったストレスを「いじわるばあさん」で解消されたんかな。愉快でしたね。

西島　それにしても「サザエさん」は何回掲載されたのですか。

司会　昭和二十一年（一九四六）四月二十二日に夕刊フクニチで誕生して、終了が四十九年（一九七四）二月二十一日です。途中休載もありましたから掲載が六千四百七十七回だそうです。

『サザエさん』の本がまたすごくて六十八巻で約三千万冊、ほかにも『いじわるばあさん』やいろいろで単行本は百八冊だそうです。

高松　お母さまの思いつきで、「姉妹社」をつくって第一巻を出されたときは大型本のせいか返本の山だったそうです。それで、今の小型本にされたら、売れて売れて、大ベストセラーになったのですね。

　孫の小学校の教科書に、サザエさんが出ているので驚きました。サザエさんから見たお父さん、お母さん、おじいちゃん、おばあちゃん、子や孫、姪などの関係が漫画でよくわかるんです。私たちの年齢から子どもたちまで、サザエさんはとても身近な存在なんですね。

ちゃめっ気。優しかった町子さん

柳　サザエさんがみんなに好かれたのは、結局、作者の町子さんのお人柄なんでしょうね。
高松　誠実で、出しゃばらない、いつも控えめでしたよ。同窓会でも末席にちょこんと座られる。あまりおしゃべりもされない。人の話もよく聞かれる。けれども別れた後で無性に懐かしくなる。そんな方でしたね。
今田　静かに世を去っていかれて、お人柄もうなずけますね。
高松　お忙しいのに、同窓会には都合をつけてよく出席なさいました。
　同級生が長谷川さんのお宅を訪問すると歓待されました。「みんな、飲むほどに、酔うほどに、私からいじめられた話ばかりするのよ。今度福岡へ帰ったら罪滅ぼししなけりゃ……」という電話で、大笑いしたことがございました。
柳　男の子たちには。
高松　長谷川町子美術館が世田谷にできたとき、元気のいい人たちが、もういいおじいさんですが、町子さんのお宅へお祝いに行ったんです。
　町子さんがなじみの料亭で歓迎されて、どんちゃん騒ぎになったんです。ところがたいへん。いい気分でタクシーに乗ったところが、一人が心筋梗塞になって、病院へ直行です。長谷川さんのつてで応急処置をしていただいて助かったんですが、それからは「男の子は来るときは健康診断書を持ってきてよ」と言っておられましたよ（笑）。
柳　笑ってはいけないがおかしいな（笑）。
高松　RKB毎日放送のテレビでしたか、「サザエさんふるさとへ帰る」という番組が企画されたんです。ところが本人が「私、テレビいやよ」といって帰ってこられない。そして、「あなたたち私の代わりに出てよ。いくら悪口言ってもいいから」ということで、私とお友達、男性一人の三人で出たこともありました。
柳　ちょっと有名になると、みんなテレビに出たがるのですがね。出しゃばらない、その品の良さは新聞社時代のままですね。
　時々福岡へ帰っておられたのですか。
高松　昭和五十一年（一九七六）でしたか、大濠にマンションを買われました。たびたび帰るおつもりだったのでしょうが、実際はお忙しくて……。それに飛行機がお嫌いだったんですよ。
　帰られたときは、柳橋市場で買物するのが楽しみだったようですね。
今田　高松さんはよくお訪ねなさったでしょう。
高松　いいえ。あまりお仕事の邪魔をしてもいけませんから。でも、あの方、とてもちゃめっ気があって、私が訪ねるとなんとかして喜ばしてやろうとなさるのですよ。
　二十年ぐらい前でしたか、中学二年の息子を連れて上京した折、長谷川さんはあいにく箱根の別荘へ行かれてお留守でした。
　翌日の朝、ホテルへ電話があって「昼頃帰るから東京見物のガイドをするわよ」とおっしゃるんです。車の前席に息子を乗せて「右に見えますのは、かの有名な青山学院でございまーす……」と名調子のバスガイドさんで、思わず吹き出してしまいましたよ。
　またあるときは、一家で歓迎していただきましたが、お母さまが私のことを気遣って、テーブルをたたいて悲憤慷慨《ひふんこうがい》さなるんです。あたたかい親身なご一家でしたよ。
柳　皆さん、おてんばさんのまま、成人されたんだな（笑）。皆さんが、サザエさんの源泉であることがよくわかる（笑）。

百道にサザエさん誕生の記念碑を

柳　先ほどの長谷川町子美術館は。

高松　東京の世田谷区桜新町で商店街からちょっと坂を上ったところです。

　赤れんが造りの小ぢんまりとした美術館で、町子さんの作品や、ご姉妹が集められた内外の美術品が飾ってあります。

司会　サザエさんの漫画一代記が楽しいし、磯野一家の間取りが見透しできる家の模型までありましたよ。

　私が行ったときはウイークデーでしたが、ひっきりなしの入場者で、サザエさんの人気がうかがえましたね。

今田　お亡くなりになったのは、平成四年（一九九二）五月二十七日でしたね。本当に惜しい方でしたね。

高松　遺言で納骨が済むまで秘しておられたので、私もニュースを聞いたときはびっくりしました。踏み台に乗って高窓を閉めようとされて転ばれた。それが引き金になって病床に臥せられたようです。

　亡くなられる前の年に、電話で「この頃、低血圧で、朝起きにくいのよ」と言われるので、「年を取るとみな同じよ。秋は寂しいけど、元気を出してよ」と励ましたりしましたのに。

司会　田河水泡夫人の高見沢潤子さんの随筆で「私たち夫婦は町子さんの導きでクリスチャンになり、平安を得ました」とありましたが、町子さんは敬虔《けいけん》なクリスチャンなのですね。

高松　お母さまがとても熱心なクリスチャンで、全てに信仰を優先させられる方でしたからね。もっとも水泡先生ご夫妻の入信は『うちあけ話』によると、ひょうたんから駒だったのですね。町子さんはお母さまが懐かしくて、なんとか口実をつくって家に帰りたい。それで教会にお参りしなければならないから家に帰らしてくださいと、少女の知恵をいっぱい絞ったのですね。

　すると先生が、「じゃあ、隣の教会へ一緒に行こう」とおっしゃった。植え込みがあって、教会に気が付かなかったそうです。町子さんの計画はフイでしたが、それが縁で入信されたらしい（笑）。

西島　町子さんの周りは、厳粛な信仰までおかしな笑いになる。日常がサザエさんだったのですね（笑）。

柳　ともかく「サザエさん」は福岡が生んだ昭和を代表する漫画で、町子さんほど全国の人に愛された漫画家はいないでしょうね。永遠に不滅なサザエさんですな（笑）。

西島　百道の町子さんの住んでおられた所に『サザエさん誕生の地』の記念碑が、ぜひ欲しいですね。

柳　それはいい。サザエさんの漫画入りで。きっと福岡市の新名所になりますよ。

今田　今日はサザエさんを目の前にしている感じで、いいお話を伺いました。ありがとうございました。

■柳猛直氏

124ページ参照

■高松千代子氏

福岡市春吉生まれ。昭和十一年（一九三六）福岡県立福岡女学校（現福岡県立福岡中央高等学校）卒業。春吉小学校時代から長谷川町子さんの幼友達。

■長谷川 町子さん 略歴

▼大正9年（1920）1月30日、佐賀県多久市にて出生。幼時、父君・勇吉氏の事業開業に伴い、福岡市春吉に移住。▼昭和7年（1932）、春吉小学校卒。9年、福岡県立福岡高等女学校（現福岡中央高校）2年生のとき東京の山脇高等女学校へ転校。▼昭和11年、卒業。山脇高女在学中に田河水泡に師事。処女作は少女倶楽部に載った「狸のお面」。山脇高女卒業と同時に、水泡の内弟子に。▼昭和19年、福岡市百道に疎開。西日本新聞編集局絵画課勤務。ルポルタージュの挿絵など担当。終戦後辞職。▼昭和21年4月22日、夕刊フクニチで「サザエさん」スタート。半年後中断。12月上京。続「サザエさん」再開。「サザエさん」は昭和24年12月より、朝日新聞（夕刊）に移り、26年から朝刊に掲載。49年2月21日終了。掲載6477回（途中休載あり）。この間、昭和41年よりサンデー毎日に「いじわるばあさん」掲載。ほかに「エプロンおばさん」など多数。▼昭和60年、「長谷川町子美術館」開館▼平成4年（1992）5月27日、逝去（享年72）。同年、国民栄誉賞受賞。

博多が生んだ日本の味

「明太子《めんたいこ》」誕生物語

59

［お話］
川原千鶴子 株式会社ふくや社長
［聞き手］
西島伊三雄 博多町人文化連盟理事長
中　脩治郎 福岡シティ銀行副頭取

対談：平成五年（一九九三）十一月

タラコの味が忘れられなくて

中　明太子は博多が生んだ日本の味ですね。売上高も一千億円以上とか。亡くなられたご主人の川原俊夫さんと奥さんがこの味を生み出された。お二人は博多の明太子の生みの親ですね。

川原　博多の名物になってしまってびっくりしていますが、戦前、主人も私も韓国の釜山に住んでいたのが、明太子との縁の始まりですね。私たちの毎日のお総菜に、キムチと明太子は欠かせませんでしたよ。

西島　その明太子はタラコで、スケトウダラの卵ですね。そこら辺がややこしい。

川原　スケトウダラのことを朝鮮語でミヨンテと言いますものね。漢字で明太、メンタイですね。その卵だから明太子でミヨンテコ、メンタイコになったのです。加工して辛子《からし》明太子、うちでは〝味の明太子〟と言っています。

西島　それでタラコ、明太子になじんでおられたのですね。

川原　はい。うちの近所の豪家では、寒くなると出入りの人が総出でキムチを漬けていました。大根、人参、せり、からし菜、生姜、にんにく、ねぎ、赤唐辛子。それにエビやタラコやカキ、イイダコまで、いろいろ入れる。それに塩をいっぱい振ってたる漬けにするんです。

西島　なるほど、そんなにたくさんの味が染みて、キムチの味になるのですね。

川原　暮れの日本の餅つきのようで、それはそれはたいへん活気がありました。

　主人も子ども時代に近くの海産物屋で、タラコを漬けるのをよく見ていたそうです。

西島　どちらも辛いのが特徴で。

川原　はい。あちらでは舌がちぎれるぐらいに、唐辛子をいっぱい入れて辛く漬けるんですね。

中　お二人が子ども時代に釜山で見ておられたキムチ漬け、タラコ漬けの状況が、博多明太子の原風景なんですね。

　その頃、釜山は日本人が多かったんでしょう。

川原　当時の人口は四十万人ぐらいで、日本人は五万人ぐらいだったでしょう。下関と釜山の間は関釜連絡船でひとまたぎですから、釜山はつい隣町の感じでした。だから福岡の人も多かったんですね。その人たちのお総菜にキムチやタラコは欠かせませんでした。

西島　それで、戦後引き揚げられて、その味を再現されたのですね。

川原　敗戦になって、主人は沖縄の宮古島から、私は当時の満州の新京（現長春）から三歳の息子を連れて引き揚げました。博多港へ着いたのは、翌昭和二十一年（一九四六）の八月でした。主人が港へ迎えにきてくれていましたが、二年ぶりだったですね。

　こうしてやっとやっと博多へ帰ってきたのですが、どうしてもあの明太子の味が忘れられませんでね。

金魚鉢のケースからスタート

中　それからが博多明太子の誕生物語になるのですね。

川原　昭和二十一年に引き揚げてきて、主人の兄の家に世話になっていました。一軒建てでも三世帯が住み込んでいましたから、とてもいつまでも迷惑をかけられません。

　焼け野原で店などないので、天神で露天商売をしていましたが、ある日、新聞を見ていましたら、中洲市場二十五軒を引揚者にという入店募集の記事が目に入りました。

　自分の店が持てる、どうしても持ちたい。そこで主人を三日三晩口説きました。その頃の中洲は、昭和二十年六月の大空襲で焼け野原のままでした。市場に入っても周囲に家などありませんから、商売になるかどうか不安でした。

　主人もずいぶん考えていましたが、とうとう根負けしてか、「じゃ、やってみるか」となって申し込んだのです。

西島　それはいつ頃ですか。

川原　忘れもしません。入居したのは昭和二十三年（一九四八）の十月五日でした。今とは違って車などありませんから、大八車 にあるだけの荷物と、幼い息子を乗せて移りました。資金も引揚げのときにもらった三千円が頼りでした。

　この日をうちの、「ふくや」の創立記念日にしています。

西島　屋号が平仮名で当時としてはしゃれてましたね。

川原　店を出すのですから屋号がいりますね。義兄の釜山の店が富久屋でしたのでそれをもらったのです。ただ富久屋だとゆっくりしすぎている気がして「ふくや」にしましょうと主人に頼みましたら、それでもよかたい……（笑）。

西島　どうでもよかったようで、おもしろい（笑）。で、最初は食料品からですね。

川原　はい。でも戦後の何もないときですから、生鮮品は手には入りません。ですから干魚、干椎茸、高野豆腐と、もっぱら乾物食品

「博多の食と文化の博物館　ハクハク」（福岡市東区）。見学コースには、ふくや初代が戦後に開いた店舗の雰囲気が再現されている。平 29 年

ふくやの辛子明太子製造工場。平 5 年

ばっかりで、それも戦後の物不足ですから、店先が寂しくかさかさしているんです。
　これではやっていけない。なんとかしなければ……。それで私は釜山のタラコの味が忘れられませんから、あれを取り寄せればきっと評判になると思って。主人に手を回してもらって韓国から仕入れたのです。
　ところがそれが全然舌に合いません。私たちがなじんでいた明太子は日本人向けに作られていたんですね。そんなら自分で作ろうと思いましてね。

西島　材料のタラコがたいへんだったでしょう。

川島　苦労しました。やっとの思いで手に入れると、上っ面だけがいいタラコで下の方はとても使い物にならないクズものだらけ。悲しかったですよ。
　そこで北海道近海のタラコを買って少しずつ作ったんですが、作っては捨て、作っては捨てで、どうにかどうにか店に出せるものができるまで一カ月以上かかりましたね。北海道のタラコは粒が太いし粗いので日本人の舌によく合いました。
　味付けは二人の舌だけが頼りでしたが、どうしても作りたかったのです。

西島　その明太子の誕生の日は？

川島　昭和二十四年（一九四九）、年明けすぐの一月十日でした。

中　歴史的な博多明太子の誕生日ですね。そうして売れましたか。

川原　全然売れませんでした（笑）。十年ぐらいは全く売れませんでしたね。そこでまた通っては捨て、作っては捨てばかりでした（笑）。その頃小学校の末っ子が捨て役で、いつも店員さんといつもこぼしていたそうです。
　それに当時のことですから、しゃれたガラスケースなどはありません。仕方がないので、金魚鉢をきれいに洗って、その中に明太子を詰めて店に置いていました。

中　いまの数千億円の明太子産業が、金魚鉢からスタートしたのですね。いや、感動的な話だなあ（笑）。

冷泉小の先生の口コミがきっかけ

川原　主人も私も明太子が好きでしたから、作り続けたのですよ。そのうち次第に福岡の街が復興し、中洲もにぎわいだして、うちの店の売上げも上がってきました。

西島　その売上げは明太子以外ですね。

川原　はい。だから酔狂だとか、趣味だとか言われた明太子作りも続けられたのですね。
　はたから見ると、私たちが迷惑品かかり切りで見ておれんやったんでしょうね。親戚から「明太子みたいな無駄仕事は止めない」「薬院店もさっぱりやから止めな」と、やかましく言われましたよ。

中　よく我慢して持ちこたえられましたね。ご主人がどしっとしておられたからですね。
　でも、戦後の博多の明太子の発祥が、お二人のタラコの郷愁からだったとは。いいお話ですね。で、売れ出したのは。

川原　最初の頃、よく買っていただいたのは近くの冷泉小学校の先生方です。店に来られた先生が「これなんですか」と聞かれ、「まあ、食べてみるか」とお昼のお弁当のおかずに買って帰られたのです。
　それが「案外うまかばい」となって、先生方に口コミで宣伝していただいて……。それで評判が校区いっぱいに広がったんです。

西島　海より深い先生の恩ですね。

川原　それからあちこちで話題になりだしたのです。さらに弾みがついたのは、昭和二十五年（一九五〇）に起こった朝鮮戦争の特需景気の頃からでした。博多どんたくや山笠も復活していましたし、東中洲もにぎやかになったものですね。
　でも、明太子がよく出始めたのは昭和三十五年（一九六〇）頃からで、中洲の小料理屋さんたちの酒の肴に明太子がいいという評判が立ちだしてからですね。

家庭のお総菜です

中　口コミだけで広がったのがすごいですね。でも、結局、味が良かったのですね。その味を見られたのはずっと奥さんだったとか。

川原　ええ。主人は作る人、私は食べる人と、分業でした。主人は材料の仕入れを吟味し、丁寧に作る人。私は、もう少し辛くとか、塩を薄くとか、私が納得する味付けをしていましたから。

西島　今もそうなさって……。

川原　今は研究室の人たちが慎重に吟味していますが、毎日製品が届けられるので、私が味わって注文を付けたりしています。

西島　じゃ、味に変わりようがない。で、初めからのその吟味はどんなふうに……。

川原　別に難しいことではありませんよ。一般家庭のお総菜にぴったりの味かどうかみているだけで。私は家庭を持ち、子どもを育ててきた普通の主婦ですから。主婦の舌で吟味しています。

中　でも、時代の傾向とか。この頃のように暖冬とか、気候の変化も。

川原　ええ。そこらへんは主人とよく話し合ったものです。研究室でも長期予報や好みの変化をきちんと調べて少しずつ味加減を調節していますね。

西島　では、率直に。明太子の企業秘密を（笑）。

川原　やはり、材料のタラコの吟味がいちばんです。それからブレンドの決め手になるい唐辛子も。そりゃあ、主人は材料に厳しかったですね。

北海道の羅臼や、カムチャッカ近海のものを買っていましたが、サンプルを吟味して、今年はこれっと決めます。主人も問屋さんも真剣勝負でしたよ。いまはアラスカ近海のスケトウダラも使っています。

産卵直前の暮れから二月にかけてが漁期で、そのハラのタラコを十分に選別してから、唐辛子やかつお節や昆布や、いろいろな調味料でブレンドした調味料に三日間漬けて熟成させ、味を染み込ませます。

そして最後に納得できる私の隠し味をきかせます。この味は息子たちにちゃんと伝えています。

中　母子相伝の味ですね。

川原　それに「この頃の味はどうばい」と言っていいただくお客さまが大勢いらっしゃる。いろいろ参考にしてみんなで盛んに味論議をしています。味付けはいつになっても一生懸命ですよ。

中　食べ物だから、気を使われることも……。

川原　うちが始めた頃は今と違って、冷蔵システムも不十分な時代でしたから、古いものが手に渡らないよう、それがいちばんの気がかりでしたものね。

食べ物ですから一度飲み込まれたらおしまい。間違いがあったらたいへんという気持ちがいちばんだったんですよ。鮮度のあるうちに直接お渡ししたかった。それで直販を続けたのです。

味のほうも、工場にちょっとの気のゆるみがあれば、私の舌が見つけます。自分で勝手にですね、私の舌のほうが安心と思っているんですよ（笑）。工場の人たちにはすまないのですが、仕方がありませんね。

西島　ベテランお母さんの舌がいちばんなんですね（笑）。

川原　明太子はぜいたくなごちそうではありません。日常のおかず、お総菜ですものね。だから、私の出番があるのです。おかずは明太子がいちばんと言われる方が多いんです。ごひいきの方々のために、喜ばれるようにしないとですね。

中　明太子で家庭料理が変わってきましたね。一つの食卓革命ですね。

川原　若い方々が、スパゲティやグラタンなど、それからなんやかんやと。もう、私たちの手がでない料理まで次々作られるでしょう。明太子の世界が広がってうれしいですね。外人の方もキャビアみたいだと言って買っていかれるんですよ。

新幹線開通で日本のお総菜に

西島　新幹線の開通で明太子が全国へ広がっ

たんですよね。
川原　東京と大阪に開通し、東京オリンピックも。どちらも昭和三十九年（一九六四）でした。
それで日本の名物が東京に集まるようになって、隠れた特産品だった博多の明太子がまた広く知れだしたのです。明太子の希望が増えて主人が飛行機便で送りました。当時では画期的で評判になったものです。
西島　本格的には、新幹線が博多まで通じた昭和五十年（一九七五）からですね。
川原　博多のお土産になりましてね。それぞれの持ち味で同業者の方も増えましたが、おそろしいほど売れました。いくら作っても、作っても足りないんです。
西島　業者さんは今……。
川原　百五十社ぐらいでしょうか。それぞれに味の特徴を出し合って、皆さんが切磋琢磨にしておられるんです。
中　お互いに努力されて、ますます博多の名物に……。
川原　ええ。それでやっと明太子が日本のお総菜になったんだと、うれしかったですね。
中　そんなお気持ちだから特許や商標権も取らなかったのですね。
川原　ずいぶん勧められましたが、まったく関心がありませんでした。主人は、博多にいろんな種類の明太子ができて、お客さんが好みのものを食べれるのがいいんだと言っていました。だから作り方はどなたにもオープンであけっぴろげでしたよ。
中　亡くなられたご主人も、今の盛況を喜んでおられるでしょうね。

私は博多商人です

中　ご主人の川原俊夫さんと奥さんのお二人が、戦後の明太子発展のもとをつくってこられたのですね。ご主人がお亡くなりになったのは……。
川原　病院の検査でおかしいと言われ、山笠のお汐井取りを済ませてすぐに入院しました。山笠が終わって二日後の昭和五十五年（一九八〇）七月十七日に亡くなりました。享年六十七でした。
中　山笠を愛されたご主人らしい最期でしたね。ご葬儀には三千人もの会葬者がご主人の徳を偲ばれたそうですね。
博多商人の典型だったご主人のことを少し……。
川原　なにより明太子が好きな人で、作り方もいろいろ納得がいくまでしていました。
明太子でもうかってぜいたくしようとは、少しも思わん人やったですね。人様が喜ばれるものを安く……。と、それぱっかり考えていたんでしょう。
私、食べる人。主人、作る人と申しましたが、主人の熱意がなかったら、今の明太子はなかったでしょうね。
中　ご主人が堂々と話しておられましたことは。
川原　「いいものを安く」が口ぐせでした。「私は博多商人です」とも、よく言ってましたね。まあ、自分の夢を少しずつ実行して幸せな人でもあったですね。
全国大手の食品関係の方が見えると、「一流商品は、いちばんいいものを、いちばん安く売ることばい。いちばんいいものを、いちばん高く売るのは一流商品じゃなかばい」と遠慮せずにズバズバ言って、そばの私はハラハラしたものですよ。
一流商品はよく売れる。だから安く売れるはずというのが主人の信念だったのです。
中　明太子が評判になりだした頃、東京や大阪から販売の話もずいぶんあったでしょう。
西島　向こうの人たちには幻の食品でしたものね。
川原　明太子がまだうちだけの頃、東京や大阪のお客さまがどうしても欲しいとデパートに言われる。うちは直販ですからデパートさんも困られたんでしょう。うちで現金買いして店に並べられたんですね。
値段は高くなっているし、そしてなにより鮮度が落ちて、何か事があったらとハラハラでしたよ。

山笠《やま》のぼせでした

西島　ご主人は涙もろくて……。博多にずいぶん尽くされた方でしたね。
　畑違いの私たちのデザインの催しでもよくご支援いただきましたよ。

川原　それはもう涙もろい人で。不幸な子どもさんや、不自由な方たちを見ると、じっとしておられない人でした。
　子どもたちの施設へ慰めに行ったときの、「たまらんやったばい」という話は何度も聞かされました。
　いたいけな子どもさんが、主人の大きなお腹をつついて「おじちゃん、ここ、なにが入っとると、と聞くばい。どの子もみんなおんなじかわいい子なのに親がないだけで、かわいそうな子ばい」。そう言って涙を流して話すんですよ。
　いろんな人から頼み事も。入学金とか、授業料とかもありました。先のある人の負担になるから、名前は出すなで、私も慣れっこになってました。

西島　博多の祭りの山笠にもずいぶん支援されましたね。資金がなくて、振興会で「来年どうするや」という話になったとき、「不足分は出しますけん」と言わっしゃって存続できたそうですね。今ではとても考えられませんが、そんなこともあったんですね。

川原　山笠がとことん好きで、山笠のぼせでしたから、そんなことも言ったのでしょう。
　息子が初めて山笠に出るとき、まだ布切れの不自由なときで、私の嫁入りの晴着をつぶして赤い締め込みをしてやったりしました。
　「無一文の引揚者夫婦を受け入れていただいて、博多のおかげで今日になれた。ありがたかばい」と、いつも思っていたようです。主人は沖縄戦のとき宮古島の守備隊にいて運よく助かったんですね。多くの人たちが戦死しているのに、のんのん生きているのが申し訳ないと。
　私も満州の引揚者で、地獄を見てきましたから、主人がそうならと付いていきました。

中　税金も、特別なお考えだったと。

川原　ガラス張りでしたね。
　「この立派な道路を歩ける。子どもは学校へ行ける。みんな税金ぞ。利益を出して税金ばうんと払う。それが当然ばい」でした。

西島　それは税務署に喜ばれる……(笑)。

川原　自分のぜいたくには関心がない人でした。多くの人からゴルフやら、芸事やら、海外旅行やら勧められ、少しゆっくりしんしゃいと言われるんですが、うんうんで済ますだけでした。
　亡くなって税務署の方が見えました。当時市内で所得税がいちばんでしたから、当然の調査なんでしょうが、私の家を見てけげんそうに「これだけですか」とおっしゃった。それで「ハイッ」。「じゃ美術品は」と言われるので、私もよくわからないのであるだけの掛軸などをお見せしたら、「結構です」で終わりでした。期待されるほどのものが全くなかったんでしょう。つまらんものをお見せして恥ずかしかですね。

中　だけどいいお話ですね。もう少しご自分の楽しみに浸れるまでお元気でいてほしかったですね。

西島　いや、百歳にならっしゃっても、変わらっしゃらんやったでしょうや。きっと(笑)。

川原　裸一貫でここまできた。子どもも大学まで行かせた。後は全部、自分の気の済むように使っていこうと思っていたんでしょう。

西島　それがやすらぎ荘支援や、子ども早帰りの夕顔運動支援などになっているんですね。

川原　まあ、息子や社の人たちが、主人の気持ちを引き継いで、なんとかやってくれてるようです。

一〇〇メートル12・8秒でしたよ

中　お話をうかがっていて、博多の明太子が生まれるには、敗戦が大きな背景だったと思われてなりません。生みの親のお二人が、引き揚げて博多に落ち着かれるまでのことを少し。

川原　主人は釜山、私は仁川で生まれました。川原は釜山で回漕店[※1]、私の実家の田中も釜山で三井系の海運業をしていました。だから両方の父同士が親しかったので、親同士でどうや、だったのでしょうね。

　主人は釜山中学、私は釜山高等女学校でした。私は陸上の選手で走ってばっかり。もちろん主人とは結婚するまで会ったこともありません。

西島　陸上は何秒くらいで。

川原　一〇〇メートル12秒8が記録でした。戦前の全道の女子記録だったのですよ。アムステルダムオリンピックで銀メダルの人見絹枝さんから、日本体育大学への推薦があったりして。私は行きたかったんですが、父がどうしてもうんと言ってくれなかったのですよ。いやあ、はずかしいですね。

西島　それはすごい。しかし陸上ひとすじでなく道を結婚に踏み誤られて良かった（笑）。お見合結婚ですね。

親が決めた通りの結婚でした

川原　当時ですから、もう親の言いつけ通りでしたよ。主人は中学を卒業して昭和五年（一九三〇）に満州電業に入社していました。あの頃の少年の夢は大陸雄飛でしたからね。

中　日本と当時の満州国の合弁企業で、満州の電力をカバーする会社でしたね。

川原　社員も一万人以上の大きな会社でした。主人は奉天[※2]（現瀋陽）支店の経理係でした。

　結婚したのは主人が二十二歳、私が二十歳でした。昭和十一年（一九三六）の一月でいちばん寒いときでしたね。

　でも春になると、アンズ、レンギョウ、梅、桃、梨、リンゴ、ライラック、ボケなどの花がいっぺんに咲きだすんです。それはそれは美しかったですよ。

中　ずっと奉天で。

川原　いいえ、昭和十七年（一九四二）に新京の本社へ転勤になって、動物園近くの社宅に住みました。

西島　昭和十七年ですか。日本が世界大戦に突入した次の年ですね。それから戦後の引揚げまでがたいへんだったでしょう。

川原　でも、物資はまああで、終戦でソ連が攻め込んでくるまでは、そう心配はなかったんです。

　ただ主人が何度も兵隊に召集されて、結局四回参りました。四回目は沖縄の宮古島で中尉でしたが、生きて帰れたのは神様のおかげですね。

西島　ご主人のほうが先に帰国されていたんですね。

川原　主人は戦後早々に帰国できましたが、

「明太子」のできるまで

①タラコ加工
スケトウダラ捕獲
（北海道近海・日本海・アラスカ・カムチャッカ近海）
⬇
卵採取
⬇
塩蔵
⬇
着色
⬇
型の選別

②めんたいこ加工
塩抜き
⬇
調味液づけ、熟成
⬇
箱づめ
⬇
冷蔵
⬇
出荷

創業者川原俊夫氏の生誕100年を記念して発売された
辛子明太子「百代の過客（はくたいのかかく）」

スケトウダラ（朝鮮名でメンタイ）

　タラ科の海水魚で、体長は50センチほど。分布は北海道近海、アラスカ、カムチャッカなどの北太平洋北部と朝鮮半島東北部の日本海に多い。

　1〜4月に産卵。卵巣に直径約1.5ミリの卵を20〜100万粒ほど産む。

　その卵巣を塩漬けにしたものをメンタイコ（明太子）と呼ぶ。

私は満州でたいへんでした。息子がまだ三歳で、手をつないで、もう必死に歩きました。夜は地面の上に掻《か》い巻きだけで夜露にぬれて寝たことも。子どもがか弱い女の子だったらきっと駄目だったでしょうね。元気な男の子だから助かったんですよ。子どもを引っ張ってぬかるみの道をずっと歩きました。

帰国してから、水たまりの道を通ったりすると、「母ちゃんのモンペを引っ張って歩いたもんね」と子どもが言っていました。その都度、涙が出ましたね。

しかし引き揚げの苦労は皆さんと同じで、私たちは無事に帰れ、主人も無事でしたから、幸せなほうだったでしょうね。

西島　いや、ご苦労さまでした。ところで奥さんは博多に溶け込んで、どんたくにもよく出られましたね。

川原　主人は自分では何もしないのに私には、何でもさせてくれましたから、琴、三味線、小唄、舞、長唄、川柳までいたしました。いざとなれば琴と三味線で子どもを養えると思っていました。私はのぼせもんですから……(笑)。

西島　すごい。といって全然出しゃばられない。いつもご主人を立てられてましたね。

川原　主人が亡くなってから主人の大きさをひしひしと感じました。

中　戦後約半世紀。奥さんが生みの親となられた明太子が、博多の名物に育ちましたね。いいお話をありがとうございました。

川原俊夫氏、昭54年

■川原俊夫氏

大正二年(一九一三)～昭和五十五年(一九八〇)。韓国釜山市で出生。昭和五年(一九三〇)旧制釜山中学校卒業。満州電業㈱入社。昭和十一年(一九三六)千鶴子氏と結婚。四回応召、二十年(一九四五)陸軍中尉で復員。二十三年(一九四八)「ふくや」創業。二十四年(一九四九)「博多明太子」を生み出す。冷泉校区自治会長、中洲連合会会長、櫛田神社宮総代、博多祇園山笠振興会副会長などを務め博多のために尽くした。昭和五十八年(一九八三)博多町人文化賞特別賞受賞。

ふくやが放生会に合わせて毎年開催しているスケトウダラを供養する感謝祭。平30年撮影

■川原千鶴子氏

大正三年(一九一四)～平成六年(一九九四)。韓国仁川市で出生。昭和七年(一九三二)旧制釜山高等女学校卒業。二十一年(一九四六)引き揚げ。夫俊夫氏逝去後、株式会社ふくや社長。昭和六十二年(一九八七)財団法人九州・山口地域経済貢献者顕彰財団より経営者賞受賞。

[注]

※1　回漕店＝河岸や港で廻船などの商船を対象としてさまざまな業務を行った問屋。

※2　奉天＝昭和二十年(一九四五)頃の人口は約百万人、このうち日本人は十万人の大都会だった。

「夢野久作」60

福岡を沃野に多彩の世界を創りだした作家

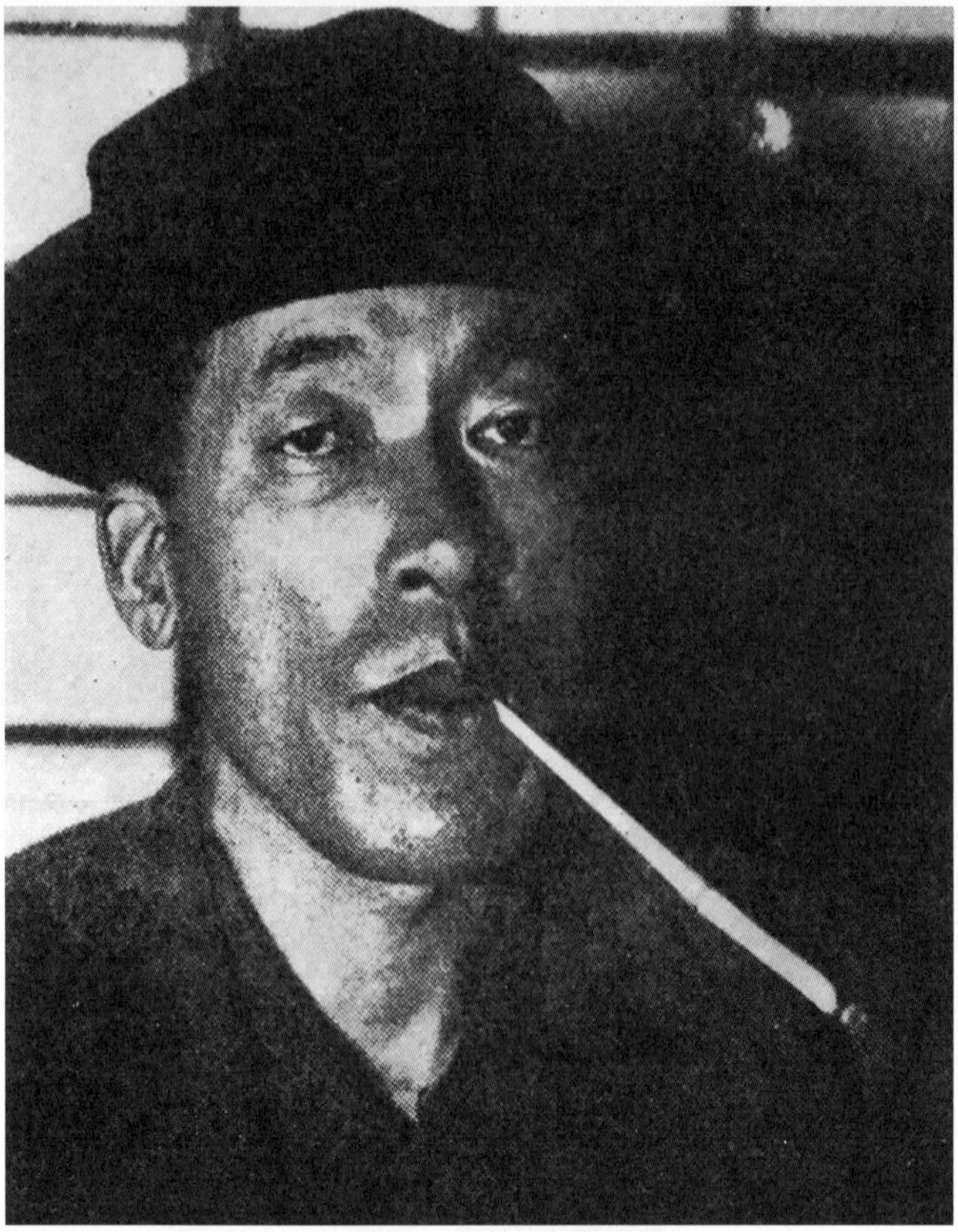

「東京震災スケッチ」は九州日報夕刊に24回連載された

［お話］
山本　巖 西日本新聞社文化部長
久本　三多 葦書房 社長
［聞き手］
井上　雄介 福岡シティ銀行 副頭取

対談：平成六年（一九九四）四月

夢野久作の誕生

井上　夢野久作が見直されていますね。ただこの人、福岡出身ですが、どうもなじみが薄い。しかし、愉快なペンネームですね。

山本　作家、夢野久作の誕生は大正十五年（一九二六）です。書き上げた『あやかしの鼓』を、義弟が雑誌『新青年』の探偵小説の懸賞募集に応募を勧めます。父・茂丸が「俺にも読ませろ」と言う。そして「ふーん、〝夢の久作〟が書いたごたあ〜る小説じゃね〜」と言ったのです。

父の**杉山茂丸**は明治政界の陰の策士として隠然たる力を発揮した大物ですね。博多で、ちょっとぼんやりした訳のわからない人物を〝夢の久作〟と言っていたので、そんな小説だと言ったのです。
杉山泰道《たいどう》が本名ですが、それはおもしろいと夢野久作のペンネームで応募するのです。その小説が第二位となり、賞金二百円を手にする。一位は該当なしで、二位が二人。もう一篇は山本禾太郎《のぎたろう》という人の『窓』でした。こうして「夢野久作」が誕生したのです。

司会　おもしろいですね。あの小説が杉山泰道では形にならない。しかし茂丸自身もなかなかの文筆家で、**義太夫**《ぎだゆう》※1のことや『児玉大将伝』ほか、『百魔』や史伝物を書いているでしょう。血の流れを感じますね。

井上　そのおもしろい名の夢野久作さんの代表作『ドグラ・マグラ』が難解で。読み切った人がどれだけいるのですかね。

山本　原稿用紙千二百枚の大作です。令息の**龍丸**氏の文章によれば、久作は『ドグラ・マグラ』が聖書や史記や、あるいは古事記に匹敵する作品と思っていたらしいんです。
　ブウウーンン……という柱時計の音で始まるこの小説は、九州大学医学部精神科に入院している記憶喪失の男が自分探しをする筋書きです。筋が奇々怪々で複雑ですから、大方の人は十ページか二十ページで投げ出してしまう。

井上　題名の『ドグラ・マグラ』からして。

山本　それがまたよくわからない。長崎辺りで南蛮渡来の幻魔術のことを言ったという説があるようですね。

音の響き

山本　『ドグラ・マグラ』は傑作なんですが、難解だし好き嫌いがある。だから、むしろ短編から読むといいですね。短編はとてもおもしろい。ぐいぐい引き付けられるのですよ。彼は短編の名手なんです。
　昨年、女性の講談師、**神田紅**さんを招いて久作の『名君忠之』を口演してもらったんです。これが良かった。聞いた人たちが、たいへん感動しました。あまり評価されていない、まあ並の小説なんですがね。

井上　それがなぜ。**忠之**は黒田騒動で忠臣栗**山大膳**が相手の暗君のイメージが定着していますね。

山本　史実も時代によって評価が変わりますね。そこでちょっと考え直したんですよ。夢野久作の文体の妙を思ったんです。音の響きがいい。

久本　そういえば久作は喜多流の能の先生でしたね。若いとき出家して京都から大和路を托鉢をして歩いてもいる。お経はたいがい般若心経で済ましたらしいが（笑）、誦経《ずきょう》はリズムですね。
　それに彼の日記を見ると、できあがった小説を妻の**クラ**や家族に読んで聞かせていますね。小説を目で追うだけでなく、語りと考えていた……。彼は日記に「人の魂を捕ふる力は音が第一、次は言語、次は文、次は色と形なり」とはっきり言っています。

井上　認められた第一作が『あやかしの鼓』でしたね。そこらへん、音が夢野久作の小説への感覚的な入り口でしょうか。

久本　評論家の平岡正明さんが、夢野久作は、ある意味では音楽家だと言っていますね。これは頭に入れておくべきことでしょうね。たいへん示唆的で……。

司会　**鶴見俊輔**さんは「音と間合い（静寂）とも」。それに鼓作りの名人の名が**音丸久能**《くのう》で……。

山本　そうですね。だから神田紅さんの口演がおもしろかったのかな。

井上　とりつきにくい夢野久作への一つの切口が開けたようですね。

『坊っちゃん』と『ドグラ・マグラ』

井上　それにしても漱石入門は万人が読む『坊っちゃん』ですが、久作が『ドグラ・マグラ』では分が悪い（笑）。

山本　**夏目漱石**との対比はおもしろいですね。漱石は西欧的な価値観を取り上げ、それを日本の伝統的価値観とのせめぎ合いで捉えている……。あえて乱暴にいえば、それが日本の近代文学の主流になった。
　だいたい日本の小説は、江戸時代の黄表《きびょう》

紙《し》物のように寝ころばって読んで楽しむものでした。それが西欧的な文学観が入ってきて、小説はきちんと正座して読むものになったでしょう。久作は慶応の文科中退ですが、こうした固苦しさでなく庶民的な視線で小説を書いていますね。

久本　言い古された言葉で言えば土俗的なものが……。

山本　そう、そう。まあ、小説は物語で、読み、語り、聞いて楽しむものと、久作は思っていたに違いない。

　短絡はできないが、彼の土俗の根底には「博多仁和加《にわか》」や「オッペケペ」もあると思いますね。

井上　それなのに『ドグラ・マグラ』は難解でとっつきにくい。

山本　そう。久作、即『ドグラ・マグラ』とされているのが夢野久作の不幸の第一ですね。

父・茂丸と頭山満

久本　不幸の第二は、父親が明治政界の黒幕だった杉山茂丸だということかな。プラス面も多いけど……。

司会　茂丸は自分の活動の場として台華社をつくり、**頭山満**の**玄洋社**と一つの距離を持っていたようですが、故**進藤一馬**先生のお話では「玄洋社の実業部のような役割を杉山茂丸先生が受け持っておられましたが」とあって、財政面で頭山満さんを支援していたのですね。

山本　頭山満と玄洋社は、そろそろ見直さなければならない点がありますね。戦後はマルクス史観から超右翼、悪の温床のレッテルを貼られてしまって全否定でしたからね。

　中国から近代の日中関係史を研究に九州大学に来ている人がいます。「頭山満をどう見ていますか」と聞いたら、「頭山の役割は日中の調整者だった」と言うんですね。孫文を支援したということもあるのでしょうが、中国人研究者がそういう見方をするというのがおもしろいですね。冷静な目で見ている。日本のほうも、もっときちんとクールに歴史を見つめないとですね。

久本　玄洋社の中国認識は非常にリアリスティックでした。中国は日本よりはるかに広い。スケールも大きい。絶対侵略なんかやるべきでない、これが一つの鉄則だったのですよ。

井上　明治維新で筑前は冷や飯組でしたが、政財界に特異な人物を送りましたね。久作の父親の杉山茂丸は、また捉えどころがない、大物ですね。

山本　茂丸は十六歳のとき、政情視察として初めて上京します。その後いったん帰国しますが、**大久保利通**亡き後の日本の害は長州閥だと考えて、**伊藤博文**を刺そうと再び上京するのです。親もそれを励ましているし、その旅費工面に熊本まで出かけて、一面識もない**佐々友房**から、自分の首を担保に百六十円借りている。

井上　維新後十数年、まだ時代がたぎっていたのですね。

山本　二度目に上京した二十一歳のとき、**山岡鉄舟**の紹介状をもらって博文を訪ねます。

　ところがこの紹介状には、この男は閣下を刺殺しようと考えているが、将来有為の人物だから、お含みの上、会っていただきたいと書いてあったのですね。

　護衛の警官に凶器の検査を受けて会うのですが、茂丸は若いし巨漢、博文は老人の小男。その気になれば素手でも殺せたでしょう。博文はこの無名の青年と昼食抜きで話し続け、ついには夜食をともにして語り合っている。質問に、一つ一つ事実を添えての回答で、この対決によって茂丸は政治の現実に目覚めたわけです。

井上　博文は、翌年には初代の総理大臣でしょう。一国の総理が……今ではとても考えられない。

久本　明治興隆期のロマンですね。

山本　茂丸はそれから変遷を経て、長州閥の伊藤博文、**山縣有朋**《やまがたありとも》、**桂太郎**の内懐《うちぶところ》に入ってしまう。歴史の善悪は別として日露戦争の外債募集、台湾から韓国、満州鉄道のことまで関わり、九州では関門トンネルや博多湾開発までプランニングしています。

井上　親交があった後藤新平が大風呂敷といわれたように、茂丸も法螺丸《ほらまる》と。

山本　そうです。しかし明治末期に関門トンネルまで、炯眼《けいがん》ですね。茂丸は悪魔的な記憶力と理解力、そして説得力を持っていて、その武器をフルに使った。

　久作の『近世快人伝』によると茂丸は、「右のポケットに二、三人の百万長者を忍ばせ（略）左のポケットにはその時代の政界の大立者を二、三人か四、五人忍ばせつつ」政界の黒幕として活躍したんです。

井上　そして玄洋社の頭山満とも早くから。

山本　頭山満は九歳上で、二人が初めて会ったのは、茂丸の伊藤訪問の二年後だったそうです。茂丸は荒い縦縞《たてじま》のフランネルの一重着に借物のシルクハットという珍妙なスタイルで、芝口の旅館へ頭山を訪ねている。

　頭山は、血気にはやる茂丸に「才は沈才なるべし、勇は沈勇なるべし」と自重を求め、茂丸は「己れ一個の憤にのみ一身を没して、結果の如何《いかん》を考えなかった」と自省する。これから頭山に兄事しての触れ合いが始まるのですね。

　まあ、そういうことで、戦後は玄洋社も頭山も茂丸も全否定でしたから、久作の小説も父が茂丸だったということで、分が悪かった面はあるでしょうね。

復刻された「ドグラ・マグラ」初版

「オビ」に書けない作家

井上　そして久作の不幸の第三は……。

山本　久作の小説が、一つの枠でくくれないことですね。久作は大正十五年（一九二六）、三十七歳のとき、『あやかしの鼓』で小説家として登場するのですが、彼の小説は怪奇小説や探偵小説といったジャンルでは捉えられない。

　『近世快人伝』なんか、これは小説ではないのですが、独特の史観を表現したたいへんおもしろいエッセイです。

井上　そういえば読みやすい作家はレッテルが貼りやすい。

久本　つまり、本の「オビ」を書きやすい作家。久作はオビを書きにくいんだ（笑）。ついむつかしく書いてしまう（笑）。

司会　それに久作は深読みされる作家で……（笑）。

井上　この頃は、若い人が久作の本を抱えているとナウイと言われるようで、変わりましたね。

山本　どうも、最近の若い人たちは久作をホラー（HORROR）※2で捉えている面があるようですね。それはそれで一つの読み方でしょうが、ホラーだけで捉えるのは不満です。そんなに単純じゃない。

久本　そうですね。ホラーでなくて、超常というのかな。非日常的なんで、その点が若い人に受ける。

資本主義も社会主義もコケに

井上　経済事象で六十年周期説があるでしょう。シュンペーターも言っていますね。経済だけでなく、社会を映す文学にも六十年周期が……。久作の復活にもそれがあてはまりそうで……。

山本　そういえば、久作の活躍期から大方六十年ですね。

　久作が戦後に見直されたたのは評論家の鶴見俊輔さんが、昭和三十七年（一九六二）に『思想の科学』に『ドグラ・マグラの世界』を載せたのが初めてです。それで注目され、次いで六〇年安保世代に久作ファンが増え、七、八年後の全共闘世代になって爆発的に久作を読む人が出てくる。

井上　六〇年安保闘争では既成左翼への不信、全共闘では反自民、反社会、反共産でしたが、あの若い世代が久作ファンに……。

久本　うちでも著作集を出しましたが、問い合わせが多いのは、非常に若い人たちと、マニアックな久作ファンからでしたね。マニアックな人たちは、安保・全共闘時代の余韻でしょうね。

山本　久作は社会主義をコケにしている。資本主義も社会主義も、どちらもモノ取り主義だと。

　久作の近代批判は、近代という時代を功利主義だと見る点から出発するわけですが、社会主義をも功利主義と見たわけです。

井上　ところで探偵、怪奇、猟奇小説というと江戸川乱歩を思い出しますが……。

山本　大正から昭和にかけて西欧的なものに憧れる風潮、一種のモダニズムですね。モダニズムが乱歩にも久作にもあるんですね。

　ただ久作は単純でなく屈折している、多面体なんです。久作のほうがイメージでは総合的かな。だから別面で未完成。翔《と》んでいるんですね。

久本　そこに若い人が惹かれる……。

井上　なるほど。ところで、昭和の初期に久作の小説を載せていた『新青年』は特殊な雑誌ですか。

山本　『新青年』は博文館発行で、今で言えば「文藝春秋」に近い雑誌ですね。メジャーな、当時の人気雑誌だったようですよ。

井上　で、「夢野久作」の生いたちを。

山本　幼名は杉山直樹、父・茂丸と母・ホトリの間に長男として明治二十二年(一八八九)に福岡市の小姓町、今の大名で生まれています。杉山家は戦国時代の九州の雄、龍造寺隆《りゅうぞうじたか》信《のぶ》の末裔《まつえい》であることを誇りにしている家柄です。

　茂丸は国事に奔走して家に寄り付かず、祖母がやかましい人でホトリさんはすぐに離縁になり、直樹少年は祖父・三郎平と祖母・友子に預けられる。

井上　神童でしたか。

山本　祖父の三郎平は加藤司書の勤皇派で追放された人。維新後は国学、朱子学の塾を開いて転々。祖父仕込みで三、四歳のとき『論語』や『孟子』をそらんじていたそうです。

久本　よくできるとご褒美に一服。

山本　煙草をのましてくれる。だから子どものときからニコチン中毒で、修猷館時代も煙草は公認だったそうです。

　その頃、茂丸が東京から帰ってきたとき、少年の直樹に、おまえは大きくなったら何になるかと聞くのです。文学で身を立てたいというと嫌な顔をする。絵描きというと、バカッ、ヤメロ。明治の親、その上、明治政界を泳ぎ回っている父に言われるとグーの音も出ない。じゃあ農業をやります。それならいいとニッコリしたそうです。国のために役立つ男になれというわけです。

井上　農は国の本、農業は体を鍛えるからと安心したのですね。

山本　そのとおりですが、久作は涙をポタポタ落としながら聞いていた……(笑)。

父・茂丸に抗議の上京

井上　茂丸の子であり、玄洋社の人たちにも近い。実業家や政治家にもなれたでしょうに。小説も怪奇複雑で。久作その人も異彩の人でしたか。

山本　ところが日常生活では良き父、良き夫で、心の優しい人だった。親も大事にしていますね。継母に対する配慮は格段で、奥さんに自分のことより母のことを先にと、いつも言っていたそうです。

久本　国事に奔走ということで、祖母や継母、弟妹を放りっ放しの父茂丸が許せない。修猷館五年のときに抗議の上京も。

山本　万の金を動かす茂丸が、家庭を顧みず、継母が生活苦にあえいでいる。義憤にかられて、汽車賃だけ都合して、飲まず食わず、白の制服もばい煙で黒にすすけて、みじめな姿で鎌倉の茂丸を訪ねるのですね。

　茂丸も、悪かったと謝るのです。家族は東

京へ招《よ》ぼう。しかし久作に中学は卒業すること。卒業したら軍隊を志願することを義務付けるのです。

久本　中学生の久作にとっては偉大過ぎる茂丸ですね。命懸けのけんかを売ったのですね。そしてその約束はきちんと守っている。

山本　中学を卒業して一年志願兵の手続きをするんです。ところが、身長五尺五寸六分(百六十八センチ)、体重十三貫弱(四十八キロ)の貧弱な体で乙種不合格です。

しかし徴兵官を説き伏せて、合格に。そして翌年明治四十一年(一九〇八)に近衛歩兵第一連隊へ入隊するんです。

井上　言うことは言うが約束は守る。

山本　そうですね。翌年、除隊して予備見習士官に。その後の訓練にもきちんと出て、明治四十五年(一九一二)に陸軍少尉に任官しているからたいしたものです。

井上　除隊してから慶応ですね。

山本　いいえ。軍隊の成績は良かったが、中学ではテニスばかりして勉強していない。それで予備校に入って、幾何、三角法、物理、英語……と勉強のやり直しです(笑)。そして慶応大文学科に入学するのです。

井上　文学科を茂丸がよくのみましたね。

山本　茂丸は「日本は小説家を必要としていない」と言ったそうですが、近衛入隊までキチンと約束を果たしているので目をつぶったのでしょう。ただ彼の英文日記では軽蔑の微笑(A SMILE OF DISDAIN)を浮かべてOKしたそうで。

井上　状況が目に見えるよう(笑)。大物のおやじと付き合うのもたいへんですね。

山本　でも、茂丸はその後死ぬまで久作の生活を支援している。久作の作品には茂丸、あるいは茂丸の周辺から材料を得たものも多い。広い意味で久作文学のパトロンは茂丸ですよ。

福岡市東区にあった久作の書斎「夢久庵」。座っているのは長男杉山龍丸氏。昭55年撮影

放浪・托鉢から新聞記者へ

山本　慶応を中退してから、継母の久作廃嫡の動きが嫌になって家を出て東京で放浪し、労働者として転々、二十六歳で仏門に入り剃《てい》髪《はつ》して、名も泰道に変え、法名を萠圓《ほうえん》に。京都から大和路を托鉢《たくはつ》して歩いたそうです。

久本　そのときのエピソードがありますね。長男の龍丸さんの話では、江戸川の町工場に住み込んでいたとき、毎日隅田川の土手で昼弁当をとっていた。川向こうでも弁当を食べている人がいる。いつしか、お互いに手を挙げてあいさつするようになっていた。春のある日、その人が煙草をおいしそうに吸っていると、作業服を着た男が後ろに近づいて、ハンマーで男の人の頭を打ちつけた。動かなくなったのを見て、川に蹴落とし、その人は隅田川を流れていった。

久作はおにぎりを口に持っていったまま、声が出ず、あぜんと見ていた。それから毎日、新聞を隅から隅まで見たが、その関連記事は一行も載らなかったそうです。

司会　なぜ、警察に届けなかったのですかね。

鶴見俊輔さんは、この心に焼き付いた体験には、『ドグラ・マグラ』がいっぱい詰まっていると言っていますね。

久本　托鉢巡礼のとき、腰の曲がったおばあさんに五円の布施を受けて、手を合わせて拝まれた。久作は般若心経を誦したのですが、あんなに身の縮む思いをしたことはなかったと言っていますね。

山本　それから福岡に帰って香椎に住み着くのです。父の茂丸が、頭山満と相談して香椎村に三万坪の農園を買うんですね。玄洋社の若い連中の錬磨のためということでしたが、ここに玄洋社の長老**奈良原至**の息子の**牛之助**と元力士の**黒木政太郎**と住み込み、農場経営にあたるんですね。

井上　小説にはまだまだで……。

山本　その頃から、茂丸発行の雑誌『黒白』にエッセイを書き始めます。

井上　茂丸は、何も言わない。

山本　農園に腰を落ち着けていたからでしょうね。大正七年（一九一八）にクラと結婚し、能の喜多流の教授になり、翌年長男龍丸誕生。大正八年（一九一九）に九州日報の新聞記者になっています。

井上　九州日報とは。

山本　頭山満が起こした新聞で、茂丸が社長のときもありました。後に福岡日日新聞と合併して今の西日本新聞になっています。

井上　新聞のルポが光っていたと。

山本　十二指腸虫駆除のため入院していたとき、関東大震災の報を聞いて、院長に三百円借りて、そのまま茂丸、継母、妹の安否を訪ねて上京するのです。みんな安全でしたが、九州日報に震災スケッチとルポを載せ、評判になるのです。それで翌年も上京して九州日報特派記者として『一年後の東京』『街頭より見た新東京の裏面』を連載するのですが、これ、今読んでもおもしろいですよ。ルポ文学の傑作という見方もあります。

　私は、彼は夢野久作以前に、たいへん個性的なジャーナリストだったと確信していますよ。たとえば、今、浅草では、無言正札商法がはやっている。商品に定価を付けて、店員がいらっしゃいとも言わない。それが銀座や神田にも広がりつつあると……。

井上　危機感のルポですね（笑）。福岡は、まだそうなるには時間がという安心感（笑）。

山本　その頃の福岡は正札がないわけですから、たとえば豆腐を買うのに、定価がない。いくらと聞くと十銭という。八銭にしろと交渉。物を買うときの対話で人間的な触れ合いがある。正札商法にはこの触れ合いがない。こちらの金と、向こうの品物を交換するだけで、寂しいではないか……ということです。久作はそれを近代化の罪と見たわけです。

井上　シャープな久作の目にも、そのようにのどかな時代だったのですね（笑）。

ハイカラな日常

井上　久作さんの日常は。

山本　香椎の農園時代、三人の男の子どもさんに創作の童話をよく聞かせたそうです。それがエロ、グロ、ナンセンス、滑稽で、子どもにもおかしかった。奥さんは吹き出したり、気持ちが悪くなって食事をやめたりで（笑）。

　口が大きくて、ゲンコを口の中に入れて見せたり、頭も大きく、ニックネームが地球儀だったそうです。

久本　風呂場のオーケストラも。

山本　子どもたちと風呂に入ると金だらいやバケツをたたいてオーケストラ。奥さんが、壊れるからやめてとおかんむりだった（笑）。銭湯に行って、子どもさんを忘れて帰ったり……。

井上　おかしいですね。その人が、ずいぶんハイカラだったとか。

山本　おしゃれでしたよ。久作に能を習われたお医者さんの江浦重成先生のお話では、昭和初期に久作は福岡一のモダンボーイだったそうです。ベルベットの洋服を着て、首に粋なマフラー。文化人が集まる喫茶店のブラジレイロで、ゴールデンバットをふかしていた。

　朝食はトーストに明治屋で買ったリプトン紅茶。ミルクとイチゴ。ヨーロッパ映画が好きで、書斎はオンドル暖房。大正モダニズムが身に付いていたと。

久本　それでいて、体内には福岡的土俗の血が流れていて。そのせめぎ合いが久作文学になり、ドグラ・マグラにも…。だから複雑で。

山本　今度、吉行和子さん出演でＴＮＣ（テレビ西日本）の番組「久作の夢」をつくった岩佐寿弥さん。この人はドキュメンタリー作家ですが、久作が福岡の出身だと知って床にへたりつきたいほど驚いたとおっしゃる。

　それは、前にＴＮＣで「広田弘毅」の監督をされたとき、玄洋社記念館へ行かれた。そのとき偶然に久作が福岡人だということを知った。久作文学は若い時から愛読しているが、こうした特異な文学がどうして出現したのか、わからなかった。
　それが福岡出身と知った途端に、玄洋社との関係がひらめいて、一切の疑問がす～と解けたと。それで、ぜひ「夢野久作」をやらしてくれということでテレビ化したのですね。
井上　なるほど作品は、生きている風土の証しなのですね。
山本　福岡の歴史と風土を背中に背負って、近代化していく日本、その象徴の東京と真摯《しんし》に向き合った作家だったのだと思います。だから、今度の「夢野久作展」も、この視座を大切にした内容になるはずです。その意味で、意義のある展覧会になると思っています。
井上　久作は小説家で認められても福岡に居続けましたね。今のように交通が便利でないし、ファクスもないし、久作の立場なら東京へ出るのが普通でしょうに。
久本　あれだけの人が東京へ出なかったのは珍しいですね。こういう作家は外にいないですね。ただ秘書の**紫村一重**さん、直方の方ですが、この人の回想では茂丸を避けたのだと……。その面があったかもしれない。
山本　茂丸と久作との関係も複雑ですね。亡くなる前年の昭和十年（一九三五）の日記に「夕食後父上自ら薄茶を立てゝ賜ふ。淀《よど》み多く苦し。後の思い出とならむ。汝《なんじ》は俺の死後、日本無敵の赤い主義者となるやも許られずと仰せらる。全く痛みいる。中《あた》らずと雖《いえど》も遠からず。修養足らざるが故に看破されたるや」とあります。久作の反体制的な体質を茂丸は見抜いていたわけですね。
井上　なかなかの、親子ですね。
山本　茂丸が昭和十年の七月に亡くなって、その後始末が終わり、会計報告を聞いているとき、昭和十一年（一九三六）三月十一日に脳溢血《のういっけつ》で亡くなる。四十七歳でした。不思議な親子の縁ですね。

近世快人伝

井上　それにしても、玄洋社、頭山満との関係が深いですね。

山本　でも、久作は案外突き放して見ています。彼は『近世快人伝』で頭山満、杉山茂丸、奈良原至、**篠崎仁三郎**の四人を取り上げてますが、前の三人は玄洋社系の人たち、篠崎仁三郎だけは博多大浜の魚屋の主人です。それぞれが破天荒な人物で、エッセイですが、まったくおもしろい。

　むろん、頭山に対しては強い敬愛の念を抱いているのですが、決して美化はしていない。久作は頭山の意味は「ノンセンス」にある、と書いてます。

　北海道の炭鉱が七十五万円で売れた。それを聞き付けて浪人たちがいろいろの理由を付けて、たかりにくる。頭山はふんふんと聞いていて言うだけの金をやる。食客もいっぱい。

　周囲が見かねて、「あの連中は追い出しなさい。そうしないと先生一家が野垂れ死にですよ」。そしたら頭山が笑って、「まあそう急いで追い出さんでいい。食う物がなくなりゃ、どこかへ行くだろう」。こういう頭山の姿勢を久作は「ノンセンス」だというわけです。

　大正時代に雑誌『冒険世界』が、現代の豪傑の人気投票をしたら段突で無位無官の頭山が第一位でした。当時の大衆の頭山への期待がうかがわれますが、たいへんなカリスマの頭山をノンセンスと言ってのけている。

　久作が頭山を評価するのは現世的な価値から超越していた人間としてですね。久作が批判し続けている近代日本は現金主義の社会・拝金主義の社会でしょう。その意味で、それに毅然《きぜん》たる頭山に惹かれたのかもしれない。新政府に反抗した**武部小四郎**らの**福岡の変**以来の歴史と風土みたいなもの、薩長政府と違う形のもう一つの国づくりの流れ……。

久本　**暗渠**《あんきょ》（地下水路）ですね。

山本　そう。暗渠と言っていい。その目には見えないが、地下の大きな確かな流れを、善くも悪くも現代に体現しているのが玄洋社だと見ているんですね。

　しかし久作は一言も、頭山の政治的功績を挙げていない。天才的な平凡児とみている。

　玄洋社は歴史的に見ると自由民権から国権

運動に変わり、**大隈重信**外相の不平等条約改正案を国辱的な内容として、社員・**来島恒喜**《くるしまつねき》が爆弾で吹っ飛ばしてしまう。明治中期まではパワフルな集団でした。

しかし、日本の政治が近代化しシステマチックになっていくとともに、玄洋社が持っていた伝統的な共同体的価値観、義理人情の世界といってもいいが、その意味が次第に薄れていく。その中で、次第に存在価値を失っていく。

久本　社稷《しゃしょく》感の喪失ですね。

山本　社稷ね。それが、近代化の中で意味を失っていく。その頃から、中国の孫文、インドの**ビハリ・ボース**、フィリピンの**アギナルド**将軍などの独立運動支援を図っていく。

井上　頭山満の生涯は実に大きなノンセンスなのですね。ほかの三人は。

山本　杉山茂丸が頭山と違う人物とは息子の久作にもわかっていたようで、「其日庵《きじつあん》」という杉山の号はその日暮らしからきていますが、「現代における最高の宣伝上手」だと言っていますね。

司会　筑摩書房の全集の解説をされている**養老孟司**氏のお話では、死体国有論を唱えて自ら献体し、夫婦の骨格が東京大学医学部に大切に保管されている。それぞれの座姿のケースの上に、久作に頭山満、妻クラに**広田弘毅**の献辞があると。驚きましたね。

医学の進歩のために献体を。そう言いのこしても、なかなか遺族は従わないものでしょう。さすが久作という思いもして。

山本　奈良原至は、貧窮を恥としなかった人。玄洋社の長老で世間渡りが下手。維新前夜か、戦国時代に生きていたらという人ですね。

篠崎仁三郎は商人ですが、彼の博多っ子の資格五カ条は豪快だが、とてもここに全部は記せない。第三条は生命構わずに山笠を担ぐこと。第五条は死ぬまでフグを食うこと。もう博多仁和加そのものです。

おもしろいのは、この『近世快人伝』は昭和十年（一九三五）の作品で、久作の作家の地位が固まっているときです。

『新青年』の水谷編集長に宛てて、「現代の軽薄、神経過敏なる世相と、福岡県人中に見うくる面白からざる気風に対する一服の清涼剤を与うる目的、小生の特志原稿にして、稿料など頂戴せず、一切の誤解は小生に於てひきうくべく申し候」とあります。原稿料はいらない、頭山の取り巻き連中の批判でトラブルが起こっても自分が引き受ける、というわけです。

井上　久作の書かねばならぬ気持ちがよく出てますね。たいへんな思い入れですね。

人も作品も多彩でしたたか

久本　久作は結構したたかですね。希代の怪物、大物の父、茂丸とツボを押さえた親子関係で、生涯生活費の援助を受けている。秘書には共産党員で公判中の人を平然と雇ってすべてを任せる。カリスマの頭山満にも厚誼を受けている。

昭10年当時「福岡一のハイカラ」とも呼ばれた

山本　多才というよりしたたかですね。彼の作品もだが、久作の人間がおもしろい。

彼の作家生活は、大正十五年（一九二六）五月の『あやかしの鼓』から亡くなる昭和十一年（一九三六）三月までの十一年間で、わずかに四十七年の生涯ですが、人生すべてが作品の源流で、大きな生涯だったと思いますね。極めて福岡人らしい作家で、福岡から出なければ生まれなかった。今度の展覧会では、そのことを強調したいですね。

井上　作品といえば、彼の歌集、猟奇歌ですか。またユニークですね。

山本　短い歌の中に、久作の世界を象徴するおもしろさがありますね。猟奇的ですが、人間の根元的な部分を鋭く突いていて。

闇の中に闇があり　又闇がある
その核心から
血潮したたる
真鍮《しんちゅう》のイーコン像から
蠟細工のレニンの死体へ
迷信転向

　これなど半世紀先を見つめていて、とても象徴的、魅力的ですね。

井上　では終わりに、夢野久作の文学の魅力と、ゴールは『ドグラ・マグラ』としてそれに至る読みやすい作品をご案内ください。

山本　久作の作品は実に多様多彩で、人によって好みも違いますし、なかなか選び方が難しいんですけどね。

　短いものでいえば『瓶詰の地獄』、それから『いなか、の、じけん』はぜひ読んでほしいですね。『犬神博士』『氷の涯』などは中編ですが、おもしろいですね。『あやかしの鼓』『押絵の奇蹟』『少女地獄』などもファンが多いですね。エッセイでは『近世快人伝』『東京人の堕落時代』はぜひ……。

久本　こうして夢野久作を振り返ると、彼は、職業作家ではなくて日曜作家なのかもしれない。絵でいえば日曜画家のアンリ・ルソーのように、生活全般が小説の対象で。だから視野が広いし、感覚がみずみずしい。

山本　だから、限りなく広がり、限りなく複雑になる。

井上　遠い人物の夢野久作が、隣の人、愛すべき福岡人に思えてきました。ありがとうございました。

「夢野久作」略年譜（年齢は数え年）

明治	22年(1889)	杉山茂丸、ホトリの長男として、1月4日福岡市小姓町(現・中央区大名)に出生。幼名直樹。ホトリ離婚。祖父三郎平、継祖母友子に育てられる。
	25年(1892)	4歳　能楽師範、喜多流梅津只圓に入門。
	32年(1899)	11歳　大名尋常小学校卒業、福岡尋常高等小学校入学。
	35年(1902)	14歳　祖父三郎平死。この間、小姓町→二日市町（現・筑紫野市）→神興村（現・福間町）→東京→福岡市と転々。
	36年(1903)	15歳　尋常高等小学校卒。県立中学修猷館入学。
	41年(1908)	20歳　中学修猷館卒業。近衛歩兵第一連隊に一年志願兵として入営。翌年除隊
	44年(1911)	23歳　慶応義塾大学入学。
大正	2年(1913)	25歳　慶応義塾大学中退。
	3年(1914)	東京で放浪生活。
	4年(1915)	出家、泰道と改名。法名を萠圓《ほうえん》。大正5年京都より大和路を托鉢行脚。
	6年(1917)	還俗。香椎村（現・福岡市）の杉山農園に住む。父、茂丸発行の雑誌『黒白』にエッセイを書きはじめる。
	7年(1918)	30歳　鎌田クラと結婚。喜多流教授となる。
	8年(1919)	31歳　九州日報に記者として入社。長男龍丸誕生。10年、次男鉄児誕生。11年、『白髪《しらが》小僧《こぞう》』自費出版。九州日報の家庭欄に童話発表開始。
	12年(1923)	35歳　9月1日関東大震災。家族の安否を気遣って上京。九州日報に『震災スケッチ』を掲載。
	13年(1924)	再上京。九州日報に『一年後の東京』『街頭から見た新東京の裏面』を連載。博文館の探偵小説募集で『侏儒』が選外佳作。
	15年(1926)	38歳　5月8日、博文館の探偵募集に夢野久作のペンネームで応募した『あやかしの鼓』が2等当選。九州日報退社、作家活動にはいる。三男参緑誕生。
昭和	10年(1935)	47歳　1月『ドグラ・マグラ』刊行。7月父、茂丸死。
	11年(1936)	上京中、2.26事件。3月11日逝去。享年満47歳

■山本巖氏

昭和十六年（一九四一）福岡県生まれ。三十九年（一九六四）早稲田大学卒、西日本新聞社入社。北京支局長、東京支社文化社会部長、熊本総局長、文化部長など。著書『夢野久作の場所』『昭和史を歩く』『三国志の旅』など。

■久本三多氏

昭和二十一年（一九四六）～平成六年（一九九四）。東京生まれ。四十三年（一九六八）長崎大学卒。東京書籍を経て、四十五年（一九七〇）葦書房設立。以降、九州の歴史と文化に焦点を当てた作品群を出版。『宮崎兄弟伝・日本篇』に五十九年度毎日出版文化賞。『写真万葉録・筑豊』に六十二年度日本写真家協会年度賞。平成二年（一九九〇）梓会出版文化特別賞。

[注]

※1　義太夫＝義太夫節の略。元禄頃竹本義太夫が大成した音曲で浄瑠璃の一派。竹本・豊竹の二派に分かれ、明治・大正頃まで盛んに流行した。

※2　ホラー＝恐怖の意。怪奇な趣向で恐怖を感じさせる作品。

歴史は物語、だから面白い

西日本新聞社取締役会長
川崎　隆生

小学校以来ずっと、歴史は好きな科目だった。100億年を超える宇宙の歴史から自分が生活してきた町の数10年の歴史まで時間や空間のスケールは違っても、教科書を読み、ドラマを見ることで好奇心が揺さぶられた。歴史は物語だから面白い。物語＝storyと歴史＝historyは同義語だ。語り継がれる昔ばなしに歴史の魅力が詰まっていた。

ところが、小、中、高校時代、歴史が嫌いという友達が少なくなかった。「年号や人の名前を覚えるのが面倒だし、覚えても意味がない」。これが理由だった。彼らにとって歴史は物語ではなく、数字や固有名詞の記憶力を試される勉強の1科目でしかない。しかも大学センター試験は世界史が必修で、日本史は選択になっている。自分が暮らしている国や地域の歴史よりも行ったこともない国の歴史を優先させる教育は、欧米に「追い付け追い越せ」の発想、言い換えれば欧米コンプレックスから抜け出せていない証拠だろう。

†

1979年（昭和54）年に発刊した小冊子「博多に強くなろう」は、こうした過去の歴史教育と一線を画し、文化に熱心な地場企業が地方の歴史を物語として分かりやすく広く伝える試みだった。発行を決めた故四島司さん（当時は福岡相互銀行社長、後の福岡シティ銀行頭取）は、その動機について「1975年の山陽新幹線の博多開通後、東京や大阪のお客さんから博多の文化や歴史を聞かれるようになり返答に困った。そこで博多学の勉強に銀行を挙げて取り組んだ」と語っている。米国の現代美術収集家として世界に名を馳せていた国際派文化人の四島さんの関心が故郷の歴史、文化に向かったことに、地域は注目した。

この年、福岡のシンボルだったプロ球団・ライオンズが西武に身売りされ、福岡市は地元球団を失っていた。町全体に停滞ムードが漂う中で、「強くなろう」は地域の歴史や文化の価値を見直すきっかけにもなった。

物語に語り部は欠かせない。「強くなろう」にも歴史を知り尽くした語り部とその記憶の扉を開けて引き出す聞き手がいた。1989（平成元）年8月に発行された48号「純粋に国を憂いた中野正剛」は、四島さん自らが聞き手になり、語り部は故進藤一馬さん（当時福岡市博物館館長、元福岡市長）。進藤さんは早稲田大学を卒業して中野正剛氏の秘書を務めた。中野正剛氏がジャーナリストから政治に進む姿を、誰よりも近くで見た人である。彼以上に中野正剛氏を語れる人はいない。その4年前の34号の「激動の時代に生きた巨人　緒方竹虎」も同じコンビによる仕事だった。中野正剛氏と緒方竹虎氏は幼い時から無二の親友であり、二人の日常をその目で見、その声を聴いた進藤さんが語り尽くしたこの2本は、貴重な歴史的証言として長く伝わる作品だ。

†

「強くなろう」には忘れてはならないディレクターもいる。博多と北九州を合わせて100号の「司会・構成」を担当してきた土居善胤《よしたね》さん。今年卒寿の90歳。福岡相互、福岡シティ、西日本シティと名前は変わったが、銀行の広報担当として40年間「強くなろう」とともに生きてきた。実は、その司会・構成に止まらず、自ら後世に伝えるべき物語の主人公でもある。

1984（昭和59）年3月、福岡市南区桧原でつぼみをつけたばかりの桜木が道路工事で伐採される寸前になった。通りかかった土居さんは歌を詠んで木にくくり付けた。

「花あわれ　せめてはあと二旬《にじゅん》　ついの開花を　許し給え」

この歌は市民の共感を呼び、多くの短歌が寄せられた。

「桜花《はな》惜しむ　大和心のうるわしや　とわに匂わん　花の心は」

匿名でこう返歌したのが進藤市長だった。市は道路工事の施工計画を変更し、桜の木は生き残り、小学校の教科書にも掲載されている。

「強くなろう」が残した100編の物語が50年後、100年後も読み継がれ、新たな地域の歴史を刻み、文化を担う人材が数多く輩出されること心から願いたい。

特別協力
株式会社アトリエ童画
西日本シティ銀行 広報文化部
書籍校閲
保坂晃孝（郷土史家）
西日本新聞トップクリエ
編集協力
藤村興晴
野村亮
制作進行
斉田大作・添田隆史（ダイヤモンド秀巧社印刷）
DTP
布巻愛・小野拓斗・濱田俊郎（ダイヤモンド秀巧社印刷）
書籍編集
末﨑光裕（西日本新聞社出版部）
西志麻子（西日本新聞トップクリエ）

博多に強くなろう
北九州に強くなろう
100の物語 上巻

2018年11月22日 初版第一刷発行
2020年 5 月 1 日 第二刷発行

編者
西日本シティ銀行
発行者
柴田建哉
発行所
西日本新聞社
〒810-8721 福岡市中央区天神1-4-1
電話 092-711-5523（出版部）
FAX 092-711-8120
http://www.nnp-books.com
印刷
ダイヤモンド秀巧社印刷株式会社
製本
篠原製本株式会社

定価はカバーに表示してあります。
落丁本・乱丁本は送料小社負担でお取り替えいたします。

ISBN978-4-8167-0960-9 C0021